LE GUIDE COMPLET DU PEINTRE

leçons pas à pas

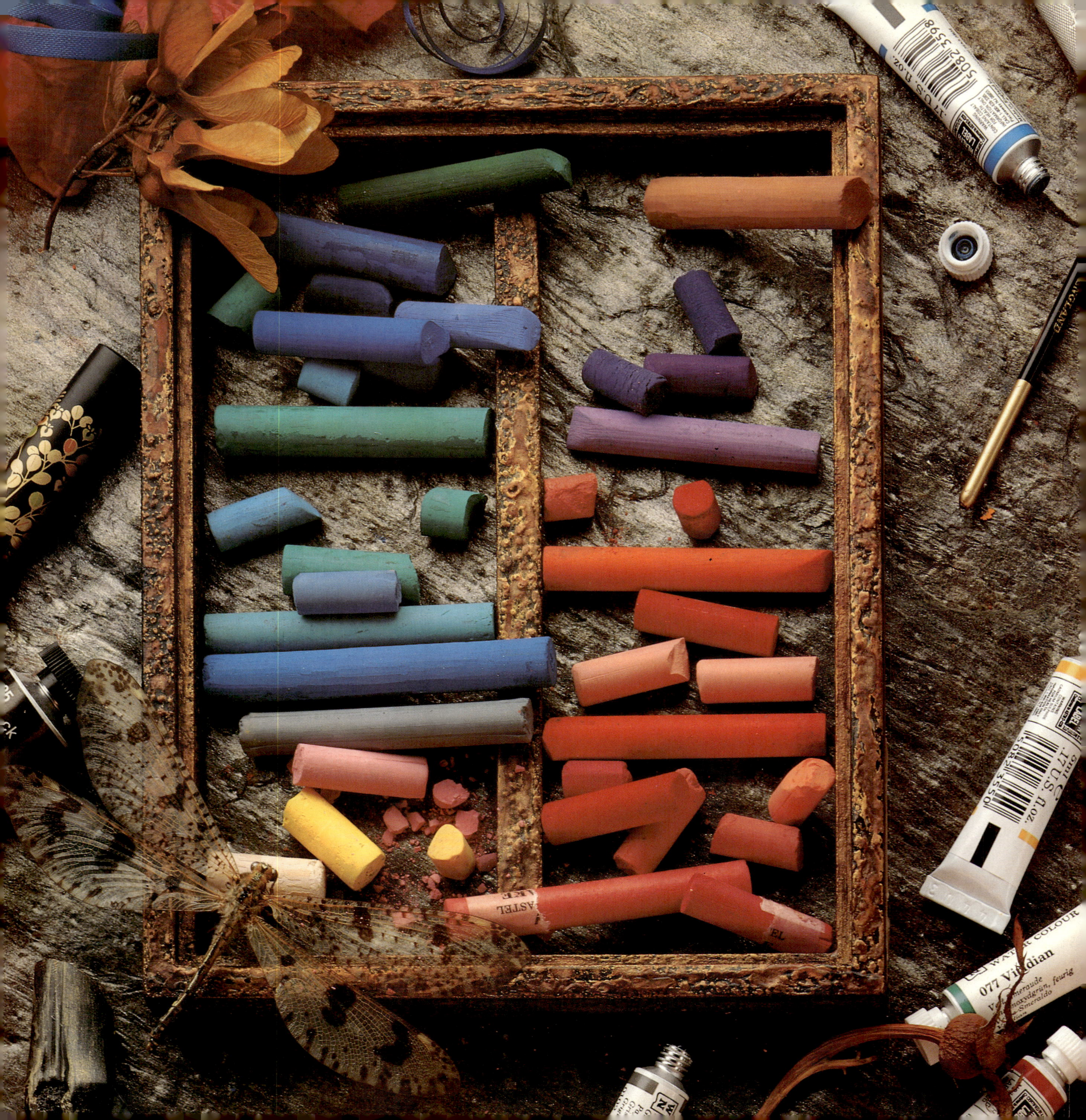
077 Viridian

LE GUIDE COMPLET DU PEINTRE

leçons pas à pas

IAN SIMPSON

Avec la collaboration de
HAZEL HARRISON
et de JUDY MARTIN

casterman

La conception et la maquette de cet ouvrage
ont été réalisées par Quarto Publishing plc

ICONOGRAPHIE : Mandy Little
PHOTOGRAPHES : Paul Forrester, Ken Grundy,
Les Wies et John Wyand

Publié pour la première fois en anglais
par HarperCollins Publishers en 1993 sous le titre
Complete Painting course

TRADUCTION FRANÇAISE : Nathalie Chaput

ISBN 2-203-144.254-5

Imprimé à Singapour.
Dépôt légal février 96 ; D1996/0053/7
Déposé au Ministère de la Justice, Paris
(loi n°49.956 du 16 juillet 1949 sur les publications destinées à la jeunesse).

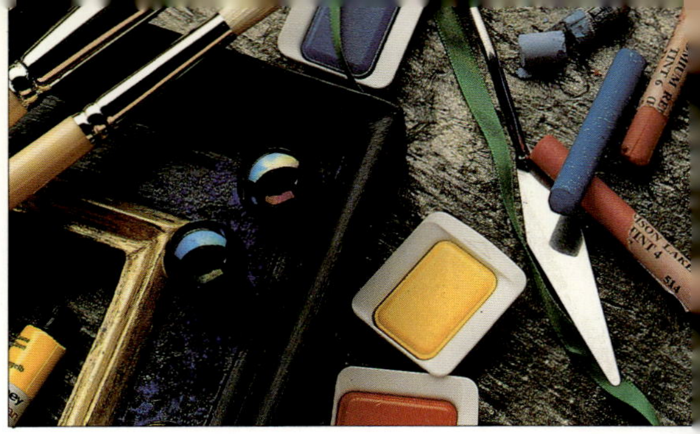

2 Thèmes et styles

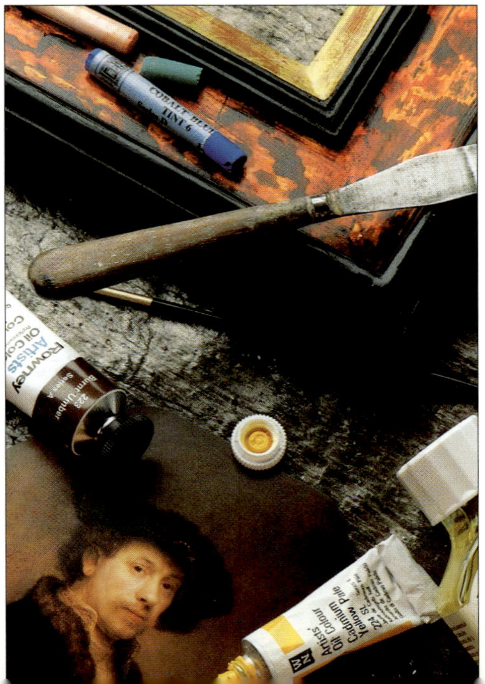

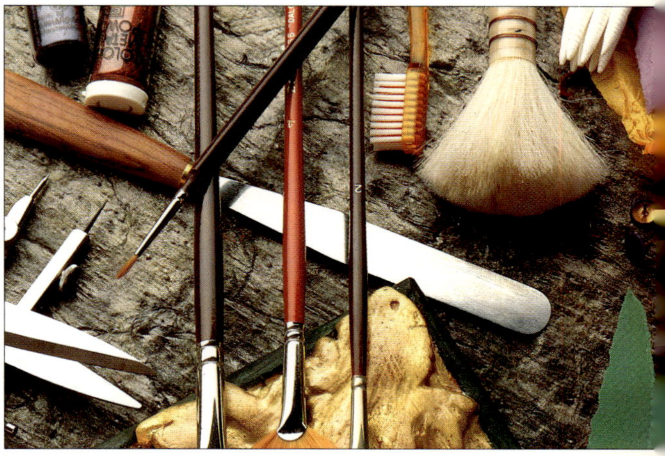

3 Médiums et méthodes

Qu'est-ce qu'une bonne peinture ?

Quelques traits de couleur jetés sur une toile ne suffisent pas à produire une bonne peinture. Un peintre doit être capable de communiquer, de faire ressentir des émotions à celui qui regarde son tableau, quels qu'en soient le sujet ou l'atmosphère. Surtout, un bon tableau en dit long sur son auteur et sa vision du monde. Mais afin d'éveiller l'intérêt, les vues de l'artiste doivent être présentées dans un tableau qui produise un impact immédiat sur le spectateur ; de même, les traits et les couleurs doivent être disposés de façon précise et harmonieuse. Le but de cet ouvrage est de vous aider à exprimer votre propre conception du monde et de vous montrer comment, à travers la peinture, vous pouvez la faire partager.

On apprend surtout à peindre en... peignant. Tous les professeurs et les livres du monde ne peuvent remplacer la pratique. En revanche, vous trouverez auprès d'eux de nombreux conseils et ils vous permettront d'avancer à votre rythme. C'est aussi ce que vous propose ce guide.

POURQUOI UN GUIDE COMPLET DE LA PEINTURE ?

Ce guide part du principe que tout le monde peut apprendre à peindre, la peinture étant un moyen d'expression naturel pratiqué par tous les enfants.

CHAPITRE 1 :

LES CONSEILS PRATIQUES

INFORMATIONS PRATIQUES

Cette rubrique vous initie aux différents médiums de peinture et vous donne des explications simples sur des sujets de base, comme la perspective ou les proportions du corps humain.

DÉMONSTRATIONS TECHNIQUES

Nous vous expliquons ici comment peindre dans la pratique. Pour des informations concernant des techniques plus poussées, reportez-vous au chapitre 3.

LA PALETTE DU DÉBUTANT

À chaque médium de peinture correspond une palette pour débuter.

MATÉRIEL ET ÉQUIPEMENT

Cette rubrique traite du matériel et de l'équipement nécessaires à tous les médiums de peinture. Elle permet au débutant d'y trouver conseils et informations.

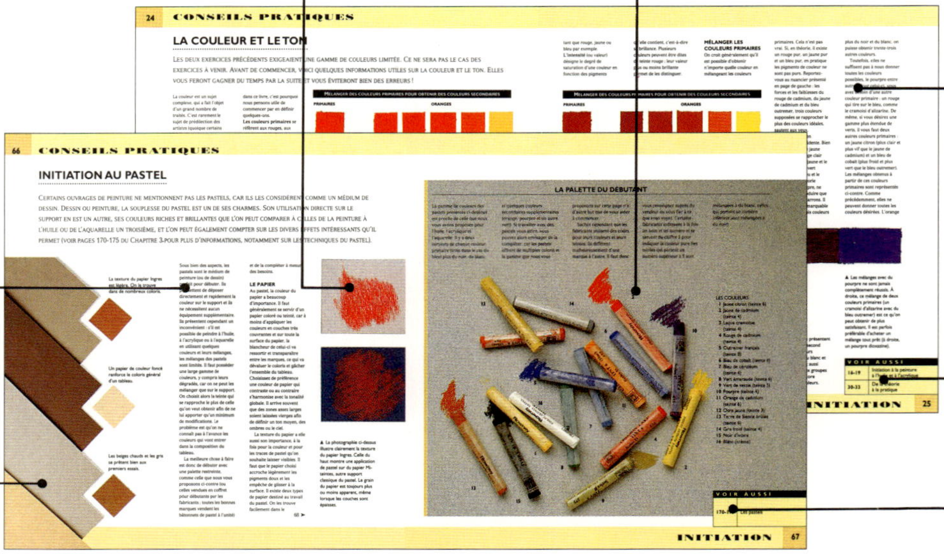

INFORMATIONS THÉORIQUES

Ces informations, qui mettent en évidence les principes de base (de la couleur, par exemple), vous permettront de développer une approche individuelle.

VOIR AUSSI

Cette rubrique vous indique quelles sont les autres pages du livre à consulter pour plus d'informations.

CHAPITRE I : LES LEÇONS

BUTS DE L'EXERCICE

Chaque leçon comporte une rubrique informative qui commente les buts des exercices avec le temps nécessaire à leur réalisation.

AUTOCRITIQUE

Les exercices sont suivis d'un certain nombre de questions. Elles vous aideront à mieux évaluer le travail que vous venez d'effectuer et ainsi à progresser.

PAS À PAS

Chaque exercice fait l'objet d'une démonstration détaillée. Il ne s'agit pas de vous y conformer à la lettre : son but est de vous montrer comment un artiste en particulier a choisi de le réaliser.

AUTRES EXERCICES

D'autres exercices accompagnent chaque leçon. Ainsi, le choix des sujets est plus vaste : vous êtes libre de réaliser certains de ces exercices à la place de l'exercice principal.

INTRODUCTION

L'initiation se décompose en onze leçons de peinture avec exercices. En guise d'introduction, nous vous expliquons les principes généraux ainsi que les buts spécifiques des exercices proposés.

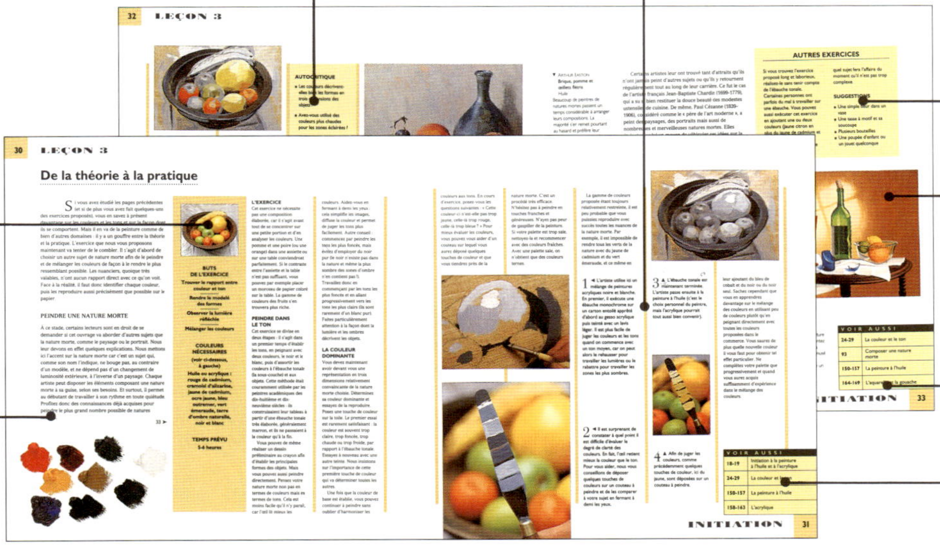

AUTRES EXEMPLES

À la fin de chaque exercice, nous vous proposons des tableaux réalisés par des artistes actuels. Ils sont tous en relation avec le thème de la leçon mais offrent une grande variété de styles.

VOIR AUSSI

Cette rubrique vous indique quelles sont les autres pages du livre à consulter pour plus d'informations.

Il est cependant malheureux de constater que la plupart d'entre eux abandonnent sous le prétexte que peindre est un don qui exige un talent particulier. Ce guide, divisé en trois parties, est une sorte de manuel pour débutants qui vous aidera à voir de manière sélective, comme un artiste, et à explorer de façon systématique les trois dimensions de notre monde afin de produire des tableaux qui vous ressemblent.

COMMENT UTILISER CE GUIDE ?

Ce guide n'est pas un livre ordinaire. C'est plutôt un manuel d'apprentissage de la peinture : lisez d'abord les chapitres en entier puis revenez en arrière et suivez alors les instructions pas à pas. Gardez le livre ouvert près de vous et consultez-le quand vous hésitez, un peu comme vous pourriez le faire en classe avec un professeur.

CHAPITRE I

La première partie de ce livre est une initiation à la peinture. Elle vous invite à voir comme un artiste et à utiliser la couleur afin de réussir à décrire ce qui vous entoure. Elle est divisée en onze leçons, contenant toutes un exercice clairement expliqué, que nous vous conseillons de faire. Quand vous aurez fini, reportez-vous à la rubrique autocritique, qui, sous forme de questions, vous propose d'évaluer votre travail. C'est une rubrique importante car on a toujours besoin d'être guidé et rassuré pour aller de l'avant. En plus de l'exercice principal, nous vous proposons d'autres exercices. Ils sont facultatifs mais souvenez-vous que plus vous pratiquerez, plus vous progresserez. Ces exercices peuvent remplacer l'exercice principal et vous permettre ainsi une plus grande liberté dans le choix des sujets. Vous trouverez également quelques rubriques d'informations, techniques et théoriques, concernant par exemple la perspective ou les proportions.

CHAPITRE 2

La deuxième partie de ce livre est structurée de manière identique à la première partie, avec des leçons et des rubriques informatives. Les douze leçons correspondantes constituent une introduction aux principales approches picturales. Elles vous aideront à développer une vision personnelle du monde et à en donner une interprétation originale.

Une œuvre maîtresse peinte par un artiste ancien ou moderne important vient illustrer chacune de ces leçons en offrant ainsi son approche particulière. En

CHAPITRE 1 :
LES LEÇONS

ŒUVRES MAÎTRESSES
Les leçons de ce chapitre explorent les thèmes et les styles picturaux majeurs. Chacune d'entre elles se rapporte à une œuvre importante réalisée par un peintre ancien ou contemporain.

AUTRES EXEMPLES
En plus des œuvres de maîtres, chaque leçon cite le travail d'artistes contemporains qui offrent des similitudes dans le choix du sujet ou dans leur style.

DÉTAILS
Certains détails des œuvres de maîtres sont mis en valeur afin de fournir un aperçu des méthodes de travail de l'artiste.

AUTRES ARTISTES À ÉTUDIER
Chaque leçon donne également une courte biographie d'autres artistes intéressants à étudier pour leurs idées créatives et leur inspiration.

EXERCICES PROPOSÉS
Chaque leçon se termine par des exercices destinés à vous permettre de mieux appréhender le sujet mis en lumière. Le choix est multiple pour répondre à tous les goûts et pour vous permettre d'en réaliser plusieurs.

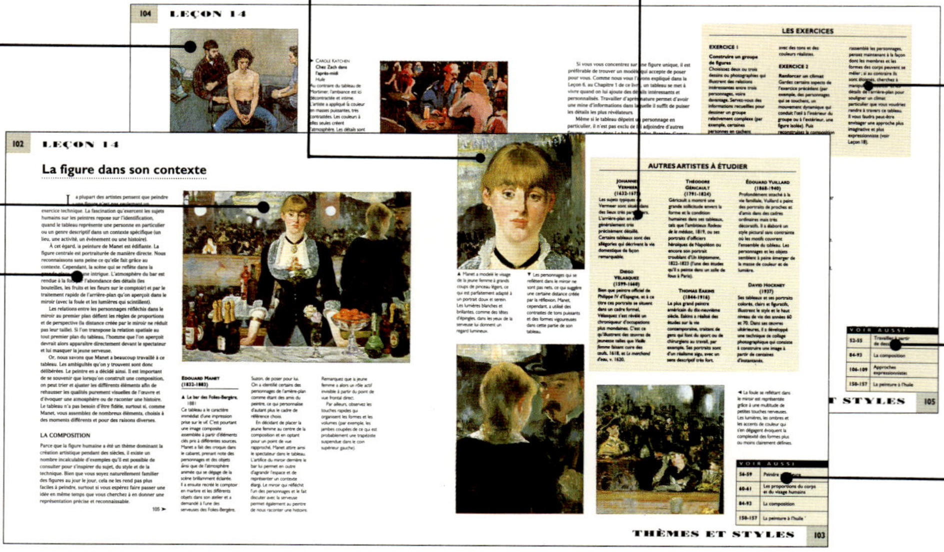

VOIR AUSSI
Cette rubrique vous indique quelles sont les autres pages du livre à consulter pour plus d'informations.

TEXTE
Le texte explique les buts et les idées de l'artiste ainsi que son influence sur la peinture actuelle.

CHAPITRE III :
LES TECHNIQUES

TEXTE
Un texte clair vous aide à tirer le meilleur du médium de peinture choisi en expliquant quelques-unes des options proposées.

DÉMONSTRATIONS
Des informations techniques et des démonstrations progressives complètent les informations délivrées au Chapitre I.

AUTRES EXEMPLES
Des œuvres réalisées par des artistes contemporains viennent renforcer la démonstration visuelle des techniques.

EXERCICE
À chaque médium de peinture correspond un exercice qui vous aidera à progresser.

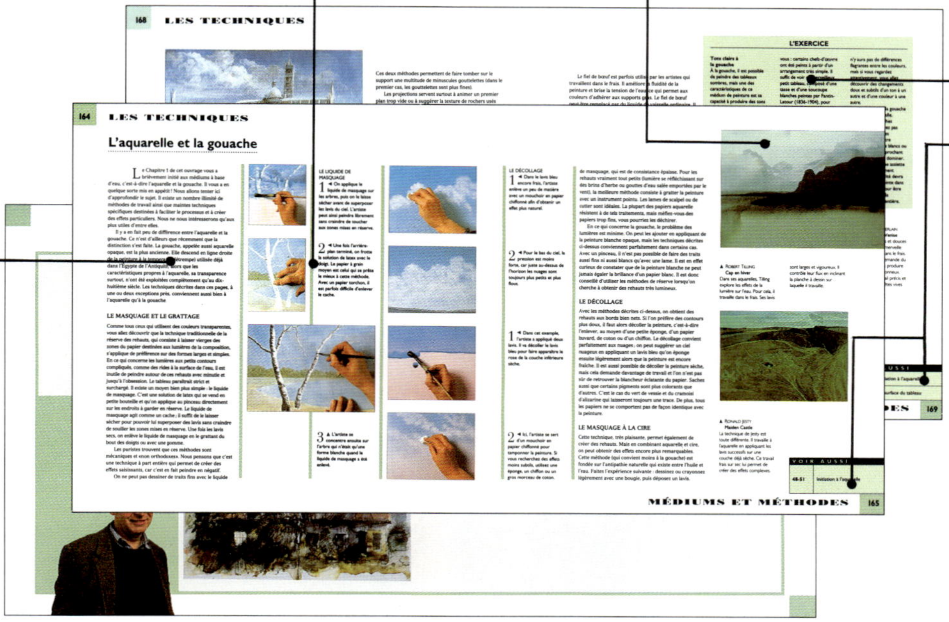

VOIR AUSSI
Cette rubrique vous indique quelles sont les autres pages du livre à consulter pour plus d'informations.

complément, de nombreux tableaux d'artistes contemporains attestent l'influence du passé sur le présent. Les rubriques d'informations offrent des conseils encore plus spécialisés, sur les couleurs par exemple. Cette deuxième partie débute par un élément primordial en peinture : la composition.

CHAPITRE 3

Ce dernier chapitre complète les informations données aux chapitres précédents. Il traite du travail des artistes actuels ainsi que des nombreux médiums de peinture à leur disposition. Vous serez ainsi mieux à même d'opter pour un médium et un style qui vous conviennent. En plus d'offrir des informations techniques très poussées sur les médiums les plus connus, comme l'aquarelle, l'huile, l'acrylique et les pastels, il explore des techniques plus expérimentales comme celles du collage, des techniques mixtes et des monotypes. Ce chapitre s'articule de telle sorte que chaque sujet abordé débute par des démonstrations de techniques spécifiques, qui mènent à un exercice vous permettant d'approcher de façon nouvelle le médium de peinture concerné. Nous espérons que vous pourrez ainsi laisser s'épanouir au mieux l'artiste qui sommeille en vous…

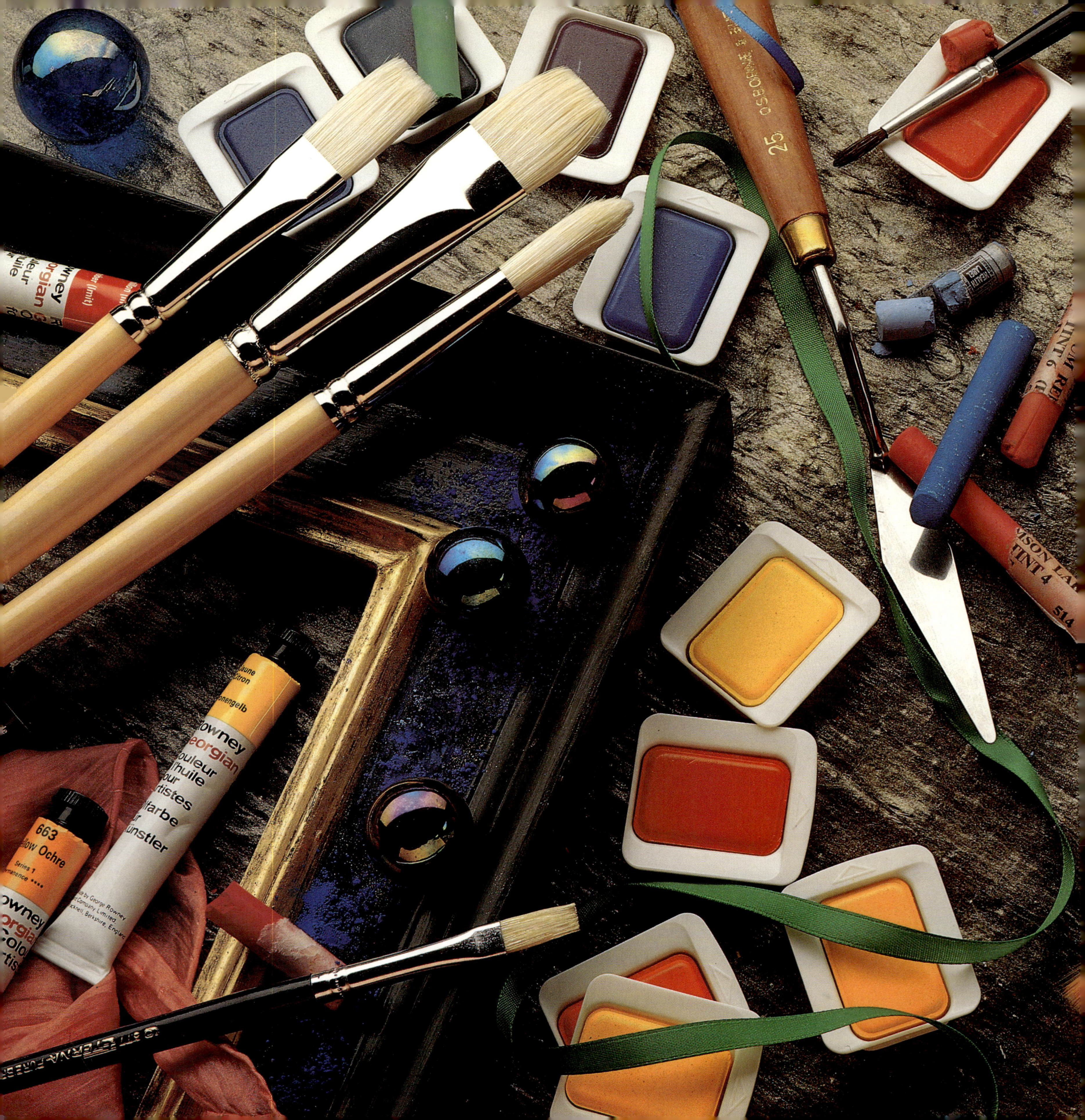

25
OSBORNE
663
TINT 4
514

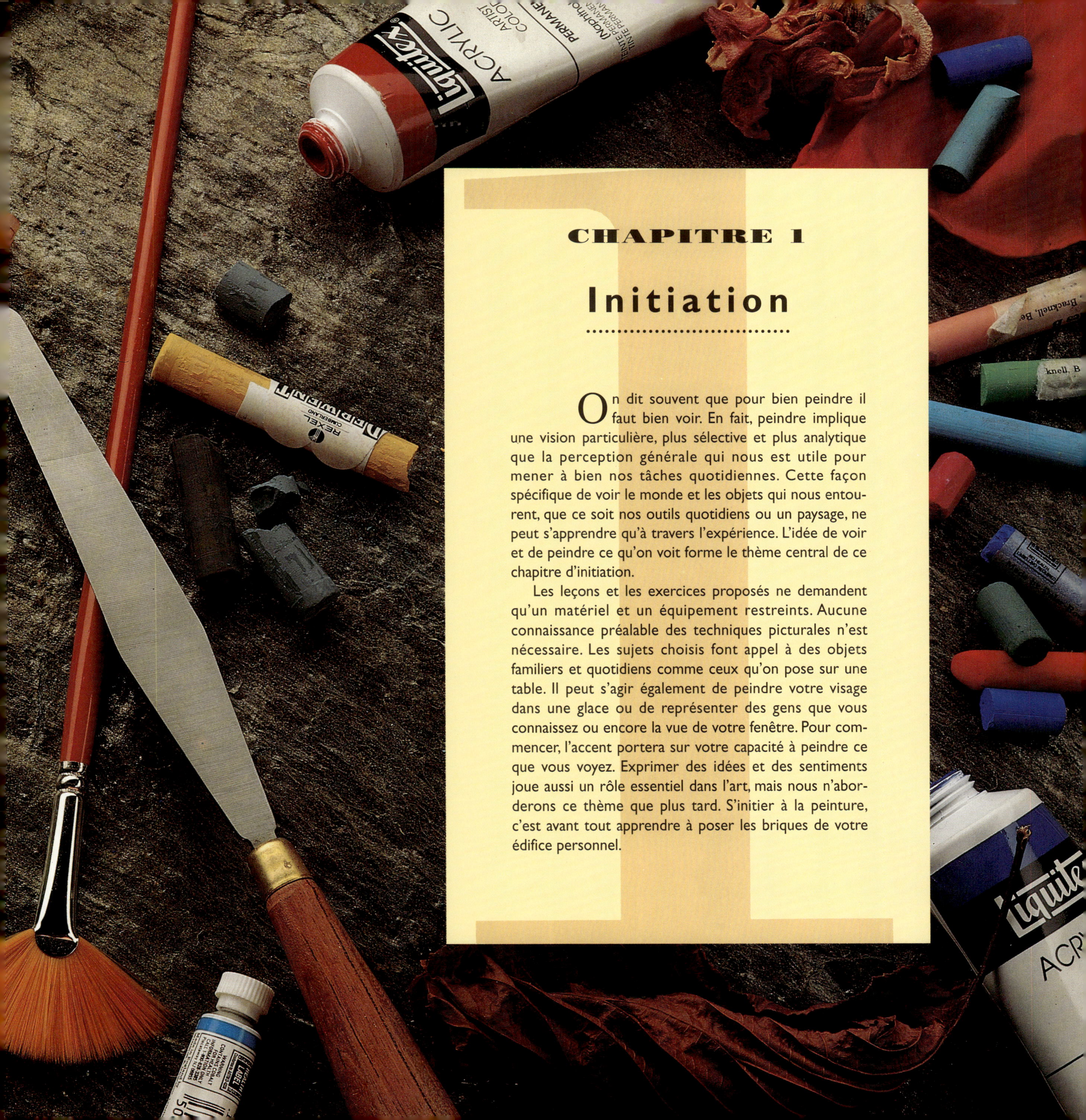

CHAPITRE 1

Initiation

On dit souvent que pour bien peindre il faut bien voir. En fait, peindre implique une vision particulière, plus sélective et plus analytique que la perception générale qui nous est utile pour mener à bien nos tâches quotidiennes. Cette façon spécifique de voir le monde et les objets qui nous entourent, que ce soit nos outils quotidiens ou un paysage, ne peut s'apprendre qu'à travers l'expérience. L'idée de voir et de peindre ce qu'on voit forme le thème central de ce chapitre d'initiation.

Les leçons et les exercices proposés ne demandent qu'un matériel et un équipement restreints. Aucune connaissance préalable des techniques picturales n'est nécessaire. Les sujets choisis font appel à des objets familiers et quotidiens comme ceux qu'on pose sur une table. Il peut s'agir également de peindre votre visage dans une glace ou de représenter des gens que vous connaissez ou encore la vue de votre fenêtre. Pour commencer, l'accent portera sur votre capacité à peindre ce que vous voyez. Exprimer des idées et des sentiments joue aussi un rôle essentiel dans l'art, mais nous n'aborderons ce thème que plus tard. S'initier à la peinture, c'est avant tout apprendre à poser les briques de votre édifice personnel.

Voir et le peindre

On croit souvent que les artistes peignent de mémoire ou qu'ils inventent. C'est vrai pour certains d'entre eux, mais ils représentent une petite minorité. La plupart des peintres dessinent à partir d'une observation directe des objets, des personnages ou des lieux. Ils peignent soit directement d'après nature, soit en se servant d'esquisses réalisées d'après nature comme référence pour exécuter ensuite leurs tableaux en atelier. Cette façon-ci de procéder est un art en soi que nous aborderons plus tard. Le but de cette première leçon se limite à peindre des objets posés sur une table.

Cette leçon s'adresse en particulier à tous ceux qui ne se sont encore jamais essayés à la peinture ou qui ont fait quelques tentatives sans avoir l'impression de progresser. Pour commencer, nous vous conseillons de peindre avec un objectif clairement défini en tête. Cette leçon ne vise donc pas seulement à vous faire peindre les objets présentés mais plutôt à le faire d'une façon particulière : en peignant les surfaces négatives de ces objets, c'est-à-dire les espaces autour de chacun d'entre eux. Une telle approche peut sembler incongrue ; il existe pourtant de nombreuses et bonnes raisons à cela.

LES SURFACES NÉGATIVES

Lorsqu'il s'agit de peindre une simple nature morte (deux bouteilles et une assiette sur une table, par exemple), il est tout à fait naturel de se concentrer sur la forme et la couleur de chaque objet (les surfaces positives) et d'ignorer les espaces vides qui se forment entre eux (les surfaces négatives). Malheureusement, dans un tel cas, le résultat apparaît souvent erroné.

15 ➤

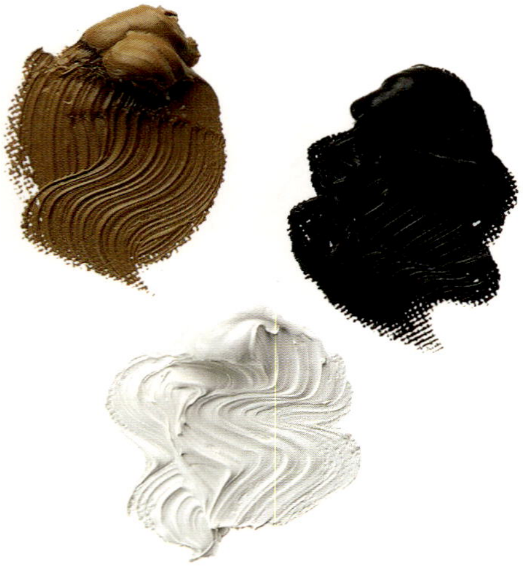

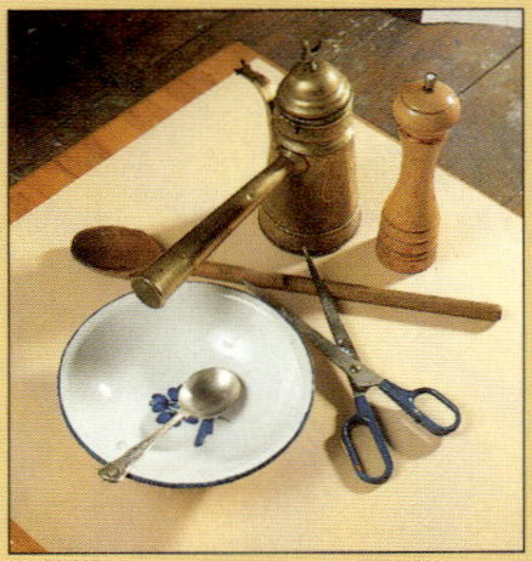

BUTS DE L'EXERCICE

Peindre des surfaces négatives

Mettre les objets en relation les uns avec les autres

Premiers pas dans la composition

Peindre avec une palette limitée

COULEURS NÉCESSAIRES

Trois tubes de peinture acrylique ou à l'huile : du noir, du blanc et de l'ocre jaune

TEMPS PRÉVU

2-3 heures

L'EXERCICE

Cet exercice ainsi que plusieurs autres exercices proposés nécessitent de la peinture opaque pour masquer les diverses retouches. L'acrylique se prête parfaitement aux surépaisseurs. On peut également passer plusieurs couches épaisses sur de la peinture à l'huile ou gratter la surface et appliquer une nouvelle couche. Si vous n'avez jusqu'à présent jamais peint ni à l'huile ni à l'acrylique, reportez-vous page 16, vous y trouverez des conseils pratiques.

Disposez quatre ou cinq ustensiles de cuisine sur une table (une casserole, un verre gradué, une paire de ciseaux, une cuillère à soupe et un pot à épices, par exemple). Arrangez-les de façon que les silhouettes se détachent nettement : si ce n'est pas le cas, posez-les sur une nappe blanche ou sur du papier de couleur pour faire ressortir les contrastes. Cherchez à obtenir une composition intéressante en éloignant plus ou moins les objets et en modifiant les intervalles entre eux. Vous découvrirez ainsi que, pour être réussie, une nature morte a besoin de formes et de silhouettes variées composant diverses surfaces négatives et positives.

UNE PALETTE LIMITÉE

Le deuxième but de cet exercice, tout aussi important que le premier, consiste à découvrir la gamme de couleurs qu'il est possible d'obtenir à partir de trois tubes de peinture. En vous servant de peinture noire très diluée, dessinez d'abord les contours des objets, puis les espaces entre eux en mélangeant les couleurs qui vous semblent convenir le mieux. Votre palette étant très limitée, vous ne pourrez pas rendre les couleurs des objets. Vous allez donc apprendre l'importance du choix et des équivalents. Ce dernier point est essentiel. Vous serez surpris de constater qu'avec seulement trois couleurs il est possible de créer un grand nombre d'autres couleurs, qui vous permettront de traduire au mieux les variations de tonalité et de couleur que vous serez capable de déceler dans votre sujet.

1 ► L'artiste utilise de la peinture noire acrylique très diluée pour dessiner les contours des objets. Il a choisi un point de vue assez élevé afin de mieux percevoir les espaces entre les objets comme des formes définies. La disposition de la table n'est pas non plus due au hasard : l'angle crée des diagonales dans l'arrière-plan.

Henri Matisse (1869-1954), l'un des plus grands coloristes de l'histoire de l'art, a peint plusieurs de ses premières toiles avec une palette se limitant à ces trois mêmes couleurs plus du rouge.
À mesure que le tableau progresse, les surfaces positives prennent du relief. Pour qu'elles ne soient pas trop apparentes, peignez-les d'une seule couleur claire obtenue à partir d'un mélange de trois couleurs. Choisissez celle qui vous convient le mieux. Changez si nécessaire en peignant par-dessus (cela ne pose aucun problème lorsqu'on peint à l'acrylique). Puis évaluez votre travail en l'éloignant de quelques mètres.

2 ► Ensuite, le peintre apporte quelques modifications à son tableau. Il retouche les contours noirs de la cuillère et les bords de l'assiette avec de la peinture blanche. L'acrylique est une peinture qui sèche rapidement, surtout lorsqu'elle est diluée dans de l'eau comme c'est le cas dans cet exemple. Les repentirs sont alors faciles, et ce à n'importe quel stade du travail.

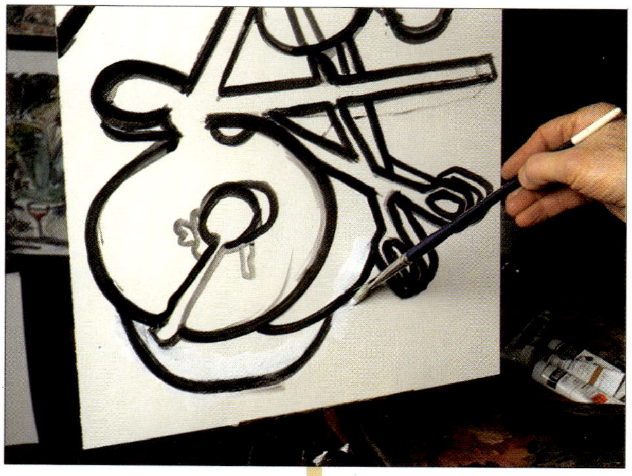

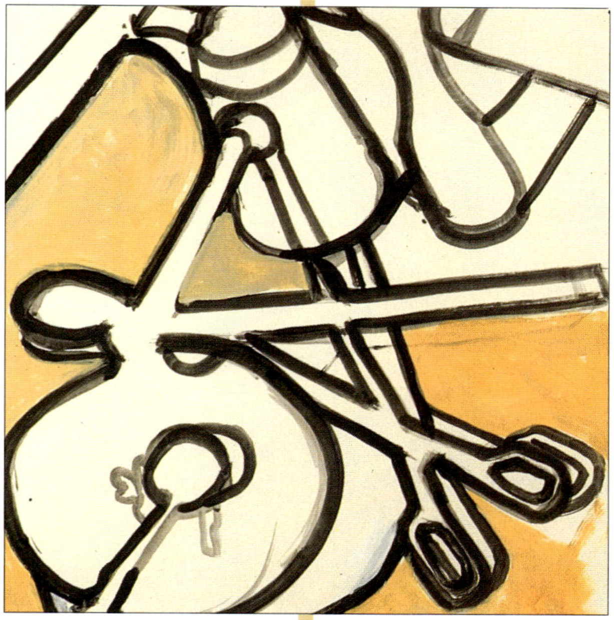

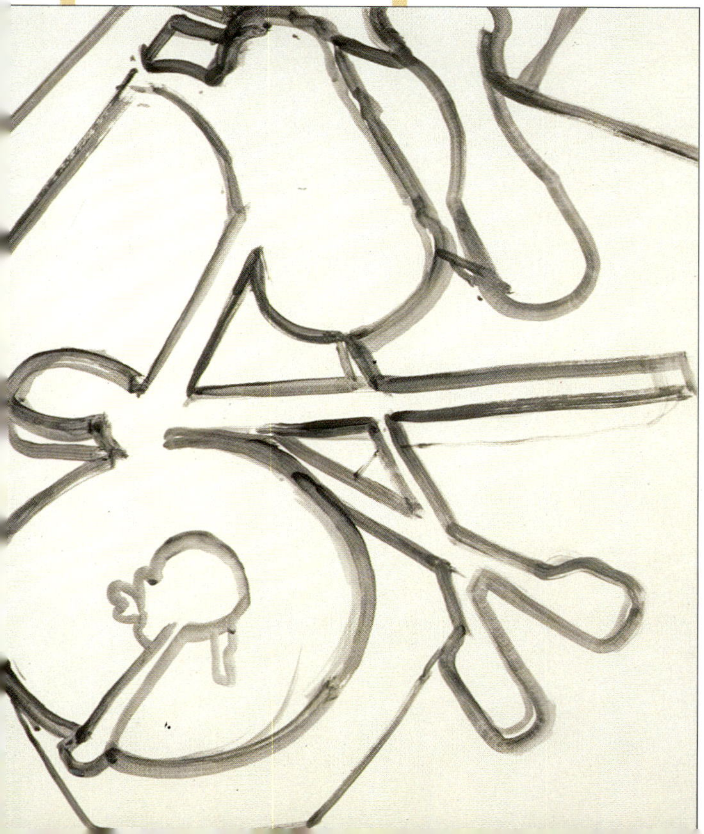

3 ▲ Les surfaces négatives sont peintes à l'aide d'un mélange des trois couleurs. Les objets restent blancs. Même sans peinture, ils sont parfaitement identifiables. L'équilibre entre les formes blanches et les couleurs est très plaisant. Remarquez comment l'artiste a créé une relation entre les objets en les liant les uns aux autres. Cette liaison entre formes et surfaces est un facteur essentiel de toute nature morte, aussi simple soit-elle.

ASTUCE

TRAVAILLER À VUE

Il est plus facile de dessiner et de peindre grandeur nature, c'est-à-dire quand le sujet s'ajuste aux dimensions du papier ou de la planche à dessin. Il est beaucoup plus difficile de mettre à l'échelle (réduire ou élargir) de tête. C'est d'ailleurs souvent une source d'erreurs. Travaillez à vue ne signifie pas que vous devez choisir une taille de papier qui s'adapte au sujet. C'est un peu comme se servir du viseur d'un appareil photographique : il suffit d'avancer ou de reculer, de sorte que l'image que vous désirez peindre entre dans le cadre choisi. Pour voir les objets plus grands, approchez-vous. Pour les voir plus petits, reculez-vous.

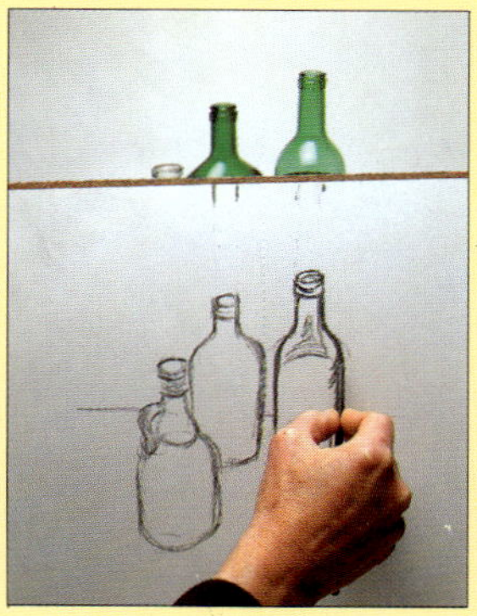

VOIR AUSSI	
16-19	Initiation à la peinture à l'huile et à l'acrylique
24-29	La couleur et le ton
12-15	Composer une nature morte

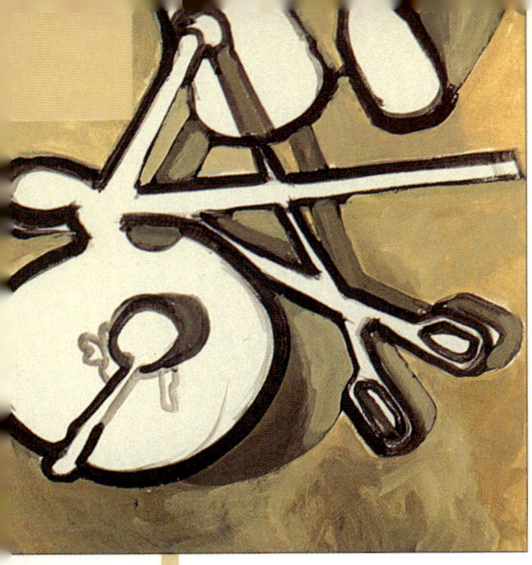

4 ▲ Les surfaces négatives sont maintenant achevées. Les ombres projetées par les objets ont permis à l'artiste d'introduire des contrastes de tons. Ainsi, il existe également de légères variations de tons et de couleurs en arrière-plan.

5 ▼ L'artiste peint ensuite les objets avec un mélange plus clair des couleurs. Les touches sont plates, sans relief, car il ne s'agit pas ici de décrire les formes des objets.

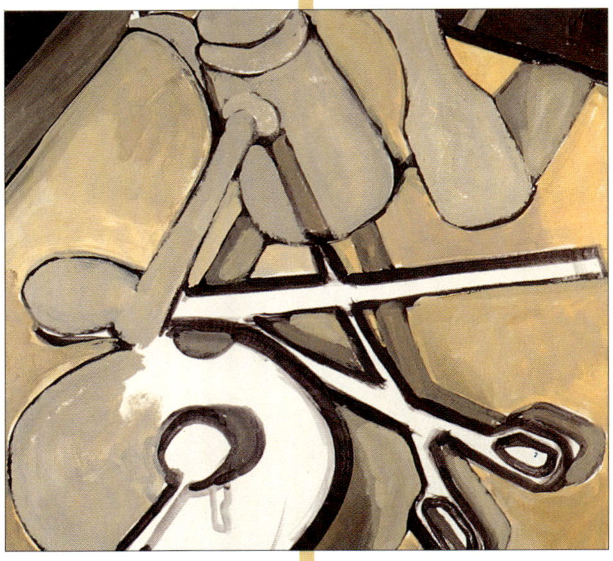

6 ▼ Grâce au point de vue élevé, le motif du tableau reste fort et les couleurs, même si elles sont peu nombreuses, ont de belles nuances.

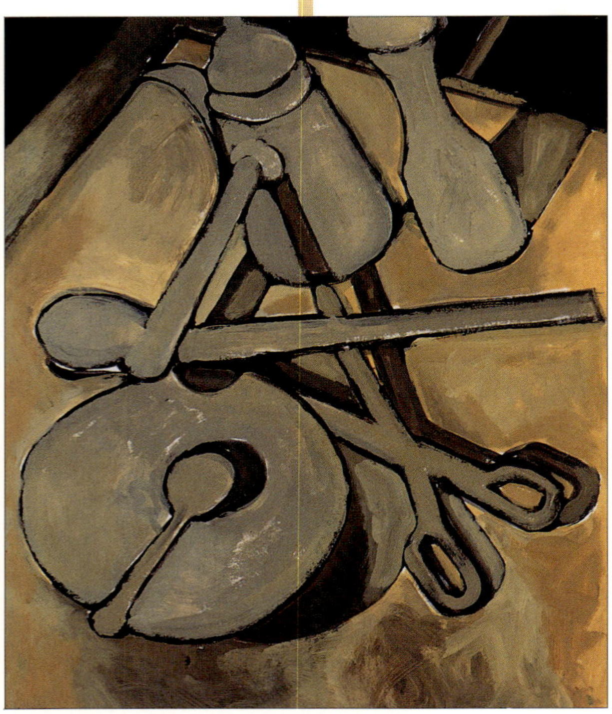

AUTOCRITIQUE

- Malgré une palette limitée, le tableau apparaît-il suffisamment coloré ?
- Avez-vous réussi à peindre les surfaces des objets et non pas les objets eux-mêmes ?
- Les surfaces des objets offrent-elles des variations de couleurs intéressantes ?
- Le but de l'exercice était de se concentrer sur les espaces entre les objets. Malgré cela, votre tableau est-il convaincant ?

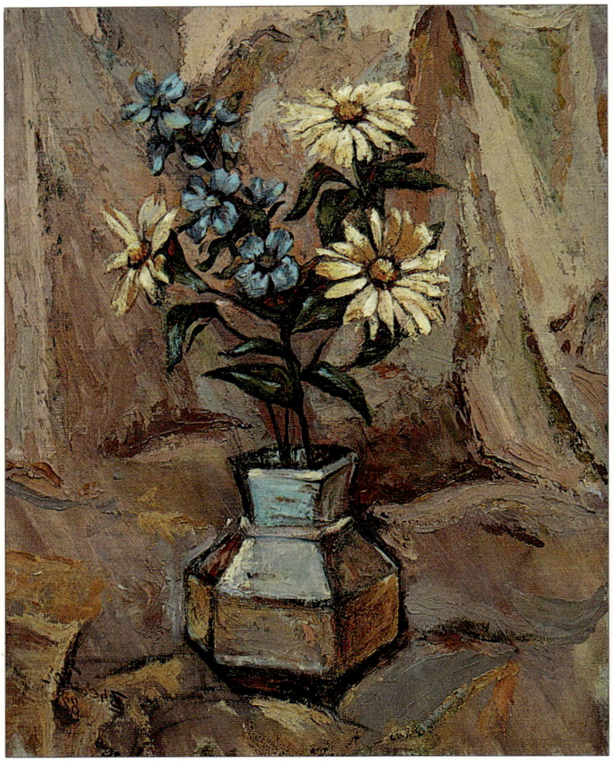

▲ ZINOVY SHERSHER
Marguerites dans un vase
Acrylique sur toile
Dans cet exemple, l'artiste a utilisé peu de couleurs. L'effet est cependant puissant : le bleu des fleurs se détache nettement sur les autres couleurs plus neutres. Remarquez que le même bleu apparaît à nouveau sur le haut du vase. On le retrouve également, mélangé à d'autres teintes, au premier plan et en arrière-plan. Pensez toujours à relier les divers éléments d'un tableau afin qu'il forme un tout uniforme. Pour cela, comme ici, vous pouvez par exemple déposer en plusieurs endroits la même couleur. Peindre avec une palette limitée est un bon moyen pour travailler l'unité d'un tableau.

Vous aurez beau retoucher votre travail plusieurs fois, vous ne serez jamais satisfait. Apprenez qu'il est plus facile d'évaluer correctement la forme et la taille relative d'un objet en ignorant l'objet lui-même et en ne tenant compte que de son contour.

Sachez de plus que les espaces entre les objets font partie du tableau au même titre que les objets eux-mêmes. Cet exercice vous permet ainsi d'appréhender la composition en peinture. Elle est déterminante même au premier stade d'un tableau, puisque tracer une ligne sur la toile c'est déjà composer. Cet élément essentiel sera vu plus en détail au Chapitre 2 de ce livre.

AUTRES EXERCICES

Plus vous pourrez faire d'exercices de ce genre et plus vous aurez de chance de progresser dans la maîtrise du mélange des couleurs. Voici quelques exercices qui vous changeront de la nature morte composée de banals instruments de cuisine. Ils peuvent également vous donner l'envie d'essayer de peindre d'autres sujets si les surfaces négatives n'ont plus de secrets pour vous !

SUGGESTIONS

- Instruments de jardinage ou de bricolage
- Plantes en pots (choisissez des végétaux à grandes feuilles simples)
- Un instrument de musique avec sa boîte et quelques partitions
- Une nature morte improvisée : des pots, des brosses et des peignes sur une coiffeuse ; de la vaisselle sur une table de salle à manger ; un coin de serre avec quelques plantes. Les compositions de natures mortes les mieux réussies sont souvent celles qui sont dues au hasard.

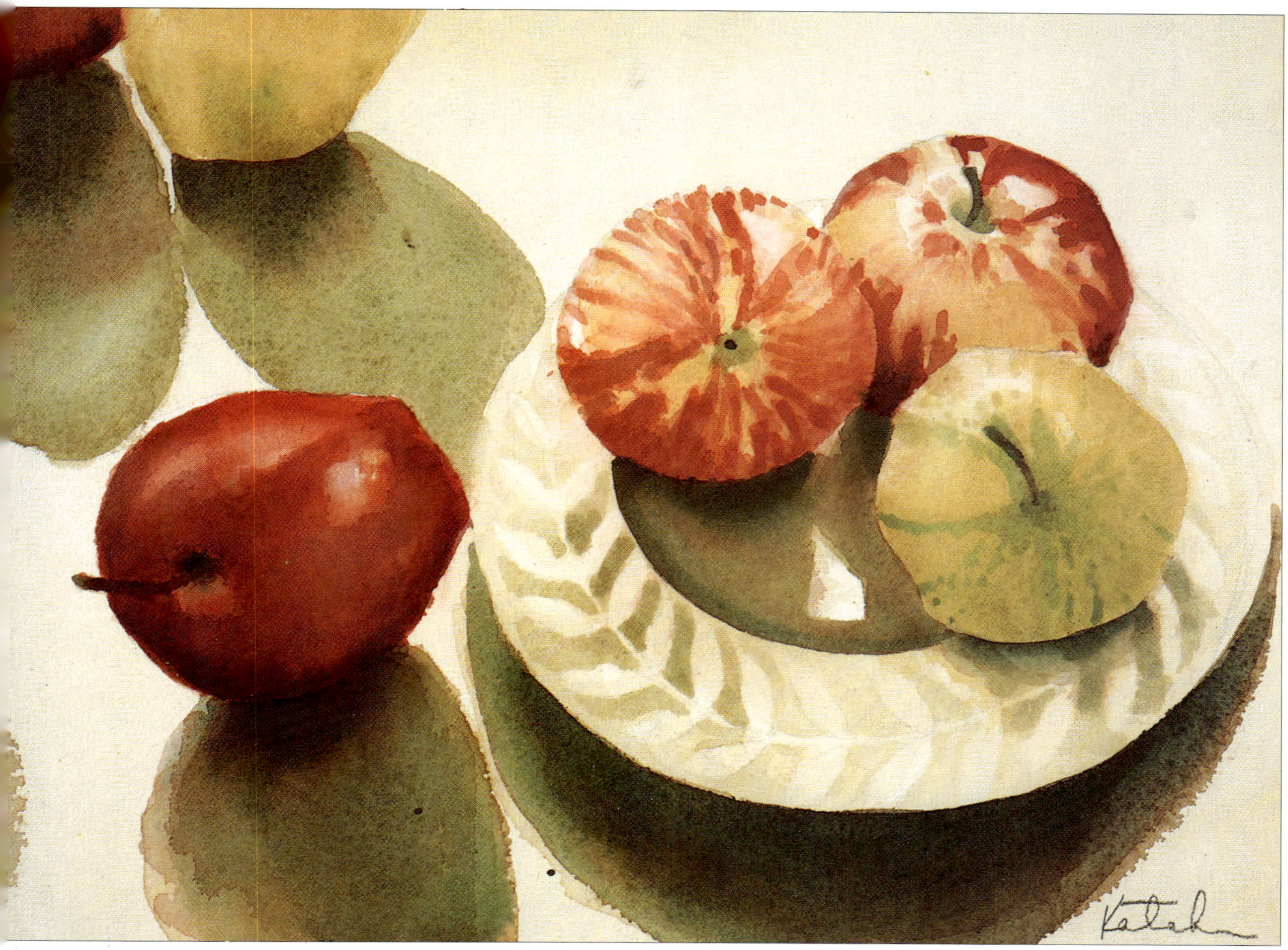

◄ CAROLE KATCHEN
Pommes rouges et pommes jaunes
Aquarelle
Dans ce tableau, les surfaces négatives et positives (des fruits, de l'assiette et des ombres) ont été disposées avec soin. Remarquez également comme le cadrage du tableau est ingénieux : on n'aperçoit qu'une partie des fruits en haut à gauche. Ainsi, les surfaces, incomplètes, et les ombres, entières, font pendant aux objets du premier plan. Une telle composition permet d'équilibrer le tableau.

VOIR AUSSI	
16-19	Initiation à la peinture à l'huile et à l'acrylique
48-51	Initiation à l'aquarelle
93	Composer une nature morte
164-169	L'aquarelle et la gouache

LA PEINTURE À L'HUILE ET LA PEINTURE ACRYLIQUE

COMME NOUS L'AVONS DÉJÀ PRÉCISÉ DANS LA LEÇON 1, LES PREMIERS EXERCICES DE L'INITIATION SONT DESTINÉS À DES TRAVAUX RÉALISÉS AVEC DE LA PEINTURE OPAQUE, HUILE OU ACRYLIQUE. LE BUT DES PAGES SUIVANTES EST DE FAMILIARISER À CES TECHNIQUES CEUX D'ENTRE VOUS QUI NE CONNAISSENT NI L'UNE NI L'AUTRE OU SEULEMENT L'UNE D'ENTRE ELLES. L'HUILE ET L'ACRYLIQUE SONT TRÈS SEMBLABLES, À UNE EXCEPTION NOTABLE CEPENDANT.

Toutes les peintures, y compris l'aquarelle, sont constituées de fines particules de pigments dispersées dans un liant fluide ou pâteux. L'huile de lin constitue le liant de la peinture à l'huile, tandis que l'acrylique est liée par une résine synthétique ou plastique.

L'ACRYLIQUE

L'imperméabilité et la capacité de séchage extrêmement rapide de cette résine représentent à la fois un avantage et un inconvénient. Il est possible en effet de superposer autant de couches de peinture qu'on le veut sans provoquer de mélanges de couleurs indésirables. De plus, le temps de séchage de l'acrylique est si rapide qu'on attend rarement plus d'une demi-heure entre deux étapes. Mais la peinture a tendance à sécher aussi sur la palette, les pinceaux et les habits, de sorte que cela ne facilite ni le nettoyage ni le détachage.

L'une des caractéristiques les plus surprenantes de l'acrylique (et sans doute celle à qui l'on doit l'intérêt croissant des artistes pour cette technique) est qu'elle permet d'imiter des savoir-faire aussi différents que ceux de l'huile et de l'aquarelle. Vous pouvez l'employer en couches épaisses et solides et même l'appliquer au couteau comme de la peinture à l'huile. Vous pouvez également la diluer à l'eau : elle se comporte alors comme de la peinture à l'eau (ce qu'elle est en réalité) et vous pouvez l'utiliser sur du papier en combinaison avec de l'aquarelle. L'acrylique

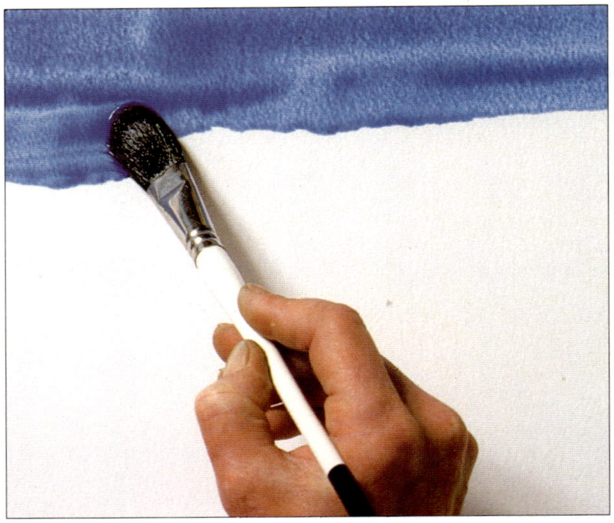

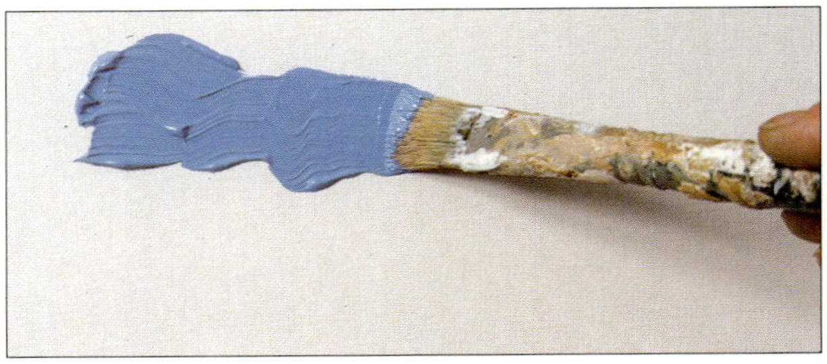

PEINTURE ÉPAISSE OU DILUÉE

◀ On peut diluer l'acrylique avec de l'eau et l'appliquer à l'aide d'un pinceau souple comme on le ferait avec de l'aquarelle ou de la gouache (voir pages 48-51). On peut également l'employer en couches aussi épaisses (voire davantage) qu'avec de la peinture à l'huile et utiliser des pinceaux en soie ou des couteaux à peindre. Et pourquoi ne pas combiner ces deux approches dans un même tableau en jouant sur les contrastes entre zones de couleurs transparentes et opaques ?

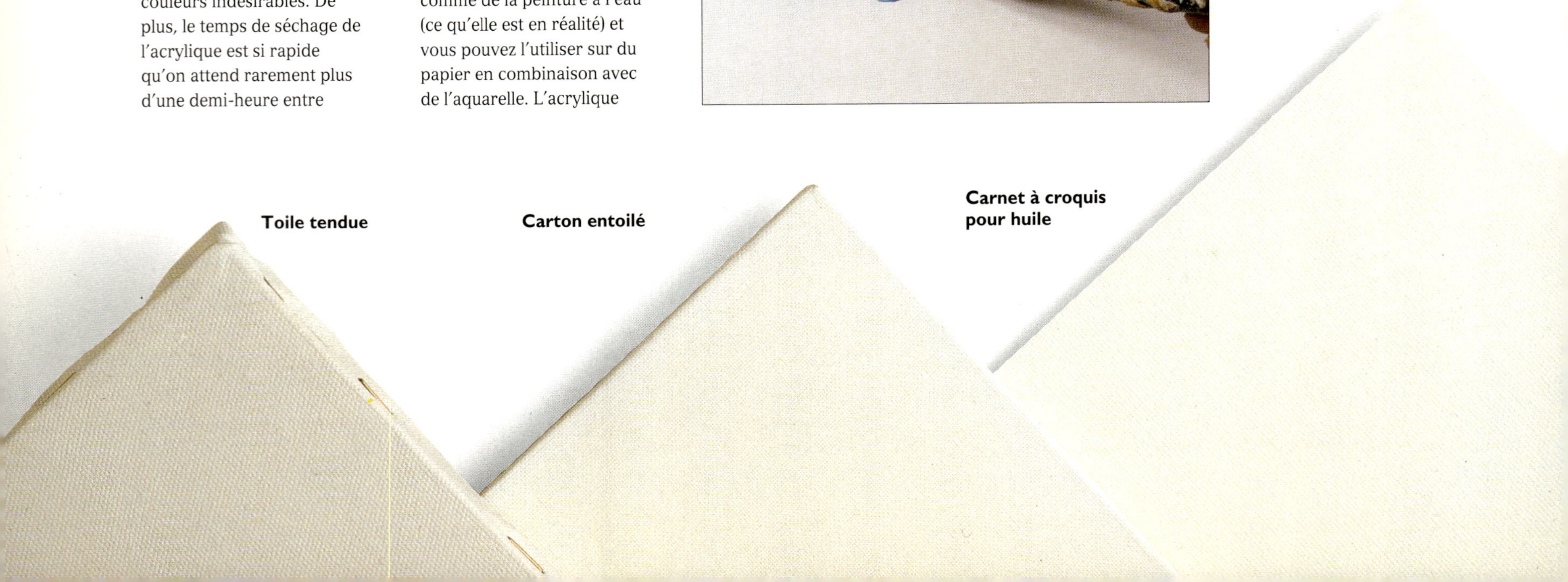

Toile tendue

Carton entoilé

Carnet à croquis pour huile

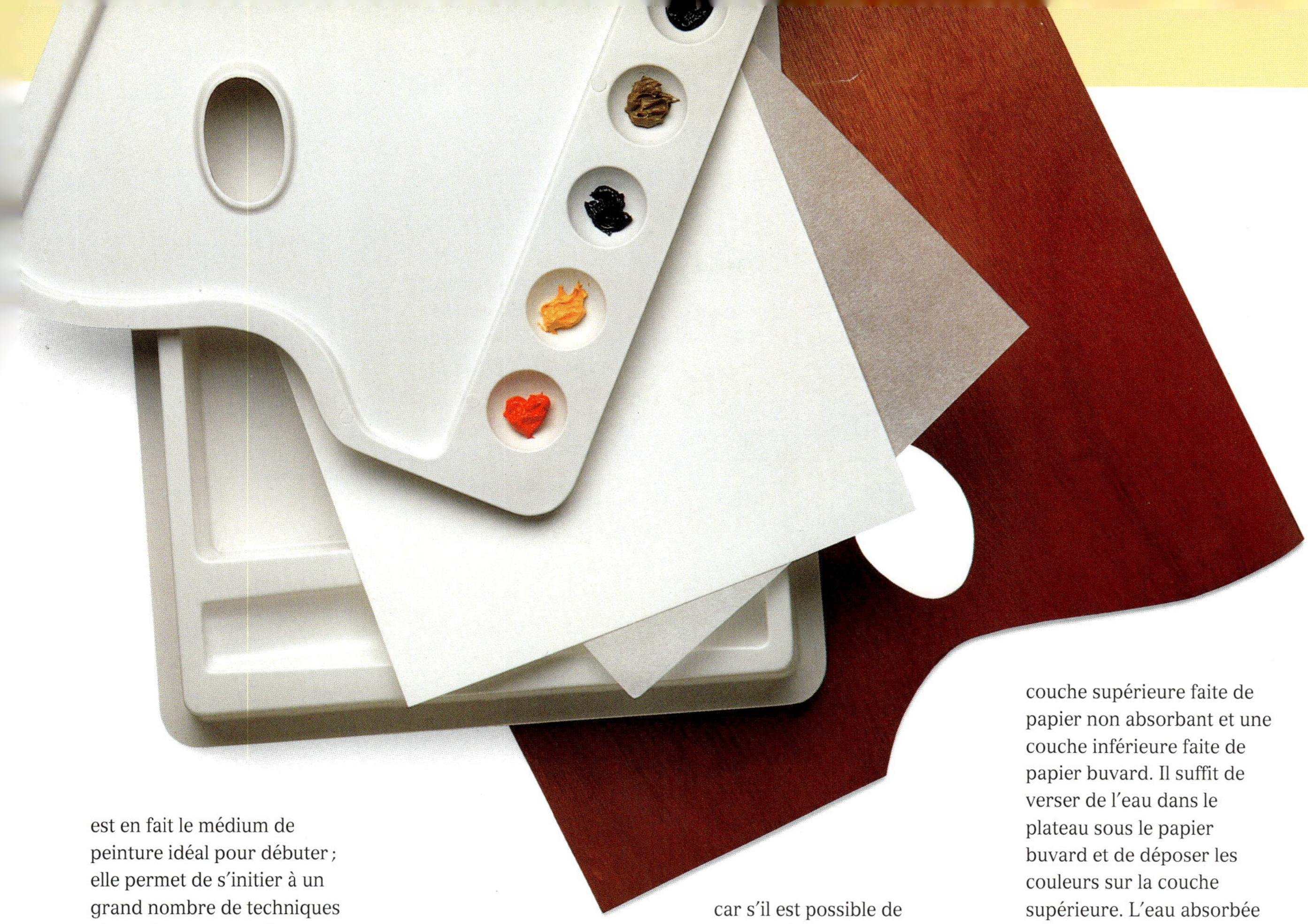

◄ Par tradition, on se sert de palettes de bois pour la peinture à l'huile. Les palettes rectangulaires s'adaptent au couvercle des boîtes de peintures. Les palettes en plastique conviennent mieux à l'acrylique. Il existe également des palettes spéciales acryliques qui conservent les peintures humides (palette en plastique blanc ci-contre ; voir explications ci-dessous).

est en fait le médium de peinture idéal pour débuter ; elle permet de s'initier à un grand nombre de techniques picturales sans se ruiner.

LES SUPPORTS POUR L'ACRYLIQUE

Avec l'acrylique, il est possible de peindre sur pratiquement n'importe quel support à condition qu'il ne soit ni brillant ni gras. Le papier à dessin ordinaire, le papier pour aquarelle ou pour pastel, la toile ou le carton entoilé sont parfaitement adaptés. Toutefois, si vous diluez beaucoup la peinture, il se peut que le papier fin gondole ; dans ce cas, pensez à le tendre (voir page 50) ou à lui préférer un papier plus consistant (papier aquarelle par exemple). Les supports pour acrylique ne demandent aucune préparation. Les supports pour peinture à l'huile doivent, eux, être apprêtés avant utilisation. Les toiles et les cartons entoilés que l'on trouve chez les fournisseurs d'art ont généralement été préparés de façon à accepter aussi bien l'huile que l'acrylique. Assurez-vous-en cependant, car s'il est possible de peindre à l'huile sur de l'acrylique, l'inverse n'est pas vrai.

◄ La peinture à l'huile se pratique généralement sur une toile tendue ou sur un carton entoilé. Vous pouvez néanmoins peindre sur de l'aggloméré, à condition de l'apprêter. Tous ces supports conviennent également à l'acrylique. Sachez cependant qu'un des grands avantages de ce médium est qu'avec lui on peut utiliser pratiquement n'importe quel support, même du papier ordinaire pour vos premiers pas par exemple.

LES PALETTES

Il est possible de mélanger les couleurs à l'acrylique sur une palette ordinaire. Ce serait cependant dommage : les couleurs vont sécher très vite et rendre difficile son nettoyage. Nous vous conseillons plutôt de prendre une vieille assiette (en porcelaine ou en fer) : avec un peu d'eau chaude, vous pourrez gratter très facilement la peinture sèche. Par la suite, si vous appréciez vraiment l'acrylique et désirez vous en servir régulièrement, pourquoi ne pas acheter une palette spéciale acrylique ? Celle-ci est composée d'un plateau en plastique peu profond comprenant une couche supérieure faite de papier non absorbant et une couche inférieure faite de papier buvard. Il suffit de verser de l'eau dans le plateau sous le papier buvard et de déposer les couleurs sur la couche supérieure. L'eau absorbée par le papier buvard conserve ainsi les peintures humides. Cette palette dispose aussi d'un couvercle en plastique transparent qui permet de fermer le plateau et de garder les couleurs fraîches presque indéfiniment entre les différentes étapes de votre travail.

Si vous n'en trouvez pas dans le commerce, vous pouvez en fabriquer une avec du papier non gras (pour la couche supérieure). Le seul inconvénient de ces palettes est leur étroitesse. Vous serez peut-être obligé de faire vos mélanges sur un autre support. Ces palettes spéciales acryliques sont cependant idéales lorsqu'on travaille l'acrylique à la façon de l'aquarelle. Elles se révèlent essentielles pour les travaux en extérieur.

LA PEINTURE À L'HUILE

L'huile est plus souple à employer que l'acrylique, car elle sèche moins vite, ce qui permet de déplacer les couleurs sur la toile et de les mélanger. L'artiste aguerri sera heureux de pouvoir reprendre son œuvre à volonté. Quant au débutant, il lui faudra apprendre la patience : s'il superpose trop de peinture frais sur frais, il risque fort d'obtenir un mélange peu conforme à ses souhaits. Heureusement, il pourra toujours gratter les zones indésirables avec un couteau à palette et… recommencer.

LES SUPPORTS POUR L'HUILE

Le support traditionnel de la peinture à l'huile est la toile, montée sur un châssis. Agréable à utiliser, facile et légère à transporter pour les travaux à l'extérieur, elle

VOIR AUSSI	
150-157	La peinture à l'huile
158-163	L'acrylique

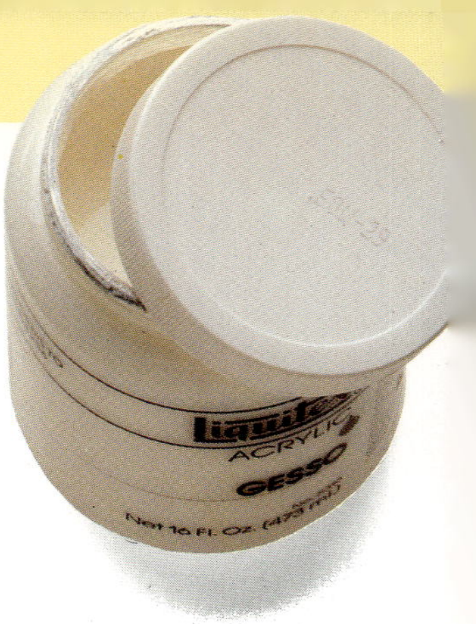

COMMENT TENDRE UNE TOILE

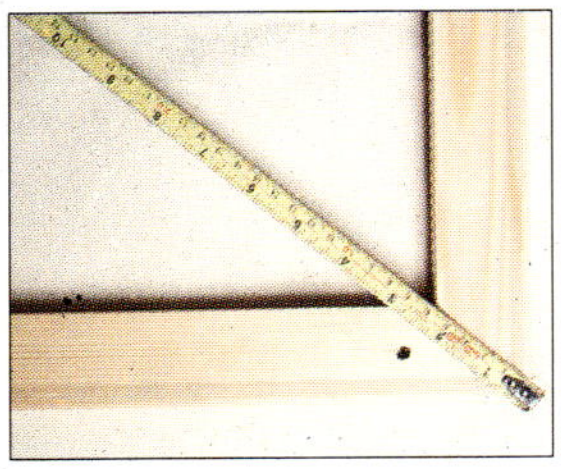

1 ◄ Assemblez les quatre profils de bois. Assurez-vous que les coins forment un angle droit en mesurant les diagonales. Il les faut égales sinon le châssis ne sera pas droit.

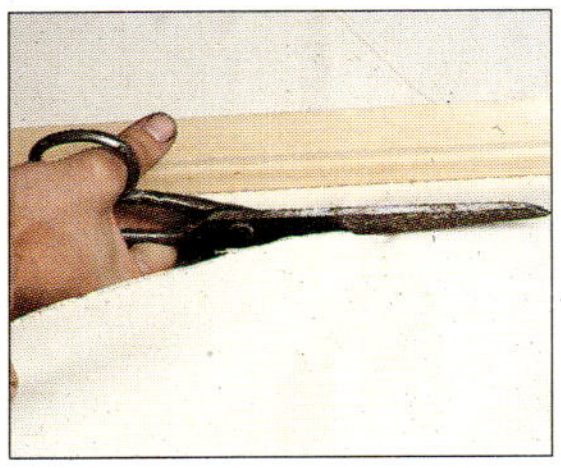

2 ◄ Découpez la toile en laissant une marge de 5-6 cm pour l'agrafer (vous pouvez aussi utiliser des semences).

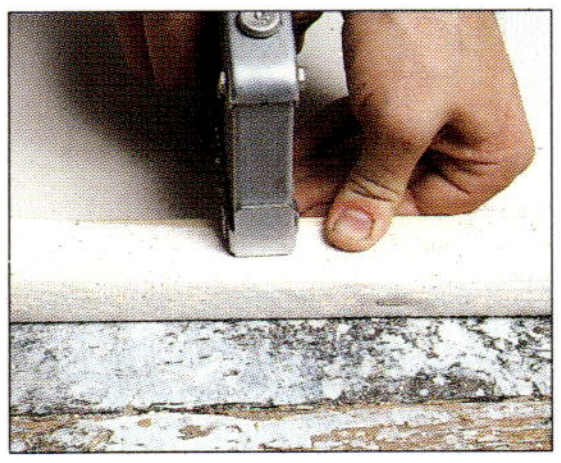

3 ◄ Rabattez la toile avec soin sur l'envers et enfoncez une première agrafe (ou une semence) au centre d'un des grands profils.

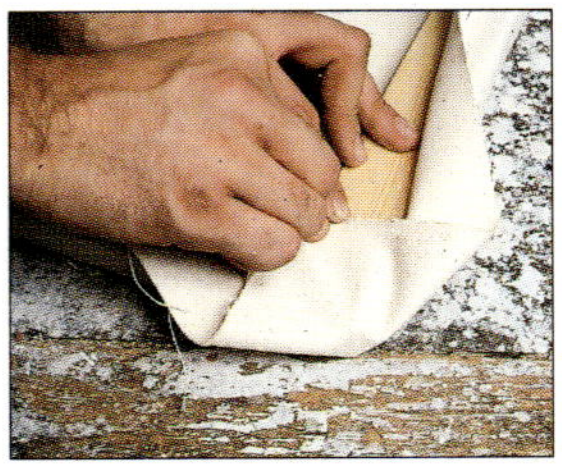

4 ◄ Les agrafes (ou les semences) doivent se suivre tous les 8 cm, du centre aux coins. Répétez l'opération avec l'autre grand profil, puis avec les deux petits profils.

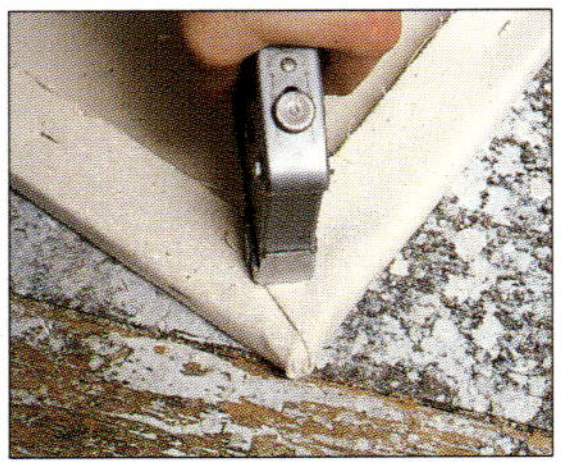

5 ◄ Assemblez à onglet : aidez-vous de la photo ci-dessus pour rabattre les coins de la toile en biseau. Pliez-les avec soin l'un sur l'autre et agrafez ou clouez en diagonale.

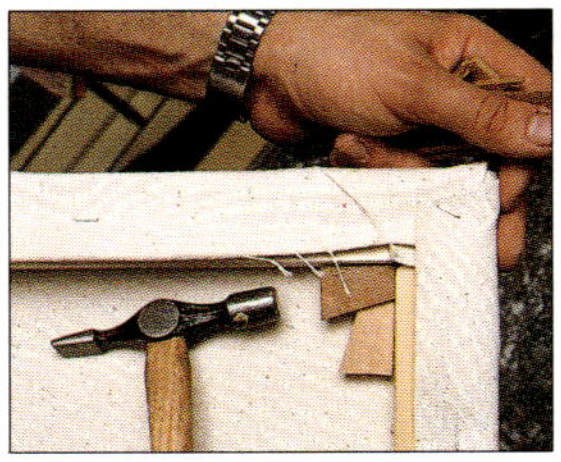

6 ◄ À l'aide d'un marteau, enfoncez des cales de bois dans les coins afin de bien tendre la toile. Si par la suite elle se détend, il suffit d'enfoncer plus profondément les cales.

tient peu de place lorsqu'on la sort de son châssis pour la ranger. Toutefois, elle est un peu chère lorsqu'on débute. Dans ce cas, nous vous conseillons plutôt d'acheter un carton entoilé (il en existe de toutes sortes, avec une texture identique à la toile) ou du papier spécial huile, très pratique puisqu'on peut le couper à la taille voulue. Vous pouvez aussi peindre sur du papier à dessin ordinaire ou sur du papier aquarelle. Idéalement ceux-ci devraient être apprêtés avant d'être utilisés (il suffit pour cela de les enduire d'une couche d'apprêt acrylique). Vous pouvez néanmoins les employer tels quels, mais dans ce cas vous ne pourrez pas conserver votre travail car l'huile va être absorbée par le papier, ce qui détruira la peinture. Essayez quand même l'huile sur le papier pour vos premiers exercices : la peinture séchera presque aussi vite qu'avec de l'acrylique.

LES PINCEAUX

Que vous travailliez à l'huile ou à l'acrylique, vous pouvez utiliser les mêmes pinceaux. Ce sont des pinceaux en soie. Ils existent en toutes tailles (commencez avec les numéros 2, 6 et 8, par exemple) et sous toutes formes (surtout rondes, plates et bombées). Il est malheureusement difficile de vous conseiller une forme plutôt qu'une autre : c'est surtout une affaire de goût personnel et de pratique. Les pinceaux bombés, qui représentent un compromis entre les pinceaux plats et les pinceaux ronds, sont probablement les plus souples à l'emploi pour un débutant. Il vous faudra également au moins deux pinceaux souples (davantage si vous travaillez l'acrylique à la manière de l'aquarelle). Les meilleurs pinceaux souples sont en poils de martre. Ils sont toutefois très chers. Compte tenu du fait que la peinture à l'huile ou à l'acrylique peut les abîmer rapidement, il est plus sage de commencer avec un de leurs nombreux substituts synthétiques ou

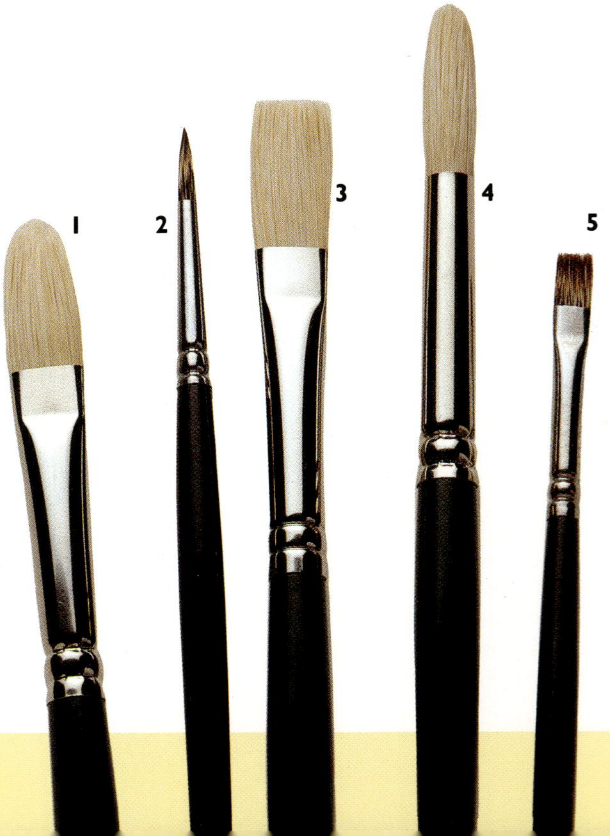

◄ On utilise généralement ce type de pinceaux à manche long pour le travail à l'huile et à l'acrylique (selon le mode huile). De gauche à droite : **1.** pinceau martre pure ; **2.** pinceau mangouste souple et rond ; **3.** pinceau soie plat ; **4.** pinceau soie rond ; **5.** pinceau mangouste rond. Les pinceaux en poils de mangouste sont plus difficiles à manipuler que les pinceaux en soie de porc.

◀ Le gesso acrylique est un excellent apprêt universel destiné à la préparation des supports pour l'huile et l'acrylique.

avec un pinceau moitié martre moitié synthétique. Choisissez-les en taille 4 et 6 par exemple. Il est préférable de débuter avec peu de pinceaux et de les compléter par la suite.

MÉDIUMS ET DILUANTS

La peinture à l'huile comme l'acrylique peuvent être utilisées telles quelles. Il est cependant parfois préférable de leur ajouter un diluant. Beaucoup d'artistes commencent à peindre avec de la peinture diluée qu'ils épaississent à mesure que leur travail avance, réservant ainsi les couches épaisses pour la fin. On dilue l'acrylique avec de l'eau et la peinture à l'huile avec de l'essence de térébenthine (ou du white-spirit). La peinture diluée sèche vite, ce qui permet de lui superposer sans trop attendre d'autres couches de peinture.

Parmi les autres substances que l'on peut ajouter à la peinture, on trouve les médiums. Ils sont facultatifs mais servent à rendre la peinture plus malléable. L'huile de lin est le médium le plus courant en peinture à l'huile. On l'emploie généralement en la mélangeant à part égale avec de l'essence de térébenthine. Divers médiums existent pour l'acrylique. Citons-en un vraiment indispensable lorsqu'on débute : le retardateur de séchage de peinture acrylique. Pour plus d'informations sur les médiums spéciaux, reportez-vous page 165.

▼ Au début, on utilise surtout l'essence de térébenthine et l'huile de lin.

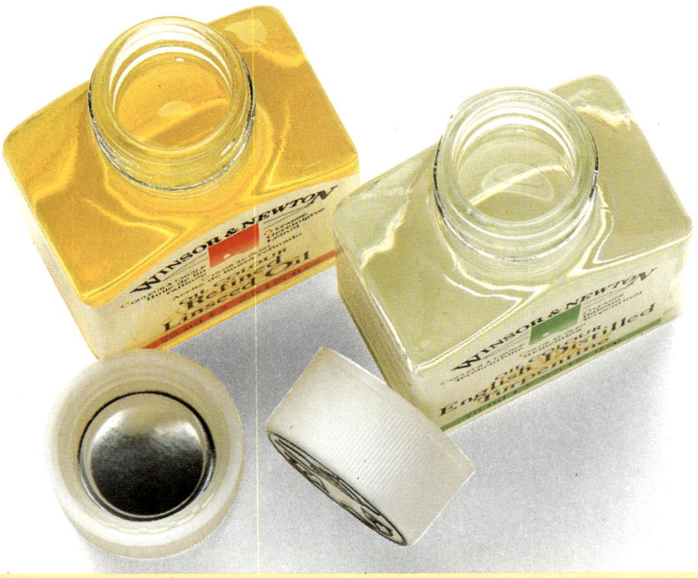

LA PALETTE DU DÉBUTANT

La palette que nous vous proposons ci-dessous convient aussi bien à la peinture à l'huile qu'à l'acrylique. Le nom des couleurs varie parfois d'une peinture à l'autre. Par exemple, il n'y a pas de vert émeraude en acrylique, mais il existe un vert approchant.

Les couleurs pour acrylique sont ici entre parenthèses. Cette palette vous propose une gamme de couleurs bien plus riche que celle qui est nécessaire à un débutant. C'est en fait celle que vous obtiendrez au fur et à mesure de vos progrès. Nous vous conseillons de disposer vos couleurs suivant un ordre logique. La plupart des artistes possèdent leur propre système et s'y tiennent afin d'être sûrs de toujours trouver la couleur dont ils ont besoin à la même place. Ici, elles sont disposées de la plus claire à la plus foncée.

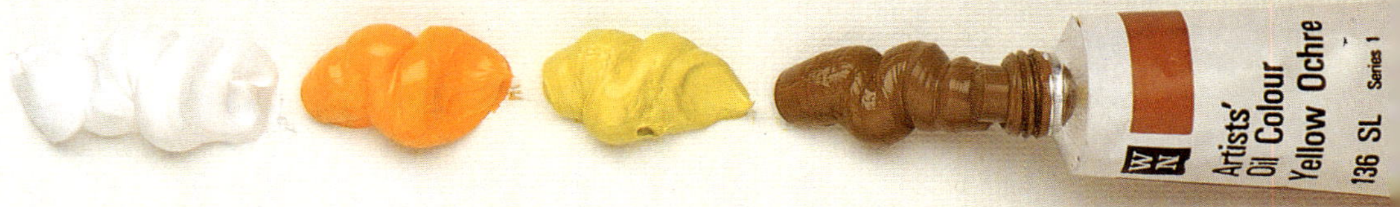

Blanc de titane | **Jaune de cadmium** | **Jaune citron (Jaune de cadmium)** | **Ocre jaune**

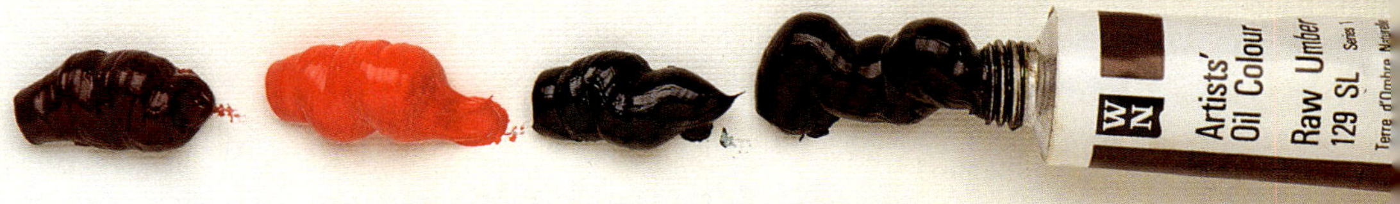

Cramoisi d'alizarine | **Rouge de cadmium** | **Vert émeraude (Vert de phtalocyanine)** | **Terre d'ombre naturelle**

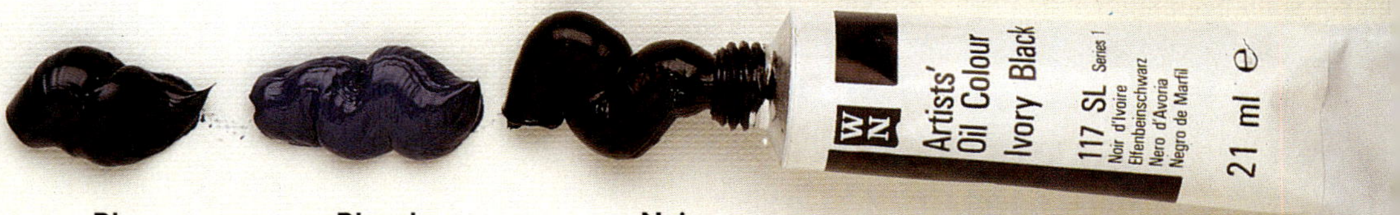

Bleu outremer | **Bleu de cobalt** | **Noir d'ivoire (Noir de Mars)**

▲ Les couleurs à l'huile proposées ici sont les mêmes dans la gamme Winsor and Newton que dans la gamme Rowney. Les noms des couleurs varient peu d'un fabricant à un autre. Les couleurs à l'acrylique sont cependant plus caractéristiques. Les noms entre parenthèses se réfèrent à des couleurs équivalentes dans la gamme Liquitex acrylique.

VOIR AUSSI	
150-157	La peinture à l'huile
158-163	L'acrylique

Au-delà de la couleur

Cette leçon dépend en grande partie de la précédente; elle s'en éloigne cependant sur un certain nombre de points. Le dernier exercice ne faisait appel qu'à trois couleurs. Il fallait les mélanger pour obtenir une gamme relativement riche. Dans cet exemple-ci, la gamme est également limitée mais il n'est pas possible de mélanger les couleurs puisqu'on n'utilise pas de peinture. Le tableau doit se composer exclusivement de formes découpées dans des papiers dont la couleur est déterminée à l'avance.

Travailler avec des papiers de couleur est un exercice à la fois plaisant et instructif. Vous n'aurez pas à vous creuser la tête pour essayer de reproduire au mieux la couleur de votre sujet : vous serez libéré des contraintes de représentation naturaliste. De plus, il vous faudra prendre un certain nombre de décisions en rapport avec le processus de création. Cet exercice vous demande de choisir des papiers dont la couleur traduit au mieux un aspect du sujet. Par exemple, si votre tableau comporte un élément sombre de grande taille, comme une grosse aubergine, le papier le plus foncé, quelle que soit sa couleur et même si elle n'a aucun rapport avec la teinte du légume, est le plus approprié.

Ce travail exige un peu d'attention, mais vous serez surpris de la ressemblance de vos objets. Et surtout vous comprendrez mieux ainsi le processus de « traduction », qui est au centre de toute peinture. Il est impossible de reproduire fidèlement le monde qui nous entoure. D'abord parce qu'il est en trois dimensions et qu'un tableau n'est qu'en deux dimensions.

23 ➤

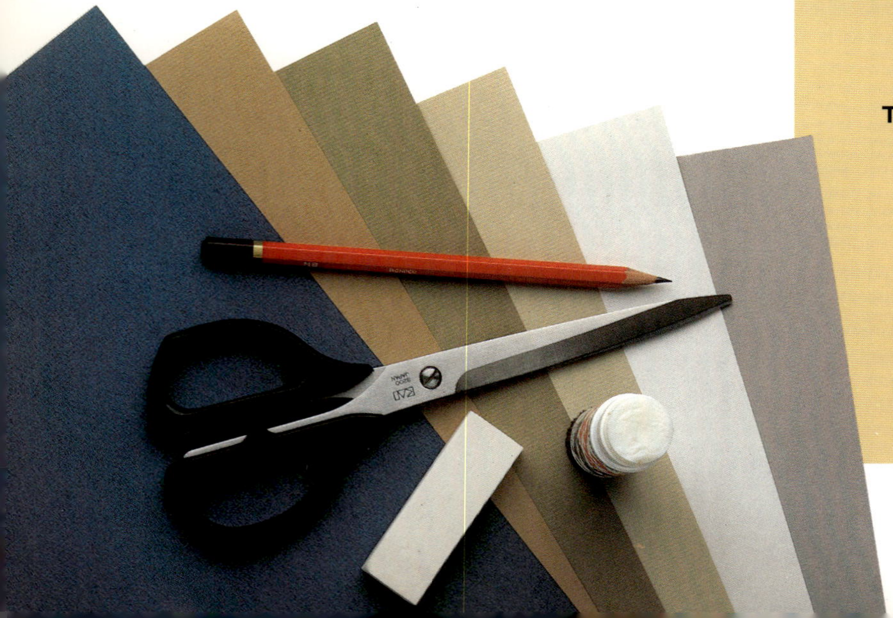

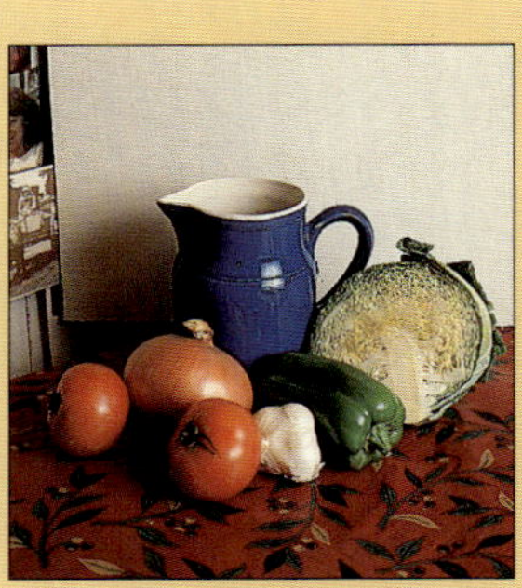

BUTS DE L'EXERCICE

Analyser l'intensité des couleurs

Trouver un équilibre entre les formes et les couleurs

Composer un tableau

S'initier au collage

MATÉRIEL NÉCESSAIRE

Des papiers de couleur (pas plus de six)

Des ciseaux

Une grande feuille de papier à dessin

De la colle à papier

Un crayon et une gomme

TEMPS PRÉVU

3-4 heures

L'EXERCICE

Vous pouvez acheter des papiers de couleur, mais il est possible que vous en ayez chez vous qui fassent tout aussi bien l'affaire : papier d'emballage (uni), papier kraft, vieilles enveloppes, morceaux découpés dans un magazine, etc., les idées ne manquent pas ! Prévoyez des tons clairs et des tons foncés. Pour cet exercice, nous vous demandons de rassembler quelques papiers de couleur avant de composer le tableau plutôt que de chercher à faire concorder les éléments de la composition avec des couleurs choisies par la suite.

LE SUJET

Préférez une nature morte composée d'objets variés. Par exemple, des fruits et des légumes (un chou coupé, des poivrons entiers ou en tranches, des tomates, une orange à moitié pelée) dont les formes et les tailles offrent des contrastes et des motifs intéressants, faciles à exploiter quand on dispose de divers morceaux de papier coupés. Placez-les sur une table de façon à pouvoir les regarder d'en haut (les

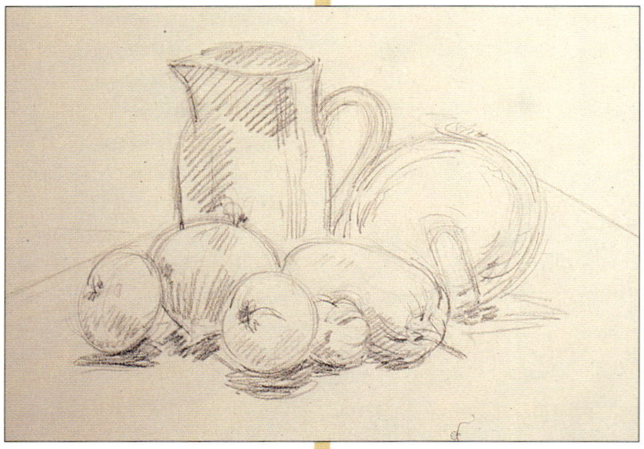

1 ▲ Dessinez une ébauche préliminaire afin de placer correctement les premières couleurs.

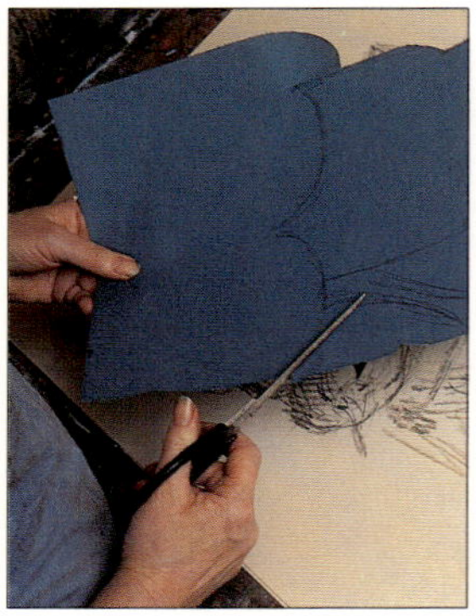

2 ◄ L'artiste dessine vaguement les contours du pot à eau sur le papier, puis elle les découpe.

motifs formés par les objets sont alors plus forts). Assurez-vous que les espaces entre les objets ne sont pas symétriques (voir leçon précédente).

LA MÉTHODE DE TRAVAIL

Quand la composition vous plaît, faites une première ébauche au crayon. Elle vous aidera à découper les formes en papier. Choisissez la couleur ou la forme qui vous semble dominer le groupe d'objets (cela peut être l'arrière-plan ou l'un des légumes) et trouvez-lui son équivalent papier. Cette dominante vous servira de point de référence pour les couleurs et les formes à venir. À ce stade, il n'est pas encore nécessaire de coller; certains artistes préfèrent en effet découper toutes les formes, les déplacer sur la feuille de papier puis les coller quand ils ont réussi à reproduire les objets et à établir des liens. L'important est de trouver les équivalents les plus proches possible des éléments de la composition. Si vous avez collé une forme qui par la suite ne vous plaît plus, il suffit d'en découper une autre et de la coller par-dessus.

L'ÉVALUATION DE LA COMPOSITION

Quand le tableau vous semble terminé, éloignez-vous de quelques pas et observez l'effet d'ensemble. N'y a-t-il pas trop d'espace entre les différentes découpes ? Les objets sont-ils disposés harmonieusement, ne s'entassent-ils pas plus d'un côté que de l'autre ? Les photographes savent recadrer un négatif avant de le tirer. Vous pouvez faire de même en masquant certaines parties du tableau : pour cela, il suffit de découper quatre bandes de papier blanc d'environ 4 cm de large et de la longueur du plus grand côté du tableau, puis de les déplacer sur la composition comme on le ferait avec un cadre jusqu'à ce que les objets tels qu'ils sont placés à l'intérieur du rectangle choisi vous conviennent. Le cadre peut être soit rectangulaire, et utilisé horizontalement ou verticalement (si seule la partie centrale vous intéresse par exemple), soit carré.

5 ▼ Les principales couleurs sont maintenant placées. Comme en peinture, elles pourront être retouchées plus tard en collant par-dessus des morceaux de papier plus petits.

3 ► Le pot à eau constitue le ton le plus foncé de la nature morte, mais aussi le plus gros objet, c'est pourquoi l'artiste commence par lui. Par hasard, la couleur du papier est très proche de la couleur réelle de l'objet. Ce n'est pas le cas des autres couleurs déterminées à l'avance. L'artiste doit donc faire des choix.

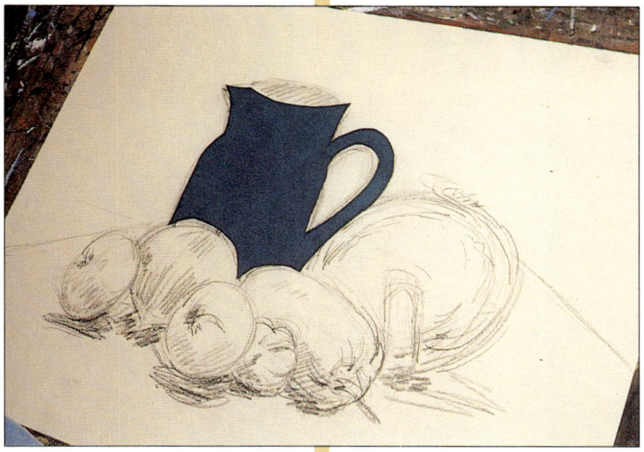

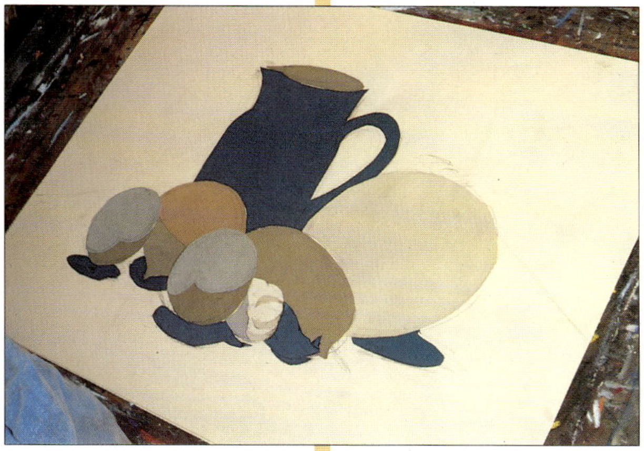

4 ► Ici, le bleu du pot à eau se retrouve pour décrire les ombres des légumes. Le papier marron-beige est utilisé pour le poivron vert et les parties inférieures des tomates.

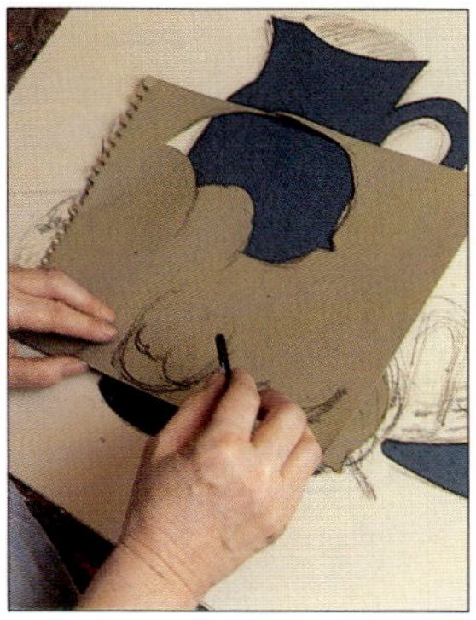

VOIR AUSSI	
24-29	La couleur et le ton
93	Composer une nature morte
182-183	Le collage

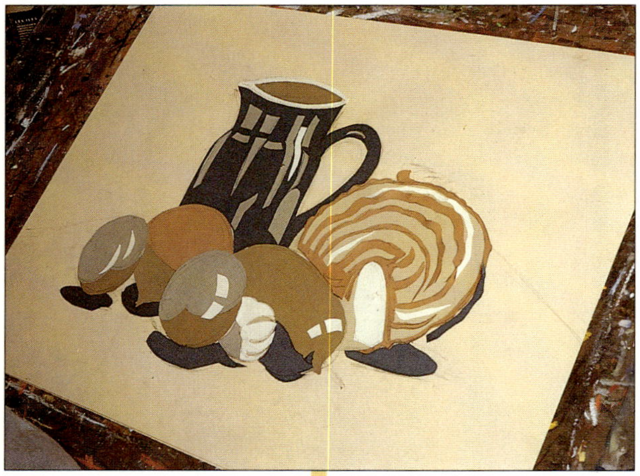

6 ▲ À ce stade, l'artiste ajoute des lumières sur le pot à eau et sur les légumes. Des bandes de papier circulaires, claires et foncées, servent à décrire le chou coupé. Comme le papier servant de fond est coloré, l'artiste a pu ajouter des morceaux de papier blanc pour figurer les zones les plus claires.

7 ▼ Admettez que même si les couleurs sont éloignées de la réalité, le collage donne une représentation parfaitement convaincante de la nature morte choisie. La couleur n'est qu'une façon de décrire les objets : les tons sont aussi importants que les formes en peinture.

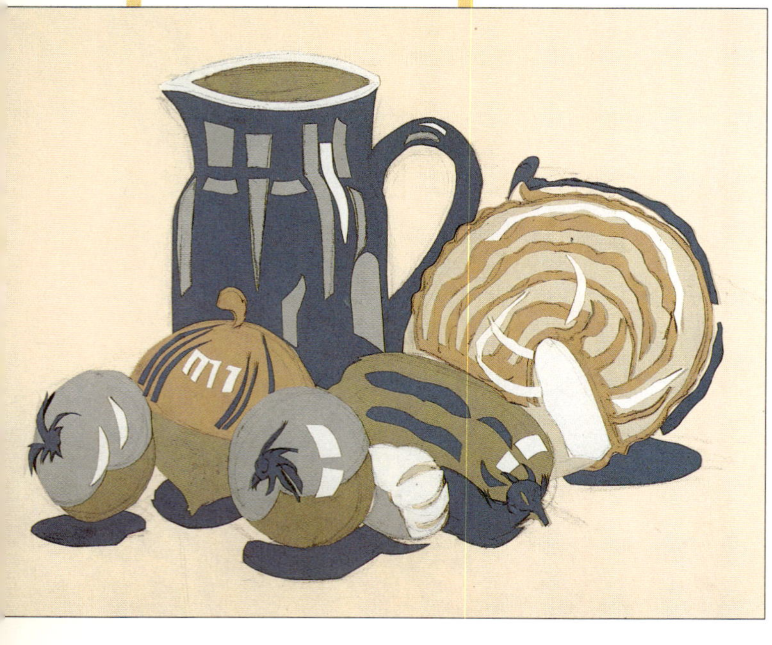

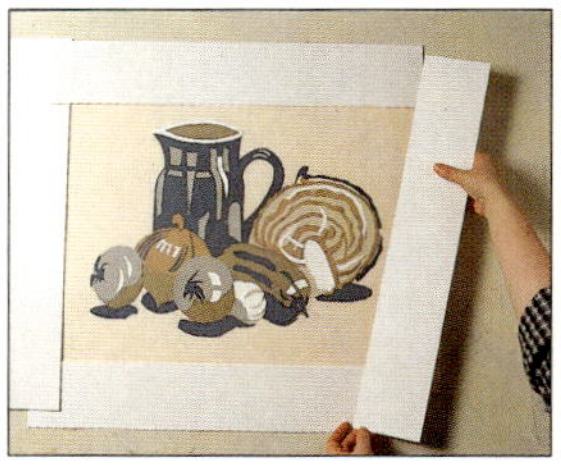

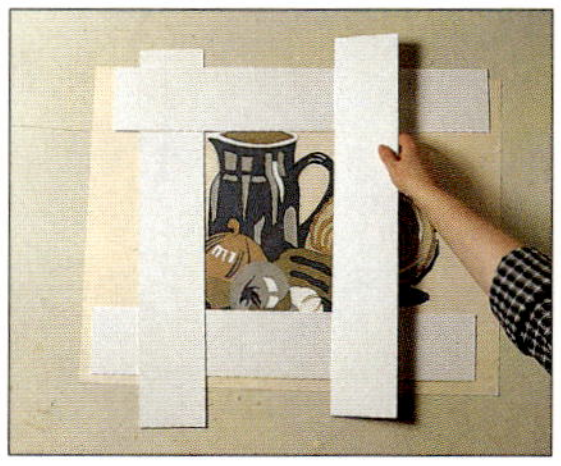

▲ Pour finir, l'artiste cherche le meilleur cadrage de sa composition à l'aide de bandes de papier blanc. Avec un bon cadrage, on peut s'arranger pour que les objets semblent moins tassés ou on peut s'apercevoir que la partie centrale se suffit à elle-même.

AUTOCRITIQUE

- Avez-vous rencontré des difficultés à identifier les différents tons ?
- Les couleurs choisies pour votre composition vous plaisent-elles ?
- Les découpes réussissent-elles à décrire les objets ?

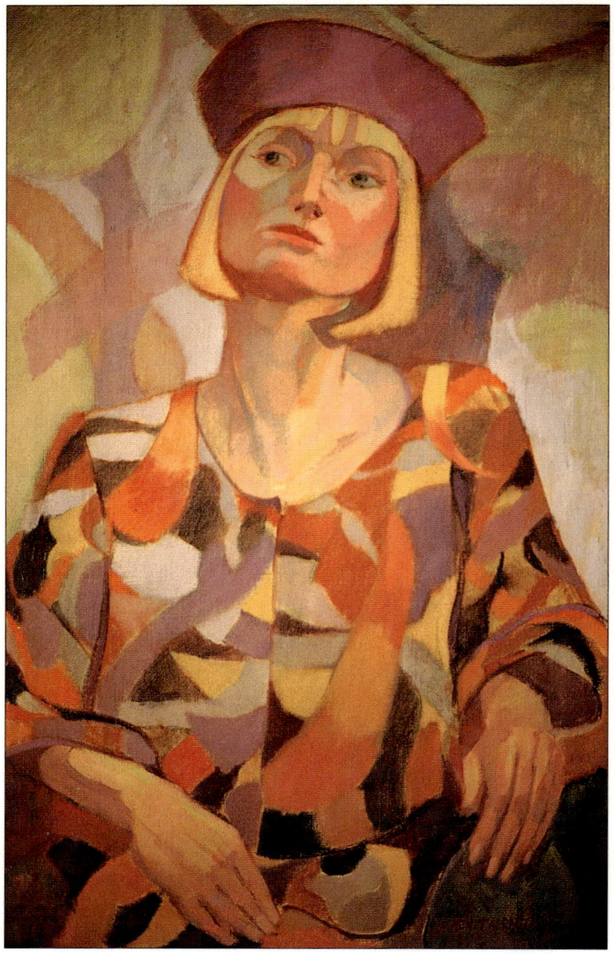

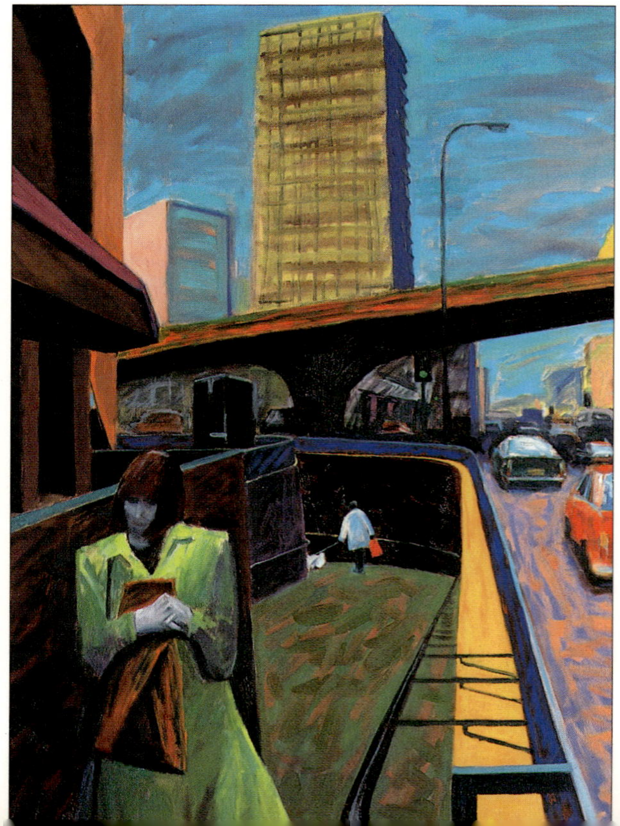

◀ OLWEN TARRANT
Vesla
Huile
Les teintes du visage reproduisent ici parfaitement la couleur de la chair, alors que l'artiste n'a pas cherché à décrire exactement la réalité mais plutôt à lui trouver des équivalents. Remarquez avec quelle habileté les motifs de couleurs vives de la robe se répètent.

◀ OLIVER BEVAN
Hanging on
Huile sur toile
Voici un exemple encore plus frappant de la façon dont un artiste peut employer des couleurs irréelles pour décrire avec force un lieu et une atmosphère.

Ensuite parce qu'il contient plus de teintes et de nuances que des tubes de peinture et même des mélanges ne pourront jamais rendre. La tâche principale d'un artiste consiste à trouver des équivalents à ce qu'il voit.

COLLAGE ET COMPOSITION

Le premier but de cet exercice est de vous faire trouver ces équivalents. Pour cela, concentrez-vous sur les couleurs et cherchez à définir leur intensité. Mais cet exercice va plus loin : il vous initie à des idées artistiques plus avancées. Lorsqu'on peint de façon conventionnelle, avec des pinceaux, il est si facile de se laisser emporter par le travail purement mécanique du mélange des couleurs et de leur application qu'on en oublie la composition d'ensemble du tableau. Après des heures d'un dur labeur, certaines parties vous sembleront réussies mais l'œuvre en elle-même ne ressemblera à rien. La technique du collage, qui consiste à créer un tableau à partir d'un assemblage de bouts de papier (ou de tissus, ou autres), oblige l'artiste qui l'emploie à se pencher dès le début de son travail sur la composition, puisque chaque morceau de papier doit avoir une forme bien définie. Le collage est une branche importante de la peinture. Si ce premier exercice vous a plu, reportez-vous au Chapitre 3 de ce livre, vous y trouverez d'autres exercices ainsi que des explications et des illustrations plus complètes.

AUTRES EXERCICES

De nombreux autres sujets peuvent former la base d'un exercice de collage. De plus, il est possible de varier à l'infini les couleurs des papiers utilisés. Après avoir essayé les bruns et les gris, peut-être un peu tristes, pourquoi ne pas travailler avec des couleurs plus vives ? Vous pouvez aussi choisir des papiers à textures variées (par exemple, en juxtaposant des pages brillantes de magazines avec des feuilles de papier à dessin mates). La texture d'un papier peut changer considérablement la couleur, car les surfaces brillantes réfléchissent davantage de lumière que les surfaces mates. Il est possible également de déchirer le papier et de jouer sur les contrastes entre bords coupés bien nets et bords déchirés, plus doux.

SUGGESTIONS

- Plante en pot ou fleur
- Quelques coussins sur une chaise ou un canapé
- Des jouets d'enfants
- Des livres et des magazines à la couverture brillante en désordre

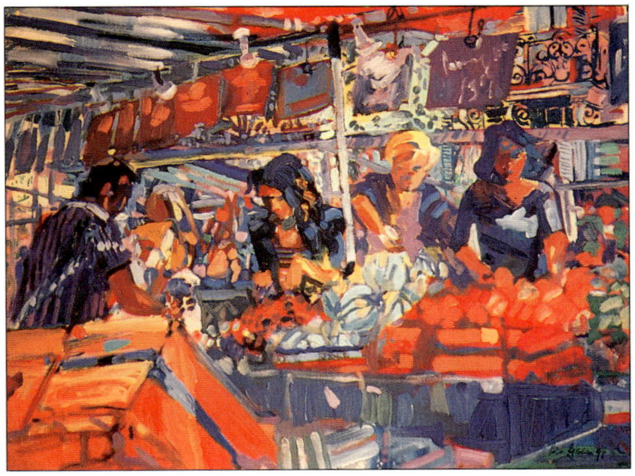

▲ PETER GRAHAM
Marché dans Paris
Huile
Graham cherche rarement à reproduire les couleurs réelles. Sa palette est toute personnelle : ici, les oranges vifs, les rouges, les bleus et les mauves s'opposent fortement.

▶ OLWEN TARRANT
Tulipes sur le palier
Huile sur toile
Le motif est toujours un élément fort du travail d'un artiste. Cette huile sur toile dégage une impression de collage : regardez comme les tulipes semblent se découper.

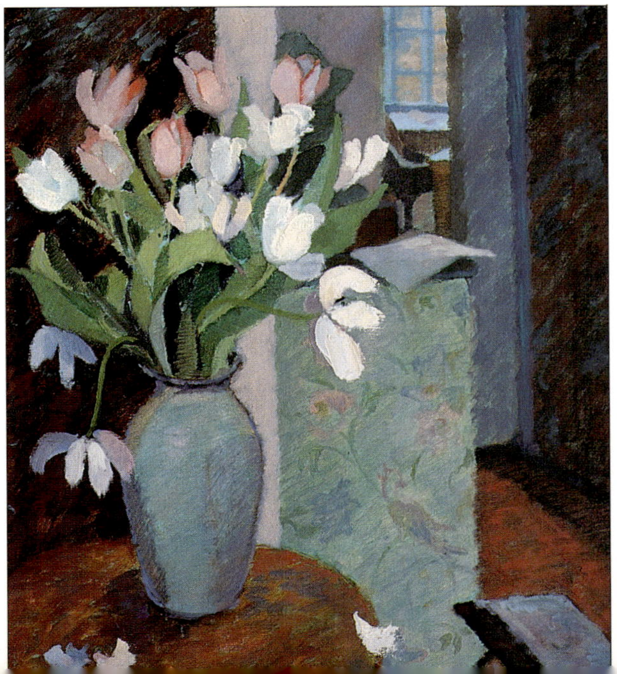

VOIR AUSSI

16-19	Initiation à la peinture à l'huile et à l'acrylique
110-113	La couleur expressive
150-157	La peinture à l'huile

LA COULEUR ET LE TON

LES DEUX EXERCICES PRÉCÉDENTS EXIGEAIENT UNE GAMME DE COULEURS LIMITÉE. CE NE SERA PAS LE CAS DES EXERCICES À VENIR. AVANT DE COMMENCER, VOICI QUELQUES INFORMATIONS UTILES SUR LA COULEUR ET LE TON. ELLES VOUS FERONT GAGNER DU TEMPS PAR LA SUITE ET VOUS ÉVITERONT BIEN DES ERREURS !

La couleur est un sujet complexe, qui a fait l'objet d'un grand nombre de traités. C'est rarement le sujet de prédilection des artistes (quoique certains soient fascinés par la couleur) mais il serait absurde de pouvoir prétendre pratiquer un art sans rien connaître de ses propriétés. Une observation patiente, de nombreux essais plus ou moins réussis, peuvent vous permettre d'appréhender le sujet, mais il faut souvent l'expérience d'une vie entière pour comprendre pourquoi certaines juxtapositions de couleurs aboutissent et d'autres pas. Les étudiants sont en conséquence bien avisés de se référer aux ouvrages traitant de la couleur. Cela ne veut pas dire qu'il vous faut renoncer à trouver une façon personnelle d'utiliser la couleur dans vos toiles. En fait, un artiste se sert toujours de la couleur d'une manière qui lui est propre. Nous disons seulement que connaître les règles de base en matière de couleur facilite le travail du créateur.

QUELQUES TERMES RELATIFS À LA COULEUR

La couleur en tant que théorie a développé ses propres termes. Vous serez certainement amené à les rencontrer, ne serait-ce que dans ce livre, c'est pourquoi nous pensons utile de commencer par en définir quelques-uns.

Les couleurs primaires se réfèrent aux rouges, aux bleus et aux jaunes qu'il est impossible d'obtenir par le mélange d'autres couleurs.

Les couleurs secondaires sont des couleurs obtenues par le mélange de deux couleurs primaires : un rouge et un bleu donnent un pourpre ; un bleu et un jaune donnent un vert ; un rouge et un jaune donnent un orange.

Les couleurs tertiaires sont obtenues en mélangeant une couleur primaire à une couleur secondaire (c'est donc un mélange de trois couleurs). Par exemple : un rouge et un vert donnent un marron.

Les couleurs complémentaires sont celles qui réagissent le plus entre elles. Elles sont opposées sur la roue des couleurs, comme le rouge et le vert, le jaune et le violet.

Le ton est la couleur considérée du point de vue de sa clarté.

La teinte représente la propriété d'une couleur, ce qui permet de l'identifier en

► En ajoutant du noir et du blanc à trois couleurs primaires, on obtient une gamme très riche d'autres couleurs, à la fois éclatantes et subtiles.

MÉLANGER DES COULEURS PRIMAIRES POUR OBTENIR DES COULEURS SECONDAIRES

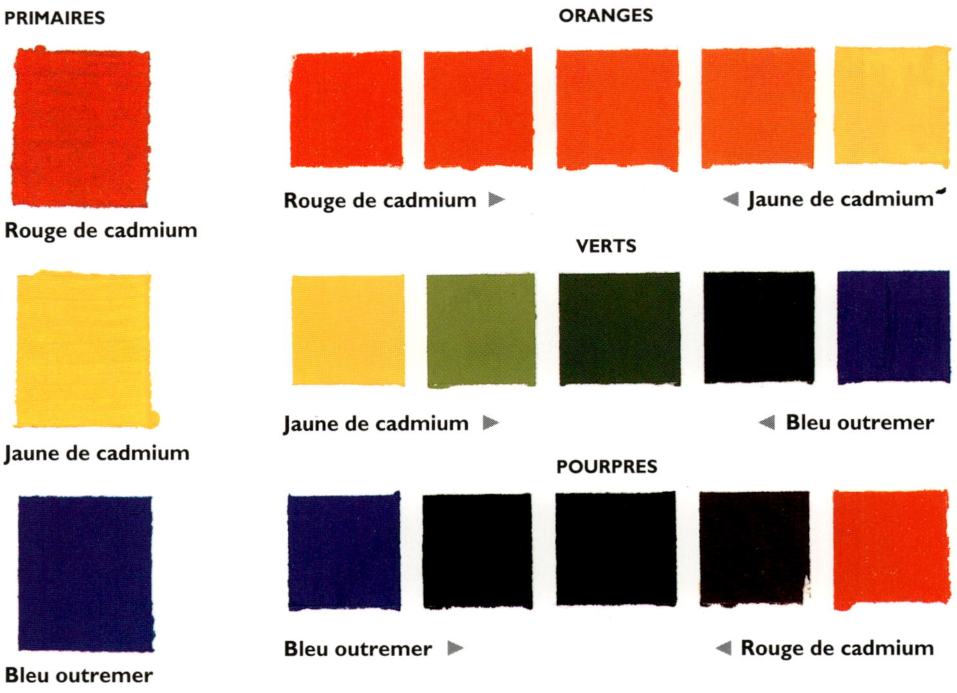

MÉLANGER DES COULEURS SECONDAIRES AVEC DU NOIR ET DU BLANC

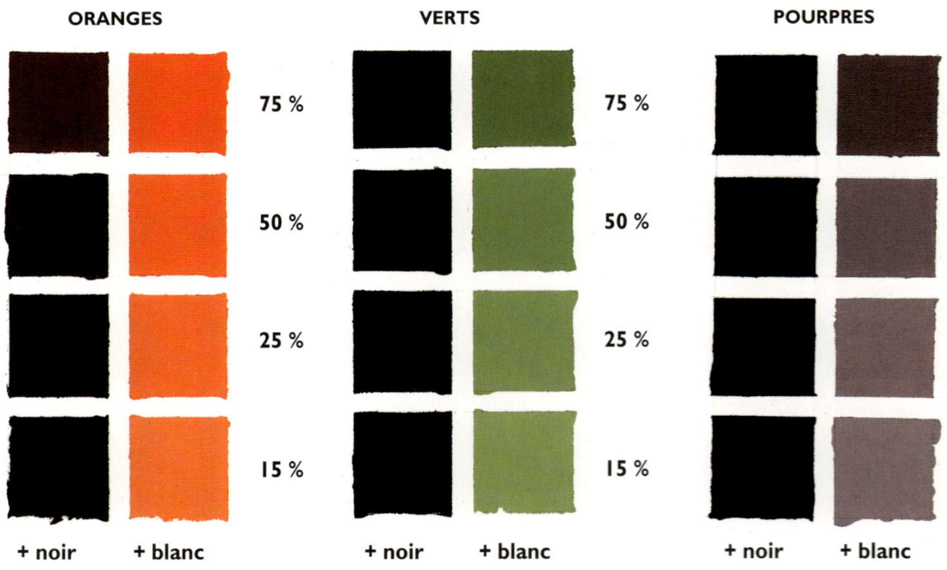

tant que rouge, jaune ou bleu par exemple.

L'intensité (ou valeur) désigne le degré de saturation d'une couleur en fonction des pigments qu'elle contient, c'est-à-dire sa brillance. Plusieurs couleurs peuvent être dites de teinte rouge ; leur valeur plus ou moins brillante permet de les distinguer.

MÉLANGER LES COULEURS PRIMAIRES

On croit généralement qu'il est possible d'obtenir n'importe quelle couleur en mélangeant les couleurs primaires. Cela n'est pas vrai. Si, en théorie, il existe un rouge pur, un jaune pur et un bleu pur, en pratique les pigments de couleur ne sont pas purs. Reportez-vous au nuancier présenté en page de gauche : les forces et les faiblesses du rouge de cadmium, du jaune de cadmium et du bleu outremer, trois couleurs supposées se rapprocher le plus des couleurs idéales, sautent aux yeux.

Une faiblesse en particulier est évidente. Bien que le rouge et le jaune donnent un orange clair intense et que le jaune et le bleu donnent un vert acceptable, le bleu et le rouge, qui en théorie donnent un pourpre, ne peuvent ici reproduire que des gris et des marrons. Il est cependant remarquable qu'à partir de trois couleurs plus du noir et du blanc, on puisse obtenir trente-trois autres couleurs.

Toutefois, elles ne suffisent pas à nous donner toutes les couleurs possibles, le pourpre entre autres. Pour celui-ci, vous avez besoin d'une autre couleur primaire : un rouge qui tire sur le bleu, comme le cramoisi d'alizarine. De même, si vous désirez une gamme plus étendue de verts, il vous faut deux autres couleurs primaires : un jaune citron (plus clair et plus vif que le jaune de cadmium) et un bleu de cobalt (plus froid et plus vert que le bleu outremer). Les mélanges obtenus à partir de ces couleurs primaires sont représentés ci-contre. Comme précédemment, elles ne peuvent donner toutes les couleurs désirées. L'orange

MÉLANGER DES COULEURS PRIMAIRES POUR OBTENIR DES COULEURS SECONDAIRES

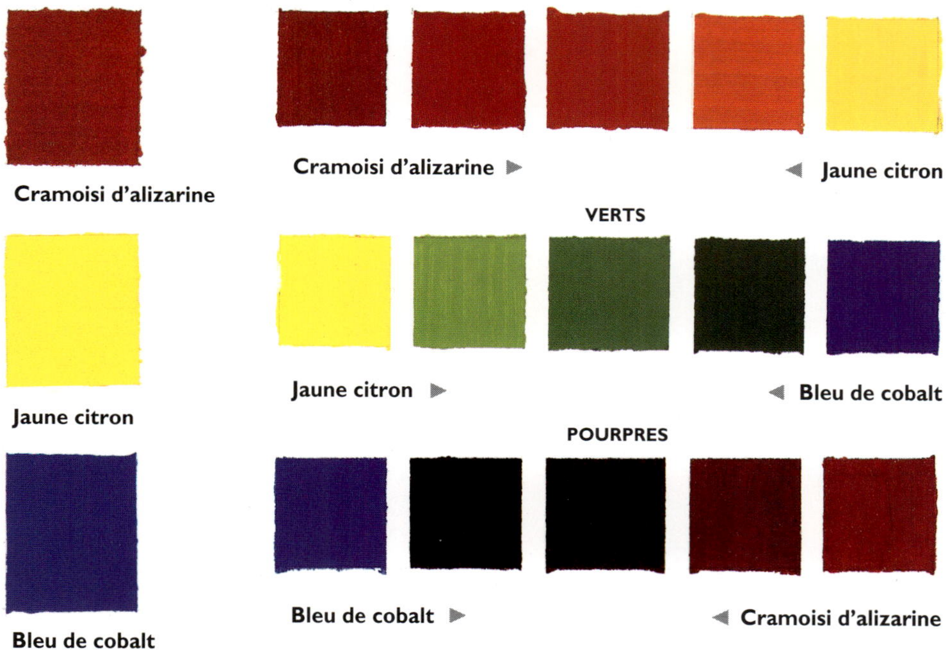

MÉLANGER DES COULEURS SECONDAIRES AVEC DU NOIR ET DU BLANC

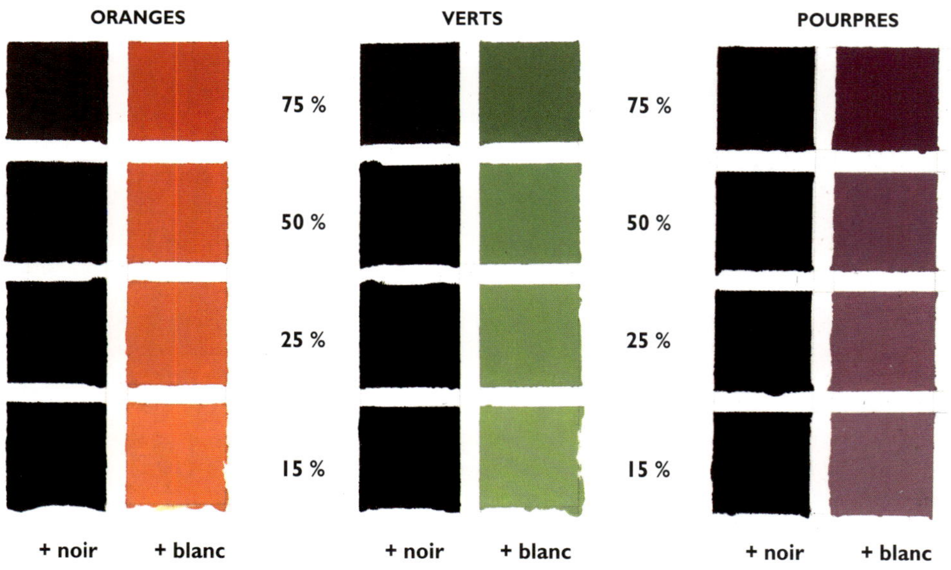

◄ Ces nuanciers présentent les mélanges du second groupe de couleurs primaires avec du blanc et du noir. On peut aussi mélanger les deux groupes pour obtenir encore davantage de couleurs.

▲ Les mélanges avec du pourpre ne sont jamais complètement réussis. À droite, ce mélange de deux couleurs primaires (un cramoisi d'alizarine avec du bleu outremer) est ce qu'on peut obtenir de plus satisfaisant. Il est parfois préférable d'acheter un mélange tout prêt (à droite, un pourpre dioxazine).

VOIR AUSSI	
16-19	Initiation à la peinture à l'huile et à l'acrylique
30-33	De la théorie à la pratique

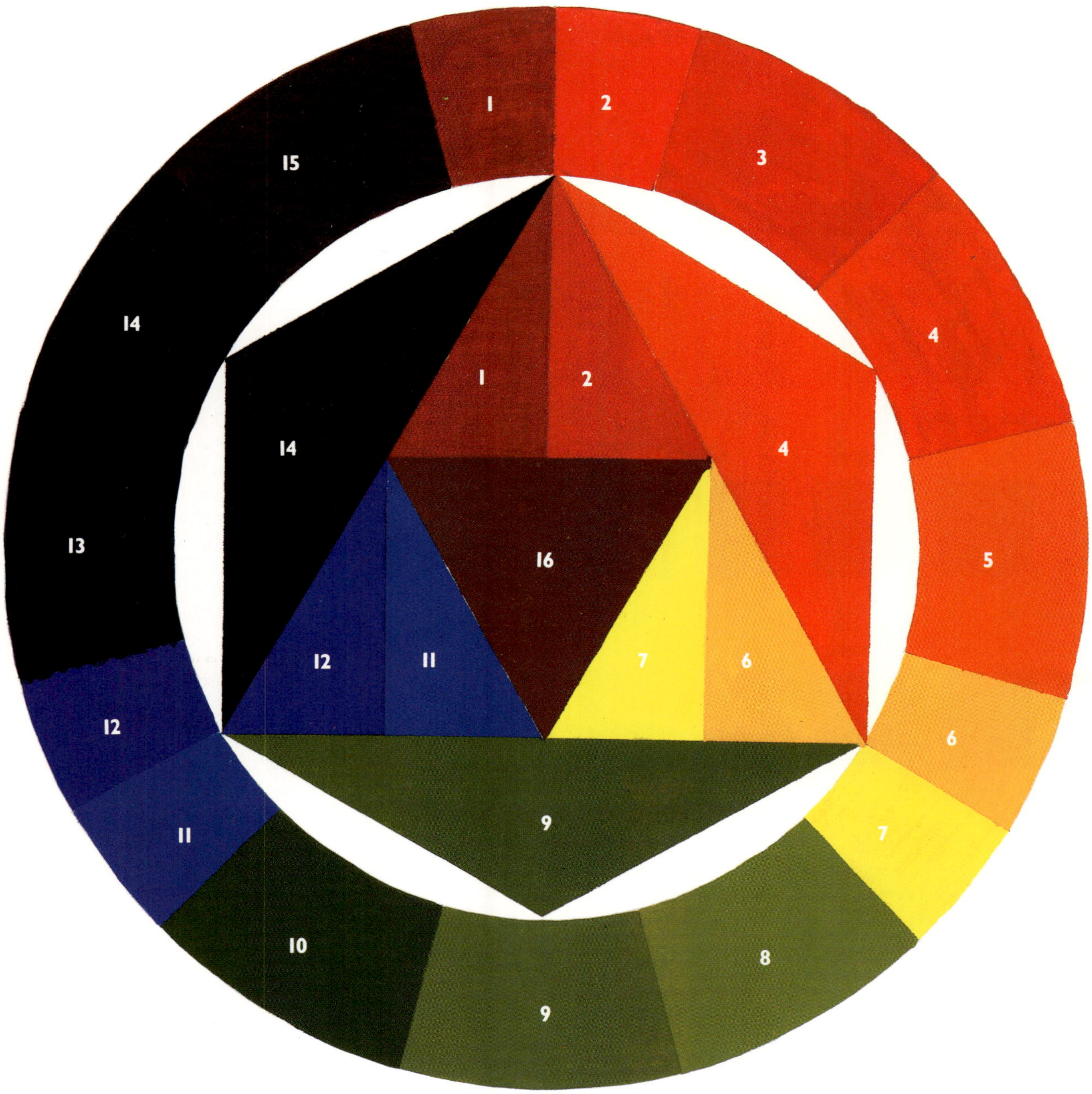

◄ À l'exception du marron, au centre de la roue, les couleurs tertiaires sont toutes vives car elles ont été obtenues avec des couleurs proches. Pour obtenir des couleurs plus neutres, il suffit (voir page de droite) de mélanger des couleurs plus éloignées sur la roue.

COULEURS PRIMAIRES
- **1** Cramoisi d'alizarine
- **2** Rouge de cadmium
- **6** Jaune de cadmium
- **7** Jaune citron
- **11** Bleu de cobalt
- **12** Bleu outremer

COULEURS SECONDAIRES
- **4** Orange (rouge de cadmium + jaune de cadmium)
- **9** Vert (jaune de cadmium + bleu outremer)
- **14** Pourpre (cramoisi d'alizarine + bleu outremer)

COULEURS TERTIAIRES
- **3** Orange + rouge de cadmium
- **5** Orange + jaune de cadmium
- **8** Vert + jaune citron
- **10** Vert + bleu de cobalt
- **13** Pourpre + bleu outremer
- **15** Pourpre + cramoisi d'alizarine
- **16** Mélange des six couleurs primaires

(obtenu à partir du jaune citron et du cramoisi d'alizarine) n'est pas satisfaisant, le pourpre non plus; seul le vert (obtenu à partir du jaune citron et du bleu de cobalt) est clair et vif. Nous tirerons de ces exemples la leçon suivante : les couleurs secondaires les plus fortes s'obtiennent en mélangeant des couleurs qui tirent légèrement les unes vers les autres.

LA ROUE DES COULEURS

Les roues des couleurs se présentent sous diverses formes. Certaines ne présentent que les couleurs pures établies à partir des couleurs du spectre de la lumière. Elles ne sont pas très utiles en peinture. Comme nous l'avons déjà souligné, les pigments utilisés par les artistes sont impurs. Les couleurs utilisées en peinture ne sont pas les mêmes que celles de la lumière et elles se comportent différemment. La roue reproduite ici a été établie avec de la peinture acrylique : les couleurs primaires ont servi à produire à la fois les couleurs secondaires et les couleurs tertiaires.

Vous remarquerez immédiatement que toutes ces couleurs diffèrent beaucoup par leur ton. Ni blanc ni noir n'ont été ajoutés; les pourpres et les bleus sont cependant très sombres si on les compare aux jaunes et aux couleurs comportant du jaune. Il est souvent nécessaire d'ajouter un peu de blanc pour obtenir un pourpre satisfaisant, de même qu'un vert lumineux demande parfois un peu de jaune.

COULEURS CHAUDES ET COULEURS FROIDES

Vous observerez également que les couleurs de cette roue peuvent être rangées en deux catégories : les couleurs chaudes (les rouges et les jaunes) et les couleurs froides (les bleus et les verts). En peinture, il est très important de savoir les reconnaître, car dans un tableau les couleurs chaudes semblent avancer tandis que les couleurs froides semblent reculer. Ce phénomène vous permet de créer une impression d'espace : par exemple, si vous peignez quelques oranges sur un fond gris-bleu ou gris-vert, vous aurez l'impression qu'elles cherchent à sortir du tableau.

L'utilisation de la couleur n'est pourtant pas toujours aussi simple. En fait, presque toutes les couleurs possèdent une version chaude et une version froide. Les couleurs en terme de température sont relatives, même si les rouges, les oranges, les jaunes et leurs mélanges, marron-rouge et vert-jaune, sont dits chauds. Regardez les différentes versions des couleurs primaires sur la roue et cherchez à distinguer leurs versions chaude et froide.

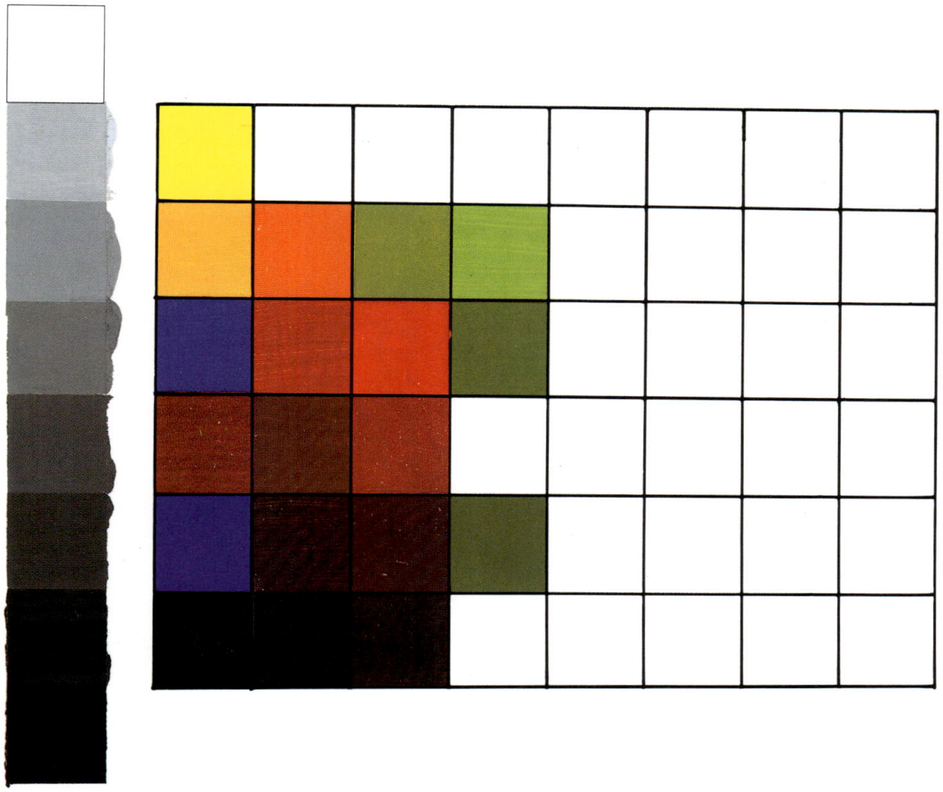

ASSORTIR COULEUR ET TON

◀ De tels nuanciers vous aideront à évaluer les valeurs tonales. Remarquez que le jaune est toujours plus clair que les autres couleurs.

LES COULEURS HARMONIEUSES ET COMPLÉMENTAIRES

Constatez aussi combien les couleurs proches sur la roue s'harmonisent naturellement. Si vous les utilisez ensemble, elles ne jureront pas. Ce n'est pas forcément le cas des couleurs opposées. Celles-ci sont dites complémentaires : comme le rouge et le vert, le jaune et le violet, le bleu et l'orange. Elles aussi jouent un rôle essentiel en peinture, car lorsqu'on les juxtapose, elles émettent une sorte de vibration qui les rend plus brillantes. Un aplat vert peut ainsi vibrer si on lui ajoute quelques touches de rouge. De même, un peu de vert sur le côté dans l'ombre d'un objet rouge ravive celui-ci. Les impressionnistes ont beaucoup utilisé cet effet. Pour eux, il ne faisait pas de doute que l'ombre d'un objet contenait un peu de la couleur complémentaire de l'objet.

Il est important également de savoir comment l'intensité d'une couleur (sa valeur) se rattache au ton, c'est-à-dire au degré de clarté de cette couleur.

COULEURS CLAIRES ET COULEURS FONCÉES

Il est très difficile de juger les tons d'une couleur, car l'œil est plus sensible à la teinte de celle-ci qu'à son degré de clarté. Il est cependant essentiel d'apprendre à les identifier, les contrastes entre zones claires et zones foncées jouant un rôle primordial en peinture. Pour vous aider, fabriquez des nuanciers comme celui de gauche.

L'échelle des gris (à gauche du nuancier), comportant du blanc en haut, du noir en bas et cinq gris intermédiaires, est ici mise en relation avec les couleurs primaires, secondaires et tertiaires qui s'harmonisent le mieux aux nuances de gris présentées. Vous pouvez compléter ce nuancier en lui ajoutant des couleurs secondaires mélangées à du noir ou à du blanc (voir pages précédentes).

Les nuanciers et les roues de couleurs, tels ceux que nous avons reproduits sur ces pages, font partie de l'enseignement apporté à tout étudiant en arts. Faites vous-même vos propres expériences et nuanciers : vous apprendrez ainsi beaucoup sur les couleurs et

MÉLANGES COMPLÉMENTAIRES

◀ Les couleurs secondaires les plus lumineuses sont celles qu'on obtient à partir d'un mélange de deux couleurs primaires qui tirent l'une vers l'autre et sont donc proches l'une de l'autre sur la roue des couleurs. En mélangeant des couleurs primaires complémentaires, on parvient à l'effet inverse : les couleurs neutres ainsi obtenues peuvent parfaitement compléter une palette de couleurs très brillantes.

VOIR AUSSI	
16-19	Initiation à la peinture à l'huile et à l'acrylique
110-113	La couleur expressive

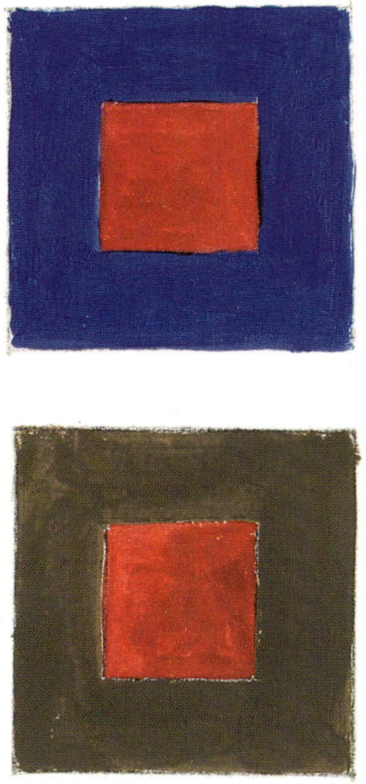

▲ Deux couleurs primaires employées côte à côte forment un contraste efficace, mais sachez que vous pouvez renforcer la brillance d'une couleur simplement en la juxtaposant à une couleur tertiaire neutre.

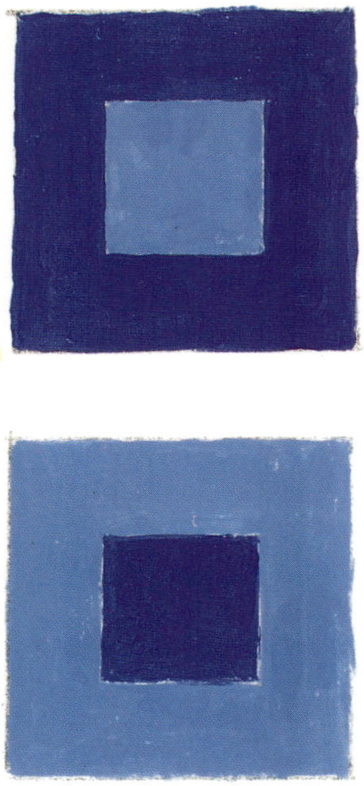

▲ Les carrés du centre sont de taille égale, pourtant celui du haut paraît plus grand, car une couleur claire entourée par une couleur foncée semble toujours plus grande que l'inverse.

leurs propriétés, et ce de façon plaisante, puisque vous n'aurez pas à vous préoccuper des harmonies entre les teintes du tableau en cours.

LES RAPPORTS DES COULEURS ENTRE ELLES

Il existe plusieurs moyens pour obtenir des contrastes de couleurs. On peut utiliser des couleurs complémentaires, on peut juxtaposer différentes teintes ou des couleurs de valeurs tonales diverses, ou encore – et les trois facteurs qui vont suivre quoique moins évidents sont primordiaux – on peut faire jouer la taille relative des zones de couleur, la texture de la peinture et la température des couleurs.

Le premier facteur est facile à mettre en évidence. Peignez un petit carré en bleu et entourez-le d'une grande zone rouge, puis inversez les couleurs, le rouge occupant maintenant le petit carré. Vous remarquerez que la taille du petit carré semble changer selon sa couleur.

Le deuxième facteur concerne la texture de la peinture. Une même couleur diffère selon la façon dont on l'applique, en touches lisses et égales, en touches épaisses dans lesquelles on reconnaît le passage du pinceau ou encore en touches grossières faites au couteau à peindre.

Le troisième contraste concerne les couleurs chaudes et les couleurs froides. Nous l'avons déjà traité dans les pages précédentes, mais il n'est pas inutile de répéter qu'une couleur isolée n'est ni chaude ni froide. En règle générale, on dit que le bleu donne l'impression de reculer dans un tableau ; cela n'est vrai que si les couleurs qui l'entourent sont suffisamment chaudes pour apporter un contraste. Il arrive à certains peintres débutants de peindre les collines de l'arrière-plan de leur paysage d'un beau bleu vif. Ils pensent ainsi appliquer au mieux la règle qui veut que le bleu recule, mais ils s'aperçoivent qu'ils obtiennent l'effet inverse car aucune des autres couleurs employées ne vient s'opposer à l'intensité de leur bleu. Sachez donc que la couleur la plus intense dans un tableau semble toujours vouloir avancer, surtout si elle occupe une zone assez large.

La couleur est une notion relative. C'est ce qui en fait sa difficulté mais aussi son charme ! Une couleur n'est pas un élément en soi ; elle n'existe que par la façon dont elle se juxtapose à d'autres couleurs. Ce fait est primordial en peinture. Il permet aux artistes de simuler les couleurs de la

► La façon d'appliquer la peinture peut considérablement modifier la couleur. Quand on travaille en touches épaisses, au pinceau ou au couteau, les irrégularités que l'on crée ainsi accrochent la lumière et forment de minuscules zones d'ombre.

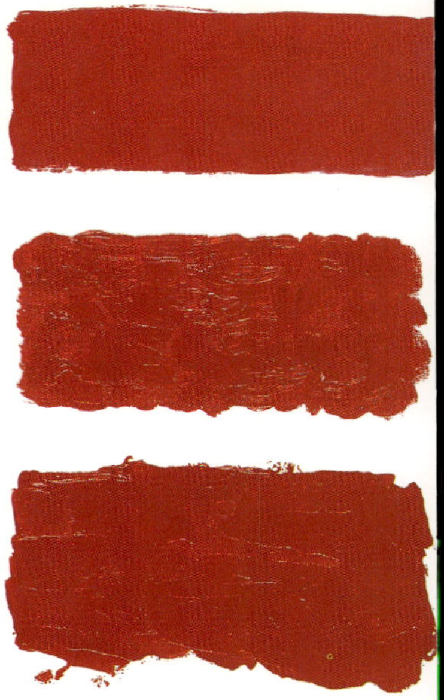

▼ Vous pouvez vous amuser à faire des expériences sur les mélanges optiques en peignant sur du papier millimétré. Plus les tons des couleurs se rapprochent et plus les mélanges sont harmonieux.

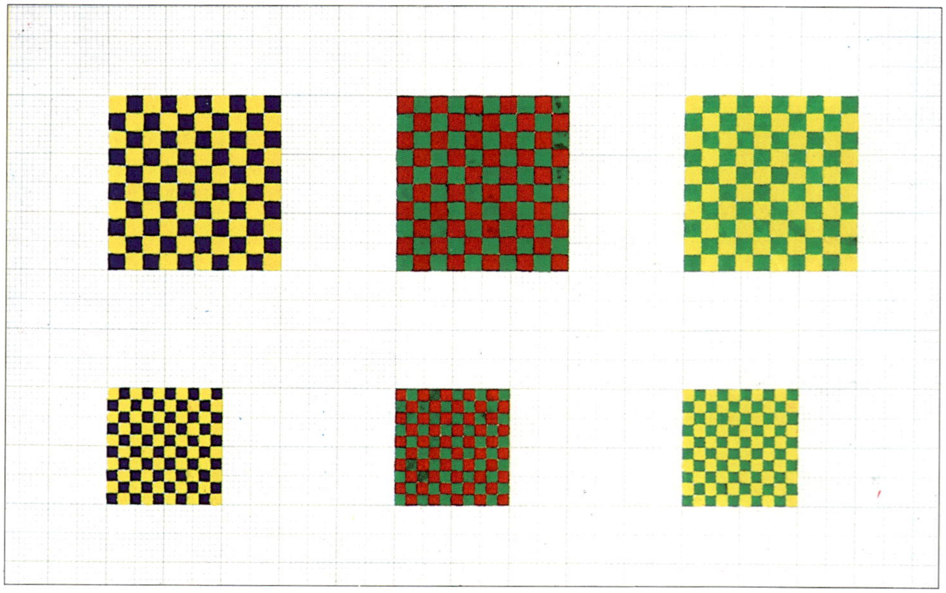

nature avec une gamme de pigments somme toute assez réduite. Aucun fabricant ne peut reproduire toutes les couleurs de la nature. Il faut toujours s'efforcer de rendre le rouge plus rouge, l'orange plus orange, simplement en harmonisant au mieux les couleurs autour. Les illustrations de ces pages vous indiquent comment les couleurs réagissent entre elles. Nous ne saurons cependant trop vous conseiller de faire vos propres expériences. Vous en apprendrez bien davantage…

LA COULEUR ET LE TON

Nous savons donc qu'une couleur sur un fond neutre varie en fonction de la couleur ou des couleurs qui l'entourent. À partir de là, on peut en déduire une nouvelle façon de mélanger les couleurs ; non plus sur la palette mais sur la surface même du tableau.

MÉLANGE OPTIQUE

De nombreux artistes ont été fascinés par la théorie des couleurs. Mais le peintre français Georges Seurat (1859-1891) a été l'un des premiers à s'aventurer dans ce domaine complexe. Il a étudié de nombreux traités scientifiques sur la couleur ainsi que les carnets d'Eugène Delacroix (1798-1863), autre fervent théoricien de la couleur. Puis il a développé une méthode entièrement nouvelle : le Pointillisme (Seurat lui-même préférait employer le terme de Divisionnisme), dont l'idée de base repose sur la possibilité de produire des couleurs secondaires plus brillantes et plus vibrantes si les couleurs primaires appropriées sont appliquées sous forme de petits points de différentes couleurs proches les unes des autres mais non fondues. C'est dans l'œil du spectateur, ou plutôt dans la partie du cerveau qui gouverne la perception des couleurs, que s'opère le mélange.

Ainsi, pour Seurat, le vert le plus brillant ne peut s'obtenir qu'en faisant se côtoyer des touches de bleu et de jaune primaires purs. À une certaine distance, elles se fondent naturellement, et l'œil les voit vertes. Les impressionnistes avaient eux aussi utilisé cette technique mais de façon moins systématique : ils augmentaient la brillance de leurs couleurs en les divisant en une masse de tracés multicolores.

TROMPER L'ŒIL

Dans une certaine mesure, la peinture n'est qu'un ensemble de trucages optiques, puisque le peintre doit donner l'illusion du relief à une surface plate. Il est donc important de connaître quelques effets visuels. L'un d'entre eux consiste par exemple à faire voir une couleur qui en fait n'existe pas. Concentrez-vous sur une couleur pendant une demi-minute, puis regardez au loin ou fermez les yeux, vous verrez alors automatiquement sa couleur complémentaire. Faites-en l'expérience en peignant en haut d'un morceau de papier de couleur gris clair une croix rouge d'environ 5 cm de hauteur et de largeur et dont les bras fassent environ 2 cm. Fixez-la pendant au moins trente secondes, puis reportez votre regard sur le bas du papier. Vous allez voir se dessiner une croix verte. Ce curieux phénomène est une des raisons qui font que la couleur complémentaire d'une couleur apparaît dans son ombre. De même, en passant d'une zone éclairée à une zone d'ombre, l'œil voit encore l'image.

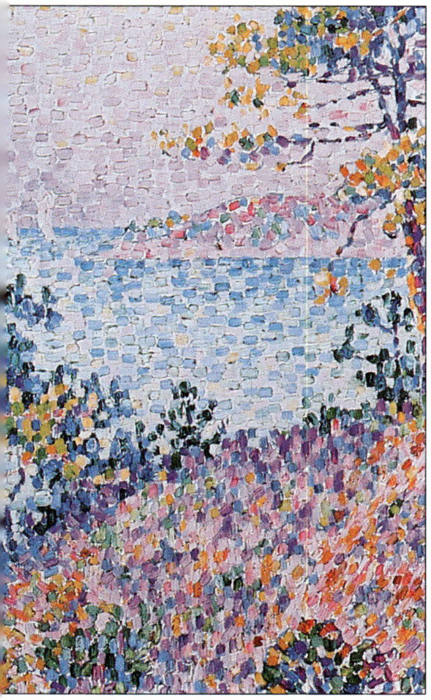

◄ Ce détail, tiré d'un tableau de Paul Signac (1863-1935), nous montre une mosaïque de petits points de couleur. Signac, l'un des disciples de Seurat, appliquait les principes du Pointillisme de façon moins rigide.

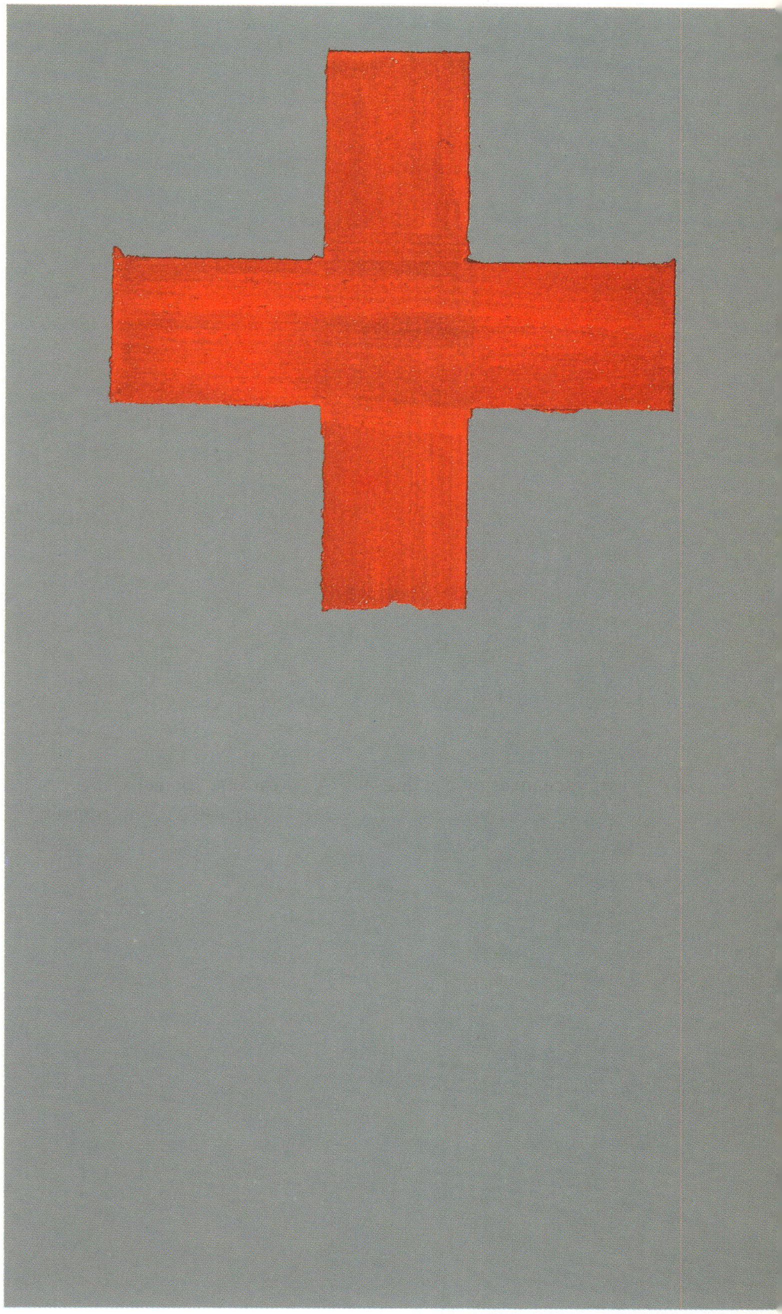

▲ Lorsqu'on fixe une couleur, puis qu'on ferme les yeux ou qu'on regarde une surface blanche, la zone neutre produit une image qui a la couleur complémentaire de cette couleur.

VOIR AUSSI	
106-109	Approches expressionnistes
110-113	La couleur expressive
142-143	La surface du tableau

De la théorie à la pratique

Si vous avez étudié les pages précédentes (et si de plus vous avez fait quelques-uns des exercices proposés), vous en savez à présent davantage sur les couleurs et les tons et sur la façon dont ils se comportent. Mais il en va de la peinture comme de bien d'autres domaines : il y a un gouffre entre la théorie et la pratique. L'exercice que nous vous proposons maintenant va tenter de le combler. Il s'agit d'abord de choisir un autre sujet de nature morte afin de le peindre et de mélanger les couleurs de façon à le rendre le plus ressemblant possible. Les nuanciers, quoique très valables, n'ont aucun rapport direct avec ce qu'on voit. Face à la réalité, il faut donc identifier chaque couleur, puis les reproduire aussi précisément que possible sur le papier.

PEINDRE UNE NATURE MORTE

À ce stade, certains lecteurs sont en droit de se demander si cet ouvrage va aborder d'autres sujets que la nature morte, comme le paysage ou le portrait. Nous leur devons en effet quelques explications. Nous mettons ici l'accent sur la nature morte car c'est un sujet qui, comme son nom l'indique, ne bouge pas, au contraire d'un modèle, et ne dépend pas d'un changement de luminosité extérieure, à l'inverse d'un paysage. Chaque artiste peut disposer les éléments composant une nature morte à sa guise, selon ses besoins. Et surtout, il permet au débutant de travailler à son rythme en toute quiétude. Profitez donc des connaissances déjà acquises pour peindre le plus grand nombre possible de natures mortes.

33 ➤

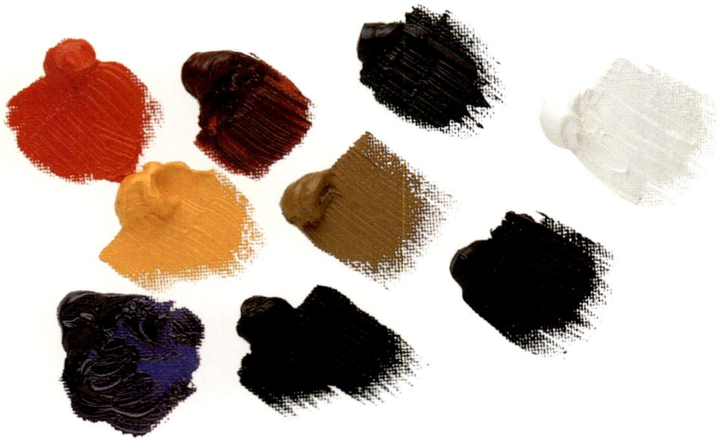

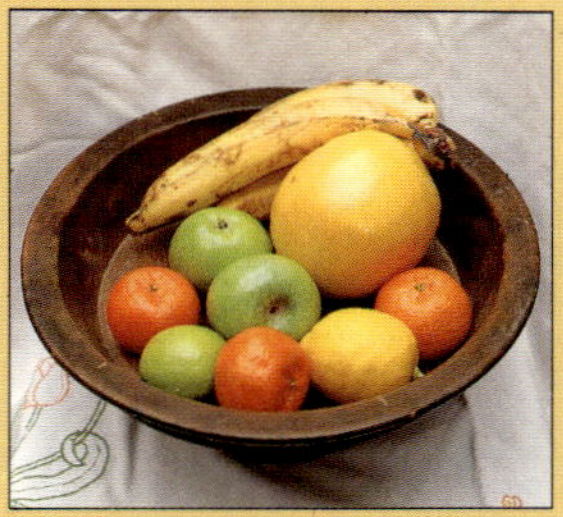

BUTS DE L'EXERCICE

Trouver le rapport entre couleur et ton

Rendre le modelé des formes

Observer la lumière réfléchie

Mélanger les couleurs

COULEURS NÉCESSAIRES

(voir ci-dessous, à gauche)

Huile ou acrylique : rouge de cadmium, cramoisi d'alizarine, jaune de cadmium, ocre jaune, bleu outremer, vert émeraude, terre d'ombre naturelle, noir et blanc

TEMPS PRÉVU

5-6 heures

L'EXERCICE

Cet exercice ne nécessite pas une composition élaborée, car il s'agit avant tout de se concentrer sur une petite portion et d'en analyser les couleurs. Une pomme et une poire (ou une orange) dans une assiette ou sur une table conviendront parfaitement. Si le contraste entre l'assiette et la table n'est pas suffisant, vous pouvez par exemple placer un morceau de papier coloré sur la table. La gamme de couleurs des fruits s'en trouvera plus riche.

PEINDRE DANS LE TON

Cet exercice se divise en deux étapes : il s'agit dans un premier temps d'établir les tons, en peignant avec deux couleurs, le noir et le blanc, puis d'assortir les couleurs à l'ébauche tonale (la sous-couche) et aux objets. Cette méthode était couramment utilisée par les peintres académiques des dix-huitième et dix-neuvième siècles : ils construisaient leur tableau à partir d'une ébauche tonale très élaborée, généralement marron, et ils ne passaient à la couleur qu'à la fin.

Vous pouvez de même réaliser un dessin préliminaire au crayon afin d'établir les principales formes des objets. Mais vous pouvez aussi peindre directement. Pensez votre nature morte non pas en termes de couleurs mais en termes de tons. Cela est moins facile qu'il n'y paraît, car l'œil lit mieux les couleurs. Aidez-vous en fermant à demi les yeux : cela simplifie les images, diffuse la couleur et permet de juger les tons plus facilement. Autre conseil : commencez par peindre les tons les plus foncés, mais évitez d'employer du noir pur (le noir n'existe pas dans la nature et même la plus sombre des zones d'ombre n'en contient pas !). Travaillez donc en commençant par les tons les plus foncés et en allant progressivement vers les tons les plus clairs (ils sont rarement d'un blanc pur). Faites particulièrement attention à la façon dont la lumière et les ombres décrivent les objets.

LA COULEUR DOMINANTE

Vous devez maintenant avoir devant vous une représentation en trois dimensions relativement convaincante de la nature morte choisie. Déterminez sa couleur dominante et essayez de la reproduire. Posez une touche de couleur sur la toile. Le premier essai est rarement satisfaisant : la couleur est souvent trop claire, trop foncée, trop chaude ou trop froide, par rapport à l'ébauche tonale. Essayez à nouveau avec une autre teinte. Nous insistons sur l'importance de cette première touche de couleur qui va déterminer toutes les autres.

Une fois que la couleur de base est établie, vous pouvez continuer à peindre sans oublier d'harmoniser les couleurs aux tons. En cours d'exercice, posez-vous les questions suivantes : « Cette couleur-ci n'est-elle pas trop jaune, celle-là trop rouge, celle-là trop bleue ? » Pour mieux évaluer les couleurs, vous pouvez vous aider d'un couteau sur lequel vous aurez déposé quelques touches de couleur et que vous tiendrez près de la nature morte. C'est un procédé très efficace. N'hésitez pas à peindre en touches franches et généreuses. N'ayez pas peur de gaspiller de la peinture. Si votre palette est trop sale, nettoyez-la et recommencer avec des couleurs fraîches. Avec une palette sale, on n'obtient que des couleurs ternes.

La gamme de couleurs proposée étant toujours relativement restreinte, il est peu probable que vous puissiez reproduire avec succès toutes les nuances de la nature morte. Par exemple, il est impossible de rendre tous les verts de la nature avec du jaune de cadmium et du vert émeraude, et ce même en leur ajoutant du bleu de cobalt et du noir ou du noir seul. Sachez cependant que vous en apprendrez davantage sur le mélange des couleurs en utilisant peu de couleurs plutôt qu'en peignant directement avec toutes les couleurs proposées dans le commerce. Vous saurez de plus quelle nouvelle couleur il vous faut pour obtenir tel effet particulier. Ne complétez votre palette que progressivement et quand vous aurez acquis suffisamment d'expérience dans le mélange des couleurs.

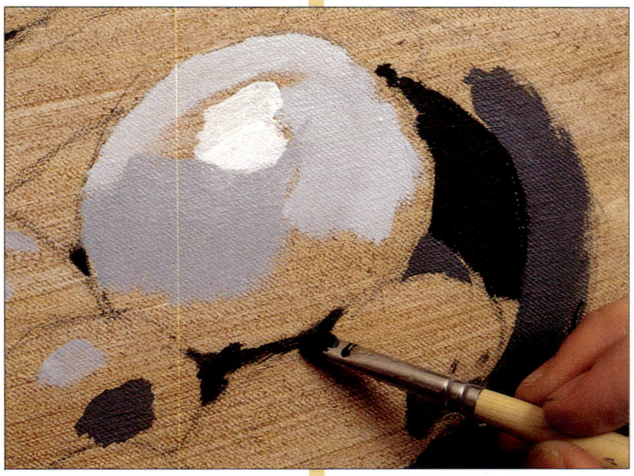

1 ◄ L'artiste utilise ici un mélange de peintures acryliques noire et blanche. En premier, il exécute une ébauche monochrome sur un carton entoilé apprêté d'abord au gesso acrylique puis teinté avec un lavis léger. Il est plus facile de juger les couleurs et les tons quand on commence avec un ton moyen, car on peut alors le rehausser pour travailler les lumières ou le rabattre pour travailler les zones les plus sombres.

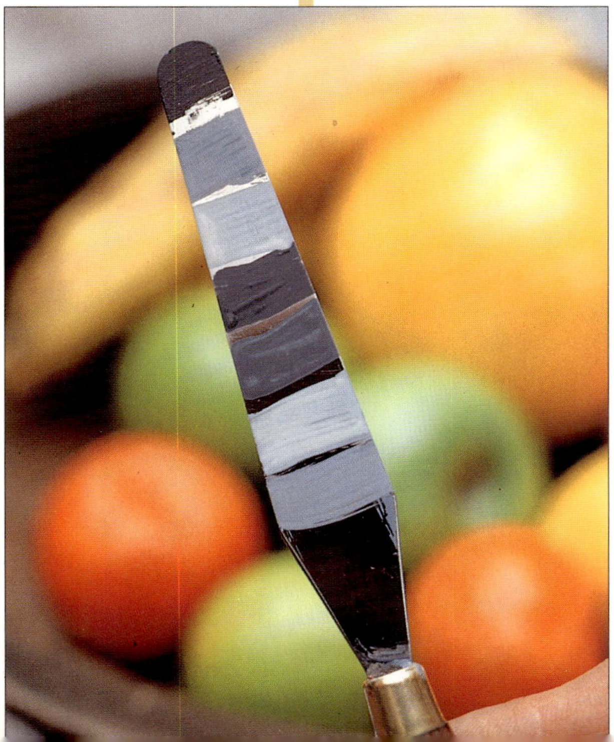

2 ◄ Il est surprenant de constater à quel point il est difficile d'évaluer le degré de clarté des couleurs. En fait, l'œil retient mieux la couleur que le ton. Pour vous aider, nous vous conseillons de déposer quelques touches de couleurs sur un couteau à peindre et de les comparer à votre sujet en fermant à demi les yeux.

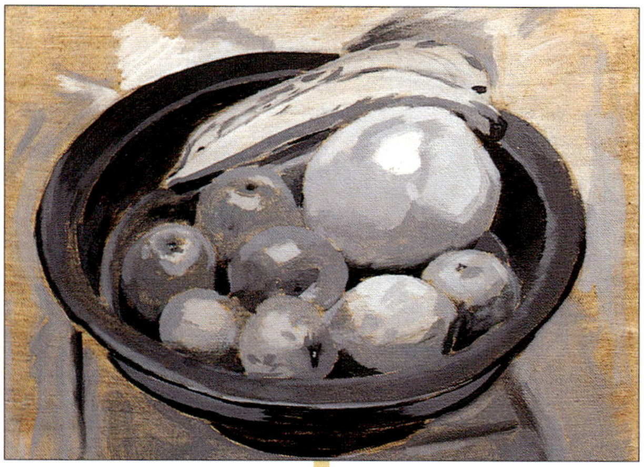

3 ▲ L'ébauche tonale est maintenant terminée. L'artiste passe ensuite à la peinture à l'huile (c'est le choix personnel du peintre, mais l'acrylique pourrait tout aussi bien convenir).

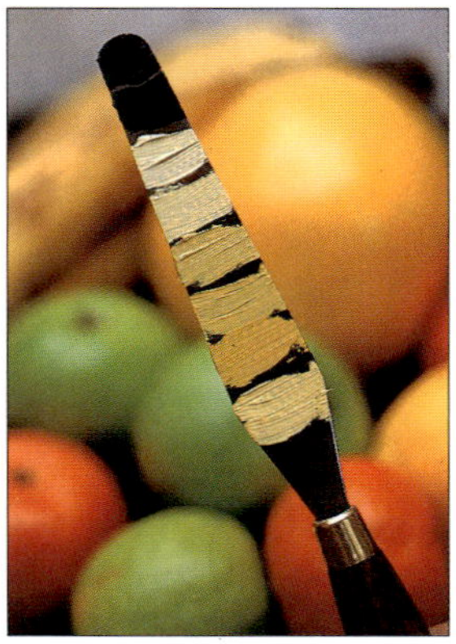

4 ▲ Afin de juger les couleurs, comme précédemment quelques touches de couleur, ici du jaune, sont déposées sur un couteau à peindre.

VOIR AUSSI

18-19	Initiation à la peinture à l'huile et à l'acrylique
24-29	La couleur et le ton
150-157	La peinture à l'huile
158-163	L'acrylique

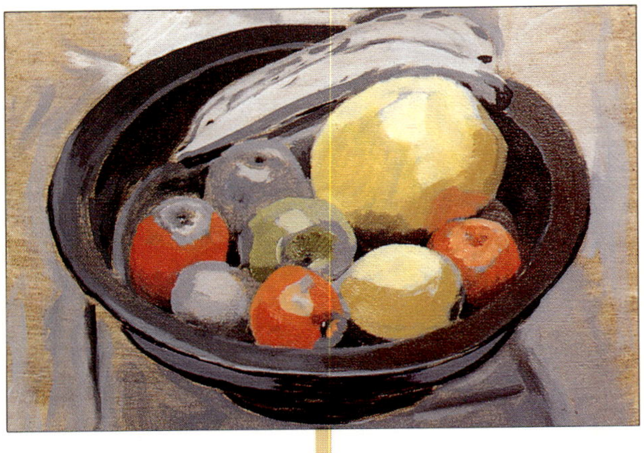

5 ▲ Le mélange des couleurs s'effectue avec soin : chaque couleur doit se rapprocher le plus possible de l'ébauche monochrome.

6 ▼ Le seul jaune utilisé étant le jaune de cadmium, il est assez difficile de rendre au mieux la couleur acide du citron. Dans le prochain exercice, la palette comprendra un jaune citron.

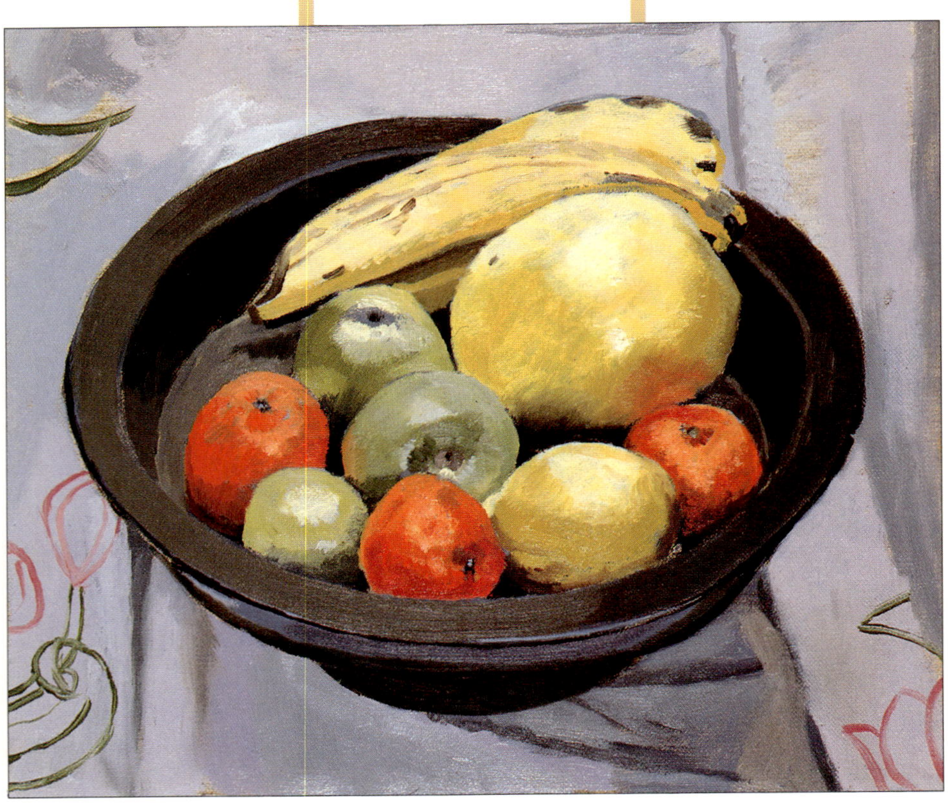

AUTOCRITIQUE

- Les couleurs décrivent-elles bien les formes en trois dimensions des objets ?
- Avez-vous utilisé des couleurs plus chaudes pour les zones éclairées ?
- Les couleurs créent-elles un sentiment d'espace ?
- Vous a-t-il semblé difficile de mélanger certaines couleurs ?
- Savez-vous quelles autres couleurs seraient nécessaires pour compléter votre palette ?

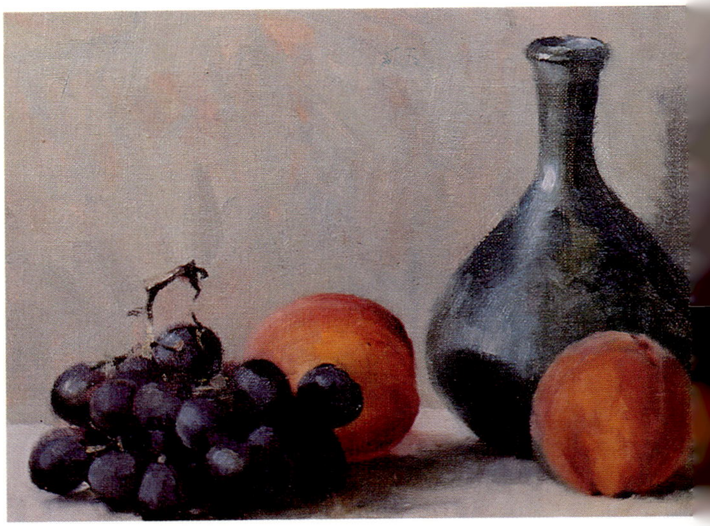

▼ Ronald Jesty
Poires et gingembre
Aquarelle
Dans cet exemple aussi, une vaste gamme de couleurs et de tons, du jaune intense au brun-vert foncé, a été utilisée pour décrire au mieux le modelé des fruits. Cette peinture atteste que le ton ne sert pas seulement à décrire une forme : remarquez comme les contrastes entre la lumière et l'ombre sont essentiels dans cette composition. Il est à noter que l'utilisation de couleurs foncées est assez rare en aquarelle.

▲ Trevor Chamberlain
Fruits et pot à eau
Huile
La couleur des fruits est ici magnifiquement observée. Remarquez la diversité des rouges, des roses et des jaunes ; la variété des tons des raisins et du pot.

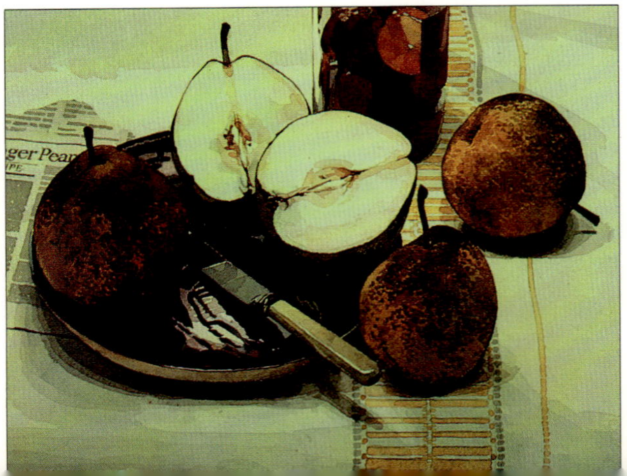

▼ ARTHUR EASTON
Brique, pomme et œillets flétris
Huile
Beaucoup de peintres de natures mortes passent un temps considérable à arranger leurs compositions. La majorité s'en remet pourtant au hasard et préfère leur donner un aspect naturel. Easton n'appartient à aucun d'entre eux : il veut que son arrangement reste artificiel (c'est peut-être là pour lui que se trouve la relation entre peinture et réalité). Son utilisation mesurée de la peinture, le traitement détaillé du sujet et la couleur naturaliste qu'il emploie renforcent l'effet d'étrangeté qui est propre à ses tableaux.

Certains artistes leur ont trouvé tant d'attraits qu'ils n'ont jamais peint d'autres sujets ou qu'ils y retournent régulièrement tout au long de leur carrière. Ce fut le cas de l'artiste français Jean-Baptiste Chardin (1699-1779), qui a su si bien restituer la douce beauté des modestes ustensiles de cuisine. De même, Paul Cézanne (1839-1906), considéré comme le « père de l'art moderne », a peint des paysages, des portraits mais aussi de nombreuses et merveilleuses natures mortes. Elles étaient pour lui un moyen de véhiculer ses idées sur la couleur et la structure sous-jacente propre aux tableaux. Et l'Italien Giorgio Morandi (1890-1964) a peint maintes fois les mêmes objets, en général des bouteilles et des ustensiles de cuisine, disposés différemment. Il voulait ainsi démontrer qu'il était possible de découvrir des choses nouvelles dans un même sujet.

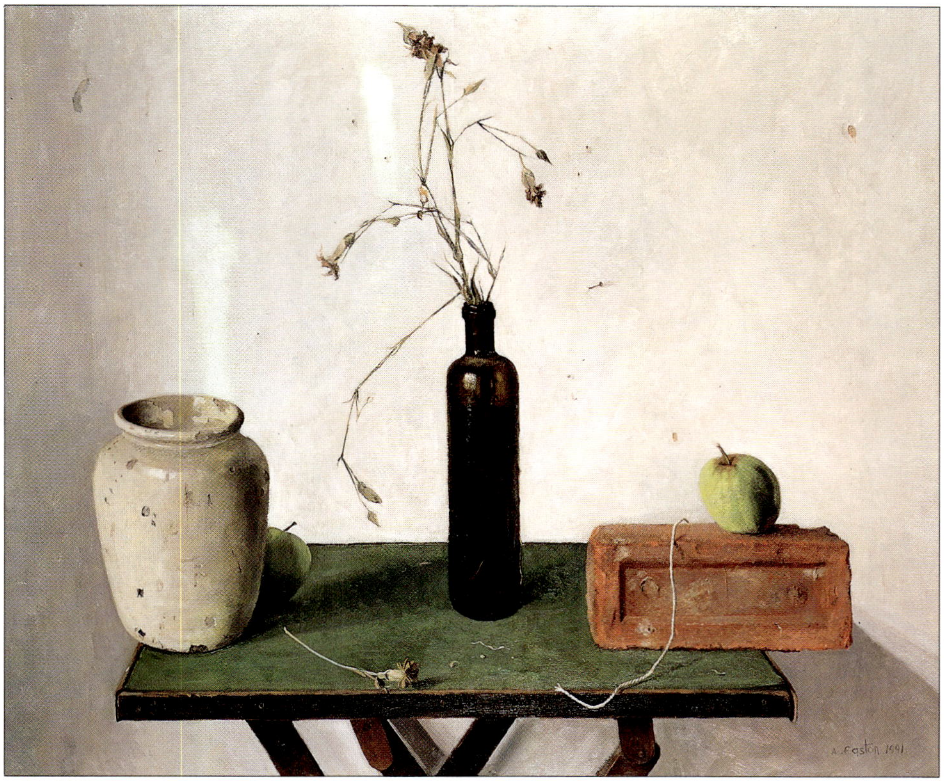

AUTRES EXERCICES

Si vous trouvez l'exercice proposé long et laborieux, réalisez-le sans tenir compte de l'ébauche tonale. Certaines personnes ont parfois du mal à travailler sur une ébauche. Vous pouvez aussi exécuter cet exercice en ajoutant une ou deux couleurs (jaune citron en plus du jaune de cadmium et bleu de cobalt en plus du bleu outremer). N'importe quel sujet fera l'affaire du moment qu'il n'est pas trop complexe.

SUGGESTIONS

- Une simple fleur dans un vase
- Une tasse à motif et sa soucoupe
- Plusieurs bouteilles
- Une poupée d'enfant ou un jouet quelconque

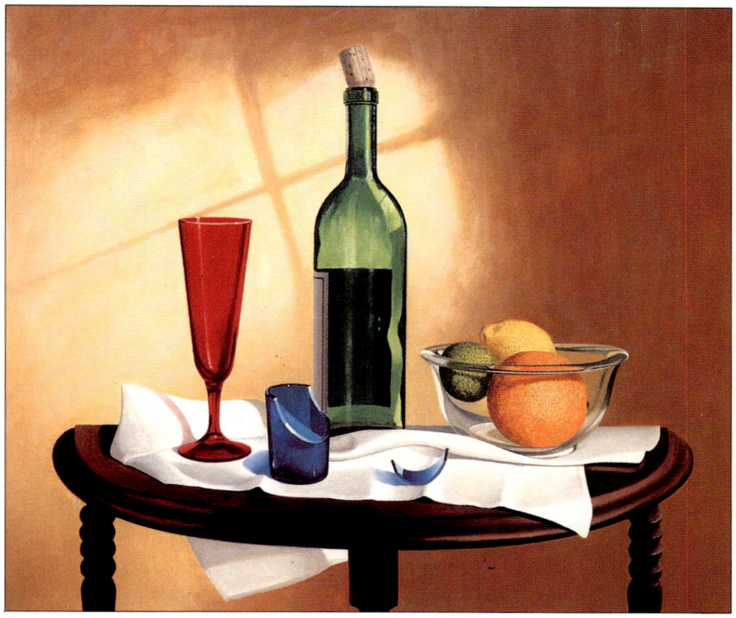

▲ WALTER GARVER
Le matin, après
Huile
Inutile de peindre une nature morte si vous ne vous sentez pas attiré par le défi de la réussir. Ici l'artiste s'est amusé à rendre les couleurs du verre qui scintille comme un bijou et la texture si particulière des fruits.

VOIR AUSSI	
24-29	La couleur et le ton
93	Composer une nature morte
150-157	La peinture à l'huile
164-169	L'aquarelle et la gouache

Peindre un autoportrait

À première vue, peindre un autoportrait peut sembler un exercice beaucoup plus ambitieux que celui qui consiste, comme on l'a vu dans les leçons précédentes, à peindre des natures mortes. C'est en partie vrai, car il existe évidemment de grandes différences entre une tête et un objet, pomme ou pot à eau par exemple. Toutefois, on peut trouver des similitudes. Observez les dessins présentés ci-contre : la tête et les accessoires forment en fait des cylindres, des cubes et des lignes, que l'on peut représenter en trois dimensions exactement comme on l'a fait pour les objets de la Leçon 3. Il ne s'agit pas de réaliser un autoportrait selon le style cubiste, mais de prendre conscience de la structure inhérente à la tête afin qu'elle ne semble pas maladroitement posée sur les épaules. C'est une erreur de débutant très courante.

Peindre un autoportrait permet également de découvrir des traits inconnus de son visage. Nous nous sommes tous regardés dans une glace et nous croyons donc connaître notre physionomie. Pourtant, il nous arrive encore d'être surpris par notre image sur une photographie. Nous oublions que l'image renvoyée par la glace est inversée au contraire d'une photographie et que de toute façon aucun visage n'est parfaitement symétrique. Certains artistes vérifient d'ailleurs leurs compositions devant une glace ; les défauts apparaissent immédiatement dans l'image inversée et il est plus facile alors d'être critique.

De plus, nous croyons que l'image de notre visage renvoyée par une glace est de même taille que notre visage. Il n'en est rien ! Regardez-vous dans une glace et faites une marque à l'endroit du front et du menton : l'image fait environ la moitié de la taille réelle du visage. C'est dire que nos perceptions sont gouvernées par ce que nous voyons…

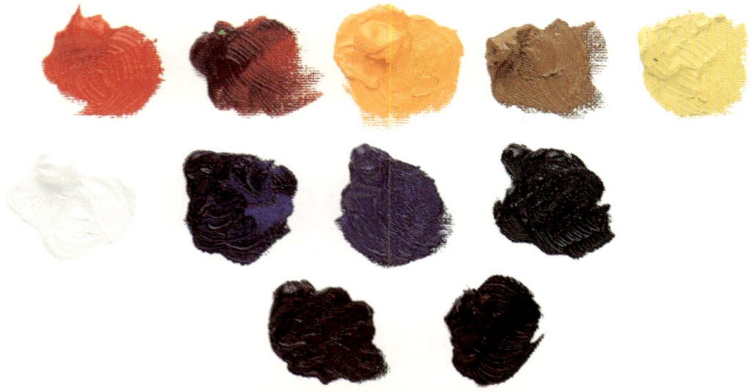

BUTS DE L'EXERCICE

Créer une peinture en trois dimensions

Acquérir une expérience plus grande du mélange des couleurs

Analyser les formes et les structures

Évaluer les traits individuels

COULEURS NÉCESSAIRES

(voir ci-dessous, à gauche)

Huile ou acrylique : rouge de cadmium, cramoisi d'alizarine, jaune de cadmium, ocre jaune, jaune citron, bleu outremer, bleu de cobalt, vert émeraude, terre d'ombre naturelle, noir et blanc

TEMPS PRÉVU

3-4 heures

L'EXERCICE

Installez-vous confortablement de façon à pouvoir regarder votre tableau et la glace sans bouger la tête. Plus vous bougerez et plus il sera difficile de dessiner et de peindre avec précision, car tout déplacement, même minime, change le point de vue. Préférez une vue de trois quarts, qui permet de mieux voir la forme et la structure de la tête, à une vue de face. L'éclairage joue également un rôle essentiel en décrivant les formes. En conséquence, placez la glace de sorte que la lumière éclaire un seul côté du visage.

LES ÉTAPES PRÉLIMINAIRES

Exécuter d'abord un dessin au fusain ou au pinceau avec de la peinture très diluée. Vous pourrez ainsi rapidement établir la tonalité des zones importantes. N'apportez pas trop de détails à ce premier dessin. Concentrez-vous plutôt sur la forme de la tête. La tête et le visage varient considérablement d'une personne à une autre. La vôtre est-elle allongée et étroite ou au contraire carrée ou encore ronde ?

Ensuite, peignez les principales zones de couleur (y compris l'arrière-plan) avant de passer aux détails. À ce stade, utilisez une peinture assez diluée (avec de l'eau si vous travaillez à l'acrylique, avec de l'essence de térébenthine si vous travaillez à l'huile). Soignez particulièrement la couleur de la peau : comme la forme de la tête, elle varie beaucoup d'un individu à l'autre, même à l'intérieur d'un groupe ethnique. Vous avez sans doute remarqué que la palette de couleurs proposées pour cet exercice est plus large que pour les exercices précédents. Nous avons effectivement ajouté du bleu de cobalt et du jaune citron, deux couleurs très utiles pour rendre les nuances de la peau.

LE MODELÉ

Faites particulièrement attention aux couleurs et aux tons des ombres. Ce sont elles qui vont rendre l'impression de solidité et de réalité de la tête. Servez-vous plutôt de couleurs froides, puisqu'elles vont s'estomper, et réservez les couleurs plus chaudes et plus éclatantes pour les zones du visage qui prennent la lumière.

Quand vous aurez obtenu la structure générale, vous pourrez passer aux détails. Ne cherchez pas tout de suite à rendre votre tableau ressemblant. Pensez davantage à lui donner du relief. Si la forme et la couleur du visage conviennent, vous êtes déjà à mi-chemin d'un portrait fidèle. Ensuite, à mesure que vous avancez dans votre travail, concentrez-vous sur les irrégularités et les traits qui caractérisent le visage. Vous serez surpris de voir la ressemblance sortir du

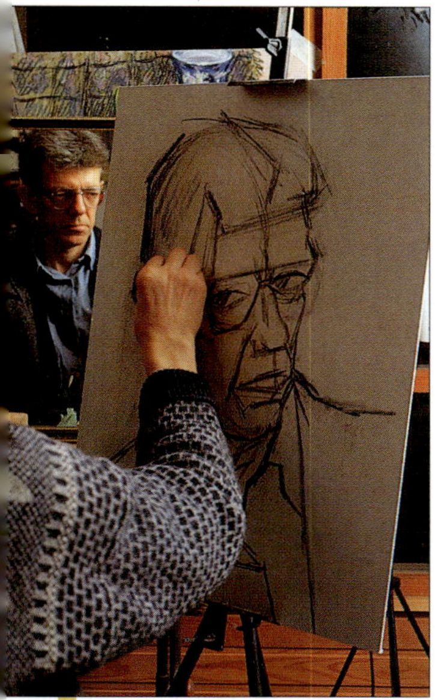

1 ◄ En règle générale, il est préférable de réaliser un autoportrait grandeur nature. Un visage trop grand peut créer une impression désagréable. Toutefois, puisqu'il s'agit surtout dans cet exemple d'explorer la forme et la couleur, l'artiste a choisi de travailler sur un grand format afin de travailler les couleurs à grandes touches. Il commence ici par une ébauche au fusain.

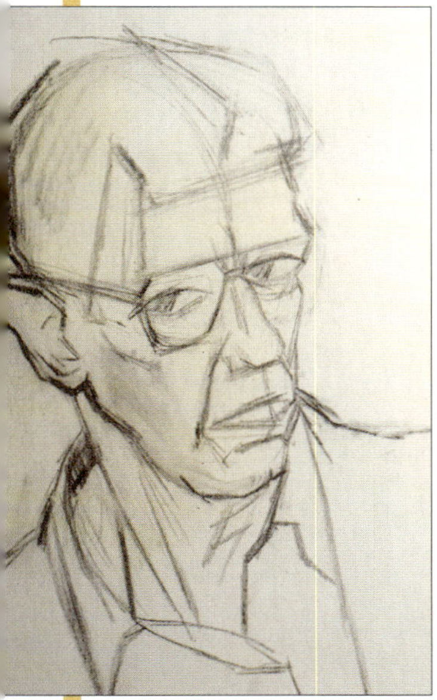

2 ◄ Il utilise de la peinture à l'huile diluée à l'essence de térébenthine et se concentre en premier sur les formes principales du visage en travaillant la tonalité globale et les zones d'ombre.

3 ► Il s'applique à mettre en relation les couleurs de l'arrière-plan avec celles du visage (observez la zone de gauche) afin de créer une unité de tons.

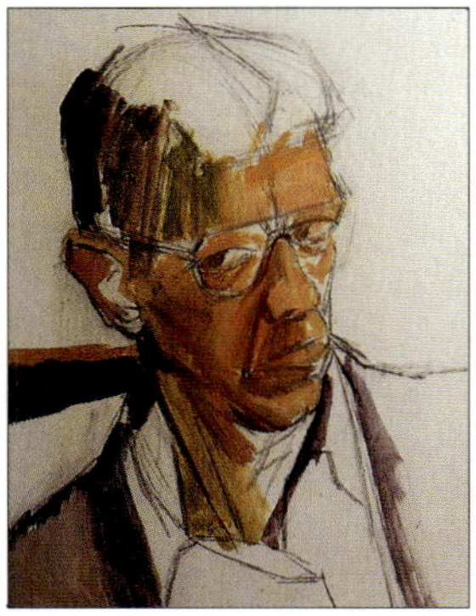

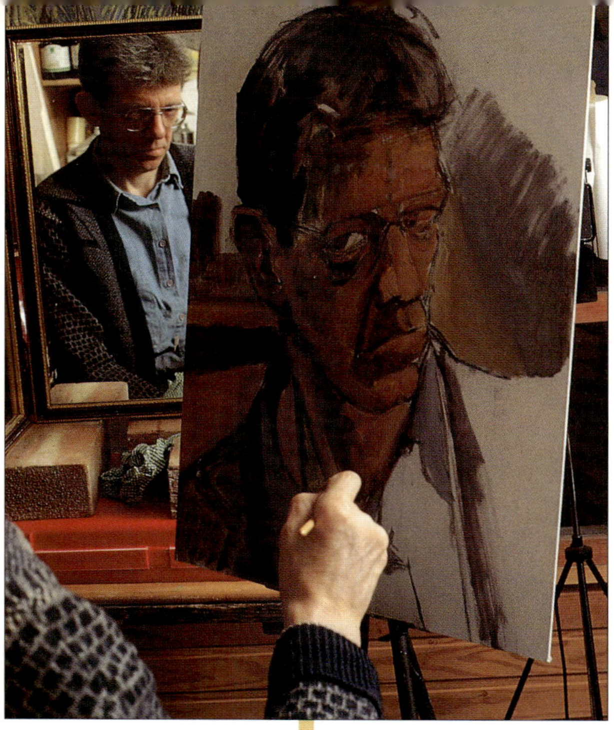

4 ▲ L'angle que font la tête et le cou est primordial : il permet de poser la tête de façon correcte sur les épaules. L'artiste retouche en particulier la ligne formant le tendon du cou.

5 ▼ Les formes principales n'ont pas encore été établies, la tête semble pourtant solidement ancrée et réelle. Remarquez les différentes couleurs du visage et du cou (des jaunes et des rouges, des bleus et des pourpres profonds, un peu de cramoisi d'alizarine pour l'oreille).

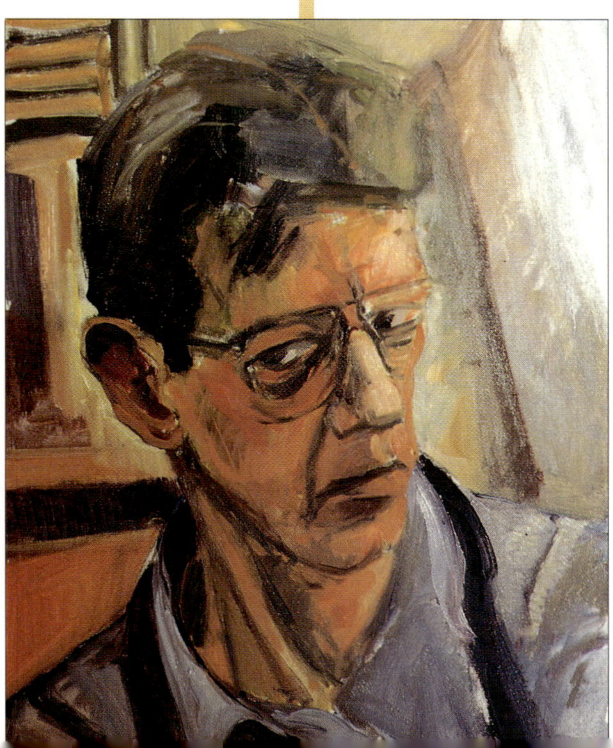

portrait presque d'elle-même. Évitez d'utiliser un petit pinceau pour dessiner les détails minimes comme les sourcils et les lèvres : des contours trop marqués nuiraient à l'impression de solidité de la tête.

LA TOUCHE FINALE

Quand vous pensez avoir fait ce que vous avez pu, éloignez-vous de votre travail et évaluez-le. Peut-être nécessite-t-il quelques corrections ? Il suffit souvent de quelques rehauts en plus sur le nez ou la pommette pour que le portrait s'anime. Il est peut-être nécessaire au contraire d'assombrir une ombre ou de changer sa couleur. Attention cependant, le mieux est souvent l'ennemi du bien ! N'apportez que des modifications qui vous semblent utiles. Généralement, les artistes ne sont satisfaits qu'après avoir retouché plusieurs fois leur travail.

VOIR AUSSI

24-29	La couleur et le ton
16-19	Initiation à la peinture à l'huile et à l'acrylique
60-61	Les proportions du corps et du visage humains
150-157	La peinture à l'huile

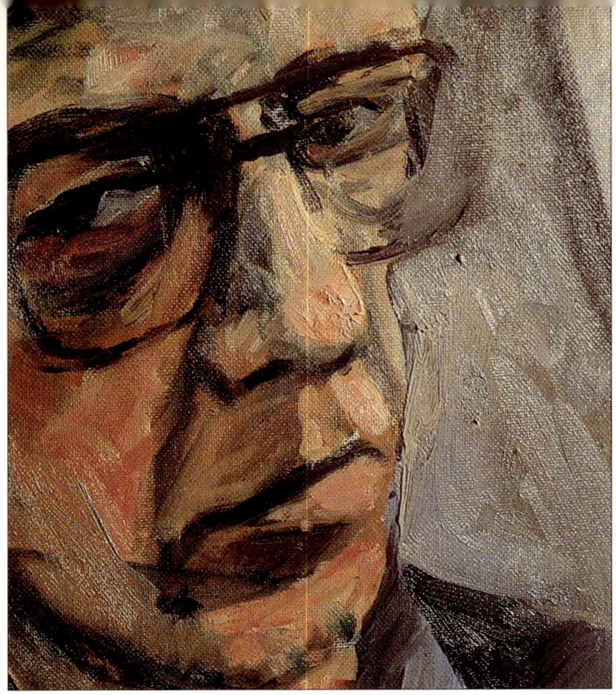

6 ◄ Observez maintenant ce détail et le tableau fini ci-dessous. L'artiste a complété le visage et les cheveux en ajoutant des gris-bleu, qui rappellent les couleurs de la chemise. Les traces de pinceau y sont franches et libres.

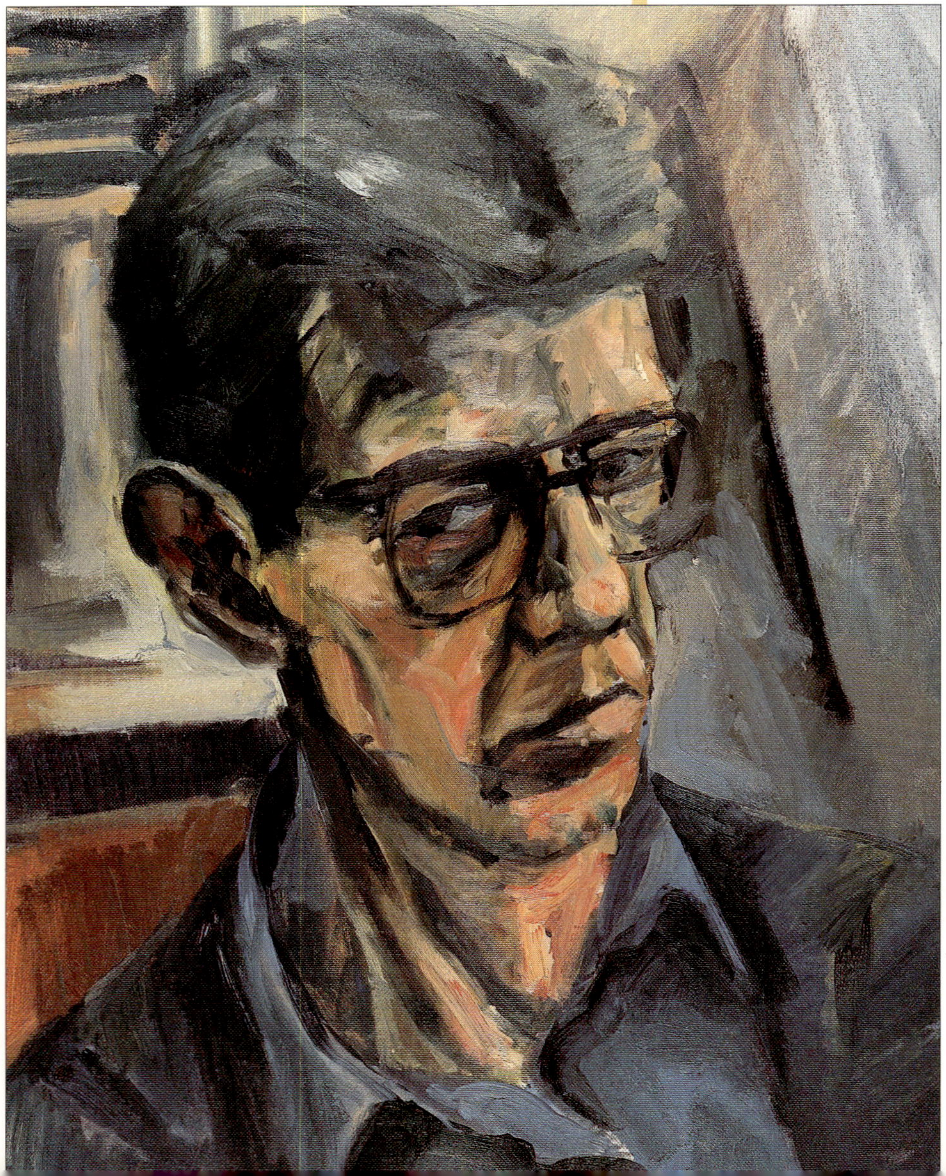

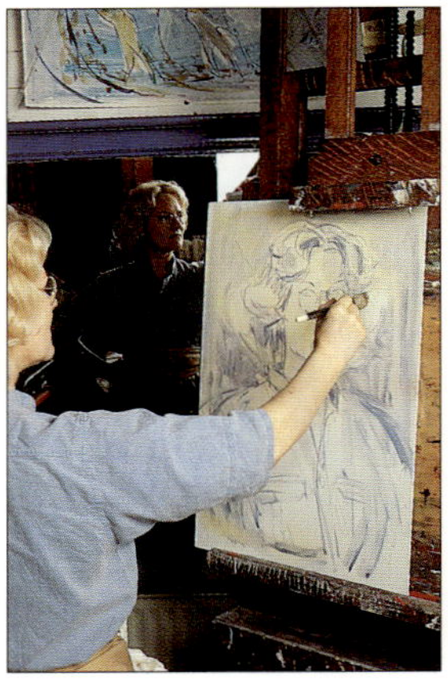

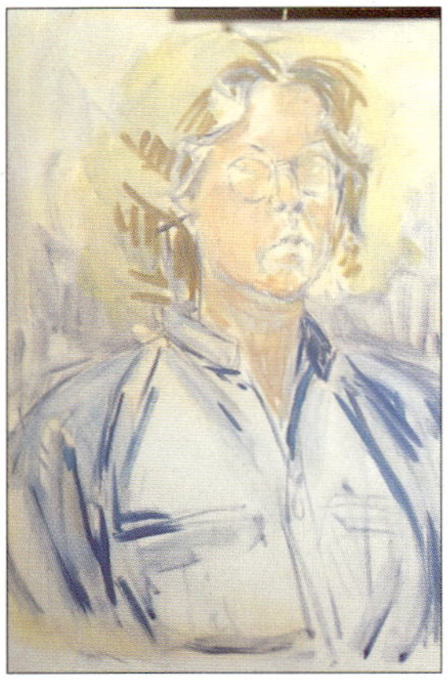

1 ▲ Dans cet exemple, le peintre fait son autoportrait grandeur nature. Bien que l'image reflétée dans une glace soit beaucoup plus petite que dans la réalité, inconsciemment nous l'ajustons aux proportions réelles en la reportant sur la toile.

2 ▲ Après avoir fait un premier dessin au pinceau avec de la peinture bleue très diluée, elle travaille les principales couleurs (toujours avec de la peinture à l'huile diluée dans de l'essence de térébenthine).

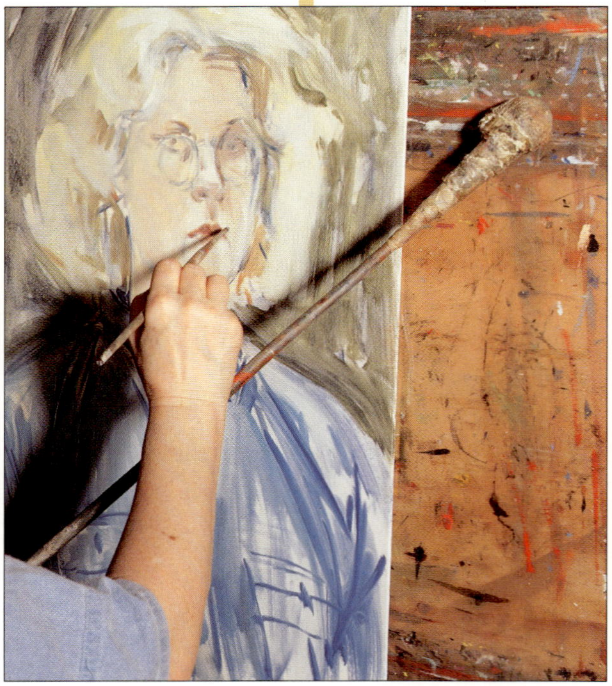

4 ► Elle utilise un pinceau bombé sur le côté pour produire un trait net et peindre les cheveux. Afin d'unifier le tableau, cette ombre est du même bleu que la chemise qu'elle porte.

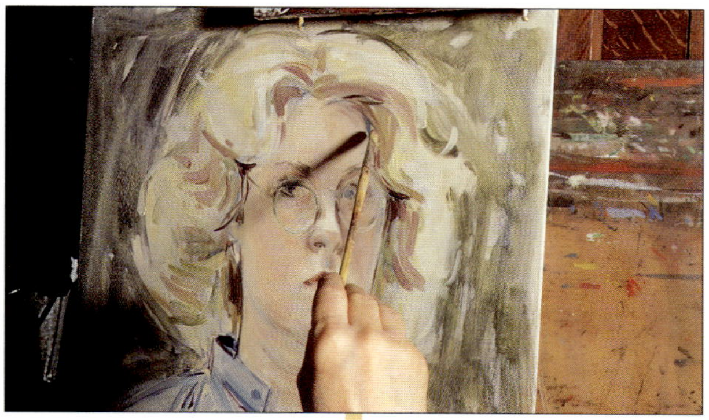

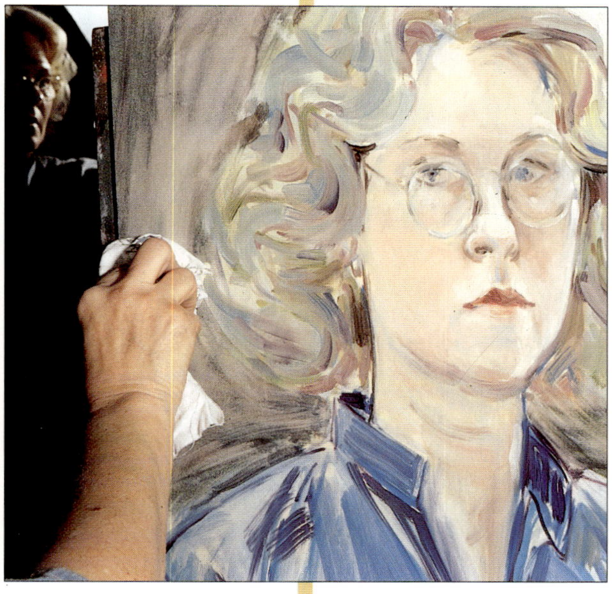

3 ◄ Quand on travaille debout, il est difficile de garder la tête suffisamment stable pour définir les détails avec précision. Ici, l'artiste s'aide d'un appui-main sur lequel elle pose son poignet. Cet instrument très utile se trouve dans le commerce, mais vous pouvez le fabriquer en enroulant quelques chiffons au bout d'une baguette de bambou ou de bois.

5 ▲ Ensuite, elle se sert d'un chiffon pour essuyer la peinture encore fraîche de l'arrière-plan. Les arrière-plans, même à peine esquissés, sont des éléments très importants dans un tableau, et il faut en tenir compte à tous les stades d'avancement du travail. Ci-contre, à droite, observez les effets de cette « peinture au chiffon ».

6 ▼ Un autoportrait en buste semble souvent raide et trop statique. Ici, l'artiste a su éviter cette erreur commune en animant le tableau grâce aux volutes données à la coiffure. De plus, l'arrière-plan traité avec de la peinture diluée rappelle le mouvement des cheveux. Le style de cet autoportrait est très différent du style adopté par l'artiste précédent. On retrouve cependant certaines similitudes dans les deux tableaux : la palette est limitée, les coups de pinceau vigoureux.

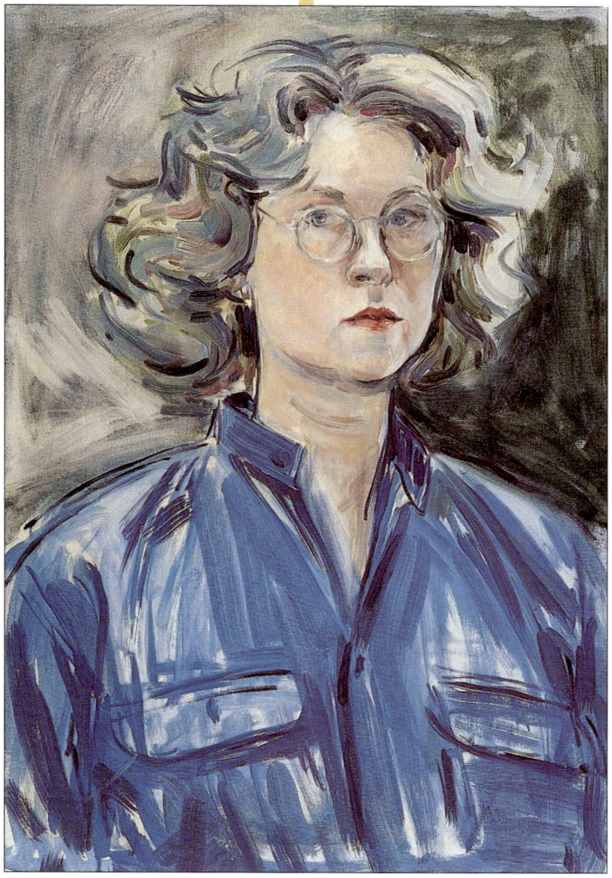

AUTOCRITIQUE

- La tête paraît-elle réelle, solidement ancrée sur les épaules ?
- Les couleurs s'approchent-elles de la réalité ?
- Le passage des tons foncés aux tons clairs s'effectue-t-il en douceur ?
- Les proportions du visage sont-elles correctes ?

VOIR AUSSI

24-29	La couleur et le ton
16-19	Initiation à la peinture à l'huile et à l'acrylique
60-61	Les proportions du corps et du visage humains
150-157	La peinture à l'huile

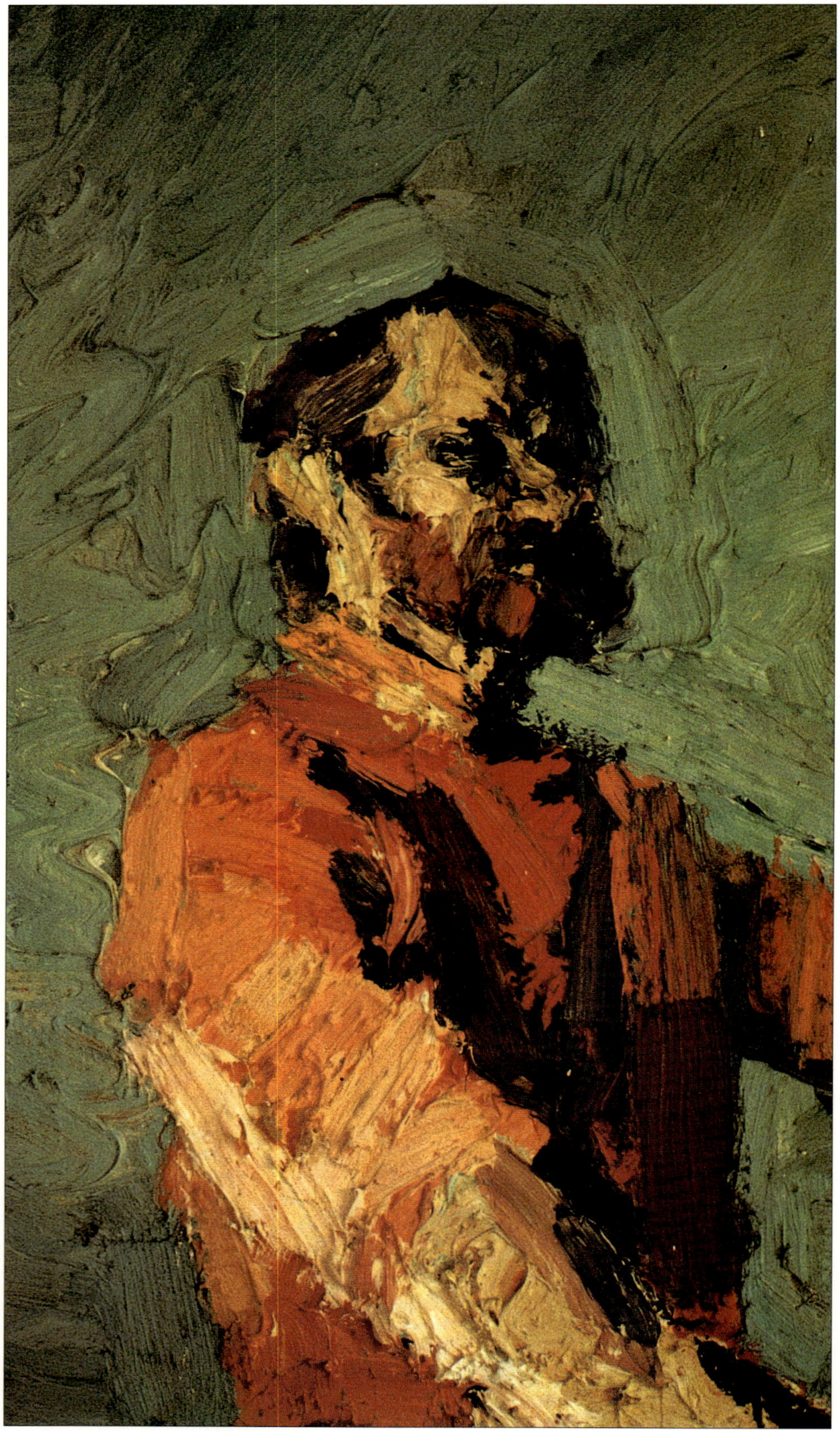

◄ GEORGE ROWLETT
Autoportrait en pull orange
Huile
L'autoportrait, comme la nature morte, peut se révéler un excellent véhicule pour expérimenter la couleur, la composition et la technique. Ici, l'artiste a combiné un travail vigoureux du pinceau à une utilisation généreuse de la peinture afin que le contraste des couleurs produise un effet dramatique et vivant.

▼ JOHN LIDZEY
L'artiste au travail
Aquarelle
Dans ce tableau, l'artiste est lui-même l'objet central, ce qui lui permet d'explorer les effets de la lumière en intérieur. Remarquez cependant qu'il est tout à fait reconnaissable en tant qu'individu alors que les traits sont flous : la pose et la forme générale du personnage peuvent être aussi expressives que des détails.

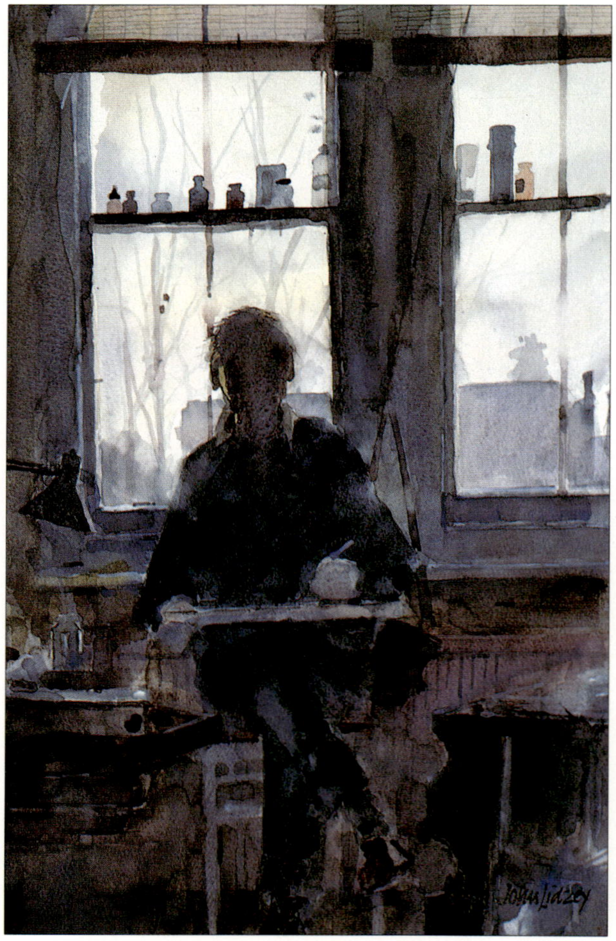

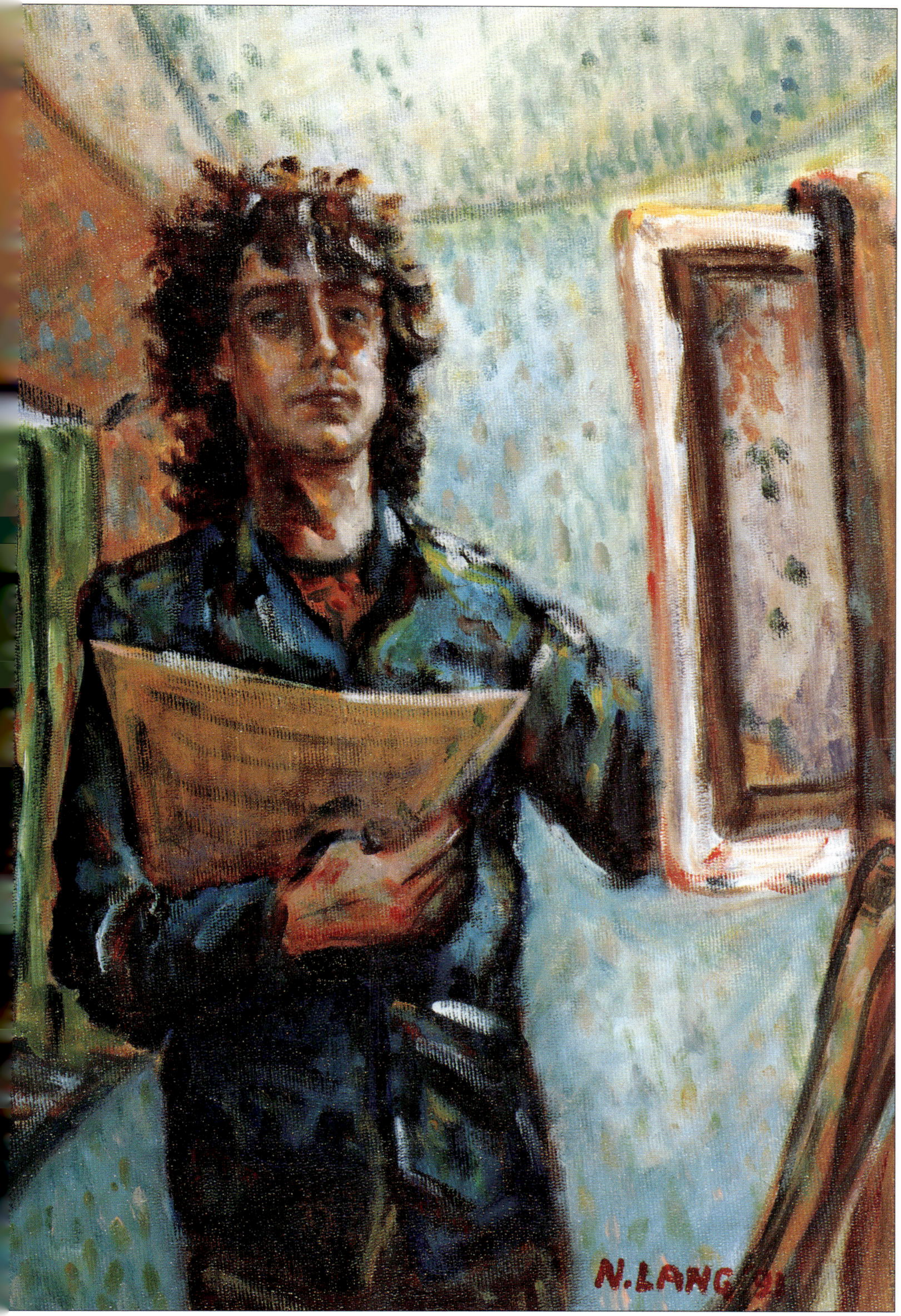

AUTRES EXERCICES

Vous pouvez choisir de peindre un nombre illimité d'autoportraits. Rembrandt (1606-1669) en a peint tout au long de sa vie (voir page 98), et d'autres artistes ont eux aussi choisi de se peindre souvent. Néanmoins, pour que les tableaux soient différents à chaque fois, pensez à changer la direction de la lumière ou la disposition de l'arrière-plan ou encore les couleurs ou les tons. Variez les compositions : dessinez la glace devant laquelle vous travaillez ou au contraire faites en sorte que le visage prenne toute la place.

◀ NICK LANG
Autoportrait au chevalet
Huile
En peignant le bout d'un chevalet et en ajoutant quelques éléments personnels, l'artiste indique ainsi quelle est sa profession tout en produisant une composition originale. Remarquez avec quelle habileté elle a su ici déformer légèrement la perspective de la pièce pour inclure le plafond et la fenêtre dans son tableau.

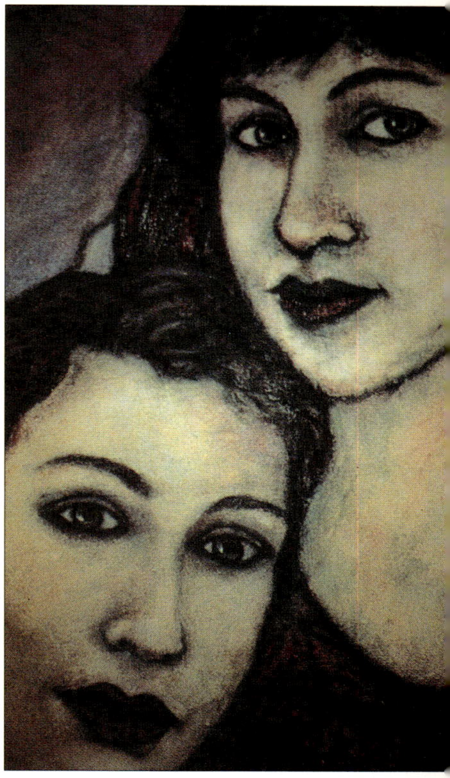

▶ LAURA MAY MORRISON
Autoportrait avec ma sœur jumelle
Huile
Les deux visages se juxtaposent habilement afin de créer un motif fort. Loin d'être plats, ils sont au contraire rehaussés par le modelé des formes et le mélange subtil des tons.

VOIR AUSSI	
60-61	Les proportions du corps et du visage humains
102-105	La figure dans son contexte
150-157	La peinture à l'huile
164-169	L'aquarelle et la gouache

LES RÈGLES DE LA PERSPECTIVE

LA PERSPECTIVE PERMET DE REPRÉSENTER EN DEUX DIMENSIONS, SUR UNE SURFACE PLANE, DES OBJETS EN TROIS DIMENSIONS TELS QU'ILS APPARAISSENT VUS À UNE CERTAINE DISTANCE ET DANS UNE POSITION DONNÉE. ON PEUT AINSI LES DESSINER À L'ÉCHELLE. LA PERSPECTIVE LINÉAIRE EST UN SYSTÈME OÙ TOUTES LES LIGNES PARALLÈLES FUYANTES CONVERGENT VERS UN SEUL POINT SITUÉ SUR LA LIGNE D'HORIZON.

Évidemment, cette réunion apparente de parallèles n'est qu'un effet visuel de plus, puisque la géométrie nous enseigne que des parallèles sont des lignes qui ne se rejoignent jamais. Mais le monde de l'artiste est avant tout visuel. Il est intéressant de noter que la perspective est une découverte relativement récente dans l'histoire de l'art. Ses règles n'ont été formulées qu'à la Renaissance, une période où les artistes se fiaient de plus en plus à l'observation directe.

À première vue, la perspective, comme la géométrie, peut sembler un sujet par trop académique, sans rapport avec la créativité ou alors réservé aux peintres de sujets architecturaux. En réalité, quoique indirectement, ce sont la perspective et ses lois qui permettent à l'artiste, quel que soit son sujet de peinture, de créer l'illusion d'un monde en trois dimensions.

LE POINT DE FUITE

En perspective, l'endroit où se rencontrent deux parallèles s'appelle le point de fuite. Il se situe sur une ligne imaginaire, l'horizon. L'horizon n'est pas un point arbitraire : il correspond à la hauteur du regard. Toutes les lignes parallèles fuyantes (par exemple, celles des toits ou des trottoirs) convergent vers un point situé sur une ligne qui représente le niveau de l'œil du spectateur. Si l'on se lève ou si l'on s'assoit, le niveau de l'œil s'élève ou s'abaisse. Si l'on se trouve en haut d'une colline et que l'on regarde en bas, les parallèles vont monter parce que l'horizon est haut; à l'inverse, si le sujet est en haut de la colline, les parallèles vont descendre (parfois de façon très abrupte).

La position précise du point de fuite est aussi déterminée par la position du spectateur lui-même. Si l'on s'assoit au milieu de la rue pour dessiner les rangées symétriques de

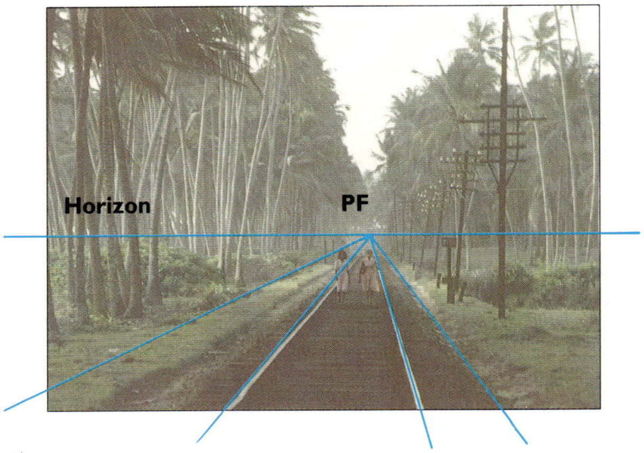

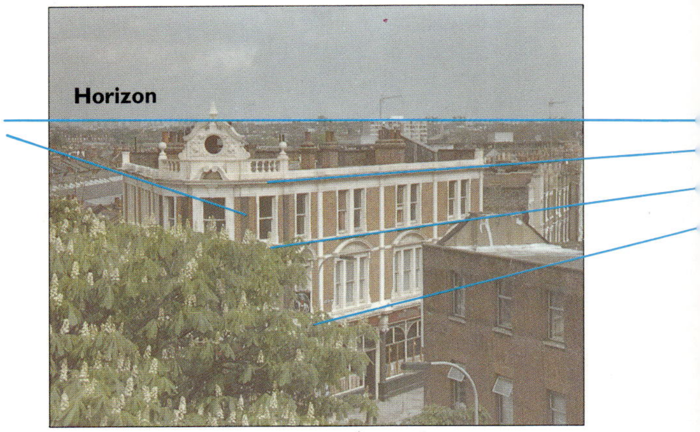

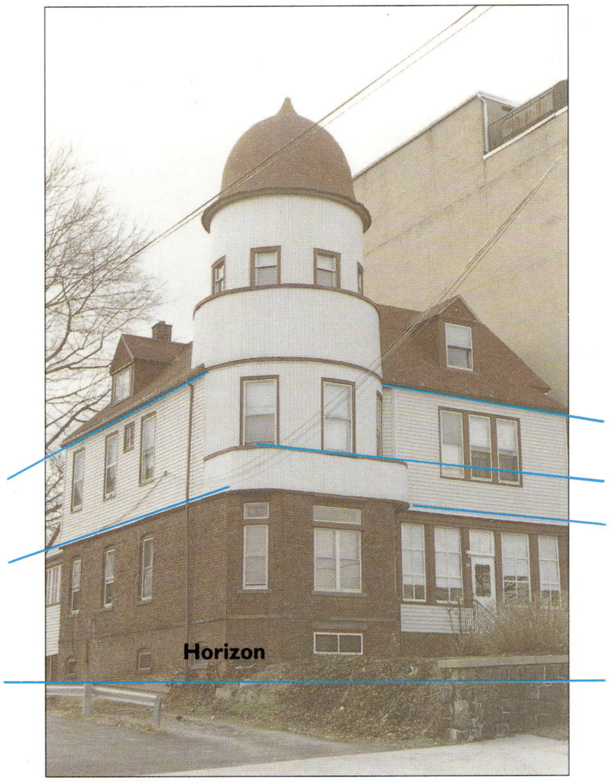

HORIZON

◄▲ Si vous avez pour sujet un paysage plat (ci-dessus à gauche), l'horizon, comme toutes les lignes verticales fuyantes directement face à vous, se trouve approximativement au milieu. Si votre point de vue est bas (ci-contre) et que vous observiez une maison à l'angle d'une rue, il y a alors deux ensembles de parallèles convergentes, tous deux descendant vers l'horizon. À l'inverse, si votre point de vue est haut (ci-dessus, à droite), comme lorsque vous regardez d'une fenêtre, les parallèles montent vers l'horizon.

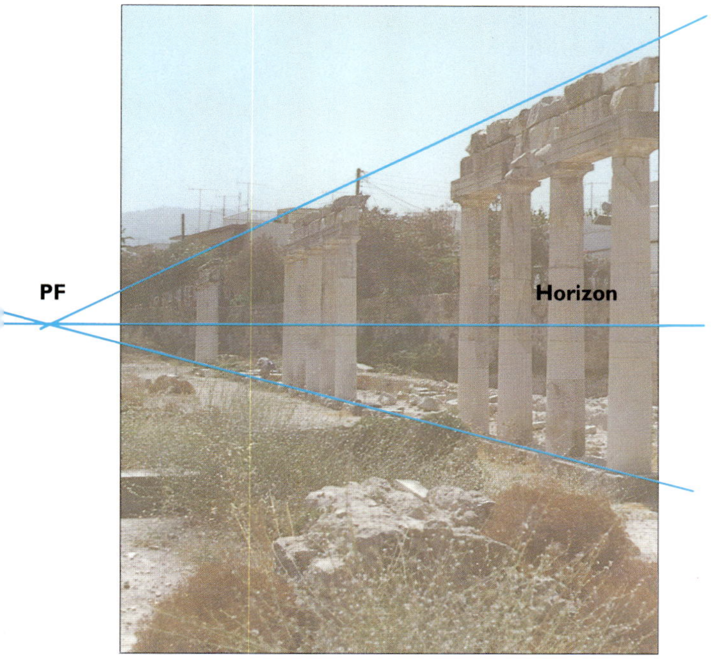

LA TAILLE ET
LA DISTANCE
◄ Plus les objets sont éloignés, et plus les espaces entre les objets semblent diminuer.

maisons qui la bordent, le point de fuite se trouve directement en face. Si l'on se déplace sur le trottoir pour observer la rue de côté, alors le point de fuite est bien toujours en face mais il n'est plus au centre du tableau.

Ces exemples supposent que l'on regarde un plan et que les plans perpendiculaires à ce dernier fuient vers un seul point. C'est la perspective à un point. Il est cependant fréquent (par exemple, quand on regarde une maison faisant le coin d'une rue) que les deux plans s'éloignent vers leur point de fuite respectif. Dans ce cas, il existe deux points de fuite, qui convergent vers deux endroits différents sur la même ligne d'horizon. C'est la perspective à deux points.

LA TAILLE ET
LA DISTANCE
Si les parallèles semblent se rapprocher de plus en plus avant de se rencontrer, il s'ensuit que les espaces entre elles semblent diminuer. Prenons l'exemple d'une longue rue : les fenêtres et les portes des maisons proches paraissent relativement grandes, tandis que celles qui sont éloignées paraissent petites et que celles qui sont tout au bout ne sont plus que des lignes verticales. Savoir estimer la taille d'un objet selon sa distance est un des éléments les plus importants de la perspective. Il sera très utile lorsqu'on abordera les personnages dans un tableau (voir leçon suivante). Plus les personnages sont loin et plus ils semblent petits, même si leur tête est au même niveau que la vôtre.

LES ELLIPSES
La perspective est aussi importante pour le peintre qui travaille à l'extérieur que pour celui qui peint des natures mortes. Si vous avez réalisé les exercices proposés jusqu'à présent, vous savez combien il est ardu de dessiner correctement des assiettes, des bols, des goulots et des fonds de bouteilles. Il est en effet reconnu que les ellipses sont particulièrement difficiles à rendre, parce qu'elles semblent ne suivre aucune règle précise. En réalité, il existe une formule simple qui vous aidera grandement : tout cercle (et l'ellipse n'est qu'un cercle aplati) peut s'inscrire dans un carré, dont les côtés convergent vers un point de fuite. Cette formule est facile à vérifier en dessinant une grille de carrés sur un morceau de papier, en

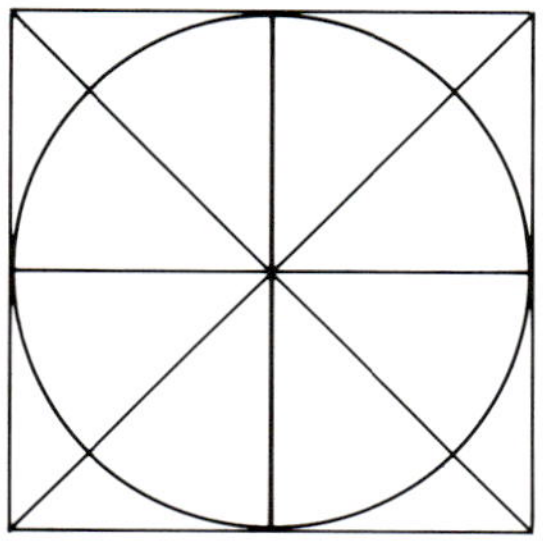

LA QUADRATURE
DU CERCLE
◄ Un cercle peut toujours s'inscrire dans un carré. Ainsi, pour dessiner correctement une ellipse, il suffit de dessiner un carré en perspective.

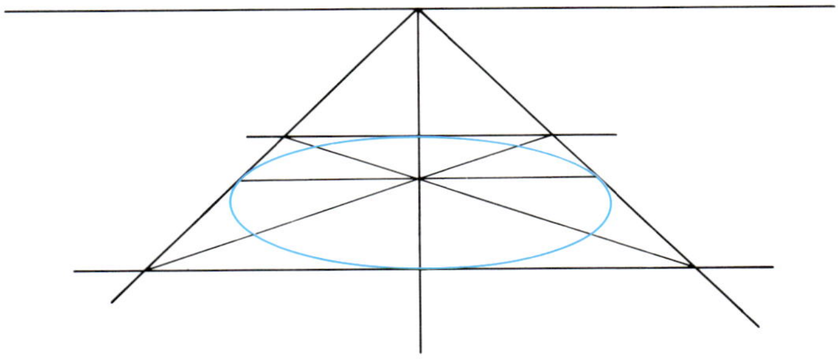

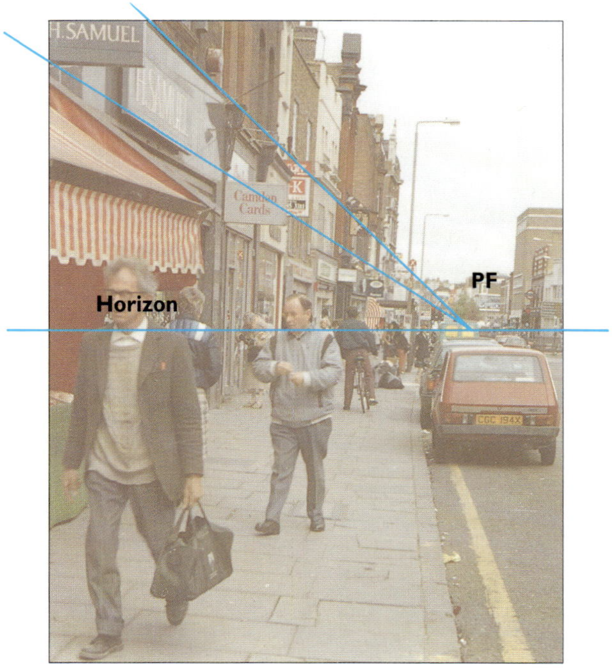

LES GENS DANS
LA RUE
◄ La tête des gens dans la rue est au même niveau que la vôtre, mais plus ils s'éloignent et plus ils semblent petits (leurs pieds sont plus haut). Cet effet permet de reproduire les différences de taille.

VOIR AUSSI	
44-47	Intérieur/extérieur
52-55	Travailler à partir de dessins

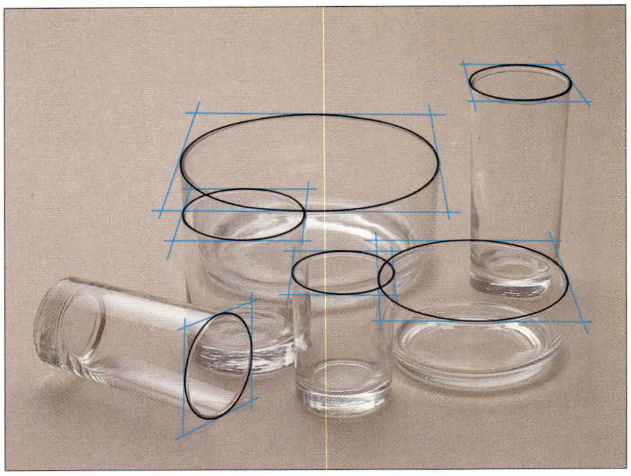

▲ Remarquez comme dans une forme cylindrique, un verre par exemple, l'ellipse supérieure est moins profonde que l'ellipse inférieure. Quand on tient un verre juste devant ses yeux, l'ellipse disparaît.

posant celui-ci sur une table et en disposant des couvercles ou autres objets ronds sur les carrés du devant et ceux de derrière. Remarquez alors comme la courbe avant des ellipses semble plus ronde que la courbe arrière.

LA PERSPECTIVE DANS LE PAYSAGE

Les paysages autres que des scènes urbaines ne sont généralement pas constitués de lignes parallèles bien droites et prêtes à servir de modèle. Pourtant la perspective, même cachée, est bien là. Des arbres alignés semblent se rapprocher les uns des autres et rapetisser dans la distance. Une rivière ou un chemin qui serpentent deviennent plus étroits. Les lignes convergentes d'un champ labouré donnent aussi l'impression de reculer tout en décrivant les contours du terrain.

Un autre moyen de créer l'espace dans un paysage consiste à utiliser la perspective aérienne. Plus on s'éloigne et moins les couleurs semblent intenses. Elles prennent une tonalité bleue, pâlissent, tandis que les contrastes s'estompent avec la distance. Cet effet est dû à la présence dans l'air de vapeur d'eau et de fines particules de poussière qui diffusent la lumière et affectent notre perception des couleurs. On peut ainsi créer une sensation d'espace en renforçant le bleu des objets de l'arrière-plan et en les voilant légèrement.

LA PERSPECTIVE EN PRATIQUE

Si vous peignez une scène urbaine ou plusieurs livres disposés selon des angles différents sur une table, il vous faut prendre en compte plusieurs points de fuite distincts. Certains d'entre eux se trouvant certainement en dehors du cadre du tableau, vous ne pouvez pas les marquer sur un dessin préliminaire. Vous pouvez toutefois établir la ligne d'horizon (assurez-vous qu'elle est bien horizontale) et utiliser la méthode du crayon, ou de la règle, tenu devant soi bras tendu pour mesurer les angles faits par les parallèles qui montent ou descendent. Nous vous conseillons de recourir, comme le font d'ailleurs la plupart des artistes, à de telles méthodes afin de mesurer et de vérifier ce que vous dessinez. Faites seulement attention de ne pas bouger en prenant les mesures car la perspective change avec le point de vue. Sachez aussi que la ligne d'horizon comme les coins des

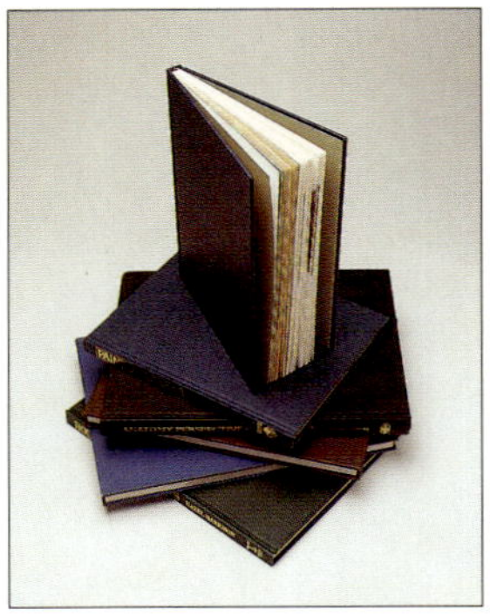

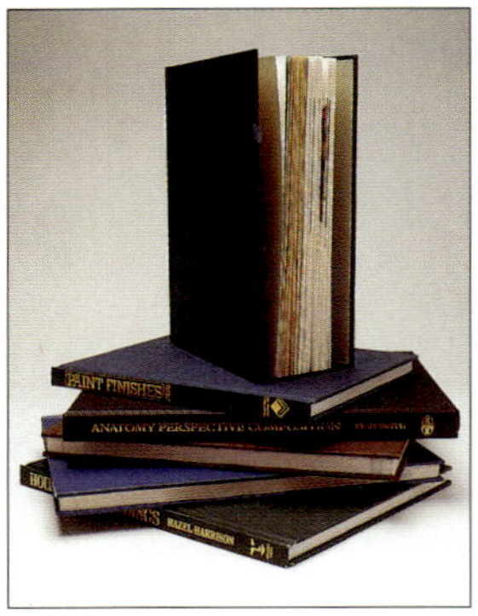

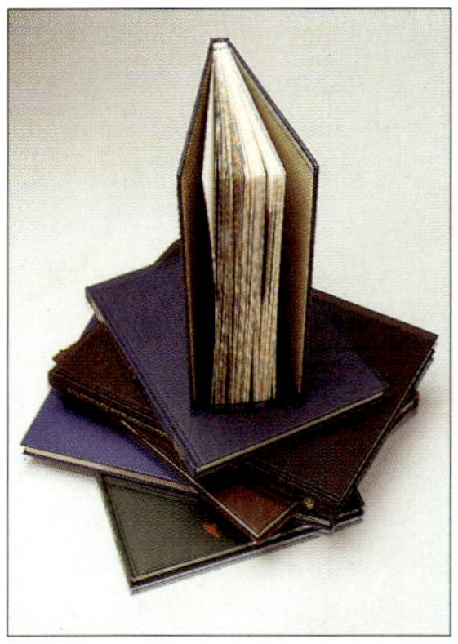

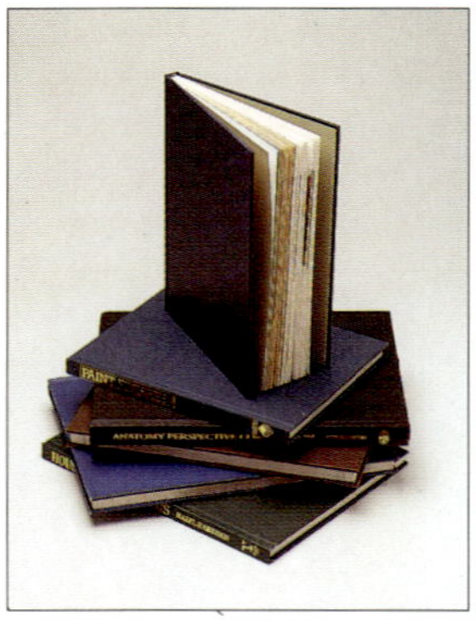

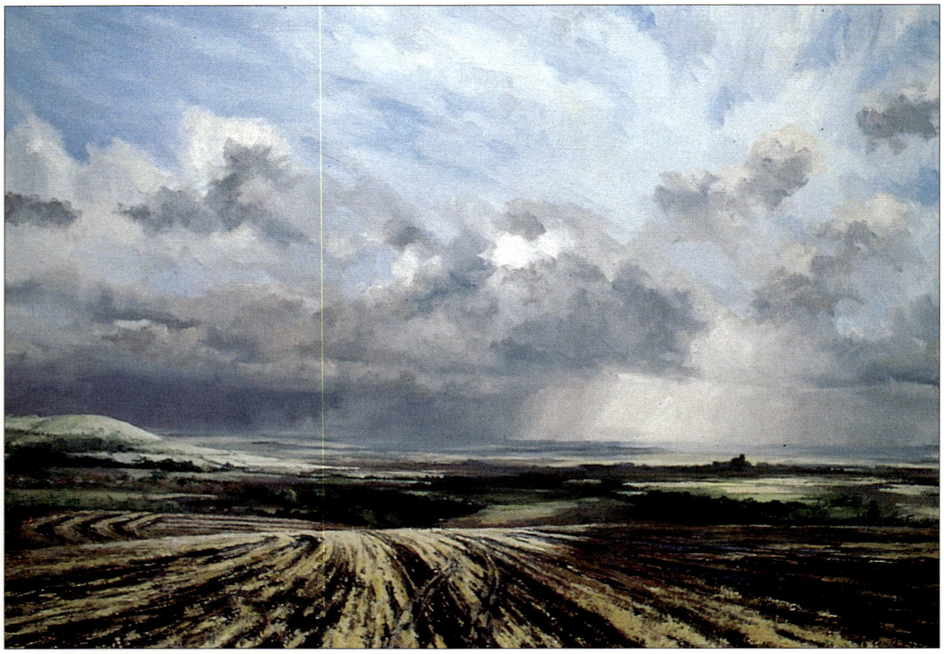

LES ÉLÉMENTS LINÉAIRES

◄ Remarquez comme dans cette peinture à l'huile de BRIAN BENNETT, intitulée **Champ brûlé**, les courbes convergentes donnent de la profondeur au paysage.

POINT DE VUE

◄ Ci-contre, les photographies montrent à quel point la perspective peut changer selon le point de vue. Les deux premières photographies ont été prises du même endroit mais pour la première, le photographe était debout, pour la deuxième il était assis. Les deux autres photographies ont été prises du même point de vue élevé, l'appareil de photo étant légèrement incliné sur la droite pour la dernière.

VÉRIFICATION DES ANGLES

▼ On peut évaluer les angles en tenant un crayon, ou une règle, devant soi et en l'alignant avec son dessin.

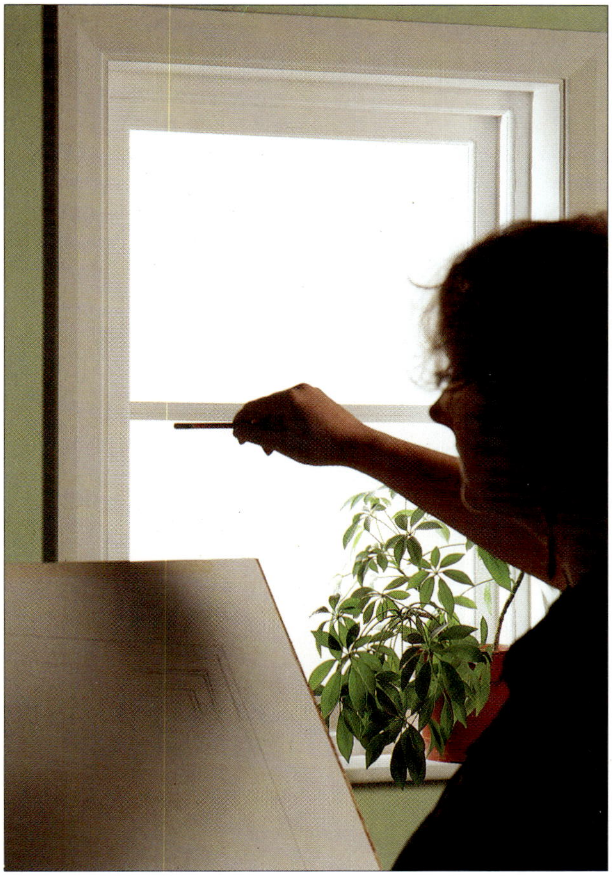

bâtiments constituent d'excellentes références verticales.

Il est également préférable de prendre des mesures lorsqu'on dessine des paysages. Il est important en effet de placer correctement les haies, les champs, les étendues d'eau, etc. Quand on peint un paysage plat, il est parfois déconcertant de découvrir qu'un élément plutôt grand, une étendue d'eau par exemple, ne prend en fait que peu de place sur la toile. Évaluer correctement la réduction des divers éléments du tableau sur la toile est pourtant un facteur essentiel pour arriver à rendre l'impression d'espace.

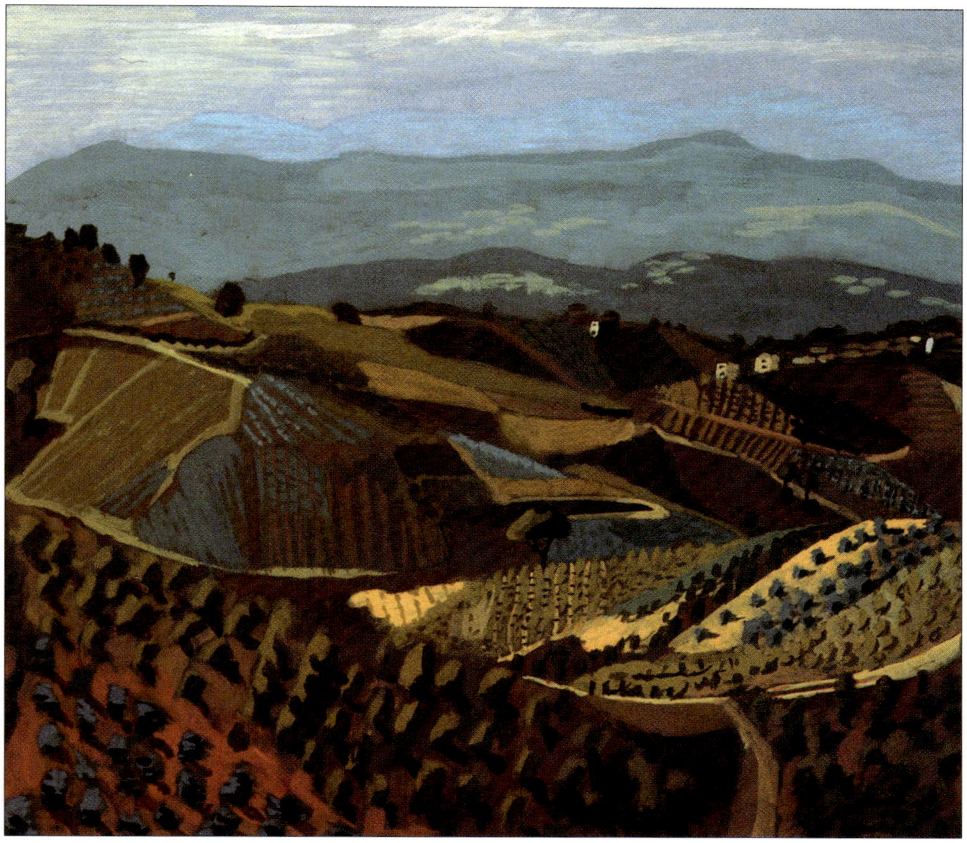

De même, il est très facile de se tromper sur la taille des personnages : pensez à les comparer à un autre élément du paysage pour évaluer correctement leur échelle. Par exemple, si vous pouvez visualiser la taille d'un personnage qui viendra au premier plan, faites partir des parallèles convergentes de sa tête et de ses pieds pour établir correctement l'échelle d'autres personnages dans le lointain.

VÉRIFICATION DES TAILLES

▲ JEREMY GALTON a d'abord réalisé un dessin soigné : pour cela, il a vérifié les tailles relatives des champs et des collines. Il est important de dessiner à une échelle correcte pour créer une sensation d'espace dans le paysage.

VOIR AUSSI	
44-47	Intérieur/extérieur
52-55	Travailler à partir de dessins
150-157	La peinture à l'huile
164-169	L'aquarelle et la gouache

Intérieur/extérieur

Jusqu'à présent, les leçons et les exercices ont surtout porté sur la façon de voir et de peindre des objets assez proches. Maintenant que vous en savez davantage sur la perspective et la couleur, nous vous proposons de voir des objets éloignés et de peindre par exemple en regardant à travers une fenêtre ou une porte ouverte. Ce travail va vous apprendre à passer du monde intérieur au monde extérieur. Beaucoup d'artistes se sont intéressés à ce sujet ; non seulement par défi mais aussi parce que c'est un élément de contraste. Or le contraste, qu'il soit de couleurs, de formes ou de tons, est un élément passionnant et important dans un tableau.

Ce défi, passer du monde intérieur au monde extérieur, est triple : il s'agit d'abord de montrer les différences qui existent entre ces deux espaces (l'un est clos, l'autre est ouvert), puis d'évaluer correctement l'échelle relative des objets proches et éloignés (c'est une façon de créer l'espace) et enfin de lier visuellement ces deux mondes pour qu'ils n'en forment qu'un.

ESPACE ET ÉCHELLE

Juger l'échelle d'un objet est plus difficile qu'on ne le croit. Le problème repose une fois encore entre ce qu'on voit et ce qu'on sait. Vous croyez par exemple que le cadre de la fenêtre est fin par rapport aux murs qui l'entourent, et donc par rapport au bâtiment ou à tout autre élément qui se trouve à l'extérieur. En réalité, ce cadre est sans doute plus large que le bâtiment, car il est plus près de vous. Prenons un autre exemple : quand vous regardez par la fenêtre, vous apercevez un certain nombre d'objets (bâtiments, jardins, un peu du paysage) qui semblent parfaitement s'ajuster à l'intérieur du cadre formé par celle-ci. Pourtant, quand vous cherchez à les peindre, plus rien ne tient. C'est qu'inconsciemment vous avez tendance à les agrandir.

47 ➤

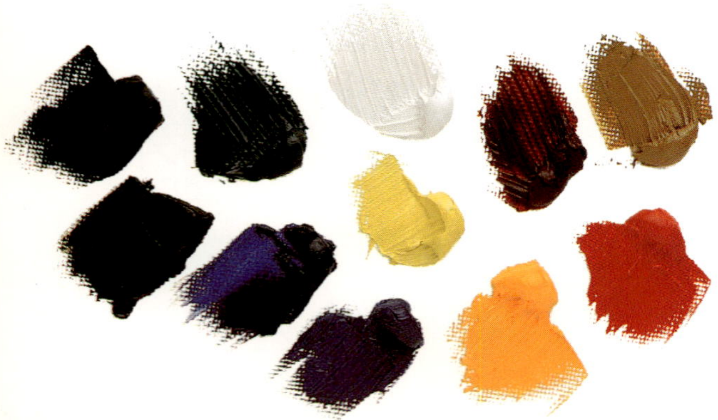

BUTS DE L'EXERCICE

Évaluer la taille relative des objets

Travailler sur la perspective

Créer une unité visuelle

COULEURS NÉCESSAIRES

(voir ci-dessous, à gauche)

Huile ou acrylique : rouge de cadmium, cramoisi d'alizarine, jaune de cadmium, ocre jaune, jaune citron, bleu outremer, bleu de cobalt, vert émeraude, terre d'ombre naturelle, noir et blanc

TEMPS PRÉVU

5-6 heures

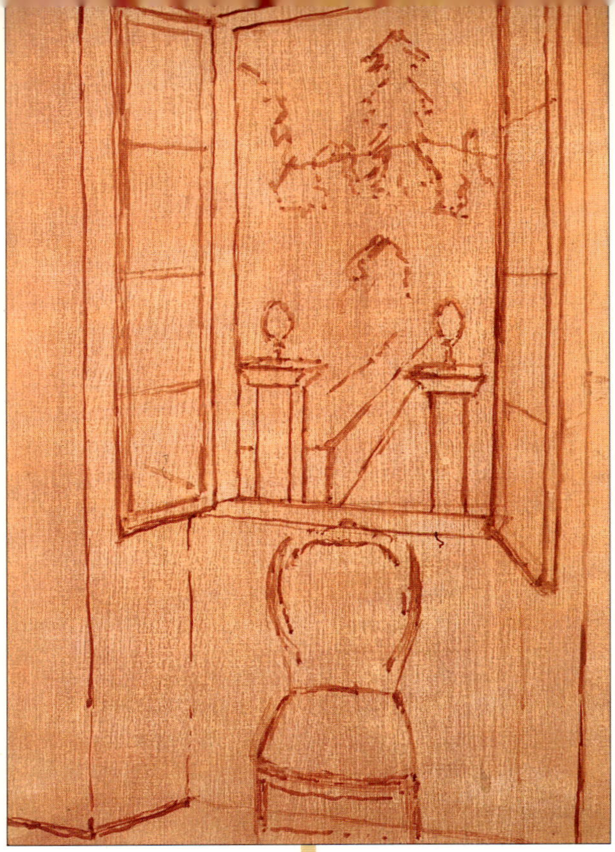

1 ▲ Cet artiste travaille à l'huile. Il commence toujours par un dessin soigné qu'il réalise au pinceau. C'est dans ce cas-ci particulièrement important car son sujet comporte deux perspectives différentes. Il se trouve devant une fenêtre à l'étage et peint d'abord d'assez près afin que la vue emplisse tout le cadre de la fenêtre. Puis il s'éloigne pour dessiner la chaise. Pour reproduire un intérieur avec une vue extérieure il faut souvent un peu tricher, mais souvenez-vous que peindre ce n'est pas forcément rendre compte fidèlement de ce qu'on voit.

L'EXERCICE

Placez-vous de façon à voir en partie l'intérieur de la pièce dans laquelle vous vous trouvez et en partie la vue de la fenêtre ou de la porte ouverte. Si vous avez opté pour la fenêtre, laissez votre sujet déborder un peu du cadre et peignez aussi les murs et quelques meubles proches (une table ou une chaise, par exemple). Avant de commencer, réfléchissez à la façon dont le sujet peut s'ajuster au mieux dans un cadre rectangulaire. Si vous avez choisi de regarder par une porte ouverte, cela ne signifie pas forcément que votre tableau sera vertical; il est peut-être préférable au contraire qu'il soit horizontal.

Le sujet n'est pas facile, car il faut tenir compte à la fois de l'échelle et de la perspective : nous vous conseillons donc de débuter par un dessin, au fusain ou mieux encore au crayon (puisqu'il vous servira aussi pour mesurer les réductions et les angles, comme nous l'avons vu précédemment). Apportez toute votre attention à cette ébauche, pour ne pas avoir à trop retoucher la peinture par la suite. Pensez à vérifier régulièrement les intersections entre les angles et les verticales et les horizontales.

Oubliez vos idées préconçues et mettez en pratique les leçons précédentes sur la façon de voir, la couleur, le ton et la perspective. Certains effets peuvent vous surprendre : la luminosité à l'intérieur d'une pièce étant presque toujours plus faible qu'à l'extérieur, un cadre de fenêtre blanc vu à contre-jour paraîtra plus foncé, coloré même (contenant quelques touches de couleurs sans doute bleuâtres ou verdâtres, selon ce qui s'y reflète). Il est probable que le cadre de la fenêtre qui dans la réalité est blanc devienne la zone la plus sombre du tableau et que les zones qui l'entourent prennent toute la lumière (le rebord de la fenêtre par exemple peut alors être la zone la plus claire).

Peignez en premier les tons extrêmes. Ils vous permettront de mieux évaluer les tons moyens et de couvrir rapidement la surface de la toile. Il est en effet impossible de juger les couleurs et les tons tant que la blancheur de la toile transparaît. Souvenez-vous que les couleurs aident à décrire l'espace, la lumière et les ombres et qu'il est nécessaire de se reculer de temps en temps pour mieux évaluer son travail. Posez-vous alors certaines questions essentielles : devez-vous renforcer certaines couleurs et certains tons du premier plan ou au contraire rabattre ceux de l'arrière-plan pour arriver à un résultat plus satisfaisant ? Quand un élément du tableau ne vous plaît pas, il faut peut-être mettre en cause ce qui l'entoure. Sachez regarder votre toile comme un tout, mais sachez aussi vous arrêter pour reprendre votre travail quelques jours plus tard. Il est souvent plus difficile de voir les défauts (et les qualités) de sa toile quand on a le nez dessus !

2 ► Comme on l'a déjà vu, la couleur sert de lien visuel. Ici, dès le début, les touches de couleurs sont déposées indifféremment sur la zone extérieure et la zone intérieure.

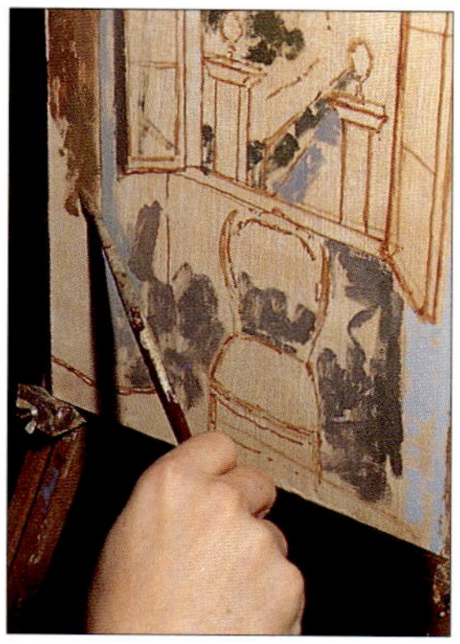

4 ▼ L'artiste termine par le haut de l'arbre. À ce stade, les couleurs ne doivent être ni trop brillantes ni trop intenses : cela détruirait la sensation d'espace en donnant l'illusion qu'elles avancent vers le spectateur.

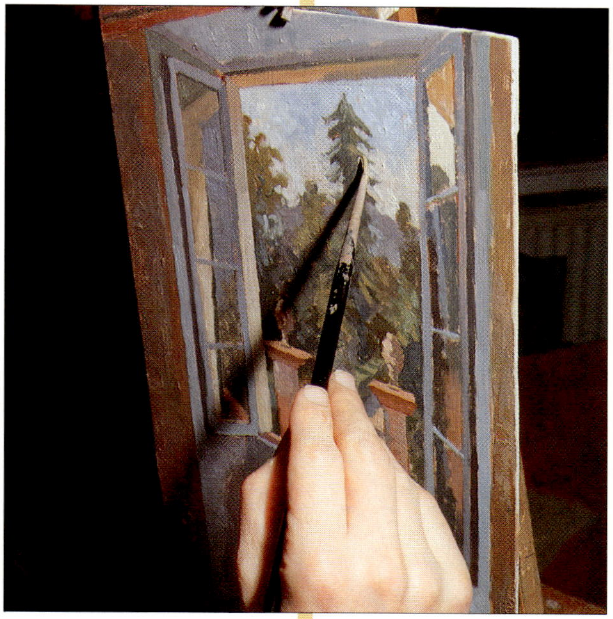

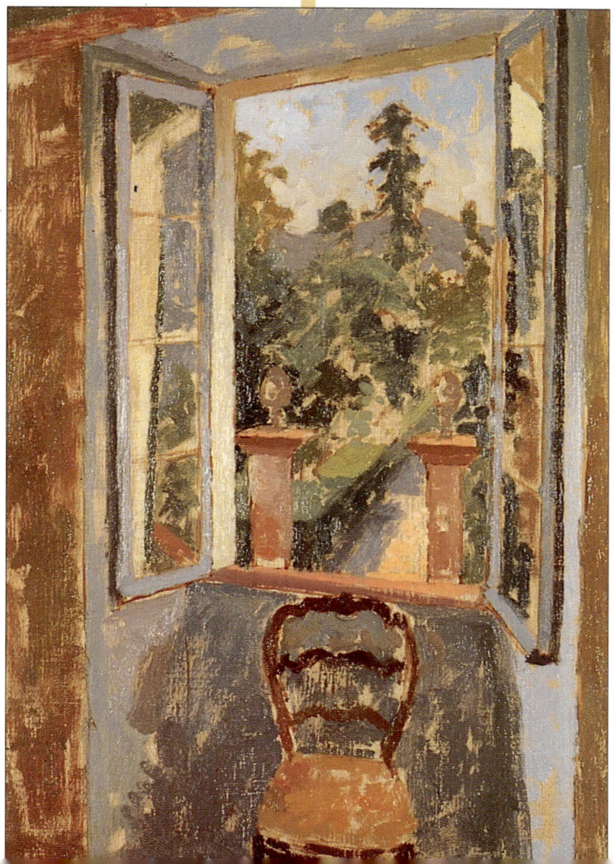

3 ◄ Le jardin est très fortement éclairé de sorte que les couleurs et les contrastes de tons du dehors sont presque aussi forts que ceux de la pièce. Cependant, le gris clair et le gris foncé reproduits tout autour du cadre de la fenêtre suffisent à séparer le tableau en deux zones.

VOIR AUSSI	
16-19	Initiation à la peinture à l'huile et à l'acrylique
24-29	La couleur et le ton
40-43	Les règles de la perspective
150-157	La peinture à l'huile

5 ▼ Ce tableau est maintenant terminé : observez comme les couleurs employées pour les murs (un chaud marron-rouge et du bleu-gris) renforcent l'effet de cadre extérieur tandis que la fenêtre elle-même devient un cadre intérieur donnant sur le jardin. Ce procédé de cadre emboîté dans un autre cadre crée l'illusion de l'espace.

AUTOCRITIQUE

- Le tableau exprime-t-il bien l'idée de plusieurs espaces ?
- L'échelle des objets est-elle correcte ?
- La perspective est-elle bien observée ?
- Les couleurs utilisées donnent-elles une unité au tableau ?

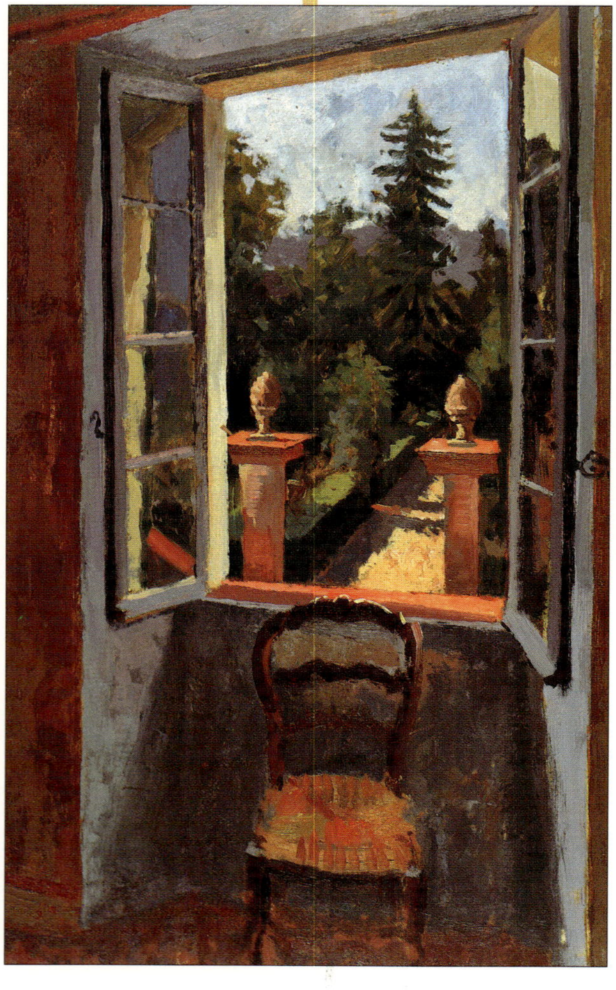

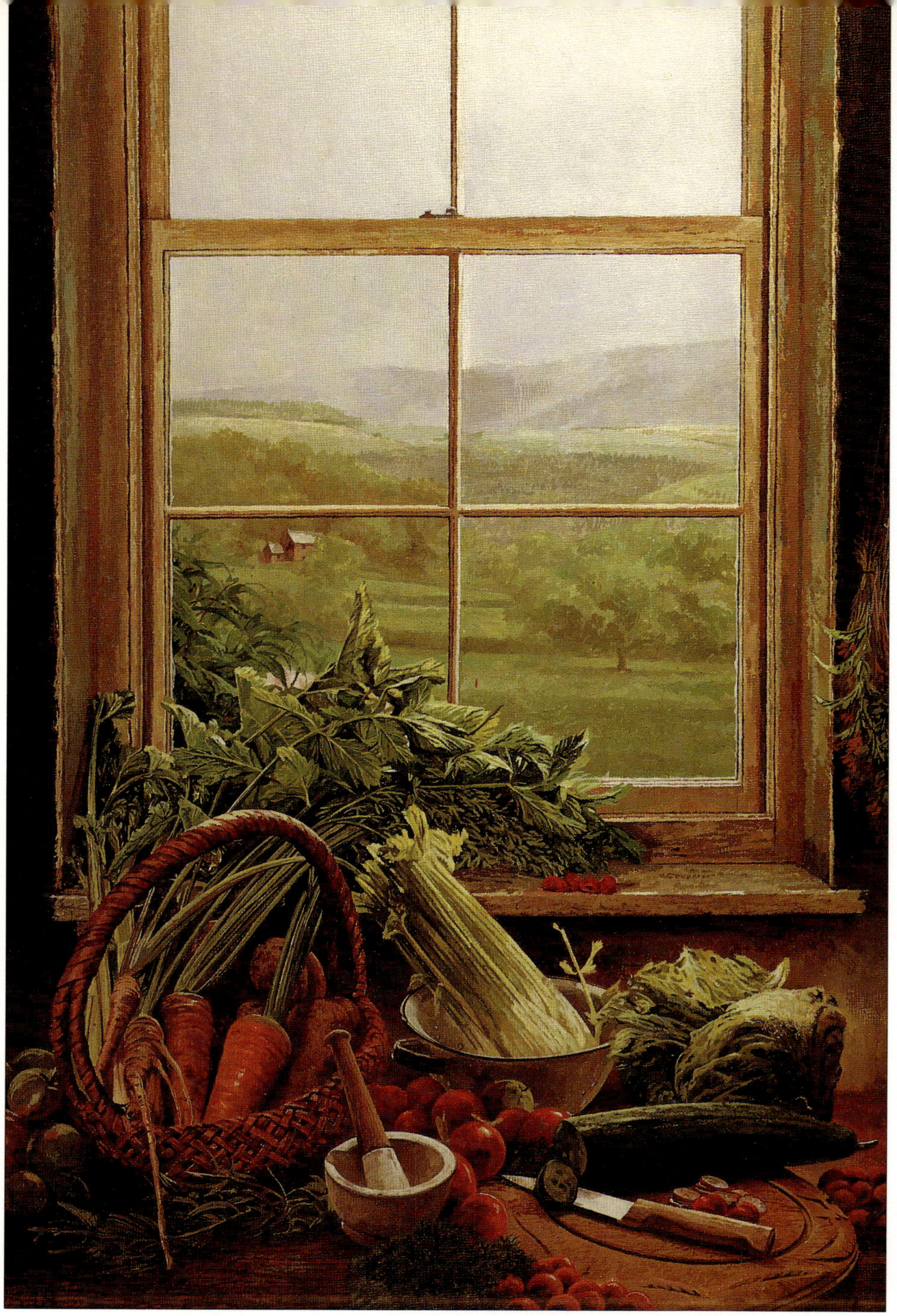

▲ PETER JONES
Cuisine dans les collines
Aquarelle
Dans cette peinture, aux effets très recherchés, l'artiste a organisé et contrôlé les couleurs et les tons avec une grande habileté. Remarquez comme les verts des légumes se retrouvent dans le paysage. Pourtant la gamme des tons utilisée pour ce dernier est infime. Malgré cela, sa description est minutieuse et convaincante.

Il faut donc trouver un compromis, soit vous peignez moins d'éléments que vous en voyez, soit vous élargissez le cadre de la fenêtre !

LA COULEUR ET LE TON

Comme nous vous l'avons déjà expliqué, l'utilisation de couleurs chaudes et brillantes au premier plan et de couleurs plus froides en arrière-plan permet de créer l'illusion de l'espace. Cette règle est parfaite… en théorie. Elle n'est pas toujours d'une grande aide en pratique, car il ne s'agit pas d'inventer des couleurs mais bien de rendre ce qu'on voit. Prenons l'exemple d'un mur de briques rouges en arrière-plan qui serait un élément important de votre tableau. Il va peut-être falloir que vous rendiez sa couleur plus froide afin qu'il trouve sa place dans l'espace de votre toile. N'oubliez pas que le ton des couleurs s'éclaircit et se refroidit avec la distance. Quelques arbres ou une grille que vous savez être de couleur foncée parce que vous les avez vus de près peuvent se révéler vraiment pâles en comparaison d'un objet sombre à l'intérieur de la pièce.

LES LIENS VISUELS

On ne dira jamais assez l'importance de liens visuels dans un tableau, qu'il ait pour modèle des personnages, des paysages, des natures mortes ou une vue de la fenêtre. Ils sont peut-être encore plus essentiels ici puisqu'il s'agit de lier deux mondes distincts, un intérieur et un paysage, en termes picturaux. Pour y parvenir, un des moyens consiste à créer des liens grâce à une utilisation judicieuse de la couleur. Par exemple, si le monde extérieur est un paysage dont la dominante est le vert, cherchez également à mettre du vert dans l'intérieur (dans les ombres, ou parmi les nombreuses couleurs du rebord de la fenêtre à dominance blanche). Si le soleil brille dehors, tirez parti du moindre éclat de lumière entrant dans la pièce.

AUTRES EXERCICES

Passer d'un espace à un autre ne signifie pas se cantonner aux intérieurs domestiques. Il est possible de peindre ce qu'on voit en regardant par les vitres d'une serre ou par celles de n'importe quel bâtiment.

SUGGESTIONS

- Regarder par la fenêtre ou la porte ouverte d'un atelier
- Regarder par le porche d'une église
- Regarder la ville par une fenêtre élevée

▼ IAN SIMPSON
Paysage vu d'une fenêtre suédoise
Acrylique
Il est fréquent que les contrastes de tons puissants autour d'une fenêtre soient suffisants pour repousser le paysage de l'autre côté de la vitre. Ici, l'artiste a renforcé la séparation entre le monde intérieur et le monde extérieur grâce à un pot de fleurs. En outre, les tons des feuilles sombres et des fleurs rouge vif font pendant à la zone foncée située en haut de la fenêtre.

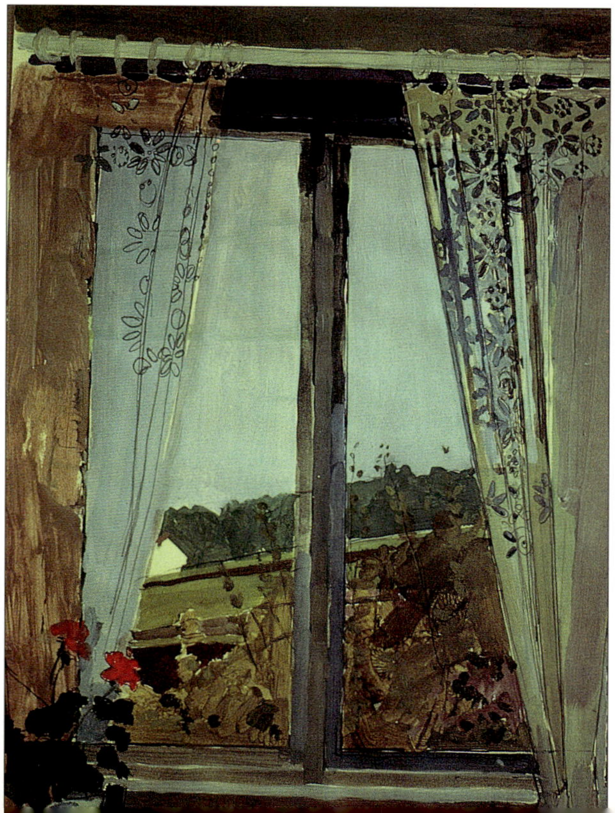

► DAVID CARR
Fenêtre en Toscane
Gouache
Une gamme limitée de couleurs se retrouvant dans le paysage, le ciel, les murs et l'embrasure de la fenêtre, permet de produire une œuvre toute en harmonie et quiétude. Les motifs dessinés par les barres et les coups de pinceau vigoureux suffisent à animer l'ensemble.

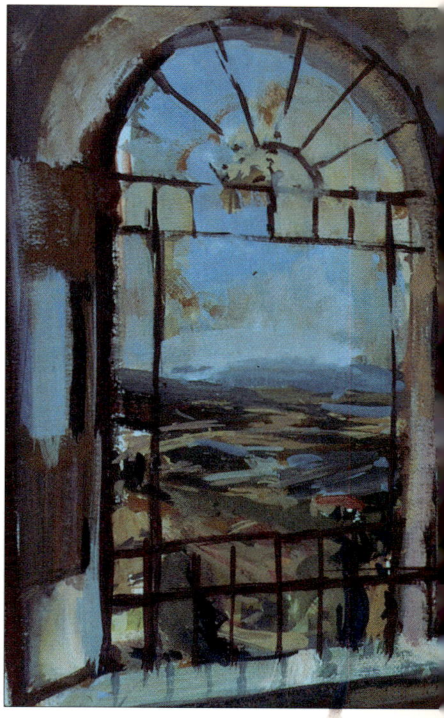

VOIR AUSSI

16-19	Initiation à la peinture à l'huile et à l'acrylique
24-29	La couleur et le ton
40-43	Les règles de la perspective
150-157	La peinture à l'huile
164-169	L'aquarelle et la gouache

INITIATION À L'AQUARELLE

SI NOUS N'AVONS JUSQU'À PRÉSENT ENCORE RÉALISÉ AUCUN EXERCICE À L'AQUARELLE, C'EST QUE CELLE-CI PARDONNE PEU L'ERREUR : C'EST UN MÉDIUM DE PEINTURE QUI DEMANDE UN CERTAIN DOIGTÉ ET N'APPRÉCIE GUÈRE LES RETOUCHES, CORRECTIONS ET SURÉPAISSEURS. NOUS PENSONS QUE VOUS ÊTES MAINTENANT SUFFISAMMENT AGUERRI POUR L'ESSAYER. LES EXERCICES PROPOSÉS N'EXIGENT AUCUN MÉDIUM PARTICULIER, MAIS ILS VOUS PERMETTRONT D'ABORDER D'AUTRES TECHNIQUES PICTURALES, ET POURQUOI PAS LE PASTEL ?

Malgré sa réputation de médium de peinture difficile à maîtriser, l'aquarelle est très prisée des débutants. Mêmes les professionnels s'y adonnent de plus en plus. Il est vrai cependant qu'elle permet peu les retouches et qu'elle demande davantage de planification que la peinture opaque. L'aquarelle reste toutefois un merveilleux moyen d'expression, même lorsqu'on débute.

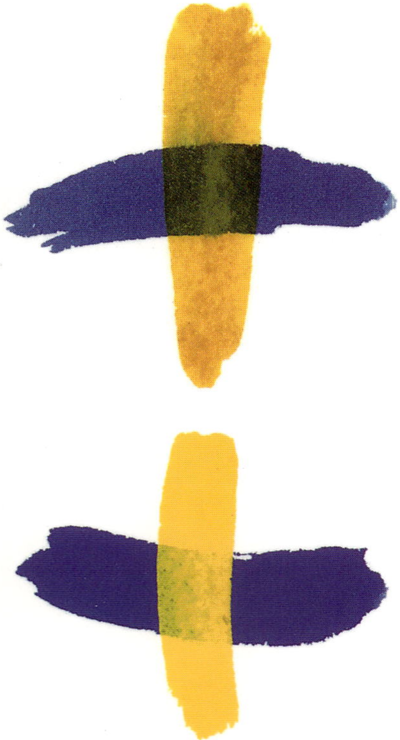

◄ À l'aquarelle, il est possible de modifier une couleur en lui superposant une autre couleur, mais la première transparaîtra toujours sous la seconde (dessin du haut). La gouache utilisée en couches épaisses possède un pouvoir beaucoup plus couvrant (dessin du bas).

L'un de ses plus grands charmes est son caractère imprévisible. Ce sont par exemple deux couleurs qui se mêlent à vos dépens et créent un effet particulier, qu'il est peut-être bon de garder et même de tenter de reproduire. Cet élément de risque, cette impossibilité à prévoir ce qui va se passer sur la toile donnent justement tant de piment au travail à l'aquarelle !

L'AQUARELLE ET LA GOUACHE

Il existe deux types de couleur à l'eau : l'aquarelle, qui est transparente, et la gouache, qui est opaque. Pour toutes les deux, le liant est la gomme arabique, mais on ajoute de la craie à la gouache (cela l'épaissit) et de la glycérine à l'aquarelle pure (cela la fluidifie et la garde humide). On peut aussi se servir de la gouache en couches minces et dans ce cas elle se comporte comme l'aquarelle, sans toutefois parvenir à ce qui fait la réputation de l'aquarelle : sa transparence. De nos jours, il est fréquent que les artistes mélangent ces deux médiums pour obtenir des zones épaisses et des zones fines dont le contraste offre un effet puissant.

Les puristes vous diront cependant qu'il s'agit là d'une hérésie. Pour eux, tout ajout de couleur couvrante (terme qui désigne l'aquarelle opaque) ne peut que détruire la pureté des coloris et les ternir. C'est en partie vrai : la technique classique de l'aquarelle repose sur la réflexion de la blancheur du papier à travers les couches transparentes de peinture.

TRAVAILLER FRAIS SUR SEC

Cette technique classique à l'aquarelle consiste à appliquer le lavis de couleur sur une couche de peinture déjà sèche. À la différence de la peinture à l'huile ou de l'acrylique, lorsqu'on travaille avec une peinture pure comme l'aquarelle, il faut commencer par les zones claires puis aller

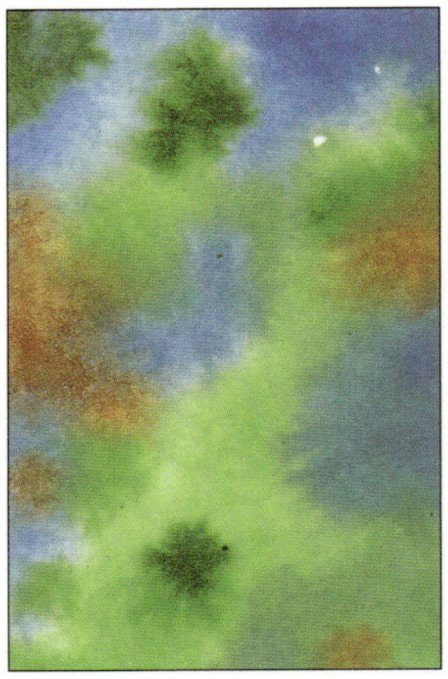

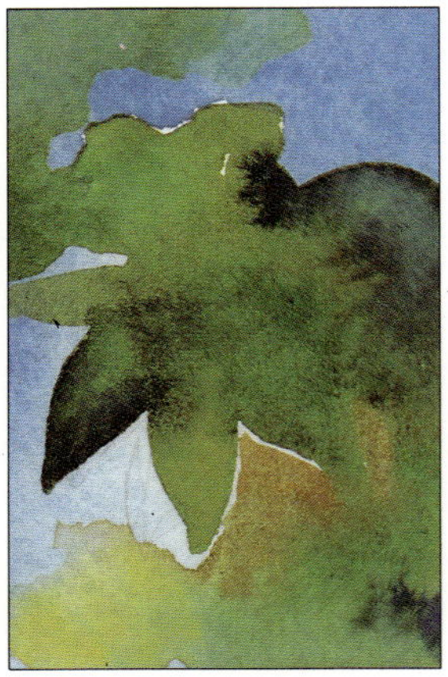

BORDS PLUS OU MOINS MARQUÉS
Appliquer une couleur sur un lavis ou dans un lavis encore frais permet de créer des effets de couleurs flous (ci-dessus, à gauche). Superposer un lavis frais à un lavis sec crée au contraire des bords plus marqués (ci-dessous). Ces deux méthodes sont souvent utilisées ensemble (ci-dessus, à droite). Si l'on cherche à rendre des détails minutieux, on peint en général frais sur sec avec un petit pinceau.

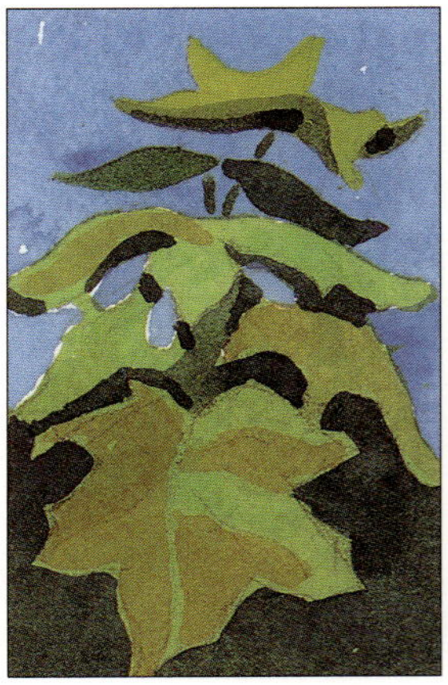

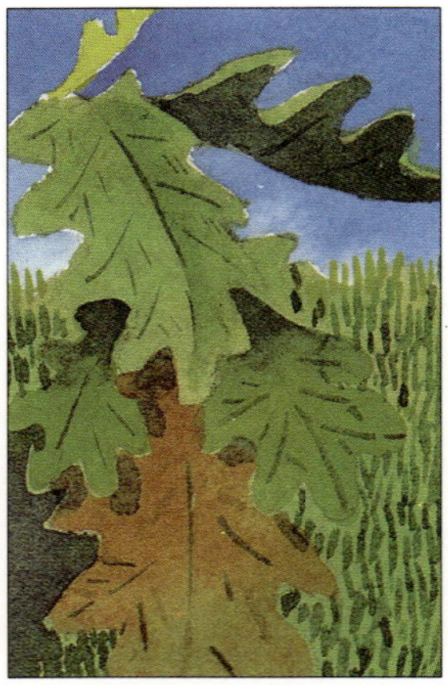

progressivement vers les zones foncées. Les couleurs les plus intenses sont obtenues par superposition. Les lumières (ou rehauts) sont des zones préservées, ou laissées en réserve, pour que la blancheur du papier transparaisse. Le lavis est à la base de toute peinture à l'aquarelle. Il consiste en une fine pellicule de peinture qui va recouvrir le papier, en partie ou entièrement.

La pose du premier lavis est décisive : avez-vous décidé de l'emplacement des rehauts (il va vous falloir les contourner) ? Savez-vous quelle couleur et quel ton employer pour cette première couche de peinture ? Pensez toujours à appliquer un lavis aussi proche que possible de la couleur recherchée, car s'il est vrai qu'on peut foncer un premier lavis trop pâle en lui superposant d'autres lavis, n'oubliez pas que ces surépaisseurs vont ternir les couleurs et gâcher leur merveilleuse translucidité.

Il est essentiel de laisser sécher un premier lavis avant de lui superposer d'autres couches de peinture ou de peindre autour. Sachez aussi que lorsqu'on superpose des lavis, il se forme une sorte de liséré à l'endroit où les couleurs se mêlent. C'est une des caractéristiques de l'aquarelle. Certains artistes savent magnifiquement en jouer pour structurer leurs tableaux.

LA PRATIQUE DE L'AQUARELLE

Nous conseillons à tous les débutants de commencer par les exercices suivants : d'abord, appliquez un lavis en aplat, sans bavures et sans différences trop marquées de couleurs, puis appliquez un lavis dégradé, c'est-à-dire un lavis où la couleur passe progressivement du foncé au clair ou inversement (on utilise souvent de tels lavis pour les ciels).

Faites en sorte que vos lavis soient bien uniformes. Même si dans un tableau on utilise rarement des lavis aussi parfaits, cela vous en apprendra beaucoup sur le comportement de l'aquarelle. Pour de meilleurs résultats, travaillez sur un papier tendu sur une planche à dessin et humecté avec un pinceau ou une éponge. Inclinez légèrement la planche de sorte que chaque lavis s'étale vers le bas (voir les photographies).

TRAVAILLER FRAIS SUR FRAIS

Travailler frais sur sec n'est pas la seule méthode. La technique du frais sur frais permet de mélanger les couleurs directement sur le papier tout en créant de merveilleux effets atmosphériques. Les paysagistes l'utilisent largement. Il s'agit en fait de laisser tomber de la couleur dans un lavis qui n'a pas eu le temps de sécher : ainsi, les couleurs se mêlent sans

50 ➤

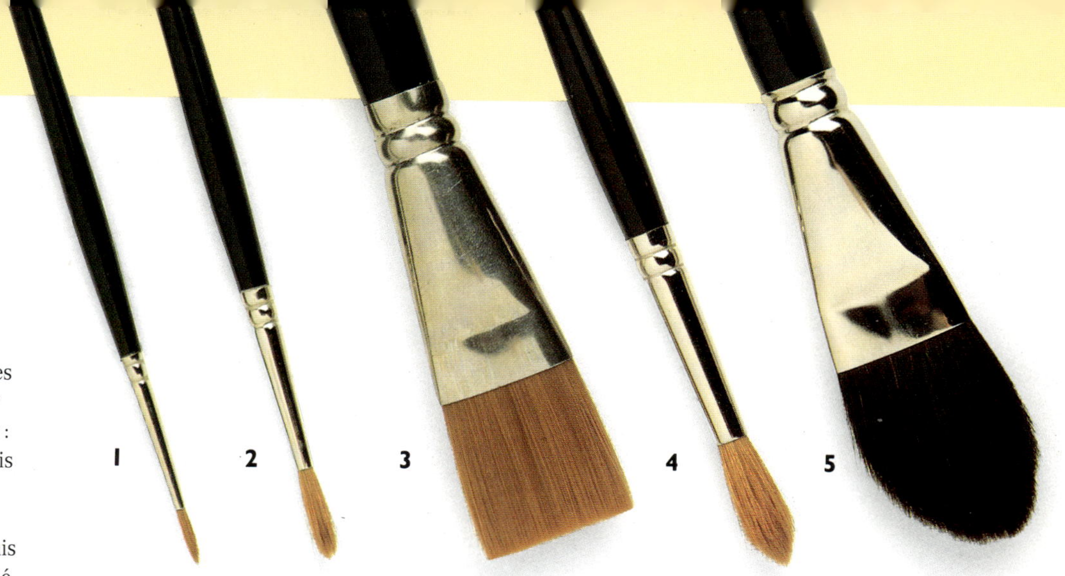

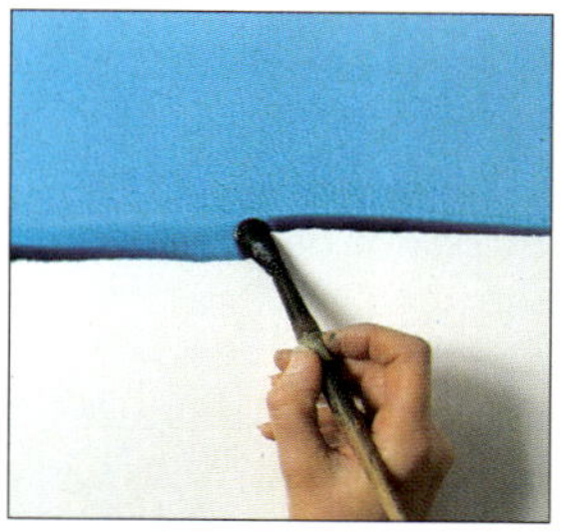

LAVIS EN APLAT

1 ▲ Passez le pinceau chargé d'un bord à l'autre du papier, puis reprenez immédiatement de la peinture et recommencez en dessous. Continuez ainsi jusqu'en bas.

2 ▲ Un lavis s'applique rapidement et sans hésitation. Pour cela, pensez à préparer une quantité suffisante de couleur !

LES PINCEAUX

▲ Les meilleurs pinceaux pour l'aquarelle (mais aussi les plus chers) sont en poils de martre. Il existe également des pinceaux synthétiques et mi-synthétiques qui conviennent parfaitement lorsqu'on débute.
Il n'est pas nécessaire d'avoir de nombreux pinceaux. Un gros pinceau à bout carré (**3**) est utile pour les lavis (mais pas essentiel). Deux ou trois pinceaux pointus (**1**, **2**, **4**) de taille différente serviront pour les détails. Les pinceaux bombés (**5**) sont excellents pour les lavis et agréables à utiliser, mais ils sont assez chers : les débutants peuvent s'en passer.
Les pinceaux pour gouache dépendent de la façon de travailler. Les pinceaux aquarelle doux ou en soie (ou une combinaison des deux) conviennent.

LAVIS DÉGRADÉ

► La procédure classique est la suivante : commencez par peindre une bande de couleur en haut du papier, puis continuez en dessous en ajoutant un peu plus d'eau à chaque nouvelle bande. Pour les couchers de soleil, il existe une autre méthode, qui consiste à travailler en retournant la planche à dessin de sorte que la couleur coule vers le bas (c'est-à-dire le haut du tableau) : commencez avec de la peinture très diluée et chargez-la progressivement de couleur. Quelle méthode préférez-vous ?

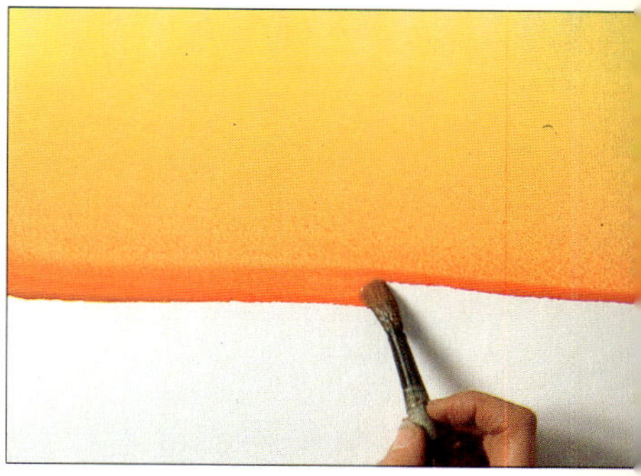

VOIR AUSSI

164-169	L'aquarelle et la gouache

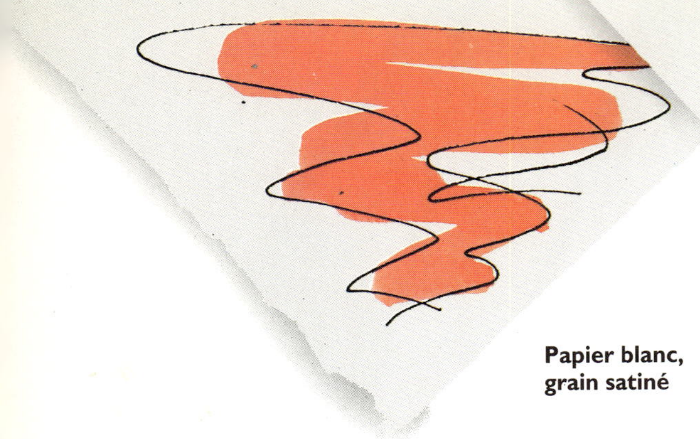

Papier blanc, grain satiné

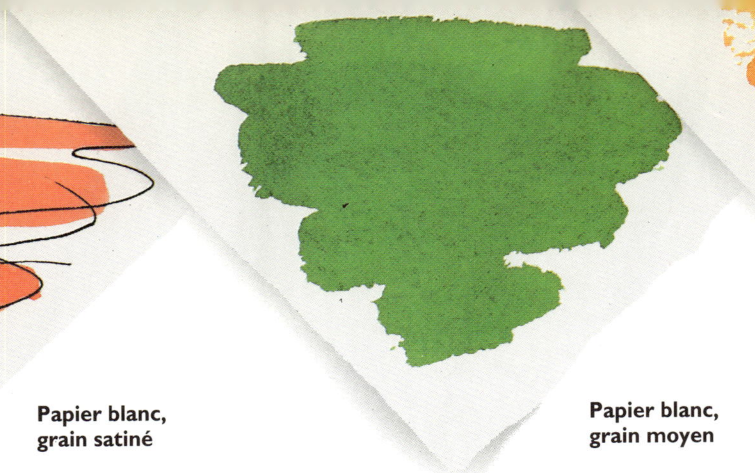

Papier blanc, grain moyen

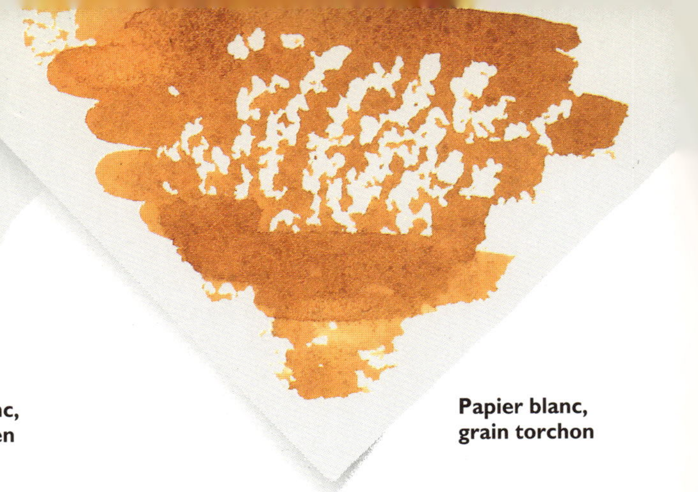

Papier blanc, grain torchon

former d'arêtes comme dans la méthode du frais sur sec. Les effets obtenus dépendent du degré d'humidité de la première couleur et de l'inclinaison de la planche à dessin. N'hésitez pas à faire vos propres expériences ! Les artistes qui se spécialisent dans le frais sur frais apprennent à maîtriser le flot de la couleur dans une autre en inclinant la planche suivant des angles différents et en arrêtant les coulures avec une éponge ou du coton.

En peignant frais sur frais à l'aquarelle, on court le risque de ne produire que des formes molles et cotonneuses. C'est pourquoi, on ajoute généralement à la fin, quand les principales zones sont sèches, quelques détails plus vigoureux. Il est également possible de travailler avec les deux méthodes afin d'introduire dans la composition des contrastes entre les arêtes marquées et les douces gradations de couleurs.

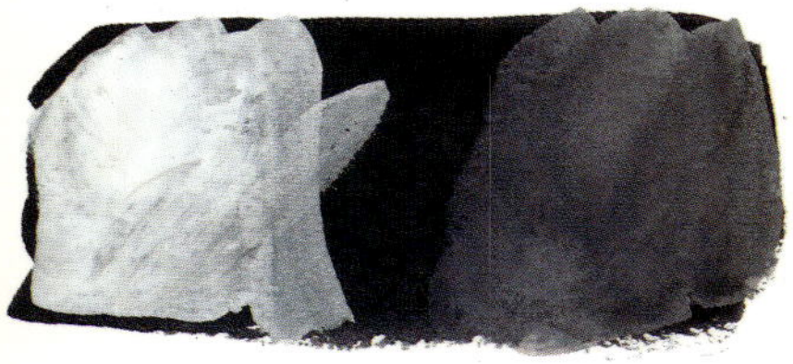

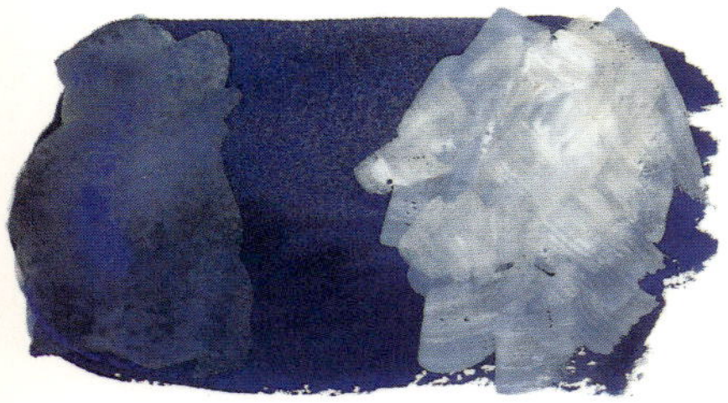

LA GOUACHE
▲ Ces dessins montrent que si la gouache est techniquement une peinture opaque, elle ne peut recouvrir complètement une autre couleur que si elle est utilisée non diluée et très épaisse. Ne superposez pas un trop grand nombre de couches de peinture ou les couleurs vont devenir ternes.

LA GOUACHE

La gouache étant une peinture opaque, il est théoriquement possible de travailler des zones foncées aux zones claires. En réalité, la gouache n'est pas aussi opaque que la peinture à l'huile, et une couleur claire ne peut jamais tout à fait couvrir une couleur foncée. De plus, la couleur du dessous tend à fusionner avec la couleur fraîche qu'on lui superpose de sorte qu'elles se mélangent sur le papier. On peut remédier à cet inconvénient en utilisant une peinture très épaisse et complètement sèche. Nous conseillons cependant aux débutants de s'en tenir à ce qu'ils savent : travailler du clair au foncé, d'abord avec des couleurs très diluées à l'eau puis avec des couleurs plus épaisses, comme à la peinture à l'huile.

LE PAPIER

Nous vous présentons ci-dessus quelques exemples de papiers pour l'aquarelle fabriqués à la machine. Indépendamment de leur grammage (qui détermine leur épaisseur), il existe trois types principaux de papier aquarelle : à grain lisse ou satiné, à grain moyen, à grain fort, dit grain torchon. Le premier convient parfaitement au travail linéaire, comme le crayon et le lavis, mais n'est pas vraiment adapté à l'aquarelle appliquée par superposition de couches, car il laisse glisser l'eau, ce qui macule le tableau. La texture fine du deuxième est très prisée aussi bien pour les lavis que pour les détails précis. Quant au dernier, sa texture grossière le rend difficile à employer : la

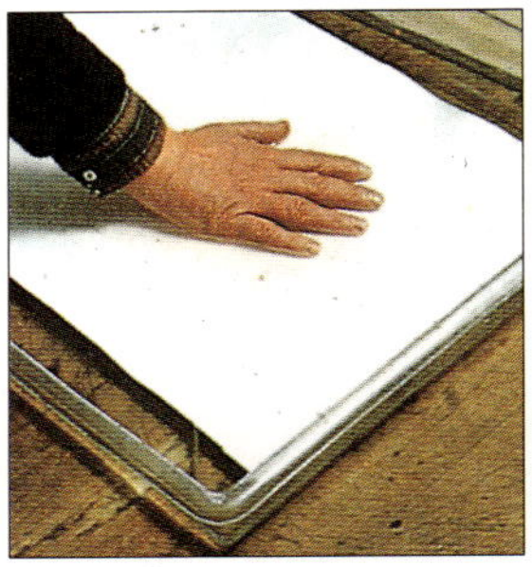

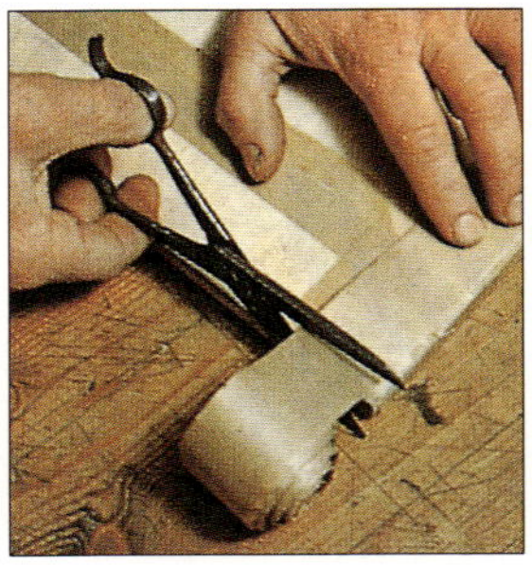

COMMENT TENDRE LE PAPIER AQUARELLE

1 ▲ Sauf si votre papier est très épais ou déjà tendu, il est fort probable qu'il gondole lors du passage de la peinture. Pour éviter cela, il faut le tendre. Commencez par le mouiller ou l'immerger quelques minutes, puis posez-le sur la planche de bois.

2 ▲ Découpez quatre bandes de kraft écru gommé de la dimension du papier. Humidifiez le côté collant des bandes et collez celles-ci en commençant par les longueurs. N'utilisez jamais de ruban adhésif.

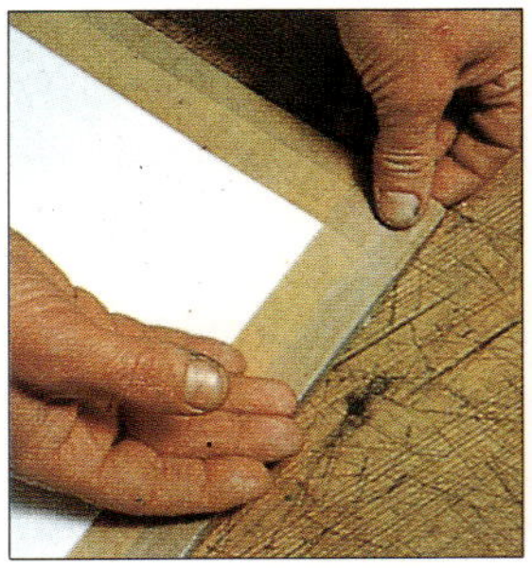

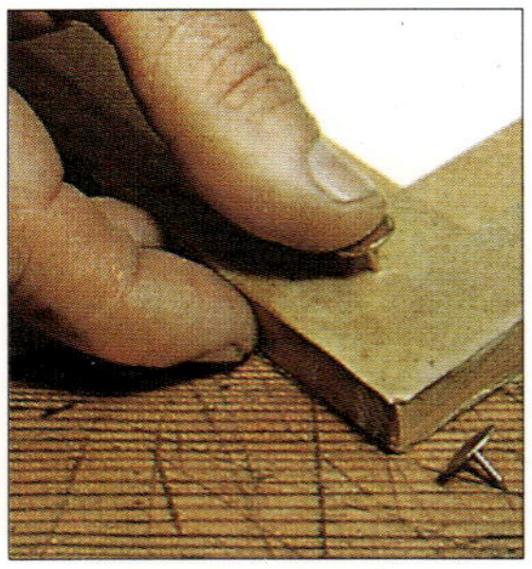

3 ▲ Lissez bien les bandes collantes en appuyant fortement. Il faut qu'elles chevauchent le papier aquarelle d'au moins 1,30 cm.

4 ▲ Pour éviter qu'elles ne se déchirent en séchant, enfoncez une punaise dans chaque angle.

peinture est prise au piège des creux et glisse sur les bosses, ce qui fragmente les couleurs et donne un aspect tacheté au tableau (cet effet peut néanmoins être utile, si le sujet le demande).

Les fournisseurs de papiers spécialisés vendent également toute une gamme de papiers faits à la main, à partir de chiffons pur lin. Ce sont des papiers luxueux, très chers, qu'il est inutile d'acheter lorsqu'on débute. Au début, les papiers machine conviennent parfaitement. Ils possèdent eux aussi des caractéristiques propres qu'il vous faudra apprendre. Ainsi, certains papiers constituent d'excellents supports pour la peinture mais ils ont tendance à s'abîmer lorsqu'on dessine dessus au crayon et qu'on efface. D'autres sont réputés pour assurer une excellente stabilité aux couleurs ; elles sont donc difficiles à déplacer ou à délaver. D'autres encore sont adaptés à toutes les techniques.

LA PALETTE DU DÉBUTANT

Les gouaches (ou gouaches extra-fines) se vendent généralement en tubes, tandis que les couleurs pour l'aquarelle se trouvent en tubes, en godets et en demi-godets. Elles se valent toutes, mais pour débuter nous vous conseillons les tubes, car alors vous n'avez pas besoin de boîte de peintures : vous pouvez faire vos mélanges de couleurs sur n'importe quelle surface (assiette en fer, par exemple). Il existe deux qualités de peintures : la gamme dite « Artiste » et la gamme dite « Étude ». Cette dernière est meilleur marché mais de qualité inférieure.

Les couleurs présentées ici existent chez tous les principaux fabricants. Celles que nous vous recommandons sont identiques pour l'aquarelle et la gouache à quelques exceptions près : pour l'aquarelle, le bleu de céruléum (idéal pour le ciel) remplace le bleu de cobalt, et le gris de Payne se substitue au noir, dont l'emploi « tuerait » les mélanges faits à l'aquarelle. Le blanc de Chine n'est pas indispensable mais il peut être utile à l'occasion.

GOUACHE
1 Jaune citron
2 Ocre jaune
3 Jaune de cadmium
4 Blanc de zinc
5 Rouge de cadmium
6 Bleu outremer
7 Bleu de cobalt
8 Terre d'ombre naturelle
9 Cramoisi d'alizarine
10 Vert émeraude
11 Noir de carbone

AQUARELLE
1 Ocre jaune
2 Terre d'ombre naturelle
3 Vert émeraude
4 Cramoisi d'alizarine
5 Bleu de céruléum
6 Gris de Payne
7 Jaune citron
8 Jaune de cadmium
9 Rouge de cadmium
10 Blanc de Chine
11 Outremer français

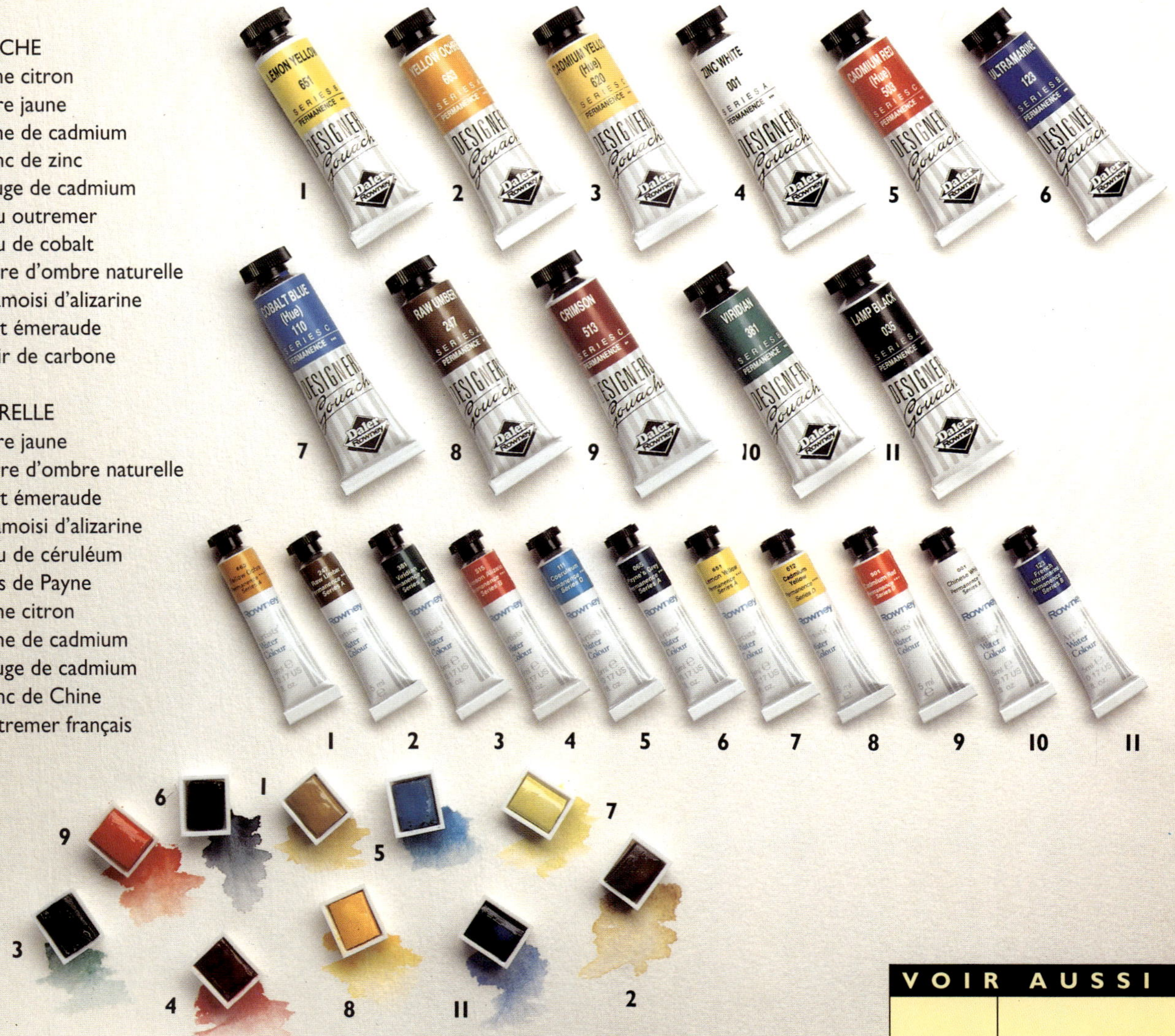

VOIR AUSSI

164-169	L'aquarelle et la gouache

Travailler à partir de dessins

Les sujets proposés dans les leçons précédentes devaient être peints directement sur la toile, à quelques exceptions près où l'on vous demandait de faire un premier dessin au crayon afin d'identifier et de placer les principales formes de la composition. Cette leçon traite d'une forme différente de dessin. C'est en fait davantage une étude permettant de rassembler des informations visuelles en vue d'une peinture spécifique.

Certains artistes préfèrent peindre directement d'après nature. Claude Monet (1840-1926) et, dans une large mesure, Cézanne s'étaient ralliés à cette approche, comme d'ailleurs de nombreux artistes contemporains. D'autres peintres toutefois choisissent de travailler d'une façon plus précise : ils font d'abord des dessins et prennent des notes visuelles (sur les couleurs, par exemple) aussi complètes que possible des sujets de leur tableau avant de passer à son élaboration détaillée. D'autres encore se servent de références photographiques. Ce sera l'objet d'une leçon ultérieure.

DESSINER AVANT DE PEINDRE

Il faut distinguer l'étude sur laquelle reposera le travail du peintre du simple croquis fait pour le plaisir. L'étude est davantage une aide préliminaire à l'élaboration ultérieure de la composition. L'artiste doit donc savoir immédiatement quelles informations lui seront utiles par la suite. Comme la plupart des dessins sont surtout linéaires et que quelques traits exécutés au crayon, aussi précis soient-ils, ne peuvent apporter suffisamment de renseignements sur la couleur, le ton ou le degré de luminosité du sujet, les artistes qui peignent d'après études ont généralement une façon très personnelle de rassembler sur un dessin toutes les informations nécessaires à leur travail. Pour en savoir davantage, reportez-vous à la Leçon 8. L'exercice que nous vous proposons maintenant est triple. Il s'agit en fait de dessiner trois études distinctes : une au crayon afin d'indiquer les principales formes, une au fusain (ou en noir et blanc au pinceau) et une en couleurs. Ceux d'entre vous qui apprécient tout particulièrement l'aquarelle peuvent l'utiliser pour le croquis en couleurs ainsi que pour la dernière phase du tableau.

BUTS DE L'EXERCICE

Apprendre à rassembler correctement des informations

Apprendre à rassembler les informations utiles

Passer du dessin à la peinture

MATÉRIEL NÉCESSAIRE

Huile, acrylique ou aquarelle ; fusain, crayons, carnets à croquis

TEMPS PRÉVU

4-5 heures pour les études

3-4 heures pour la peinture

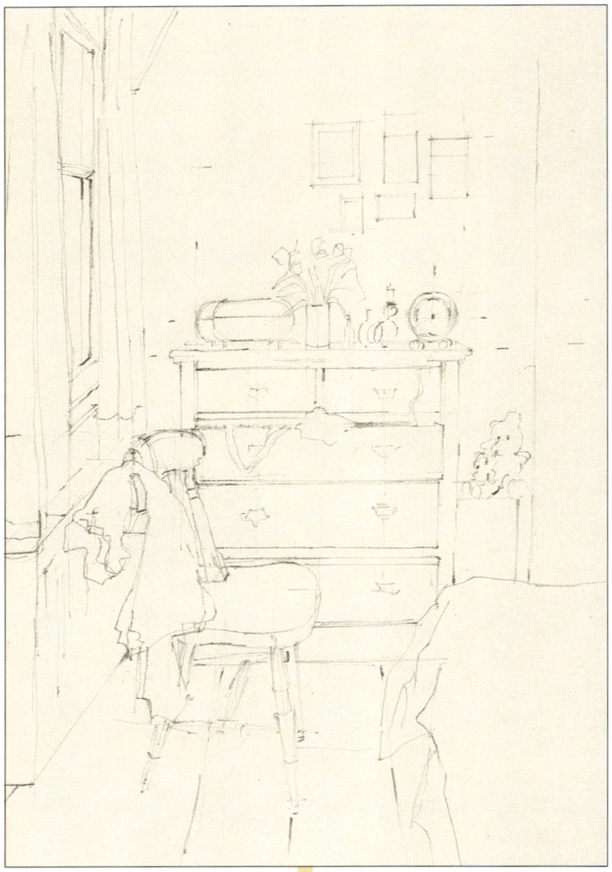

L'EXERCICE

Choisissez un sujet dans votre environnement immédiat (par exemple, une pièce comportant des objets intéressants, un jardin ou une cour).

LES ÉTUDES

Avec un crayon, dessinez les traits des formes principales de la composition choisie (ne tenez pas compte des tons). Si vous manquez de place, agrandissez le format de votre papier en collant d'autres feuilles.

Puis avec un fusain (ou avec des peintures, noire et blanche), réalisez un autre dessin en vous concentrant sur les tons. Gardez le même point de vue, mais ne vous inquiétez pas si les formes semblent différentes de celles du dessin précédent ou si entre-temps vous avez changé d'avis sur l'importance de certains éléments. Il s'agit ici d'explorer les possibilités du dessin. Essayez justement de rendre le degré de luminosité des tons dans la composition (tons clairs, moyens, foncés). Cela n'est pas facile, mais après quelques tâtonnements et

1 ◄ Commencez par réaliser un dessin aux traits fins et soignés. Ne vous préoccupez ni des tons ni des couleurs ; ils seront pris en compte par les deux autres études. Concentrez-vous plutôt sur les formes et les proportions relatives des objets : décrivez-les aussi précisément que possible. Dessinez tous les éléments qui se présentent à vous. Plus tard vous déciderez peut-être d'en abandonner certains. Pour l'instant, il est préférable de se donner un maximum d'options.

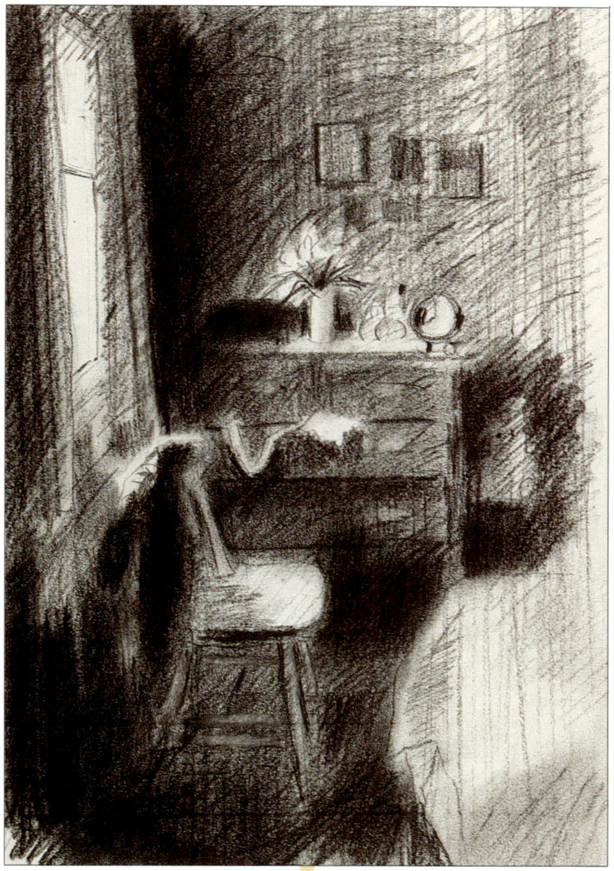

2 ◄ Cette étude tonale a été exécutée au fusain. Vous pouvez lui préférer le pinceau et opter pour du blanc et du noir. Dessinez d'abord les zones claires et les zones foncées. Elles vous aideront à mieux évaluer les tons moyens. Avec le fusain, il arrive souvent que les zones claires deviennent sales et grises. Servez-vous d'une gomme mie de pain pour « décoller » proprement la poussière de fusain. Le papier blanc réapparaît alors sans tache.

erreurs, vous vous apercevrez que deux ou trois tons suffisent à créer un équilibre entre harmonie et contraste.

Au cours de votre travail, n'oubliez jamais l'aspect final de votre peinture ou de votre dessin. Si vous utilisez de la peinture opaque ou un fusain, efforcez-vous de suivre la direction des arrondis des formes et de décrire au mieux les espaces entre les objets. Reculez-vous de temps en temps pour évaluer la tonalité de la composition : les contrastes et les liens entre les divers éléments sont-ils suffisants ?

Enfin, pour la troisième étude de votre sujet, utilisez l'huile, l'acrylique ou l'aquarelle (si vous optez pour cette dernière, prévoyez de vous en servir également pour la phase finale du tableau, car bien qu'il soit possible de réaliser des études avec un médium et de peindre avec un autre, comme le langage de la peinture transparente est différent de celui de la peinture opaque, cela peut parfois poser des problèmes). Il n'est pas nécessaire de décrire en détail les objets de la composition ; concentrez-vous surtout sur les principales zones de couleurs que vous avez l'intention d'inclure dans votre tableau.

Quand vous aurez terminé ces trois études, accrochez-les au mur et vérifiez votre travail. Avez-vous omis des informations importantes ? Ne devriez-vous pas compléter l'étude en couleurs par quelques notes sur, par exemple, la couleur des rayons du soleil (plus jaunes) ou des ombres (plus bleues) ? N'oubliez pas qu'ensuite il vous faudra peindre sans avoir le sujet sous les yeux...

PEINDRE À PARTIR DES ÉTUDES

Il n'est pas nécessaire que le tableau soit du même format ou de la même forme que les études ni qu'il contienne les mêmes éléments. Faites-le toutefois plus grand pour ne pas être tenté de copier celles-ci. Avant de commencer à peindre, déterminez la bonne composition en vous aidant de quelques croquis rapides. Il s'agit de passer du dessin à la peinture en donnant à cette dernière une vie propre. Il est possible que le tableau s'anime sous vos doigts d'une façon qui vous échappe : efforcez-vous alors d'en tirer le meilleur.

Peindre à partir de dessins n'est pas un exercice facile. Ne vous découragez pas. Tirez-en au contraire les leçons. Par la suite, vous ne commettrez plus les mêmes erreurs et au fil du temps vos études s'amélioreront.

VOIR AUSSI

40-43	Les règles de la perspective
48-51	Initiation à l'aquarelle
62-63	Les personnages et l'environnement
164-169	L'aquarelle et la gouache

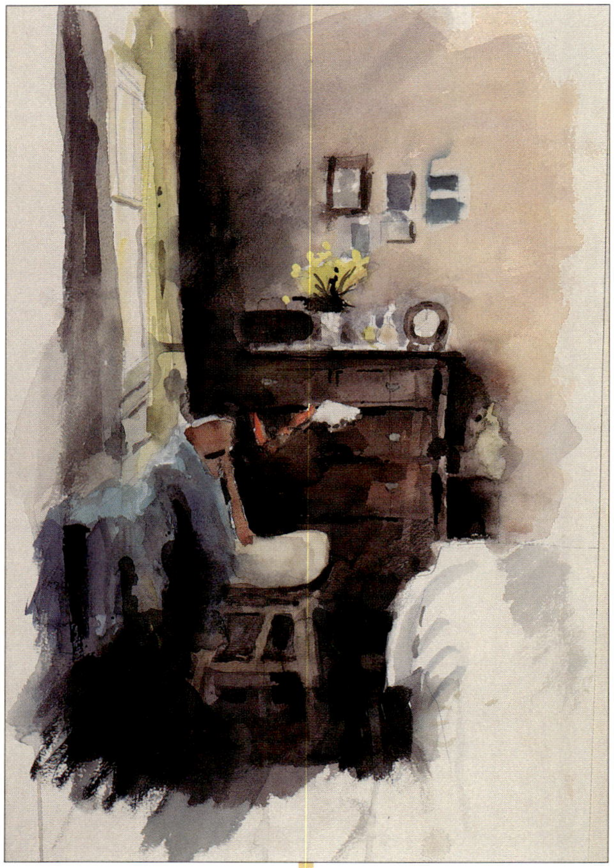

3 ▲ Vous pouvez utiliser n'importe quel médium de peinture pour cet exercice. Ici cependant, comme l'artiste travaille presque exclusivement à l'aquarelle, l'étude en couleurs est également exécutée à l'aquarelle. Remarquez comme l'étude, quoique réalisée rapidement, comporte déjà tous les points importants : le bleu des tableaux sur le mur préfigure celui des vêtements jetés négligemment sur la chaise au premier plan.

AUTOCRITIQUE

- Avez-vous réussi à équilibrer les tons ?
- Vos notes sur les couleurs suffisaient-elles ?
- Avez-vous évalué correctement le ton des couleurs ?
- La composition vous satisfait-elle ?
- En quoi pourrez-vous améliorer vos prochaines études ?

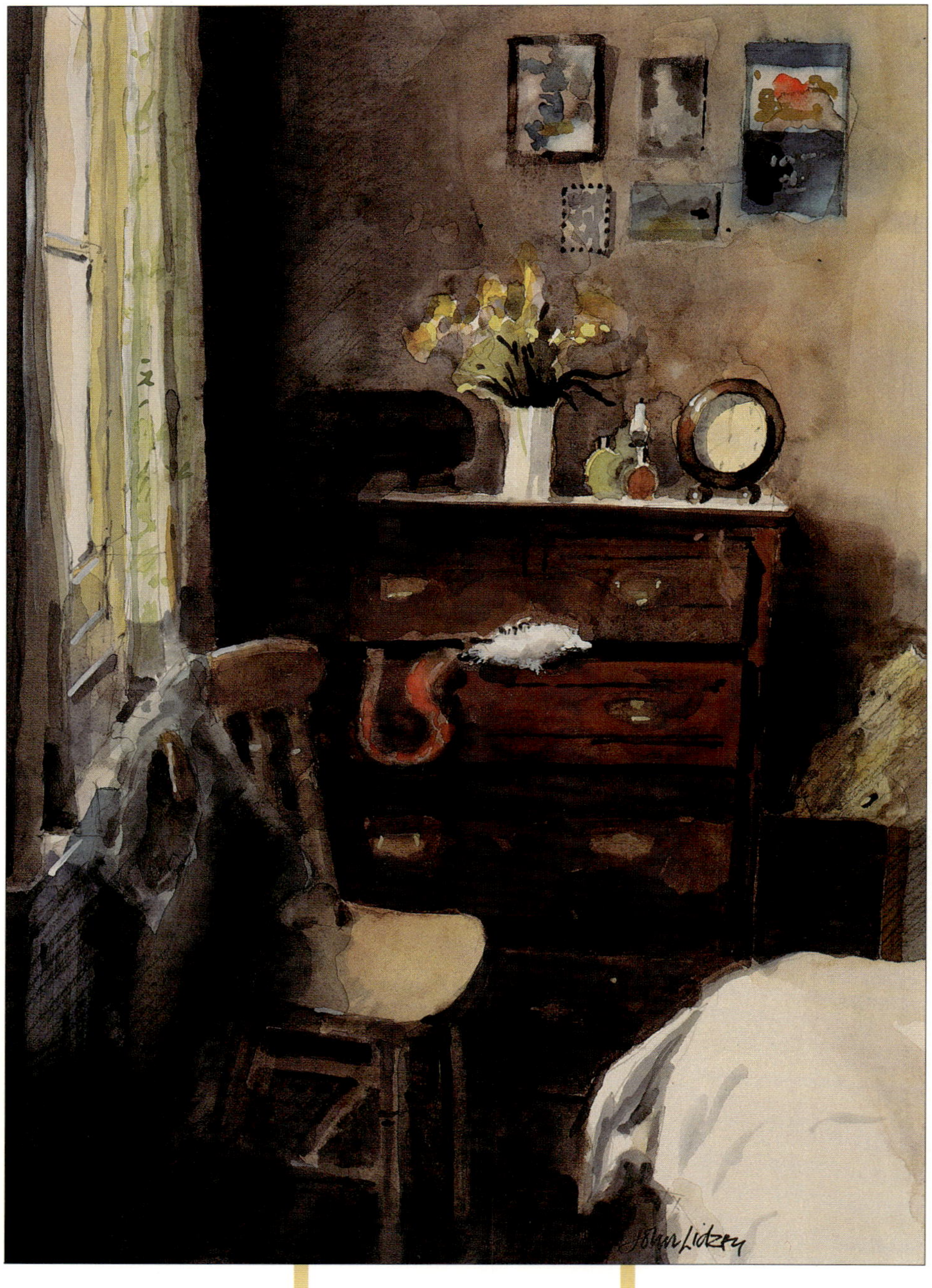

4 ▲ L'artiste a également réalisé quelques esquisses pour avoir une idée des différentes compositions possibles (à droite). Remarquons dans ces esquisses des changements mineurs mais importants au niveau de la couleur. Dans le tableau final, l'angle fait par la chaise a été légèrement modifié afin d'amener l'œil du spectateur vers le rideau et la commode.

▼ Quelques croquis réalisés sur le vif peuvent être d'une aide précieuse dans le choix de la composition finale.

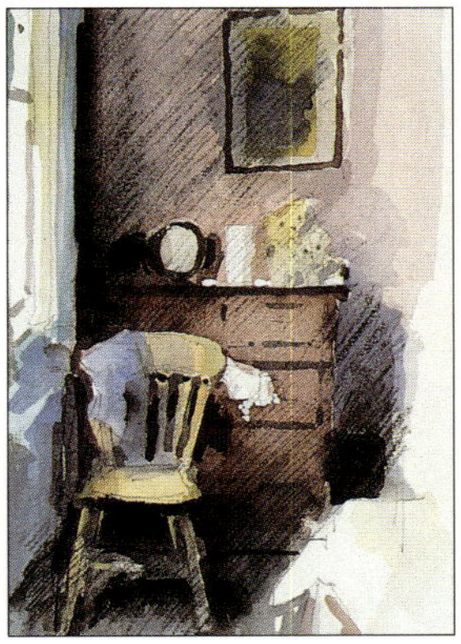

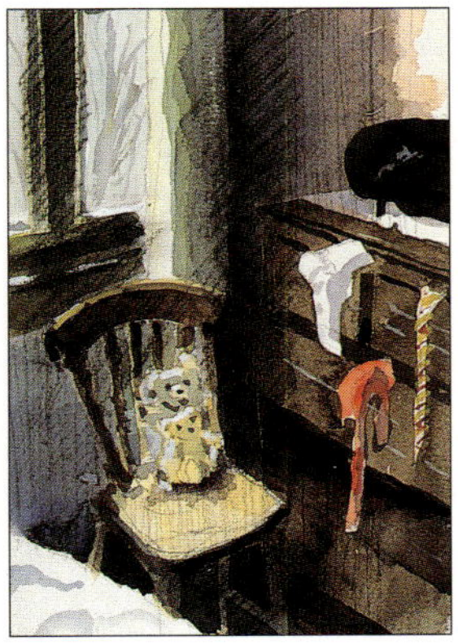

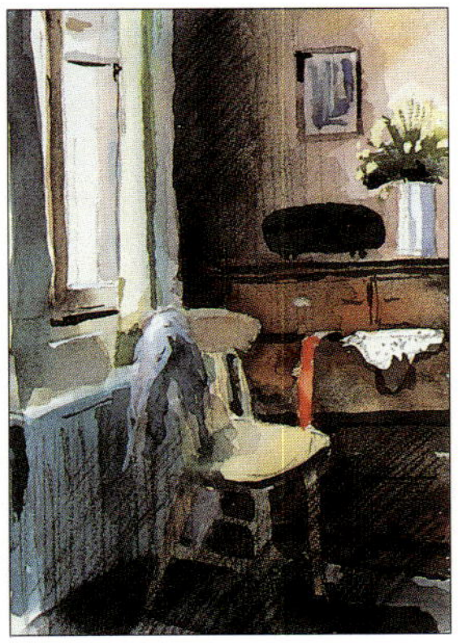

▼ IAN SIMPSON
Paysage côtier
Aquarelle et crayon
À première vue, ce dessin réalisé sur place paraît simple ; en réalité, comme il combine couleurs et traits, il fournit au peintre toutes les informations nécessaires pour son tableau (voir ci-dessous).

Avec la pratique, vous apprendrez à dégager et à sélectionner les informations visuelles.

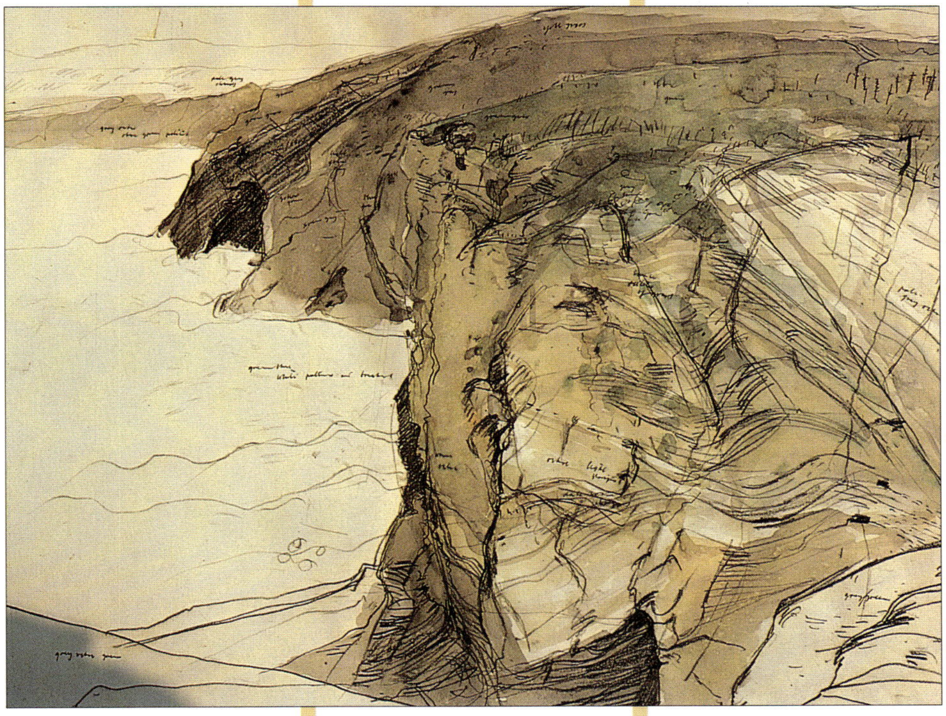

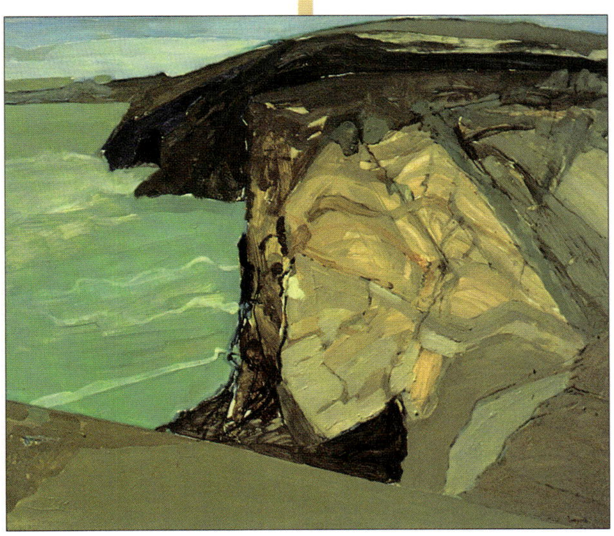

◄ IAN SIMPSON
Paysage côtier
Huile
Le tableau diffère du dessin en un certain nombre de points, ce qui le rend plus abstrait tout en lui conservant la même atmosphère. Le traitement est plus général, la structure complexe des roches en particulier n'est qu'effleurée et le premier plan est réduit à quelques zones de couleurs.

ASTUCE

LE QUADRILLAGE (ou mise au carreau)

Les artistes qui ont l'habitude de peindre à partir d'études font souvent un dessin de travail à partir de plusieurs croquis. Ils les transfèrent ensuite sur la toile. Ce dessin de travail est exécuté soit à main levée, soit, quand le tableau est beaucoup plus grand que les études et qu'il est difficile de dessiner avec précision, en suivant un quadrillage. Le principe de cette méthode traditionnelle est simple. Il suffit de dessiner deux grilles de carrés, l'une sur le dessin de travail et l'autre sur la toile (avec des carrés plus grands ou au contraire moins grands que sur la première grille), puis de transférer les informations de l'une à l'autre. Ce procédé un peu laborieux est très utile.

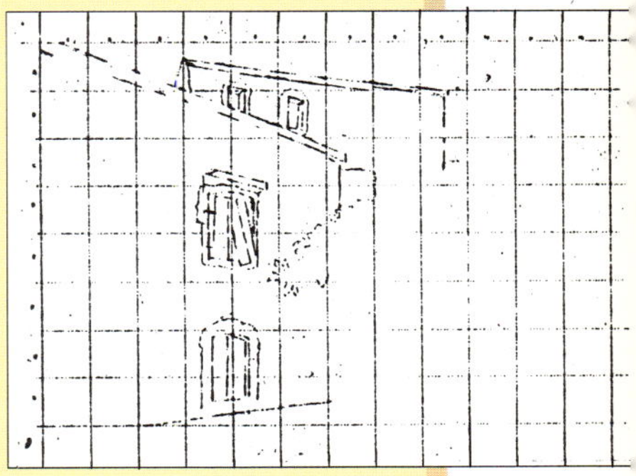

VOIR AUSSI	
48-51	Initiation à l'aquarelle
74-77	Travailler sur le motif
150-157	La peinture à l'huile
164-169	L'aquarelle et la gouache

Peindre une figure

Peut-être vous demandez-vous pourquoi la figure fait l'objet d'une leçon, alors que ce n'est le cas ni du paysage, ni des animaux, ni des fleurs. Il n'existe pas de recette miracle indiquant la meilleure façon de peindre une figure (pas plus d'ailleurs qu'il n'en existe une sur la façon de peindre un paysage, des animaux ou des fleurs), mais la figure est un thème complexe qu'accompagnent des problèmes spécifiques.

Il est évident que, en termes de formes et de couleurs, la figure et les objets inanimés partagent beaucoup de points communs. La comparaison s'arrête là. S'il serait artificiel, et probablement même impossible, de *peindre* une personne autrement que comme un groupe de bouteilles, il serait tout aussi vain de voir un être humain comme une nature morte. Une nature morte et, dans une certaine mesure, un paysage sont des sujets impersonnels, qui s'analysent objectivement, tandis qu'on s'identifie à une personne, à la part d'humanité qu'on partage avec elle. Il y a donc un élément subjectif dans tout portrait.

LES INTERPRÉTATIONS

Tout au long de l'histoire, la figure humaine a été considérée comme un objet d'art de grande portée. Si le corps a peu changé au cours des siècles, la représentation qu'en ont donnée les artistes a elle énormément évolué, en fonction de leurs idées et préoccupations propres, de l'idéalisation à l'abstraction en passant par la déformation expressionniste. Ainsi, peindre une figure nue ou habillée, en buste ou en pied, signifie non seulement penser au sujet à reproduire mais aussi à soi et à la relation qu'on entretient avec son modèle. Pourquoi avoir choisi cette personne plutôt qu'une autre et que veut-on lui faire dire par l'intermédiaire du tableau ? Prenons l'exemple du nu. Ce peut être une célébration de la beauté, mais ce peut être également une représentation de la vulnérabilité ou une illustration du caractère étrange d'un modèle nu, assis et posant patiemment dans une pièce.

PREMIERS PAS

Avant d'envisager les différentes interprétations possibles, il vous faut acquérir une certaine confiance en vos talents de portraitiste.

59 ➤

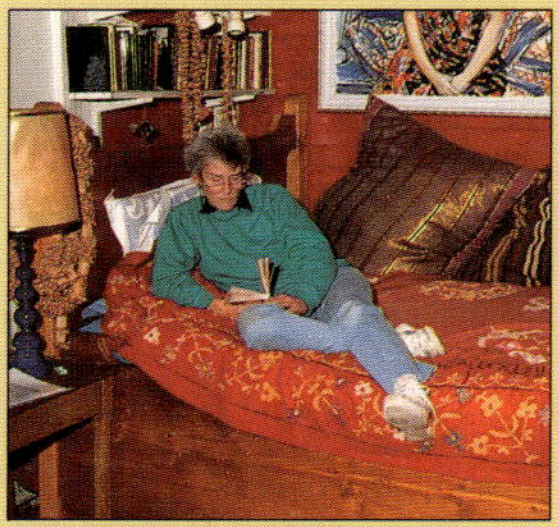

BUTS DE L'EXERCICE

En apprendre davantage sur l'utilisation de la couleur

Apprendre à composer un tableau

Apprendre à établir correctement les proportions d'un modèle

Peindre des formes en trois dimensions

Savoir créer l'espace

MATÉRIEL NÉCESSAIRE

Huile ou acrylique (utilisez la palette du débutant de la Leçon 4). Nous ne vous conseillons pas l'aquarelle pour cet exercice. En revanche, les pastels peuvent servir d'alternative aux peintures opaques. Ils conviennent bien au travail de la figure. Reportez-vous pages 66-69 pour en savoir davantage sur les pastels.

TEMPS PRÉVU

4-5 heures

L'EXERCICE

Le sujet choisi dépend en fait de la disponibilité et du bon vouloir de votre famille ou de vos amis. Demandez-leur de poser pour vous toute une matinée ou tout un après-midi. Si ce n'est pas possible, faites un autoportrait (voir Leçon 4), de préférence en pied.

LA POSE

Si vous avez trouvé un modèle, dites-lui de s'installer confortablement sur un canapé ou sur une chaise. Le mieux est de représenter le modèle en pied dans l'environnement choisi. Efforcez-vous de trouver un juste équilibre entre les différentes formes, les couleurs et les tons. Pour cela, n'hésitez pas à déplacer les meubles. Pensez aussi à l'éclairage : il ne faut pas qu'il soit trop puissant (une lumière trop forte projette

1 ▼ Une fois la pose et la position du modèle bien établies, l'artiste exécute au pastel rouge (l'arrière-plan comme le premier plan doivent être rouges) un léger croquis des formes principales.

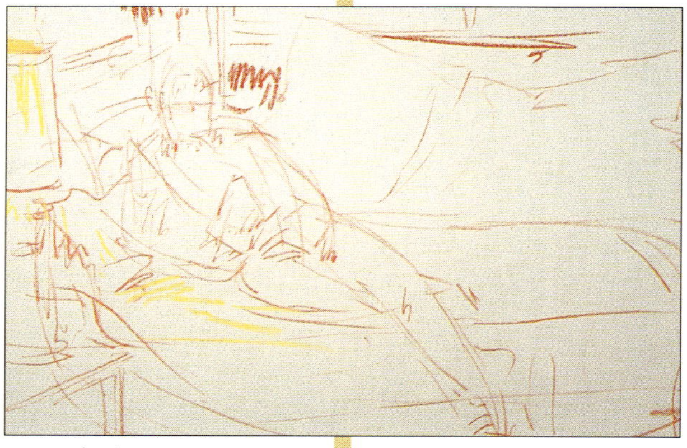

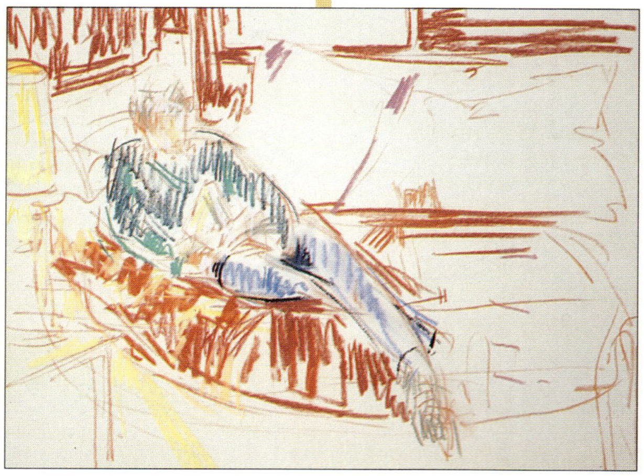

des ombres très foncées d'un seul côté du modèle), mais il doit permettre de modeler les formes et de distinguer les nuances des couleurs.

L'arrière-plan et le cadrage sont également importants. Placez-vous de façon à dessiner à vue (voir Leçon 1). La tête ne doit être située ni trop haut (elle paraîtrait à l'étroit) ni trop bas (comme si le modèle allait glisser hors du cadre).

DESSINER ET PEINDRE

Si vous optez pour la peinture (huile ou acrylique), commencez par dessiner une première ébauche au crayon, au fusain ou à la peinture diluée. Si vous préférez les pastels, réalisez l'ébauche au fusain ou avec la pointe d'un bâtonnet de pastel. Évitez de vous servir d'un crayon, car les traces de graphite disparaissent difficilement sous les couleurs au pastel.

2 ◄ Elle applique les couleurs en touches rapides, de la pointe d'un bâtonnet de pastel. Certains pastellistes utilisent la tranche d'un bâtonnet pour établir les aplats de couleur. Ici, la préférence est donnée à une approche linéaire. Faites vous-même plusieurs essais avant de décider de quelle façon vous préférez travailler.

Retouchez votre dessin autant de fois qu'il est nécessaire avant de passer à la peinture proprement dite. Si vous utilisez le fusain et que la surface de votre toile se trouve déjà bien couverte, fixez les traits avec un fixatif en bombe avant de peindre.

Passez ensuite à la peinture. Concentrez-vous en premier sur les grandes zones de couleurs et de tons qui décrivent les formes et les surfaces principales. Superposez progressivement les différentes couches de peinture. Ne chargez pas trop l'arrière-plan : une seule couche diluée permet de créer une impression d'espace. La peinture en couches épaisses agit comme les couleurs chaudes ; elle a tendance à avancer. Réservez alors les couleurs plus moelleuses pour la figure. Avec les pastels, vous pouvez obtenir le même effet en traitant le fond avec légèreté (recouvrez-le partiellement, par exemple), et en ne détaillant les divers éléments de la composition que sur la fin. Il n'est d'ailleurs pas nécessaire d'inclure tous les détails qui s'offrent à vous (la ressemblance n'est pas ici le point le plus important).

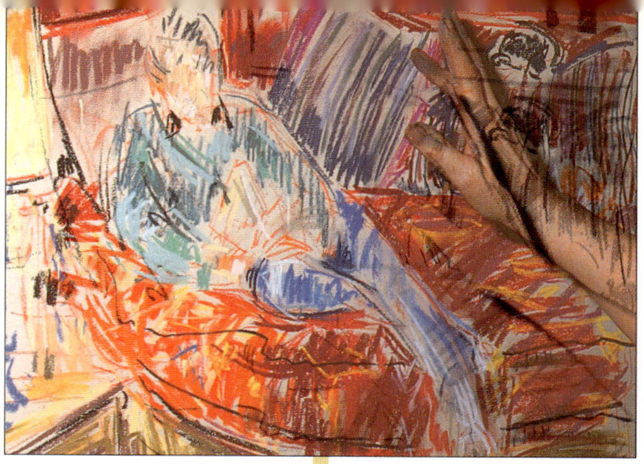

3 ◄ Du doigt, elle frotte doucement le coussin pour atténuer les coloris.

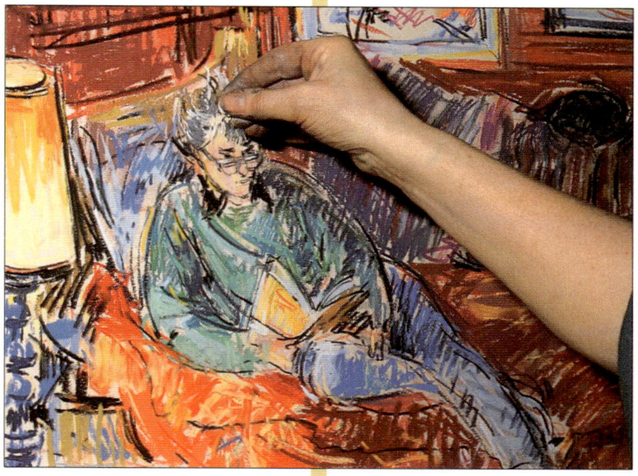

4 ◄ Elle termine la figure et l'environnement avant de se concentrer sur les détails. Elle ajoute quelques traits de couleur claire aux cheveux.

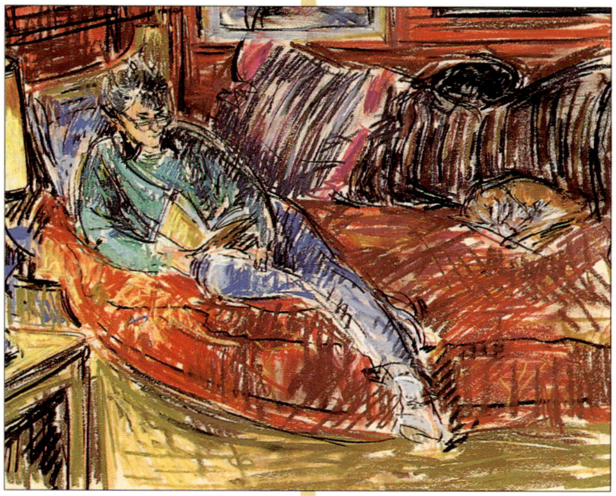

5 ▲ Le tableau achevé. Le réseau compliqué des traits a permis de construire les coloris. Il y a peu de superpositions et le frottage des couleurs est réduit au minimum.

AUTOCRITIQUE

- La figure paraît-elle solide ?
- Les proportions sont-elles correctes ?
- Avez-vous utilisé à bon escient les couleurs chaudes et froides et les textures des différentes peintures ?
- Auriez-vous dû détailler le tableau encore davantage ? ou au contraire, abandonner certains éléments ?

VOIR AUSSI

60-61	Les proportions du corps et du visage humains
66-69	Initiation au pastel
102-105	La figure dans son contexte
170-175	Les pastels

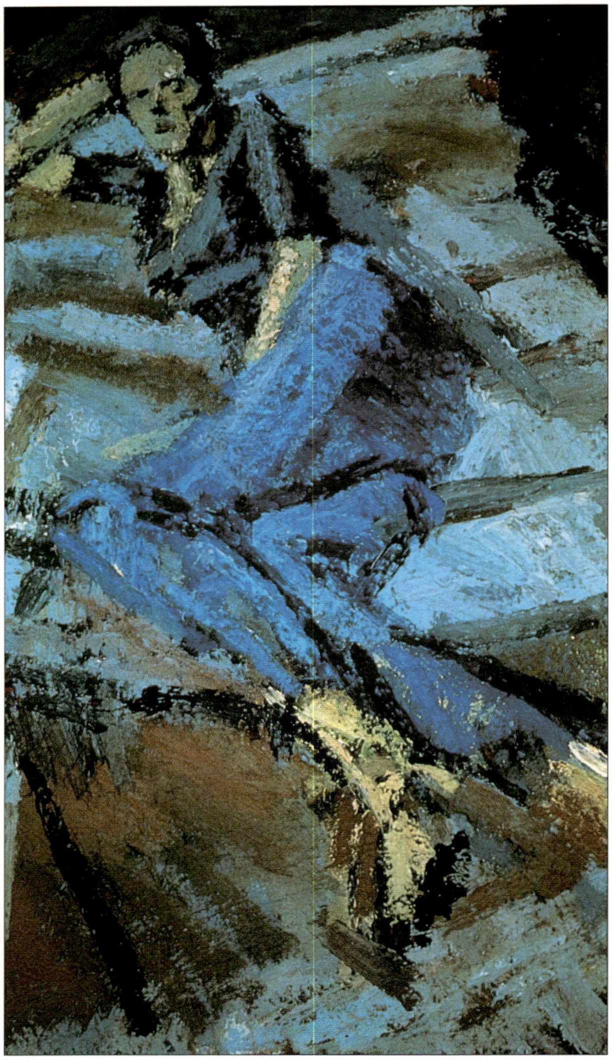

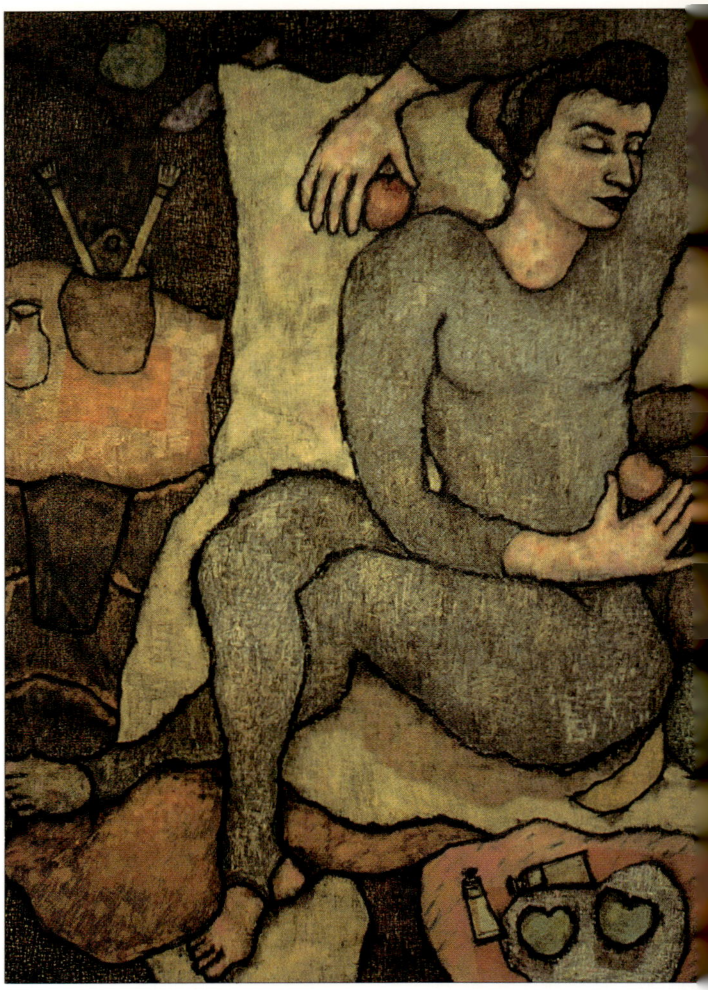

▶ LAURA MAY MORRISON
Le repos
Huile
Ici la figure n'est pas traitée de façon naturaliste mais plutôt comme si elle était l'élément principal d'un motif complexe.

▲ PETER CLOSSICK
Figure allongée
Huile
Voici une composition audacieuse et passionnante : remarquez les diagonales créées par la figure allongée et l'intensité des divers bleus qui renforcent l'effet dramatique du tableau !

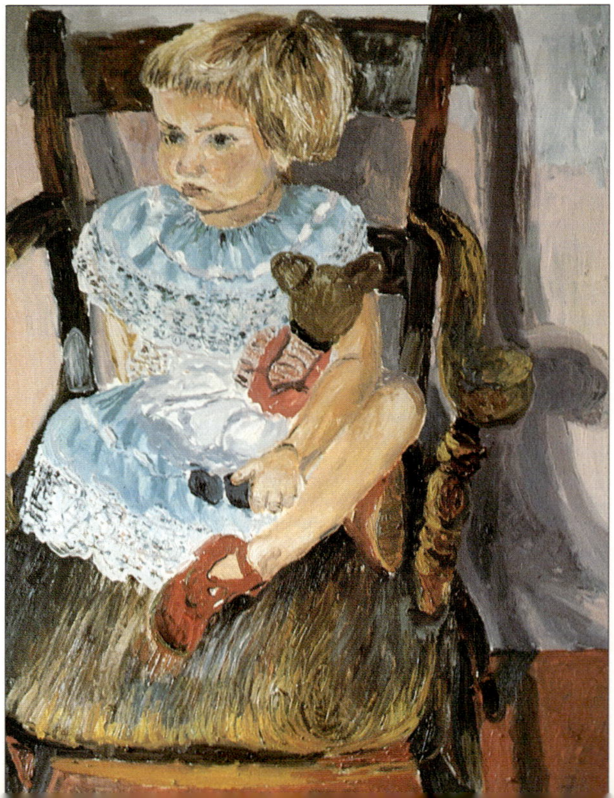

◀ SUSAN WILSON
La robe de Tao
Huile
À première vue, la composition paraît presque trop simple. En réalité, elle a été soigneusement étudiée. L'enfant ne se trouve pas exactement au centre du tableau (la symétrie produit rarement un effet satisfaisant) ; elle est assise sur une chaise légèrement décalée et qui ne tient pas complètement dans le cadre. Pour contrer l'effet de glissement vers la gauche, l'artiste a peint l'ombre de la chaise. La composition est ainsi parfaitement équilibrée.

Les gens ne sont pas faciles à peindre, en partie à cause de la complexité de leurs formes mais aussi parce que cette activité, plus qu'aucune autre, exige de l'artiste une description précise de son modèle. Un arbre ou une colline dont la forme n'est pas tout à fait correcte ne perturbera pas outre mesure l'ensemble du tableau, tandis qu'un modèle dont les jambes sont trop courtes va provoquer une réaction chez le spectateur, très sensible en tant qu'être humain aux proportions invraisemblables.

AUTRES EXERCICES

Si la Leçon 6 vous a semblé facile, vous pouvez essayer de peindre un modèle à partir d'une série d'études et de notes en couleurs. Vous pouvez même vous exercer à un projet encore plus ambitieux : peindre deux ou plusieurs figures dans un intérieur en vous aidant d'études préliminaires. Pour des raisons évidentes, il est rarement possible de réaliser d'après nature des compositions comportant plusieurs personnages.

SUGGESTIONS

- Des baigneurs sur la plage
- Des joueurs de cartes
- Quelqu'un qui lit ou qui tricote
- Un enfant qui joue

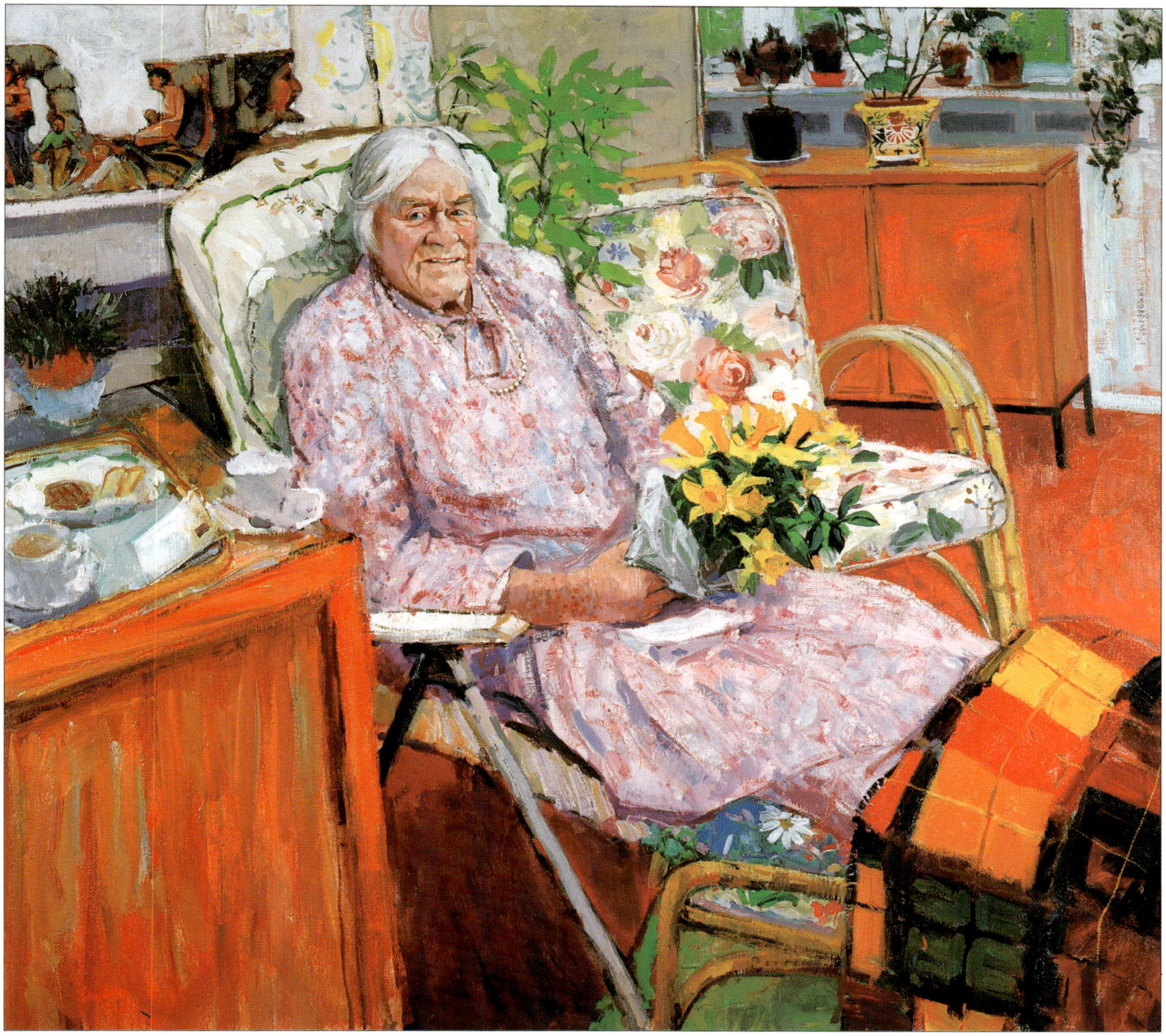

◄ TREVOR STUBLEY
Miss Violet Bagshaw à l'âge de 101 ans
Huile
Ce portrait sensible célèbre le grand âge de son modèle. Le tableau a été commandé par un musée du nord de l'Angleterre. Remarquez comme l'environnement du modèle, traité avec autant de minutie que le modèle lui-même, fait partie intégrante du tableau : l aide à raconter une histoire.

VOIR AUSSI	
60-61	Les proportions du corps et du visage humains
84-93	La composition
102-105	La figure dans son contexte
150-157	La peinture à l'huile

LES PROPORTIONS DU CORPS ET DU VISAGE HUMAINS

ÉVALUER LES PROPORTIONS RELATIVES DE FAÇON CORRECTE N'EST PAS SIMPLE (PEUT-ÊTRE AVEZ-VOUS D'AILLEURS RENCONTRÉ CE GENRE DE PROBLÈMES EN FAISANT L'EXERCICE PRÉCÉDENT). REPRÉSENTER UN CORPS NU, ALORS QUE LE TORSE ET LES MEMBRES SONT VISIBLES, EST DIFFICILE. REPRÉSENTER UNE FIGURE HABILLÉE L'EST PLUS ENCORE.

Nous vous conseillons vivement d'assister à des cours de dessin de nu. C'est une excellente préparation au travail de la figure et du portrait. Dessiner et peindre d'après nature n'est cependant plus considéré comme essentiel dans les écoles d'art. Les règles concernant les proportions humaines s'apprennent en effet très rapidement. Il va sans dire que les proportions varient considérablement d'une personne à l'autre, mais il est aisé de repérer et de noter les différences individuelles quand on en a l'habitude. Vos tableaux n'en paraîtront que plus vrais et bien observés.

LES PROPORTIONS DU CORPS

En règle générale, la tête (du sommet du crâne au menton) sert d'unité de mesure. La hauteur du corps d'un adulte fait approximativement sept fois et demie la tête. Les jambes sont longues : quand le modèle est debout, la moitié de son corps ne se situe pas à la taille mais bien au-dessous.

Quant aux bras, aux mains et aux pieds, leurs proportions sont rarement correctes. Lorsque les bras

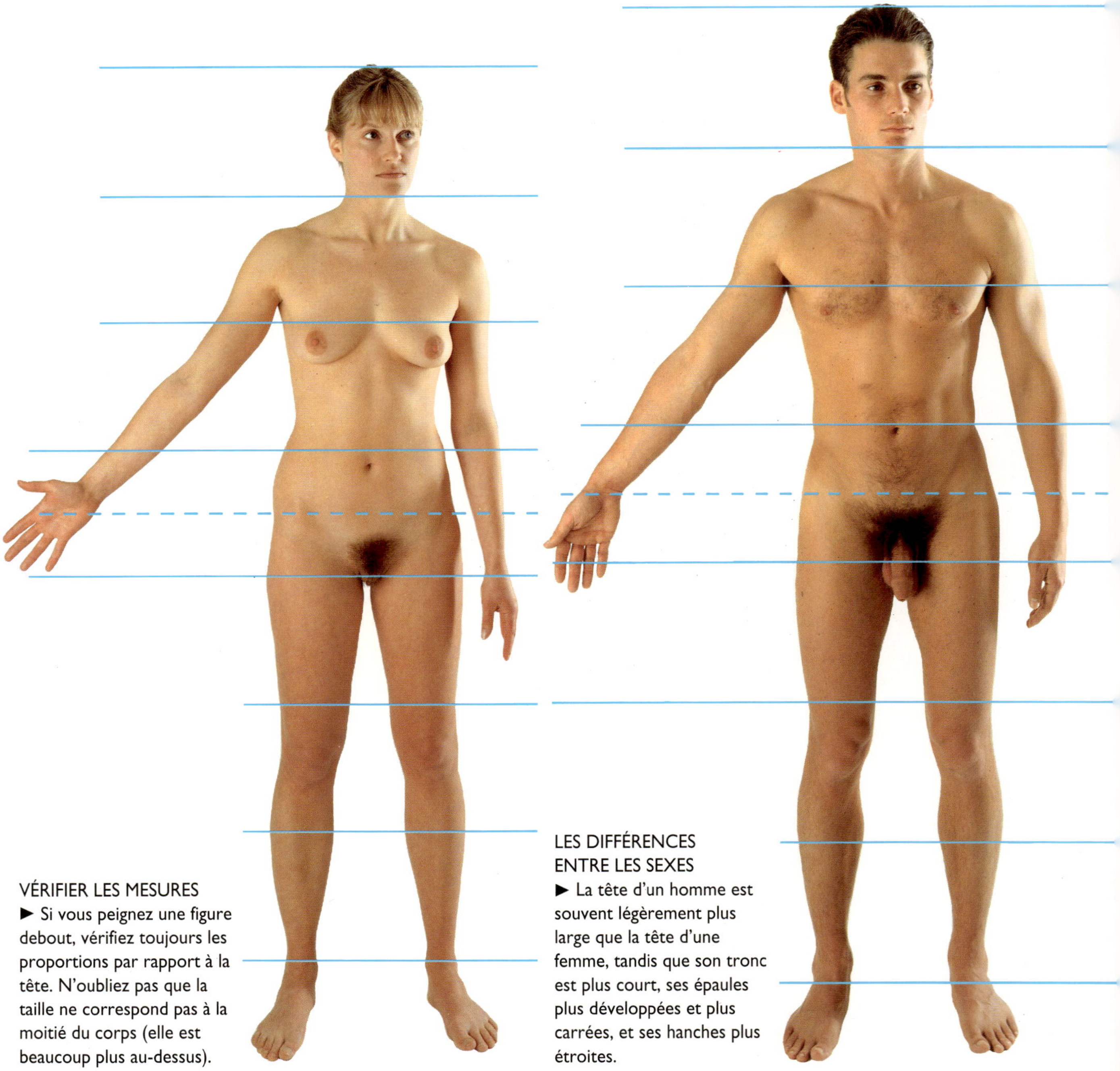

VÉRIFIER LES MESURES

► Si vous peignez une figure debout, vérifiez toujours les proportions par rapport à la tête. N'oubliez pas que la taille ne correspond pas à la moitié du corps (elle est beaucoup plus au-dessus).

LES DIFFÉRENCES ENTRE LES SEXES

► La tête d'un homme est souvent légèrement plus large que la tête d'une femme, tandis que son tronc est plus court, ses épaules plus développées et plus carrées, et ses hanches plus étroites.

pendent librement, les coudes d'un homme sont situés au niveau de la taille, tandis que ceux d'une femme se trouvent légèrement au-dessus (l'humérus est en effet légèrement plus long chez l'homme). Le bout des doigts arrive à mi-cuisse. La main est suffisamment large pour recouvrir le visage, du menton au front, et la longueur du pied égale approximativement celle de la tête.

Chez un enfant, selon l'âge, la tête est proportionnellement plus grande que le corps alors que les jambes sont plus courtes. Il mesure environ cinq têtes (le corps d'un bébé n'en fait que trois). Une observation particulière est à porter aux enfants, car leurs proportions changent d'année en année jusqu'à ce qu'ils arrivent à leur taille adulte.

LES PROPORTIONS DE LA TÊTE

Le débutant commet souvent l'erreur d'accorder trop de place aux éléments de la tête et de mettre les yeux trop haut. En fait, les sourcils, le nez, la bouche, etc., tous ces éléments occupent une place relativement petite dans le visage. Les yeux se trouvent à peu près au milieu et les oreilles s'alignent sur les sourcils. Vue de profil, la tête est plus profonde qu'on ne le pense en général : sa largeur de profil, de l'arrière du crâne au devant, est égale à sa hauteur, du haut du crâne au menton.

PERSPECTIVE ET RÉDUCTION

Jusque-là, rien de bien compliqué ! Pourtant, sachez que peu de portraits peuvent se passer des règles de la perspective. Quand la tête regarde ailleurs ou est inclinée, il est beaucoup plus difficile d'appliquer les seules règles des proportions. Il faut en réalité bien observer et prendre des mesures précises. Pour cela, vous pouvez vous servir d'un crayon tenu bras tendu devant le sujet et comparer les distances entre les divers éléments de la tête ou celles entre l'oreille et les yeux en fonction de l'angle du point de vue. Pour ne pas commettre d'erreur, il faut prendre ces mesures avec beaucoup de soin. Il est généralement préférable de comparer les formes et d'essayer de relier la forme de la tête à l'arrière-plan et les formes des éléments entre eux.

Il est encore plus difficile de réduire les têtes, les membres, les pieds et les mains. Or, il est rare qu'un tableau ne comporte pas un certain degré de réduction dans le dessin d'un de ses éléments. Voici quelques conseils pour vous aider à résoudre ce problème. Si vous faites face au modèle et qu'il est assis jambes croisées sur une chaise, ses cuisses vont paraître larges et courtes. Les règles des proportions ne servent à rien dans un tel exemple, elles peuvent même être gênantes : sachant que les jambes sont longues, on a du mal à croire ce qu'on voit. Le système de mesure tel qu'il est expliqué page 42 se révèle alors essentiel. Il vous aide à utiliser certains éléments de l'arrière-plan et les objets proches du modèle comme références pour mesurer la longueur d'un membre ou la taille d'une main ou encore d'un pied.

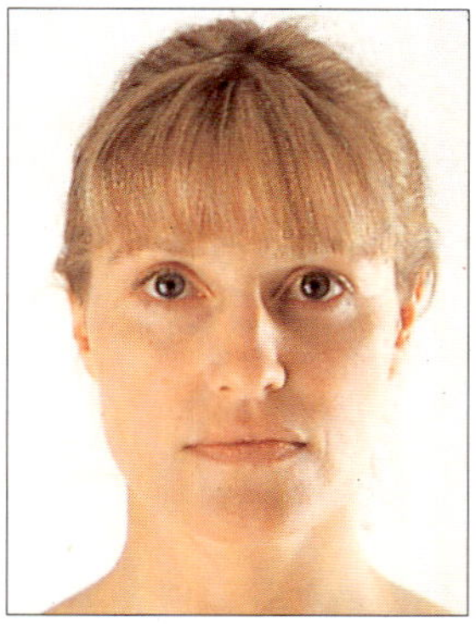

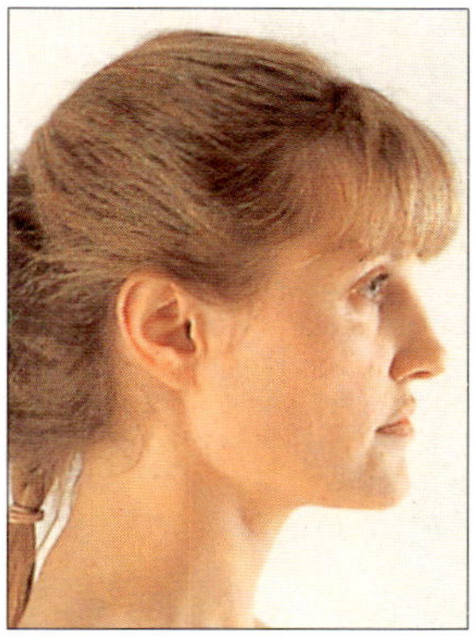

LA TÊTE
▲ Le bas de l'orbite est situé au milieu du visage. La profondeur de la tête est à peu près égale à sa longueur, du sommet du crâne au menton.

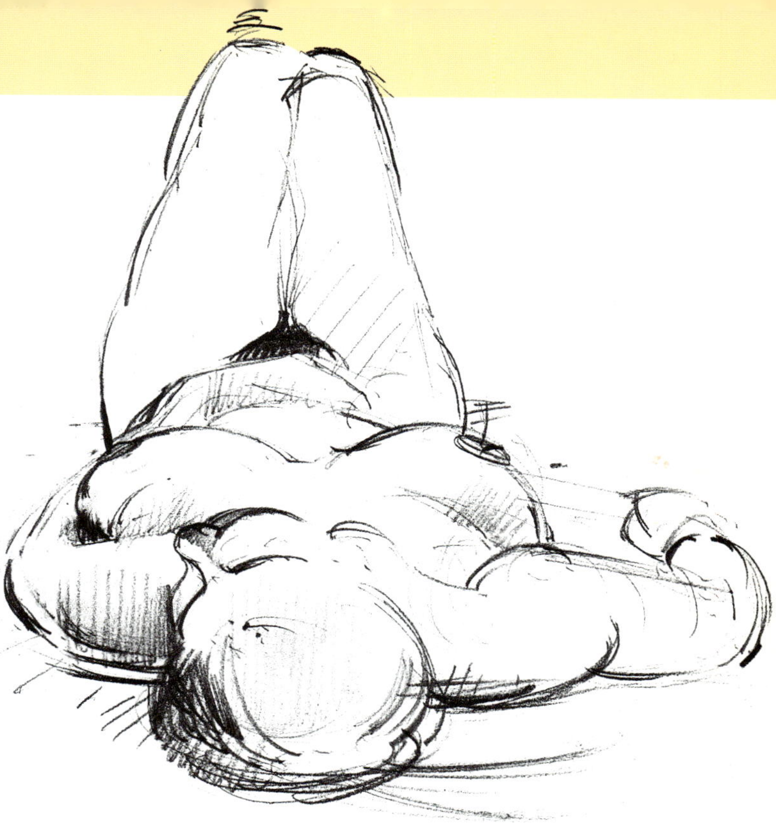

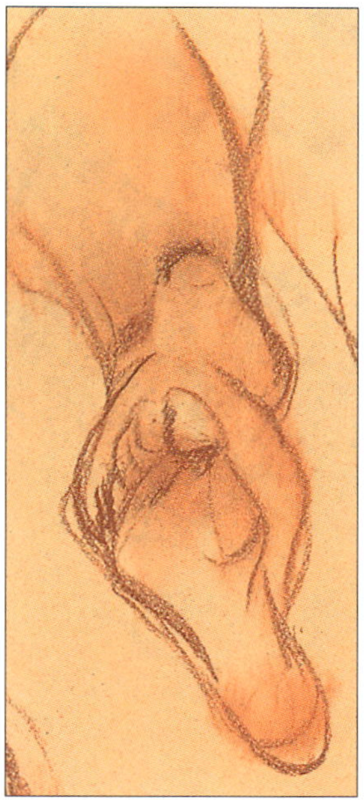

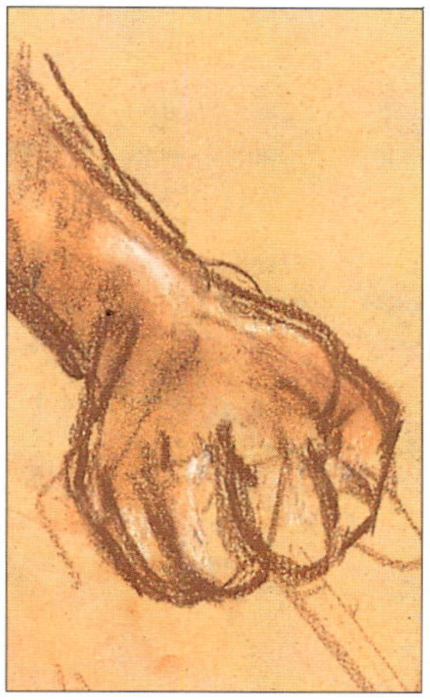

LA RÉDUCTION
▲ Il faut beaucoup de patience et d'observation pour réussir à évaluer correctement les effets de la réduction sur un corps et ses membres.

VOIR AUSSI	
34-39	Peindre un autoportrait
56-59	Peindre une figure

Les personnages et l'environnement

Si vous avez réalisé l'exercice de la Leçon 6, vous en savez maintenant davantage sur le travail à partir de dessins. Cette fois il ne s'agit pas de représenter un intérieur mais de sortir et de dessiner les gens dans un environnement choisi. Il arrive parfois qu'un groupe de plusieurs personnes pose à propos et suffisamment longtemps (par exemple, des gens sur une plage ou des hommes âgés attablés dans un café en Grèce) pour vous permettre de les peindre directement sur place. Le cas se présente toutefois assez rarement et il est souvent plus sage de réaliser des esquisses et des études préparatoires avant d'élaborer un tableau comportant plus d'un personnage. Peu d'artistes (et peut-être même aucun) peuvent prétendre inventer des personnages. En général, ils utilisent un stock personnel de références visuelles pour peindre en atelier. C'est une pratique également utile pour les paysages comportant une ou deux figures : elles donnent un ordre de grandeur, ajoutent une note colorée ou accentuent le point focal. Mais attention, un tableau peut perdre toute crédibilité à cause d'un personnage disproportionné !

NOTES PERSONNELLES

La différence entre l'exercice que nous vous proposons dans cette leçon et les études précédentes est la suivante : quand on dessine un personnage dans un environnement, il faut incorporer davantage d'informations au sein d'un unique dessin et pour cela il est préférable de s'aider de notes écrites en plus des notes visuelles.

65 ➤

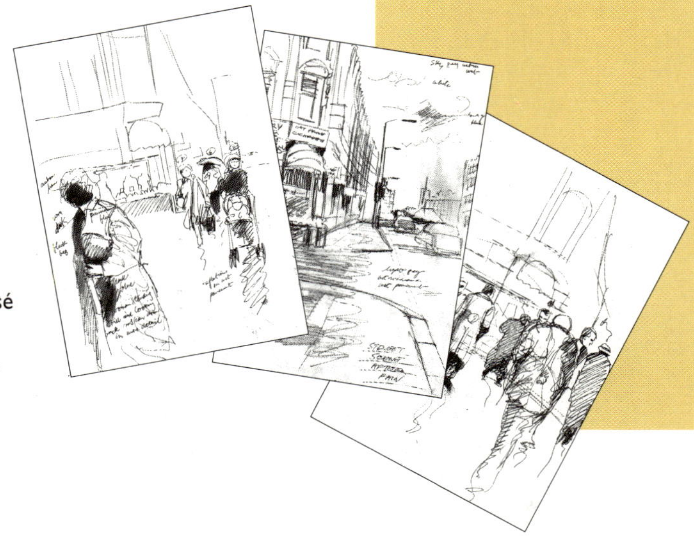

► À partir d'une position stratégique, un banc public dans la ville, l'artiste a réalisé plusieurs esquisses à la plume des gens dans la rue. Il les a complétées par des notes écrites en couleurs.

BUTS DE L'EXERCICE

Dessiner des personnages dans leur environnement

Apprendre à noter la couleur et le ton

Apprendre à relier les personnages à leur environnement

MATÉRIEL NÉCESSAIRE

Un grand carnet à croquis ou du papier et une planche à dessin, du matériel de peinture ou de dessin. N'importe quel médium convient au tableau final.

TEMPS PRÉVU

2-3 heures pour les esquisses

3-4 heures pour la peinture

L'EXERCICE

Commencez par choisir un endroit qui vous intéresse et qui soit plein de monde. Les cafés et les musées sont parfaits. De plus, ils vous permettront de vous asseoir. Vous pouvez leur préférer un lieu extérieur (parcs, marchés, gares).

LE DÉCOR

Dessinez d'abord le décor (par exemple, une table devant une fenêtre ou quelques arbres et des sièges dans un parc avec des bâtiments en arrière-plan). Ne vous perdez pas dans les détails ; efforcez-vous plutôt de créer une toile de fond adaptée aux personnages. Prenez note de la direction de la lumière et des conditions climatiques (journée ensoleillée ou couverte), cela aura de l'importance dans les jeux d'ombre et de lumière du tableau final.

LES PERSONNAGES

Ensuite, dessinez autant de figures que vous le pouvez (des gens assis, debout, penchés sur un journal, chargés d'un sac, etc.). Si vous remarquez quelqu'un d'intéressant (une personne gesticulant ou affrontant le vent), prenez-en note. N'effacez rien; au contraire, dessinez les formes les unes sur les autres, comme sur des calques. Tant pis si le dessin est confus et taché...

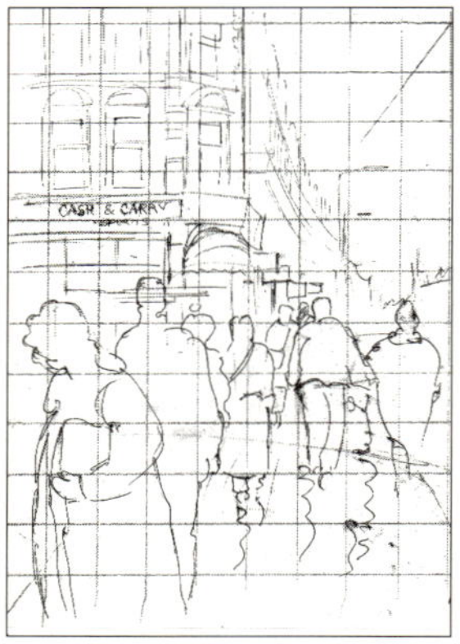

1 ▲ Après avoir étudié ses esquisses, l'artiste décide de combiner deux d'entre elles. Il réalise son dessin puis le met au carreau pour le reporter (voir page 55).

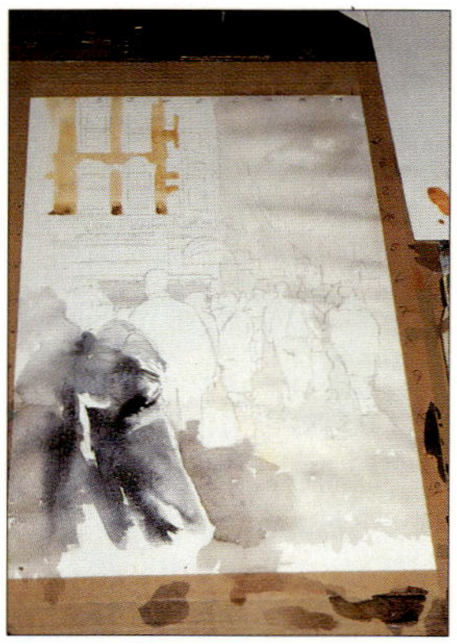

2 ▲ Il reporte avec minutie son dessin sur la surface à peindre à l'aquarelle. Il applique ensuite les couleurs dans le frais.

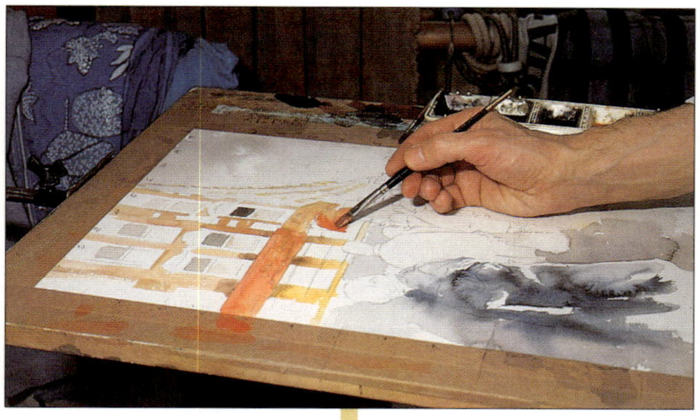

3 ◄ À l'aquarelle, l'inclinaison de la planche à dessin est un facteur important. Elle doit être légère pour les lavis sommaires. Ici, l'artiste ne veut pas que la couleur coule en bas du papier. Il maintient donc sa planche à plat.

l'important, c'est de rassembler le plus d'informations possible !

Notez aussi les couleurs et les tons ainsi que les rapports entre les couleurs et les tons de l'arrière-plan et les personnages. Par exemple, une figure pâle devant un arbre sombre ou une figure sombre devant un mur clair. En plus du dessin principal, réalisez des études séparées relatives à l'éclairage et à l'atmosphère du lieu.

COMMENT ORGANISER SA PEINTURE

Vous avez sans doute inclus plus de personnages qu'il n'en faut sur le dessin principal. Pour le tableau proprement dit, ne gardez que les plus intéressants. Afin de vous aider dans votre choix, réalisez quelques dessins de travail où les compositions (dispositions des personnages mais aussi format du tableau) varient. À ce stade, vous manquez peut-être d'informations : retournez alors sur les lieux et exécutez d'autres études. Vous pouvez aussi prendre quelques photographies (voir Leçon 9).

4 ► La peinture prend peu à peu forme. Chaque zone de couleur est distincte, sauf celle de la figure du premier plan, où les couleurs fusionnent. L'un des secrets de l'aquarelle réside dans le choix de l'emplacement des bords nets (pour cela, on dépose la couleur sur du papier sec), des coulures et des mélanges.

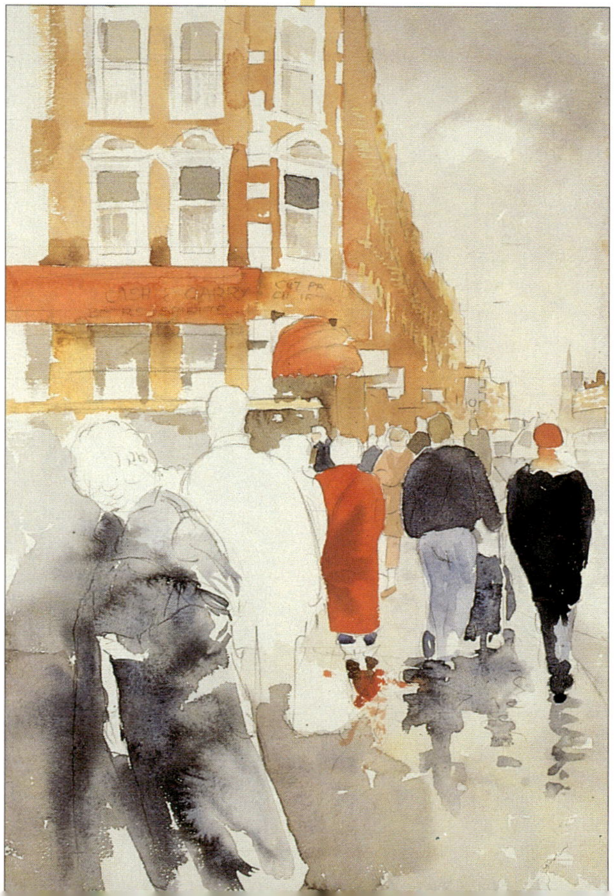

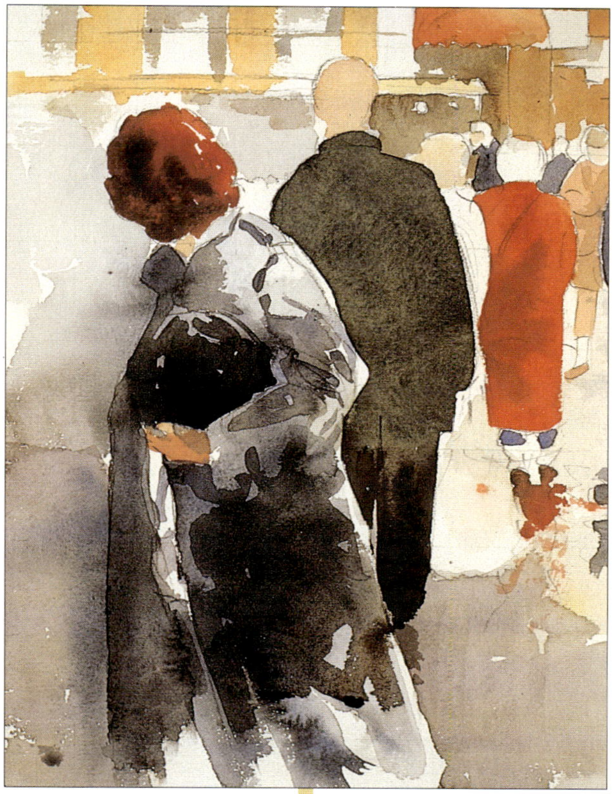

5 ▲ Ce détail illustre la façon dont on peut combiner les méthodes du frais sur frais et du frais sur sec. Par exemple, pour les cheveux de la femme au premier plan ainsi que pour les jambes du pantalon de l'homme représenté de dos, les couleurs foncées se sont mêlées aux couleurs claires, créant ainsi un effet doux. En revanche, les plis du manteau de la femme forment des bords nets et précis car l'artiste a déposé la couleur sur une sous-couche sèche.

VOIR AUSSI	
48-51	Initiation à l'aquarelle
164-167	L'aquarelle et la gouache

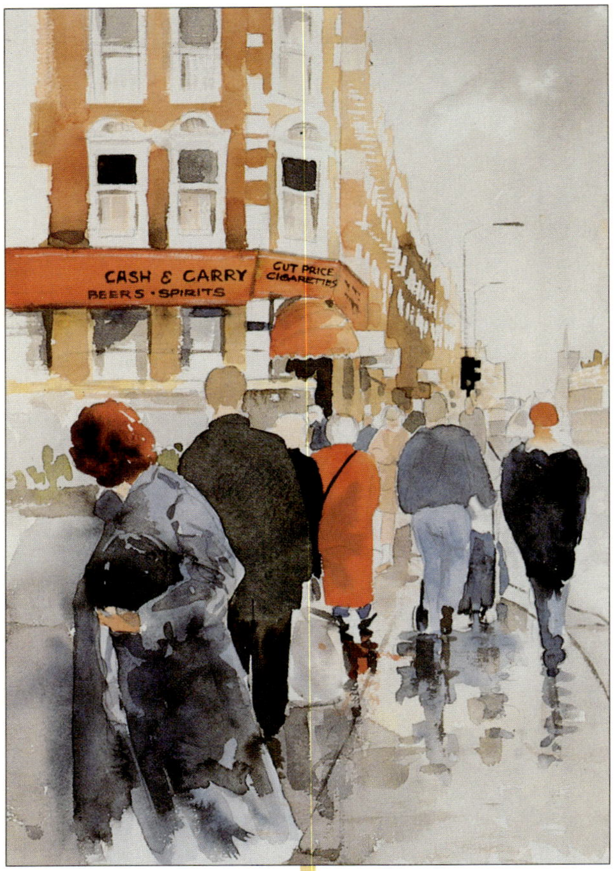

6 ▲ Le tableau fini est vivant et chargé d'une atmosphère particulière. On dirait qu'il a été peint sur place. L'artiste a résisté à la tentation de la surcharge ; l'aquarelle, surtout, est très sensible aux superpositions en trop grand nombre, qui lui font perdre sa fraîcheur.

AUTOCRITIQUE

- Les esquisses exécutées sur place sont-elles suffisamment informatives pour vous permettre de peindre ?
- Avez-vous noté d'où venait la lumière ?
- Vos notes en couleurs sont-elles suffisamment explicites ?
- La prochaine fois, utiliserez-vous la même méthode pour noter les couleurs et les tons ou en changerez-vous ?

► TREVOR CHAMBERLAIN
Pluie, marché du Rialto, Venise
Huile
Si l'artiste avait souhaité peindre un grand tableau, il aurait certainement travaillé à partir de plusieurs croquis. Mais Chamberlain aime peindre directement son sujet et travailler à petite échelle (ce tableau ne fait pas plus de 25 cm de haut) afin de déposer les couleurs rapidement. Les touches vigoureuses, les couleurs légèrement floues, peintes dans le frais, servent à merveille son sujet.

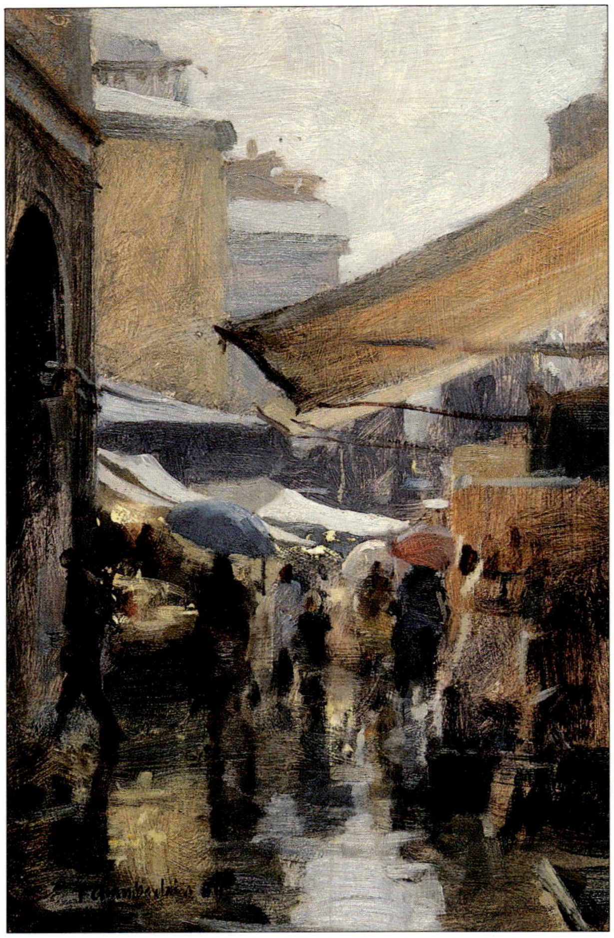

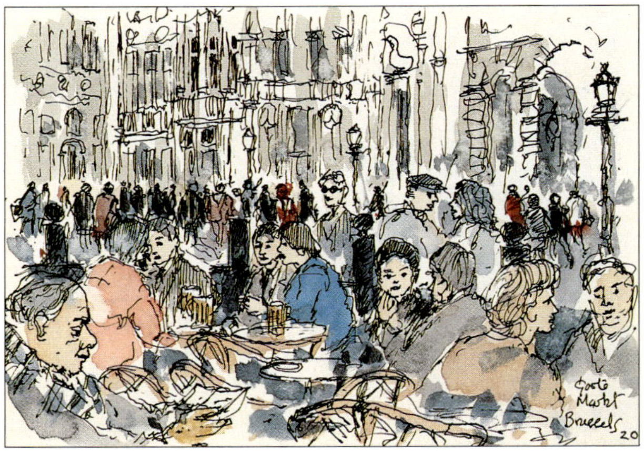

◄ RAY EVANS
Marché à Bruxelles (croquis)
Plume et aquarelle
Evans possèdent de nombreux carnets, tous remplis de personnages, de paysages et de lieux, croqués sur le vif. Plus tard, il se servira de certains d'entre eux pour peindre un tableau. Plus l'on croque et plus l'on a d'idées !

Ces notes ne doivent pas être écrites à la légère. Il ne sert à rien de mentionner « manteau bleu », étant donné le nombre de bleus différents qui existent ! Efforcez-vous plutôt d'identifier avec soin les couleurs en mentionnant par exemple : « manteau outremer foncé avec une touche de violet ». Si votre expérience de la couleur n'est pas suffisante, référez-vous à des couleurs que vous connaissez bien en inscrivant par exemple : « marron café » ou « jaune d'œuf ». Certaines notes d'artistes soucieux de décrire au mieux ce qu'ils voient peuvent être de véritables poèmes.

En ce qui concerne le ton, la difficulté est plus grande, mais vous pouvez y remédier de deux façons : en utilisant un médium capable d'exprimer les tons, comme le fusain, le crayon graphite ou le crayon noir tendre, et/ou en faisant appel à un système de numérotation (par exemple, si quatre tons principaux apparaissent dans votre sujet, numérotez les différentes zones de 1 à 4, en commençant par le plus foncé jusqu'au plus clair ou inversement).

CONSEILS PRATIQUES

Lorsqu'on peint des personnages dans un environnement, on a tendance à se concentrer sur l'intérêt humain et à en oublier le décor dans lequel ils évoluent. C'est une erreur, car ils semblent alors flotter dans l'espace. Sans compter qu'il est plus facile de débuter par le cadre. Prenons l'exemple suivant : un groupe principal de personnes dans un café et en arrière-plan des groupes secondaires. Si vous commencez par représenter les tables, les chaises, bref le décor du café, puis les clients, il y aura un point de référence fixe pour les figures et l'échelle sera correcte. De la même manière, vous pouvez représenter des gens dans la rue. Dessinez en premier les bâtiments (attention à la perspective !), cela vous aidera à placer correctement les figures par rapport aux portes et aux fenêtres. N'oubliez pas, surtout si vous débutez, que la perspective est primordiale : elle est partout et elle affecte également la taille des figures (elles diminuent avec la distance). Relisez la page 40 si besoin est.

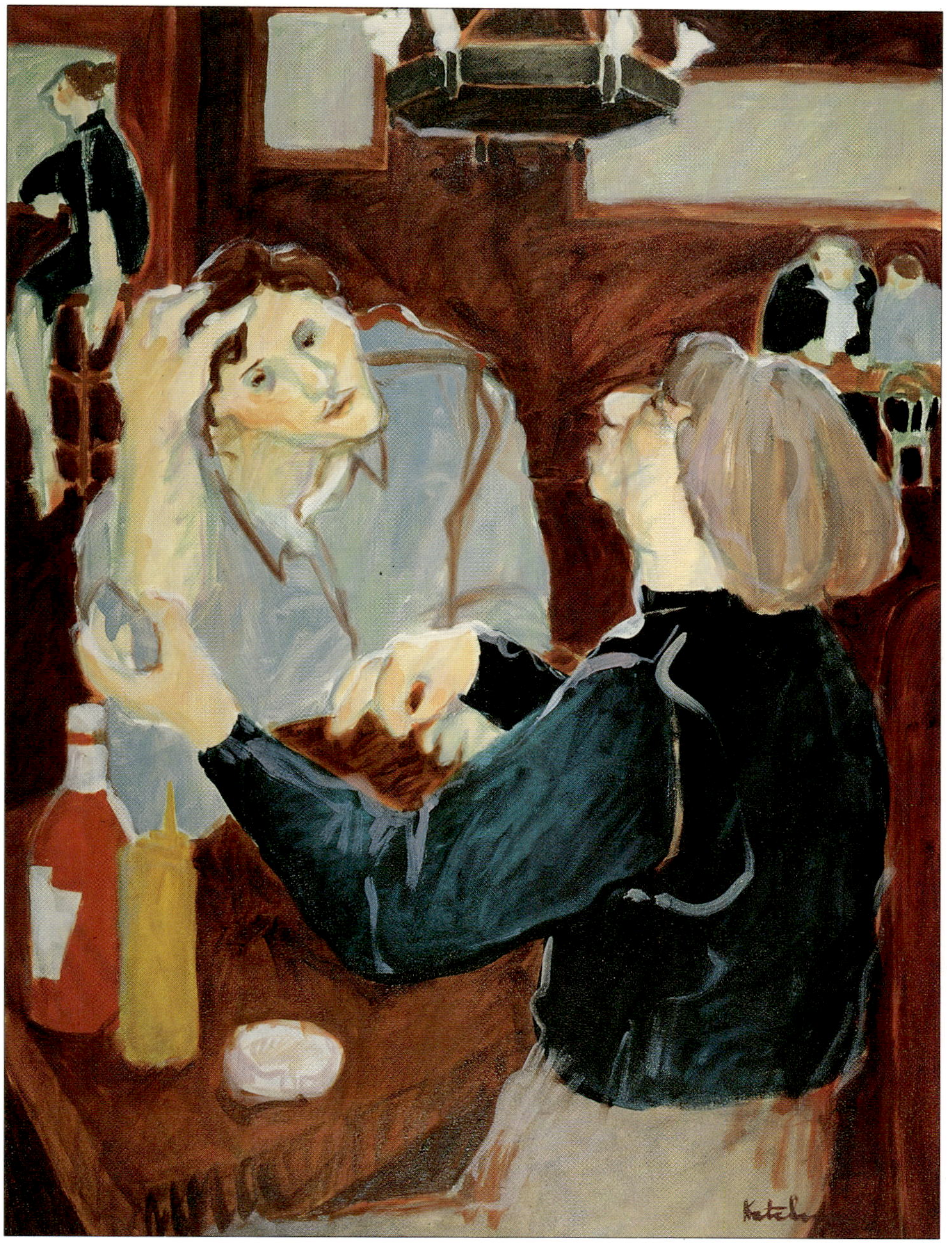

▲ CAROLE KATCHEN
La taverne du Cheval blanc
Huile
Les manières, les gestes des uns et des autres, voilà ce qui est important dans un tableau avec des personnages. Ici, ils sont magnifiquement rendus. Voyez comme celle qui parle semble animée et comme celui qui l'écoute semble attentif ! Bien qu'il y ait d'autres personnes dans la pièce, l'artiste a habilement usé de certains artifices pour isoler les deux protagonistes. Le couple de droite est repoussé dans l'espace mais également enfermé dans une conversation privée, tandis que la femme sur son tabouret regarde en dehors du tableau (son attention est attirée par quelqu'un qu'on ne voit pas).

VOIR AUSSI	
74-77	Travailler sur le motif
102-105	La figure dans son contexte
150-157	La peinture à l'huile
164-169	L'aquarelle et la gouache

INITIATION AU PASTEL

CERTAINS OUVRAGES DE PEINTURE NE MENTIONNENT PAS LES PASTELS, CAR ILS LES CONSIDÈRENT COMME UN MÉDIUM DE DESSIN. DESSIN OU PEINTURE, LA SOUPLESSE DU PASTEL EST UN DE SES CHARMES. SON UTILISATION DIRECTE SUR LE SUPPORT EN EST UN AUTRE, SES COULEURS RICHES ET BRILLANTES QUE L'ON PEUT COMPARER À CELLES DE LA PEINTURE À L'HUILE OU DE L'AQUARELLE UN TROISIÈME, ET L'ON PEUT ÉGALEMENT COMPTER SUR LES DIVERS EFFETS INTÉRESSANTS QU'IL PERMET (VOIR PAGES 170-175 DU CHAPITRE 3 POUR PLUS D'INFORMATIONS, NOTAMMENT SUR LES TECHNIQUES DU PASTEL).

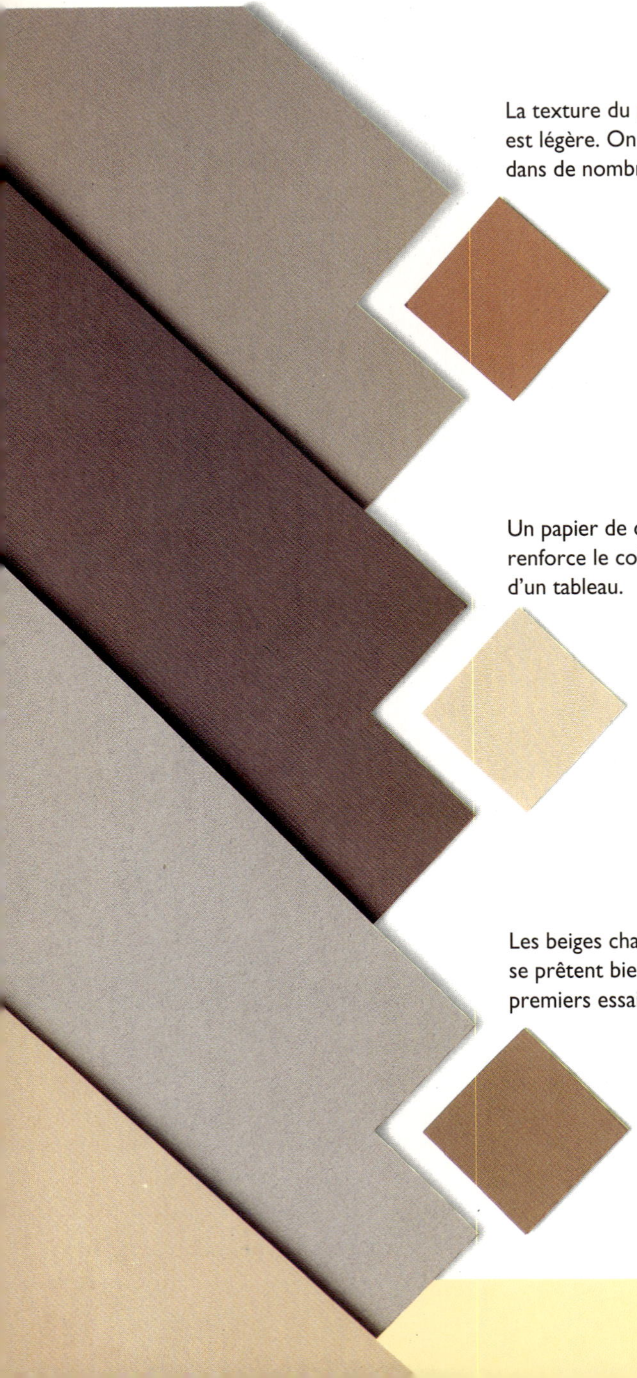

La texture du papier Ingres est légère. On le trouve dans de nombreux coloris.

Un papier de couleur foncé renforce le coloris général d'un tableau.

Les beiges chauds et les gris se prêtent bien aux premiers essais.

Sous bien des aspects, les pastels sont le médium de peinture (ou de dessin) parfait pour débuter. Ils permettent de déposer directement et rapidement la couleur sur le support et ils ne nécessitent aucun équipement supplémentaire. Ils présentent cependant un inconvénient : s'il est possible de peindre à l'huile, à l'acrylique ou à l'aquarelle en utilisant quelques couleurs et leurs mélanges, les mélanges des pastels sont limités. Il faut posséder une large gamme de couleurs, y compris leurs dégradés, car on ne peut les mélanger que sur le support. On choisit alors la teinte qui se rapproche le plus de celle qu'on veut obtenir afin de ne lui apporter qu'un minimum de modifications. Le problème est qu'on ne connaît pas à l'avance les couleurs qui vont entrer dans la composition du tableau.

La meilleure chose à faire est donc de débuter avec une palette restreinte, comme celle que nous vous proposons ci-contre (ou celles vendues en coffret pour débutants par les fabricants ; toutes les bonnes marques vendent les bâtonnets de pastel à l'unité) et de la compléter à mesure des besoins.

LE PAPIER

Au pastel, la couleur du papier a beaucoup d'importance. Il faut généralement se servir d'un papier coloré ou teinté, car à moins d'appliquer les couleurs en couches très couvrantes et sur toute la surface du papier, la blancheur de celui-ci va ressortir et transparaître entre les marques, ce qui va dévaluer le coloris et gâcher l'ensemble du tableau. Choisissez de préférence une couleur de papier qui contraste ou au contraire s'harmonise avec la tonalité globale. Il arrive souvent que des zones assez larges soient laissées vierges afin de définir un ton moyen, des ombres ou le ciel.

La texture du papier a elle aussi son importance, à la fois pour la couleur et pour les traces de pastel qu'on souhaite laisser visibles. Il faut que le papier choisi accroche légèrement les pigments doux et les empêche de glisser à la surface. Il existe deux types de papier destiné au travail du pastel. On les trouve facilement dans le

68 ➤

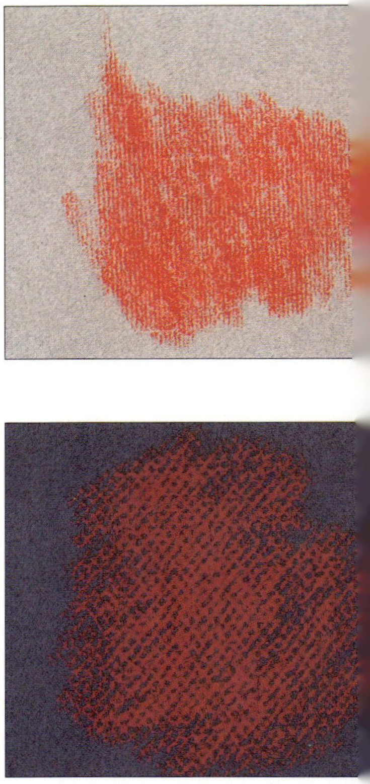

▲ La photographie ci-dessus illustre clairement la texture du papier Ingres. Celle du haut montre une application de pastel sur du papier Mi-teintes, autre support classique du pastel. Le grain du papier est toujours plus ou moins apparent, même lorsque les couches sont épaisses.

LA PALETTE DU DÉBUTANT

La gamme de couleurs des pastels présentés ci-dessous est proche de celle que nous vous avons proposée pour l'huile, l'acrylique et l'aquarelle. Il y a deux versions de chaque couleur primaire (trois dans le cas du bleu) plus du noir, du blanc et quelques couleurs secondaires supplémentaires (orange, pourpre et un autre vert). Si travailler avec des pastels vous attire, vous pouvez alors envisager de la compléter, car les pastels offrent de multiples coloris et la gamme que nous vous proposons sur cette page n'a d'autre but que de vous aider à commencer.

Sachez cependant que les fabricants utilisent des codes pour leurs couleurs et leurs teintes. Ils diffèrent malheureusement d'une marque à l'autre. Il faut donc vous renseigner auprès du vendeur ou vous fier à ce que vous voyez. Certains fabricants indiquent à la fois un nom et un numéro et se servent du chiffre 5 pour indiquer la couleur pure (les teintes qui portent un numéro supérieur à 5 sont mélangées à du blanc, celles qui portent un numéro inférieur sont mélangées à du noir).

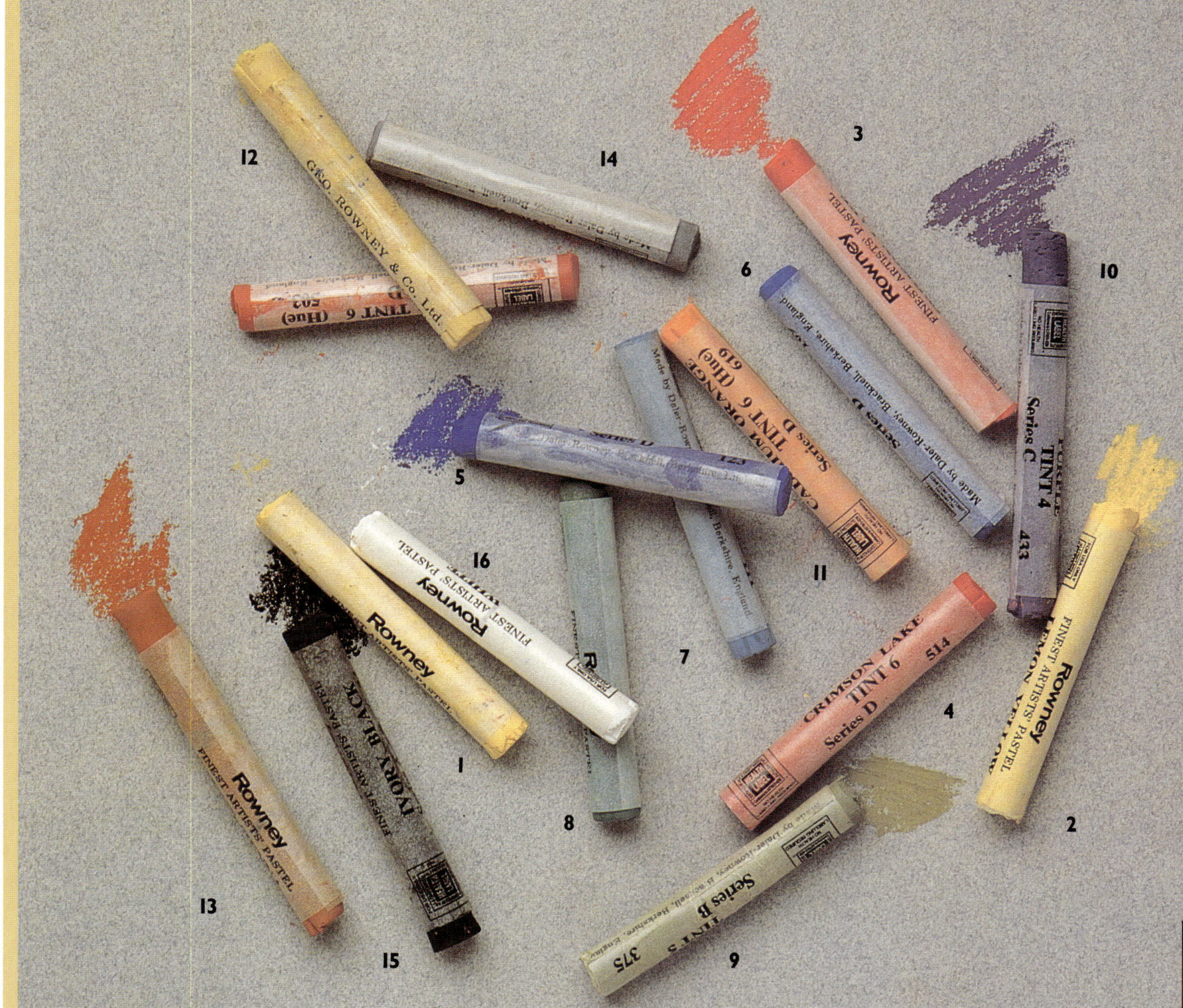

LES COULEURS

1 Jaune citron (teinte 6)
2 Jaune de cadmium (teinte 4)
3 Laque cramoisie (teinte 4)
4 Rouge de cadmium (teinte 4)
5 Outremer français (teinte 8)
6 Bleu de cobalt (teinte 6)
7 Bleu de céruléum (teinte 4)
8 Vert émeraude (teinte 6)
9 Vert de vessie (teinte 5)
10 Pourpre (teinte 4)
11 Orange de cadmium (teinte 6)
12 Ocre jaune (teinte 3)
13 Terre de Sienne brûlée (teinte 6)
14 Gris froid (teinte 4)
15 Noir d'ivoire
16 Blanc (crème)

VOIR AUSSI

170-175 Les pastels

TRACES FAITES AVEC LA TRANCHE

► Pour couvrir de larges zones de couleur, il suffit de tenir le bâtonnet de pastel à plat et de l'utiliser sur la tranche. Sachez qu'un pastelliste travaille généralement avec des petits morceaux de pastel, car un long bâtonnet est difficile à contrôler et risque de se briser sous la pression exercée par la main.

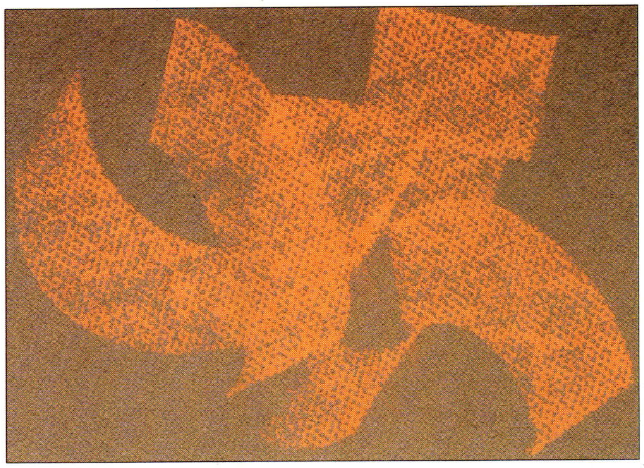

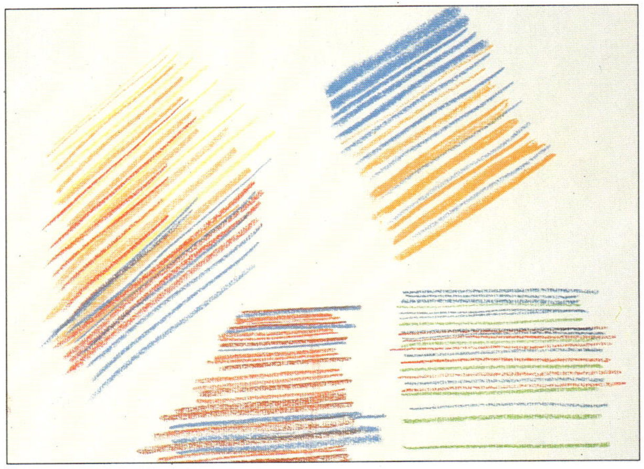

TRACES VARIÉES

► Selon la pression exercée sur le bâtonnet de pastel, la couleur est plus ou moins intense. Ici, le pastel a été légèrement incliné de façon à appuyer davantage sur un côté que sur l'autre. Remarquez également que la couleur du papier modifie celle du pastel : elle peut renforcer sa richesse et sa brillance.

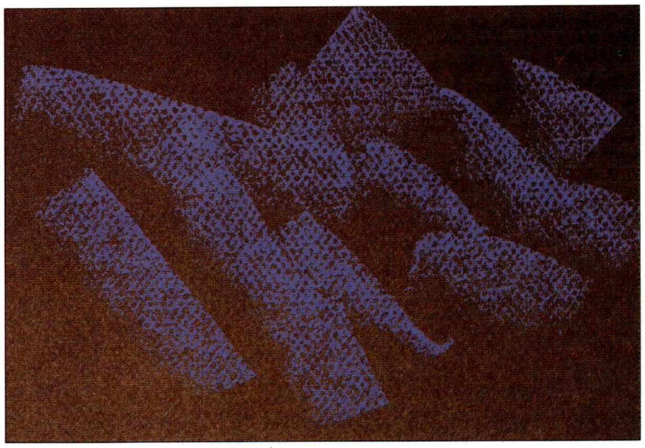

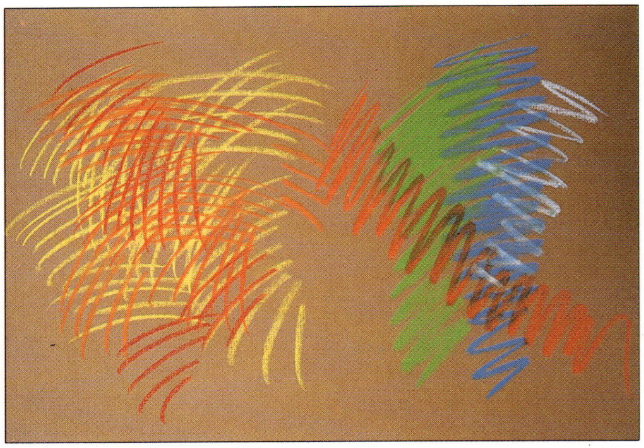

commerce ; ils ne sont pas trop chers. Le papier aquarelle, le papier d'imprimerie et le carton conviennent également. Il en existe d'autres encore. Reportez-vous au chapitre 3 pour plus d'informations sur les supports appropriés.

LES MÉTHODES DE TRAVAIL

Le travail au pastel fait appel à peu de règles. En fait, chaque artiste développe sa propre méthode. Certains utilisent d'abord les bâtonnets sur la tranche pour déposer la couleur en larges aplats (un peu comme des lavis à l'aquarelle), puis ils se servent de la pointe du pastel pour affiner leur sujet. D'autres travaillent de haut en bas et couvrent la surface du tableau de marques ou d'aplats selon ce qu'ils cherchent à obtenir. D'autres encore construisent leur composition en traçant une série de lignes sans avoir recours (ou rarement) aux traces faites avec la tranche du bâtonnet. Toutefois, il existe une règle incontournable : ne réalisez jamais d'ébauche au crayon, car la mine laisse sur le support des marques grasses qui tendent à repousser les couleurs crayeuses des pastels et qu'il est pratiquement impossible de recouvrir. Utilisez plutôt un crayon de pastel, un fusain ou la pointe d'un bâtonnet de pastel tendre.

À tous ceux qui débutent, nous voulons dire qu'il est faux de croire, malgré ce qui est écrit dans certains ouvrages, qu'un dessin au pastel doit être réussi du premier coup, car on ne peut ensuite ni l'effacer ni par conséquent le retoucher. Les traits dessinés au pastel ne peuvent effectivement pas être gommés comme des traits au crayon, mais cela n'a pas d'importance puisqu'il est possible de couvrir les lignes ou les zones incorrectes, et cela même sur la fin. Le pastel est couvrant, c'est-à-dire qu'on peut peindre des couleurs claires sur des couleurs foncées et inversement. Il est ainsi tout à fait possible de retoucher un dessin, à condition de fixer la zone à couvrir et de ne pas abuser des superpositions.

▼ Le coton, en boule, en carré ou au bout d'un bâtonnet, permet de mélanger les couleurs.

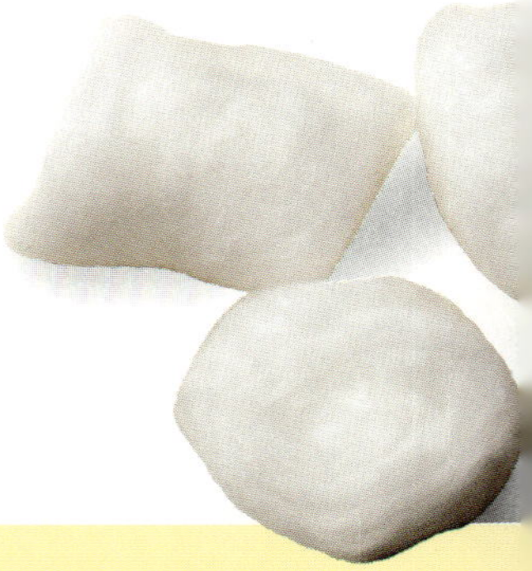

HACHURES
◄ Il existe diverses manières de mélanger les couleurs des pastels sur le papier. La technique des hachures, qui sont des traits parallèles de couleur ou de ton différents, permet de réaliser un heureux mélange optique qui donne l'impression que les couleurs se fondent de façon continue.

EFFETS DIVERS
◄ Les hachures sont des traits parallèles droits, obliques ou courbes. On peut également réaliser une sorte de motif crayonné ou superposer les trames (hachures croisées) pour obtenir des effets complexes.

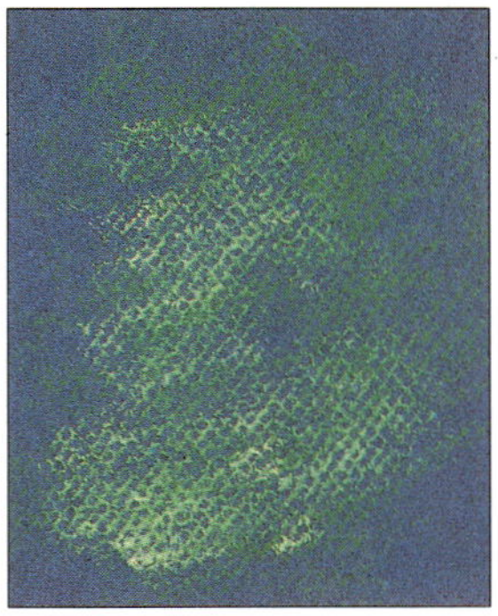

LA COULEUR DU PAPIER
◄ Lorsqu'on superpose deux couches légères de pigments différents de sorte que le papier transparaisse, la couleur du papier agit comme une troisième couleur.

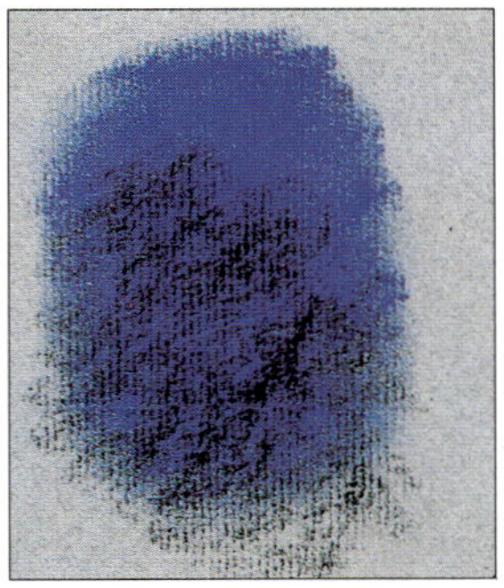

AJOUT DE NOIR
◄ Le noir est une couleur importante en pastel. La seule façon d'obtenir un ton foncé consiste en effet à le superposer à une autre couleur sans recouvrir complètement cette dernière.

ESTOMPER UNE COULEUR
◄ Si vous cherchez à créer un effet vaporeux (par exemple, pour un ciel), frottez doucement les pigments du bout des doigts (voir ci-contre). Pour les zones plus larges, employez un chiffon ou un morceau de coton.

MÉLANGER DEUX COULEURS
◄ Il est possible de mélanger deux couleurs en les superposant puis en les frottant.

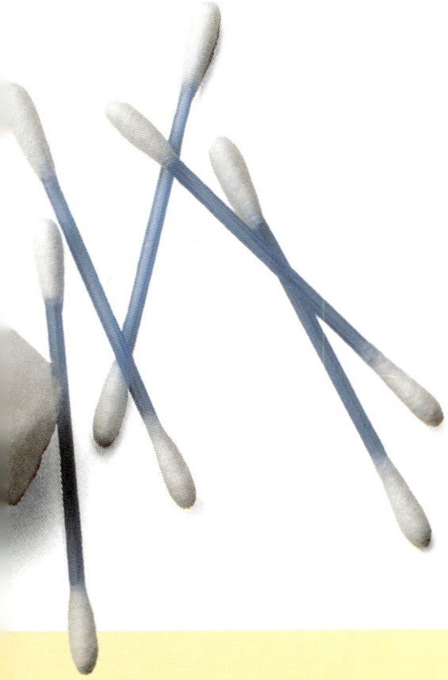

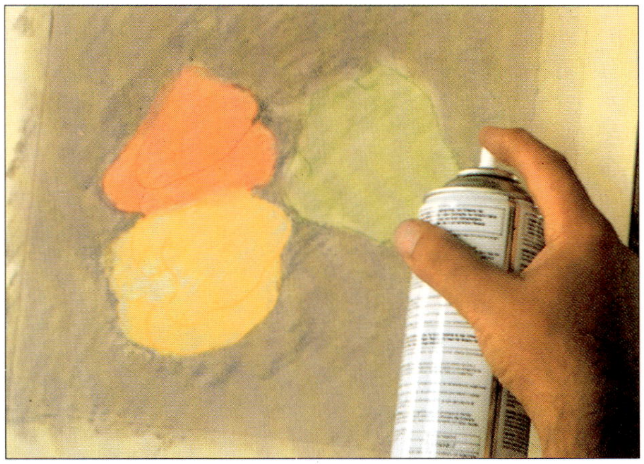

LE FIXATIF
▼▲ Afin d'empêcher les pigments de glisser ou de se salir, il est bon d'employer un fixatif. Pulvérisez-le en couche fine, à environ 30 cm du papier, d'un bord à l'autre. Sachez cependant qu'il assombrit légèrement les coloris. Si le papier est très fin, pulvérisez le fixatif de préférence sur le recto, comme illustré ci-dessous.

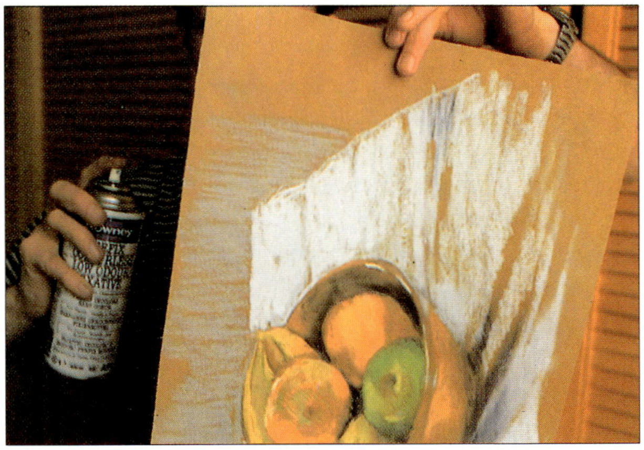

▼ Un tortillon est un bâtonnet de papier roulé sur lui-même et effilé à une extrémité qui sert à mélanger de petites zones de couleur.

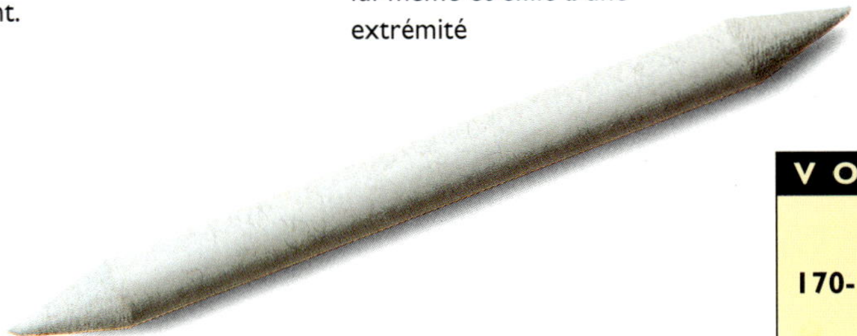

VOIR AUSSI

170-175	Les pastels

Travailler à partir de photographies

De nos jours, la plupart des artistes utilisent (plus ou moins) la référence photographique afin d'étayer les études et les esquisses qu'ils font sur place de leur sujet ou parce qu'elle leur donne des idées. Il arrive en effet qu'une photographie apporte l'inspiration initiale qui manque à un créateur. Le peintre français Maurice Utrillo (1883-1955), par exemple, a représenté les rues de Paris de son atelier à partir de cartes postales, car il n'aimait pas qu'on le regarde travailler. De même, le peintre britannique Walter Sickert (1860-1942) s'est servi de photographies, parfois tirées de journaux, pour réaliser des scènes urbaines reconnaissables à l'atmosphère très particulière qu'elles dégagent et des portraits.

L'APPAREIL PHOTOGRAPHIQUE NE MENT JAMAIS !

D'une certaine façon, c'est vrai puisqu'il restitue fidèlement les motifs de la lumière qui traversent la lentille et s'impriment sur le film. Le problème est ailleurs : en réalité, nous ne voyons pas comme un appareil photographique et une photo nous semble différente de ce que nous voyons. Il est donc difficile de travailler à partir de photographies, plus difficile que de peindre directement son sujet ou d'élaborer un tableau à partir de dessins préparatoires. Une photo ne contient pas toujours les détails qui vous ont marqué ; la couleur n'est pas celle que vous avez retenue ; de plus, elle est en deux dimensions, et il est bien difficile alors de ne pas recréer en peinture l'illusion photographique de l'espace.

Revenons au problème principal : une photo nous semble différente de ce que nous voyons. Prenons l'exemple d'un paysage admirable pour sa chaîne de montagnes en arrière-plan. Nous faisons développer la photo et sur celle-ci les montagnes que nous avions vues majestueuses sont petites et insignifiantes.

73 ➤

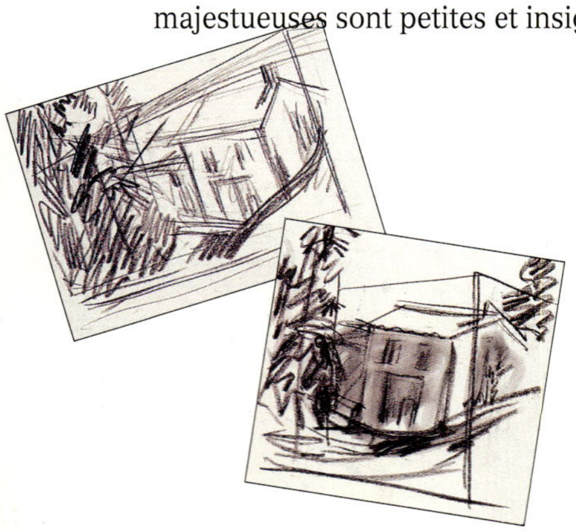

◄ Plusieurs croquis rapides au fusain ont été réalisés afin de voir comment disposer les différents éléments de la photographie.

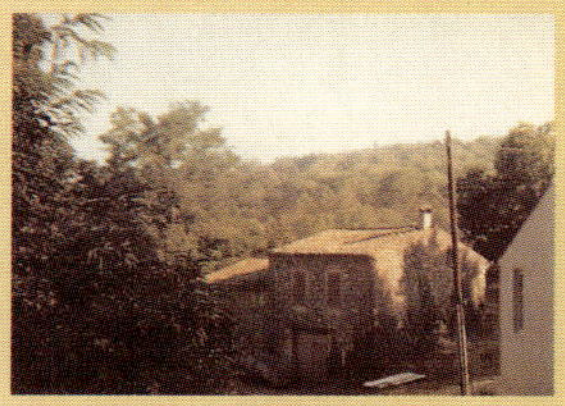

BUTS DE L'EXERCICE

Utiliser des références photographiques

Trier les informations en fonction du sujet du tableau

Donner une interprétation personnelle

MATÉRIEL NÉCESSAIRE

N'importe quel médium convient pour faire cet exercice. C'est peut-être l'occasion pour vous d'en essayer un nouveau, car si vous avez trop d'expérience avec une technique, vous risquez de copier la photo et non pas de l'interpréter.

TEMPS PRÉVU

2-3 heures pour le dessin

4 heures pour la peinture

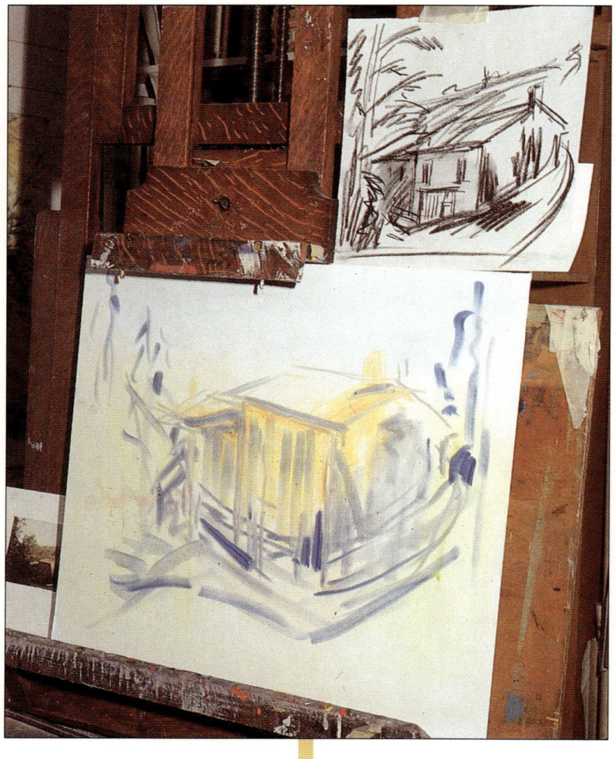

1 ▲ Ici, l'artiste a choisi un dessin parmi tous ceux qu'elle a exécutés et l'a épinglé au-dessus de sa toile. Elle commence par dessiner au pinceau avec une couleur à l'huile légèrement diluée.

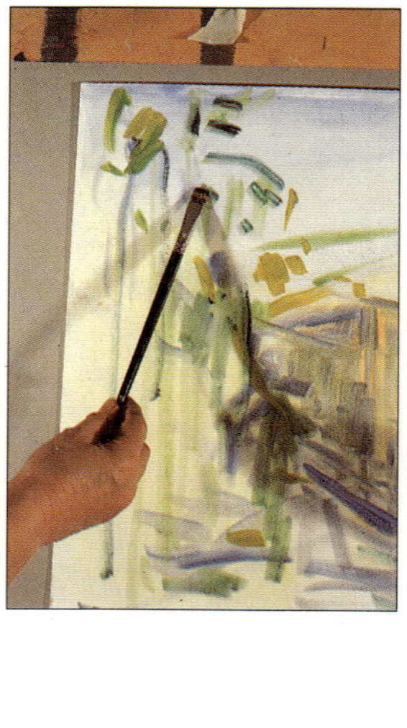

2 ► Elle continue d'appliquer la peinture bleue en touches fluides et dispersées afin de mieux évaluer les rapports entre elles. Elle se sert d'un pinceau à bout carré pour peindre le feuillage.

L'EXERCICE

Si vous possédez quelques photographies en couleurs d'une scène extérieure familière et aimée, utilisez-les pour cet exercice. Dans le cas contraire, servez-vous d'une carte postale ou d'une reproduction dans un magazine. Éliminez les scènes comportant des figures ou des animaux, sauf s'ils sont insignifiants. Choisissez de préférence un lieu que vous connaissez bien.

RÉALISER UN DESSIN DE TRAVAIL

Examinez d'un œil objectif l'illustration choisie afin de la restituer au mieux en peinture. Vous pouvez changer la composition ou le format (par exemple, disposer verticalement la forme centrale d'un cliché horizontal). Réalisez plusieurs croquis en vous concentrant sur les formes principales, que vous pouvez compléter en dessinant sur les côtés. Si vous n'utilisez qu'une partie d'une photographie, cachez les zones inutiles et ne dessinez que ce qui vous intéresse. Ensuite, choisissez un dessin qui vous plaît particulièrement et servez-vous-en comme base pour votre tableau (il doit être trois fois plus grand que la référence choisie, photographique ou autre).

LA PEINTURE

Réalisez ensuite un tableau d'après le dessin de travail et la référence photographique. Aidez-vous du dessin pour déterminer les masses générales de la composition. Comme il est certainement plus petit que le tableau, il faut le mettre à l'échelle. Pour vous faciliter la tache, vous pouvez utiliser la méthode du quadrillage (voir Leçon 6). Si vous peignez à l'aquarelle, assurez-vous que les traits dessinés ne transparaissent pas dans les zones claires. Épinglez la photographie au-dessus du dessin et référez-vous à l'un comme à l'autre. Sachez qu'en mettant une petite image à l'échelle, il arrive parfois que les grandes formes paraissent vides et sans intérêt. Si ce problème se pose avec votre travail, examinez la photographie attentivement afin de déceler des textures, des contrastes de couleurs et de tons, que vous puissiez développer. Faites preuve d'imagination et n'essayez pas de copier la photographie. Laissez la peinture s'imposer. Traitez la photographie comme si vous peigniez directement sur le motif. Choisissez ce qui vous semble important et renoncer au reste. Efforcez-vous de mettre la photographie de côté pour quelque temps et de travailler sans référence. Quand le tableau est terminé, comparez-le à la photographie. Votre interprétation vous semble-t-elle réussie ?

3 ▼ Le sujet prend forme peu à peu au moyen de touches linéaires. L'artiste construit peu d'aplats de couleur ; la blancheur de la toile transparaît.

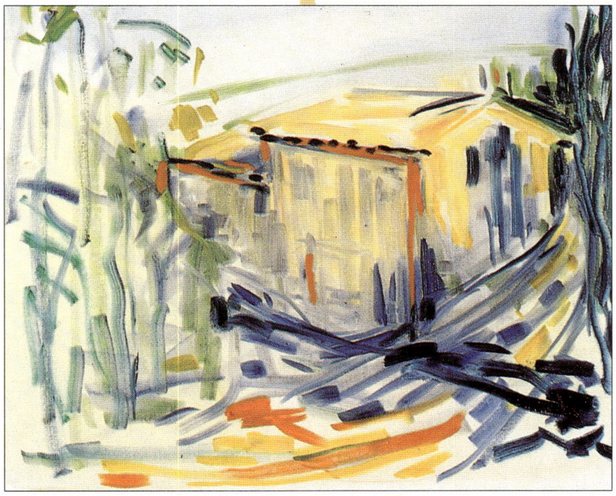

4 ► Elle se sert maintenant d'un petit pinceau rond pour appliquer quelques touches de couleur turquoise dans le feuillage à la droite de la maison. De même, les arbres de gauche portent quelques traces de bleu turquoise.

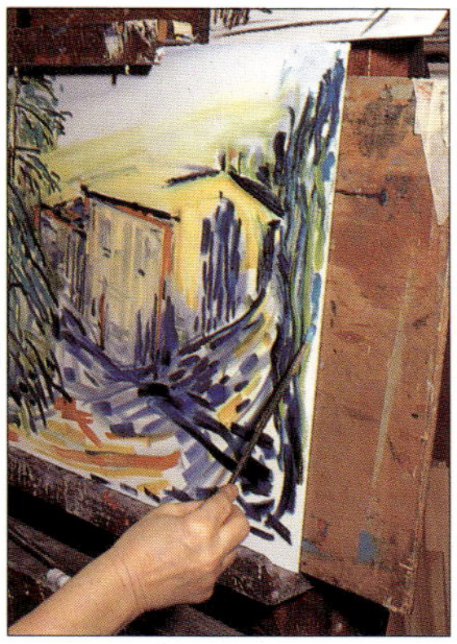

5 ▼ Le bord du toit est défini au moyen d'un trait d'un bleu intense. Les couleurs, quoique brillantes, sont en nombre restreint : il y a surtout du jaune, du bleu et du jaune-vert.

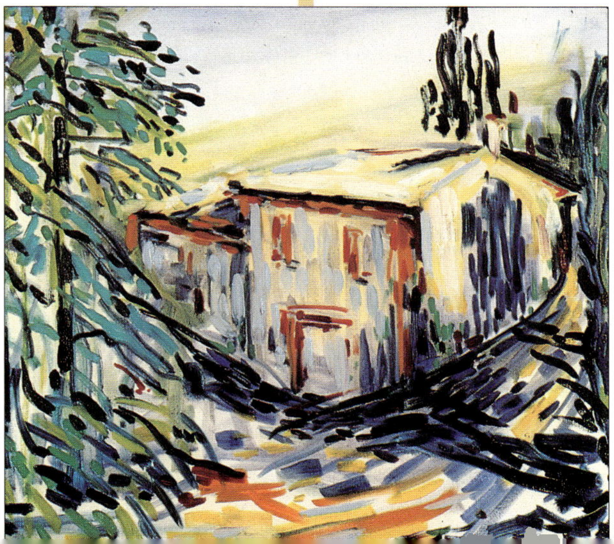

VOIR AUSSI	
16-19	Initiation à la peinture à l'huile et à l'acrylique
52-55	Travailler à partir de dessins
91	Composer un paysage rural ou urbain
150-157	La peinture à l'huile

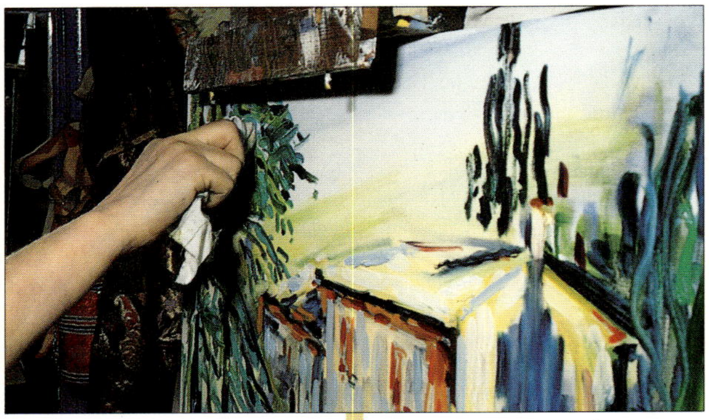

6 ▲ L'artiste se réfère peu à la photographie. Elle préfère compter sur son sens de la couleur et ses souvenirs de la scène.

Il est quelquefois plus facile d'utiliser une photographie en noir et blanc, qui n'impose pas de couleurs.

AUTOCRITIQUE

- Avez-vous copié ou traduit la photographie ?
- La photographie choisie était-elle suffisamment informative ?
- Avez-vous fait preuve d'imagination ?
- Cet exercice vous a-t-il permis d'avoir davantage confiance en vos capacités ?

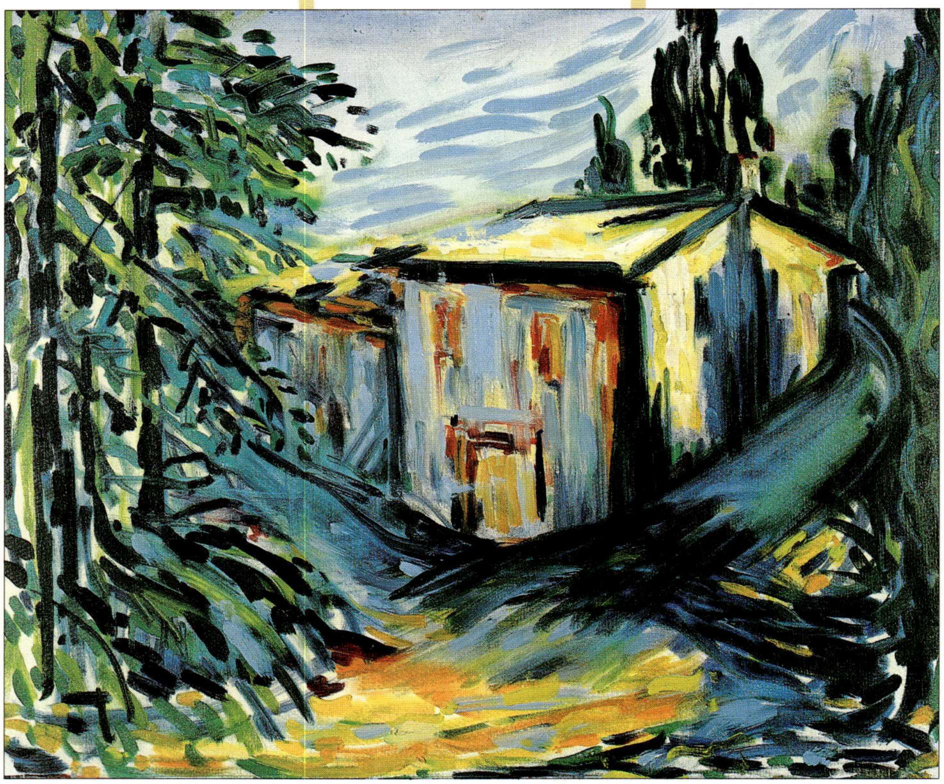

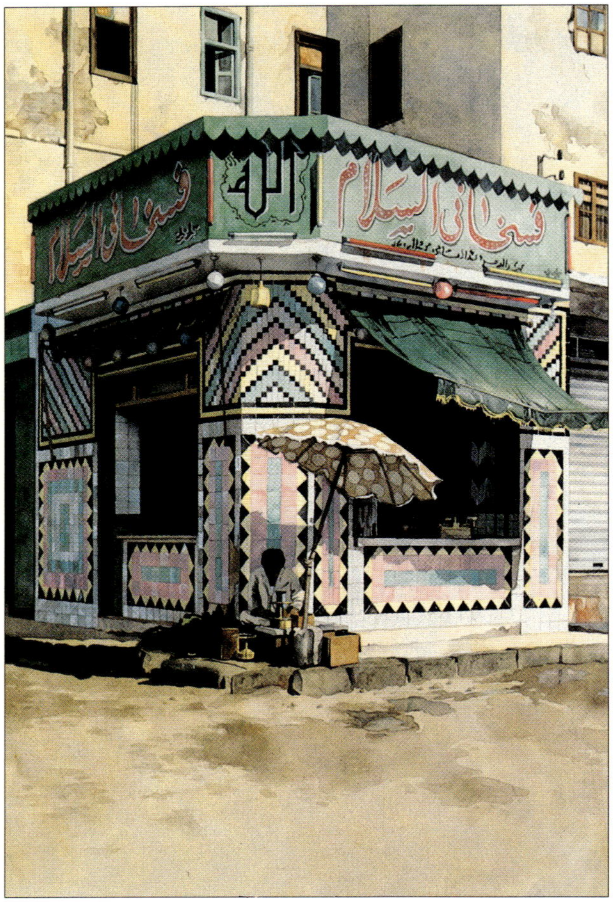

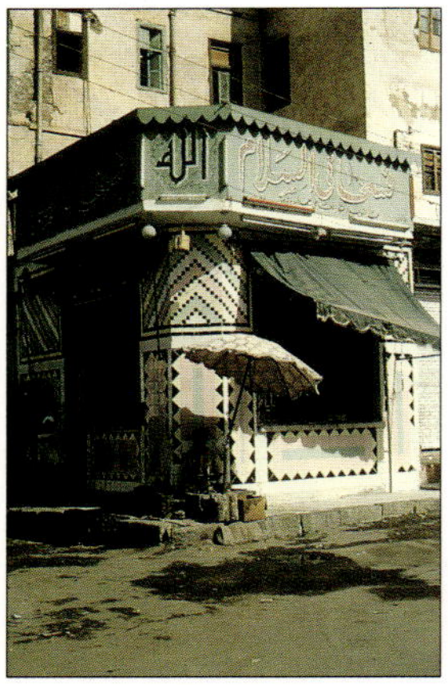

▲ Moira Clinch
Commerce en Égypte
Aquarelle
La photographie (à gauche) a été prise en vue de la peinture. Cependant, si la composition est identique, les couleurs sont bien différentes. Le merveilleux rose bonbon n'apparaît pas dans le cliché et les contrastes de tons sont infiniment plus délicats dans le tableau.

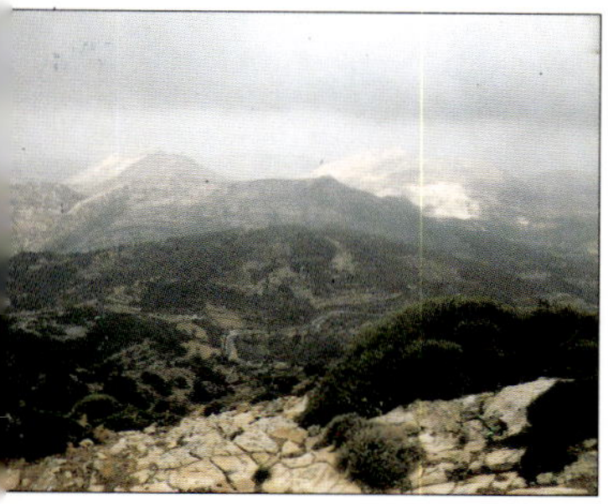

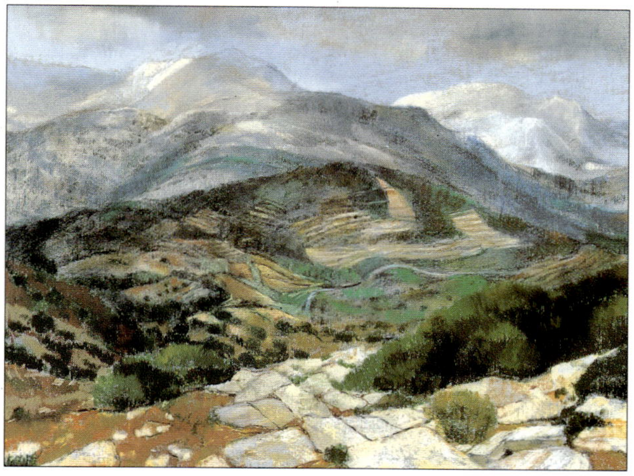

▲ HAZEL HARRISON
Les montagnes de Naxos
Pastel et fusain
Le format plus carré choisi par Harrison pour son sujet donne davantage de vigueur aux montagnes. Les nuages et les formes arrondies des collines à mi-distance animent la composition.

L'explication de notre déception vient du fait que nous avons tendance à mettre à l'échelle les objets lointains, ce que ne fait pas un appareil photographique. Si vous dessinez un sujet quelconque puis que vous le photographiez, vous allez alors vous apercevoir des différences. Le dessin vous semblera certainement plus proche de la réalité telle que vous la voyiez et plus à même de vous fournir une référence fiable pour votre tableau. En fait, l'appareil photographique n'a qu'un seul point de vue fixe et il est tributaire d'un viseur, tandis que lorsque vous dessinez vous avez une vue panoramique du sujet et vous intégrez davantage ce que vous voyez en haut, en bas, à droite et à gauche de la scène frontale. Une photographie est de fait limitée et donc décevante.

MINIMISER LES PROBLÈMES

Il n'est pas dans notre intention de renier l'apport d'un appareil photographique en tant que « carnet de croquis » supplémentaire. Personne n'a le temps ou la possibilité de dessiner à sa guise. Quelques nuages passent ou un effet de lumière est intéressant, mais tout disparaît avant qu'on puisse même commencer à dessiner. Songez qu'ils peuvent être capturés en quelques secondes avec un appareil…

Néanmoins, il ne faut pas oublier que l'appareil a ses limites. Tenez-en compte. Par exemple, si vous savez que tel détail n'apparaît pas clairement sur une photo, rapprochez-vous et prenez un autre cliché. Si le sujet consiste en un vaste panorama paysager, prenez plusieurs photos en déplaçant légèrement l'appareil à chaque fois. Pour le peindre, il suffira de faire un photo-collage, c'est-à-dire de mettre les photos côte à côte et de les coller. Si les couleurs ne sont pas correctes (surtout pour le ciel ou les ombres), reportez-vous à vos notes écrites.

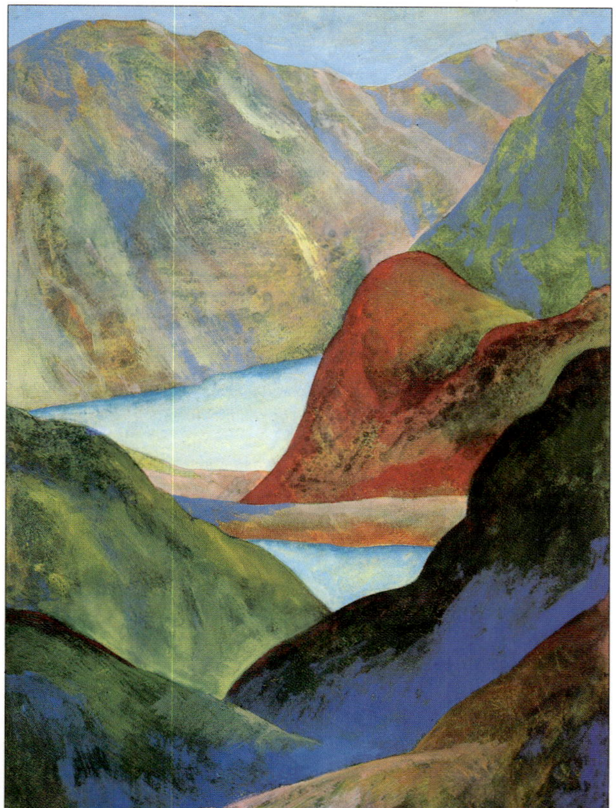

◄ ROSALIND CUTHBERT
Le lac de Garde vu de Tenna
Aquarelle et pastel
Ici, la photographie sert uniquement de référence pour la forme des montagnes et du lac. L'artiste a donné libre cours à son imagination ; les couleurs sont très dissemblables.

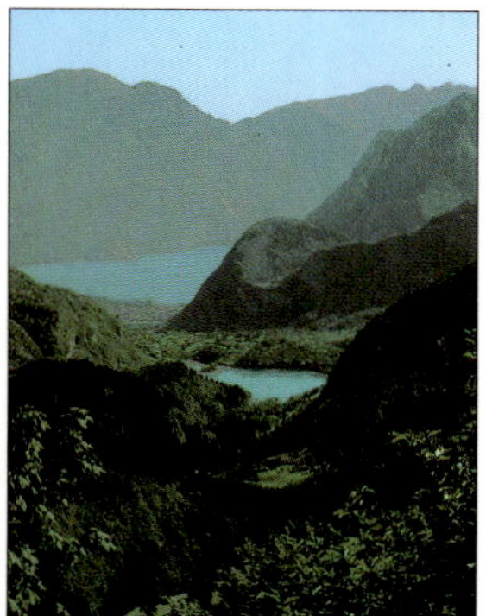

VOIR AUSSI	
170-175	Les pastels
164-169	L'aquarelle et la gouache
176-181	Les techniques mixtes

Travailler sur le motif

La plupart des exercices que nous vous avons proposés précédemment faisaient appel à des sujets concernant de près ou de loin la maison. Pour cette leçon, la démarche est différente : nous vous demandons de prendre votre matériel de peinture et d'aller peindre sur le motif, c'est-à-dire en plein air, directement sur place. Il n'est pas nécessaire d'aller très loin. En réalité, si vous possédez un jardin, celui-ci peut vous fournir des thèmes parfaitement appropriés. Certains peintres n'ont jamais travaillé en dehors de chez eux ou d'un atelier. Nous pensons toutefois que rien ne vaut une expérience directe de la nature, du paysage et des conditions climatiques, parce qu'il faut travailler vite, ce qui permet souvent de produire des œuvres spontanées et fluides, surprenantes de fraîcheur.

LE MATÉRIEL

Selon les artistes, le matériel est sommaire ou complet. Quel que soit le médium que vous choisissiez et si vous travaillez debout, il vous faut un chevalet. Si vous travaillez assis, investissez dans un siège pliant (comme ceux qu'on trouve chez les fournisseurs d'art). Ils sont généralement suffisamment bas pour vous permettre de poser vos peintures sur le sol, à côté de vous. Si vous travaillez sur papier, il vous faut une planche à dessin légère (un morceau de contre-plaqué découpé au format standard convient parfaitement), des punaises, des trombones ou du ruban adhésif pour maintenir le papier en place.

Quant à la façon de se vêtir, elle dépend du climat. Pensez à prendre un chapeau à bords larges pour ne pas être ébloui par le soleil, à vous munir d'un gros chandail ou d'un anorak s'il fait froid, et portez de préférence de vieux habits que vous pourrez tacher sans crainte.

Ceux qui travaillent à l'huile doivent emporter une bouteille d'essence de térébenthine ou de white-spirit et un récipient pour diluer la peinture et nettoyer les pinceaux. Prévoyez aussi quelques chiffons ou un rouleau d'essuie-tout ainsi qu'une boîte de peintures légère ou un sac. Mettez le tout dans un sac à dos solide ou dans un sac doté d'une bandoulière. Portez votre chevalet à part ou achetez un sac pourvu d'une sangle.

77 ➤

BUTS DE L'EXERCICE

S'adapter à une nouvelle façon de travailler

Donner une représentation spontanée du sujet choisi

Composer au mieux le sujet travaillé sur le motif

Apprendre à modifier les éléments naturels tels qu'ils se présentent

MATÉRIEL NÉCESSAIRE

N'importe quel médium convient du moment que vous le maîtrisez. Il est en effet essentiel de connaître le comportement de la peinture quand on travaille rapidement.

TEMPS PRÉVU

3 heures maximum

L'EXERCICE

Il s'agit avec cet exercice de terminer un tableau en une matinée ou un après-midi. Cela peut sembler court et difficile, mais Monet s'était un jour donné sept minutes pour peindre : « jusqu'à ce que le soleil quitte une certaine feuille d'arbre ». Préparez-vous cependant en repérant l'endroit un jour ou deux à l'avance ou en choisissant un lieu que vous connaissez bien. Monet peignait ses paysages rapidement, parce qu'il les avait beaucoup observés auparavant et souvent déjà peints. Pour que cet endroit convienne, il faut que vous vous y sentiez à l'aise. Si des curieux vous indisposent par leurs commentaires, optez pour un lieu plus tranquille. Les citadins peuvent s'installer dans un parc ou un jardin ; les autres connaissent certainement des petits coins charmants… Arpentez l'endroit choisi afin de trouver le meilleur point de vue. Réalisez un viseur en découpant un rectangle dans un morceau de carton et cadrez ainsi au mieux votre sujet.

Dès le début, couvrez de peinture la surface de la toile ou du papier le plus rapidement possible. Rapidement ne signifie pas précipitamment ! L'une des difficultés du travail sur le

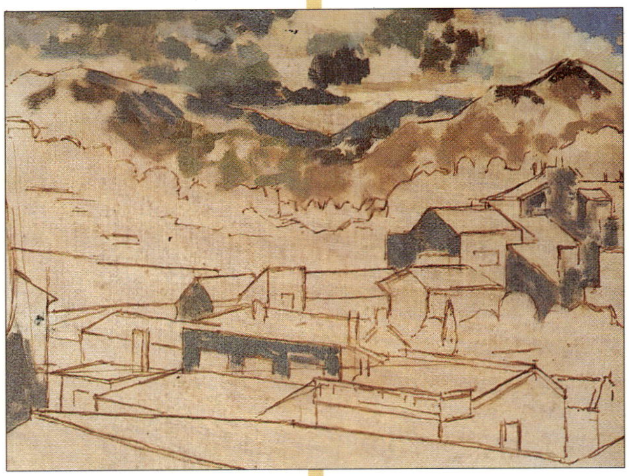

motif est que l'on a tendance à paniquer, de peur d'être pris de court par le temps. La lumière va sans doute changer mais il ne faut pas pour autant modifier le tableau. Notez la direction de la lumière avant de commencer à travailler (au moyen d'une croix dans la marge ou sur le bord) et ne peignez les ombres que lorsque vous aurez représenté tous les éléments principaux de la peinture. Si le temps change soudainement, et vous empêche de poursuivre, arrêtez-vous et prévoyez une autre session de travail un autre jour vers la même heure. Efforcez-vous de ne pas dépasser les trois heures imparties afin de ne pas nuire à la spontanéité qui caractérise cette méthode de travail. Sachez toutefois que travailler sur le motif n'implique pas forcément de peindre en quelques heures. Cézanne passait des jours entiers à retoucher ses paysages de Provence.

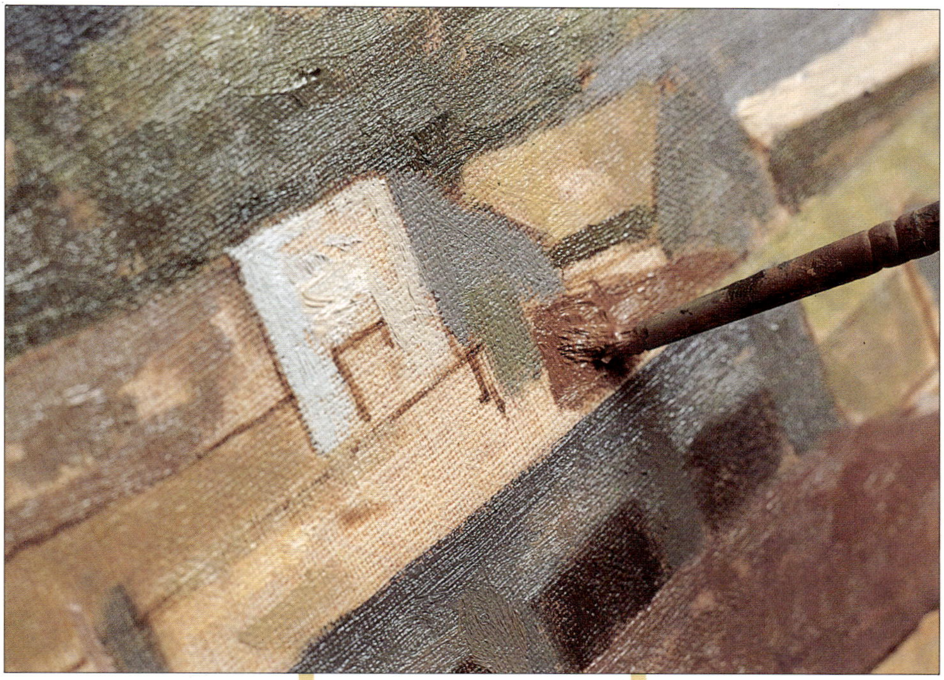

1 ◄ Ce tableau a été réalisé à l'huile sur un carton entoilé de petite taille. L'artiste a commencé par un dessin au pinceau. Quand le sujet est très complexe, il est préférable de l'ébaucher la veille. Les changements de lumière n'affectent pas le dessin; en revanche, ils sont difficiles à maîtriser une fois que l'on passe à la peinture.

2 ◄ Si le temps est changeant, comme dans ce paysage, pensez à déterminer en premier les éléments atmosphériques, comme les nuages dont la couleur change rapidement.

3 ▼ Puisque la qualité et la direction de la lumière modifient toutes les couleurs d'un paysage, il est important de travailler simultanément sur tout le support.

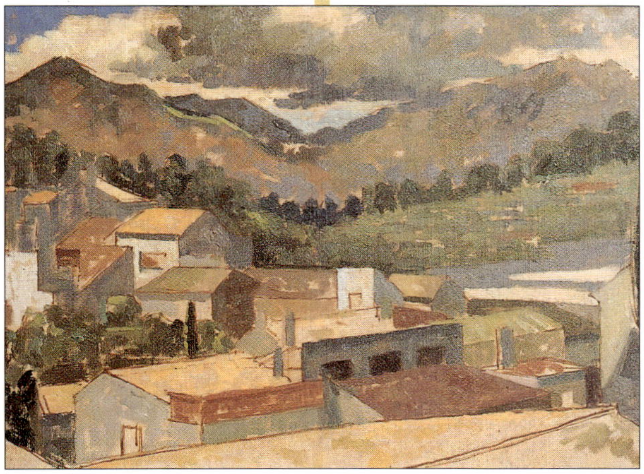

4 ▲ Les bâtiments d'un rouge rosâtre chaud rappellent les couleurs des collines dans le lointain. Les nuages et les collines sont également colorés de bleu-mauve.

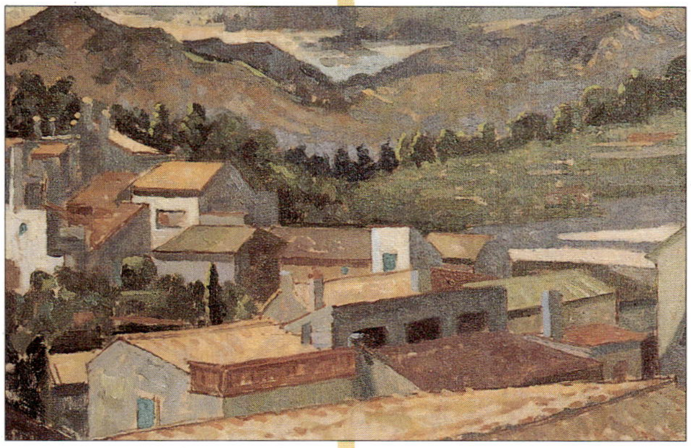

5 ▲ Le ciel, qui a changé considérablement au cours de la session de travail, n'a pas été retouché par la suite. C'est une discipline à laquelle il faut se plier : ne jamais revenir sur un élément dont la luminosité varie.

VOIR AUSSI	
16-19	Initiation à la peinture à l'huile et à l'acrylique
94-97	Peindre une impression
150-157	La peinture à l'huile

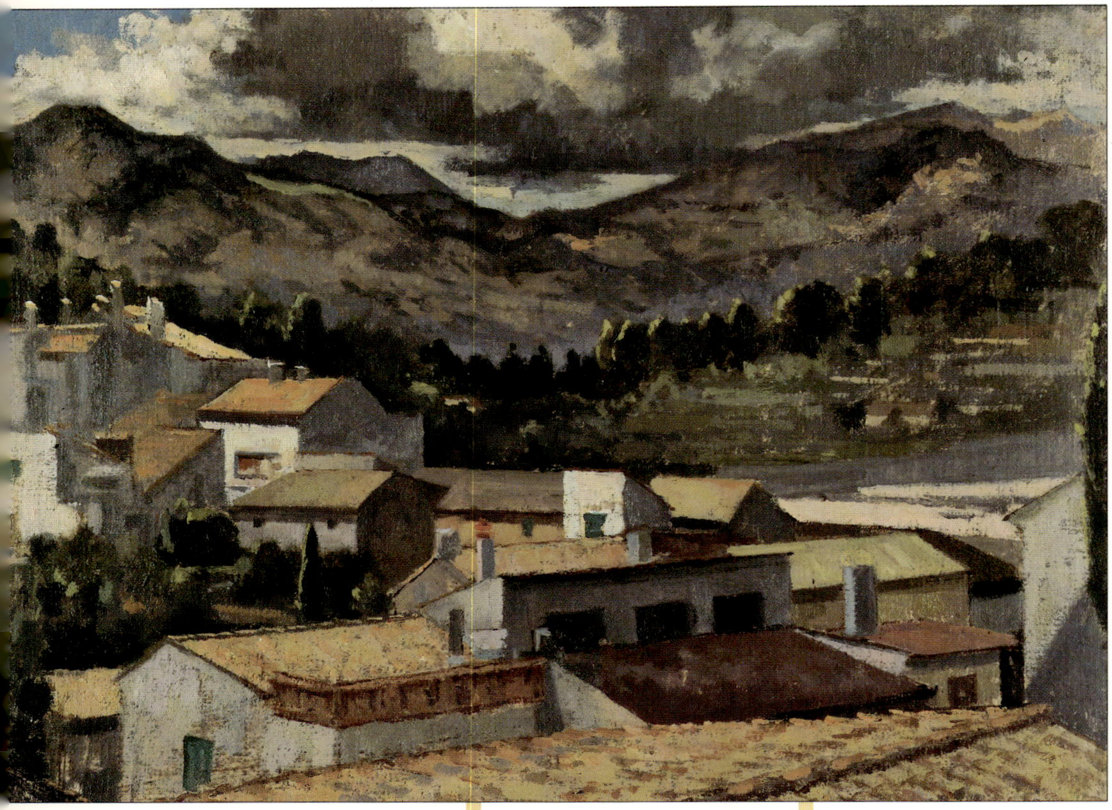

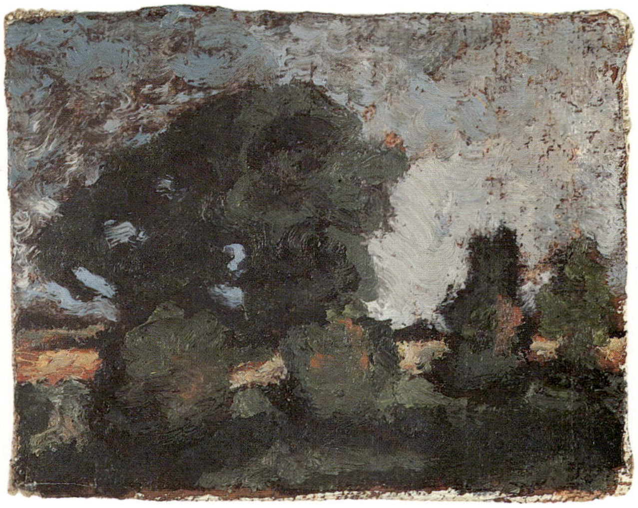

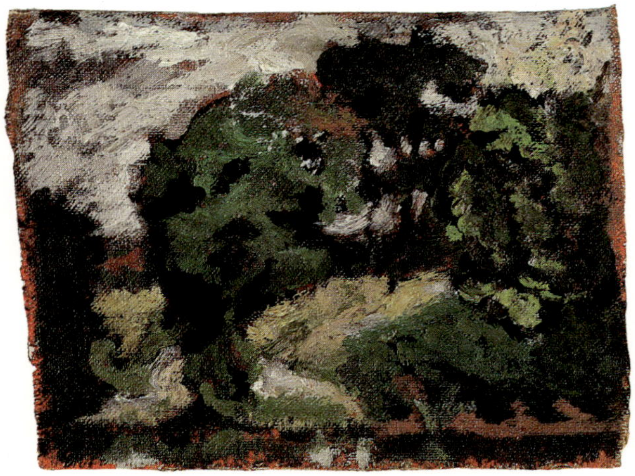

6 ▲ Les touches finales donnent vie au tableau : lumière sur les collines et les arbres, définition plus précise des toits du premier plan. L'artiste, qui travaille lentement et avec minutie, a pu terminer sans difficulté son tableau en une session. Il faut dire que le format de la toile est petit (un grand format est plus long à couvrir, sachez donc vous limiter).

AUTOCRITIQUE

- Avez-vous réussi à faire passer une émotion dans votre sujet ?
- N'auriez-vous pas dû supprimer certains éléments ?
- La composition telle quelle vous satisfait-elle ?
- Pensez-vous qu'un autre médium aurait mieux servi votre sujet ?
- Avez-vous aimé peindre sur le motif ?

▲ MARK BAXTER
Études tirées d'un carnet
Huile
L'huile est un médium qui convient parfaitement aux petites études d'extérieur. Le paysagiste anglais John Constable a réalisé un nombre incalculable d'esquisses à l'huile représentant des nuages. Certaines ont été peintes sur du papier ou du carton et sont de petite taille. Ces deux études-ci, pleines de vie et de dynamisme, rappellent la qualité de celles de Constable.

Ceux qui travaillent à l'aquarelle ou à l'acrylique ont besoin d'eau (dans une bouteille en plastique légère) et de pots. Une palette spéciale acrylique (voir page 16) se révèle indispensable. Sans elle, les couleurs durcissent et on ne peut plus les utiliser au bout d'une heure ou deux. Les aquarellistes ne doivent pas oublier d'emporter une petite éponge pour contrôler le flux de peinture et des chiffons pour nettoyer leur boîte de temps en temps. Quant aux pastellistes, à part du papier pour s'essuyer les mains de temps en temps, ils peuvent partir légers !

LA COMPOSITION

Ce n'est pas parce qu'on travaille sur le motif, et donc rapidement, qu'il faut négliger pour autant la composition. Vous ne devez pas vous sentir lié à ce qui par hasard entre dans le format du rectangle ni à ce que la nature vous offre. Vous pouvez modifier le format et les éléments naturels pour le bien de la composition.

Si vous travaillez sur une feuille de papier fixée à une planche à dessin, pourquoi ne pas adopter une approche souple et libre, en prenant une feuille plus grande que nécessaire et en laissant volontairement des marges généreuses ? Si le sujet que vous avez commencé à représenter dans le sens vertical vous semble mieux à l'horizontale, il est alors toujours possible d'y remédier en cours d'exécution.

De même, souvenez-vous que vous n'êtes pas obligé d'inclure tous les détails qui se présentent à vous, seulement parce qu'ils sont là. Si un élément jure, en termes de couleur ou de forme, pourquoi l'incorporer ? Si un arbre majestueux s'impose sur un des côtés, pensez à équilibrer la composition en ajoutant un autre élément sur le côté gauche. Cet autre élément peut parfaitement provenir d'une autre partie du paysage.

▼ PHILIP WILDMAN
Pont sur le Tibre
Huile sur papier
Dans cette esquisse, l'artiste a su rendre les points essentiels de son sujet : la lumière et la couleur. Pas de détails superflus ici. Le travail sur le motif exige une certaine discipline : il faut décider rapidement quels sont les éléments importants à garder et ignorer le reste.

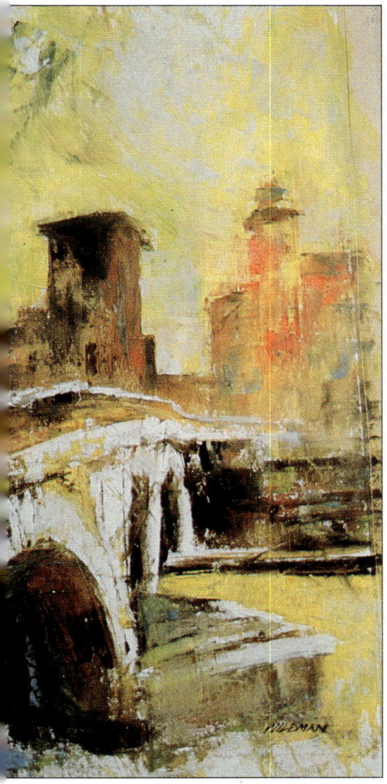

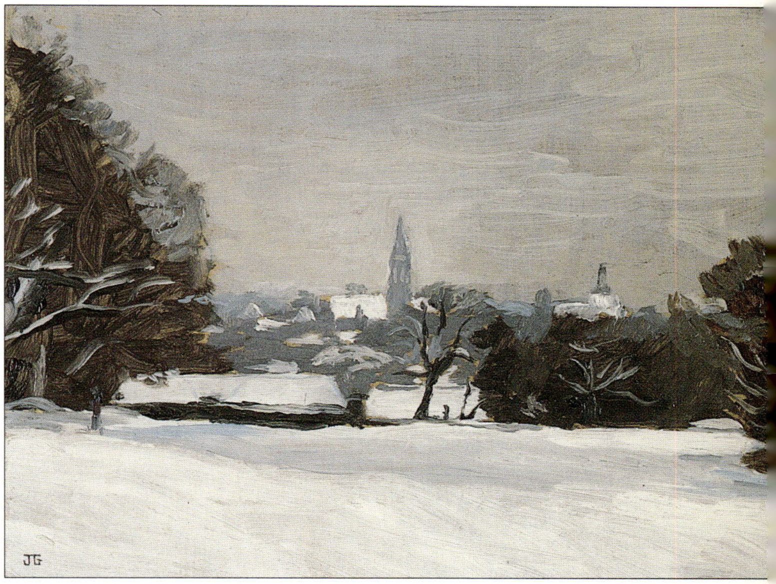

▲ JEREMY GALTON
St Judes, Hampstead
Huile sur carton
Galton apprécie particulièrement de peindre sur le motif, et ce quel que soit le temps. Il s'habille chaudement et emporte des bouillottes. Ce tableau, très maîtrisé, rend bien l'atmosphère hivernale, presque monochromatique, du sujet. Remarquez les quelques touches d'un brun chaud dans les arbres, et l'accent bleu posé sur les bâtiments de l'arrière-plan.

VOIR AUSSI	
16-19	Initiation à la peinture à l'huile et à l'acrylique
91	Composer un paysage rural ou urbain
94-97	Peindre une impression
150-157	La peinture à l'huile

Les leçons du passé

Avant la fondation d'écoles d'art, un artiste apprenait le plus souvent son métier dans l'atelier d'un peintre de renom. En tant qu'apprenti, il copiait les œuvres de celui-ci. S'il était jugé compétent, on lui confiait alors, parfois, quelques peintures, mais la touche finale était réservée au maître.

La copie a persisté, par tradition, jusqu'à l'époque des impressionnistes. Pierre Auguste Renoir (1841-1919) a copié l'œuvre de grands maîtres du dix-huitième siècle comme Antoine Watteau (1684-1721), qui a beaucoup influencé son attrait pour la lumière et les couleurs lumineuses. Cézanne également, dans ses peintures de figures, s'est inspiré des compositions de Michel-Ange (1475-1564), de Rubens (1577-1640) et de Poussin (1593/94-1665).

À mesure que l'enseignement artistique s'est développé, la copie d'œuvres de maîtres classiques a fait partie de l'éducation des peintres débutants. De nos jours encore, beaucoup d'artistes estiment que c'est une discipline irremplaçable, qui aide à analyser l'organisation du tableau et la technique employée par son auteur. C'est une expérience qu'il est difficile d'acquérir dans un musée où l'on passe d'un tableau à un autre.

Certains artistes et étudiants pratiquent encore aujourd'hui la copie, mais ce n'est plus une obligation. Beaucoup d'artistes contemporains toutefois se réfèrent visuellement dans leurs tableaux à des œuvres qu'ils admirent. Ils utilisent parfois les mêmes éléments de composition ou interprètent de façon différente un thème particulier. Il y a généralement une notion de tribut, d'hommage d'un artiste à un autre. Ainsi, le peintre britannique Francis Bacon (1909-1992) a produit une série de plusieurs tableaux qui s'inspirait d'un autoportrait de Van Gogh, *L'artiste allant au travail,* afin d'honorer un artiste qui l'a fasciné.

SE SERVIR DE REPRODUCTIONS

Il peut être utile de copier une reproduction d'un tableau que vous admirez en particulier. Cela ne vous apportera peut-être pas autant de connaissances sur la technique employée qu'un original mais cela vous aidera à comprendre la composition et la distribution des couleurs, des formes et des tons.

81 ➤

BUTS DE L'EXERCICE

Apprendre à analyser les rapports chromatiques

Se servir de la technique du collage pour restituer ces rapports

Travailler avec des compositions « ready made »

MATÉRIEL NÉCESSAIRE

Plusieurs papiers de couleur

Des ciseaux, de la colle et du papier à dessin pour le collage

Des peintures et des supports pour peindre

TEMPS PRÉVU

Première étape : une journée

Seconde étape (facultative) : une demi-journée à une journée (en fonction de la complexité du tableau choisi)

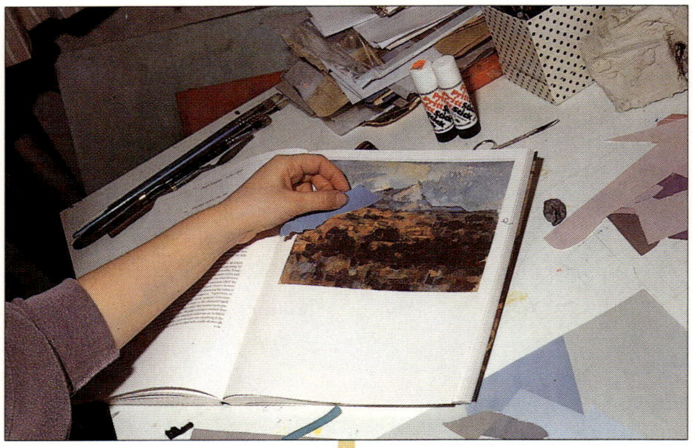

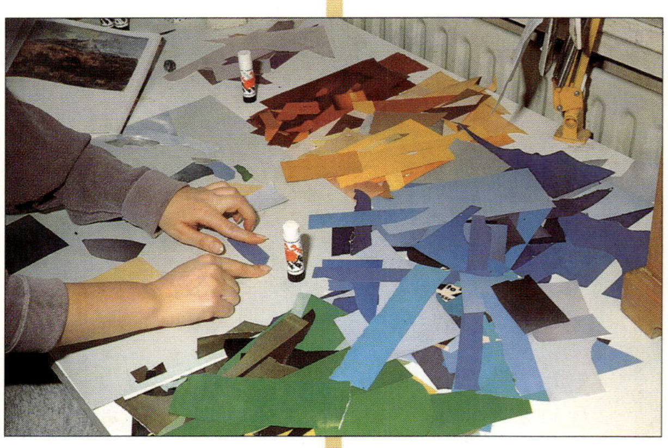

1 ▲ L'artiste travaille à partir d'un paysage de Cézanne. Les marques du pinceau sont en effet faciles à restituer en collage.

2 ▼ Il faut un grand nombre de bleus et de verts. Les morceaux de papier proviennent de magazines découpés depuis quelque temps déjà.

L'EXERCICE

Cet exercice se compose de deux étapes distinctes, la seconde étant facultative. Nous vous demandons de choisir un tableau que vous appréciez particulièrement et de l'utiliser comme base pour réaliser votre propre tableau selon la technique du papier collé. Il s'agit de rester aussi fidèle que possible à la composition et l'arrangement général des tons et des couleurs de l'original, mais d'en donner une interprétation au moyen du collage.

LE COLLAGE

Choisissez d'abord un modèle : reproduction d'un

tableau que vous aimez particulièrement ou d'un que vous aimeriez mieux connaître, carte postale ou illustration dans un livre. Il doit être en couleurs et relativement simple (par exemple, un paysage ou une nature morte, qui permettent d'explorer les rapports de tons et de couleurs et d'utiliser au mieux les contrastes entre couleurs chaudes et froides afin de créer espace et forme). Puis rassemblez toutes sortes de papiers (découpés dans des magazines, ou autres) dont les couleurs s'accordent au sujet. Il vous faut sans doute un grand choix de couleurs, mais comme le collage s'effectue à partir de petits morceaux, vous n'avez pas besoin d'acheter des papiers colorés.

Quand vous avez assemblé tout le matériel nécessaire, exécutez un dessin sur le support choisi, puis coupez ou déchirez les morceaux pour leur donner la forme désirée. Examinez soigneusement les couleurs et les tons du tableau original pour les restituer fidèlement. Si vous n'êtes pas sûr d'une couleur, approchez le morceau de papier du tableau. Si vous ne trouvez pas la couleur appropriée (et cela arrive fréquemment), utilisez celle qui s'en approche le plus. Vous ferez sans doute des erreurs ; elles vont de pair avec le processus d'apprentissage et vous aideront à mieux discerner les propriétés des couleurs. Vous apprendrez par exemple à reconnaître un vert qui tire sur le jaune plutôt que sur le bleu et à comprendre comment chaque couleur varie en fonction de ses voisines. Une fois que les couleurs et les formes sont trouvées, collez les morceaux correspondants. Laissez le collage se développer jusqu'à ce qu'il vous paraisse fini.

LE STADE DE LA PEINTURE

Quand le collage vous paraît terminé, éloignez-vous et regardez-le bien : représente-t-il quelque chose ? N'oubliez pas que vous allez réaliser un tableau à partir de ce collage. Si vous trouvez qu'il ne vous apporte pas assez d'informations pour passer à l'étape de la peinture, il est préférable de s'arrêter là. Regardez à nouveau la reproduction et continuez le collage jusqu'à ce qu'enfin vous pensiez pouvoir vous en servir de base pour le tableau peint. Mettez alors de côté la reproduction et n'essayez pas de copier le collage, car une peinture ne peut pas être comparée à un assemblage de papiers collés.

3 ► Chaque morceau de papier est comparé aux éléments du paysage original. Il doit s'accorder parfaitement. Il est ensuite découpé et collé. Remarquez la variété des bleus même sur une petite portion.

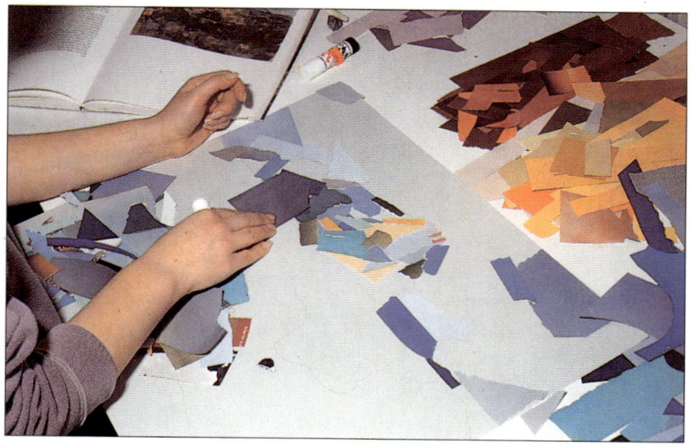

4 ► L'artiste commence par le ciel et le sommet de la montagne, de sorte que les rapports chromatiques puissent être évalués avant de se concentrer sur le premier plan. Bien qu'il y ait un grand nombre de couleurs, leurs tons sont assez proches afin que l'effet d'ensemble soit harmonieux.

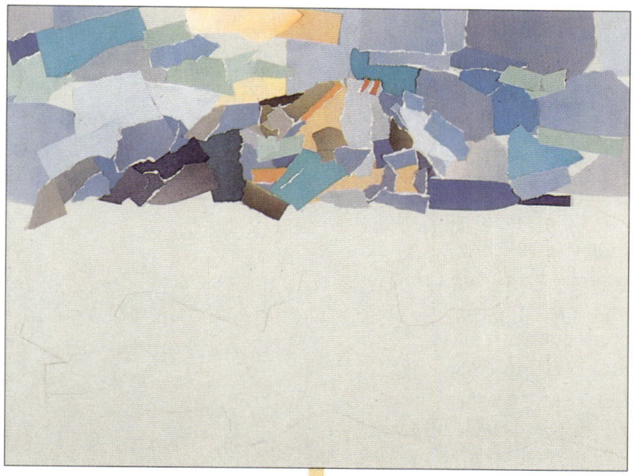

5 ▼ Le ton foncé en haut du tableau et le bleu sur le flanc de la montagne sont compensés par un vert de même ton.

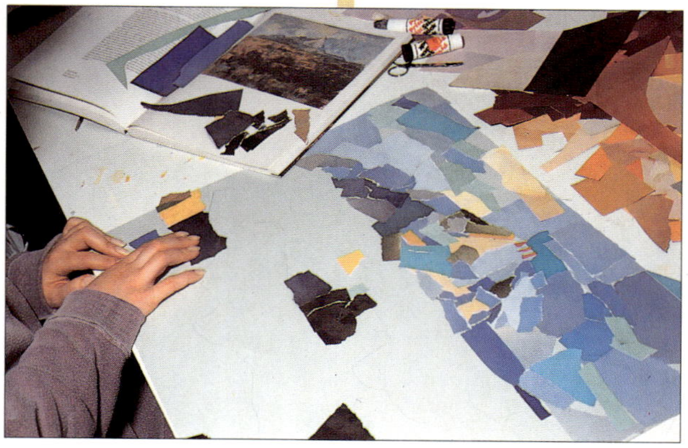

VOIR AUSSI

24-29	La couleur et le ton
126-129	Tableau et structure
182-183	Le collage

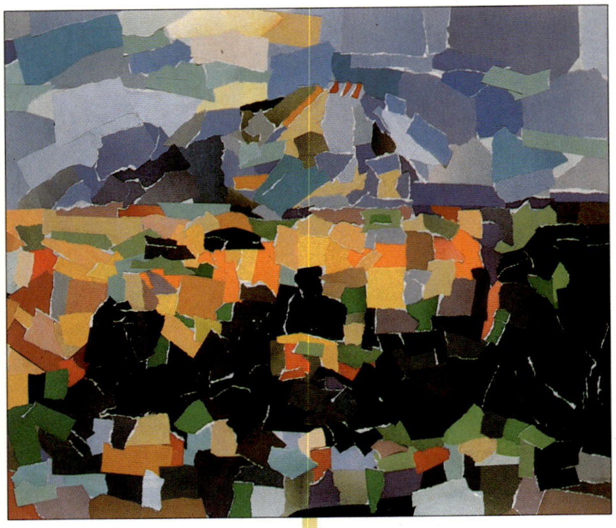

6 ▲ Quand on traduit une peinture en un autre médium, comme le papier collé, il faut tenir compte des éléments essentiels suivants : les tons et les couleurs, leurs températures (chauds ou froids) et leurs rapports. Ici, les rapports chromatiques ont été bien observés : le collage ressemble sans erreur à l'original. L'artiste, qui est une étudiante, n'a cependant pas été jusqu'à l'étape de la peinture et a préféré réaliser un autre collage (à droite).

AUTOCRITIQUE

- Les couleurs employées pour le collage ressemblent-elles à celles de la reproduction ?
- Avez-vous réussi à restituer les rapports de tons de la reproduction ?
- Dans votre peinture, reconnaît-on la reproduction qui vous a servi de base pour le collage ?
- Votre peinture est-elle plus satisfaisante que votre collage ?
- Pensez-vous que vous auriez mieux réussi avec une autre reproduction ? Dans ce cas, que choisiriez-vous maintenant ?

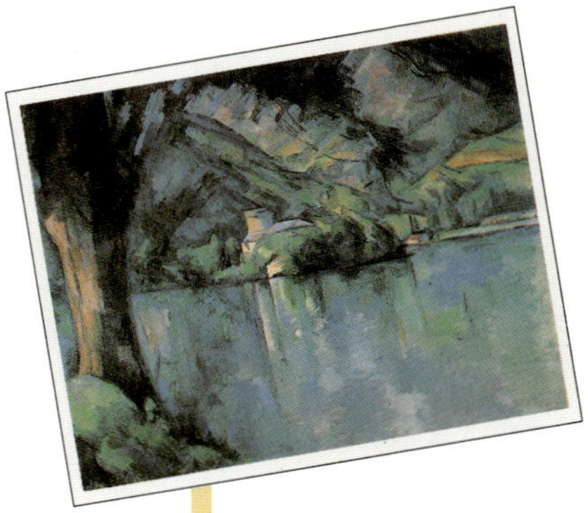

1 ◄ Ici aussi l'artiste s'est inspirée d'un paysage de Cézanne. Il est cependant plus précis et plus détaillé.

2 ► Comme précédemment, les couleurs ressemblent à l'original mais leur gamme a été limitée par celle offerte par les papiers. Les formes ont été simplifiées et traitées de façon abstraite. Il arrive souvent que le médium cherche à évoluer de lui-même : l'artiste doit alors savoir être réceptif.

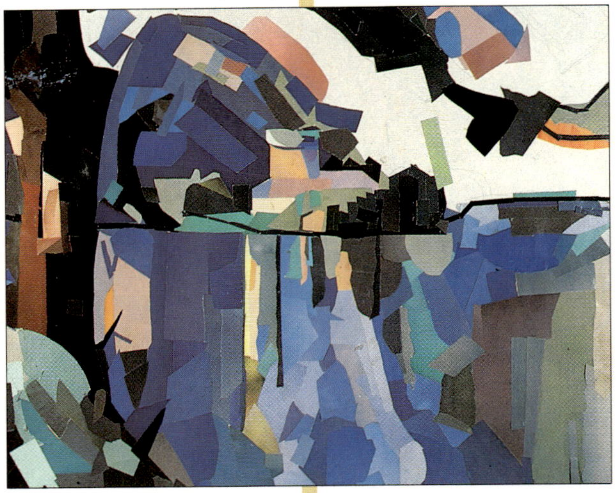

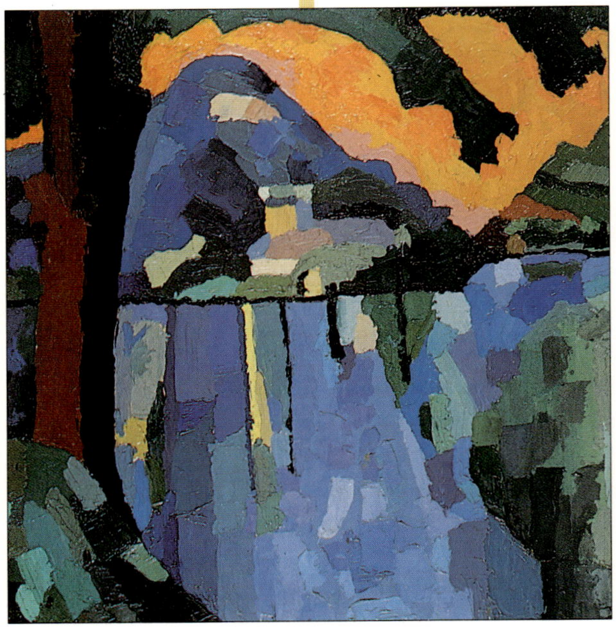

3 ◄ Le collage n'est pas tout à fait terminé, mais l'étudiante a décidé de passer à la seconde étape, la peinture, car l'approche telle qu'elle se présente à ce stade lui convient et elle cherche à la restituer en travaillant à l'huile avec un couteau. Ainsi le traitement est vigoureux. Comme le collage n'était pas terminé, elle a inventé les couleurs de la partie supérieure du tableau.

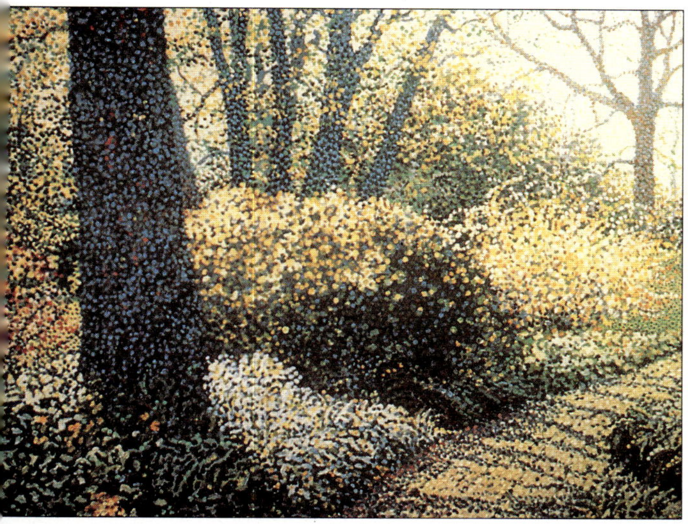

◄ MARY ANNE REILLY
Premier jour de printemps
Huile
Reilly dit que son année à Paris, pendant laquelle elle a étudié tous les tableaux disponibles des impressionnistes et postimpressionnistes, a été déterminante sur son travail. Sa technique de peinture est une adaptation personnelle du pointillisme de Seurat (voir page 21).

On apprend aussi beaucoup sur la composition simplement en faisant quelques croquis rapides de tableaux, vus dans des livres ou des galeries d'art. Vous vous apercevrez que même un paysage impressionniste réalisé rapidement, qui à première vue ne semble pas avoir été composé, a une structure picturale très précise. Dans l'exercice suivant, nous vous demandons de transcrire plutôt que de copier. Pour cela, utilisez un médium autre que celui du sujet original, afin non seulement d'apprendre comment un tableau s'organise mais aussi d'interpréter à votre manière à l'intérieur d'une structure qui n'est pas la vôtre.

▼ PAUL KENNY
Nymphéas I, Giverny
Huile
Comme Monet, Kenny aime la lumière et l'eau. Il a rendu hommage à ce grand peintre impressionniste en peignant des nymphéas, un sujet que Monet a célébré grâce à son jardin d'eau, à Giverny. Toutefois la méthode de Kenny diffère de celle de Monet, car ses huiles sont réalisées en atelier à partir d'esquisses à l'aquarelle. Monet peignait sur le motif.

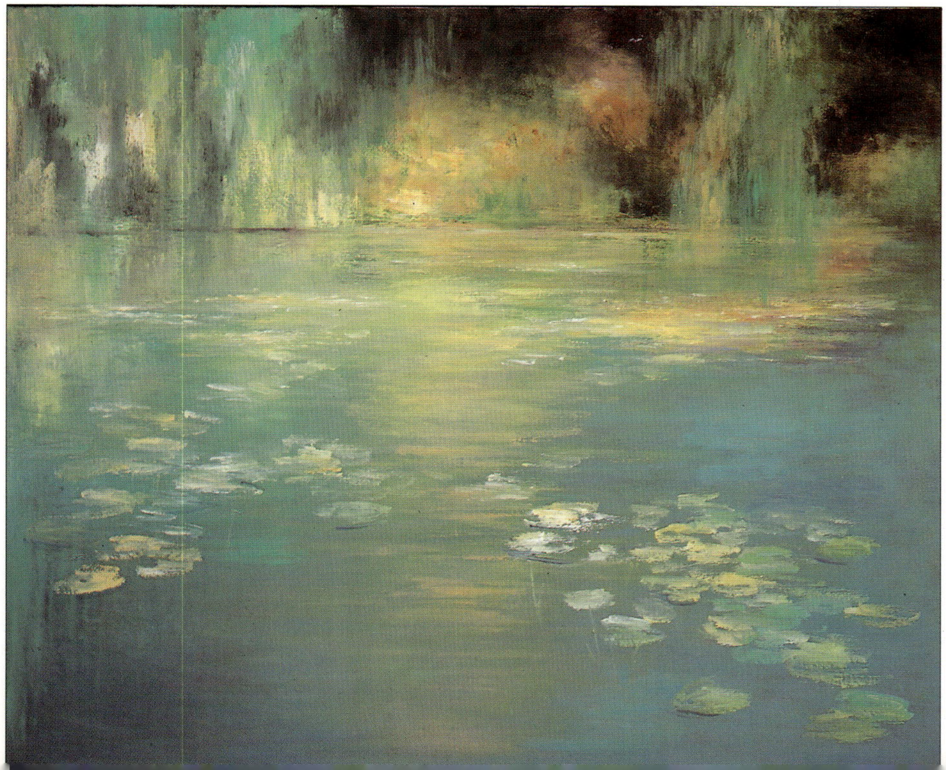

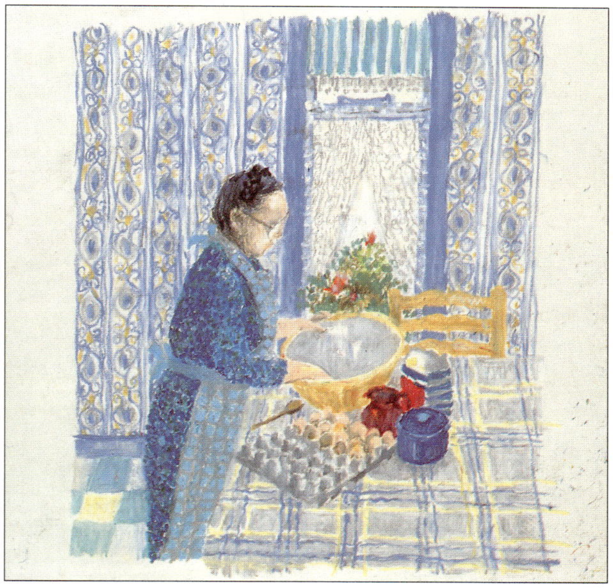

▲ MOIRA CLINCH
Mère de l'artiste
Pastel à l'huile
Ce tableau, réalisé pendant les années d'étude de l'artiste, est un hommage à Pierre Bonnard, dont les intérieurs lyriques ont inspiré de nombreux peintres.

VOIR AUSSI	
24-29	La couleur et le ton
84-93	La composition
150-157	La peinture à l'huile
170-175	Les pastels

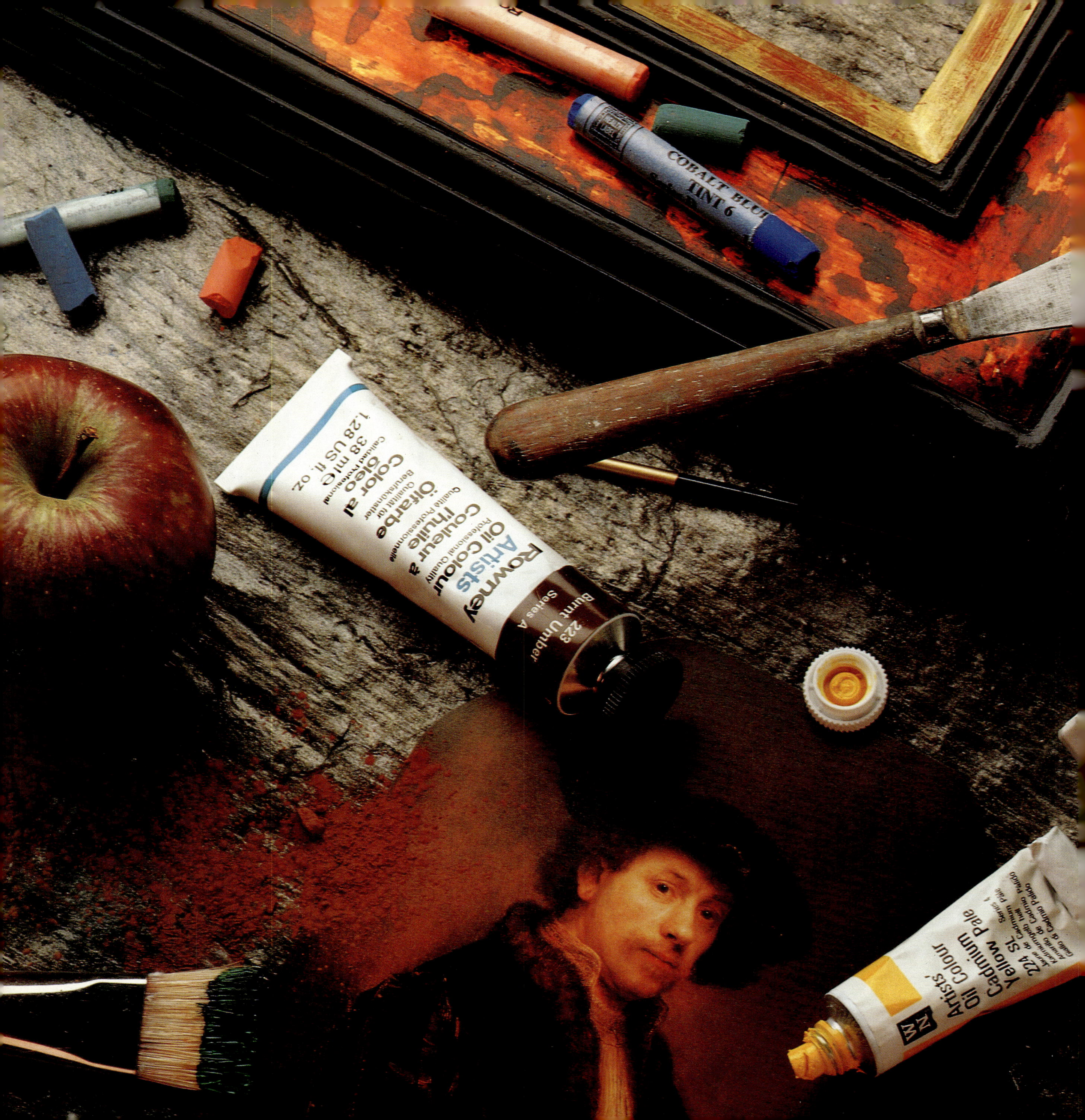
COBALT BLUE
TINT 6
Rowney
Artists
Oil Colour
Professional Quality
Couleur à l'huile
Qualité Professionnelle
Ölfarbe
Qualität für Berufskünstler
Color al óleo
Calidad Profesional
38 ml e
1.28 US fl. oz
223 Burnt Umber
Series A
Artists' Oil Colour
224 SL Cadmium Yellow Pale

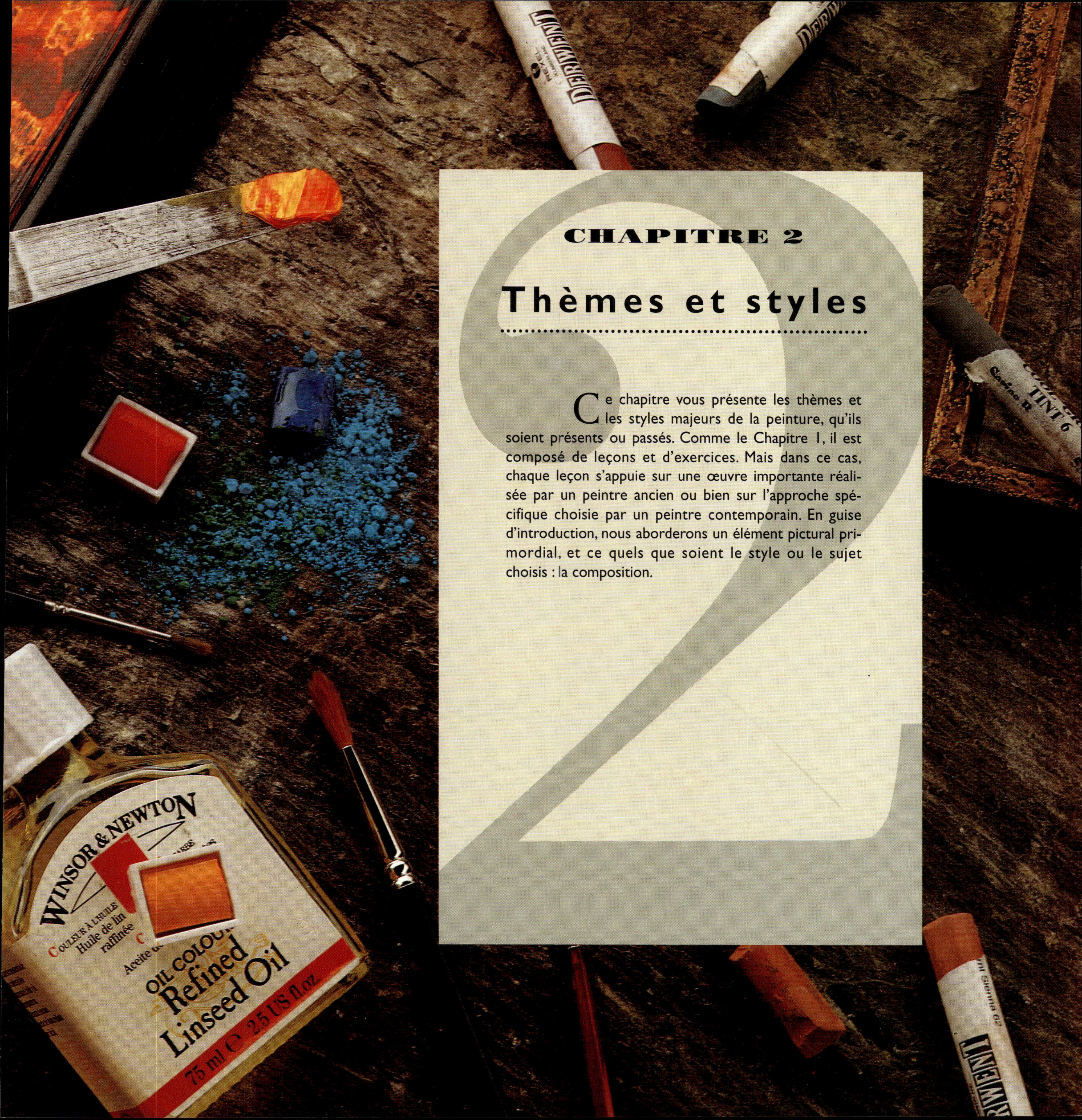

CHAPITRE 2

Thèmes et styles

Ce chapitre vous présente les thèmes et les styles majeurs de la peinture, qu'ils soient présents ou passés. Comme le Chapitre 1, il est composé de leçons et d'exercices. Mais dans ce cas, chaque leçon s'appuie sur une œuvre importante réalisée par un peintre ancien ou bien sur l'approche spécifique choisie par un peintre contemporain. En guise d'introduction, nous aborderons un élément pictural primordial, et ce quels que soient le style ou le sujet choisis : la composition.

LA COMPOSITION

LORS DES EXERCICES DES LEÇONS PRÉCÉDENTES, NOUS AVONS DÉJÀ ABORDÉ UN CERTAIN NOMBRE DE PRINCIPES DE BASE DE LA COMPOSITION. LES DIMENSIONS DU TABLEAU, L'ARRANGEMENT DES DIFFÉRENTS OBJETS À L'INTÉRIEUR DU CADRE CHOISI, LES TRAITS ET LES FORMES, LES TONS ET LES COULEURS, SONT AUTANT D'ÉLÉMENTS DE LA COMPOSITION QUI PERMETTENT DE REPRÉSENTER UN SUJET DE FAÇON CORRECTE.

Dans les pages suivantes, vous allez étudier les thèmes et les styles picturaux ; les techniques et les approches qui font que chaque tableau est unique et exprime la conception de l'artiste. Auparavant, il faut cependant examiner les éléments de la composition en détail, puisque ce sont eux qui vous permettront de réaliser les effets particuliers propres à votre création.

TAILLE ET FORME DU TABLEAU

La plupart des tableaux sont de forme rectangulaire. Cela est dû en partie à des raisons pratiques, car les feuilles de papier vendues dans le commerce sont rectangulaires et qu'il est plus facile de tendre une toile ou de découper un panneau de forme rectangulaire que de préparer une surface de travail d'un autre format. De plus, visuellement, un tableau de forme rectangulaire offre une surface nette et bien équilibrée sur laquelle il est aisé de disposer les divers éléments de la composition. Certains artistes choisissent parfois des formats ronds, elliptiques ou irréguliers, quand le tableau est prévu pour être accroché à un emplacement particulier. Toutefois, la forme d'un tableau est généralement indépendante du sujet choisi ou de l'approche de l'artiste.

À partir d'un rectangle, il est possible de choisir trois types de format : carré ; horizontal, dit paysage ; vertical, dit figure. Ces deux derniers formats ne conditionnent pas la composition du tableau. Une figure peut très bien occuper la largeur de la toile tandis que, dans un paysage, l'accent peut être mis sur les verticales.

Avant de commencer à travailler, il faut choisir un papier ou une toile aux dimensions appropriées. Avez-vous besoin d'un format paysage ou figure ? Cela dépend du sujet et du point de vue choisis. Certains artistes commencent à peindre sans se soucier des dimensions de leur toile ; ils préfèrent laisser le tableau prendre forme progressivement. Pour d'autres artistes, c'est le format qui détermine le traitement du sujet.

Si vous travaillez sur une feuille de papier rectangulaire, vous n'avez pas besoin de la remplir entièrement. Vous pouvez la rogner ou utiliser par la suite un châssis qui ne contiendra que ce que vous avez décidé de garder. Il est même possible de l'agrandir en collant une autre feuille de papier à côté. Il est en revanche plus difficile de changer les dimensions d'une toile ou d'un carton toilé. Dans ce cas, travaillez de préférence directement sur un format approprié à votre sujet. Redessinez et peignez par-dessus, si vous

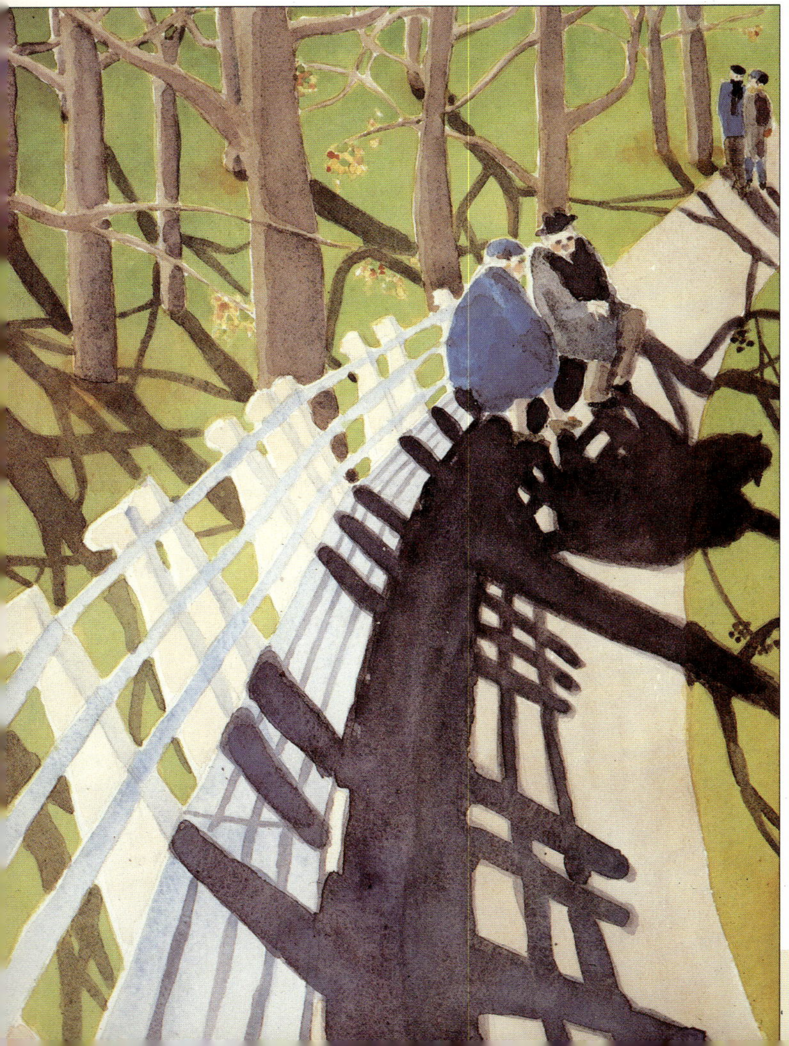

CRÉER L'ESPACE

◄ Dans cette aquarelle, intitulée **Dimanche à Central Park**, CAROLE KATCHEN a su créer une généreuse sensation d'espace sur une petite échelle. Remarquez la courbe qui s'étire en diagonale et la position en retrait des personnages.

PROPORTIONS EXAGÉRÉES

▼ Grâce au format vertical de cette toile de BARBARA WALTON, intitulée **Iris noir**, l'attention est attirée sur les fleurs et leur longue tige. Le peintre a utilisé une technique mixte.

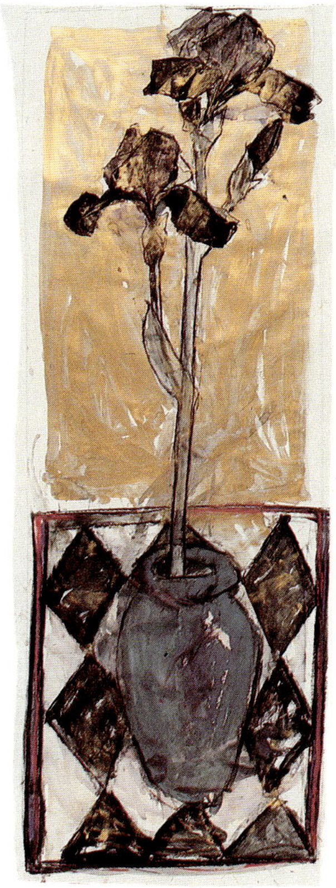

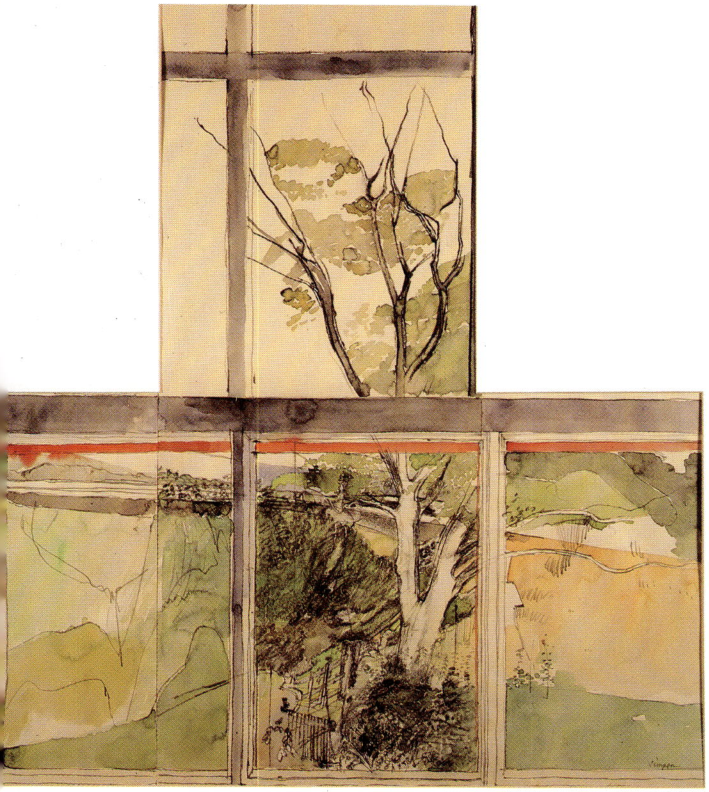

DONNER FORME À L'IMAGE
▲ IAN SIMPSON a assemblé plusieurs morceaux de papier afin d'agrandir son étude à l'aquarelle. Grâce à la forme irrégulière du panneau, le spectateur a vraiment le sentiment de voir à travers les carreaux d'une fenêtre.

avez l'impression d'avoir oublié un élément important de la composition.

Quand vous choisissez un papier, une toile ou un carton toilé, pensez toujours à l'échelle réelle de votre sujet. Un paysage à petite échelle peut se révéler puissant mais un support de grande taille aurait peut-être permis de mieux rendre le sentiment d'espace. Si vous optez pour un sujet à petite échelle, nature morte ou portrait, sur une surface grand format, faites particulièrement attention aux dimensions des objets. Il est souvent difficile de rendre correctement les proportions et les relations spatiales des personnages et des objets quand on cherche à les représenter plus grands que nature.

LA DYNAMIQUE DU RECTANGLE

En règle générale, un carré est une forme équilibrée qui se suffit à elle-même, tandis qu'un rectangle horizontal est apaisant et qu'un rectangle vertical est dynamique et conflictuel. Toutefois, à quelques exceptions près, l'impact d'un tableau dépend davantage de ce qu'on y met que de sa forme. Sachez cependant que la longueur d'un rectangle de format allongé peut devenir un facteur primordial de la composition, difficile à contrebalancer entièrement par des rythmes ou des directions.

Souvenez-vous qu'une trace, quelle qu'elle soit, trait, tache ou forme précise, interagit avec la forme globale du tableau. Premièrement, elle semble venir du fond du papier ou de la toile. Deuxièmement, elle attire l'œil. Les traces ultérieures, traits, marques de pinceau ou zones de couleur, modifient la relation originelle et réagissent ensemble, en formant des liens et des oppositions. Ce sont ces interactions abstraites, inséparables du contenu pictural de la composition, qui font que le cadre du tableau a une présence indépendante.

DIVISER LE RECTANGLE

L'un des moyens de contrôler la composition d'un tableau, et ce quel que soit le sujet, consiste à penser aux principales divisions de la surface de travail en tant que formes géométriques simples. Par exemple, dans une nature morte, tel groupe d'objets rappelle un triangle. Pour cela et afin de créer un intérêt visuel, un objet de grande taille a été placé en arrière d'un groupe d'objets divers et d'autres objets ont été disposés de chaque côté au premier plan. Ils forment ainsi la base d'un triangle

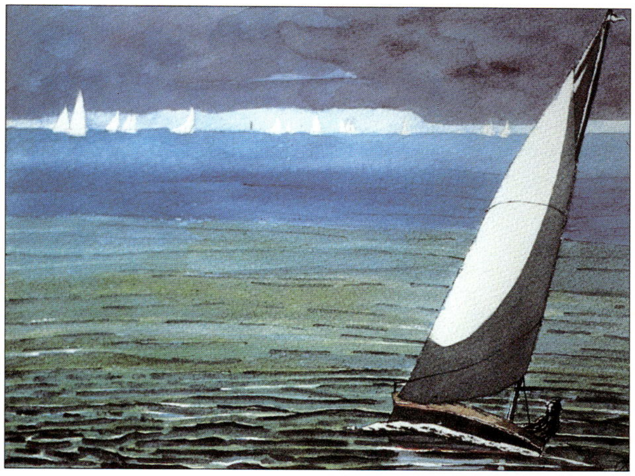

MOUVEMENT ET DIRECTION
▲▶ Dans son aquarelle, intitulée **Voilier**, LESLEY GILES a donné au bateau un mouvement qui contrebalance le format stable et rectangulaire de la toile, tandis que le point de vue choisi par STEPHEN CROWTHER dans cette huile, intitulée **Au bord de l'eau**, exploite les lignes fortes de la balustrade.

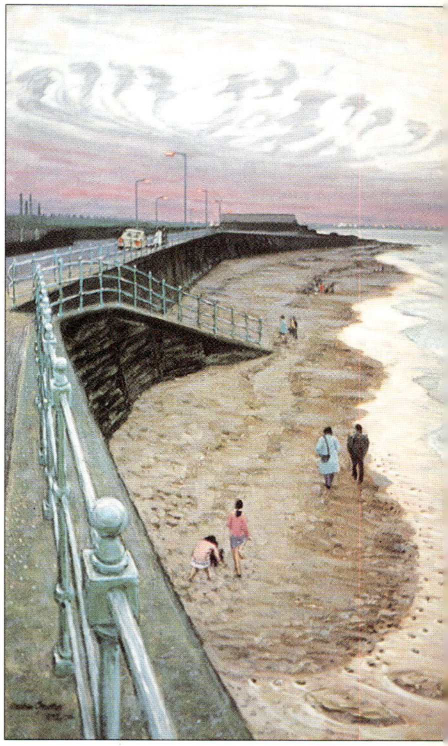

VOIR AUSSI

150-157	La peinture à l'huile
158-163	L'acrylique
176-181	Les techniques mixtes

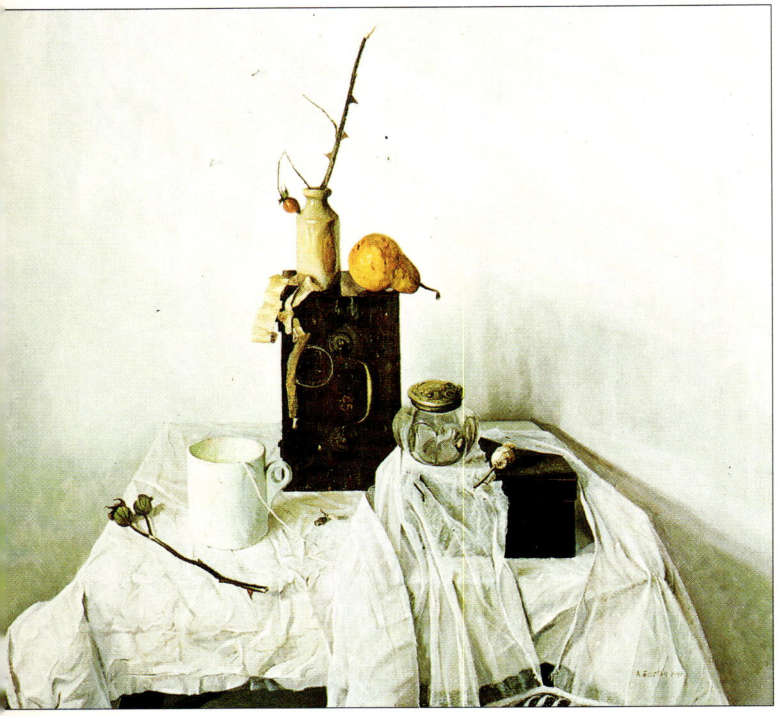

COMPOSITION TRIANGULAIRE

◀ La forme générale de ce tableau d'ARTHUR EASTON, intitulé **Pot en pierre, tasse et rose fanée**, est celle d'un triangle net et équilibré, avec pour sommet un pot et une rose fanée.

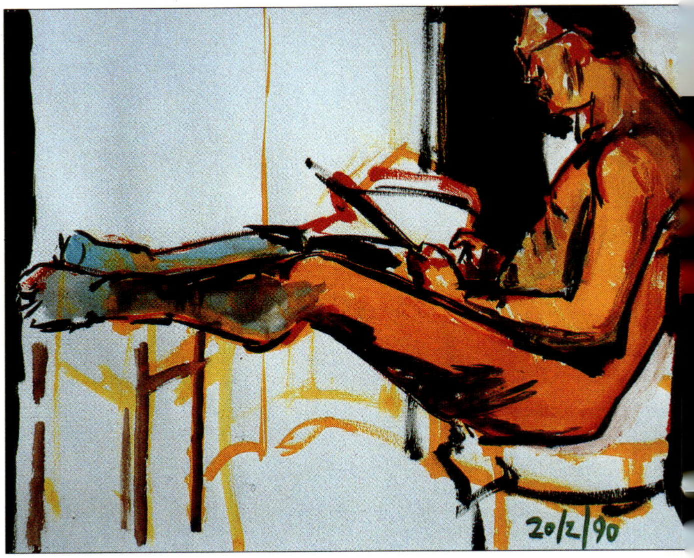

ÉQUILIBRE RYTHMIQUE

▶ **Homme nu** par DAVID CUTHBERT. Cette acrylique forme un triangle allongé. Les pieds, la tête et les fesses en sont les pointes tandis que les contours lourds et irréguliers du personnage apportent rythme et puissance à la composition.

tandis que le haut du grand objet représente son sommet.

Il n'est pas nécessaire que les objets comblant les espaces entre la base et le sommet forment des côtés inclinés selon une pente rigoureuse, mais ils peuvent être alignés ou disposés de façon que le spectateur voie les côtés du triangle.

Pour équilibrer et ancrer le triangle, vous pouvez faire passer une ligne horizontale derrière le groupe d'objets (bord d'une table, par exemple) et ajouter une ligne verticale. Ces lignes, horizontale et verticale, doivent couper le centre un peu désaxé du triangle et créer ainsi un équilibre dû à l'asymétrie.

Une fois que vous avez découvert la structure de base du tableau, vous pouvez chercher ses subdivisions (c'est-à-dire les proportions des objets individuels, les chevauchements et les espaces entre les objets).

Ce procédé s'applique également aux personnages dans un sujet architectural ou à un bosquet d'arbres dans un paysage. Les artistes ne définissent pas toujours une structure de base précise avant de peindre. Ils ne voient pas non plus toujours les objets comme des formes géométriques. Mais, avec l'expérience, l'organisation des tableaux devient instinctive. Quand on débute, il est cependant utile de savoir diviser le tableau en structures abstraites à l'aide de formes diverses dont on fait varier les proportions et la dynamique des traits. Les courbes et les formes ne se comportent pas comme les lignes droites et les angles. Ces éléments peuvent créer un rythme sous-jacent à la peinture, en donnant un impact aux volumes que l'on peint et à la façon dont ils sont disposés en arrière-plan.

En règle générale, il est déconseillé de placer une ligne ou une forme proéminente au milieu du tableau. Une division trop égale perturbe l'œil, qui erre d'une moitié à l'autre de la

DIVISION VERTICALE

▼ Il n'est pas courant de prendre pour centre un trait épais et vigoureux. Remarquez cependant comment, dans ce tableau de IAN SIMPSON intitulé **Vue du jardin**, le treillage crée une grille stricte et régulière qui étaye la structure simple et colorée du jardin.

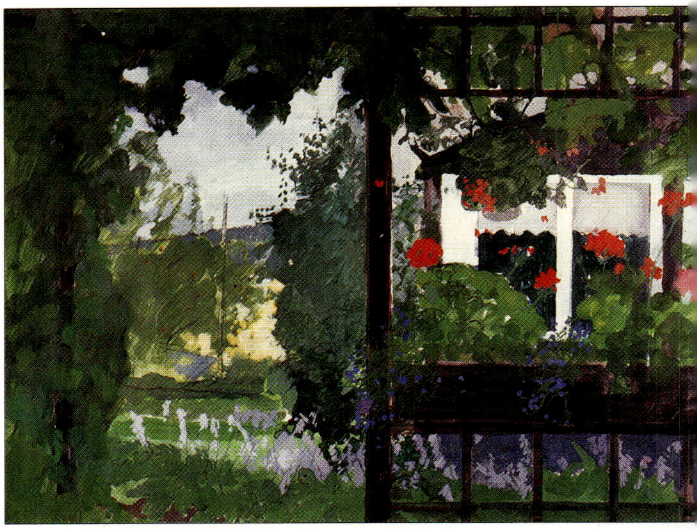

composition. C'est pourquoi les divisions sont souvent asymétriques, afin de créer un équilibre intéressant et dynamique.

ORGANISER L'ESPACE PICTURAL

Recréer un espace en trois dimensions sur une surface plane constitue le problème central de la peinture figurative. Pour y remédier, il faut considérer le papier ou la toile comme une fenêtre (appelée le plan du tableau) derrière laquelle l'arrangement spatial du tableau se fait en couches parallèles au plan.

Les règles de perspective (voir pages 40-43) permettent de formuler ce système de couches successives. Vous pouvez ainsi suggérer la profondeur d'un tableau en vous servant des principes de la convergence ou jouer avec les changements apparents d'échelle et de proportions qui indiquent où les objets sont situés dans l'espace. Comme nous l'avons déjà dit plus haut, le principe de base de la perspective repose sur la ligne d'horizon, qui correspond au niveau des yeux. Le point du vue relatif au sujet est également très important. Il permet d'établir la structure de la composition. Il peut également modifier l'atmosphère d'un tableau ainsi que sa structure formelle.

TONS, COULEURS, TEXTURES, MOTIFS

Jusqu'à présent, les éléments de la composition ont été assimilés à des structures linéaires, termes qui s'appliquent aussi bien au dessin qu'à la peinture. En peinture, il arrive cependant que le ton et la couleur soient utilisés librement par-dessus la structure sous-jacente du tableau. Avec une approche impressionniste (voir page 92) ou chez certains peintres abstraits (voir page 144), la composition peut sembler fortuite puisque la structure du tableau reste invisible.

Si vous suivez l'approche telle que nous l'avons définie jusqu'ici, dès que la structure vous satisfait, passez aux facteurs de tons et de couleurs. Les valeurs tonales servent à créer des jeux d'ombre et de lumière. Elles vous permettent aussi de modeler une forme en trois dimensions et de rendre une atmosphère.

CROQUIS SUR LE VIF

Avant de commencer à peindre, consacrez un peu de temps à faire de simples croquis au crayon ou au fusain. Dessinez les formes de base et les lignes directionnelles que vous voyez dans votre sujet. Au départ, ne croquez que les masses de formes générales, puis peu à peu divisez-les en sections plus petites. Faites attention à la hauteur, la largeur et la profondeur relatives des divers éléments du sujet, à l'interaction des lignes droites et des courbes ainsi qu'aux liens entre les formes.

Quand vous disposerez de plusieurs croquis, amusez-vous à faire varier les proportions et les dimensions du tableau. Dessiner un cadre rectangulaire autour des croquis afin de donner de l'importance à l'arrière-plan, rapprochez-vous ou au contraire éloignez-vous du sujet, faites sortir du cadre le côté, le haut ou le bas d'un élément important, etc.

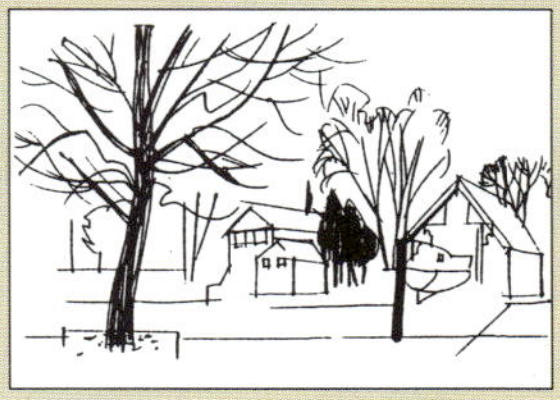

▲ Le cadre du tableau englobe ici une vue conventionnelle : les accents verticaux et horizontaux s'équilibrent.

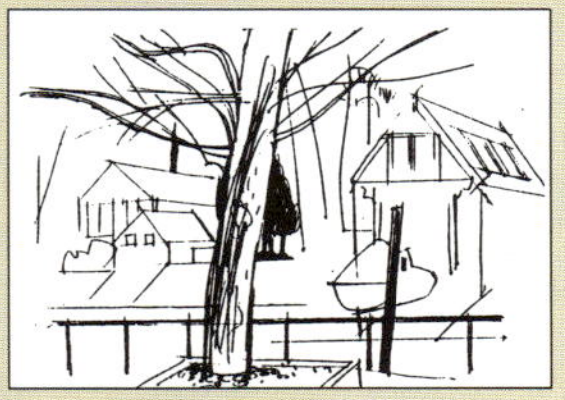

▲ En se rapprochant, l'artiste renforce les accents verticaux. Ils sont maintenant au centre du tableau ; l'arrière-plan est plus dynamique.

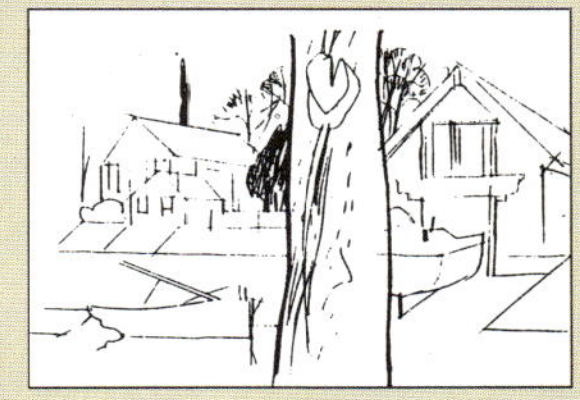

▲ L'arbre vu de très près devient une forme abstraite qui divise l'arrière-plan et rompt l'équilibre.

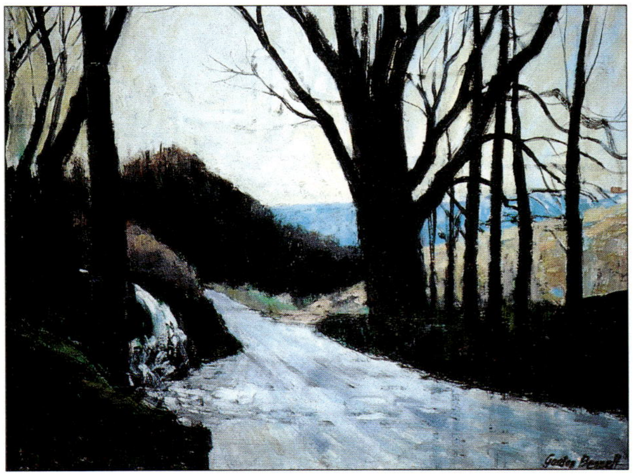

LES COUCHES SUCCESSIVES

◀ Huile intitulée **Paysage d'hiver** de GORDON BENNETT. Cette route qui mène le spectateur à l'intérieur du tableau crée une sensation immédiate de profondeur. Les formes qui semblent plus ou moins proches et les contrastes puissants entre les tons renforcent cet effet.

VOIR AUSSI

150-157	La peinture à l'huile
158-163	L'acrylique
164-169	L'aquarelle et la gouache

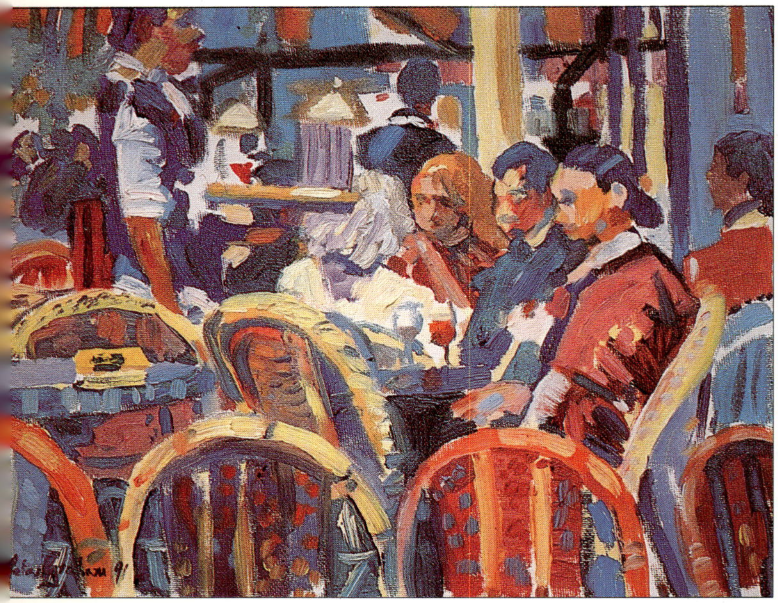

LES ACCENTS
◄ Dans cette huile intitulée **Le Viennois,** PETER GRAHAM a volontairement laissé les personnages en arrière-plan afin de mettre l'accent sur le motif des chaises au premier plan.

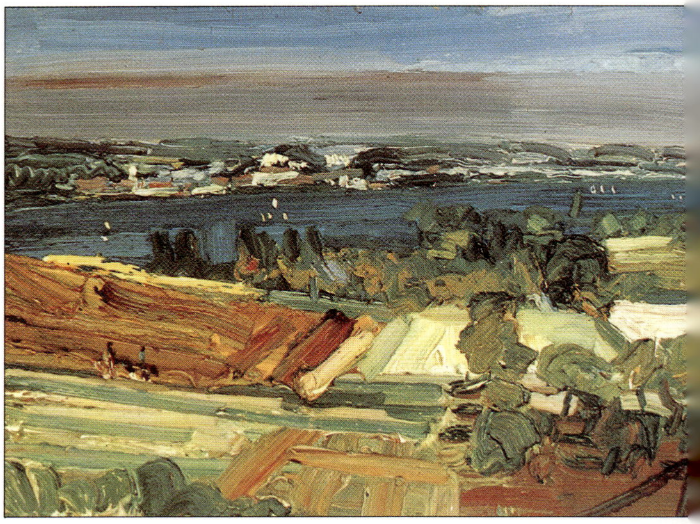

La couleur explique la nature des choses (les couleurs locales aident à identifier celles-ci). Elle peut également être expressive (voir page 108).

Les textures et les motifs peuvent, quant à eux, compléter la description des objets et des matériaux et fournir des éléments décoratifs. Mais quelle que soit la liberté avec laquelle on utilise les tons, les couleurs, les textures et les motifs, ils fonctionnent toujours comme des éléments abstraits dans la composition et, à ce titre, ils affectent les rythmes et la dynamique des traits et des formes.

Lorsqu'on commence à appliquer les tons et les couleurs, on change l'équilibre et les accents de la composition. Il faut orchestrer les éléments abstraits et travailler à une représentation du sujet choisi.

SIMILARITÉ ET CONTRASTE

Quand nous regardons un sujet à peindre, notre esprit organise automatiquement les informations, bien que cela soit inconscient. Il recherche les similarités de forme et de couleur. Les contrastes puissants le surprennent. De même, le spectateur a tendance à pratiquer le « groupement visuel » ; il rassemble les éléments qui possèdent des caractéristiques communes même s'ils sont éloignés. On peut jouer sur cette tendance et rendre une composition plus harmonieuse, en créant des liens entre les objets qui se ressemblent, ou au contraire plus percutante, en contrant les attentes du spectateur.

Les liens sont essentiels dans une composition. Cela peut être des couleurs similaires qui relient différentes parties d'une peinture (par exemple, une touche de bleu au premier plan d'un paysage qui rappelle le bleu du ciel), ou des formes et des tons qui se retrouvent à plusieurs reprises dans le sujet et offrent ainsi au spectateur des points de contact. Un tableau sans liens, où chaque zone, chaque trace laissée par le pinceau, est nouvelle et de couleur différente, dérange le spectateur. L'effet est brouillon; la structure sous-jacente, même simple, en est perturbée. La composition paraît illogique.

Lorsque dans un tableau vous organisez les contrastes, n'oubliez pas que la forme et la taille d'une zone de couleur sont aussi importantes que sa valeur tonale (son intensité). Des contrastes extrêmes de tons et de couleurs (du blanc et du noir ou des couleurs complémentaires entre elles) ne seront réussis que s'ils ne sont pas égaux.

ESPACE ET COULEUR
▲ **Le lac de Constance** (huile). GEORGE ROWLETT a créé ici un paysage très structuré. Remarquez comme les couleurs ont été utilisées en touches intenses et lumineuses sauf dans le lointain.

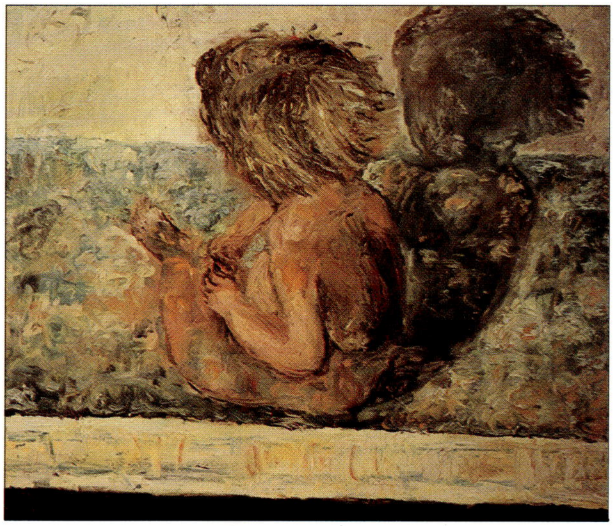

TRACES DE PINCEAU ACTIVES
◄ **Losi se baignant** (huile). Les formes vigoureuses de l'enfant et de son ombre ont permis à SUSAN WILSON d'appliquer la couleur et la texture en touches très libres.

LE POINT DE VUE

En peinture, on peut choisir des points de vue différents selon l'atmosphère et la personnalité que l'on veut donner au sujet choisi. Ils permettent également des compositions variées.

Point de vue élevé
En terme de composition, ce point de vue permet d'englober un grand nombre d'informations. Il révèle l'organisation spatiale du sujet. Toutefois, il crée également une impression de détachement, de supériorité, surtout avec les sujets humains, que l'on voit sous un aspect peu familier. Si vous imaginez un point de vue élevé pour un paysage urbain ou rural, ne négligez pas les règles de la perspective classique.

Point de vue normal
C'est ce que l'on voit d'une position assise ou debout. L'impression est directe et familière. L'information vient d'abord du premier plan puis de l'arrière-plan, contrairement au point de vue élevé où elle arrive de haut en bas. Avec un point de vue normal, pensez à organiser la profondeur du champ pictural.

Point de vue bas
C'est une vision peu courante qui peut créer une composition originale. Les choses proches semblent très grosses, mais certains éléments qui avaient peut-être de l'intérêt sont masqués.

Point de vue frontal
La vue est directe ; elle semble parfois conflictuelle. Les problèmes dus aux relations spatiales sont simplifiés puisqu'il est aisé de représenter les objets les uns derrière les autres. La composition peut cependant donner l'impression d'être formelle et guindée.

Point de vue oblique
On regarde le sujet de côté. L'atmosphère a alors quelque chose de désinvolte ou de mystérieux. Le rapport entre les formes et le format du tableau peut être dynamique et percutant.

Point de vue éloigné
Selon le sujet, le point de vue éloigné est plus ou moins efficace. Dans un paysage, il permet de rendre l'impression d'espace et de variété. Dans une figure, ou une nature morte, le contexte est avantagé au détriment du sujet principal qui, vu de loin, peut paraître marginal et insignifiant.

Point de vue rapproché
Un gros plan permet d'insister sur les détails et les différences d'échelle du sujet choisi (par exemple, un visage en gros plan ou une fleur finement peinte qui se découpent devant un paysage flou, à petite échelle). Ce type de point de vue oblige le spectateur à interagir avec le tableau car les informations lui sont présentées de façon précise et spectaculaire. Le sujet peut toutefois le perturber et lui donner un sentiment de malaise.

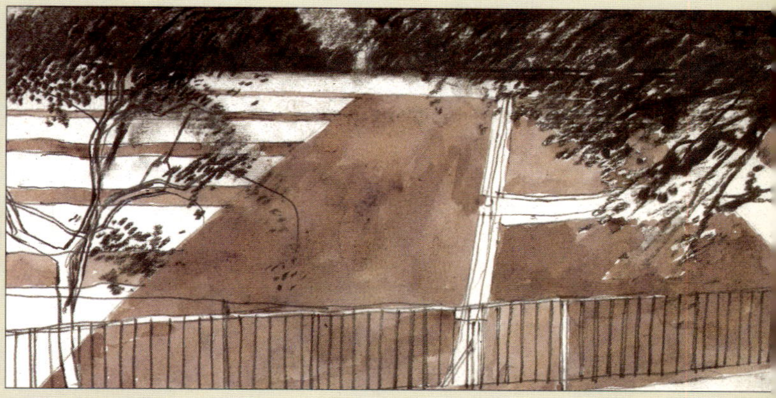

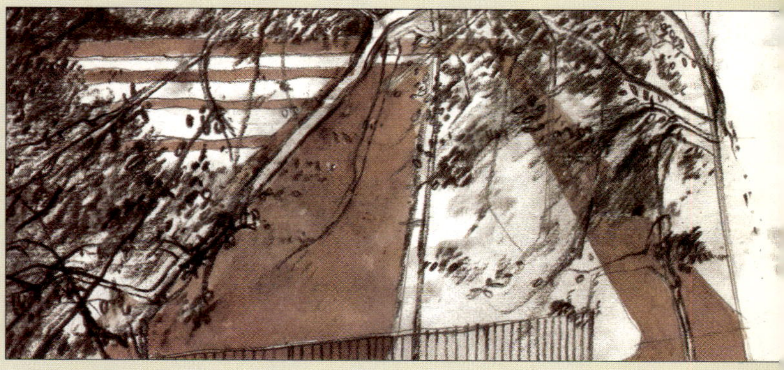

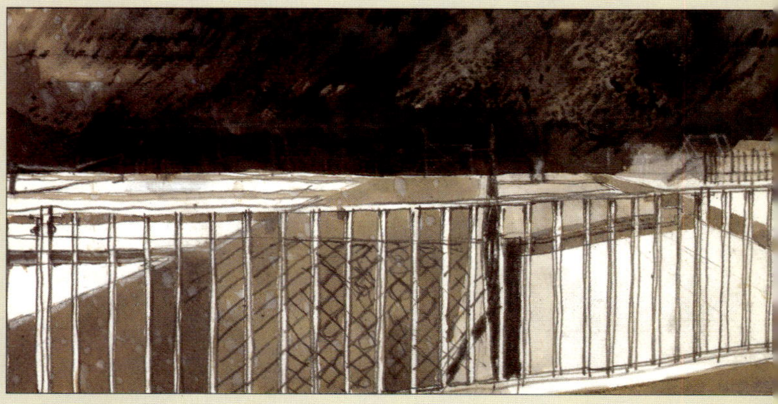

► Ce court de tennis vu d'une fenêtre (en haut) illustre une perspective globale qui semble normale et acceptable. Le point de vue élevé (au centre) renforce la profondeur du champ et amène au premier plan les branches de l'arbre. Quand le point de vue est bas, la grille accapare le premier plan et l'horizontalité du sol se trouve accentuée.

VOIR AUSSI	
40-43	Les règles de la perspective
150-157	La peinture à l'huile

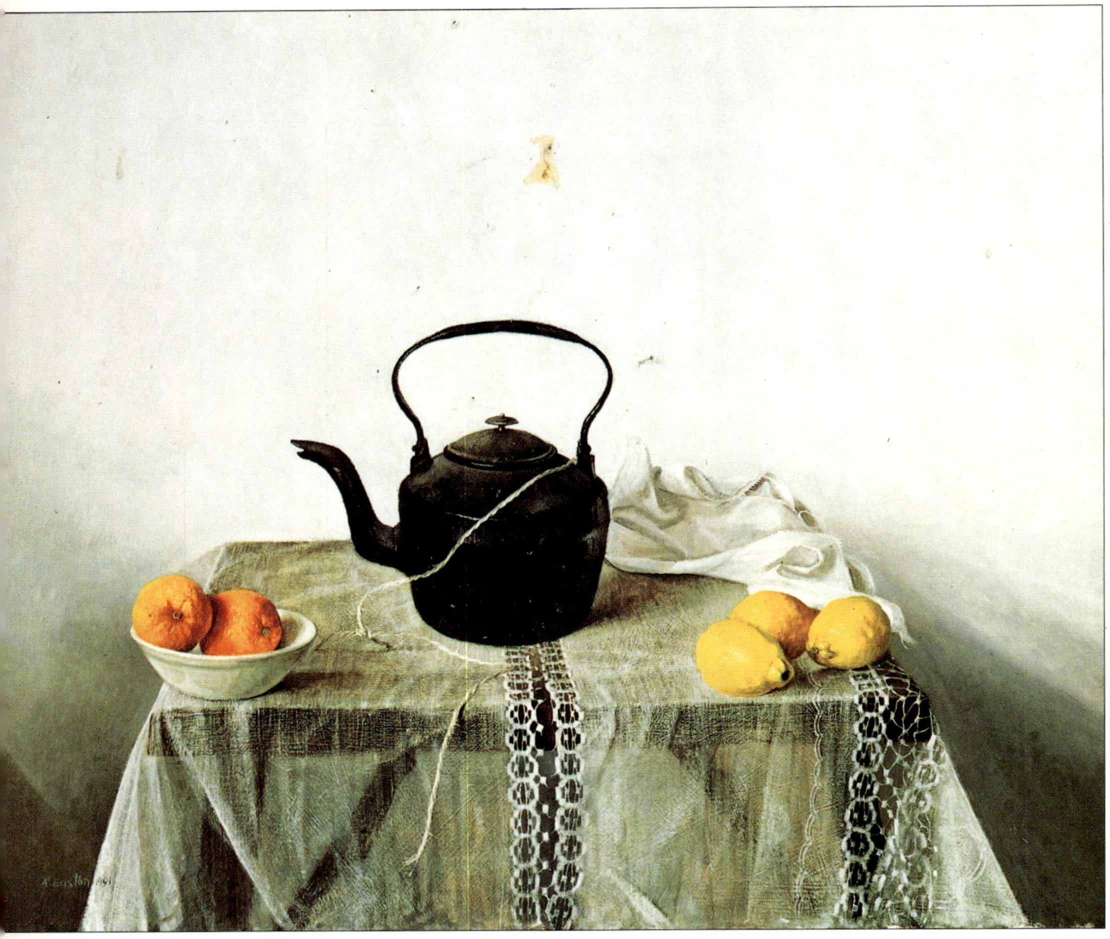

ÉQUILIBRE VISUEL
▲ **Nature morte à la bouilloire** d'ARTHUR EASTON. Le motif tonal puissant de cette huile est renforcé par les touches de couleur vive. Ces éléments permettent d'équilibrer la composition.

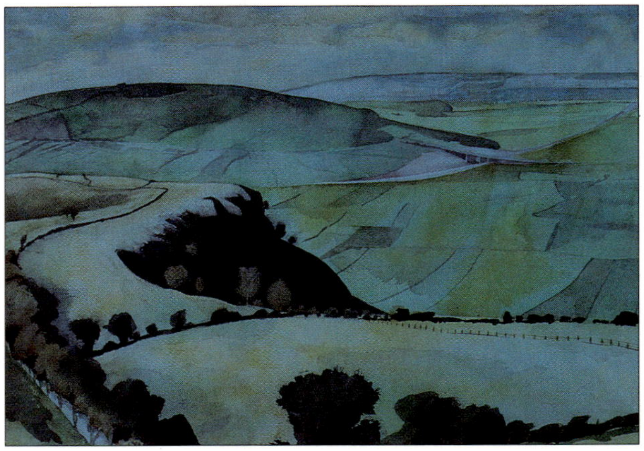

FORME ET TRAIT
◄ L'harmonie qui se dégage de cette aquarelle de ROSALIND CUTHBERT, intitulée **Barton Rock**, se retrouve aussi bien dans la structure que dans l'équilibre entre les douces variations de couleur et les tons profonds.

Dans le cas contraire, ils auront tendance à s'annuler. D'un autre côté, un déséquilibre flagrant entre formes et tailles peut aussi être très efficace en créant un effet dramatique intense (par exemple, une tache de lumière perdue dans une immense zone d'ombre ou une toute petite touche de couleur vive noyée au milieu de sa couleur complémentaire).

SOYEZ SÉLECTIF

Quels que soient votre sujet et votre style de peinture, il n'est pas nécessaire de peindre tout ce que vous voyez. Composer, c'est aussi choisir des éléments clés parmi ceux qui se trouvent devant vous et ne retenir que certaines caractéristiques. Lors d'un tel processus, il arrive qu'on élimine des objets (par exemple, dans un paysage, des buissons ou des voitures sur un parking) ou qu'on ne tienne pas compte de certains détails parce qu'ils ne sont pas en rapport avec l'échelle choisie ou parce qu'ils sont perdus dans le lointain (un champ vu de loin n'est qu'une grande tache de couleur, on ne voit pas les brins d'herbe). Même proches, certains éléments ne sont pas forcément bons à reproduire en détail.

Lorsque vous avez trié les divers éléments à faire entrer dans la composition, pensez encore à leur valeur picturale. Un poteau télégraphique peut sembler superflu dans un paysage, pourtant, il vous fournira peut-être un accent vertical intéressant. Servez-vous des divers éléments présents ; ils ne font pas seulement partie d'une certaine réalité, ils peuvent aussi contribuer à la composition.

Si vous rencontrez des difficultés à trier, divisez le sujet en formes simples, faciles à gérer, et peignez-les en larges aplats de couleur. Puis ajoutez-leur progressivement des détails. Il est plus facile de construire une composition en représentant d'abord les objets en deux dimensions.

SORTIR DU CADRE

Pendant des siècles et ce afin de respecter les conventions de la composition, les peintres ont été obligés de représenter les événements de leur tableau entièrement à

SORTIR DU CADRE
► Remarquez comment dans cette acrylique de PAT BERGER, **Flaked Out**, les personnages sortent du cadre sans rien perdre de la dynamique du groupe, organisée d'après une puissante diagonale.

l'intérieur du cadre. S'il était possible de disposer des lignes et des formes avec dynamisme de façon à attirer l'œil, il fallait s'arranger pour que l'intérêt du spectateur ne sorte pas du cadre du tableau. On ne pouvait couper aucun élément vital. Par exemple, un groupe composé de plusieurs personnes était encadré par des branches d'arbres qui pendaient nonchalamment de chaque côté du tableau. Les arbres n'avaient aucune importance en eux-mêmes ; ils ne servaient qu'à guider l'attention au centre de la toile.

Au milieu du dix-neuvième siècle, l'invention de la photographie a permis aux artistes de découvrir que les conventions pouvaient être heureusement contournées. Ils se sont alors mis à peindre des instantanés comme on photographie. Certaines informations visuelles étaient volontairement indistinctes ou floues, d'autres étaient tronquées. Ce dernier effet avait pour conséquence d'amener le spectateur dans le tableau et de créer des liens dynamiques complexes entre la zone picturale et les masses à l'intérieur de cette zone.

Ce sont les impressionnistes qui les premiers ont exploité ces artifices picturaux.

92 ➤

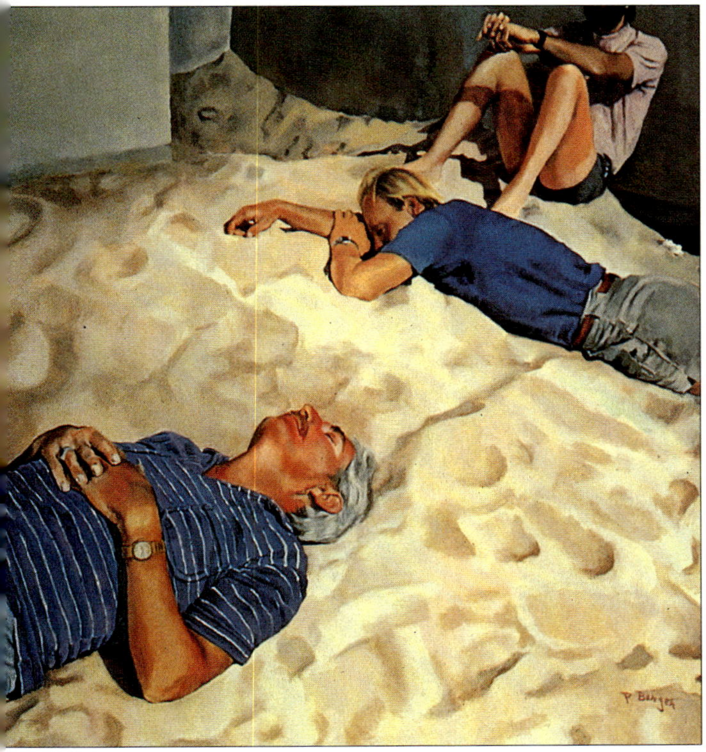

COMPOSER UN PAYSAGE URBAIN OU RURAL

Le point de vue
N'hésitez pas à vous déplacer pour observer le sujet choisi sous différents points de vue. Où allez-vous placer la ligne d'horizon sur le papier ou la toile ? D'elle dépend la quantité de ciel et de terre à reporter sur votre tableau. Souvenez-vous qu'avec une ligne d'horizon basse, l'espace à accorder au paysage et aux différentes couches de la composition est réduit, tandis qu'avec une ligne d'horizon élevée, le tableau contient une plus grande zone de terre et donc davantage d'éléments à y incorporer. Si vous travaillez au niveau du sol, dans une ville ou un village, recherchez les vues aperçues au travers des bâtiments et celles du bas des rues. Elles apportent de l'intérêt à la structure et une impression d'espace.

Le point focal
Recherchez également les éléments d'intérêt (par exemple, un vieil arbre majestueux, une façade colorée ou le motif d'un mur de pierre ou d'une barrière de bois). Dans un paysage rural, utilisez les accents de couleur apportés par quelques fleurs, des bâtiments ou des machines agricoles pour faire contrepoint aux grandes zones de couleur.

L'échelle et le format
Il vous faut aussi cadrer votre composition et lui choisir un format approprié : horizontal et reposant ou rectangulaire et employé dans le sens de la hauteur ?

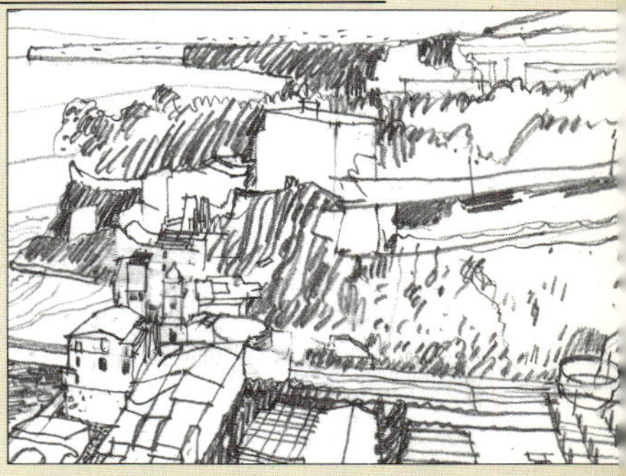

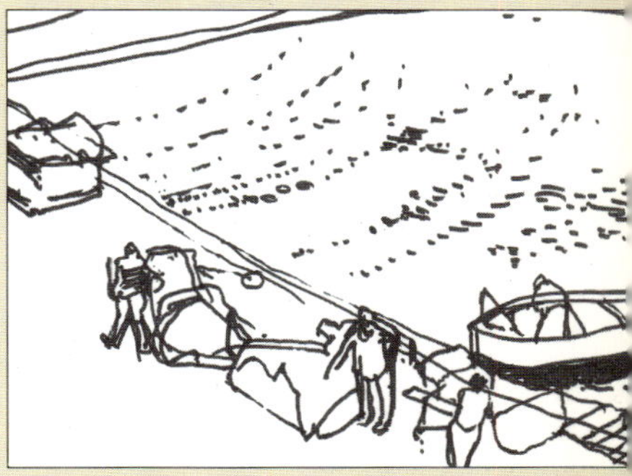

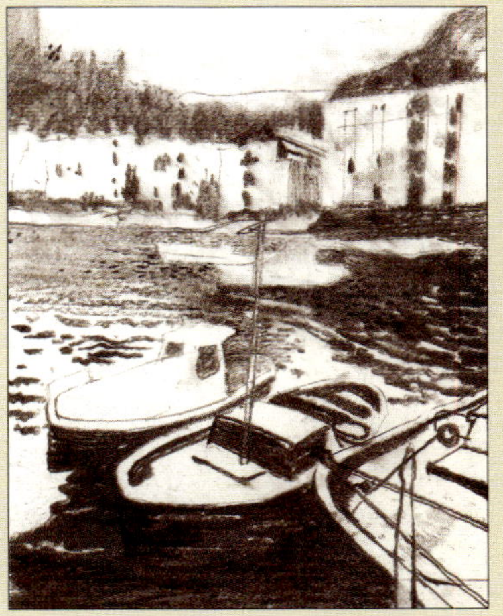

► Quel que soit l'endroit, il offre de nombreux points de vue qui permettent de faire varier la structure de base et les détails de la composition. Le panorama d'une ville de bord de mer (en haut) respecte le lieu grâce à une composition complexe et détaillée. Si l'artiste préfère reporter son intérêt sur le port (au centre), il peut choisir un point de vue élevé destiné à donner une image ouverte, presque abstraite. À l'opposé, un point de vue bas et conventionnel (en bas) crée un effet pittoresque, garant de la couleur locale de la ville.

VOIR AUSSI	
150-157	La peinture à l'huile
158-163	L'acrylique
176-181	Les techniques mixtes

COMPOSER UN PORTRAIT

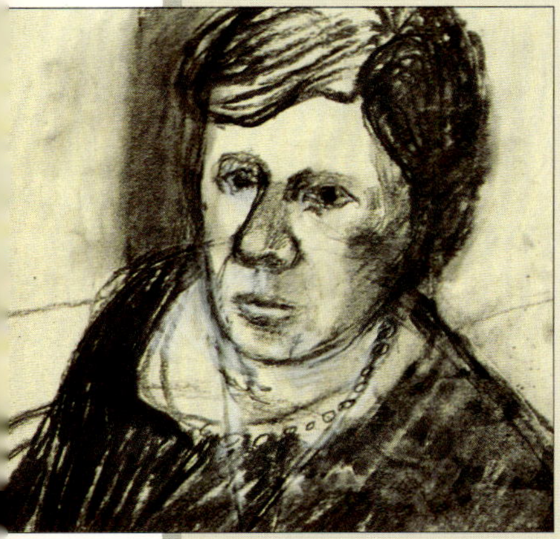

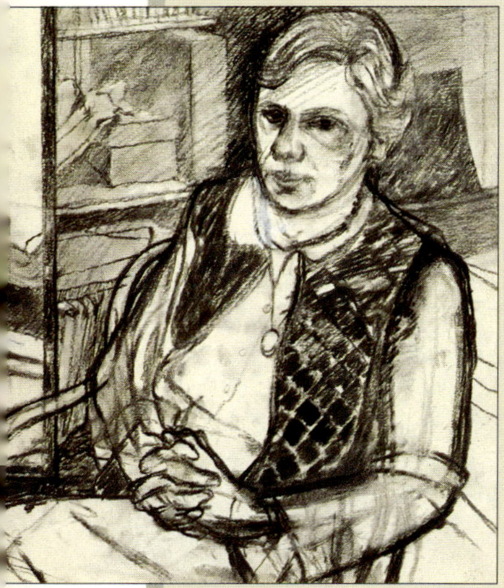

La pose du modèle
Pour exprimer au mieux le caractère et le style de vie du modèle, placez-le de sorte que ses vêtements et les objets autour de lui trahissent un peu de sa personnalité.

L'environnement
Si votre modèle est placé dans un cadre qui lui ressemble (par exemple, un bureau ou une serre), tenez compte de l'échelle par rapport à l'environnement. Le personnage est-il l'élément principal de la composition ? Dans ce cas, mettez-le au premier plan de sorte qu'il remplisse bien l'espace de la toile. N'est-il qu'un élément parmi d'autres ? Dans ce cas, faites-le se fondre dans l'environnement.

◄ Le portrait rapproché masque l'environnement : le caractère du modèle apparaît sur son visage (en haut, à gauche). Une vue un peu plus éloignée (ci-contre) permet d'inclure les détails des vêtements du modèle et du cadre : la description est plus variée, le tableau plus complet.

L'éclairage
Quand on peint un modèle directement d'après nature, ou quand on réalise un portrait conventionnel, la lumière doit être vive et unidirectionnelle afin de révéler au mieux les formes et de ne pas projeter d'ombres gênantes. Un éclairage doux tend à aplatir les formes et réduit l'impression d'espace. Un éclairage venant du dessus ou du dessous crée des contrastes forts et perturbants.

Le point de vue
Souvenez-vous que les portraits créent généralement une association d'idées dans l'esprit du spectateur, qui est alors très sensible à l'échelle. Si vous choisissez un point de vue inhabituel (très bas, très haut, de côté ou de très près), le climat de votre toile sera plus tragique que si vous optez pour un point de vue normal sans changement d'échelle.

Le format
Le format peut dépendre du sujet. Par exemple, un format rectangulaire vertical convient parfaitement à un personnage unique, assis ou debout, tandis qu'un groupe de personnes a besoin de l'espace latéral d'un format rectangulaire horizontal pour ne pas donner l'impression d'être écrasé.

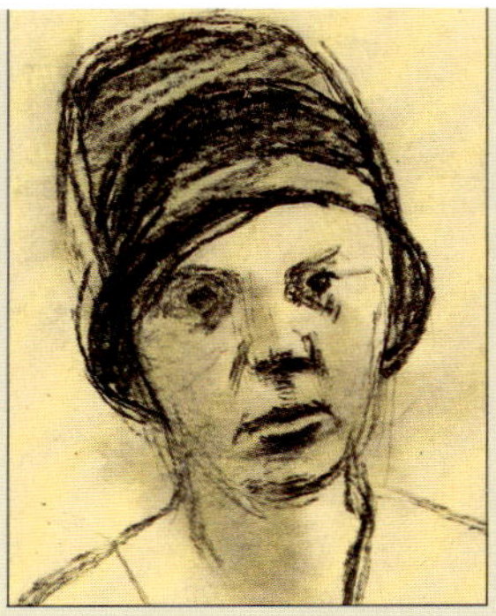

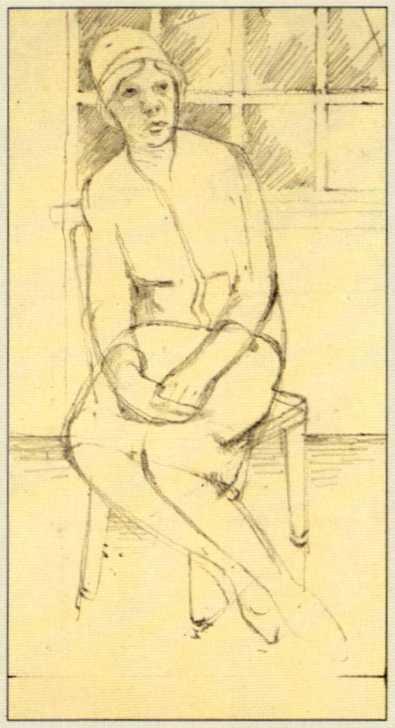

▲ Si l'on se concentre uniquement sur le visage du modèle, le portrait est alors conflictuel, isolé, il prend une intensité dramatique (ci-dessus). La pose en pied est plus neutre (à droite).

Par la suite, ils ont été largement utilisés par de nombreux peintres du vingtième siècle. Chaque artiste doit donc, en plus de trier les divers éléments qui vont entrer dans sa composition, choisir où placer les bords extérieurs, les limites, de son tableau. Cela dépend de son sujet et là encore il n'est pas obligatoire d'inclure tous les objets en entier.

LA DYNAMIQUE DU GROUPE
► Le point de vue et la composition permettent de rendre l'atmosphère qui se dégage d'une groupe de personnes. Dans son huile, intitulée **Tea Party at Cowes Yachting Club**,

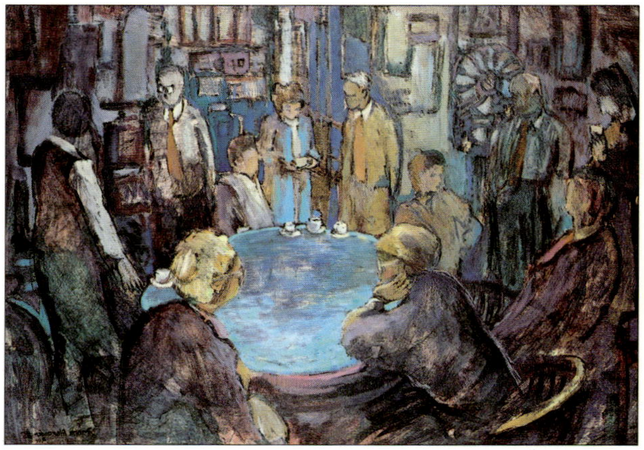

NAOMI ALEXANDER a disposé tous ses personnages dans un cercle contenu dans le cadre du tableau, ce qui unifie le groupe d'autant plus que les touches de couleur se répètent d'une zone à l'autre.

COMPOSER UNE NATURE MORTE

Arranger un groupe
Quand vous choisissez des objets pour composer une nature morte, pensez à leurs similarités et à leurs différences et à la possibilité de créer des liens et des contrastes au sein du groupe. En premier, groupez les objets. Puis déplacez-les jusqu'à ce que vous trouviez la combinaison de formes la plus intéressante. Les objets se chevauchent-ils ? Y a-t-il des espaces entre eux ? Examinez le groupe sous différents points de vue avant de les déplacer à nouveau pour trouver la meilleure disposition.

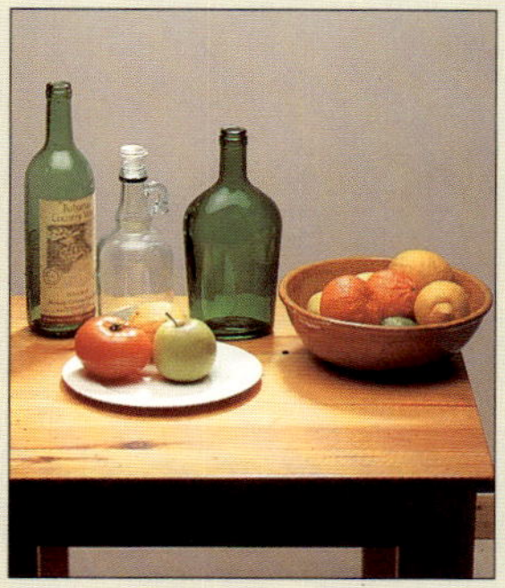

► Ces objets sont disposés uniformément sur la table : ils définissent le plan horizontal mais il n'y a aucun accent.

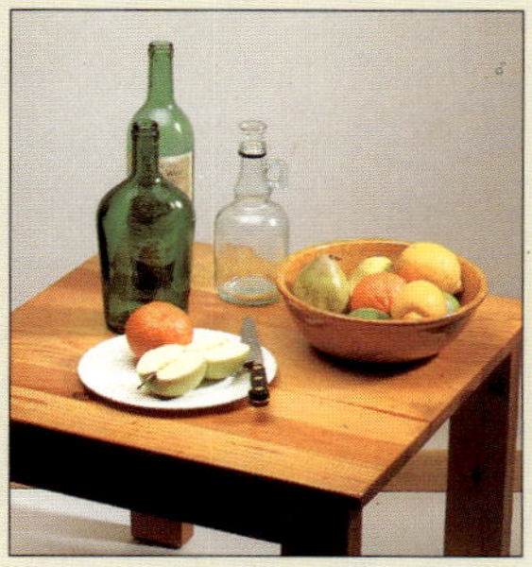

▼ Ici, le coin de la table est dirigé vers le spectateur. Il n'y a pas de ligne directionnelle à suivre, mais cette composition joue sur les interactions entre les formes.

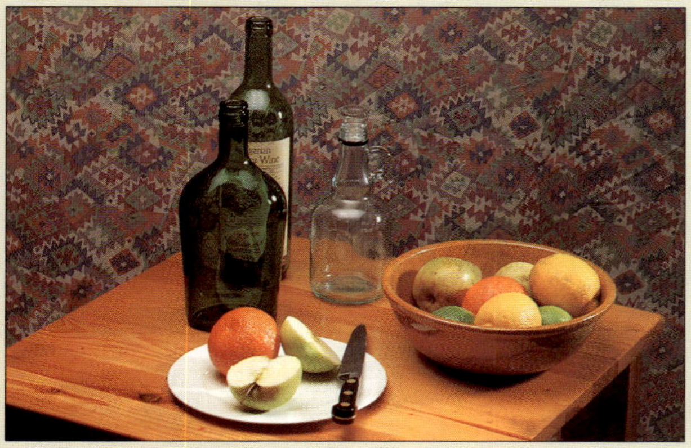

Sujets tout prêts
Les natures mortes semblent parfois peu naturelles. Peut-être disposez-vous chez vous d'un groupe d'objets intéressants qui ne demandent aucun arrangement particulier et qui peuvent fournir un sujet valable (par exemple, des bibelots sur une étagère ou des vêtements jetés sur le lit). Enlevez alors tout ce qui ne convient pas, sans toucher au côté informel qui vous a plu au départ.

Couleurs et textures
Décidez ensuite quel est l'élément important de la composition : la couleur, la texture ou la variété d'objets. Si ce sont les formes et les silhouettes qui vous semblent essentielles, ne cherchez pas à inclure plus d'un ou de deux objets décorés, car les motifs ont tendance à masquer les formes. Cependant, si vous désirez conserver un effet décoratif, les motifs peuvent effectivement animer une couleur ou un détail.

▼ Bien que la vue frontale de la table intègre à nouveau la ligne horizontale, celle-ci est cependant adoucie et équilibrée par la nappe et le groupement plus complexe des objets.

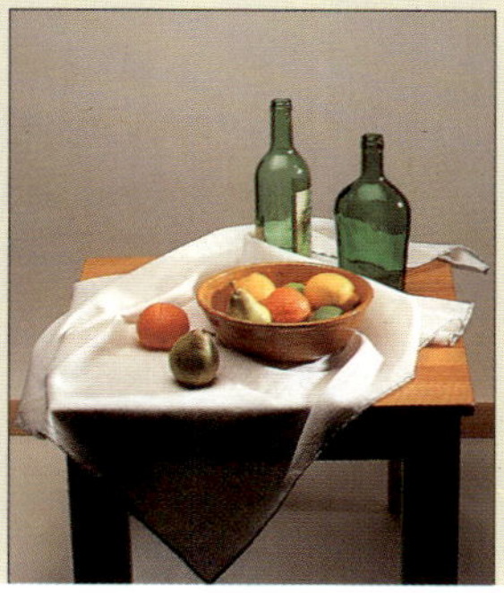

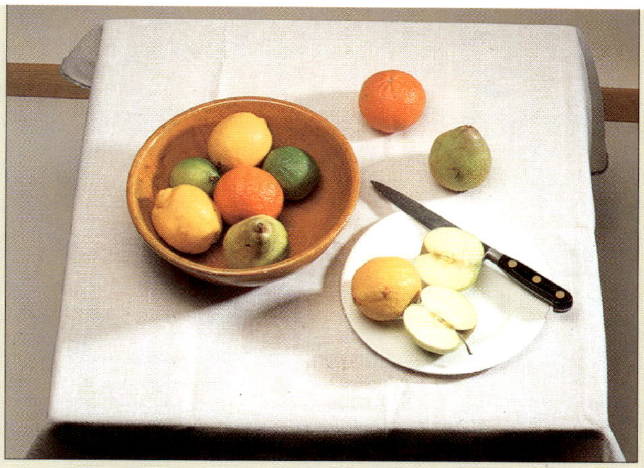

▲ Le point de vue élevé détache la nature morte de son contexte et organise les ombres de manière intéressante.

Arrière-plans
Un arrière-plan simple convient parfaitement pour donner l'illusion du relief, tandis qu'un fond texturé ou à motif peut déranger l'harmonie de la composition. Là où les éléments de l'arrière-plan forment des lignes directionnelles fortes, évaluez avec soin où et comment les lier avec les objets du premier plan.

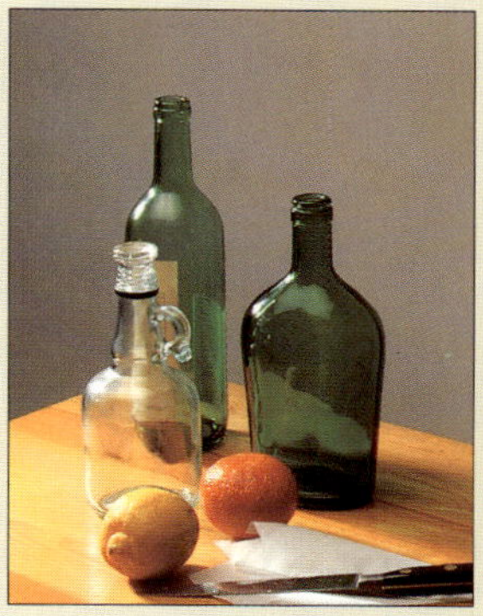

▲ L'arrangement décalé des objets forme une ligne en zigzag qui traverse la composition et introduit un autre élément capable d'interagir avec les formes de base. Ici, la hauteur et la profondeur sont définies de façon ordonnée et logique.

VOIR AUSSI	
30	La nature morte
56-59	Peindre une figure
102-105	La figure dans son contexte
150-157	La peinture à l'huile

Peindre une impression

L'impressionnisme a établi les normes d'un nouveau réalisme qui nous paraît aujourd'hui naturel. Malgré toutes les innovations artistiques du vingtième siècle, les tableaux des impressionnistes semblent toujours aussi novateurs. À l'origine, le terme « impressionniste » a été forgé, péjorativement, par un critique qui trouvait cette nouvelle peinture brouillonne, inachevée et peu respectueuse de la perception des formes et des couleurs. Pourtant, l'œuvre de Claude Monet, l'une des figures de proue de ce mouvement, fait appel à un processus analytique détaillé, où l'observation et la collecte d'informations tiennent une grande place. Il en résulte des images très colorées, pleines de vitalité et de joie de vivre.

L'APPROCHE DIRECTE

Parmi les nouveaux concepts inventés par Monet et ses collègues, deux principes sont fondamentaux. Premièrement, un tableau doit directement faire référence au sujet qu'il traite. Ainsi, les impressionnistes travaillaient en plein air, dans le paysage, et restituaient ce qu'ils voyaient dans l'instant, alors qu'auparavant les peintres réalisaient des croquis sur le vif, puis s'en servaient en atelier pour construire leur composition. Deuxièmement, le travail se fait sur une toile blanche selon la technique du frais sur frais (les couches viennent se superposer à des couches encore fraîches de sorte que les couleurs se mêlent). C'est en opposition avec la méthode traditionnelle selon laquelle il fallait peindre sur un fond teinté (sombre ou neutre) une ébauche monochrome afin de modeler les masses principales en rapport avec les tons. Quand l'ébauche était sèche, on élaborait les couleurs, généralement sous forme de glacis (couches successives de peinture très diluée), et les détails.

Ces concepts n'étaient pas nouveaux mais les impressionnistes ont été les premiers à les adopter sous forme de procédures normales destinées à peindre des tableaux finis. L'impression immédiate qu'on a du sujet devient le tableau achevé. On ne s'embarrasse d'aucune théorie ou convention artistique. Les impressionnistes ont compris qu'un tableau est le reflet du caractère éphémère des réalités observées.

96 ➤

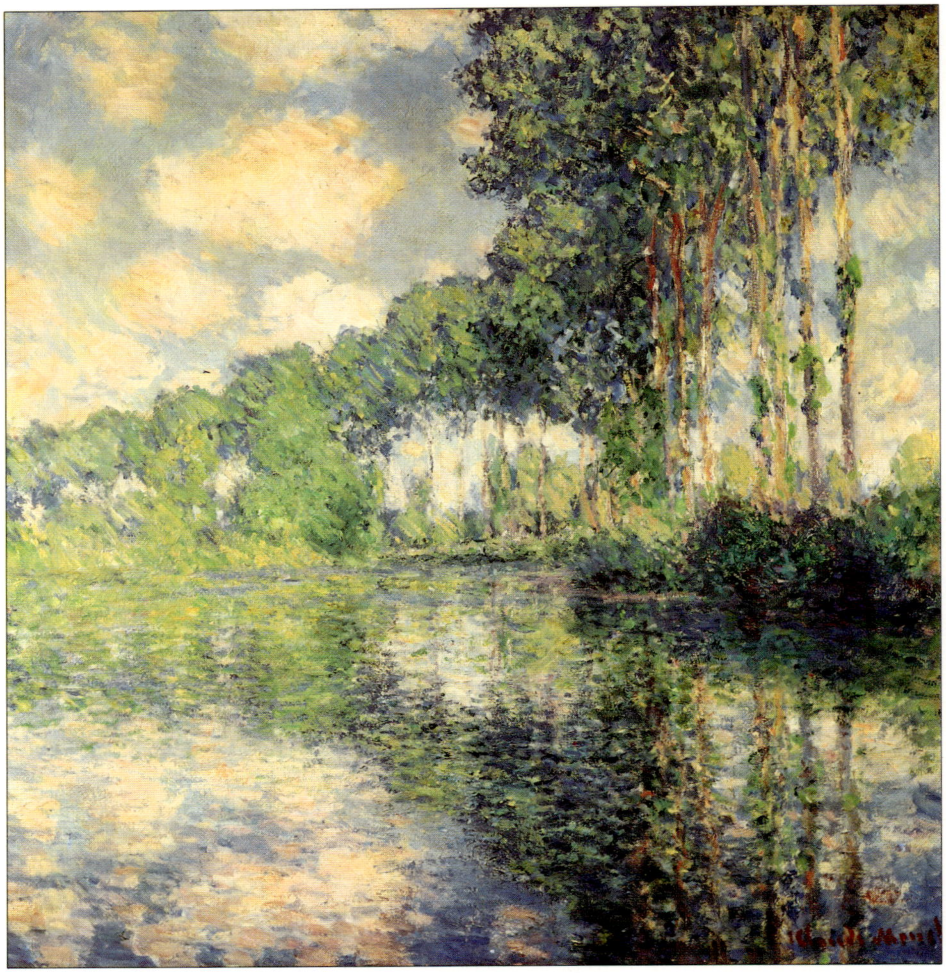

CLAUDE MONET (1840-1926)

▲ **Peupliers au bord de l'Epte**, 1891
Ce tableau fait partie de la série des Peupliers. Remarquez les verts luxuriants, les bleus pâles et les riches brun-rouge puis les teintes scintillantes du coucher de soleil, les oranges, les ors et les roses, se réfléchissant dans les feuillages et l'eau. Les traces du pinceau sont variées et égales. Dans certains tableaux, les formes des nuages et des arbres sont élaborées à partir de lourds tourbillons et de larges et vigoureux empâtements de forme recourbée ; dans d'autres tableaux, au contraire, les touches sont si morcelées que les arbres sont construits à partir de points et de tirets de couleur pure striée de fines lignes.

Pour peindre ses peupliers, Monet s'était installé dans un bateau converti en atelier flottant, amarré à la rive, qui lui permettait d'être complètement entouré par le paysage qu'il avait choisi comme thème. Désireux de terminer sa série sur les peupliers, il a dû payer afin de retarder l'abattage des arbres.

▼ Sur les nuages et dans le ciel, Monet applique la couleur en touches simples, lourdes et chargées d'une quantité égale de peinture à chaque fois. La forme des nuages est précise tandis que leurs contours sont adoucis pour permettre ainsi aux jaunes chauds de la lumière du soleil de se réfléchir dans les bleus froids du ciel. Le peintre a traité le sommet des arbres de la même manière, les tons foncés et les contrastes de couleur définissent cependant les formes avec plus de fermeté.

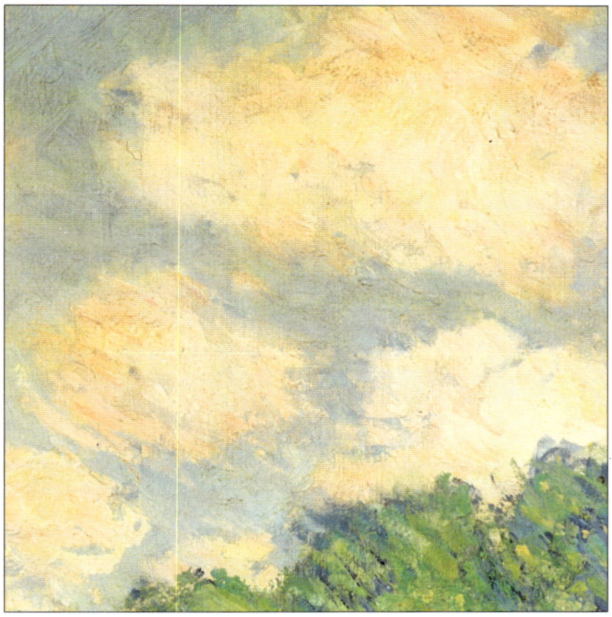

AUTRES ARTISTES À ÉTUDIER

CAMILLE PISSARRO (1830-1903)
PIERRE AUGUSTE RENOIR (1841-1919)
ALFRED SISLEY (1839-1899)

Ensemble avec Monet, ces artistes ont formé le cœur du mouvement impressionniste. Au début de leur carrière, ils ont fréquemment travaillé de concert à la recherche de nouveaux thèmes et d'approches novatrices. Chacun avait cependant une manière originale et personnelle d'appliquer les principes impressionnistes.

EDGAR DEGAS (1834-1917)

Bien qu'il ait pris part à tous les salons des impressionnistes (sauf un) qui se sont tenus entre 1874 et 1886, Degas s'est démarqué de certains des principes du mouvement. À l'origine peintre de figure, il a très peu peint à l'extérieur. Dans ses tableaux, il a surtout accentué le trait et le contour. On est loin des grandes masses colorées de Monet. Techniquement, son œuvre est riche et inventif. Son approche de la composition, fortement influencée par la photographie, est également originale. La pose des personnages est informelle, certains éléments importants sont coupés par un cadrage parfois oblique.

BERTHE MORISOT (1841-1895)
MARY CASSATT (1845-1926)

Fait peu habituel pour l'époque, deux femmes ont eu un rôle actif et respecté dans le développement du style impressionniste. Travaillant en parallèle avec leurs collègues hommes (tout en introduisant une dimension supplémentaire, la notion de sujets féminins), elles ont toutes deux produit de magnifiques études, en particulier sur le thème de la mère et de l'enfant. Cassatt a travaillé en étroite collaboration avec Degas, tandis que les tableaux de Morisot ont révélé son influence sur Manet (1832-1883), qu'elle a persuadé d'abandonner la peinture noire, un élément fort de ses compositions antérieures.

PIERRE BONNARD (1867-1947)

Parmi les postimpressionnistes, Bonnard a développé un traitement original de ses sujets, principalement domestiques. Il a su en extraire chaque étincelle de lumière et de couleur. Ses compositions vibrantes comprennent des études de sa femme et d'intérieurs simples.

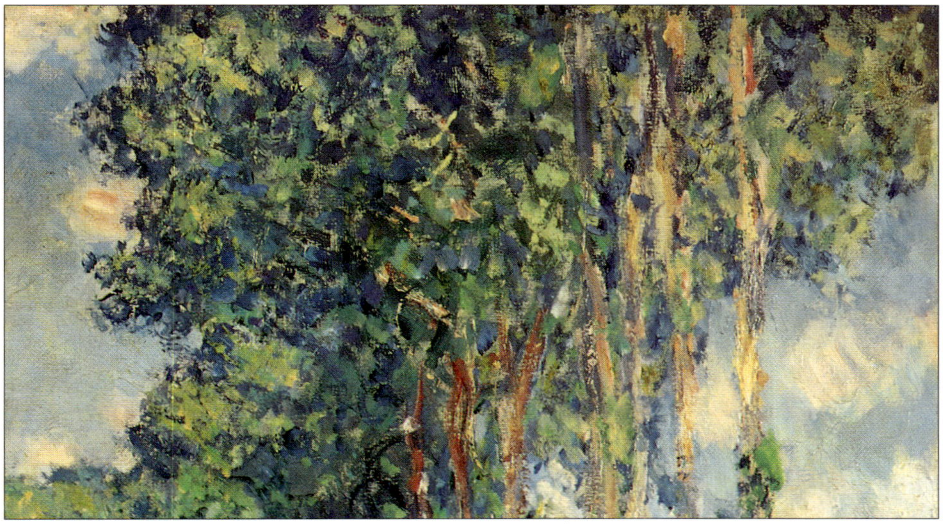

◄ Ce détail illustre l'essence même de l'impressionnisme : les traces individuelles sont appliquées librement, parfois de manière sommaire. Quand on regarde le tableau dans son entier, elles prennent alors une autre dimension, elles offrent l'impression d'éléments distincts dans un paysage. Les troncs et les branches des arbres sont en fait de simples accents linéaires d'un beau marron, qui tranchent au milieu des verts et des bleus du feuillage.

VOIR AUSSI

74-77	Travailler sur le motif
150-157	La peinture à l'huile

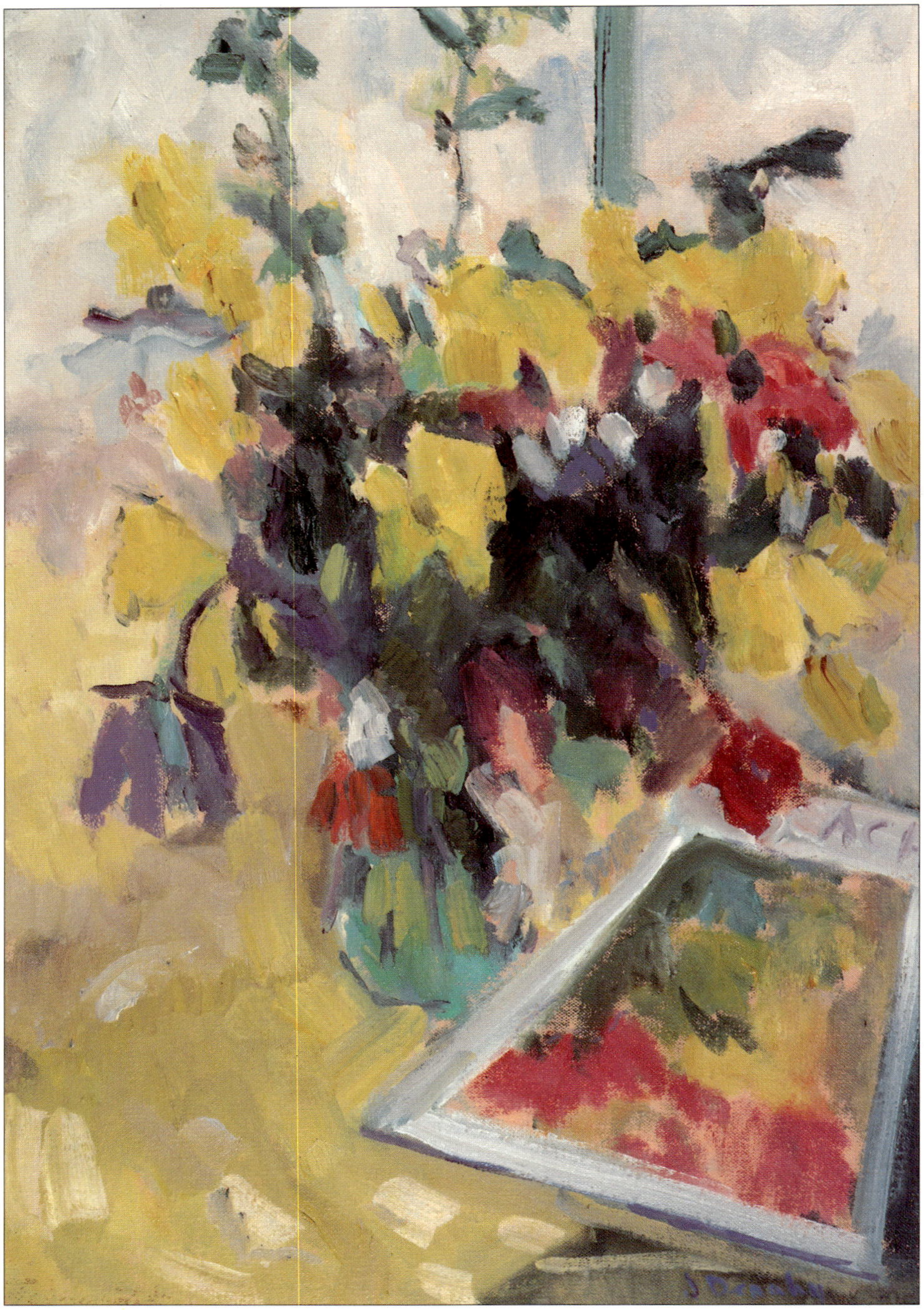

▲ JOHN DENAHY
Fleurs printanières et catalogue Auerbach
Huile
Les formes simplifiées de cette nature morte permettent d'attirer l'attention du spectateur sur la variété des couleurs. L'artiste a aplati le catalogue qui n'apparaît pas sous sa forme tridimensionnelle.

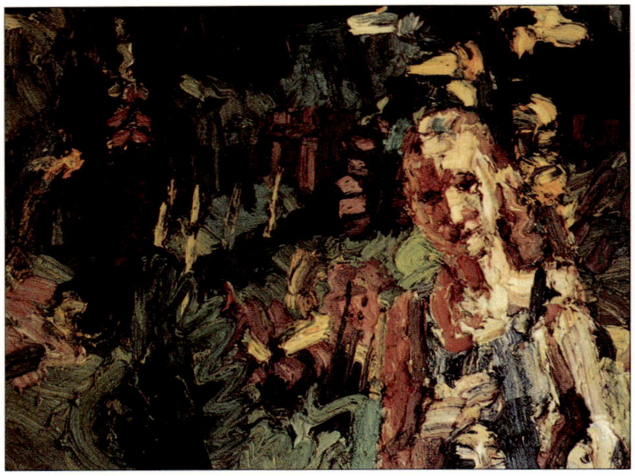

▲ GEORGE ROWLETT
Marion au Rotherhithe Garden
Huile
La forte impression de lumière qui se dégage de ce tableau résulte des contrastes puissants entre le ton et la teinte. Ils sont disposés de sorte qu'ils renforcent la direction de la source lumineuse qui, en provenant de la droite du tableau, forme des ombres dures.

Les volumes et les détails de surface changent avec les circonstances qui elles-mêmes varient. Tout est fugace, et la lumière naturelle plus que tout. Les impressionnistes ont défié les conceptions traditionnelles de la composition et du dessin. Les objets ne sont plus considérés comme des constructions statiques, aux contours précis, nets et distincts les uns des autres, qu'il faut représenter de sorte qu'ils soient identifiables de près. Les tableaux des impressionnistes ne sont pas faits pour être lus de près; au contraire, c'est à une certaine distance que la magie peut opérer.

RÉPONDRE AU MOMENT

Le seul conseil que nous pouvons vous donner pour peindre à la manière des impressionnistes est le suivant : libérez-vous en répondant directement à vos sensations visuelles. Peignez la couleur et la lumière telles que vous les voyez et non pas telles que vous savez, ou croyez savoir, qu'elles sont. Monet disait : « Quand vous travaillez en extérieur, efforcez-vous d'oublier quelle sorte d'objet se trouve devant vous, un arbre, un champ.

Pensez simplement : ici il y a un petit carré de bleu, là une forme allongée rose, là-bas une bande jaune, et peignez exactement ce que vous voyez, la couleur et la forme précises, jusqu'à ce que cela vous donne votre propre impression naïve de la scène. » Cette « impression naïve» n'est pas une impression simple comme pourrait le laisser entendre le mot naïve, mais une impression unique, résultant de ce que vous voyez à cet endroit et à cet instant précis.

La méthode de travail de Monet a été décrite en 1888 par le journaliste Georges Jeanniot, qui a souvent accompagné l'artiste alors qu'il allait travailler en plein air près de chez lui. « Une fois devant son chevalet, il trace quelques lignes au fusain puis il attaque directement le tableau, maniant ses longs pinceaux avec une agilité étonnante et un sens infaillible du dessin. Il peint avec un pinceau très chargé et n'utilise que quatre ou cinq couleurs pures ; il juxtapose et superpose les couleurs pures sur la toile. Le paysage apparaît rapidement et pourrait, si nécessaire, être considéré comme achevé après une seule session… »

L'impression ressentie est à la fois éphémère et définitive. Elle libère l'artiste de la conception qui voudrait qu'une œuvre d'art exige obligatoirement des heures d'effort. Toutefois, il ne faut pas croire que la première impression rapide est par nature la plus fraîche et la meilleure. Monet conseillait aux jeunes artistes de ne pas avoir peur de peindre une mauvaise toile ; peindre une impression conduit souvent à l'erreur, mais les erreurs font partie de l'expérience que tout peintre débutant se doit d'acquérir.

PEINDRE DES SÉRIES

Très tôt, les relations entre la lumière et la couleur ont fait partie des préoccupations de Monet. Il a cherché un peu partout à concrétiser ses impressions, dans les rues de Paris, dans les villes et les villages des bords de Seine et sur les côtes de Normandie et de Bretagne. Il s'est finalement installé à Giverny en 1883, où il est resté jusqu'à la fin de sa vie (1926). C'est là qu'il a construit son célèbre jardin aquatique, sujet d'un grand nombre de ses derniers tableaux, et qu'il a mis au point sa méthode de travail consistant à représenter simultanément dans la journée la même scène sur plusieurs toiles. Il changeait de toile selon l'heure, la qualité de la lumière et les conditions climatiques. *Peupliers au bord de l'Epte* fait partie d'une des nombreuses séries que Monet a peintes entre 1888 et 1926. Mais citons aussi, entre autres, des meules de foin dans un champ, la cathédrale de Rouen, la lumière du matin sur la Seine, et le jardin et les nymphéas de Giverny.

Dans ses séries, Monet a développé une logique globale de l'impressionnisme qui lui a permis de capter les variations de son motif. Des thèmes colorés différents et la qualité de la patte de l'artiste décrivent les effets visuels produits par le même objet ou le même lieu vu sous des conditions particulières. Bien que Monet ait été un paysagiste hors pair, on peut voir dans son œuvre et celui de ses contemporains comment le travail actif du pinceau et les touches fragmentées, typiques des rendus impressionnistes, peuvent être heureusement appliqués à d'autres sujets, figures et intérieurs, structures architecturales et natures mortes, par exemple.

LES EXERCICES

EXERCICE 1

Une impression immédiate

Afin de vous familiariser avec les principes de base relatifs à la capture d'une impression, choisissez un sujet parmi ceux que nous vous proposons ci-dessous et suivez l'approche technique suggérée :

- Un vase de fleurs
- Un parterre de fleurs ou un potager
- Une rue avec des maisons de couleurs vives
- Une plage avec des cabanes colorées
- Un étalage de marché
- Un paysage agricole avec des champs colorés divisés par des haies et des barrières

Travaillez à l'huile ou à l'acrylique afin de disposer d'une gamme de qualités de textures et limitez votre palette à six couleurs plus le blanc. N'utilisez pas de noir. Les impressionnistes l'avaient exclu de leur palette car pour eux le noir n'existait pas dans la nature. Le noir est une couleur utile mais qui peut parfois ternir les mélanges.

Ne faites pas trop de mélanges sur la palette. Construisez le tableau couleur après couleur en petites touches et laissez les teintes et les tons se mélanger et fusionner directement sur la surface de travail.

Choisissez quelques pinceaux de tailles diverses (des ronds, des bombés ou des carrés, à soies de porc ou à poils synthétiques) et servez-vous de la forme du pinceau pour appliquer la couleur en petites touches variées. Vous créerez ainsi un effet de touches fragmentées. Ne déposez pas la peinture en grands aplats d'une seule couleur et évitez de trop mêler les couleurs ou le tableau paraîtra sale.

EXERCICE 2

Les séries

Choisissez une vue de votre fenêtre et réalisez trois tableaux, voire davantage, de la scène à divers moments de la journée ou de la semaine, en jouant sur les conditions climatiques (beaucoup de soleil, peu de soleil, lumière froide, pluie, brume). Observez attentivement comment les effets atmosphériques modifient la couleur locale et la clarté des formes et des volumes.

VOIR AUSSI	
74-77	Travailler sur le motif
150-157	La peinture à l'huile

Peindre un portrait

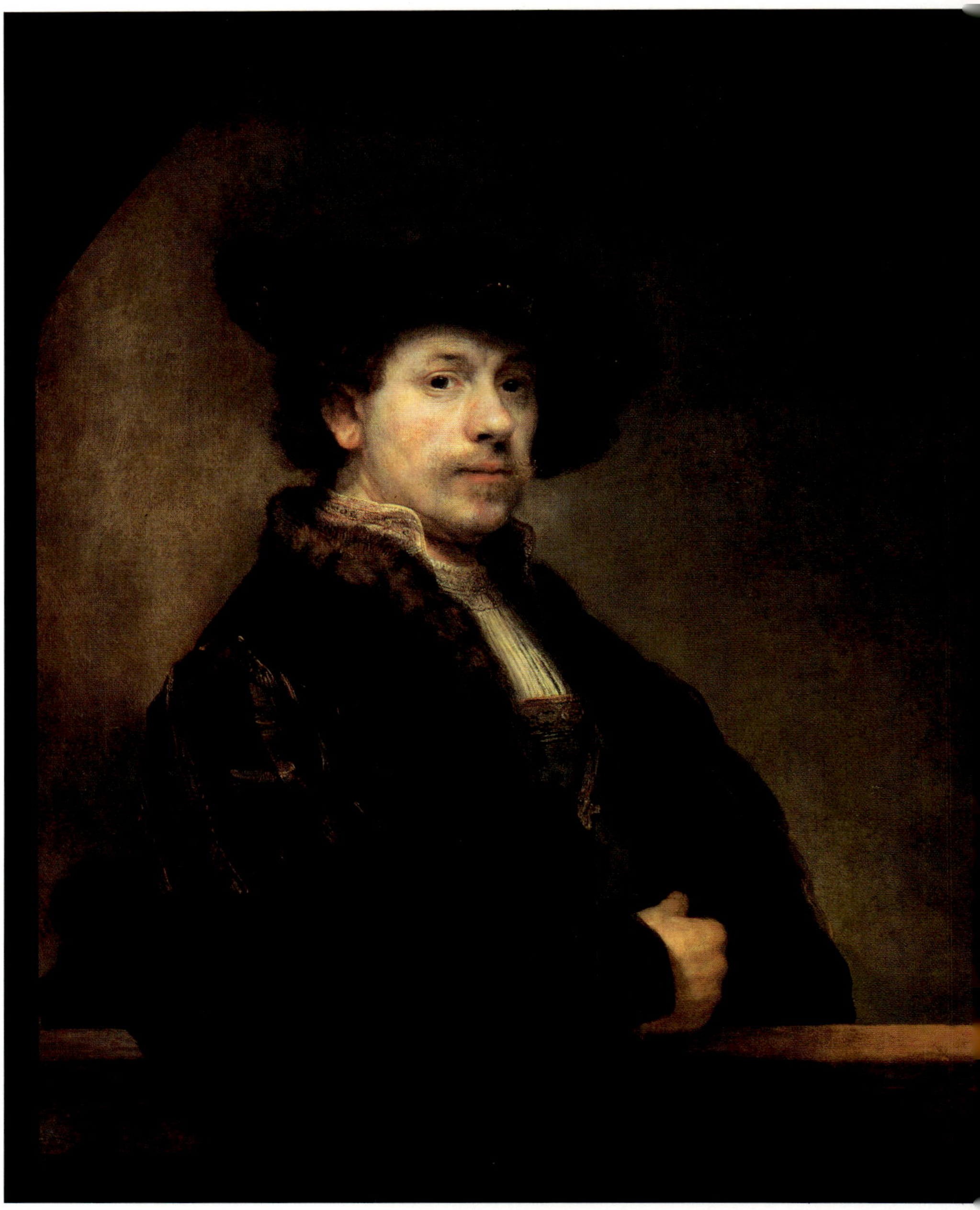

Lorsqu'on décide de peindre un portrait, on considère naturellement en premier l'angle humain puis on passe en revue dans sa tête tous les visages connus, ceux de la famille ou d'amis proches, ou encore ceux de personnages célèbres appartenant au monde de la télévision, de la politique, du cinéma. Mais on peut faire également le portrait d'un animal, d'un objet ou d'un lieu. C'est une observation précise du caractère du modèle ainsi que de son apparence et sa restitution en peinture qui feront qu'un portrait sera fidèle plutôt que vaguement ressemblant ou trop caricaturé. Dans un sens, toute représentation stricte d'un modèle est un portrait, mais même avec un sujet qui n'est pas humain, il faut rechercher les détails, les traits particuliers, qui animeront le tableau.

PORTRAITS DE PERSONNAGES

Pour faire un portrait, il faut d'abord choisir son modèle. Une seule personne est disponible à tout moment pour poser : vous-même. L'autoportrait est un défi à relever, car pour se peindre soi-même il faut être capable d'objectivité ! Il faut s'étudier comme si on ne se connaissait pas. Il faut aller au-delà de la vanité ou de l'autocritique. Au fil des années, on peut ainsi se constituer une assez grande collection d'autoportraits. Il est alors fascinant de les comparer, de voir à quel point on a changé et combien la propre vision qu'on a de soi s'est également modifiée. Par ailleurs, l'interprétation picturale et l'atmosphère qui se dégage d'un tableau s'améliorent à mesure que l'on progresse techniquement.

Quel que soit votre modèle, vous-même, quelqu'un ou quelque chose d'autre, sachez que vous apprendrez beaucoup en travaillant sur un sujet vivant. Le visage humain offre une structure complexe dont la forme et les détails changent constamment. Aucun modèle qui pose ne peut rester entièrement statique. Il sera toujours animé de légers mouvements qui viendront altérer votre perception de l'ensemble du visage, de la couleur ou de la texture de la peau, des plans créés par l'ossature et les muscles. Ce sont justement les ajustements que vous devrez alors faire pour répondre à ces changements qui vous permettront de construire un portrait riche et le plus complet possible.

101 ➤

Rembrandt Van Rijn 1606-1669)

◄ **Autoportrait,** 1640
Dans ses autoportraits (plus d'une centaine de tableaux, dessins et gravures sur une période de quarante ans), Rembrandt a su rendre compte à la fois de l'homme et de l'artiste qu'il était. Cet autoportrait-ci le dépeint en tant que jeune peintre reconnu. Il est richement habillé et arbore un air de calme assurance. Plus tard, ses autoportraits seront plus hésitants et plus sombres. Sa technique aussi changera avec le temps. Ici, il n'utilise pas encore de riches empâtements. Le visage est délicat : il a appliqué la peinture diluée sur une base gris-vert, puis les couleurs fluides et douces ont été mélangées presque imperceptiblement de façon à donner à la chair une qualité lumineuse. La pose et la composition auraient été empruntées au tableau de Titien, intitulé **Homme à la chemise bleue** (v. 1512). Sa technique aussi doit beaucoup à ce maître italien.

AUTRES ARTISTES À ÉTUDIER

Michelangelo Merisi dit le Caravage (1573-1610)

Comme Rembrandt, Caravage a favorisé les couleurs riches et les contrastes puissants entre la lumière et l'ombre. Un grand nombre de ses tableaux retracent des histoires bibliques. D'autres sont de simples portraits. Nous ne savons quels étaient ses modèles, mais chaque individu a une personnalité distincte qui ajoute à la profondeur narrative des associations.

Anton Van Dyck (1599-1641)

En tant que peintre de la cour et du roi Charles Ier d'Angleterre, Van Dyck a produit de nombreux portraits exceptionnels. Ses sujets étaient souvent placés dans un cadre raffiné. Son étude de *Charles Ier vu sous trois angles* (v. 1636) est une composition fascinante : on y voit le roi de profil, de face et de trois quarts.

George Stubbs (1724-1806)

L'un des rares peintres animaliers majeurs, Stubbs est surtout connu pour ses majestueuses études de chevaux de race à la robe brillante. En 1766, il a publié un ouvrage, intitulé *L'anatomie du cheval*, comportant des gravures dessinées d'après ses propres recherches. Son œuvre comprend également des tableaux détaillés et expressifs d'animaux sauvages, comme des lions et des guépards.

John Constable (1776-1837)

Constable a su si bien rendre son pays natal, le Suffolk, que beaucoup de touristes le visitent encore dans l'espoir de retrouver certains des lieux représentés par ce grand peintre britannique. Ses paysages sont parmi les mieux connus et les plus reproduits, mais ses esquisses et ses études en couleurs valent également pour la richesse de leurs détails sur les aspects individuels des sujets choisis.

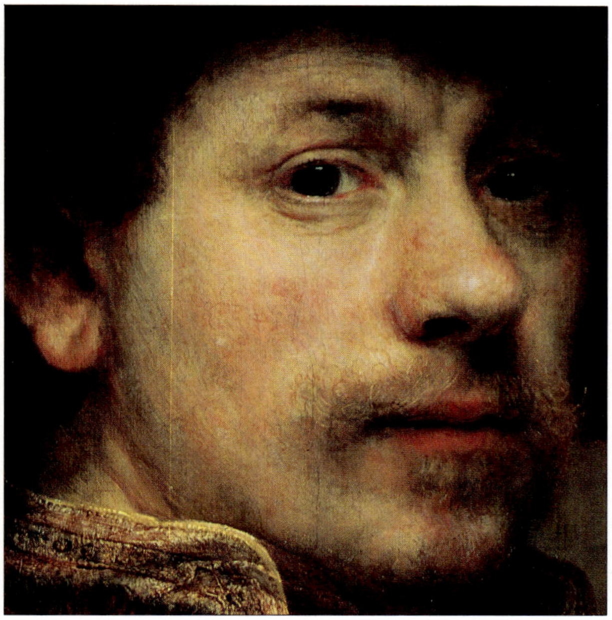

▲ Le modelé tonal de la chair a été appliqué si subtilement que l'on distingue les courbes et les plans du visage de l'artiste. Les lumières et les ombres les plus intenses ont été réservées pour le détail des caractéristiques faciales.

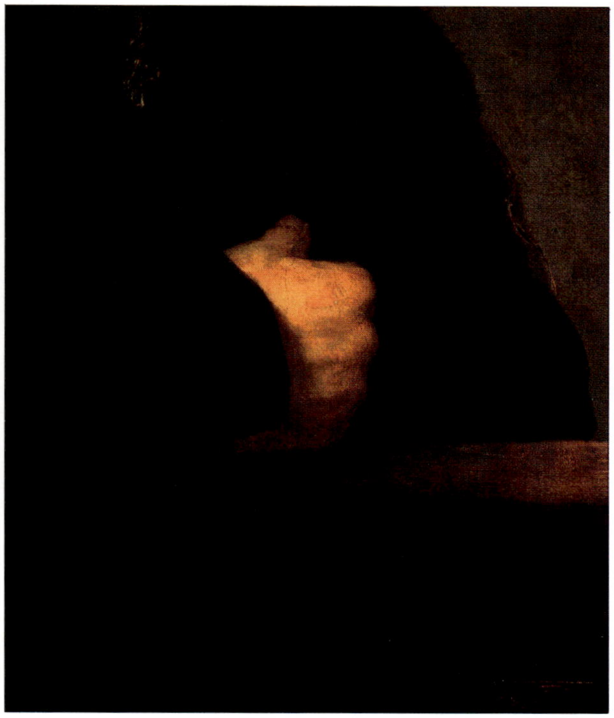

◄ La forme de la main est ferme et simple, avec peu de zones d'ombre. La texture et la couleur des vêtements sombres sont également rendues avec une économie de moyens. Remarquez les douces gradations de tons qui illuminent les riches nuances et le velours du tissu.

VOIR AUSSI	
34-39	Peindre un autoportrait
60-61	Les proportions du corps et du visage humains
150-157	La peinture à l'huile

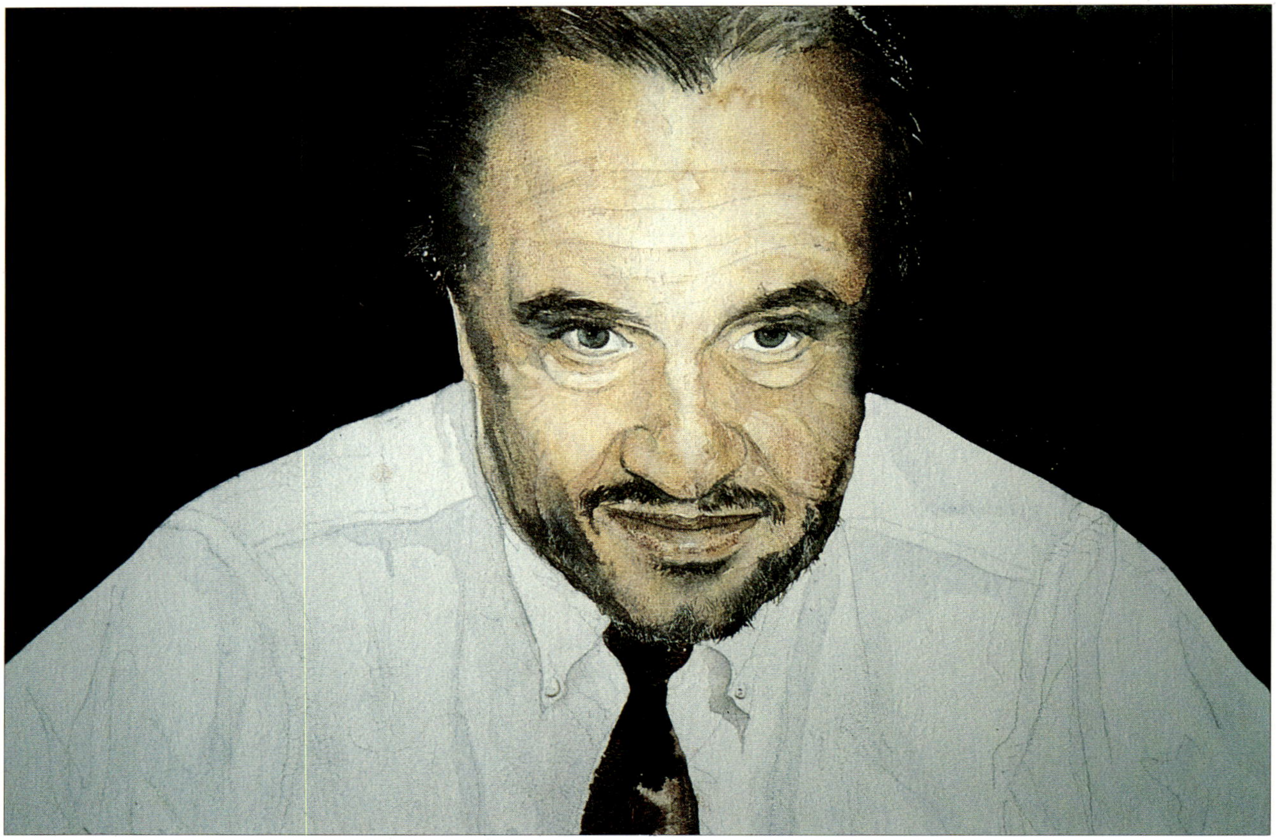

▶ PETER CLOSSICK
Jane âgée de quatre ans et demi
Huile
Un portrait peut être fidèle sans s'attacher aux traits du visage. L'attitude du modèle (le poids et l'équilibre du corps comme sa silhouette) en dit autant sur son âge et sa personnalité. Elle peut même être plus parlante. Ici, il n'y a pas d'indication précise d'échelle, mais il semble évident, si l'on observe la pose timide du sujet, les proportions du corps et de la tête ainsi que la forme fluide des membres, qu'il s'agit d'une jeune fille, et même d'une enfant, plutôt que d'une jeune femme.

▲ SANDRA WALKER
Éminence grise
Aquarelle
Ce portrait rapproché qui remplit le tableau donne une impression de malaise parfaitement adaptée à l'ambiance et à la personnalité du modèle. Les formes amples et les accents monochromatiques renforcent le côté dramatique du sujet et divisent le portrait en zones très fortement contrastées. Les subtiles variations de couleur des tons de la chair et les traits dessinés avec une précision aiguë attirent l'attention du spectateur sur le visage.

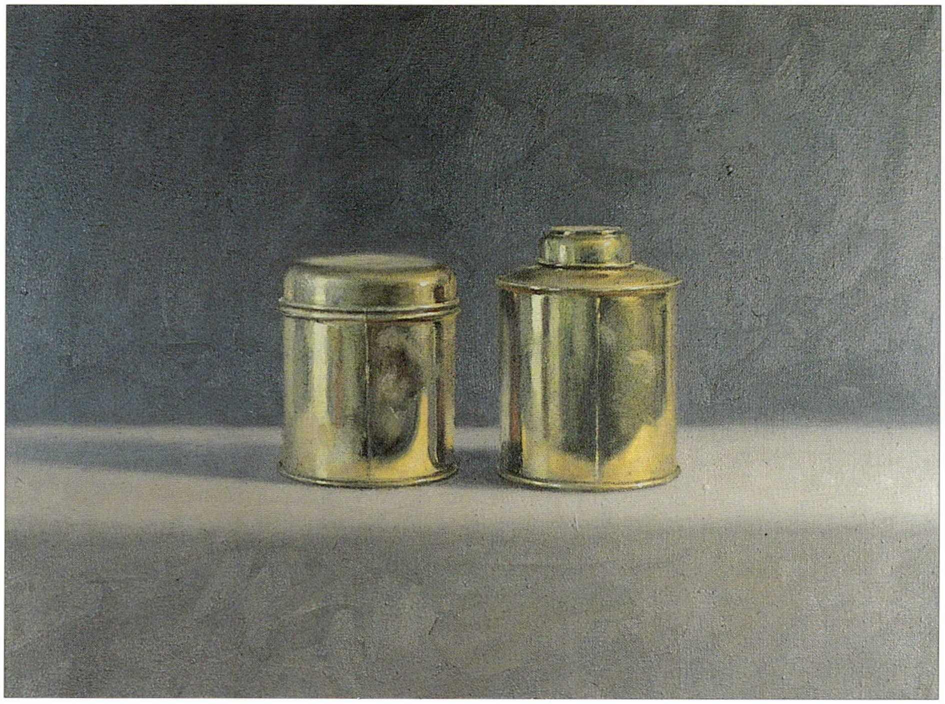

◀ JAMES MOORE
Deux objets en étain
Huile
L'apparente simplicité d'un objet ordinaire fournit les ingrédients d'un portrait parfaitement ressemblant. L'artiste s'est attaché ici à rendre avec précision la forme des objets en étain (leurs contours seuls sont parlants) ainsi que les nuances exactes des tons et des couleurs de leur surface.

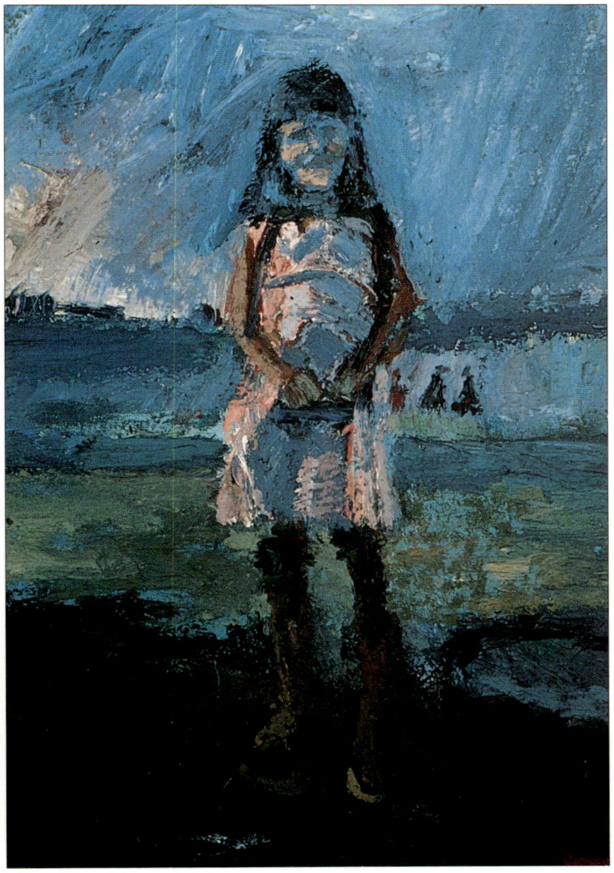

Cela dit, les photographies peuvent être d'un grand secours. De nombreux peintres auxquels on commande des portraits prennent des photographies de leur modèle et s'y réfèrent entre deux séances de pose. Une photographie ne peut pas toujours rendre toutes les subtilités de forme d'un sujet, mais il arrive que l'appareil capte un modelé particulièrement intéressant ou une expression vague très parlante, qui peuvent servir de thème au tableau. De plus, les photographies de qualité, comme celles des magazines, sont souvent très révélatrices des caractéristiques propres aux divers groupes humains, selon leur âge, leur nationalité et leur morphologie. Étudier de telles photos permet souvent de restituer ces traits particuliers (les proportions d'un visage d'adulte ou d'enfant, les variations de la couleur et de la texture de la peau dues à l'âge ou à l'exposition aux éléments climatiques, les petites rides autour de la bouche quand elle est souriante ou au contraire triste) et de raconter, à travers la peinture, la vie, l'âge et la personnalité du modèle.

Un portrait peut être simple (rien qu'une tête), en buste ou en pied (assis ou debout). Plus l'on s'éloigne et plus le contexte, les vêtements et les accessoires en rapport avec le modèle sont englobés par le tableau. La façon de trier et d'interpréter ces divers éléments fournit encore davantage d'informations sur le modèle (style de robe, lieu de travail, habitat). Ils peuvent aussi permettre de créer un arrangement plus complexe des formes et des couleurs dans le tableau.

LES ÉLÉMENTS CLÉS

Pour certains, il est aisé de repérer les éléments qui permettent de représenter un portrait ressemblant. D'autres peignent à la perfection leurs sujets sans arriver à rendre le modèle fidèle à l'original. À part la possibilité d'un don inné, il n'existe pas de truc. Tout dépend d'une observation attentive et d'une volonté de travail et d'analyse des détails sans cesse renouvelée. On ne dira jamais assez qu'on a fait la moitié du chemin quand on a une vision claire de ce qu'on cherche à portraiturer. L'autre moitié est une affaire de technique et peut donc s'apprendre.

Ce qui permet de rendre ressemblant un portrait humain s'applique à tout autre sujet. Un arbre, par exemple, peut être jeune ou vieux et donc posséder des caractéristiques distinctes en fonction de son âge et de son espèce. De même pour les animaux et les objets. Comparez une casserole en cuivre à une casserole en aluminium : les différences ne se retrouvent pas seulement dans leur forme et leur couleur mais aussi dans les signes d'usure qui accrochent la lumière. Tous les problèmes visuels exigent que vous considériez les éléments de base du sujet. Vous pouvez observer et restituer ces aspects en faisant un dessin en deux dimensions et en utilisant les propriétés de la peinture pour décrire les formes et les contours, les couleurs locales, le modelé tonal, la texture de la surface et la qualité des bords.

S'il existe un truc, le voici : fragmentez ce que vous voyez en zones faciles à gérer et terminez par les détails une fois que l'image se dessine dans ses grandes lignes.

LES EXERCICES

EXERCICE 1

Peindre un autoportrait à mi-taille

Faites un portrait de vous ou d'un autre modèle. Attachez-vous à organiser la composition de sorte que la tête du sujet attire l'attention. Inspirez-vous du portrait de Rembrandt pour la pose, l'éclairage et l'arrière-plan.

EXERCICE 2

Faire une étude familiale

À l'aide de photos (ou de vidéos) et de dessins, recherchez les airs de famille entre vos proches ainsi que les traits qui les différencient.

EXERCICE 3

Peindre son objet préféré

Cela peut être un bibelot ou un souvenir. Placez-le dans un cadre simple et efforcez-vous de rendre chaque détail de sa forme, sa couleur et sa texture, ce qui donne à un objet une présence unique.

VOIR AUSSI	
60-61	Les proportions du corps et du visage humains
70-73	Travailler à partir de photographies
150-157	La peinture à l'huile
164-167	L'aquarelle et la gouache

La figure dans son contexte

La plupart des artistes pensent que peindre une figure n'est pas seulement un exercice technique. La fascination qu'exercent les sujets humains sur les peintres repose sur l'identification, quand le tableau représente une personne en particulier ou un genre descriptif dans un contexte spécifique (un lieu, une activité, un événement ou une histoire).

À cet égard, la peinture de Manet est édifiante. La figure centrale est portraiturée de manière directe. Nous reconnaissons sans peine ce qu'elle fait grâce au contexte. Cependant, la scène qui se reflète dans la grande glace crée une intrigue. L'atmosphère du bar est rendue à la fois par l'abondance des détails (les bouteilles, les fruits et les fleurs sur le comptoir) et par le traitement rapide de l'arrière-plan qu'on aperçoit dans le miroir (avec la foule et les lumières qui scintillent).

Les relations entre les personnages réfléchis dans le miroir au premier plan défient les règles de proportions et de perspective (la distance créée par le miroir ne réduit pas leur taille). Si l'on transpose la relation spatiale au tout premier plan du tableau, l'homme que l'on aperçoit devrait alors apparaître directement devant le spectateur et lui masquer la jeune serveuse.

Or, nous savons que Manet a beaucoup travaillé à ce tableau. Les ambiguïtés qu'on y trouvent sont donc délibérées. Le peintre en a décidé ainsi. Il est important de se souvenir que lorsqu'on construit une composition, on peut trier et ajuster les différents éléments afin de rehausser les qualités purement visuelles de l'œuvre et d'évoquer une atmosphère ou de raconter une histoire. Le tableau n'a pas besoin d'être fidèle, surtout si, comme Manet, vous assemblez de nombreux éléments, choisis à des moments différents et pour des raisons diverses.

LA COMPOSITION

Parce que la figure humaine a été un thème dominant la création artistique pendant des siècles, il existe un nombre incalculable d'exemples qu'il est possible de consulter pour s'inspirer du sujet, du style et de la technique. Bien que vous soyez naturellement familier des figures au jour le jour, cela ne les rend pas plus faciles à peindre, surtout si vous espérez faire passer une idée en même temps que vous cherchez à en donner une représentation précise et reconnaissable.

105 ➤

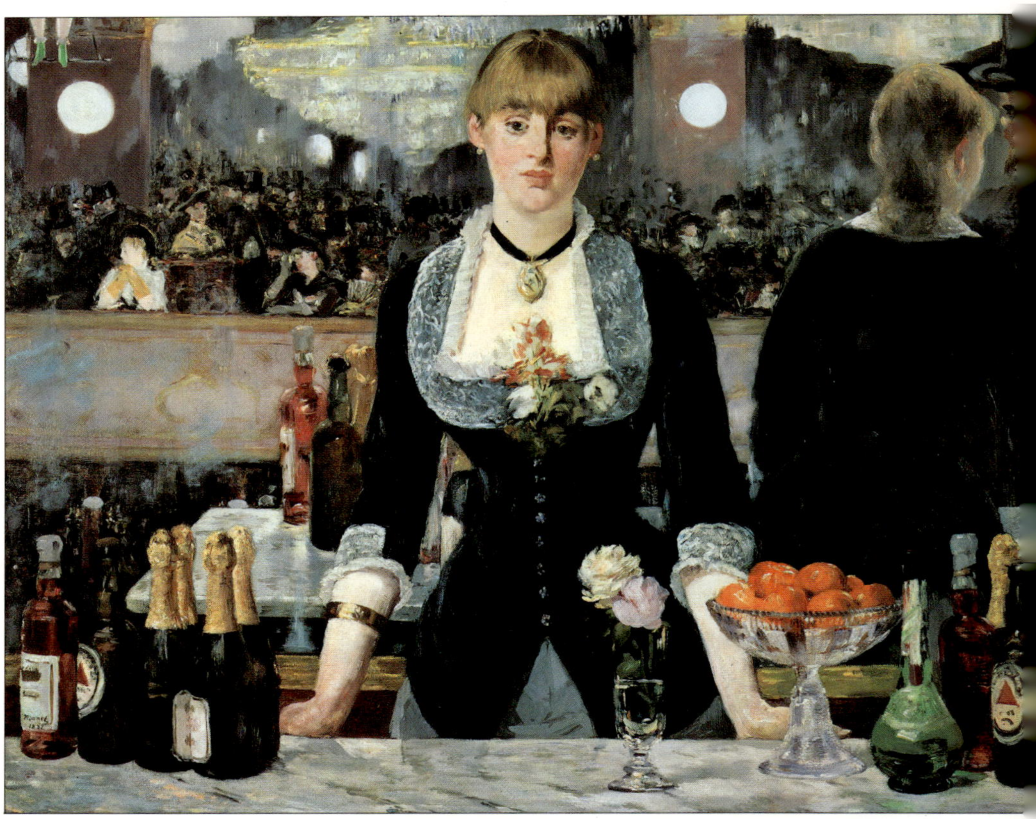

EDOUARD MANET (1832-1883)

▲ Le bar des Folies-Bergère, 1881

Ce tableau a le caractère immédiat d'une impression prise sur le vif. C'est pourtant une image composite assemblée à partir d'éléments clés pris à différentes sources. Manet a fait des croquis dans le cabaret, prenant note des personnages et des objets ainsi que de l'atmosphère animée qui se dégage de la scène brillamment éclairée. Il a ensuite recréé le comptoir en marbre et les différents objets dans son atelier et a demandé à l'une des serveuses des Folies-Bergère, Suzon, de poser pour lui. On a identifié certains des personnages de l'arrière-plan comme étant des amis du peintre, ce qui personnalise d'autant plus le cadre de référence choisi.

En décidant de placer la jeune femme au centre de la composition et en optant pour un point de vue rapproché, Manet attire ainsi le spectateur dans le tableau. L'artifice du miroir derrière le bar lui permet en outre d'agrandir l'espace et de représenter un contexte élargi. Le miroir qui réfléchit l'un des personnages et le fait discuter avec la serveuse permet également au peintre de nous raconter une histoire. Remarquez que la jeune femme a alors un rôle actif invisible à partir du point de vue frontal direct.

Par ailleurs, observez les touches rapides qui organisent les formes et les volumes (par exemple, les jambes coupées de ce qui est probablement une trapéziste suspendue dans le coin supérieur gauche).

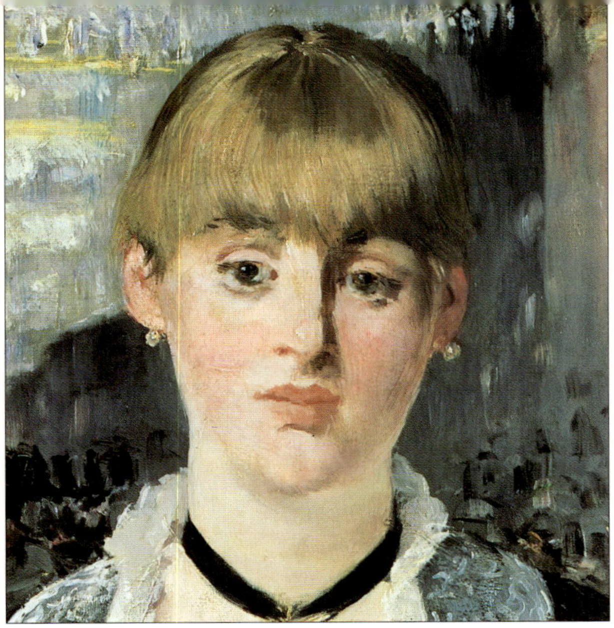

▲ Manet a modelé le visage de la jeune femme à grands coups de pinceau légers, ce qui est parfaitement adapté à un portrait doux et serein. Les lumières blanches et brillantes, comme des têtes d'épingles, dans les yeux de la serveuse lui donnent un regard lumineux.

▼ Les personnages qui se reflètent dans le miroir ne sont pas nets, ce qui suggère une certaine distance créée par la réflexion. Manet, cependant, a utilisé des contrastes de tons puissants et des formes vigoureuses dans cette partie de son tableau.

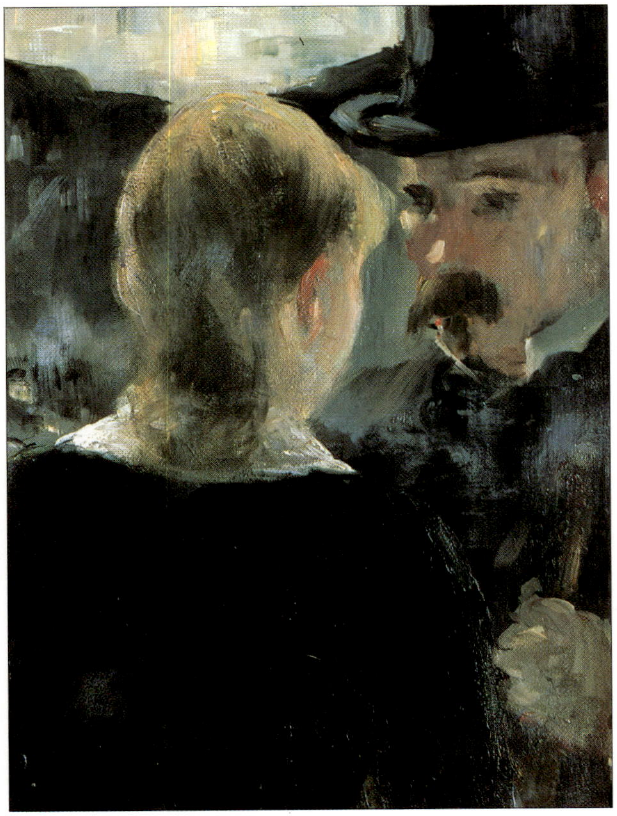

AUTRES ARTISTES À ÉTUDIER

JOHANNES VERMEER (1632-1675)
Les sujets typiques de Vermeer sont situés dans des lieux très particuliers. L'arrière-plan en est généralement très précisément détaillé. Certains tableaux sont des allégories qui décrivent la vie domestique de façon remarquable.

DIEGO VÉLASQUEZ (1599-1660)
Bien que peintre officiel de Philippe IV d'Espagne, et à ce titre ces portraits se situent dans un cadre formel, Vélasquez s'est révélé un chroniqueur d'occupations plus mondaines. C'est ce qu'illustrent des œuvres de jeunesse telles que *Vieille femme* faisant cuire des œufs, 1618, et *Le marchand d'eau*, v. 1620.

THÉODORE GÉRICAULT (1791-1824)
Géricault a montré une grande sollicitude envers la forme et la condition humaines dans ses tableaux, tels que l'ambitieux *Radeau de la méduse*, 1819, ou ses portraits d'officiers héroïques de Napoléon ou encore son portrait troublant d'*Un kleptomane*, 1822-1823 (l'une des études qu'il a peinte dans un asile de fous à Paris).

THOMAS EAKINS (1844-1916)
Le plus grand peintre américain du dix-neuvième siècle. Eakins a réalisé des études sur la vie contemporaine, traitant de gens qui font du sport ou de chirurgiens au travail, par exemple. Ses portraits sont d'un réalisme aigu, avec un sens descriptif très fort.

ÉDOUARD VUILLARD (1868-1940)
Profondément attaché à la vie familiale, Vuillard a peint des portraits de proches et d'amis dans des cadres ordinaires mais très décoratifs. Il a élaboré un style pictural sans contrainte où les motifs couvrent l'ensemble du tableau. Les personnages et les objets semblent à peine émerger de la masse de couleur et de lumière.

DAVID HOCKNEY (1937)
Ses tableaux et ses portraits colorés, clairs et figuratifs, illustrent le style et le haut niveau de vie des années 60 et 70. Dans ses œuvres ultérieures, il a développé une technique de collage photographique qui consiste à construire une image à partir de centaines d'instantanés.

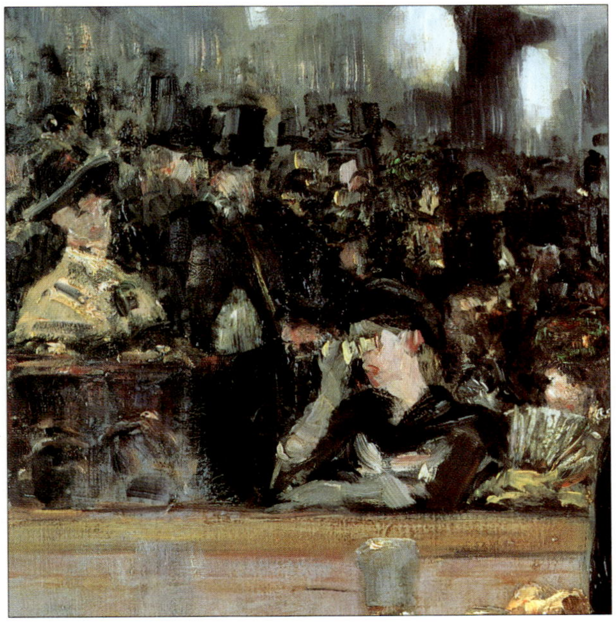

◄ La foule se reflétant dans le miroir est représentée grâce à une multitude de petites touches nerveuses. Les lumières, les ombres et les accents de couleur qui s'en dégagent évoquent la complexité des formes plus ou moins clairement définies.

VOIR AUSSI	
56-59	Peindre une figure
60-61	Les proportions du corps et du visage humains
84-93	La composition
150-157	La peinture à l'huile

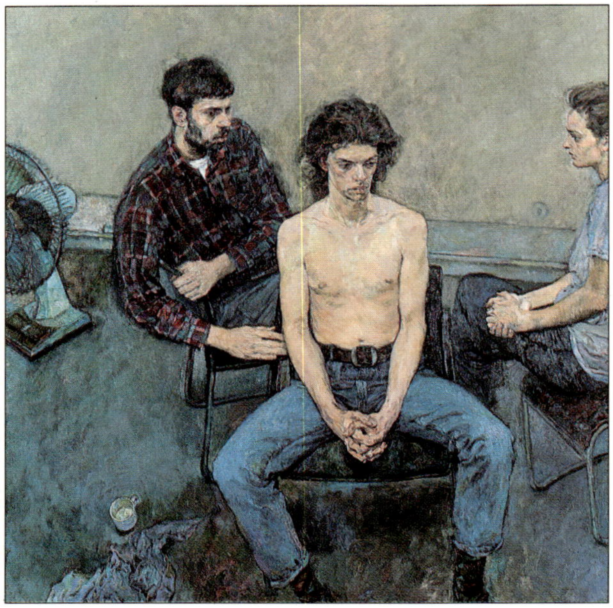

▶ Carole Katchen
Chez Zach dans l'après-midi
Huile
Au contraire du tableau de Mortimer, l'ambiance est ici décontractée et intime. L'artiste a appliqué la couleur en masses puissantes, très contrastées. Les couleurs à elles seules créent l'atmosphère. Les détails sont simplifiés ; le tableau offre un portrait charmant des consommateurs dans leur environnement.

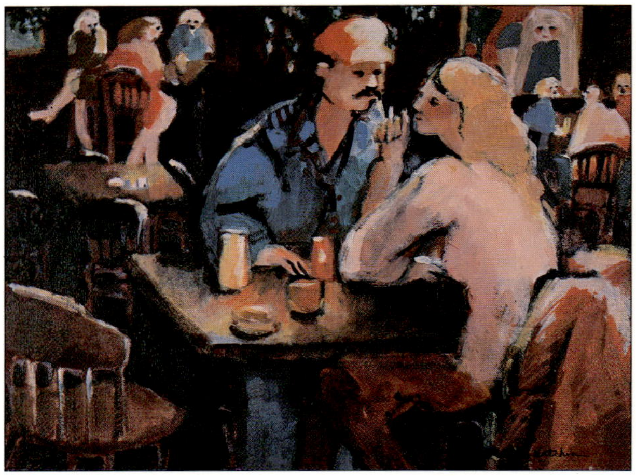

▲ Justin Mortimer
Trois figures assises
Huile
La figure du centre est tendue, alors que les deux autres sont renfermées et sur la défensive. L'environnement froid et nu accentue le sentiment d'isolement même si, pour traiter les personnages et l'arrière-plan, l'artiste a choisi de marier de grands coups de pinceau vigoureux à de magnifiques petites touches de couleur.

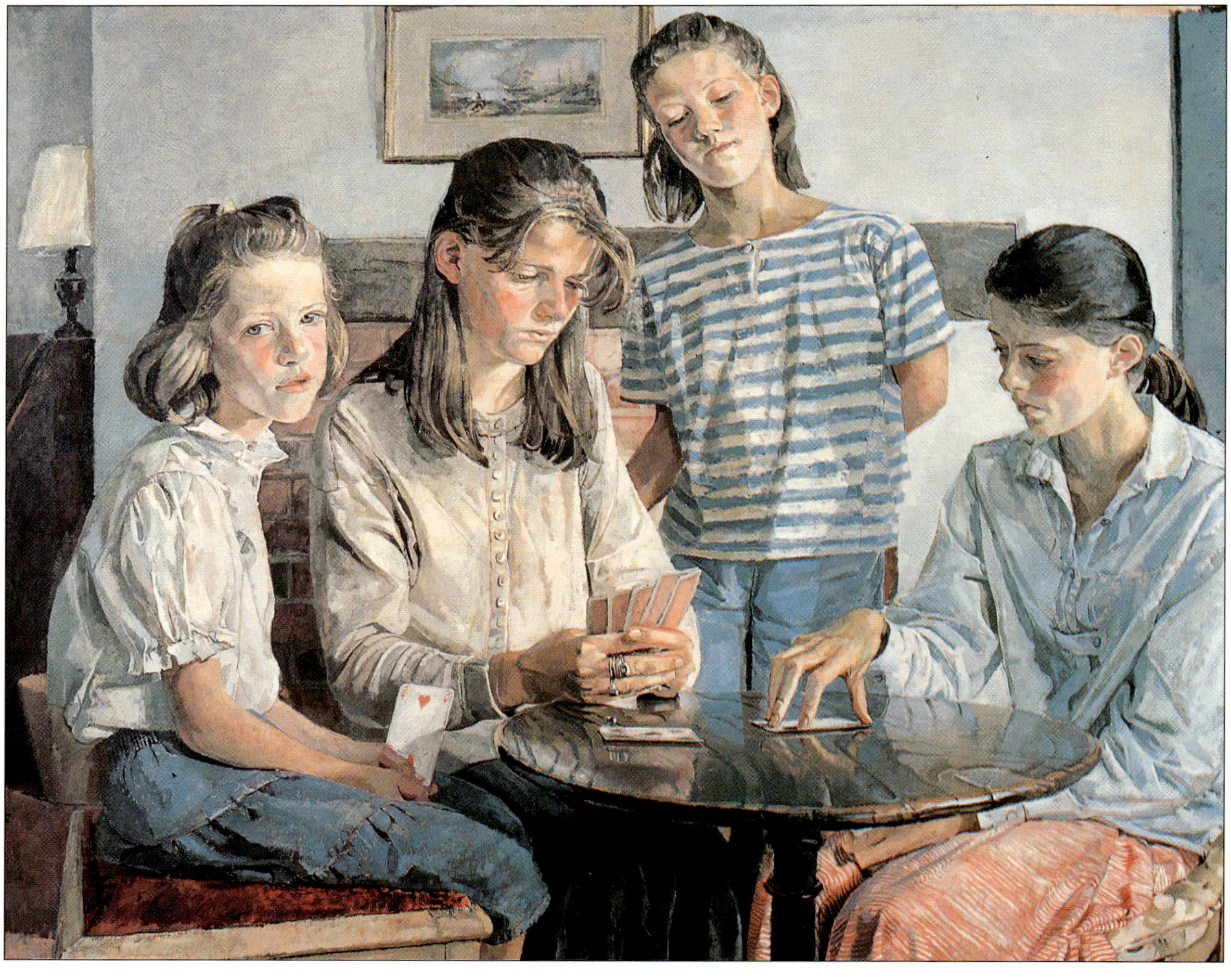

▶ Daphne Todd
Les filles de Mr et Mrs Giles Curtis
Huile sur bois
On distingue parfaitement les personnalités différentes des jeunes filles à travers les poses et les expressions qu'elles adoptent. L'aînée est calme et concentrée tandis que celle qui se tient derrière elle a une attitude espiègle. Le groupe semble uni. Les couleurs naturelles contribuent à créer une douce atmosphère familiale.

Si vous vous concentrez sur une figure unique, il est préférable de trouver un modèle qui accepte de poser pour vous. Comme nous vous l'avons expliqué dans la Leçon 6, au Chapitre 1 de ce livre, un tableau se met à vivre quand on lui ajoute des détails intéressants et personnalisés. Travailler d'après nature permet d'avoir une mine d'informations dans laquelle il suffit de puiser les détails les plus révélateurs.

Même si le tableau dépeint un personnage en particulier, il n'est pas exclu de lui adjoindre d'autres figures, comme dans *Le bar des Folies-Bergère*. Comme nous l'avons déjà expliqué, Manet a inclus des portraits de ses amis au milieu des clients, mais il les a habilement mêlés à la foule, de sorte qu'on ne les voit que partiellement ou inexactement, comme s'ils étaient là par hasard. C'est une approche qui s'apparente à la photo ou au croquis que vous pouvez vous aussi utiliser (voir Leçon 8).

PORTRAITS DE GROUPE

Dans un portrait d'un groupe de figures où tous les sujets sont importants et à peu près à la même échelle, il existe des formes et des rythmes dynamiques dus aux interactions entre les personnages. Il s'agit alors d'organiser les rapports entre eux, avec l'espace pictural et avec le cadre extérieur de la composition. Comme il est impossible de demander à plusieurs personnes de poser, on travaille généralement à partir de dessins et/ou de photographies. Ses différentes sources permettent de trier les personnages et les détails choisis pour l'arrière-plan.

La dynamique d'un groupe, c'est davantage que l'aspect formel d'une composition, fournissant les formes, les couleurs et les textures. C'est aussi l'atmosphère qui se dégage des personnages et peut-être même l'histoire qu'ils vivent. Une relation active entre les sujets s'exprime par l'angle des corps, la façon dont ils se penchent les uns vers les autres, se cachent partiellement ou communiquent par gestes (une main tendue, un doigt pointé ou un bras posé sur les épaules impliquent une interaction directe, alors que des bras croisés, des épaules voûtées et des dos tournés expriment un malaise, une tension, à l'intérieur du groupe). D'un autre côté, si le sujet du tableau demande à être isolé physiquement du reste du groupe, il faut faire un gros plan de sorte que les personnages soient situés au bord du cadre et que cela crée un climat conflictuel.

Une fois que les personnages sont à leur place, pensez à laisser un certain espace entre eux et traitez leur environnement positivement. Comme dans le cas d'une figure seule, l'arrière-plan peut jouer un rôle narratif important. Il peut aussi n'être que décoratif ou servir de faire-valoir aux sujets humains. Il est essentiel de réfléchir à la façon dont l'arrière-plan va permettre de relier les personnages et d'en faire un groupe homogène.

Un des désavantages du travail à partir de photographies est qu'il vous faudra sans doute rassembler des personnages qui ont été pris à des distances et des échelles diverses. L'éclairage, également, peut être très différent d'une photo à l'autre. Faites particulièrement attention à l'échelle relative des personnages dans leur entier et des parties de leurs corps. Veillez à ce que les lumières et les ombres les plus intenses s'harmonisent (si nécessaire, réduisez la clé tonale de l'ensemble du tableau afin de minimiser les variations trop flagrantes).

LES EXERCICES

EXERCICE 1

Construire un groupe de figures
Choisissez deux ou trois dessins ou photographies qui illustrent des relations intéressantes entre trois personnages, voire davantage. Servez-vous des informations recueillies pour dessiner un groupe relativement complexe (par exemple, certaines personnes en cachent d'autres ou se touchent). Peignez de manière directe, avec des tons et des couleurs réalistes.

EXERCICE 2

Renforcer un climat
Gardez certains aspects de l'exercice précédent (par exemple, des personnages qui se touchent, un mouvement dynamique qui conduit l'œil à l'intérieur du groupe ou à l'extérieur, une figure isolée). Puis reconstruisez la composition afin d'accentuer cet aspect. Par exemple, si vous avez rassemblé les personnages, pensez maintenant à la façon dont les membres et les formes des corps peuvent se mêler ; si au contraire ils sont éloignés, cherchez à manipuler la couleur et les détails de l'arrière-plan pour souligner un climat particulier que vous voudriez rendre à travers ce tableau. Il vous faudra peut-être envisager une approche plus imaginative et plus expressionniste (voir Leçon 18).

VOIR AUSSI

52-55	Travailler à partir de dessins
84-93	La composition
106-109	Approches expressionnistes
150-157	La peinture à l'huile

Approches expressionnistes

La peinture expressionniste va au-delà des apparences. Elle utilise des artifices de technique et de composition qui lui permettent de développer un certain climat et une certaine atmosphère. En déformant ou en exagérant des aspects particuliers de son sujet, l'artiste fait réagir le spectateur de façon émotive. Le tableau expressionniste donne une représentation plus subjective qu'objective de la réalité sans être forcément « irréel » (ni menaçant comme *Le café de nuit* de Van Gogh) .

COMPOSITION ET STYLISATION

Dans *Le café de nuit*, Van Gogh utilise de nombreux artifices afin de créer un sentiment de malaise et de violence imminente. La perspective de la pièce est établie d'après les conventions normales. Les murs des côtés et le plancher convergent vers un point de fuite. Au premier abord, un grand espace semble s'ouvrir devant le spectateur. Mais quelque chose ne va pas, le spectateur se sent aspiré vers la petite porte du fond. Tout concourt d'ailleurs à créer cet effet : les lignes directionnelles des murs et du sol sont exagérées ; les coups de pinceau sont acérés ; les contours de la porte, quoique fortement éclairée par une lumière qui vient de derrière, sont laids et soulignés d'un noir inquiétant. La pièce semble animée d'un curieux mouvement, destiné à propulser le spectateur vers la cavité qui s'ouvre dans le mur. D'autres éléments de la composition suivent la perspective déformée de sorte que les chaises et les tables, placées près des murs, semblent être comprimées sur les bords du cadre. Les clients attablés paraissent presque insignifiants, tandis que la table de billard, occupant tout le centre de la pièce, projette une ombre menaçante. Le propriétaire du café est représenté de façon ambiguë : il fait face au spectateur, mais est-il bienveillant ou hostile ?

La déformation et la stylisation caractérisent l'approche expressionniste. Comme dans ce tableau, l'impression d'espace et de distance peut être intensifiée par une perspective exagérée. Dans les paysages, les sujets architecturaux et les intérieurs, une composition sélective et une déformation des objets permettent de créer un climat particulier.

109 ➤

VINCENT VAN GOGH (1853-1890)

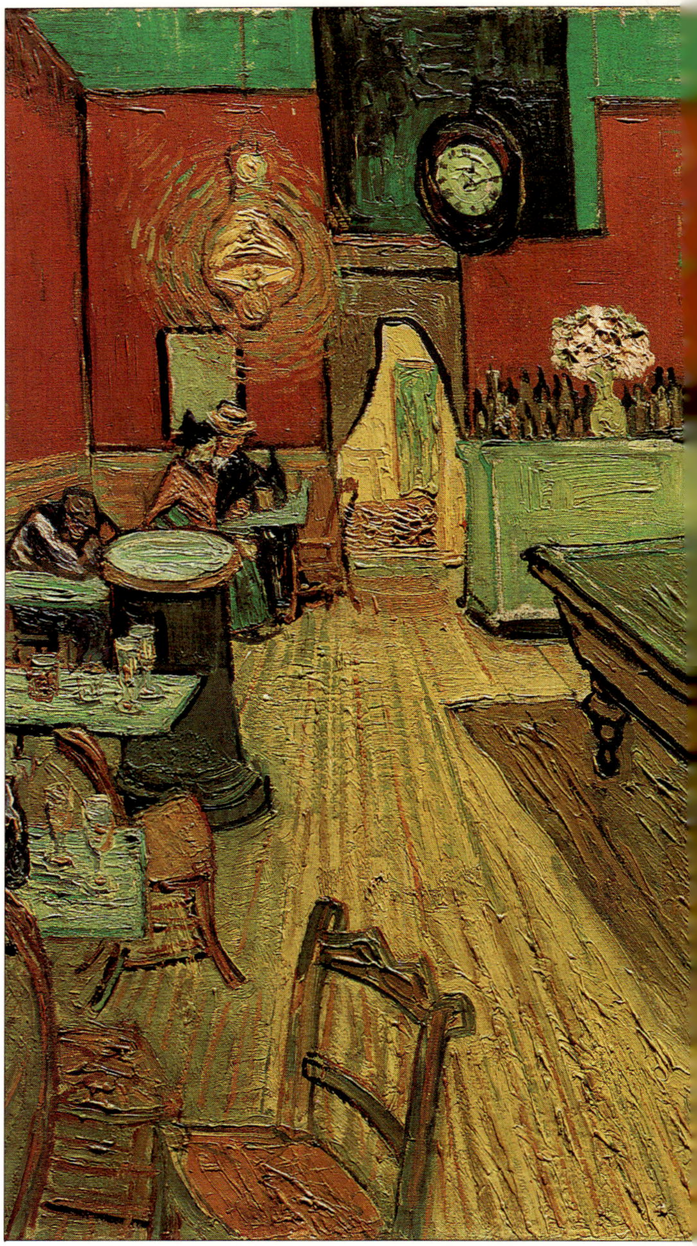

► **Le café de nuit**, 1888
Dans ce tableau, Van Gogh se sert de la couleur pour transmettre d'intenses qualités émotionnelles. Il a d'ailleurs écrit : « J'ai cherché à exprimer les terribles passions humaines par le rouge et le vert… J'ai tenté, à l'aide de doux verts Louis XV et Véronèse contrastant avec les vert-jaune et les vert-bleu durs, d'exprimer comme la puissance des ténèbres d'un assommoir — et tout cela dans une atmosphère de fournaise infernale de soufre pâle. »

Van Gogh voit le café comme « un lieu où l'on peut se ruiner, devenir fou ou commettre un crime ». Il utilise des contrastes de tons très prononcés pour suggérer un éclairage cru ; il déforme la perspective de sorte que le spectateur se sente aspiré par l'espace ouvert de la pièce vers la petite porte du fond. Les attitudes des personnages illustrent divers degrés de misère et de peur.

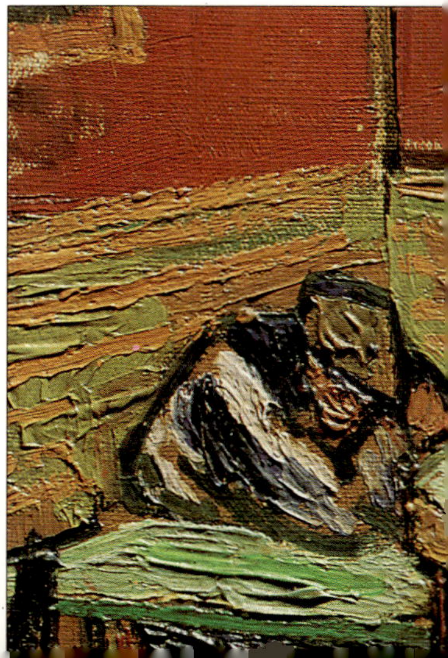

► Les personnages sont représentés simplement par des formes élémentaires. Van Gogh s'exprime en appliquant la couleur en épais empâtements. Les poses sont cependant expressives ; les traits foncés, qui accentuent leurs contours, intensifient les couleurs.

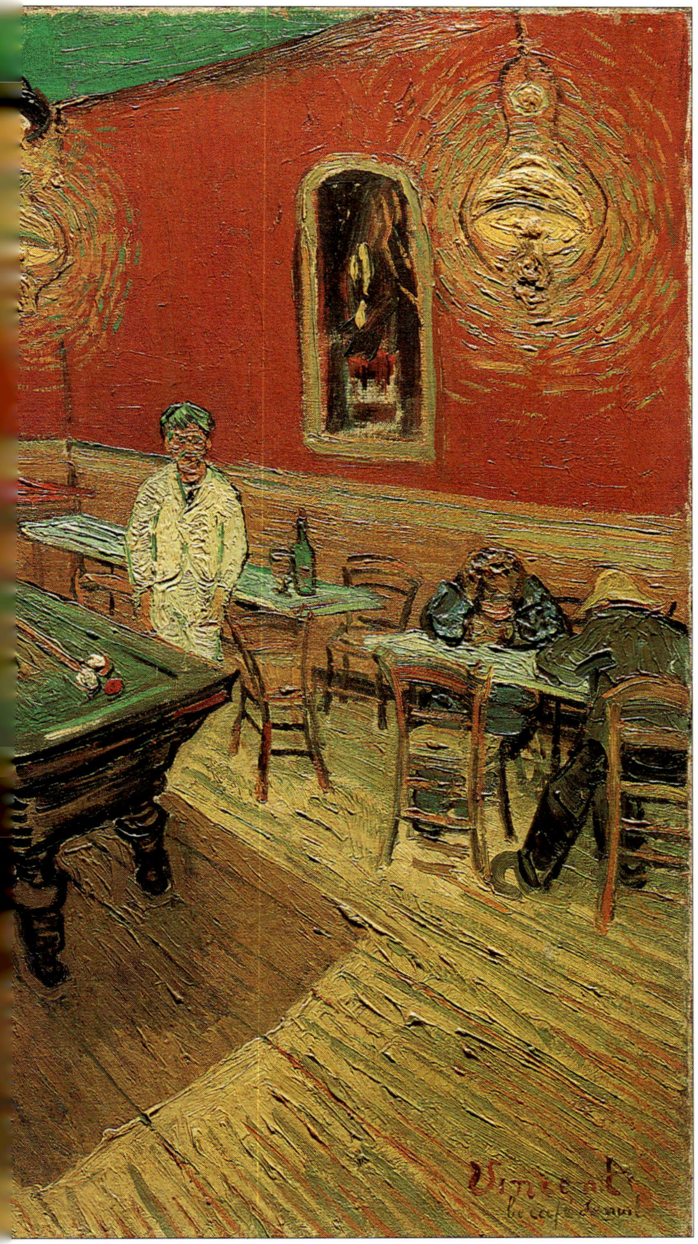

AUTRES ARTISTES À ÉTUDIER

JAMES ENSOR (1860-1949)
Le peintre belge Ensor communique sa vision pessimiste de l'humanité en transformant des gens ordinaires en une galerie de personnages de cauchemar. Ils ont un air macabre et certains portent des masques effrayants. C'est souvent une peinture narrative et parfois figurative dans l'expression des émotions et des atmosphères.

EDVARD MUNCH (1863-1944)
Munch ne cache pas son appartenance à un style expressionniste chargé d'émotions. Pour s'en convaincre, il suffit de lire le titre de ses œuvres les plus connues : *Le cri*, 1893, *Le baiser*, 1892, *Jalousie*, 1895, et *Autoportrait en enfer*, 1895. Les formes, les couleurs et les textures rapprochent réalité et monde intérieur.

EMIL NOLDE (1867-1956)
Les tableaux de Nolde couvrent une large gamme de sujets, des thèmes bibliques aux simples études de fleurs et de paysages. Les atmosphères sont parfois menaçantes, parfois bienveillantes. Ses aquarelles en particulier illustrent de façon magistrale l'utilisation expressive de la couleur pure.

ERNST LUDWIG KIRCHNER (1880-1938)
L'imagerie de Kirchner est fortement stylisée et souvent proche de l'Abstraction. Le sujet choisi et la technique employée, qui fait appel à des couleurs intenses et à des touches nerveuses, sont typiques de l'approche picturale des expressionnistes.

FRANCIS BACON (1910-1992)
Bacon a développé une forme très originale d'Expressionnisme caractérisée par de violentes distorsions de la forme et de l'espace. Ses couleurs sont rarement dures ou criardes comme l'étaient celles des premiers expressionnistes, mais même les harmonies de couleur contribuent d'une certaine façon à l'aspect dérangeant de son œuvre.

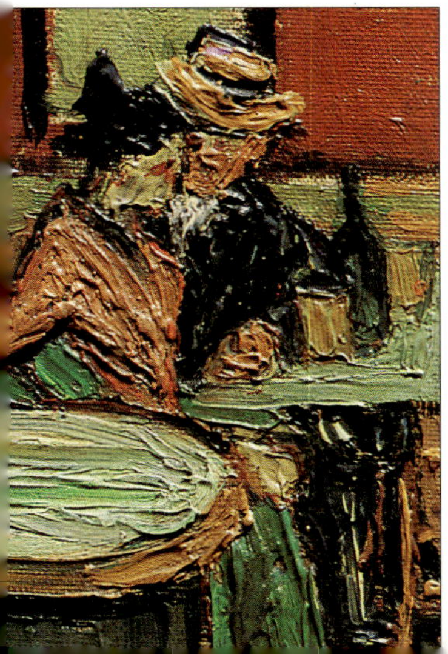

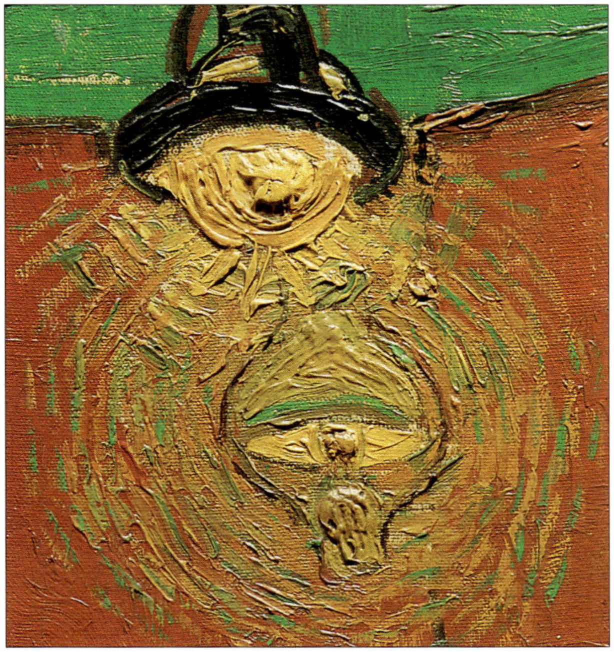

► Le halo de la lampe est peint à l'aide de vigoureux traits de couleur qui irradient : remarquez le jaune soufre, qui domine l'ensemble du tableau, et le vert qui fait ressortir la lumière en jouant sur les contrastes avec sa couleur complémentaire, le rouge de l'arrière-plan.

VOIR AUSSI	
40-43	Les règles de la perspective
110-113	La couleur expressive
151-153	L'impasto

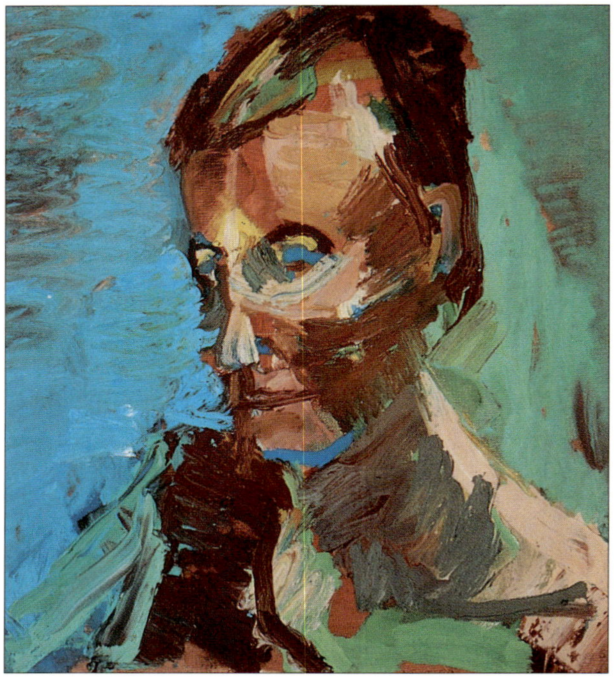

◄ PETER CLOSSICK
Lynn Clare
Huile
Grâce aux touches épaisses et aux changements brusques de couleur, ce portrait frappe le spectateur. La forme est directement exprimée par les mouvements du pinceau modelant une série de plans et de courbes. L'artiste a utilisé les contrastes des couleurs complémentaires (marron chaud et vert froid, vert et rose), mais les tons et les teintes spécifiques créent des notes discordantes qui suggèrent un climat houleux.

▼ GEORGE ROWLETT
Canal de nuit, Venise
Huile
Remarquez ici les touches actives qui rompent la stabilité des volumes, comme dans un sujet architectural. Elles caractérisent un élément particulièrement expressionniste.

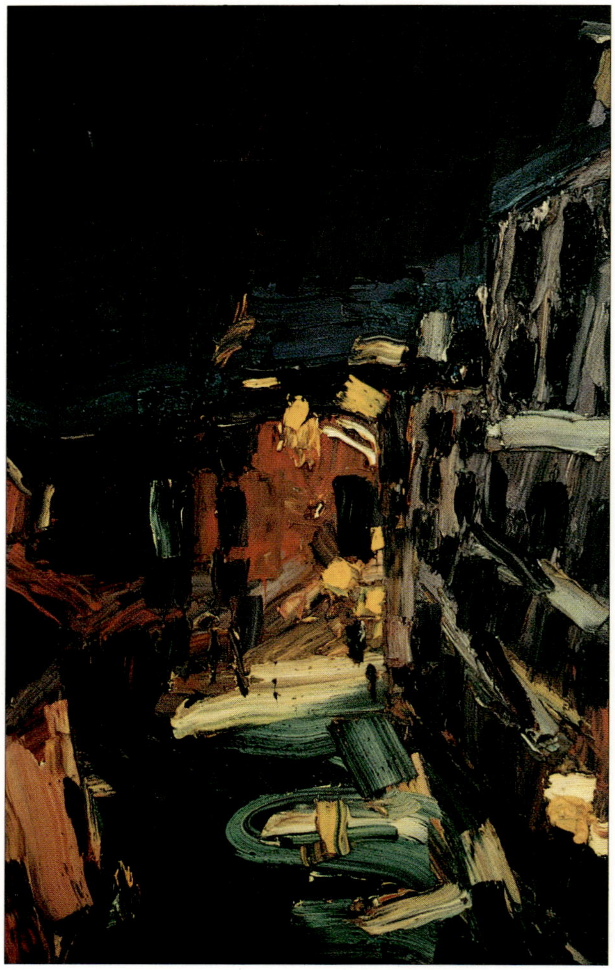

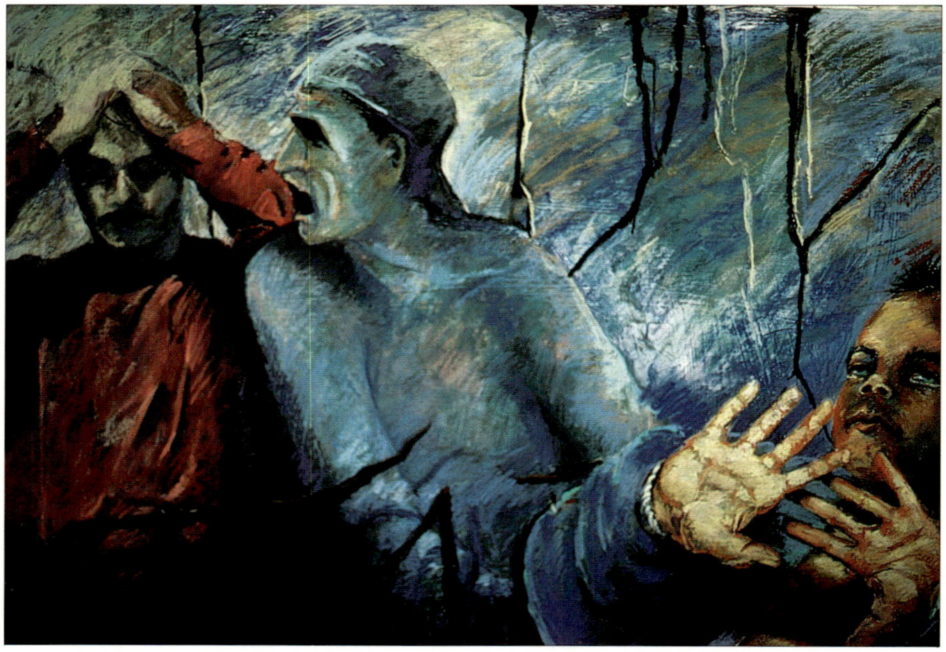

◄ GWEN MANFRIN
Bedlam
Pastel et acrylique
La pose adoptée par les personnages et la place de ceux-ci par rapport au cadre du tableau expriment un puissant sentiment de chaos et de détresse. L'éclairage cru et la texture perturbent également le spectateur ; pour cela, le peintre utilise les véritables textures des matériaux et des pastels aux couleurs intenses.

Dans les portraits, une telle approche relève de la caricature. Les traits et les silhouettes des personnages sont exagérés, parfois même jusqu'à la difformité, de façon à accentuer le propos narratif de l'image ou de ses associations.

Il est aussi possible de simplifier les détails de sorte qu'une personne ou un objet soient réduits à l'essentiel tout en restant reconnaissables. L'expressionnisme ne cherche toutefois pas toujours à provoquer ou déranger. Parfois, les artifices expressionnistes servent à créer des visions lyriques.

LA COULEUR COMME EXPRESSION

Dans *Le café de nuit* de Van Gogh, les couleurs sont intenses et fiévreuses. Les tons dominants créent une luminosité irréelle dans la pièce. Le rouge « sang » des murs et le vert vif du plafond, qui sont des couleurs complémentaires (voir page 27), apportent une note discordante. Les valeurs s'opposent, aidées en cela par l'utilisation de plusieurs verts, allant du jaune-vert acide au vert-bleu pâle. L'intensité de ces couleurs vives est rehaussée par leur contraste avec les zones sombres.

Remarquez surtout le jaune. Il domine ce tableau. Van Gogh en a fait la couleur principale d'un grand nombre de ses œuvres majeures.

Bien que le jaune puisse être associé de façon plaisante, particulièrement à la lumière du soleil, il n'est pas toujours agréable à l'œil. Une grande zone jaune peut même avoir un effet perturbant. La teinte et le ton particuliers du jaune dans ce tableau de Van Gogh sont presque étouffants.

Une utilisation expressive de la couleur implique un élément subjectif, mais il y a aussi des interactions prévisibles entre les couleurs, qu'il est possible d'exploiter afin de créer un climat particulier. Des contrastes délibérés de teintes et de tons permettent d'introduire des notes discordantes dans une composition, étayant le portrait d'un événement violent ou d'une atmosphère de malaise. À l'inverse, les harmonies de couleurs et de tons peuvent aider à évoquer des émotions calmes et sereines.

Les attributs expressifs de la couleur seront expliqués plus loin dans les pages 110-113.

LES EXERCICES

EXERCICE 1

Exprimer un climat
Peignez un autoportrait à l'huile ou à l'acrylique en appliquant la couleur en touches vigoureuses. Efforcez-vous de rendre un certain climat. Par exemple, si vous êtes en colère, utilisez des couleurs intenses et des traits durs pour décrire les yeux, le nez et la bouche ; à l'inverse, pour exprimer le calme, utilisez des couleurs harmonieuses (pas forcément fidèles) et des formes fluides et arrondies.

EXERCICE 2

Exprimer un caractère
Aidez-vous d'une photographie et représentez un animal. Concentrez-vous sur son caractère : agressif chez un prédateur, funeste chez un vautour, ou timide chez une biche ou un lapin. Utilisez une gamme réduite de couleurs qui ne soient pas celles de la réalité. Il ne s'agit pas ici de faire un portrait ressemblant mais de décrire le caractère de l'animal, en particulier à travers les traces du pinceau.

EXERCICE 3

Un lieu
Choisissez un intérieur ou un extérieur relativement simples et réalisez-en plusieurs croquis en couleurs. Efforcez-vous de recréer ce lieu en faisant varier l'atmosphère qui s'en dégage. Pour chaque composition, sélectionnez quelques caractéristiques, puis interprétez les formes et les couleurs de façon appropriée. Appliquez la couleur librement en vous servant par exemple de pastels ou d'aquarelle.

TRACES EXPRESSIVES

Le rythme vigoureux des touches caractérise Van Gogh mais aussi les expressionnistes ultérieurs. Les traits directionnels, épais et en masse, construisent la forme et la structure de manière exagérée. La subtilité est absente d'un tableau comme *Le café de nuit* ; les halos autour des lampes font penser à des soleils, chaque touche de couleur, jaune citron, orange, vert, se détache nettement.

Dessiner avec un pinceau permet d'exprimer un climat, une ambiance, spécifiques. En soulignant les formes et les contours individuels, l'artiste attire l'attention sur ce qui a été exagéré ou déformé. Les zones de couleur composées à coups de pinceau interactifs et divers — points, tirets, traits, gribouillis — permettent aux surfaces plates et aux plans simples d'adopter un caractère expressif. Une forme cohérente ou un effet de surface uniforme émergent encore par endroits de cette masse de traits (c'est le cas dans *Le café de nuit* de Van Gogh, où les parallèles fuyantes du plancher sont décrites à l'aide de nombreuses valeurs de couleurs tracées vigoureusement sur la toile).

VOIR AUSSI	
24-29	La couleur et le ton
150-151	Le travail du pinceau
150-157	La peinture à l'huile
176-181	Les techniques mixtes

LA COULEUR EXPRESSIVE

L'UTILISATION DE LA COULEUR EN TANT QUE MOYEN D'EXPRESSION IMPLIQUE TOUJOURS UN HAUT DEGRÉ DE SUBJECTIVITÉ. LA PERCEPTION DES COULEURS ET LEUR INTERACTION OPÈRENT À DES NIVEAUX DIFFÉRENTS, À LA FOIS PHYSIQUES ET ÉMOTIONNELS. IL N'EXISTE PAS DE FAÇON DÉFINITIVE DE DÉCRIRE LES PROPRIÉTÉS D'UNE COULEUR SPÉCIFIQUE ; PAR CONSÉQUENT, IL N'EST PAS PROUVÉ QUE CHAQUE INDIVIDU Y VOIT LES MÊMES ATTRIBUTS. DE PLUS, NOUS SOMMES INFLUENCÉS PAR LE GOÛT ET LA MODE AINSI QUE PAR LES ASSOCIATIONS DES COULEURS AVEC LES CHOSES — LE CIEL EST BLEU, LE FEUILLAGE EST VERT, LE SOLEIL EST JAUNE.

De tout temps, les peintres ont utilisé la couleur pour décrire et exprimer, assumant ainsi que nos réponses à la couleur étaient à peu près identiques. Des théories sur la couleur ont tenté d'identifier nos réponses par rapport aux interactions de couleur, mais elles se sont souvent révélées erronées dans la pratique. Elles fournissent toutefois un certain nombre d'indications précieuses sur l'utilisation créative de la couleur. En dernier recours cependant, nous vous conseillons de traiter la couleur telle que vous la voyez, et d'avoir confiance en votre jugement sur les effets qu'elle aura dans la composition.

L'INTERACTION DES COULEURS

Les sensations purement visuelles que nous avons des couleurs (sa teinte, son ton et son intensité) constituent les ingrédients de base de leurs interactions. Il est possible de les manipuler de diverses manières. Si vous choisissez un traitement réaliste de votre sujet, vous pouvez produire un tableau expressif en exagérant les propriétés des couleurs et ainsi renforcer leur impact.

Les sensations les plus fortes proviennent des contrastes les plus prononcés (une couleur juxtaposée à sa

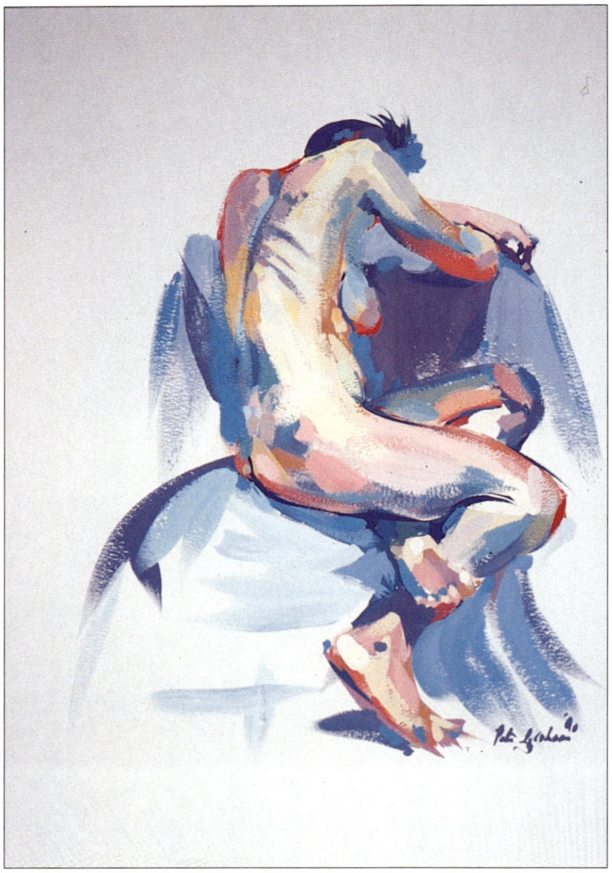

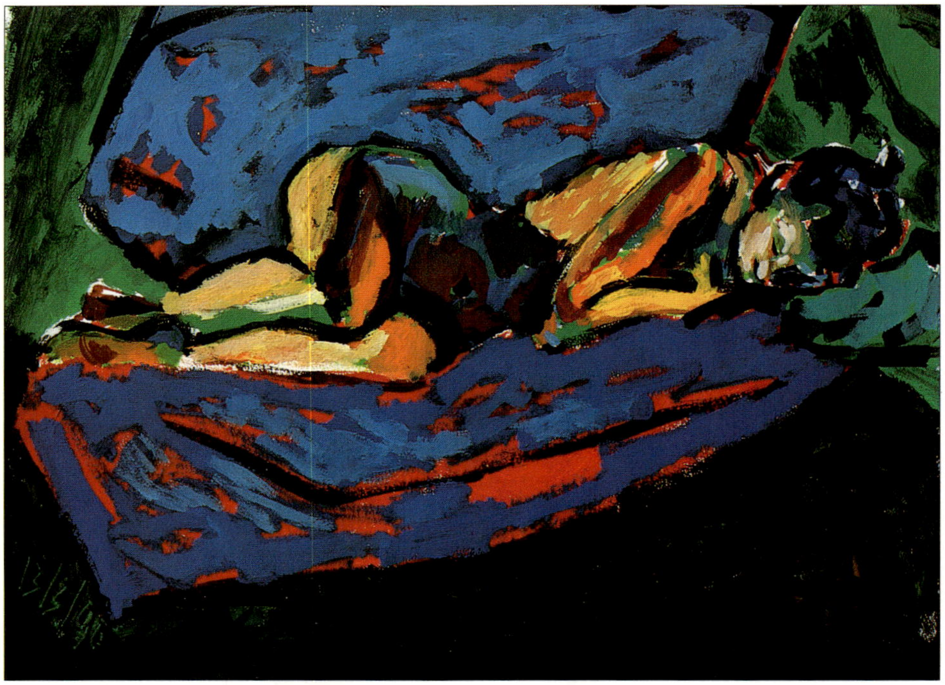

CRÉER UN IMPACT AVEC LES COULEURS
◄ Ce **Nu dormant** de DAVID CUTHBERT est modelé à l'aide d'oppositions fortes de couleurs et de tons. L'artiste exploite aussi bien les contrastes complémentaires que les lumières intenses et les ombres sombres et profondes.

MODELER AVEC LES COULEURS
▲ L'équilibre tonal de ce tableau, intitulé **D'après Ingres**, de PETER GRAHAM est discret. L'artiste utilise les variations entre couleurs chaudes et froides pour décrire la forme. Il compense la chaleur des roses et des oranges par des mauves et des bleus froids.

complémentaire, un ton clair sur un ton foncé, des couleurs chaudes avec des couleurs froides). Un contraste est une forme d'opposition, de sorte que les interactions tendent à être actives et agressives. Plus le contraste est extrême et plus l'effet visuel est dynamique.

Les contrastes complémentaires
Ils sont d'autant plus intenses que vous utilisez des couleurs saturées à leur maximum : par exemple, un vermillon brillant couplé à un vert émeraude ; un bleu de cobalt et un orange vif ; un jaune lumineux et un pourpre moyen brillant.

Les contrastes de tons
Le contraste de tons extrême est celui qu'on trouve entre le noir et le blanc. Quand vous utilisez des couleurs, pensez à vous servir d'une échelle comparable. Appliquez par exemple des teintes riches et foncées avec des couleurs pastel pâles.

Les contrastes entre couleurs chaudes et froides
Voici un exemple éloquent : un cramoisi chaud et profond avec un bleu froid et clair. Notez cependant que la même couleur peut être chaude ou froide selon les circonstances. Un jaune citron est froid à côté d'un orange, mais chaud à côté d'un bleu clair ou d'un vert jaunâtre.

112 ➤

APPLIQUEZ DES COULEURS CONTRASTANTES EXPRESSIVES

Afin d'imaginer comment ces options peuvent se rapporter à un sujet réel, prenez l'exemple d'un portrait traité de diverses manières. De toute évidence, les mêmes principes s'appliquent à d'autres sujets. Si l'on aborde en premier les contrastes complémentaires, vous pouvez introduire un vert subtil et des ombres bleues ou violettes pour équilibrer le rose et le jaune des teintes chaudes de la chair, ou, pour un effet extrême, vous pouvez représenter ces variations par d'intenses contrastes mariant le rouge avec le vert, l'orange avec le bleu, le jaune avec le pourpre. Les lumières et les ombres d'un portrait peuvent être interprétées comme des tons fortement opposés, accentuant ainsi la valeur des couleurs plutôt que leurs teintes particulières. Les couleurs chaudes tendent à avancer, tandis que les couleurs froides reculent : sachant cela, vous pouvez modeler un visage en employant des couleurs pâles mais froides dans les ombres et les creux (bleu et violet pastel ou vert et jaune acides) et introduire des touches intenses de couleurs moyennes chaudes (rouge de cadmium ou orange, par exemple) dans les courbes qui accrochent la lumière.

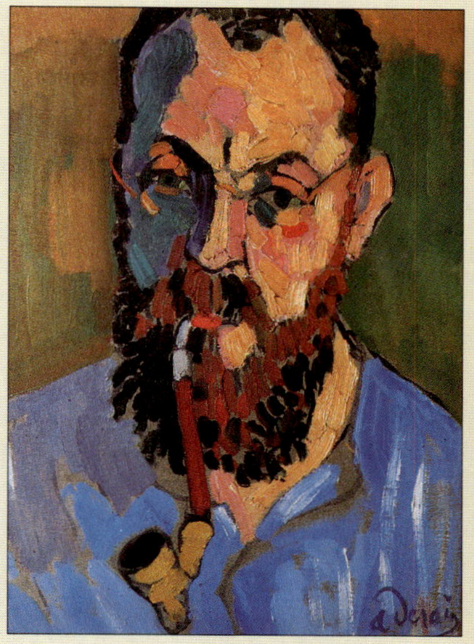

► Dans ce **Portrait d'Henri Matisse**, ANDRÉ DERAIN a traité les contrastes de couleurs de façon si puissante que le visage est comme divisé en deux parties, chacune contenant la couleur opposée qui fait contrepoint. La technique de l'impasto très épais renforce cet impact.

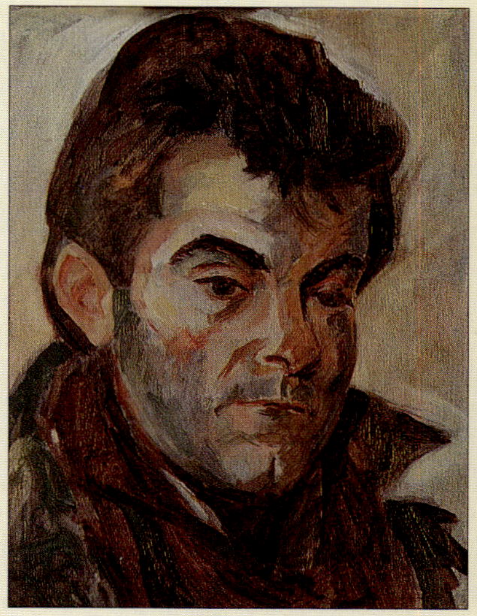

► Une utilisation expressive de la couleur ne résulte pas forcément d'une image dramatique ou non conventionnelle. Ce portrait informel et naturaliste de ROSALIND CUTHBERT oppose avec habileté des bruns, chauds et prédominants, à des ombres vertes, plus froides.

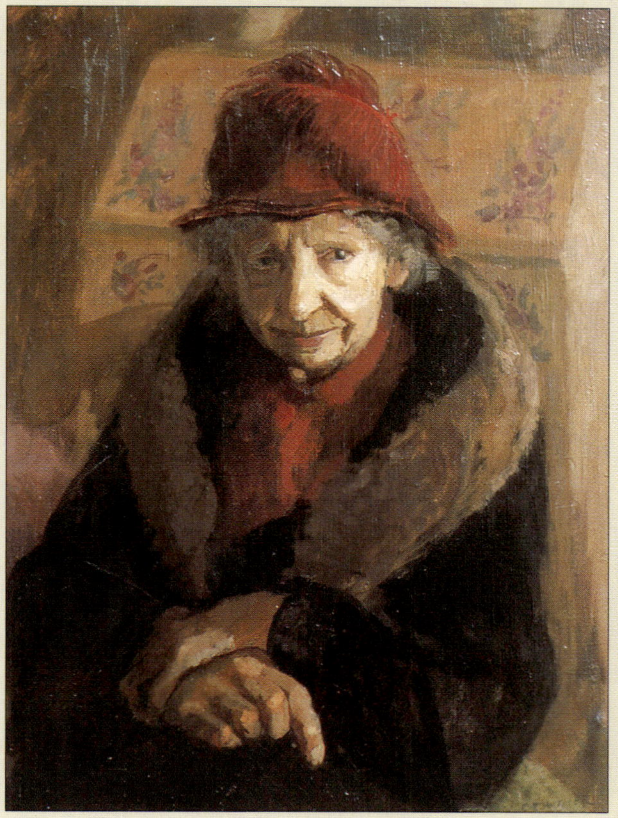

◄ Dans ce portrait bienveillant, intitulé **Mrs Snow**, STEPHEN CROWTHER emploie peu de tons et de couleurs. Le visage très pâle attire l'attention, d'autant plus que le manteau est foncé. Le rouge moyen chaud est contrebalancé par des couleurs neutres.

VOIR AUSSI

24-29	La couleur et le ton
106-109	Approches expressionnistes

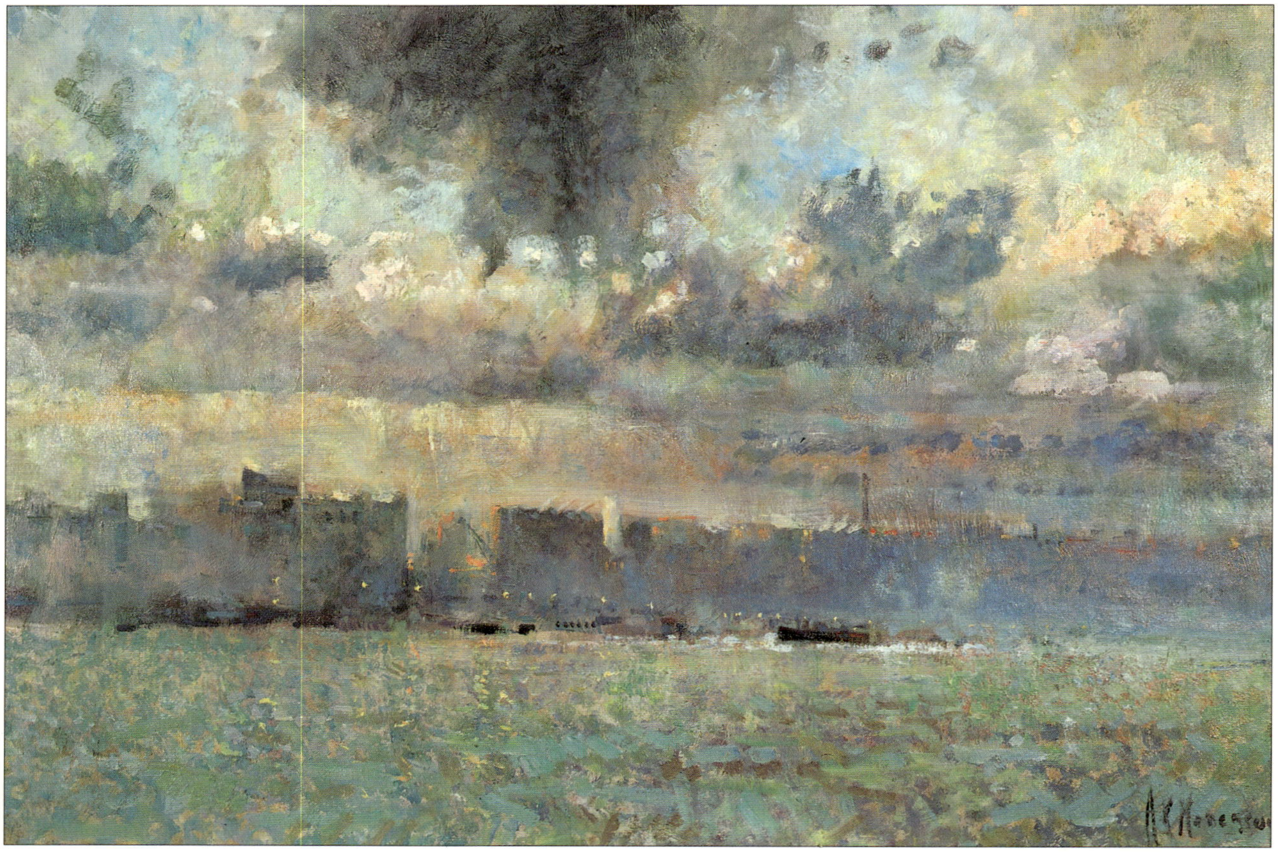

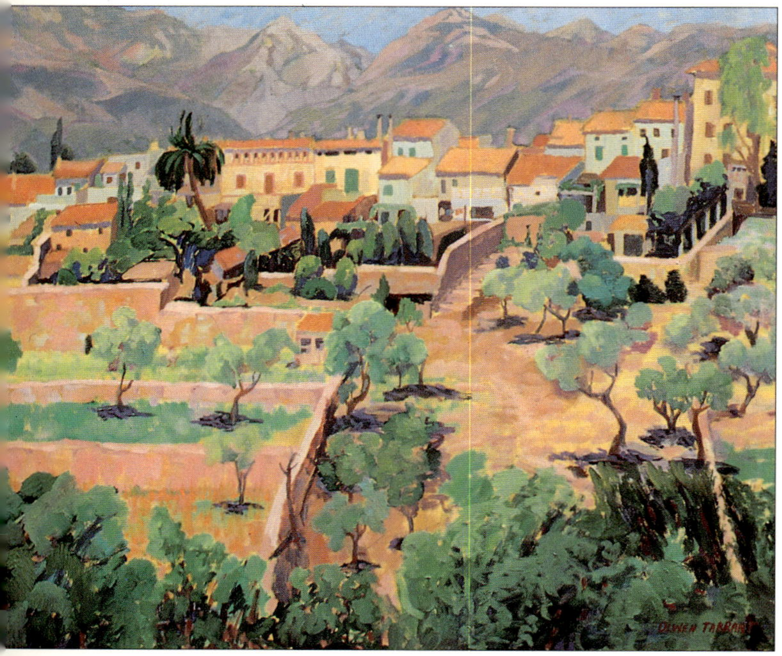

LA COULEUR DE SURFACE
▲ Dans ce tableau d' ARTHUR MADERSON intitulé **Aube brumeuse près de Rotherhithe**, les couleurs chaudes et froides qui s'équilibrent dans l'harmonie ont été appliquées sur une sous-couche dans les tons de gris.

UNE HARMONIE FORTE
◀ Bien que ce tableau, **Campanet**, de OLWEN TARRANT soit composé de forts contrastes de couleurs, la gamme de tons restreinte et les nombreuses teintes claires réussissent à créer un climat harmonieux.

LES HARMONIES

Pour une atmosphère sereine et harmonieuse, choisissez de préférence des couleurs proches par les teintes ou les tons. Optez pour des couleurs voisines sur la roue des couleurs (par exemple, bleu et vert avec un bleu-vert intermédiaire ou une gamme allant du bleu et du bleu pourpre au vrai pourpre). De plus, sachez que divers tons d'une même teinte sont naturellement harmonieux. En conséquence, utilisez la teinte pure avec des nuances (ajout de blanc) et des ombres (ajout de noir). Vous pouvez aussi obtenir des harmonies efficaces en choisissant les variations d'une couleur particulière qui ont une identité commune mais des qualités chromatiques différentes (diverses sortes de bleus, comme le bleu outremer, le bleu de cobalt, le bleu de Prusse ou le bleu de phtalocyanine et le bleu de céruléum).

ATTENTES CONTRAIRES

Surprendre les attentes du spectateur constitue un autre moyen d'utiliser la couleur. Choisissez par exemple une gamme de couleurs qui ne soient pas en rapport avec la réalité : dans un portrait, rendez la teinte de la chair avec du bleu ou du vert ; dans un paysage, dessinez des champs roses et pourpres. Selon le contexte, l'effet sera choquant ou dramatique, mais si vous choisissez et organisez les couleurs au mieux, vous arriverez à créer des harmonies inattendues et capables d'animer le tableau.

LES ASSOCIATIONS DE COULEURS

Les couleurs possèdent des qualités associatives et symboliques relatives au monde réel et aux traditions culturelles. Le rouge, par exemple, est une couleur

UNE COULEUR DOMINANTE

▼ Une grande zone d'une seule couleur peut avoir un effet dramatique en donnant de l'impact aux volumes. Dans cette peinture de LAURA MAY MORRISON, on est immédiatement frappé par l'isolement du personnage qui se détache sur un fond gorgé de jaune. Il est simplifié et portraituré d'après une gamme de couleurs thématiques. Les détails de structure suffisent cependant à attirer l'intérêt du spectateur.

OMBRE ET LUMIÈRE

► Dans ce tableau intitulé, **Bristol la nuit**, TIM POND restitue le climat sombre de la lumière nocturne par les couleurs. Les blocs bleus, gris et pourpres forment une harmonie basse. Certaines teintes individuelles sont toutefois très brillantes. Le motif composé de petites formes en rouge et en vert acide suggère la lumière qui se reflète sur les coins et les angles des bâtiments. Des tons plus pâles en touches légères éclairent l'horizon.

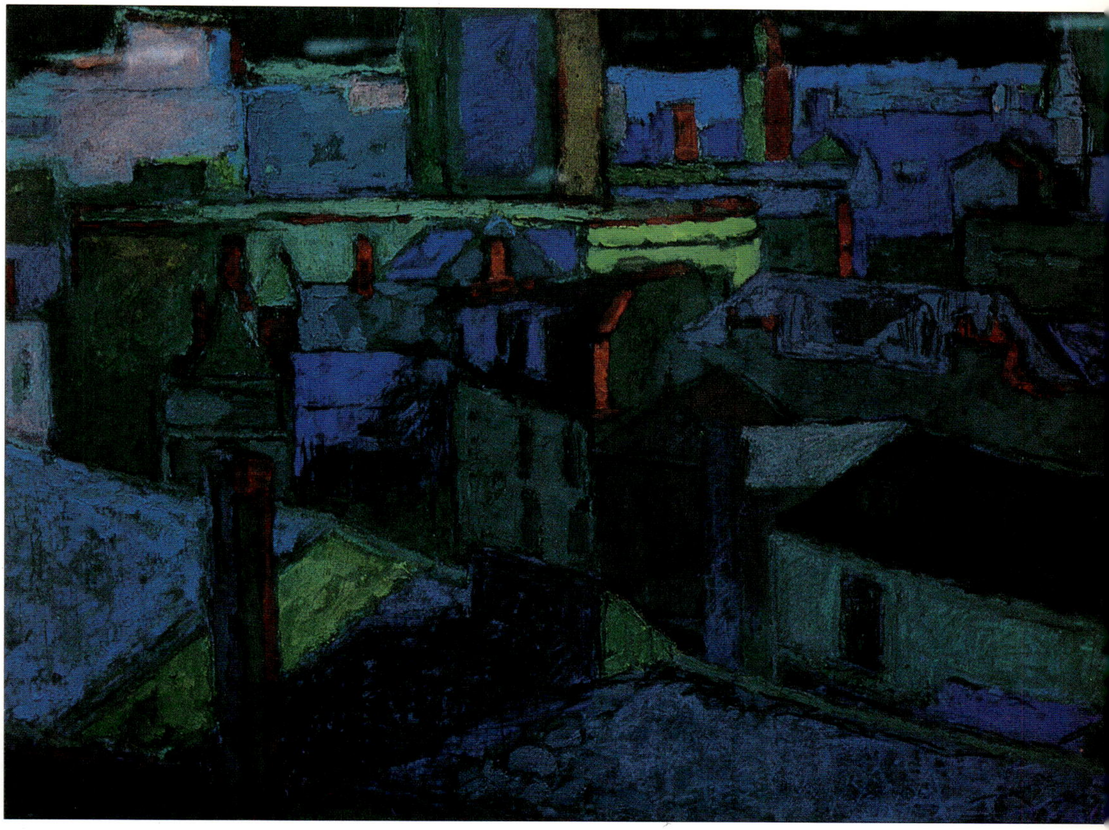

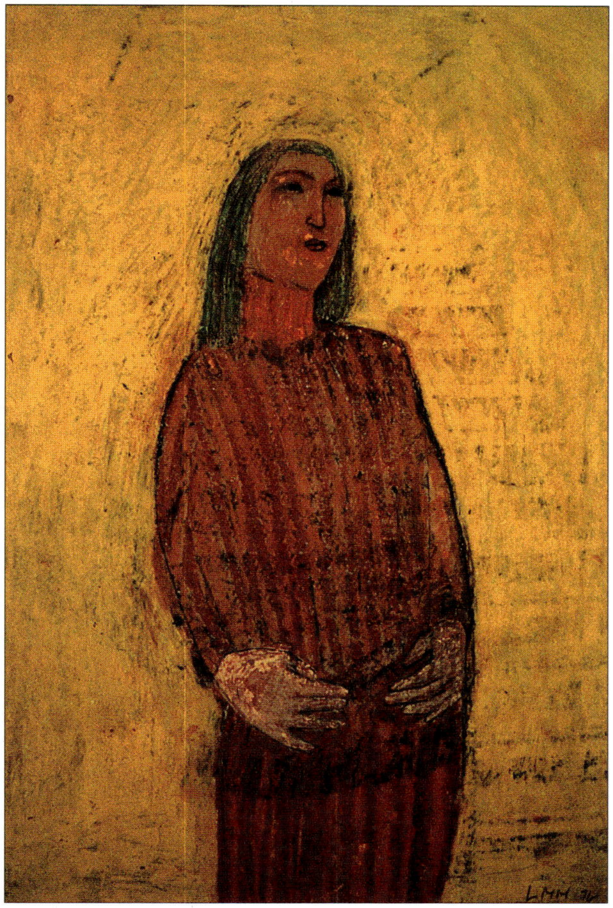

active agressive. Elle est utilisée pour signaler un danger et souvent pour symboliser la peur, la passion et la violence. C'est la couleur que nos yeux perçoivent le plus rapidement, en termes de réponse physique directe. Les verts et les bleus sont les couleurs de la nature, du ciel, de la mer, de nombreuses plantes. C'est pour cela qu'ils sont souvent associés à l'harmonie et la sérénité. Des études sur les réponses aux couleurs semblent indiquer qu'une pièce constituée d'un décor vert peut avoir un effet calmant sur ses occupants. Mais quand la couleur est utilisée symboliquement, le vert désigne aussi la jalousie et le bleu la dépression.

Comme il est impossible de prévoir la réponse émotionnelle du spectateur devant une zone de couleur abstraite, l'emploi d'une couleur seule pour exprimer un climat est difficile à gérer. Toutefois, les associations de couleurs sont généralement identifiées à travers le contexte du tableau. Une pièce peinte en rouge a en soi un impact puissant. Si un tableau représente une pièce rouge dans laquelle des gens en colère se menacent, la couleur de la pièce est associée à la peur des occupants et son impact est renforcé par le contexte.

Quand vous utilisez une couleur pour exprimer un climat et renforcer l'impact de votre tableau, pensez à exploiter les sensations visuelles des couleurs pour intensifier les références associatives. Même si chacun a une perception de la couleur unique et indescriptible, la couleur peut servir d'élément de communication en peinture. C'est précisément parce que nous voyons tous la couleur différemment que les peintres ont à leur disposition d'immenses potentialités créatives.

VOIR AUSSI	
24-29	La couleur et le ton
106-109	Approches expressionnistes
150-157	La peinture à l'huile

L'essentiel

Ce qui est particulièrement intéressant dans ce tableau de Turner, c'est que l'œuvre est inachevée. C'est en réalité une esquisse. Au dix-neuvième siècle, l'usage était en effet de préparer un certain nombre d'études et d'ébauches avant de commencer le tableau véritable. Puis, de retour à l'atelier, le peintre élaborait, à partir des informations recueillies, une œuvre souvent très grande et très détaillée. C'était particulièrement vrai pour les paysages, car l'on considérait que créer une composition formelle en plein air était une méthode longue et peu pratique. *Norham Castle, lever de soleil* a sans doute été pour Turner une étape avant une interprétation qui ne s'est jamais matérialisée. Le peintre envisageait peut-être de retravailler les traits essentiels qu'il avait à peine ébauchés. Pourtant, tel quel et en termes purement visuels, ce tableau ne vous semble-t-il pas décrire complètement et à la perfection son sujet ?

UNE APPROCHE SÉLECTIVE

Le processus consistant à distiller l'essence d'un sujet peut être suffisamment long et difficile pour que ses détails deviennent familiers. Le peintre acquiert alors assez de confiance pour éliminer les éléments perturbants et donner au sujet tout son impact visuel. Dans *Norham Castle, lever de soleil,* Turner n'a gardé que les formes essentielles du château et de son paysage ainsi qu'une certaine qualité de lumière et d'atmosphère. Cependant, dans des études précédentes, il avait choisi une approche plus détaillée, utilisant alors à la fois l'huile et l'aquarelle. Elles démontraient un intérêt pour la topographie du lieu ainsi que pour la description des volumes et des brèches dans les ruines. Elles mettaient également en valeur des détails mineurs comme des personnages et des animaux sur les rives et dans l'eau peu profonde de la rivière.

De nombreux artistes modernes ont une approche similaire lorsqu'ils abordent un sujet, surtout s'ils travaillent sur un thème imposé. Ils amassent des croquis et des photographies sur les différents aspects physiques et l'ambiance qui se dégagent de leur sujet. Ils les réinterprètent ensuite visuellement et techniquement dans une série d'études et de tableaux.

117 ➤

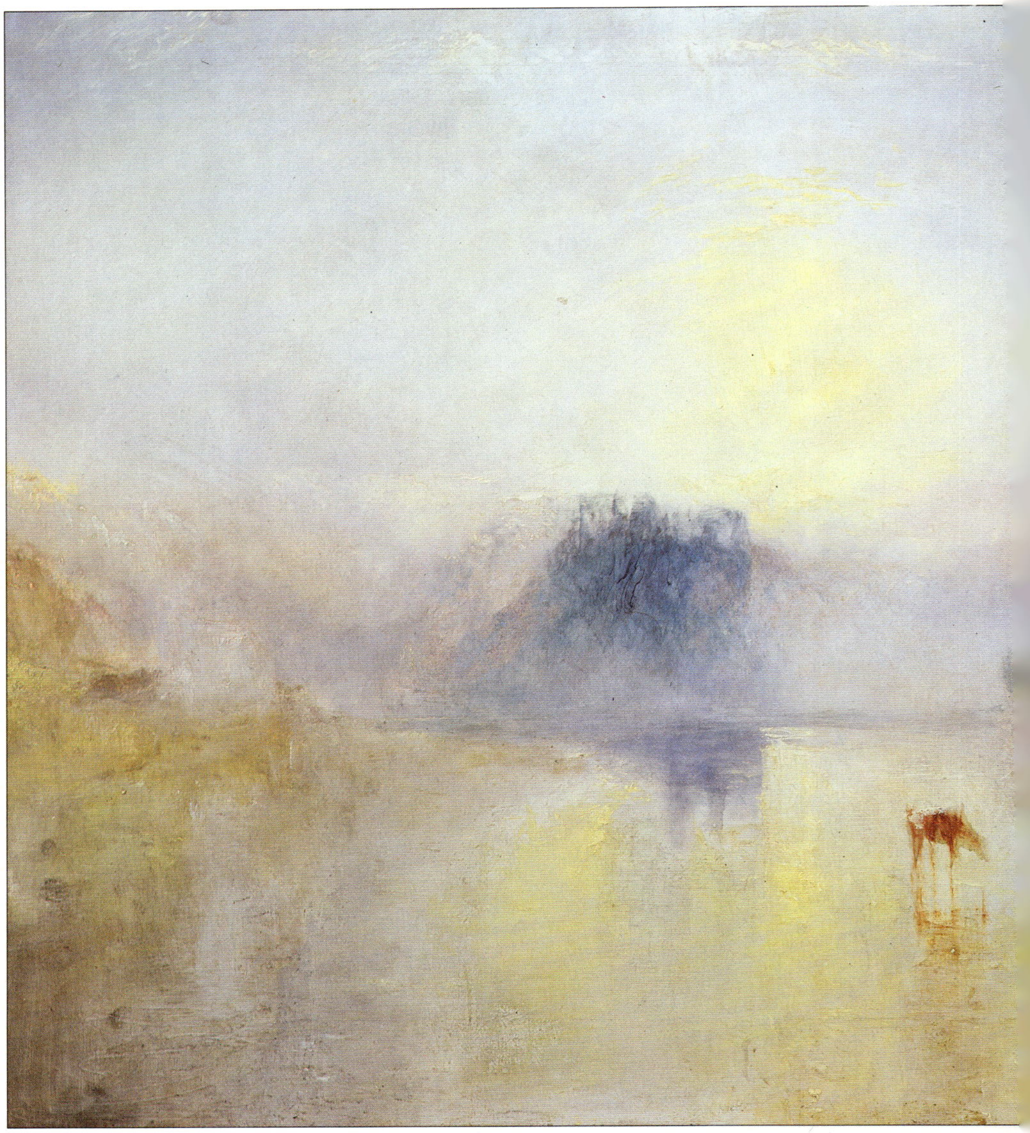

JOSEPH MALLORD WILLIAM TURNER (1775-1851)

▲ **Norham Castle, lever de soleil**, v. 1845
Cette étonnante peinture à l'huile, parmi les dernières de Turner, est une synthèse remarquable des perceptions de l'artiste qui a longuement étudié son sujet. Il a d'abord peint les ruines de Norham Castle en 1797, puis il a produit tout au long de sa carrière un certain nombre d'aquarelles et d'études en couleurs sur le même sujet. Dans ce tableau-ci, il a déposé la couleur en couches libres et diluées, un peu à la manière de l'aquarelle, ce qui donne des effets atmosphériques fluides et réduit la forme et la substance du paysage à quelques traits minimaux très expressifs. La perspective ouverte attire l'œil vers le château enveloppé de brume. La gamme des couleurs est organisée de telle façon que les bleus, lourds et subtils à la fois, dominent par leur

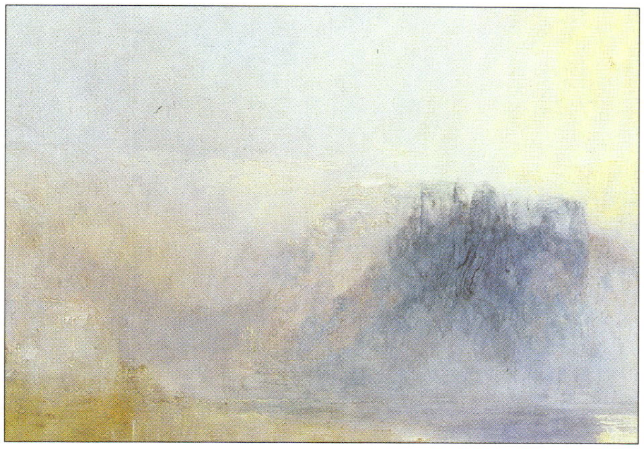

▲ La qualité atmosphérique du tableau découle en grande partie des glacis de couleur décrivant la forme et l'espace. Les variations de tons et de teintes sont minimales. Dans cette zone de l'image, les ruines enveloppées de bleu évoquent la forme du château et du monticule sur lequel il repose. Des empâtements blancs surgissent à travers le ciel pâle.

▼ La vache est représentée comme une forme plate, éludée à l'aide de touches de couleurs chaudes et intenses. Sa réflexion est esquissée à la surface de l'eau. La lueur environnante de l'aube est restituée au moyen d'une lourde application d'un jaune clair opaque dans lequel on peut voir les mouvements du pinceau.

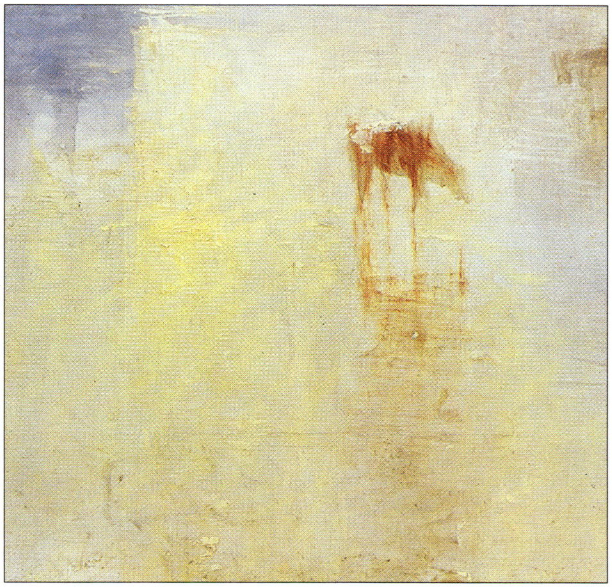

présence. Au premier plan l'inclusion d'un animal, rapidement ébauché, est un coup de génie. Il donne l'échelle et la distance, et son traitement linéaire ainsi que l'emploi de couleurs chaudes compensent la masse centrale des ruines et la délicate atmosphère créée par les teintes environnantes.

AUTRES ARTISTES À ÉTUDIER

JAMES ABBOTT MCNEILL WHISTLER (1834-1903)

Whistler cherchait à renforcer la nature esthétique de ses tableaux plutôt que du sujet. C'était une réaction consciente face à la domination du sujet dans les tableaux de l'époque victorienne. Il a donné à ses tableaux des noms comme *Symphonie* ou *Arrangement en gris et noir*. Son *Nocturne en noir et or* était réduit à l'essentiel, à tel point que l'éminent critique d'art Ruskin l'a décrit comme « un pot de peinture lancé au visage du spectateur ». Whistler le poursuivra d'ailleurs en justice et gagnera le procès. Les portraits de l'artiste sont plus détaillés ; néanmoins, ils sont réduits à des études très sélectives de juxtapositions de tons et de couleurs très proches.

HENRI MATISSE (1869-1954)

La contribution de Matisse à l'art du vingtième siècle est si importante qu'il est impossible d'isoler un aspect qui puisse résumer à lui seul la touche du maître. Toutefois, son appréciation de la forme pure et son inclination vers des contours spécifiques sont visibles dans tout son œuvre.

GIORGIO MORANDI (1890-1964)

Les tableaux de Morandi sont surtout axés sur les sujets domestiques et locaux comme ses natures mortes composées de bouteilles et d'assiettes et les bâtiments et les paysages vus de sa fenêtre. Il les étudiait sans fin dans des huiles et des gravures à petite échelle, développant ainsi son sens des formes essentielles et des motifs de lumière et d'ombre.

ÉTUDES ET CROQUIS D'ARTISTES

Allez dans une bibliothèque et observez les détails des monographies de vos artistes préférés. Au lieu de vous intéresser aux œuvres les plus connues, regardez plutôt les esquisses et les études. Vous découvrirez toutes sortes d'imageries rapidement exécutées qui restituent l'impression première de l'artiste et révèlent de nombreux détails sur les sujets.

VOIR AUSSI	
74-77	Travailler sur le motif
150-157	La peinture à l'huile

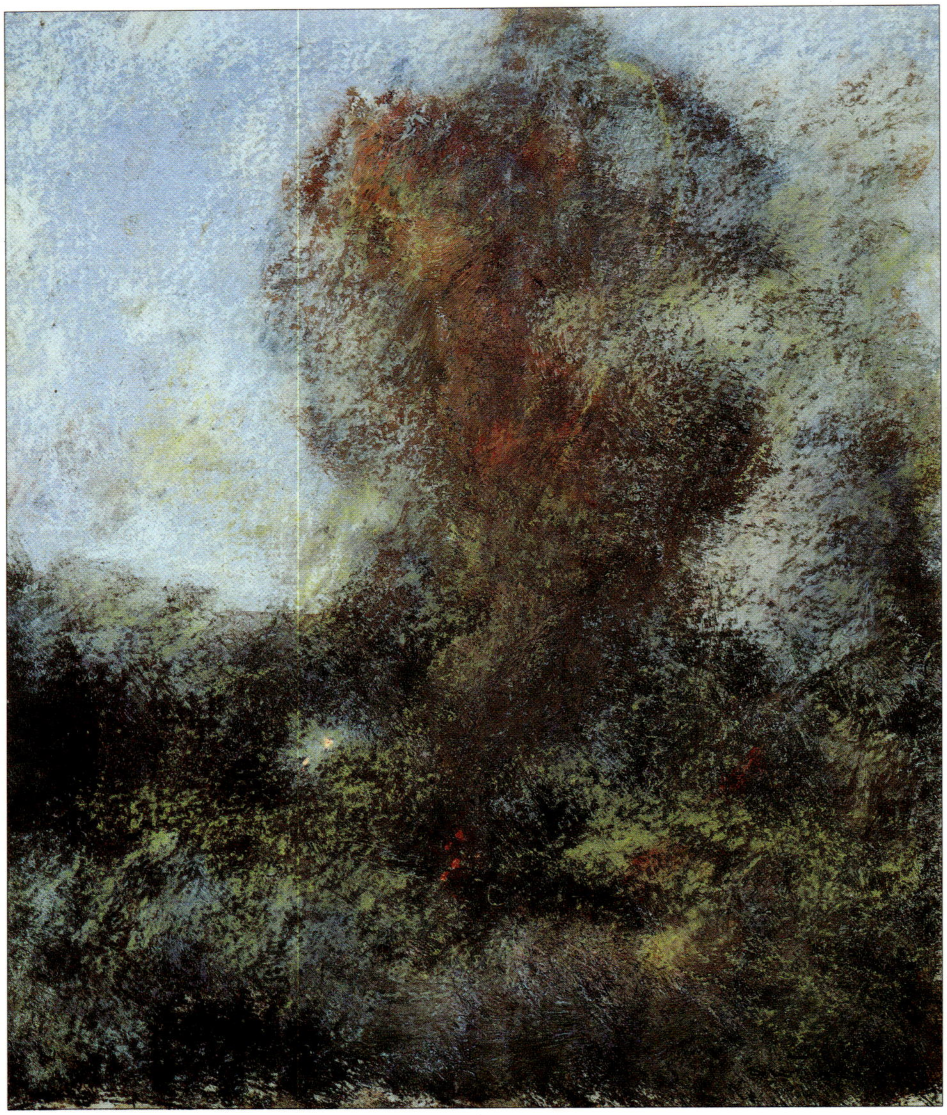

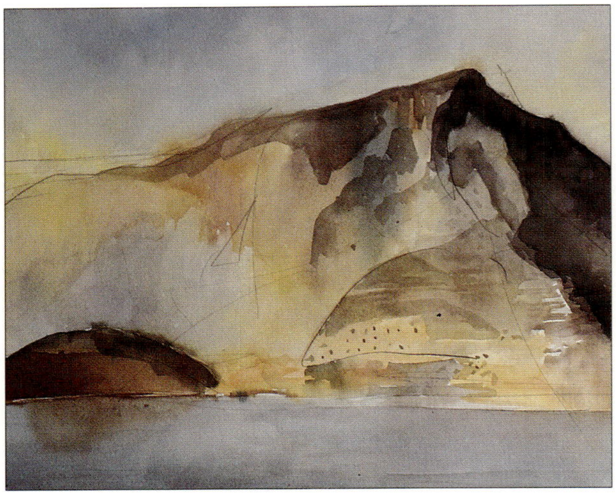

▲ DAVID FERRY
Telendos Island
Aquarelle
Médium traditionnel pour les études de paysage, l'aquarelle est idéale pour les ébauches rapides qui évoquent un lieu. Ici, les lavis délicats indiquent avec peu de moyens la variété des formes et des textures naturelles.

▲ NICK SWINGLER
Orme
Acrylique, huile et pastel
Ici la technique est informelle. L'artiste a peint avec les doigts en combinant plusieurs médiums. Les couleurs plaisantes et les textures actives expriment un certain paysage sans le décrire tout à fait. Le contraste entre l'espace et la masse est des plus réussis.

► PETER CLOSSICK
Helen assise
Huile
Les touches vigoureuses et distinctes permettent ici de décrire l'équilibre général de la pose et les éléments individuels de la forme. Cela donne une impression de réponse directe et rapide face au sujet. Le caractère transitoire est magnifiquement rendu.

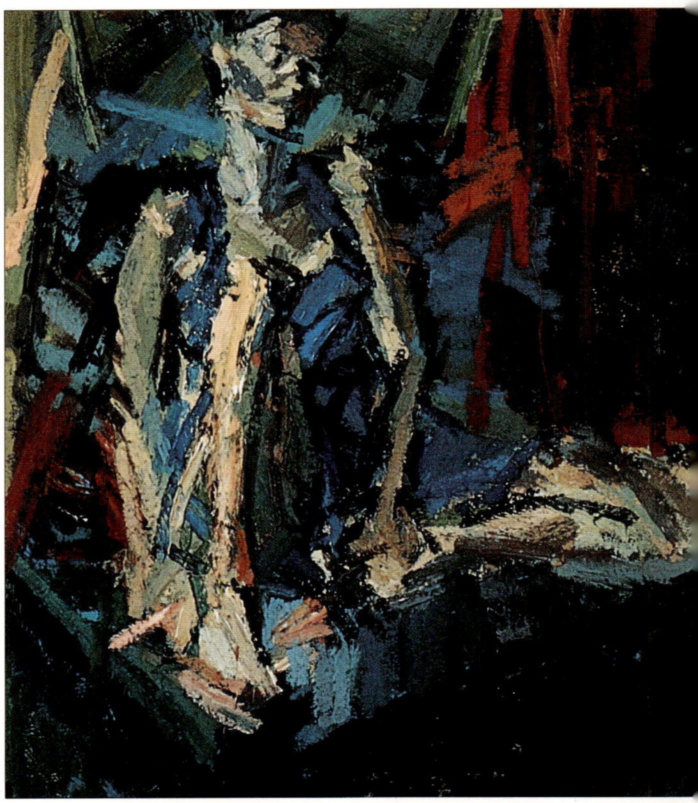

Le processus consistant à distiller l'essence d'un sujet peut toutefois être plus immédiat et ne dépendre que de problèmes pratiques : quand on fait des croquis en plein air, on ne dispose pas toujours de tout le matériel nécessaire (sachez que dans ce cas le mieux est de se munir de crayons de couleur car ils permettent une approche linéaire et directe au contraire d'autres médiums de peinture qu'il faut mélanger et superposer ou dont la gamme de couleurs restreinte oblige à jongler avec les tons pour trouver ceux qui s'approchent le plus de la réalité) ; on a souvent peu de temps à consacrer à l'étude (par exemple, un paysage rural ou urbain vu en vacances) ; le sujet choisi est parfois un mouvement, ce qui implique de rendre compte très vite des changements (adoptez pour cela une méthode de notation des qualités visuelles qui soit rapide et instinctive). De telles restrictions ont cependant du bon. Elles vous forcent à répondre immédiatement et à décider en un instant quels sont les éléments et les aspects essentiels de votre sujet.

LES EXERCICES

EXERCICE 1

Près de chez soi
Choisissez un sujet d'accès facile, comme une nature morte, un coin de votre maison ou une vue du paysage proche. En premier, observez-le longuement. Puis éloignez-vous et peignez-le de mémoire, en essayant d'identifier les traits essentiels. Une fois le tableau terminé, retournez voir le sujet et comparez.

EXERCICE 2

Études en couleurs d'après nature
Réalisez une série d'esquisses en couleurs, comme s'il s'agissait d'une préparation pour un tableau. Chaque esquisse se rapportera à un aspect du sujet (forme, couleur, lumière, ombre). Gardez en mémoire les informations utiles de la scène pour la retravailler plus tard.

EXERCICE 3

Études en couleurs d'après photographies
À l'aide de références photographiques (photos familiales ou d'animaux), réalisez des études en couleurs en n'utilisant que les informations des photographies. Réduisez peu à peu la quantité de détails.

EXERCICE 4

Sur le motif
Travaillez à l'aquarelle sur le motif, c'est-à-dire en plein air, d'après nature. Croquez par exemple un lieu actif plein d'animations (les étalages des commerçants, d'un marché, ou un café, un cours de danse, une salle de gymnastique). Dessinez un cadre élémentaire au pinceau (en incorporant les étalages par exemple), puis servez-vous des traits et des couleurs pour suivre les mouvements des personnages qui s'animent à l'intérieur du cadre. Pensez à l'échelle des personnages par rapport à leur environnement.

RECHERCHER L'ESSENTIEL

Il n'existe pas de ligne directrice qui permette d'identifier au mieux les qualités essentielles d'un sujet, car tout repose dans l'œil de l'artiste. Un tableau se développe à partir d'une combinaison de ce qu'on voit dans le sujet et des sensations particulières que l'on en retire à un moment donné. L'estimation de ce qui est essentiel dans un sujet varie également en fonction de l'éclairage ou de l'humeur de l'artiste. De même, si vous peignez un sujet en mouvement, il vous faut décider quels éléments individuels dans la séquence de mouvements vont au mieux représenter l'ensemble.

Les points de référence peuvent se rapporter aux éléments fondamentaux de la composition picturale et, en partie, aux qualités des matériaux particuliers avec lesquels on travaille. La forme essentielle d'un objet peut être décrite par les volumes ou par les contours ; l'approche peut être picturale ou linéaire. Rechercher ce qui fait l'essence d'un objet ne signifie pas forcément éliminer les détails de surface ou de structure. Par exemple, un bâtiment peut être davantage caractérisé par ses contours simples que par la disposition des fenêtres sur sa façade. De plus, il existe de nombreuses façons d'évoquer les qualités physiques d'un sujet sans réaliser un tableau précis ou un portrait réaliste. Dans une nature morte, la couleur orange peut suffire à représenter le fruit. On peut aussi décider de ne peindre que la texture trouée de la peau de l'orange. Servez-vous de la couleur pour restituer les traits significatifs. Mais sachez encore une fois que rien ne remplace l'expérience !

Il vous arrivera peut-être de trouver, par hasard, l'effet que vous cherchiez à obtenir depuis longtemps. Si tel est le cas, prenez le temps de l'analyser et de vous souvenir du processus qui vous a permis de l'obtenir. De cette façon, vous arriverez à maîtriser tous ces petits accidents… pour vous en servir plus tard.

VOIR AUSSI	
150-157	La peinture à l'huile
164-169	L'aquarelle et la gouache
170-175	Les pastels

Les détails

Cette magnifique nature morte peinte par Courbet prouve qu'un tableau n'a pas besoin d'être ambitieux dans le choix de l'échelle ou du sujet pour être mémorable. L'impact de cette composition découle de la précision avec laquelle l'artiste a su rendre les formes et les couleurs. Les fruits sont décrits d'une façon réaliste qui leur confère des qualités visuelles et tactiles ; on a l'impression qu'il suffit de tendre la main pour saisir une pomme. La composition du tableau a été organisée avec un soin tout particulier. Impossible d'ajouter ou de retirer un élément sans détruire l'équilibre de l'œuvre. Les volumes créent le tableau ; la coupe de fruits devient une forme compacte, indivisible, et, fait inhabituel, elle est placée pratiquement au centre de la composition. La disposition du pot en étain, du verre de vin et des deux pommes sur le côté, lui font pendant de façon à briser un effet trop symétrique.

LE CHOIX DU SUJET

Si vous cherchez à reproduire un sujet de façon détaillée, la nature morte convient parfaitement. Vous pouvez choisir des objets faciles à manipuler et ainsi arranger la composition à votre guise et vous approcher du sujet choisi pour l'observer minutieusement.

Bien que la nature morte de Courbet ne représente que des objets ordinaires de la vie quotidienne, la disposition est relativement complexe. Les fruits dans la coupe sont posés les uns sur les autres ou les uns à côté des autres et forment ainsi un certain nombre de plans et de courbes qui s'imbriquent. De plus, les détails de surface comprennent des variations de couleurs et de textures. Si vous composez une nature morte sur ce modèle, simplifiez-vous la tâche en réduisant le nombre de fruits (par exemple, trois pommes formant un groupe serré). Vous pouvez également créer un effet d'asymétrie en introduisant un autre objet que vous placerez de manière à en faire un centre d'intérêt. Faites varier son échelle ou sa forme (disposez par exemple une grappe de raisin ou un couteau de cuisine).

Les objets les plus anodins offrent souvent à l'artiste un grand nombre de qualités visuelles. Vous pouvez ainsi créer un tableau original en utilisant des objets banals, qui vous tombent sous la main.

120 ➤

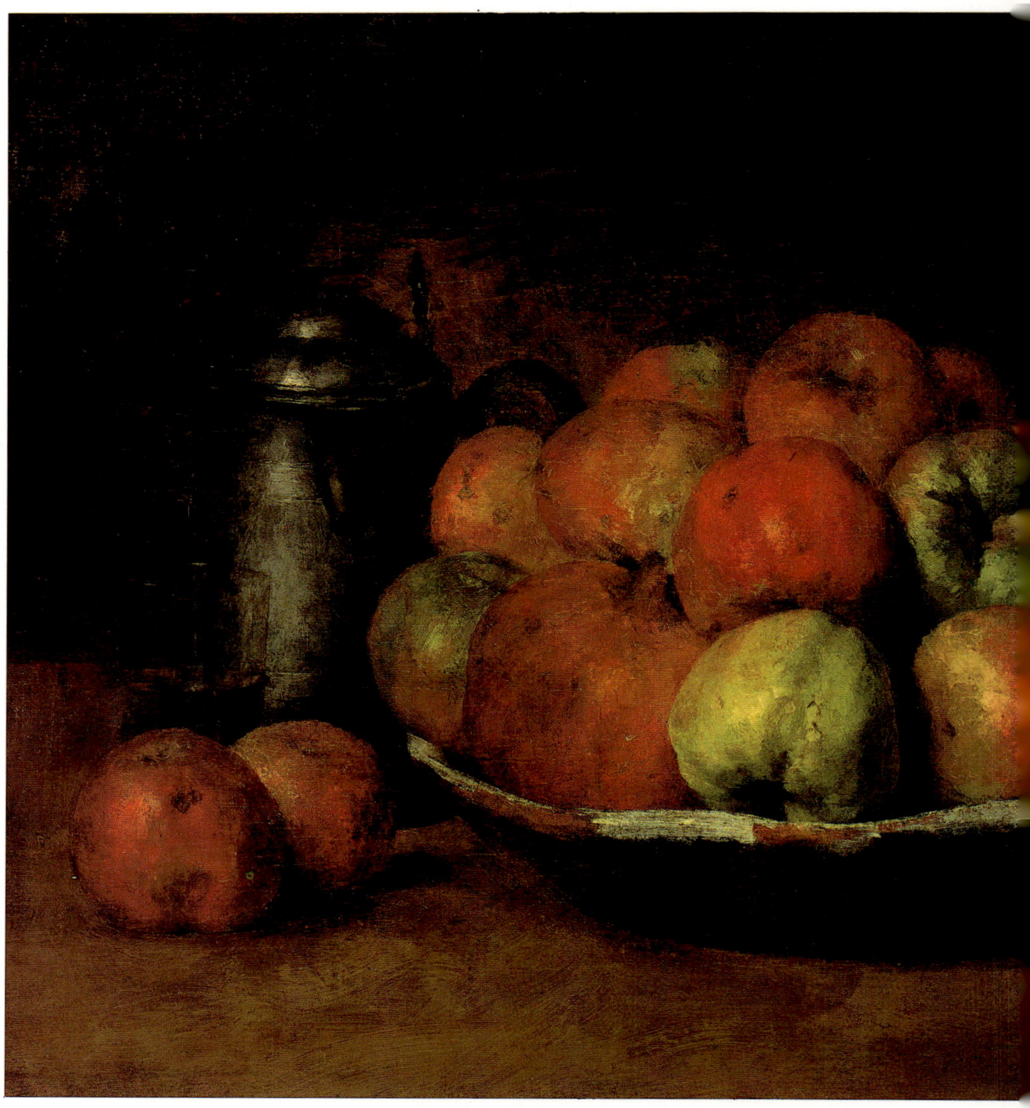

GUSTAVE COURBET (1819-1877)

▲ **Nature morte, pommes et grenades,** 1871-1872
Cette nature morte composée d'objets simples et quotidiens offre une représentation riche et impressionnante de vérité. La forme des fruits est si finement observée qu'on les dirait sculptés. La qualité tridimensionnelle du tableau est renforcée par des contrastes puissants entre les zones de lumière et d'ombre. Les couleurs naturelles des pommes apportent un contraste supplémentaire saisissant de rouge vif et de vert. Les couleurs locales et les tons sont à dominance chaude. Ils sont compensés par des teintes vertes (les pommes) et des jaunes (les lumières) plus froids et plus acides. Le pot en étain sur la gauche introduit un autre contraste ; ses gris assourdis atténuent la masse dense et colorée des fruits. Sa hauteur et sa forme servent également à équilibrer une composition presque symétrique.

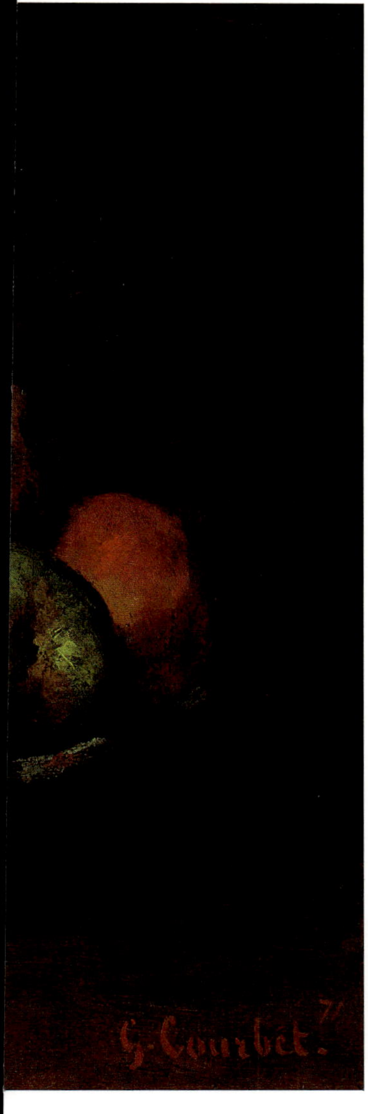

Le point de vue frontal attire l'attention du spectateur sur la composition même. La simplicité de l'arrière-plan (un espace peu profond constitué de surfaces planes et de couleurs discrètes) accentue le modelé en trois dimensions des formes.

▲ Le pot en étain est formé d'ombres lourdes. Les détails, réduits à quelques lumières, suffisent à décrire les courbes du couvercle et du bord.

▼ Observez les traces laissées par le pinceau de l'artiste autour des courbes de la pomme ; sans fusionner complètement, elles construisent une forme homogène.

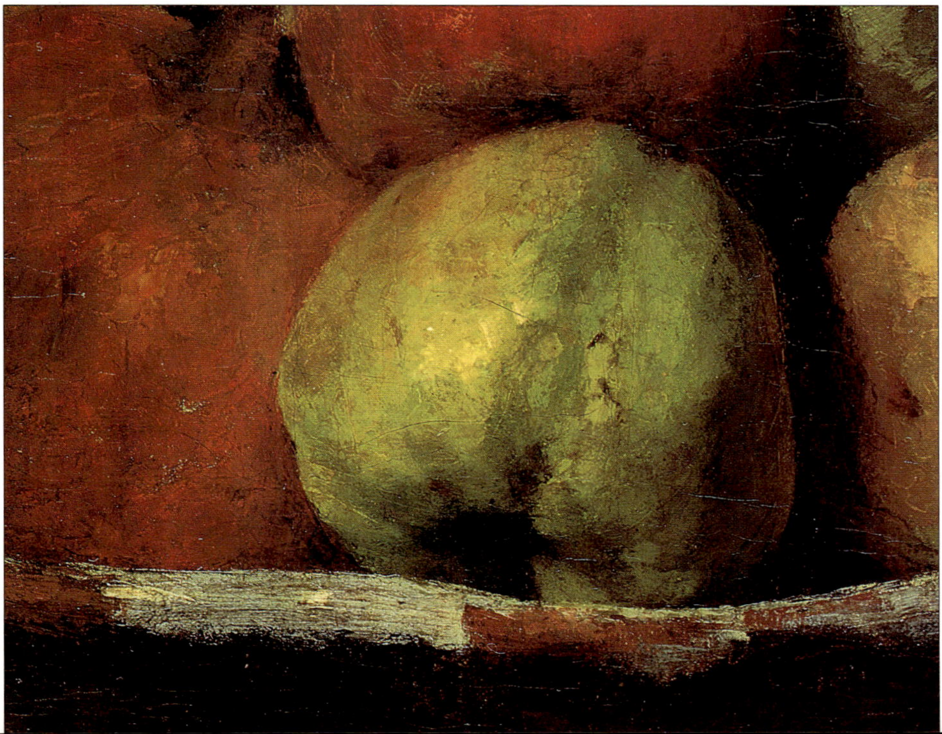

AUTRES ARTISTES À ÉTUDIER

ALBRECHT DÜRER (1471-1528)

Le lièvre (1502) est une aquarelle célèbre de Dürer. C'est une étude magnifiquement évocatrice et précise de l'animal. De même, dans *Grande touffe d'herbe* (1503), le peintre décrit avec minutie des fleurs des champs et de l'herbe.

JEAN-BAPTISTE SIMÉON CHARDIN (1699-1779)

Les natures mortes de Chardin sont considérées comme des classiques du genre par leur précision, leur sens du détail et leur composition typique d'objets ordinaires (aliments ou accessoires dans un atelier). Les couleurs et le travail du pinceau sont subtils et délicats.

PEINTRES HOLLANDAIS DE NATURES MORTES DU XVIIe SIÈCLE

Tous les sujets à petite échelle, des livres aux instruments de musique en passant par les aliments et les fleurs, ont été intensément analysés dans les natures mortes hollandaises. Très complexes, elles s'attachaient principalement aux détails et aux variations de couleurs. Leurs peintres sont cependant bien moins connus individuellement que les grands maîtres du dix-septième, comme VERMEER (1632-1675) et REMBRANDT, mais leurs œuvres sont appréciées dans le monde entier pour leurs qualités exceptionnelles d'observation et de réalisme. Citons parmi eux : AMBROSIUS BOSSCHAERT (1573-1621), PIETER CLAESZ (1597-1661) et JAN DAVIDSZ DE HEEM (1606-1683).

VOIR	AUSSI
93	Composer une nature morte
150-157	La peinture à l'huile

▼ TREVOR STUBLEY
La palette de l'artiste
Huile
Ici, la formulation des détails passe davantage par le contexte et le climat que par une description précise des objets individuels. Les formes sont simplifiées mais reconnaissables. Le sentiment de l'artiste envers son art s'exprime au travers des qualités substantielles de la surface peinte et de ses couleurs exubérantes.

Cette nature morte de Courbet en est l'illustration parfaite, car on pense que la peintre a réalisé son tableau alors qu'il était emprisonné pour avoir participé à la Commune de Paris en 1871. La toile a été radiographiée et on sait qu'elle a servi précédemment puisqu'une autre nature morte est visible dessous. Même dans un dénuement et des circonstances extrêmes, Courbet avait trouvé le moyen d'exercer son art et de relever ce défi à son savoir-faire.

LES ÉLÉMENTS PICTURAUX

Dans un tableau réaliste comme celui-ci, le choix des éléments n'est pas dû au hasard. Il est primordial, car il contribue aux qualités de surface et d'imagerie. Comme cet exemple l'illustre, il est important que les formes soient correctes pour que le groupe paraisse convaincant. Il faut tenir compte des volumes et des contours ainsi que de l'interaction des formes solides et des espaces entre et autour d'eux. Les couleurs locales jouent également un rôle essentiel. Créer un thème de la couleur, soit en réduisant les variations de couleurs dans les objets ou en optant pour des contrastes de teintes distincts (par exemple, avec des couleurs complémentaires, voir page 27), peut se révéler très utile. En outre, la tonalité peut être un élément vital pour composer en trois dimensions. Il est possible par ailleurs d'éclairer le sujet de façon à créer un clair-obscur dramatique, comme dans la nature morte de Courbet, et de renforcer ainsi le volume des objets en les mettant en relief par rapport à l'arrière-plan.

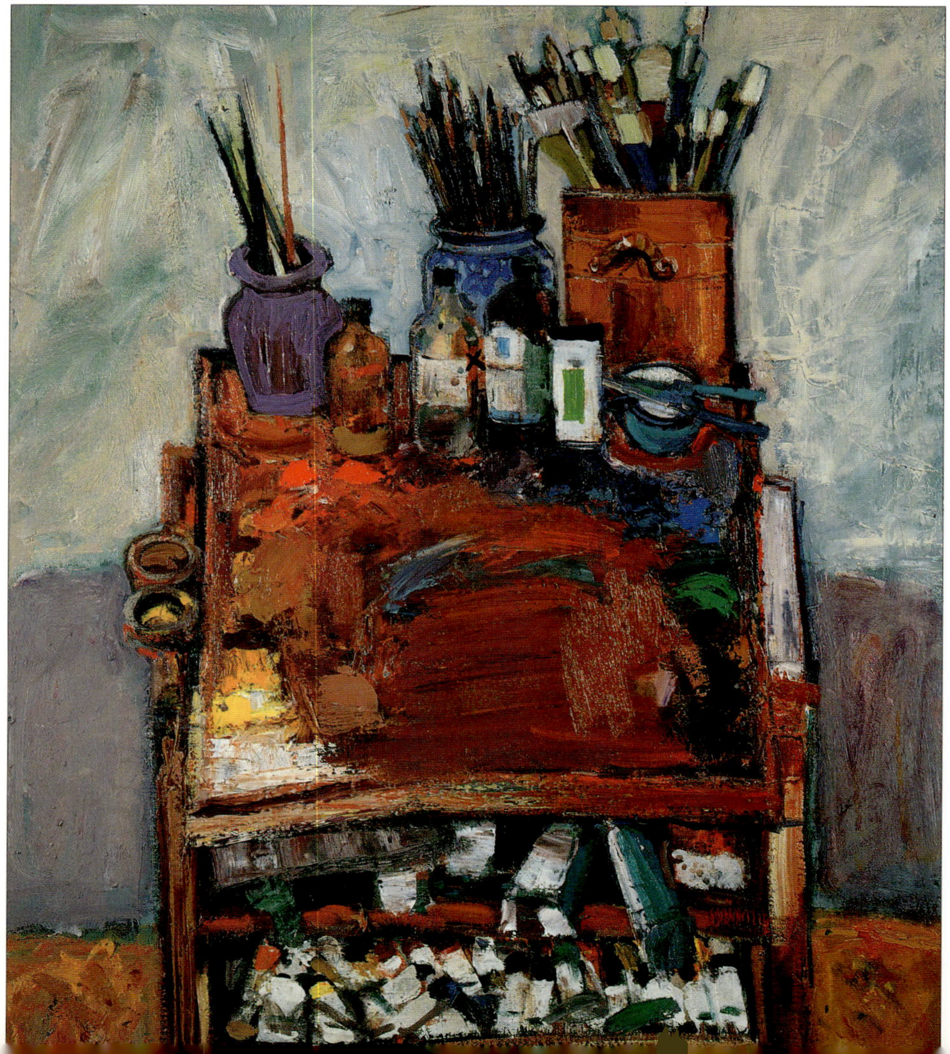

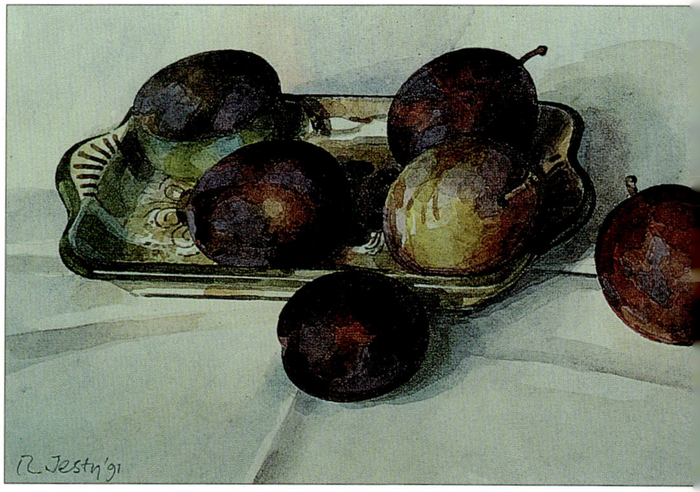

▲ RONALD JESTY
Prunes Victoria
Aquarelle
Voici une magnifique nature morte rappelant le tableau de Courbet. Les formes simples et précises des fruits ainsi que leurs riches couleurs suffisent à lui donner de la présence. Les lavis d'aquarelle aux couleurs et aux tons changeants ont été appliqués avec beaucoup d'habileté afin d'exprimer de façon réaliste la texture de la peau des prunes. Remarquez le contraste entre la douceur de leurs formes et la dureté des bords du plateau renforcée par des rehauts linéaires.

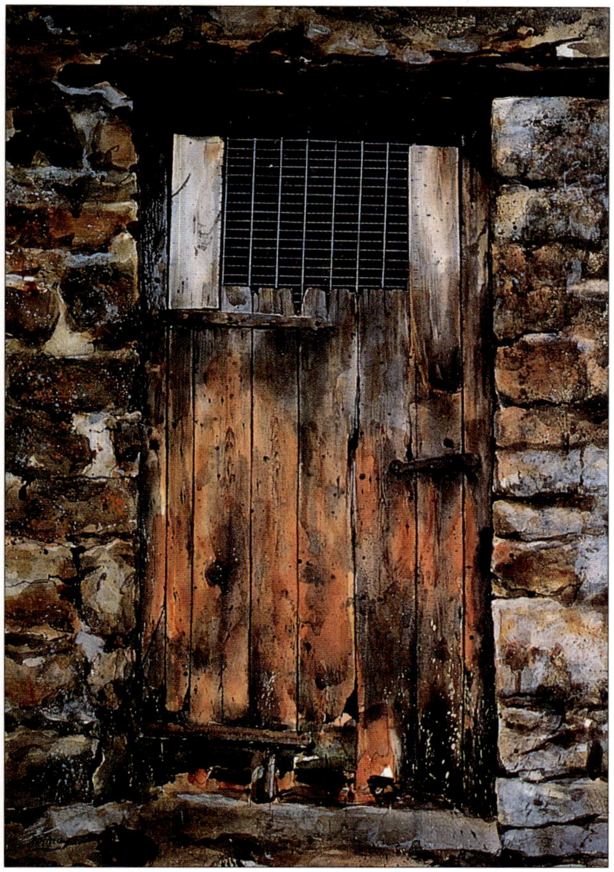

◄ Roy Preston
Sienne brute
Aquarelle
Les vieilles maisons possèdent de nombreuses qualités pittoresques naturelles. Pourtant, l'artiste a choisi ici d'isoler un seul élément dynamique et de tirer le meilleur parti des couleurs et des motifs. Les textures brutes, irrégulières, des briques et du bois ont été créées grâce à des lavis superposés, des dessins au pinceau et des éclaboussures. Leurs motifs inégaux sont parfaitement contrebalancés par les lignes dures de la grille dans la porte. Le point de vue frontal et rapproché donne du relief à l'ensemble, modelé par le contraste entre les couleurs chaudes et froides d'une palette restreinte.

LES EXERCICES

EXERCICE 1

Objets quotidiens
Imaginez une nature morte composée d'un groupe d'objets rapprochés aux formes simples et distinctes (par exemple des formes naturelles, fruits et légumes, ou des objets faits par l'homme, tasses et soucoupes de couleur unie). Ne compliquez pas la composition. Faites-en une représentation précise et détaillée en vous concentrant sur les formes, les textures, les couleurs locales et le modelé des ombres et des lumières. Pour ces dernières, n'utilisez pas exclusivement du noir et du blanc ; essayez de voir la variation des teintes et l'intensité des couleurs créée par l'éclairage.

EXERCICE 2

Objets et associations
Réalisez une peinture composée d'objets chargés de souvenirs (par exemple, des coquillages et des pierres provenant de votre endroit préféré, ou des livres et des bibelots). Là encore, efforcez-vous de ne pas compliquer le sujet en y incluant trop d'objets ou des objets de forme complexe. Faites attention aux qualités visuelles de l'arrangement et essayez d'identifier les caractéristiques spécifiques à chaque objet, ce qui le rend important à vos yeux.

EXERCICE 3

Objets dans un paysage
Allez travailler sur le motif, c'est-à-dire en plein air. Utilisez de l'aquarelle ou des pastels et faites des croquis, non pas à la manière spontanée des impressionnistes mais plutôt en vous attachant aux éléments individuels (par exemple, un tapis de fleurs, un arbre ou un arbuste de forme ou de couleur fascinantes) et en essayant de restituer le plus infime des détails du sujet choisi.

LES THÈMES ALTERNATIFS

Dans une nature morte, vous avez un contrôle absolu sur l'arrangement visuel. De plus, vous pouvez y consacrer le temps que vous voulez sans être dérangé. S'il est vrai que les thèmes simples sont souvent très encourageants, peut-être préférez-vous introduire une note plus personnelle dans votre sujet afin que le groupe d'objets ne constitue pas seulement un motif visuel mais suggère également une histoire ou une association. Les références au « travail de l'artiste » (par exemple, son équipement et son matériel dans son atelier) sont un thème commun à de nombreuses natures mortes. Vous pouvez aussi choisir pour thème une passion ou une occasion mémorable dans votre vie. Les aspects techniques et visuels de tels tableaux passent par une même approche, détaillée, voire analytique. Les compositions acquièrent originalité et personnalité à travers les références cachées.

La nature morte permet de représenter un sujet en détail, mais elle n'est pas la seule. Il suffit que le sujet soit d'accès facile de façon à l'étudier de près. Une personne ou un thème de plein air (par exemple, un coin de jardin) conviennent également. Incorporer des références associatives peut, si vous le souhaitez, faire l'objet d'un travail supplémentaire. Par exemple, il est de tradition, lorsqu'on fait un portrait, d'inclure en arrière-plan des accessoires, des éléments qui se rapportent au modèle. Ainsi, vous pouvez essayer de peindre un proche ou vous-même en ajoutant des références associatives propres au modèle.

VOIR AUSSI	
93	Composer une nature morte
150-157	La peinture à l'huile
164-169	L'aquarelle et la gouache

Travailler sur un thème

La plupart des tableaux cherchent à exprimer une idée. Il peut s'agir de rendre un sujet particulièrement réaliste et précis (représenter des objets le plus objectivement possible par exemple), mais il peut aussi être question de transmettre un message ou un état d'âme au travers d'une imagerie plus personnelle. Dans cette leçon, nous allons voir comment renforcer le contenu subjectif d'un tableau de sorte que l'artiste puisse communiquer une histoire ou une idée associative. Il est évident que la plupart des peintures à thème sont à la fois objectives et subjectives; nous allons donc apprendre à nous concentrer sur un thème d'imagination sans négliger pour autant les autres éléments importants du travail.

DÉVELOPPER L'IMAGERIE

Il vous faut décider en premier lieu si le concept que vous cherchez à exprimer doit être direct ou sous-jacent. Dans *Le jour du Jugement dernier*, le feu qui prend dans le chantier de bois est en fait une métaphore de la guerre nucléaire. Le thème sous-jacent est celui de la terreur des gens face à un tel événement, destructeur et incontrôlable. Afin de rendre la menace nucléaire plus visuellement explicite, il aurait fallu incorporer des symboles spécifiques et des références picturales (par exemple, des missiles dans le ciel ou montrer les conséquences d'une explosion à grande échelle).

Il n'est pas essentiel cependant que les associations particulières de l'esprit de l'artiste soient transmises littéralement au spectateur. Et cela surtout si le sujet traite de réalités sociales, comme la pauvreté ou la guerre, car les tableaux risquent d'entrer en concurrence avec le vaste flot d'images dramatiques véhiculées par les médias. Certains artistes se servent de telles images comme point de départ pour leurs interprétations du contenu associatif graphique. Mais c'est souvent pour mieux s'éloigner par la suite de leurs sources.

Des concepts, comme la guerre nucléaire ou la crise écologique, ne constituent qu'un type d'inspiration pour les peintures à thème parmi d'autres ; vous pouvez puiser dans la littérature, la mythologie ou l'histoire. Le thème peut inclure des événements que vous illustrerez soit comme un thème à part entière soit comme une allégorie en rapport avec des événements actuels.

125 ➤

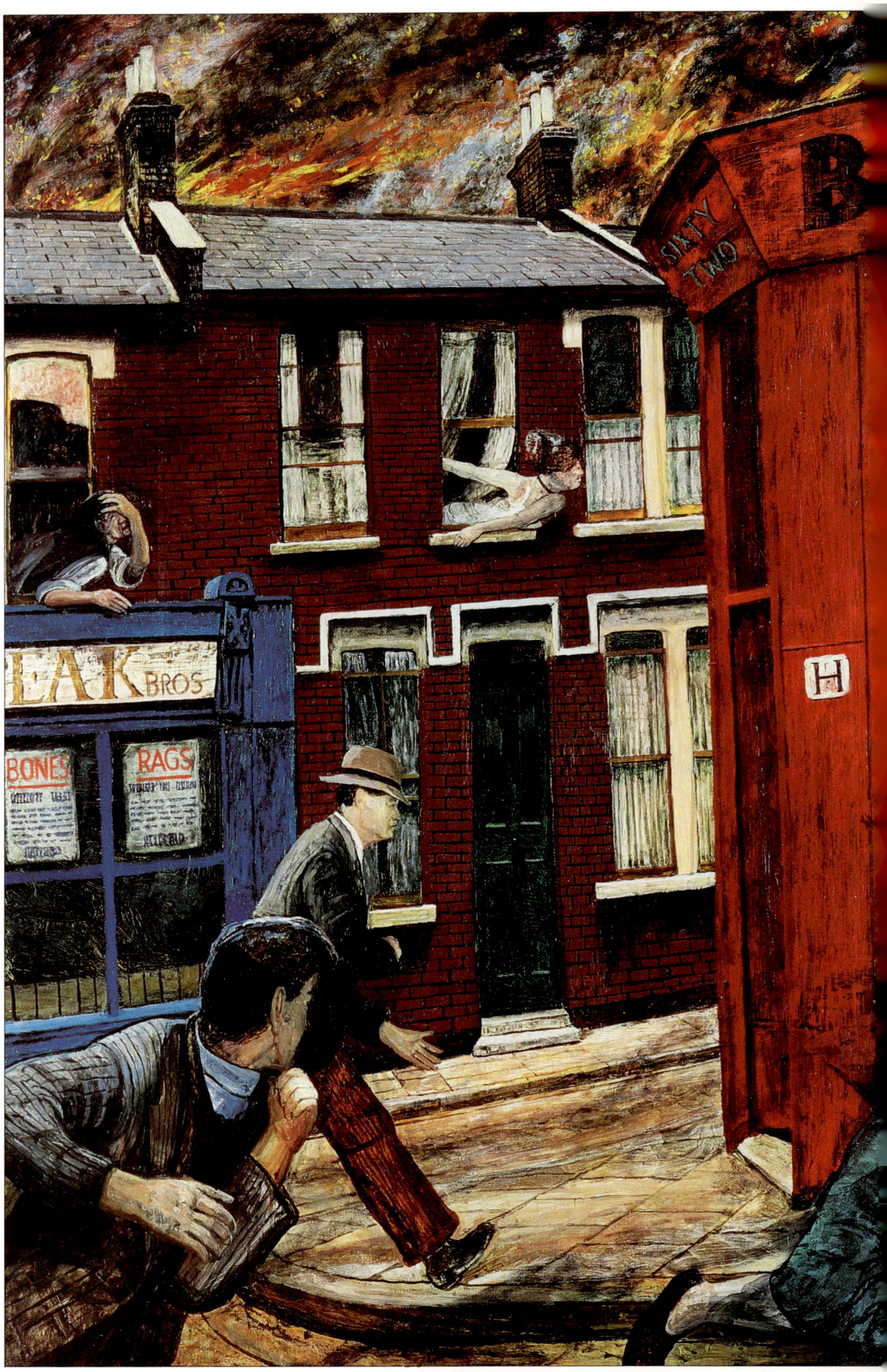

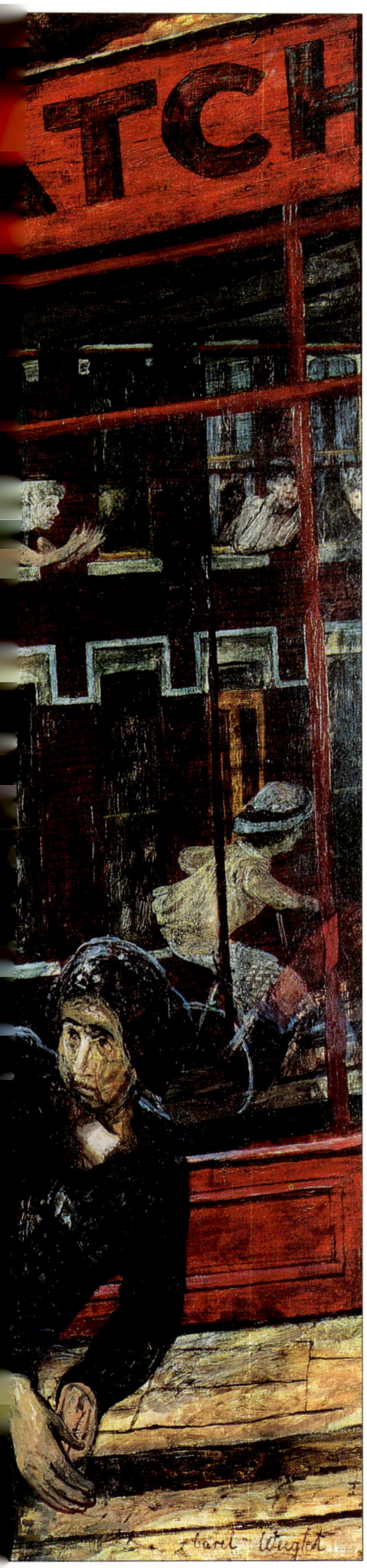

Carel Weight (1908)

◄ Le jour du Jugement dernier, 1962-1972
Ce tableau se sert d'un événement spécifique pour symboliser un thème plus général. L'expérience personnelle de l'artiste devient prétexte à un sentiment plus universel. La peur de la guerre nucléaire était à son comble dans les années 60. L'artiste a choisi d'exprimer ce sentiment d'apocalypse, ressenti par beaucoup alors, pour représenter l'événement le plus terrifiant de son enfance : un feu a pris dans un chantier de bois près du lieu d'habitation de Weight et menace de détruire les maisons voisines et les commerces situés dans la banlieue densément peuplée de la ville. Retourné sur les lieux afin d'assembler des informations pour son tableau, l'artiste a trouvé peu de changements dans les rues. Les bâtiments sont décrits avec un sens de la réalité ordinaire, mais les flammes et la fumée dans le fond rappellent que le danger est tout près. Cette menace qui plane est renforcée par les mouvements exagérés, dans l'urgence, des personnages qui semblent vouloir s'échapper du cadre. La qualité expressive de l'image est intensifiée par les couleurs des maisons et de la rue et par les coups de pinceau vigoureux, presque calligraphiques.

AUTRES ARTISTES À ÉTUDIER

Ambrogio Lorenzetti (en activité v. 1319-1348)
Les compositions complexes de Lorenzetti possèdent un côté réaliste peu courant à l'époque. Des titres tels que *Effet du bon gouvernement sur la ville et la campagne* (1338) et *Allégorie du mauvais gouvernement* prouvent que les artifices picturaux servaient en fait un thème sous-jacent plus noble.

Goya (Francisco de Goya y Lucientes) (1746-1828)
En tant que premier peintre du roi à la cour d'Espagne, Goya a réalisé des portraits royaux conventionnels et pourtant peu flatteurs. Ses terribles et étranges visions s'expriment ensuite à travers des thèmes mythologiques, tels que *Le colosse* (1808-1812) et *Saturne (dévorant ses enfants*, 1820), et des commentaires politiques tels que *Le 3 mai 1808* (1814) qui dépeint un peloton d'exécution français tirant sur des insurgés espagnols. Citons aussi la série des eaux-fortes intitulées *Désastres de la guerre* et commencées en 1810.

Pieter Bruegel l'Ancien (v. 1525-1569)
Les tableaux de Bruegel l'Ancien sont pleins d'activité et d'incidents. Ils dépeignent des thèmes aussi variés que des événements bibliques, des proverbes, des mythes et le passage des saisons au moyen d'une imagerie fondée sur le peuple et les coutumes de son époque. L'esprit et la sagesse de ses commentaires se retrouvent dans ses compositions complexes, souvent très travaillées, où foisonnent des détails de grande portée.

Paul Gauguin (1848-1903)
Dans les premiers tableaux de sa carrière composés en Bretagne, Gauguin mêle religion et vie paysanne. Il accentue la force massive des corps et utilise de larges aplats colorés pour donner une représentation symboliste du sujet. Plus tard, dans ses tableaux peints à Tahiti, on retrouvera de même des thèmes empreints de mysticisme et d'états d'âme.

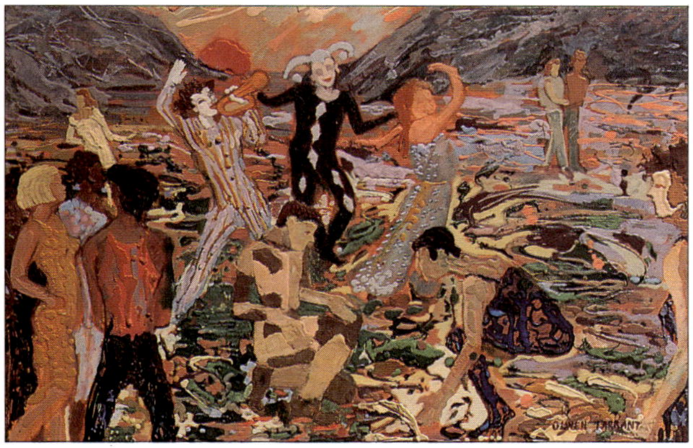

▲ Olwen Tarrant
Danser jusqu'à la fin de la nuit
Huile et encaustique
L'arrière-plan mouvementé de ce tableau semble faire écho à l'exubérance des danseurs. Cet effet est renforcé par la texture fluide de la peinture. L'encaustique (de la peinture mélangée à de la cire chaude) doit être posée goutte à goutte sur le support. Ce n'est pas un médium d'utilisation facile mais il produit des couleurs d'une grande clarté et d'une grande brillance.

VOIR AUSSI

62-65	Les personnages et l'environnement
106-109	Approches expressionnistes
150-157	La peinture à l'huile

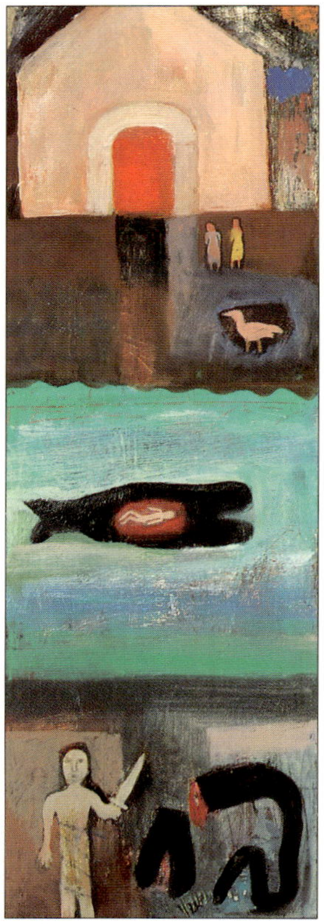

◀ ALBERT HERBERT
Saint Georges et le dragon, Jonas et la baleine et la maison de Dieu,
▼ **Moïse sur la montagne de Dieu**
Huile

Les histoires et les symboles, religieux ou mystiques, ont constitué la matière première des thèmes artistiques de toutes les sociétés et de toutes les cultures. L'art occidental du vingtième siècle a souvent considéré qu'exprimer ouvertement son appartenance chrétienne était « passé de mode ». Les tableaux de Herbert attestent au contraire que les histoires anciennes peuvent être réinterprétées avec passion et humour. Il combine sentiment religieux et plaisir grâce aux textures variables et luxuriantes de la peinture à l'huile.

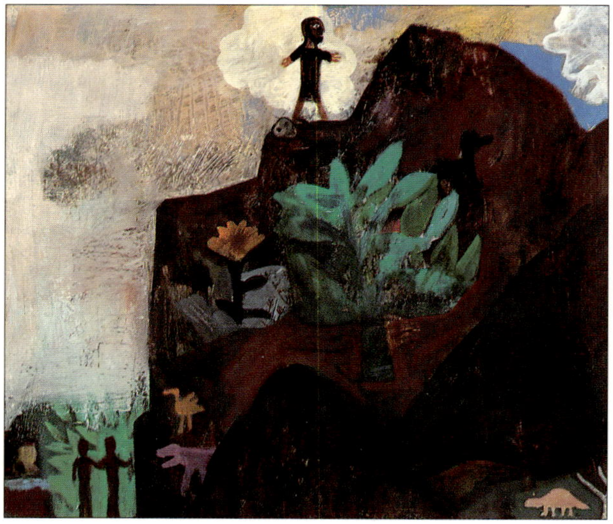

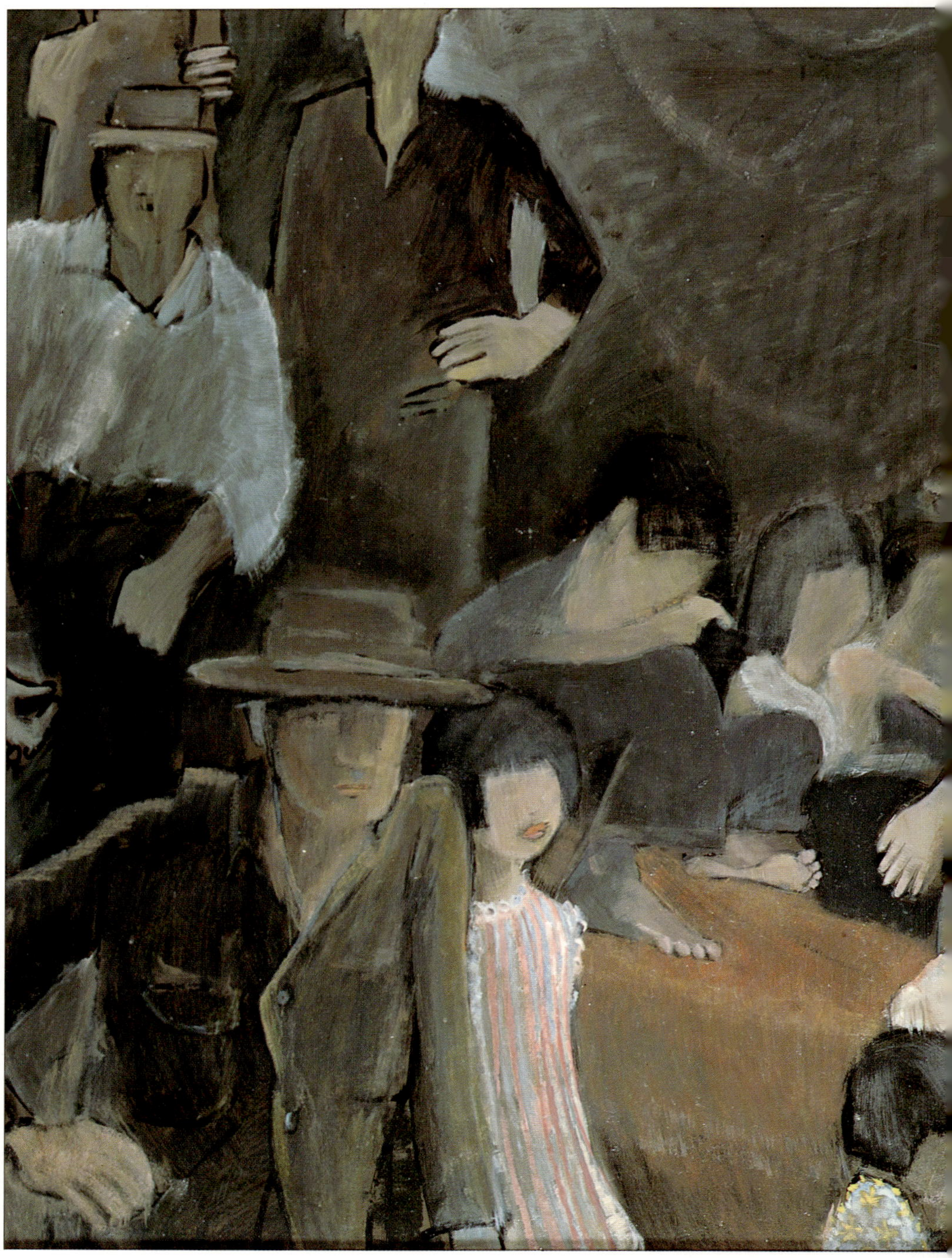

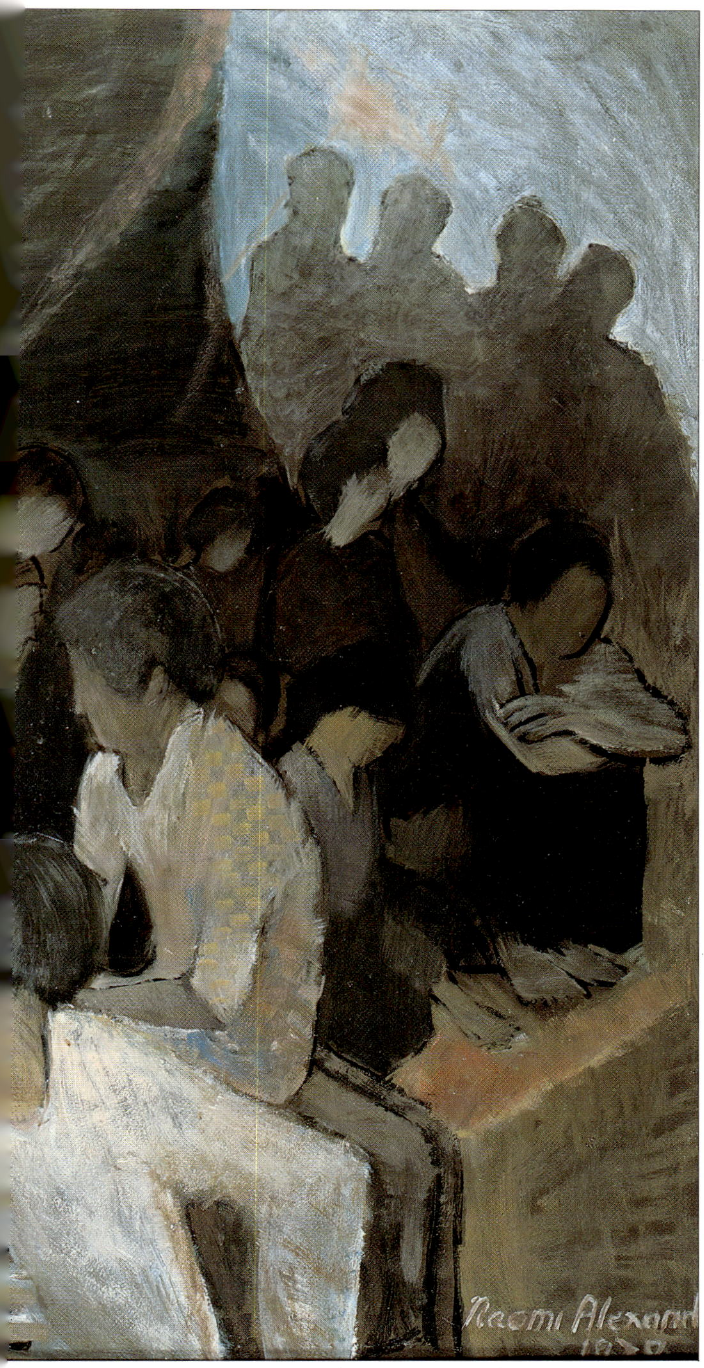

▲ NAOMI ALEXANDER
Boat people
Huile
Cette artiste, d'origine polonaise, s'intéresse aux malheurs des boat people vietnamiens dont on a beaucoup parlé dans les années 70. Elle utilise souvent des photographies de presse comme source d'imagerie.

Vous pouvez choisir de peindre plusieurs tableaux sur le même thème ou un seul tableau qui englobe différentes parties de l'histoire à divers endroits de la toile. Il existe un artifice architectural complexe qui a parfois été utilisé par les artistes de la Renaissance et qui consiste à diviser le tableau en zones distinctes comportant différents éléments de l'histoire distribués sur diverses structures individuelles (pièces, colonnades et cours intérieures). Le spectateur traverse ainsi l'espace pictural tout en suivant la séquence d'événements.

STYLE ET TECHNIQUE

Quand le thème choisi exprime un état d'âme évoqué par les objets ou les événements dépeints, ou si l'imagerie symbolise directement des émotions, l'approche expressionniste (voir pages 106-109) semble souvent la mieux appropriée. Toutefois, il est possible que le sujet traité demande un peu de retenue et que seul le contenu pictural puisse parler. Dans ce cas, une approche détaillée, surréaliste, se prête au détachement nécessaire. La signification de la peinture peut également émerger plus graduellement grâce à un style légèrement impressionniste (voir pages 94-97).

Votre capacité à tirer le meilleur parti d'un genre de peinture, quel qu'il soit, dépend naturellement de la technique employée ainsi que de l'imagination dont vous savez faire preuve. Il peut être utile de travailler à une série de différents tableaux sur le même thème afin d'expérimenter différents médiums et diverses techniques en même temps. Quel que soit le sujet, n'oubliez pas que l'effet visuel d'un dessin au fusain est très différent de celui d'une aquarelle, qui est elle-même très différente d'une peinture à l'huile, et sachez que, à mesure que vous progressez, les qualités des matériels utilisés et les effets qu'ils créent vous permettront de passer à des approches picturales nouvelles.

LES EXERCICES

EXERCICE 1

Peindre un tableau racontant un article de presse
Choisissez un fait divers actuel et découpez tout ce qui le concerne dans les journaux et les magazines (articles et photographies). Disposez l'information visuelle de façon à obtenir un commentaire descriptif de l'histoire. Réalisez ainsi un tableau ou une série de tableaux en utilisant différentes techniques (peinture, pastel, collage, etc.) qui vous permettent de créer des effets intéressants en eux-mêmes.

EXERCICE 2

Réaliser une composition d'après une événement que vous avez vécu
Le tableau doit symboliser un thème social, politique ou émotionnel. Si possible, exécutez des dessins préparatoires et des études d'après nature en tenant compte du lieu où l'événement est survenu, des gens et des objets présents à ce moment.

VOIR AUSSI	
70-73	Travailler à partir de photographies
150-157	La peinture à l'huile

Tableau et structure

Transcrire les trois dimensions de l'espace et de la forme en un tableau à deux dimensions constitue l'un des problèmes majeurs de la peinture figurative. Une structure tridimensionnelle permet d'étayer la scène, l'objet ou le personnage qu'on peint. Lorsqu'on développe une composition, il faut trouver un moyen satisfaisant de construire l'image dans son ensemble avec ses composants individuels. Certaines théories et certains principes de composition ont évolué dans le but de relever un tel défi. Les systèmes de perspective pour rendre les trois dimensions sur une surface plane ou les théories de l'interaction des couleurs qui impliquent des formules schématiques pour réussir à créer des effets visuels en sont quelques exemples. Ils ne doivent pas faire oublier que pour un artiste rien ne remplace l'expérience ! Les problèmes picturaux dépendent du sujet traité et de l'habileté technique de son auteur à les résoudre. Mais sachez qu'il y a toujours plusieurs solutions.

Tout au long de sa carrière, Cézanne s'est senti concerné par cet aspect de la composition, le rattachant dans un premier temps aux paysages, aux natures mortes et aux sujets figuratifs peints à l'huile et à l'aquarelle. Ses œuvres de jeunesse illustrent ses efforts pour y parvenir : les résultats sont souvent sommaires et maladroits. Comme bien des peintres impressionnistes, dont il a été, il a souffert des propos acerbes et du manque de reconnaissance des critiques et des artistes établis de cette époque. Dans ses dernières œuvres cependant, et surtout dans la série qu'il a consacrée à la montagne Sainte-Victoire, il a réussi la fusion entre technique et observation : la solide permanence des formes tridimensionnelles est rendue par des couleurs et des rythmes très subtils. Son travail a profondément influencé les développements artistiques du début du vingtième siècle.

LES STRUCTURES DE BASE

Structurer une image en deux dimensions fait souvent appel, du moins au départ, au dessin. À partir des contours, l'artiste construit des formes et des volumes individuels, qu'il peut mêler ou superposer pour créer un sentiment d'espace et de profondeur dans sa composition.

129 ➤

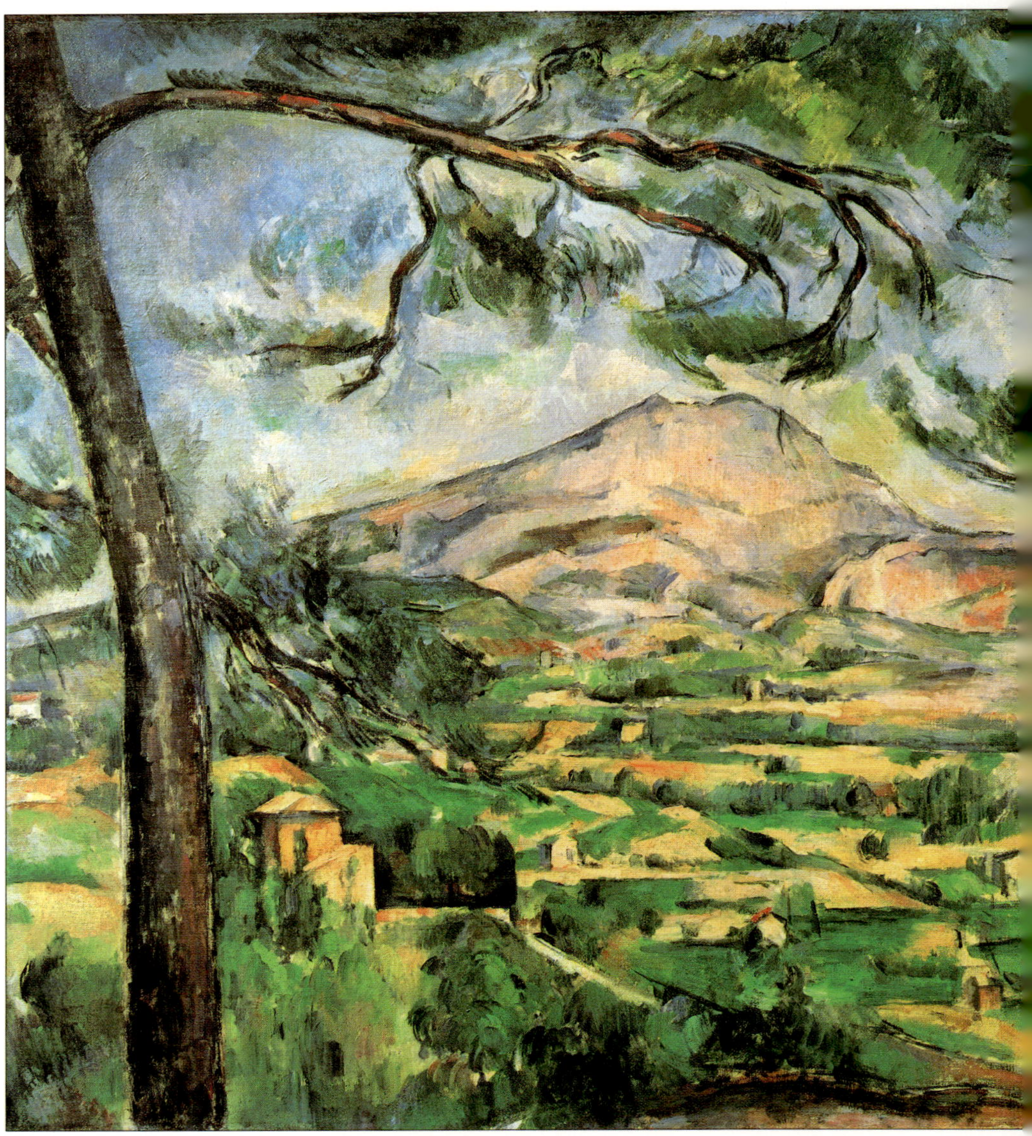

PAUL CÉZANNE (1839-1906)

▲ Montagne Sainte-Victoire, v. 1886-1888
Le tronc du pin coupe le cadre dans lequel s'inscrit le paysage et, ce faisant, renforce la sensation de distance et adoucit la vue frontale de la montagne. Les variations de couleurs sont presque schématiques : les verts et les oranges vifs du premier plan cèdent la place aux bleu-gris froids et aux subtils rouge-brun. Le peintre utilise cependant des couleurs plus intenses là où le feuillage et le ciel se rencontrent. Cézanne avait pour habitude de peindre sur toute la toile à chaque phase de son travail, créant ainsi de nombreux et délicats liens de teintes et de tons. La touche fragmentée de l'artiste lui permet de construire les plans et les divisions du paysage et de mener le spectateur à travers son tableau.

Les détails de couleur et de texture locales sont

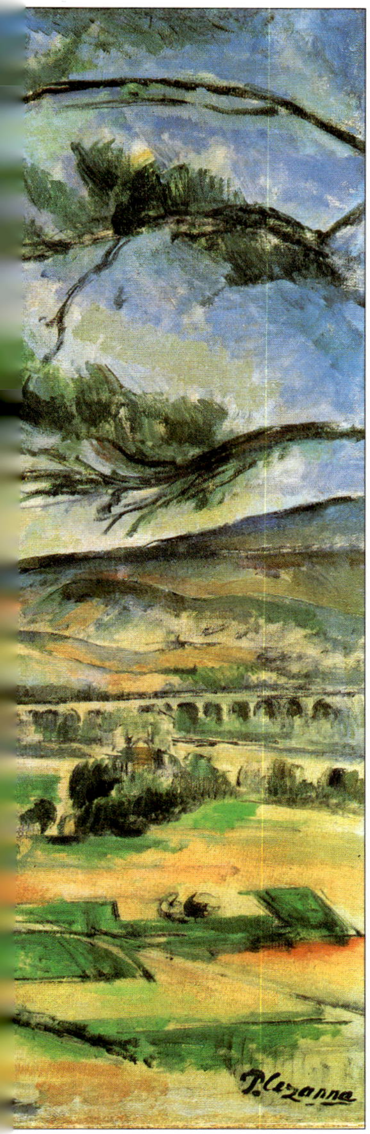

généralement subordonnés à l'organisation globale du tableau. Cézanne apporte juste ce qu'il faut d'informations visuelles au spectateur pour que celui-ci distingue les formes élémentaires des maisons et les caractéristiques individuelles du paysage.

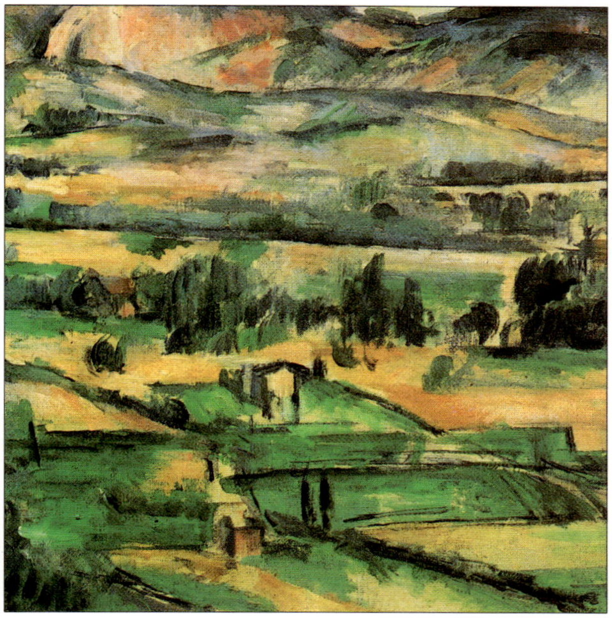

▲ On reconnaît la patte de l'artiste aux marques de pinceau qui suivent la forme et la direction et permettent aux couleurs de s'intégrer naturellement. Quelques touches plus prononcées conduisent le spectateur à travers l'espace pictural.

AUTRES ARTISTES À ÉTUDIER

PAOLO DI DONO, DIT UCCELLO (1397-1475)

Le traitement des perspectives d'Uccello est particulièrement remarquable dans les trois panneaux de la *Bataille de San Romano* (v. 1455). Les personnages, les chevaux, les lances et le champ de bataille suivent un cadre strict de lignes fuyantes, ce qui produit un effet schématique et décoratif assez irréel mais stupéfiant. *Saint Georges combattant le dragon* est un tableau plus simple et plus lyrique. Son organisation qui paraît moins artificielle est cependant très rigoureuse.

JACQUES LOUIS DAVID (1748-1825)

Par son style néoclassique et de froide formalité, David contrôle le sujet souvent sensible de ses compositions (héroïque dans *Le serment des Horaces* (1784) et tragique dans *Marat assassiné* (1793). La couleur ne sort jamais des limites de la structure picturale, mais ses sujets à petite échelle sont parfaitement maîtrisés et ses tableaux à grande échelle sont ambitieux et monumentaux.

PABLO PICASSO (1881-1973)
GEORGES BRAQUE (1882-1963)

Ces deux artistes ont collaboré au développement du Cubisme dans la peinture, la sculpture et le collage. Ce type de peinture découle directement de l'approche formelle de Cézanne envers l'organisation de l'espace et de la structure. Dans le Cubisme, des vues différentes d'un même sujet se combinent à l'intérieur du tableau pour produire des interprétations complexes des structures spatiales.

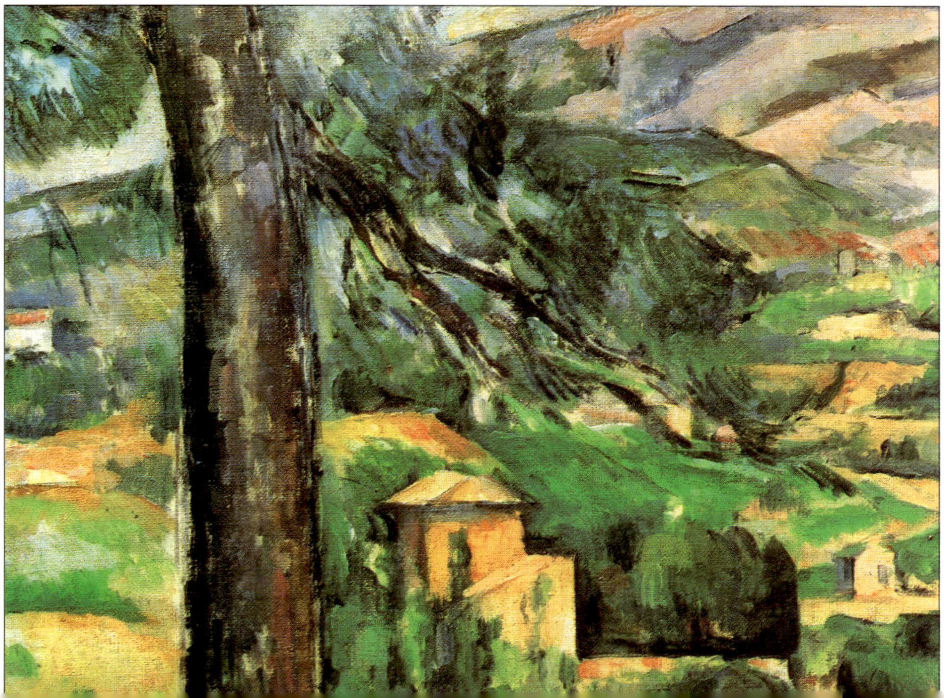

◀ Cézanne peignait lentement et retouchait inlassablement son tableau. On voit ici quelques corrections apportées aux structures de base.

VOIR AUSSI	
40-43	Les règles de la perspective
84-93	La composition
150-151	Le travail du pinceau

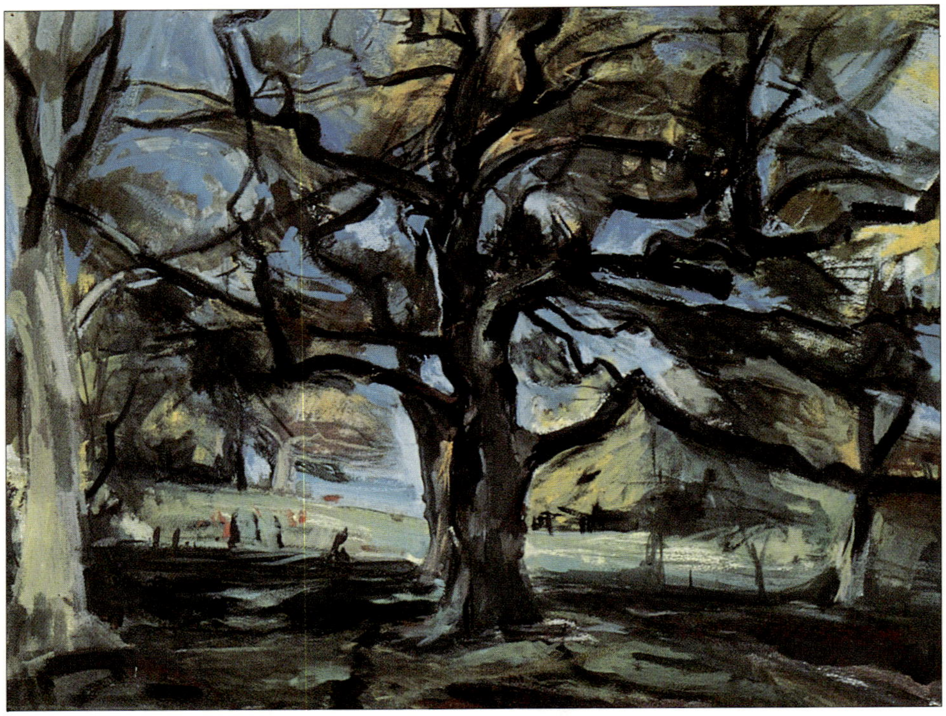

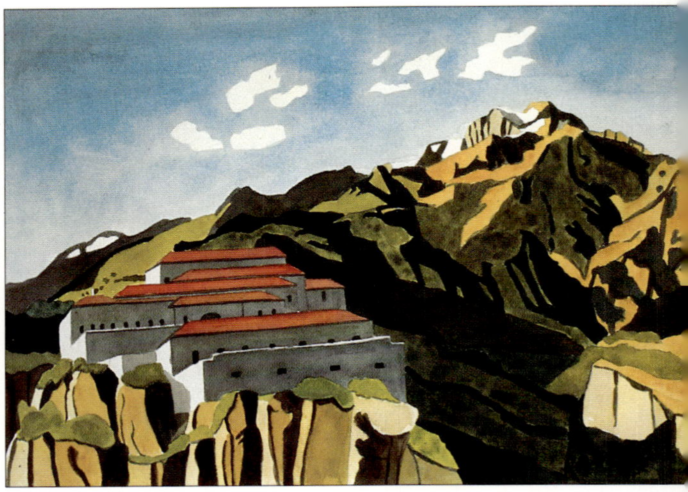

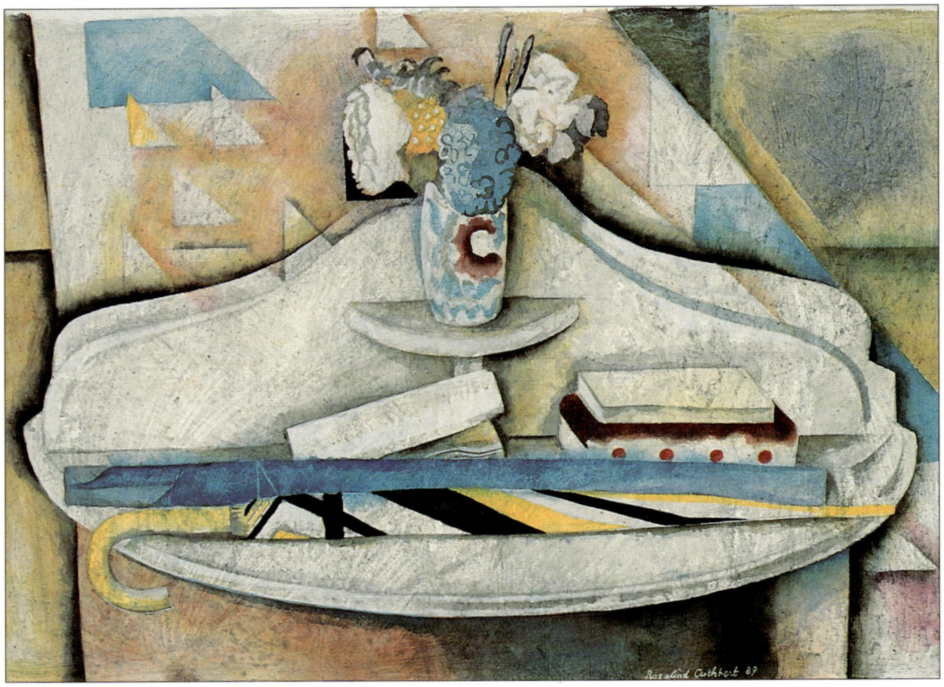

▲ DAVID CARR
Chêne
Gouache
Il est convenu d'éviter les compositions comportant un élément central qui divise le plan du tableau. Néanmoins, lorsque le sujet est imposant, comme c'est le cas ici, l'artiste peut en tirer avantage. Sur le plan horizontal fuyant, les ombres noires rappellent les branches qui s'étalent asymétriquement de chaque côté du tronc fermement planté.

▲ LESLEY GILES
Fortifications
Aquarelle
Les formes plates et les forts contrastes de tons créent une structure puissante. Le tableau, de petites dimensions, rend parfaitement l'aspect monumental du sujet.

◄ ROSALIND CUTHBERT
Nature morte sur console
Aquarelle
L'espace et la structure peuvent être formalisés plutôt qu'illusionnistes (l'illusionnisme est un principe central du Cubisme qui incorpore des angles de perception divers). On peut dire qu'ils sont aussi plus réalistes.

Les systèmes de perspective sont définis à l'origine en termes de dessins de lignes donnant l'impression de structure et d'éloignement dans l'espace au travers d'un cadre linéaire. C'est une vue encore parfaitement valable qui permet de faire des recherches sur l'espace pictural. L'artiste qui peint un modèle, un paysage ou une nature morte, commence par esquisser instinctivement une sorte de carte linéaire de la composition avant de reporter son attention sur les formes qu'il représente grâce au modelé des tons, aux couleurs et aux textures de surface.

Certains peintres cependant voient le sujet comme un arrangement de plans de surface et de zones de couleur. Ils fixent d'abord les formes de base grâce aux couleurs et aux tons avant d'affiner les formes et les détails. Cette étape constitue donc un point de départ chez certains et une deuxième phase, après le traitement linéaire, chez d'autres. La façon de structurer une image dépend en fin de compte de la façon dont on la voit. Certaines personnes identifient naturellement les choses par la qualité de leurs bords : ils voient en premier les contours des objets individuels, puis les points et les lignes qui représentent les jonctions entre eux. D'autres personnes absorbent l'image dans sa globalité avec les liaisons ou les couches des plans de surface. Ces deux méthodes, quoique différentes, se valent. Nous vous conseillons toutefois de vous arrêter de temps en temps pour analyser la façon particulière que vous avez de voir les éléments. Vous pourrez ainsi progresser et apprendre à développer vos dons d'observation. Plus vous verrez d'éléments dans un sujet, plus vous aurez d'options pour le restituer en peinture.

LA COULEUR ET LE TON

La couleur est un élément de structure essentiel, non seulement pour sa tonalité qui modèle les formes par des jeux de lumière et d'ombre mais aussi pour l'impact des teintes et leurs interactions qu'on peut rattacher à l'impression d'espace pictural. On dit que certaines couleurs avancent ou reculent par rapport au plan du tableau. Plutôt que de vous fier à des formules théoriques, nous croyons qu'il est primordial que vous considériez les relations entre couleurs dans le contexte réel d'un travail. En organisant des effets d'harmonie et de contraste, en créant des liens subtils dans le plan du tableau et en rapprochant le ton et l'intensité des couleurs appliquées à l'arrangement de la composition, vous serez davantage à même de renforcer l'impression que vous cherchez à transmettre.

Prenons l'exemple d'un paysage : des couleurs intenses disposées en arrière-plan vont donner l'impression d'avancer vers le premier plan et d'aplanir l'espace. En cela, la *Montagne Sainte-Victoire* de Cézanne est une leçon : les couleurs sont organisées de façon à faire reculer l'espace ; chaque touche désigne plusieurs profondeurs, avec de subtiles tensions entre les teintes proches et complémentaires qui diminuent peu à peu en intensité. Souvenez-vous cependant que la façon dont une couleur travaille à l'intérieur de l'image dépend non seulement des propriétés de teinte, de ton et d'intensité mais aussi de son échelle relative et de sa valeur dans la composition globale. Il n'est pas impossible de faire travailler des couleurs intenses dans le plan du milieu ou dans l'arrière-plan (cela peut même se révéler un facteur d'animation) mais il faut le faire avec discrétion. L'impact d'une petite touche d'un rouge intense est bien différent de celui d'un aplat massif et distinct de même couleur.

LES VALEURS DE SURFACE

Si vous étudiez avec attention l'œuvre de Cézanne, vous remarquerez le travail du pinceau : le peintre n'a pas fait disparaître les transitions de couleur et de forme, il a au contraire donné des accents directionnels aux marques selon les formes qu'il voulait décrire et il a fait varier leur échelle à l'intérieur des différentes zones de la composition. Les éléments linéaires dans le tableau créent des rythmes spécifiques, tirant sur la gauche au premier plan et sur la droite au pied de la montagne, avant de converger vers le sommet.

Les marques du pinceau et la texture de la peinture contribuent ainsi à la structuration de l'image. Par ailleurs, des glacis translucides et des couleurs fragmentées permettent d'établir par couches les effets de surface correspondant aux plans et aux textures du sujet. Les couleurs lourdes et opaques créent une surface plus dense et plus uniforme qui affecte la structure de manière différente. Là encore, il n'y a pas de bonne ou de mauvaise approche, il n'y a que des solutions alternatives vous permettant de développer au mieux une composition et une technique.

LES EXERCICES

EXERCICE 1

Peindre une nature morte vue de dessus

Disposez une nature morte sur le sol à côté de votre chevalet, puis peignez-la telle que vous la voyez de dessus. Il est surprenant de constater que l'on voit alors les formes de façon plus nette. La composition peut même être assez complexe, si les formes restent distinctes.

EXERCICE 2

Peindre une vue d'extérieur comportant un élément à forte perspective

Par exemple, une route de campagne ou une rue qui se fondent dans le paysage. Commencez par un dessin linéaire, sorte de carte portant sur les effets de perspective, puis insérez les couleurs et les tons de façon que les teintes et les intensités valorisent le sentiment d'espace et de distance.

VOIR AUSSI	
27	Les couleurs chaudes et les couleurs froides
27	Les couleurs harmonieuses et complémentaires
48-51	Initiation à l'aquarelle
164-169	L'aquarelle et la gouache

Dessiner avec un pinceau

Pour beaucoup, le dessin et la peinture sont deux arts distincts. Traditionnellement, on définit le dessin comme traitant de la ligne et du contour, et la peinture comme explorant la masse et le volume. On pense souvent que le premier est une interprétation monochrome tandis que le second exprime le monde en couleurs. Cette attitude dérive en partie des divisions réelles existant entre ces deux activités telles qu'elles ont été établies par les systèmes d'enseignement de l'art. On apprend d'abord aux étudiants l'art du dessin au travers de l'utilisation d'instruments à pointe, comme le crayon, le fusain et la plume, ensuite, lorsqu'on les estime aguerris, on leur enseigne l'art mystérieux du mélange et de la manipulation des couleurs. Le dessin semble avoir été relégué au domaine d'art mineur, ses techniques et ses résultats étant implicitement considérés comme moins importants que ceux de la peinture.

Or, commencer par le dessin puis passer à la peinture ne constitue qu'une méthode qui permet d'acquérir de l'expérience en tant qu'artiste mais séparer ces deux activités est un facteur d'inhibition. La base de tout développement d'un don ou d'un style passe par l'observation minutieuse et analytique puis par la restitution de l'information visuelle au moyen d'un médium. Quand on peint, on dessine en même temps, car le dessin n'est qu'une façon de reconstruire les choses en deux dimensions. On peut le faire avec un crayon ou avec un pinceau, en dessinant des lignes ou en peignant des zones de couleur.

MATÉRIEL ET TECHNIQUES

Selon le matériel utilisé, les marques varient, c'est pourquoi elles tendent à influencer le choix de l'artiste. Avec un instrument à pointe (crayon ou plume), il est plus facile de dessiner des lignes que d'ombrer des zones massives : dans ce cas, c'est l'outil qui encourage l'approche linéaire. Si l'on utilise un pinceau et un médium de peinture fluide, on peut produire toutes sortes de marques sans peine : quand on peint, on intègre instinctivement la ligne et la masse.

Avec le pastel, l'artiste peut combiner le dessin et la peinture. La taille et la forme d'un bâtonnet de pastel tendre se prêtent parfaitement aux marques linéaires.

133 ➤

EDGAR DEGAS (1834-1917)

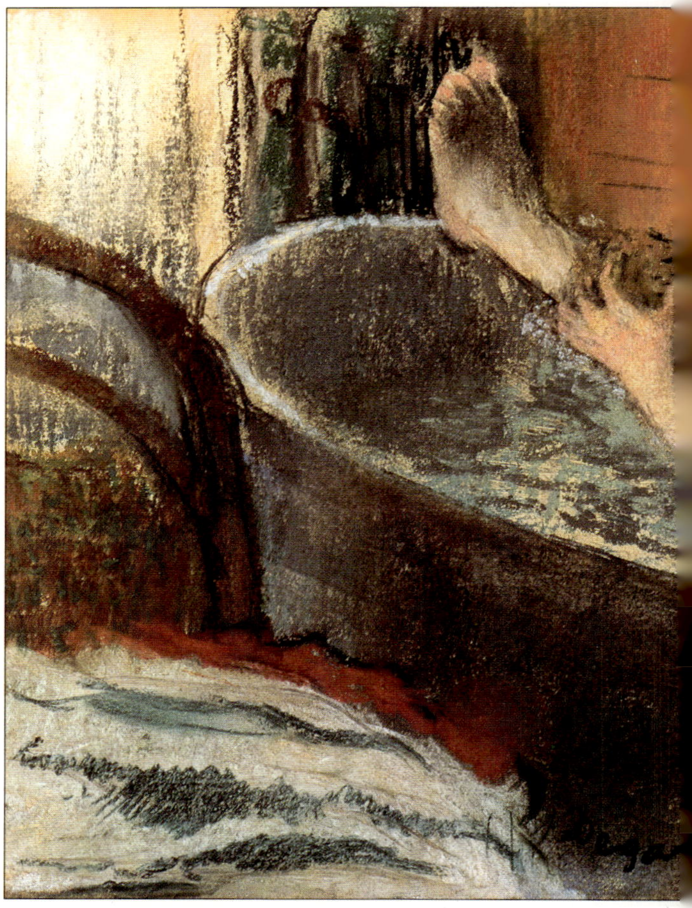

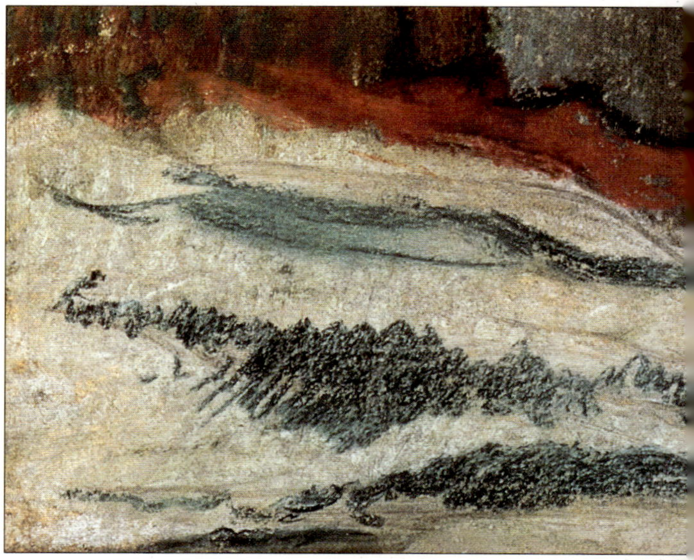

► **Femme s'épongeant la jambe**, 1883
Le travail inventif de Degas s'exprime ici dans un tableau au pastel à la fois technique et figuratif. Ce médium direct lui permettait de donner libre cours à son sens de la couleur. Il a construit son sujet par couches épaisses formant une surface complexe et active. Dans ses études d'intérieur représentant des femmes qui se lavent, son sujet est à la fois mondain et très intime. Il a ainsi créé un style de composition informel qui semble inviter le spectateur dans un monde privé. Ses nus évoluant dans des pièces pauvrement meublées sont dessinés de manière simple et sensuelle. Parfois, les contours sont énergiques. Degas a utilisé le pastel pour construire des formes solides à partir d'une masse de marques individuelles (tirets, accents et traces diverses) orchestrant les interactions de couleurs pour produire des effets de lumière et de texture subtils et brillants.

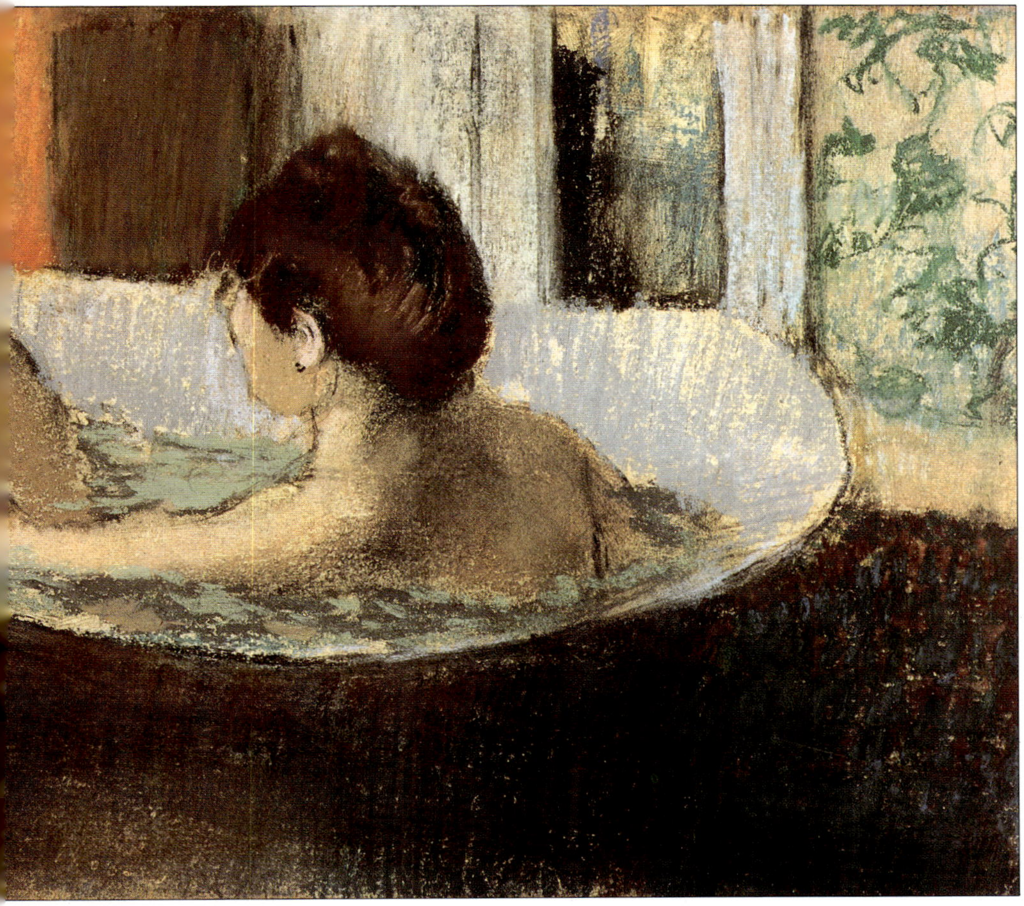

AUTRES ARTISTES À ÉTUDIER

HENRI DE TOULOUSE-LAUTREC (1864-1901)
Les tableaux et les lithographies de Toulouse-Lautrec restituent son immense talent de dessinateur. Les qualités linéaires de ses œuvres créent un impact immédiat qui s'intègre merveilleusement à la couleur et à la texture picturales.

GEORGES ROUAULT (1871-1958)
Les tableaux de Rouault illustrent son amour du graphisme, souvent renforcé par l'utilisation de contours d'un noir dramatique. C'est en faisant son apprentissage chez un maître verrier et en travaillant le vitrail qu'il a découvert les valeurs picturales des définitions claires et des couleurs intenses.

OSKAR KOKOSCHKA (1886-1980)
Le style expressionniste de Kokoschka possède une force linéaire dominante. Même dans ses tableaux de grandes dimensions, il repassait sur le graphisme des formes et des contours de manière insistante. Il construisait un réseau vibrant de lignes calligraphiques qui se fondaient en masses colorées.

▼ Les ombres sur la peau possèdent une qualité de grain souple, typique des traces de pastel larges et crayeuses. Pour les cheveux, l'artiste a fondu les couleurs de façon plus grossière et intense afin de créer une texture brillante.

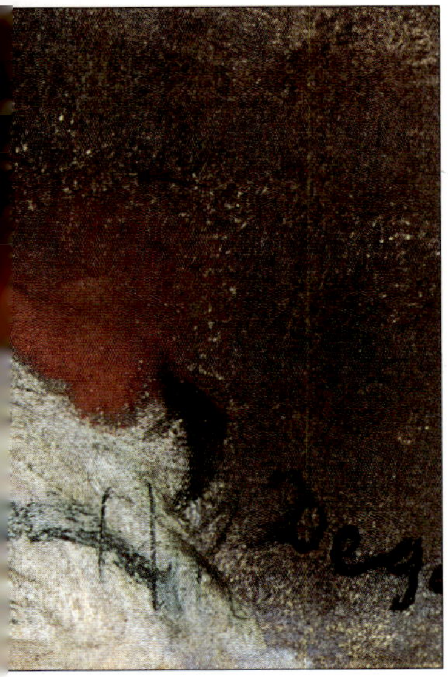

◀ Le pastel permet de riches textures et des couleurs intenses qu'on ne trouve pas en peinture. Les variations entre la ligne et la masse se forment facilement grâce aux mouvements naturels de la main et du bâtonnet. Remarquez dans ce détail les zones frottées et les hachures qui créent des textures solides et brisées ; les tons neutres assourdis s'opposent aux teintes profondes. Dans les masses lourdes, Degas a tissé des contours linéaires et des marques gestuelles.

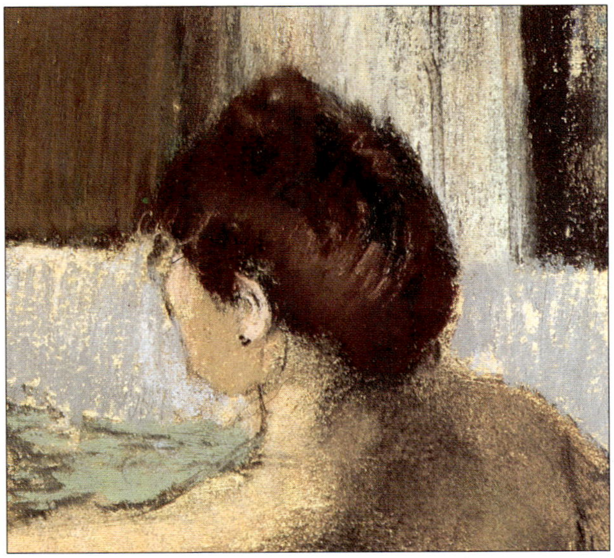

VOIR AUSSI	
66-69	Initiation au pastel
102-105	La figure dans son contexte
170-175	Les pastels

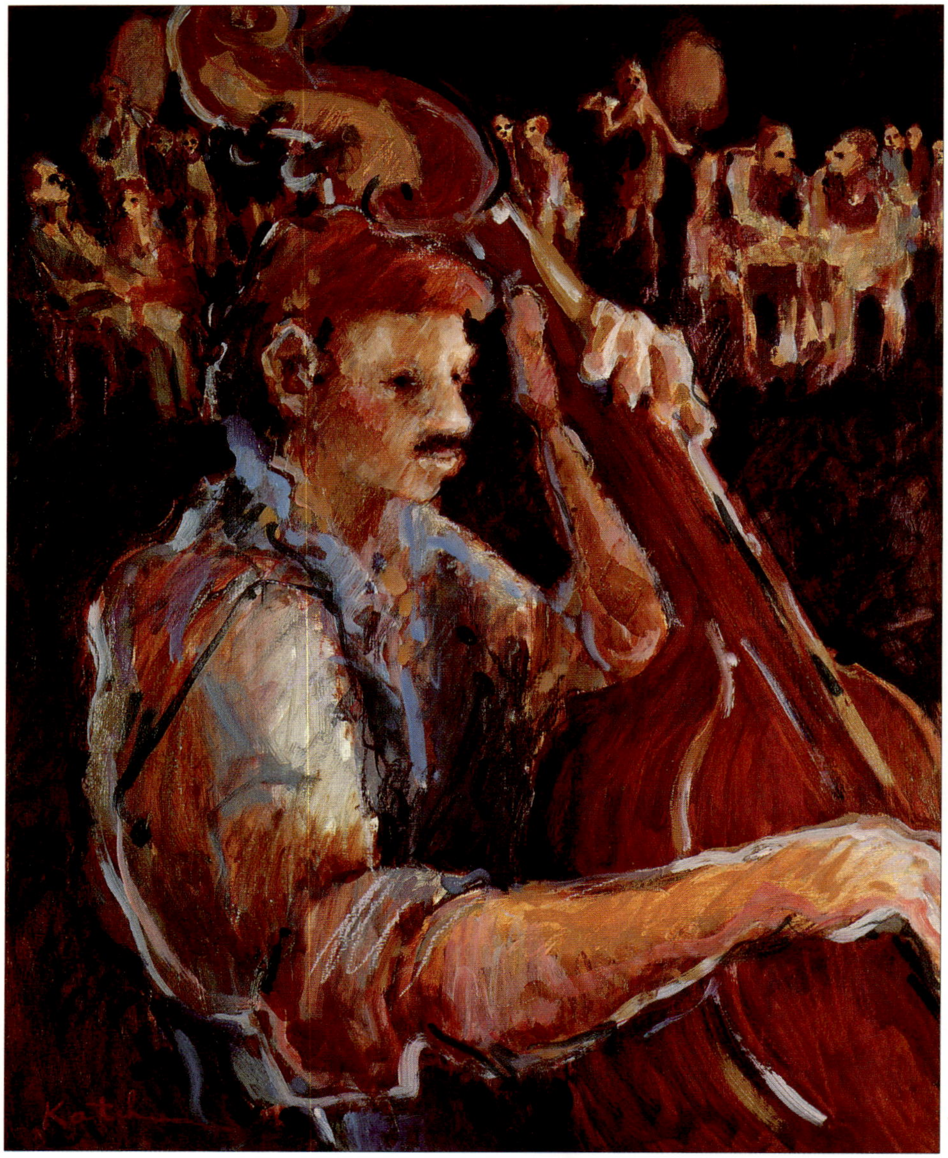

▲ CAROL KATCHEN
Jass Bass
Techniques mixtes
Des zones de glacis alternent avec des zones de couleur opaque. Les hachures et les marques de pastel les recouvrent énergiquement. Cela crée une image vibrante et dynamique appropriée au sujet. L'activité du musicien semble renforcée par le fond noir et lourd.

▼ NEIL WATSON
Rue du devant, Beaufort
Acrylique et encre
Le sujet architectural est défini au moyen d'une structure très linéaire. L'artiste lui a superposé de minces lavis de couleur qui aplatissent les plans et les détails structuraux. Cette image dessinée à l'encre et peinte à l'acrylique ressemble à une gravure (couleurs de surface et textures).

► JANET BOULTON
Table pliante à la nappe noir et blanc
Aquarelle
Des structures géométriques peuvent inclure à la fois des plans simples du sujet et des motifs imposés comme cette nappe quadrillée. Remarquez la répétition merveilleusement rythmée des formes, les lignes directionnelles fortes et les courbes.

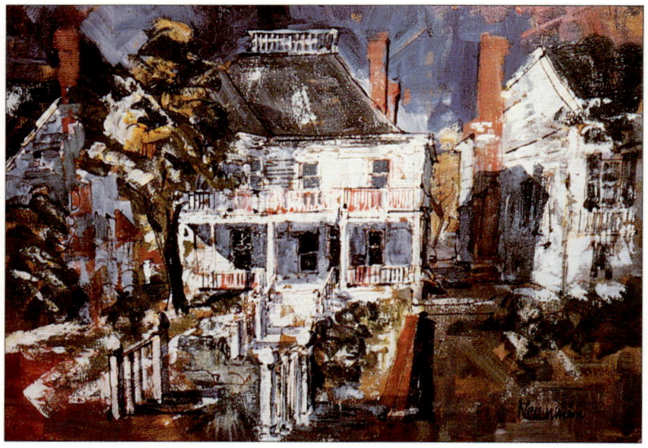

► DONALD PASS
Champ gelé
Aquarelle
La linéarité, dans les sillons et les sentiers, valorise la description de l'espace et de la distance et crée d'intéressants effets de surface.

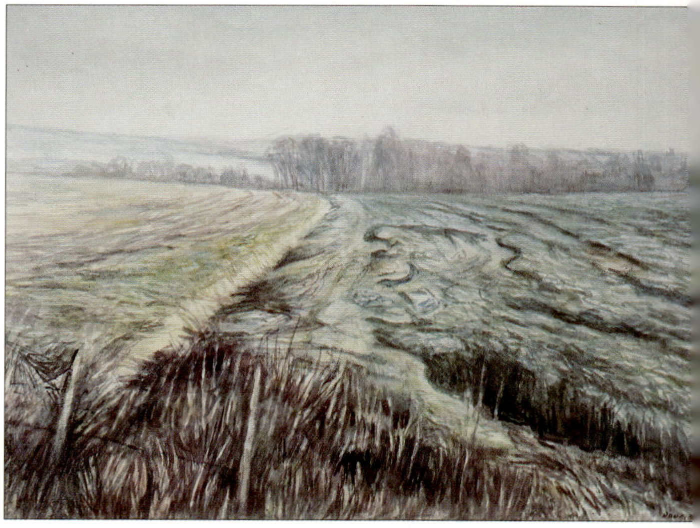

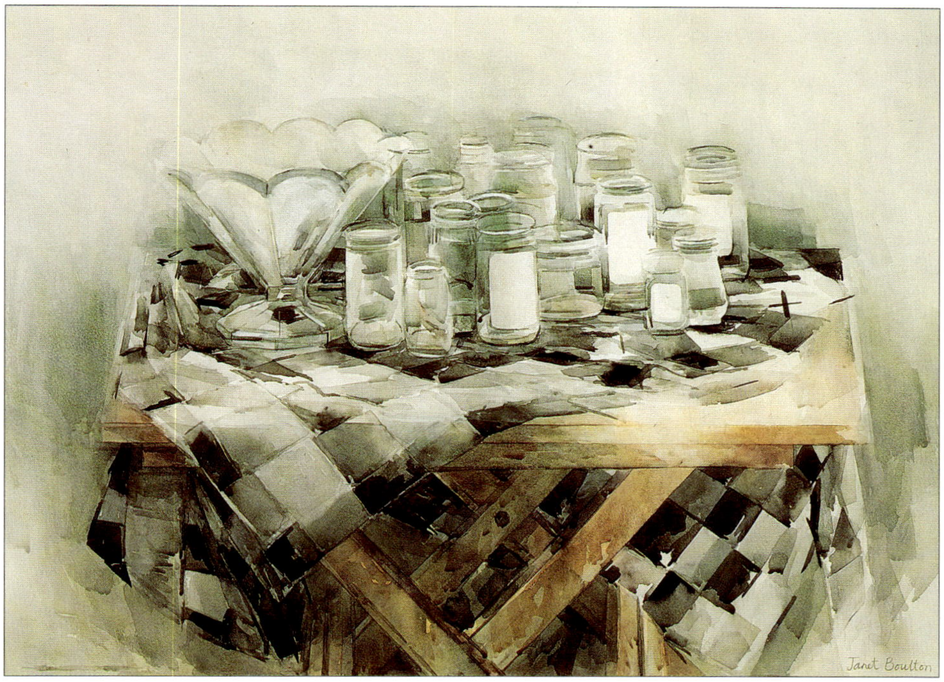

LES EXERCICES

EXERCICE 1

Réalisez des études rapides à l'aquarelle d'un peu d'eau qui goutte d'un robinet
De la pointe du pinceau, suivez les mouvements du filet d'eau et ses réflexions linéaires. Ceci va permettre à votre technique de se libérer, d'être plus souple, et vous apprendra à dessiner avec un pinceau de manière rapide et confiante.

EXERCICE 2

Réalisez une étude détaillée au pastel, à l'aquarelle et à l'huile
Trouvez un sujet qui comporte une texture fortement linéaire (par exemple, un panier d'osier, un voilage, un carré d'herbes ou un enchevêtrement de tiges) et essayez de faire varier vos techniques picturales de façon à décrire à la fois les formes et les masses, et les détails et les textures de surface.

EXERCICE 3

Appliquez les mêmes techniques à une étude de figure
Si personne ne veut vous servir de modèle, placez-vous devant une glace et faites votre autoportrait. Vous pouvez aussi dessiner vos jambes ou vos pieds, vos mains, vos bras. Étudiez attentivement les plans et les contours des membres ainsi que la couleur et la texture de la peau. Servez-vous de marques calligraphiques, comme Degas, pour arrondir les formes.

Mais sa couleur veloutée s'étale si facilement qu'il est également possible de l'employer pour créer des aplats de couleur intense ou des effets brumeux. C'est le plus direct des médiums de couleur, car il contient très peu de liant, ce qui fait que ses pigments sont purs. On peut même appliquer la couleur avec les doigts sans avoir besoin d'un pinceau ou d'un autre instrument qui laissent des marques. Degas avait choisi de travailler avec des pastels parce que sa vue avait baissé et qu'il lui était plus facile de contrôler leurs couleurs vives et les techniques mises en œuvre qu'avec de la peinture. Il les a également utilisés en poudre mélangée à un médium fluide et il s'est servi de solvants et de vernis pour mélanger et poser les couleurs. Les artistes modernes ont un avantage sur lui. Les produits tout prêts étendent les potentialités des pastels : on trouve aujourd'hui des pastels épais et gras ainsi que des pastels solubles dans l'eau.

Ne négligez pas pour autant la variété qu'il est possible d'introduire dans un tableau en dessinant avec un pinceau et en trouvant de nouvelles façons d'appliquer et de mélanger les couleurs sur la toile ou le papier. Cela s'applique aussi bien à l'huile qu'à l'acrylique, la gouache et l'aquarelle. Nombreux sont les exemples dans ce livre qui vous montrent que des marques directionnelles vigoureuses, des textures dues à des touches fragmentées et des interactions rythmiques entre la ligne et la masse peuvent activer la surface d'un tableau sans diminuer son impact.

LE SUJET

N'importe quel sujet convient aux techniques mixtes combinant dessin et peinture. Sachez cependant que cette approche se satisfait particulièrement des effets visuels immédiats, tels que la structure linéaire d'un arbre majestueux ou les textures ondulantes d'un champ d'herbes, ou encore les puissants contours d'un corps nu ou les textures variées d'un vêtement élégant. Cette combinaison donne toute sa mesure avec les sujets difficiles. *Jockeys sous la pluie* est une autre œuvre de Degas qui illustre brillamment la force d'une averse grâce aux traces cinglantes du pastel. *Orage tropical avec tigre*, tableau célèbre peint par Henri Rousseau (1844-1910), exploite une technique similaire en peinture.

VOIR AUSSI	
158-163	L'acrylique
164-169	L'aquarelle et la gouache
176-181	Les techniques mixtes

Fantasmes, souvenirs et rêves

Étonnamment, peu de tableaux sont directement inspirés par l'imagination de leurs auteurs. La plupart traitent du monde réel. Même lorsque l'imagerie est ouvertement fantastique ou irrationnelle, elle est issue d'une observation de la réalité combinée aux possibilités de l'imagination. Par nature, les artistes sont curieux, or la peinture fantastique provient souvent d'une étude très poussée du caractère des choses élaborée selon le principe du « et si ? » : et si on prend une scène ordinaire et qu'on insère un élément insolite ? et si quelque chose de solide et d'immuable devient soudain changeant et fluide ? et si les cochons volaient, à quoi ressembleraient-ils en vol ?

Certains artistes semblent inventer leurs propres mondes, excentriques et très personnels, construits à partir de perspectives et de volumes improbables et peuplés d'étranges formes humanoïdes et de créatures chimériques. Toutefois, l'imagination puise toujours dans une expérience vécue. Les formes architecturales d'un paysage urbain peuvent paraître bizarres et irréelles, elles impliquent pourtant que leur auteur connaît la perspective et les relations entre espace et forme puisqu'il a été capable d'inventer leur contraire. De même, une image supposée représenter un être vivant, aussi extraordinaire soit-il, se réfère inévitablement à certains aspects réels des humains ou des animaux.

LES SOURCES DE LA COMPOSITION FANTASMAGORIQUE

Les visions diffèrent selon les expériences personnelles des artistes. Les contes, les romans, les poèmes, les chansons, les pièces de théâtre, ou les scénarios (originaux ou non) peuvent vous inspirer. Les rêves, également, peuvent être une source directe de création (on ne s'en souvient pas toujours dans les moindres détails, mais parfois il en reste une vision étonnamment claire ; elle comporte souvent un élément fantastique, car la logique du rêve ne se conforme pas aux attentes et aux normes).

Le Surréalisme est un type d'imagerie fantastique qui implique un renversement des formes attendues. Il se caractérise par des juxtapositions d'objets ordinaires associés de façon insolite ; des scènes quotidiennes perturbées par un élément étranger ou saugrenu ;

136 ➤

JOHANN HEINRICH FÜSSLI (1741-1825)

► **Le cauchemar**, 1782
Ce tableau, mariant érotisme et fantastique, a remporté un succès immédiat lors de sa première exposition. Füssli, célèbre de son vivant, a été ignoré pendant près d'un siècle après sa mort, jusqu'à ce que les expressionnistes et les surréalistes le redécouvrent. *Le cauchemar* est alors devenu une icône d'un style d'imagerie qui semble puiser dans les noirs fantasmes de l'inconscient. Il est intéressant de noter que la composition est organisée de manière formelle de façon à créer une structure équilibrée. Elle fait appel à des conventions picturales bien établies (comme le clair-obscur marqué) afin de renforcer l'effet dramatique. Bien que le style de l'exécution soit hautement réaliste, Füssli a employé la déformation et a inséré des détails imaginaires pour intensifier le côté théâtral de son œuvre. Les lignes gracieuses du corps féminin ne sont pas correctes anatomiquement tandis que la tête du cheval est exagérée jusqu'à la caricature et que les orbites vides et hideuses de l'animal semblent menaçantes.

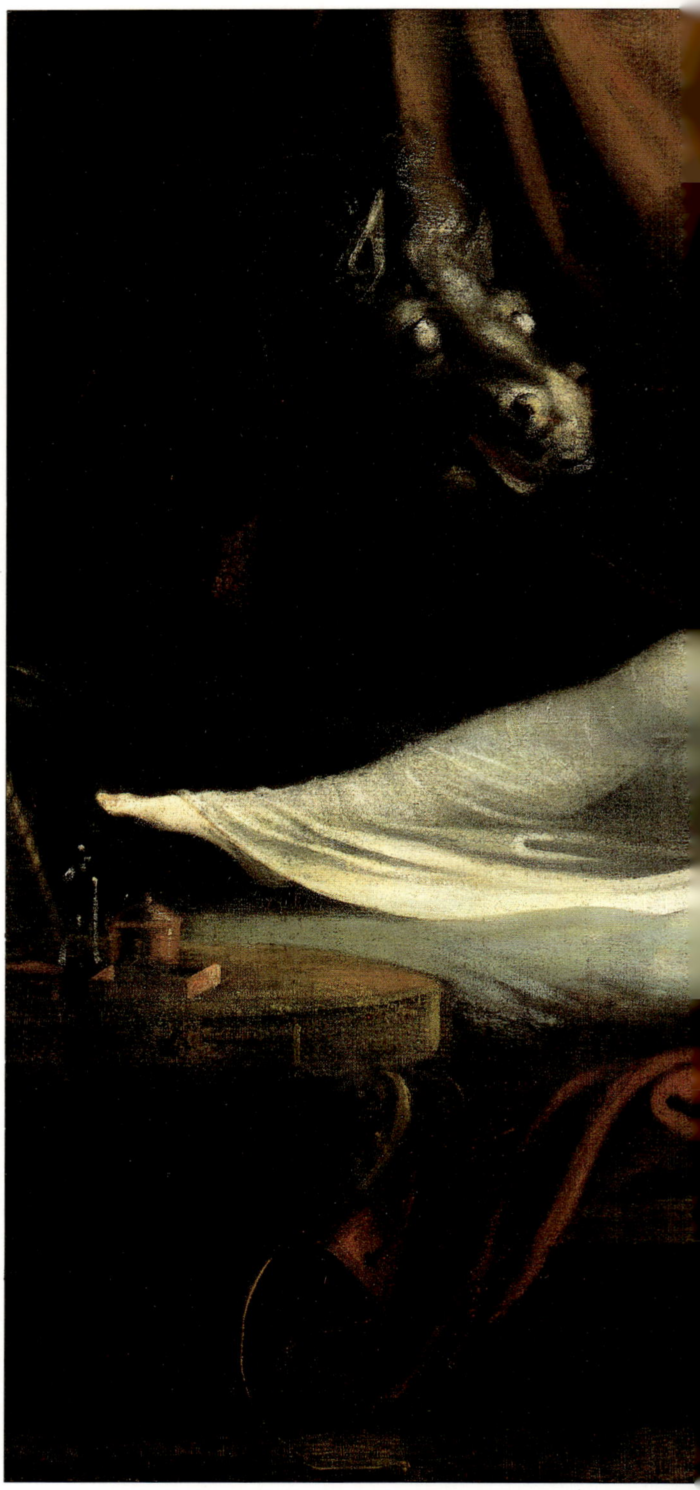

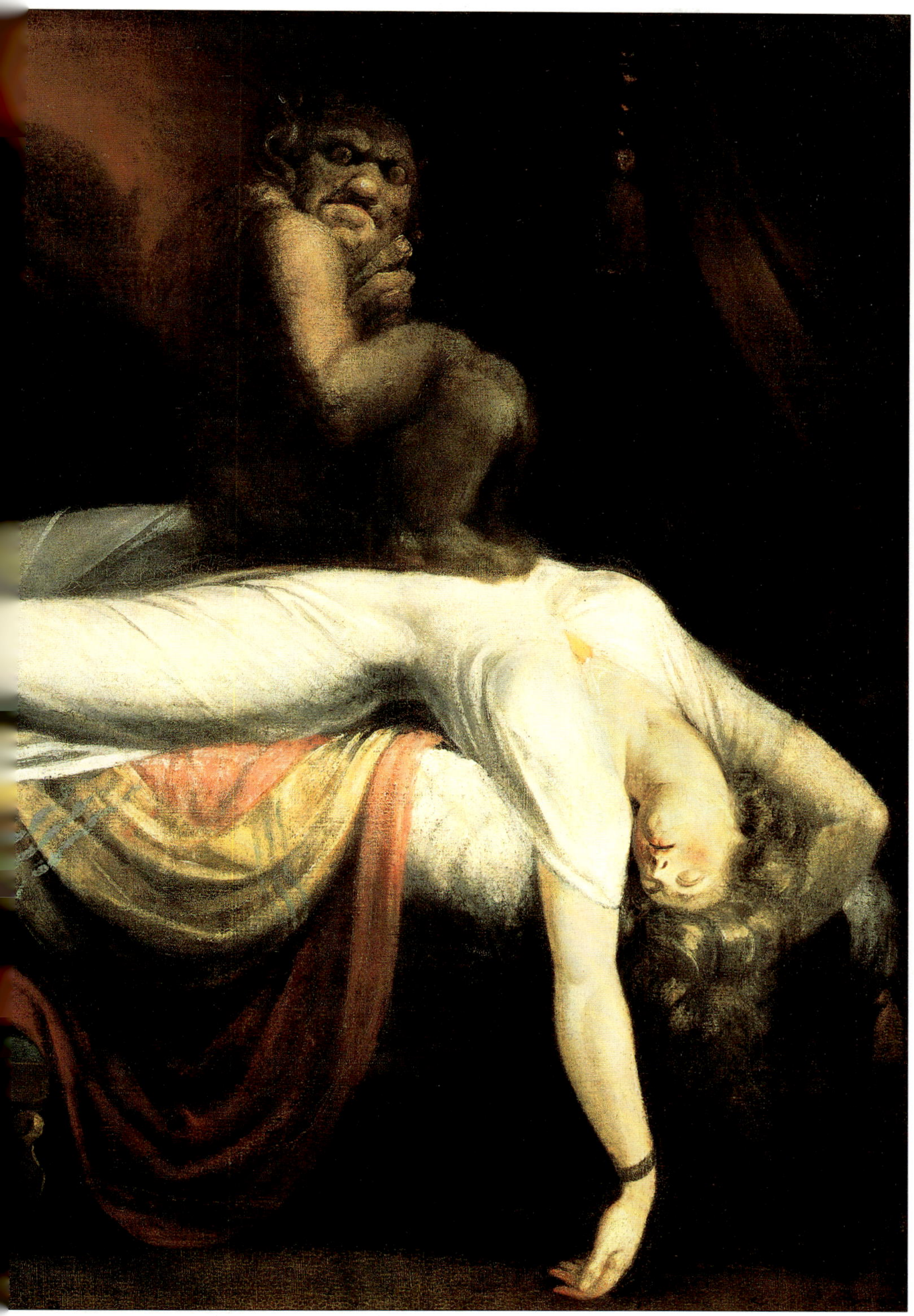

AUTRES ARTISTES À ÉTUDIER

William Blake (1757-1827)
Comme ses chansons et ses poèmes, les peintures de Blake traitent de thèmes bibliques et mythologiques. Il a développé une technique et un style très personnels pour exprimer ses visions, uniques dans leur genre.

Gustave Moreau (1826-1898)
Odilon Redon (1840-1916)
Ces deux figures majeures du mouvement symboliste ont produit un grand nombre de tableaux, riches, élaborés et techniquement très inventifs, destinés à transmettre des valeurs détachées des contingences de ce monde. Leurs sujets traitent de l'histoire et de la mythologie. Leurs œuvres comprennent des observations détaillées de la réalité mélangées à des formes symboliques imaginatives.

René Magritte (1898-1967)
Les hommes au regard vide portant chapeau melon et les ternes intérieurs domestiques peints par Magritte sont autant d'événements qui se révèlent ambigus, surprenants et choquants. Ses tableaux semblent soulever d'éternelles questions : est-ce bien là la réalité ? cela peut-il arriver ? Ils nous montrent qu'il suffit d'un rien pour que la situation la plus banale tourne à la confusion et au cauchemar.

Salvador Dali (1904-1989)
L'imagerie de Dali joue avec les significations et les associations. Son style spontané et hyperréaliste a donné naissance à l'une des expressions les plus consistantes et reconnaissables des « réalités alternatives » proposées par les surréalistes du milieu du vingtième siècle. Artiste éclectique mort à quatre-vingt-cinq ans, il s'est essayé à de nombreuses techniques et a produit un œuvre important.

Marc Chagall (1887-1985)
Des personnages et des créatures étranges évoluent dans des décors de rêve. Ils défient la pesanteur ou échappent aux normes et références du monde physique. Dans ses tableaux, Chagall adopte un style expressionniste lyrique très personnel. Il crée un univers où les couleurs vives et les formes sensuelles voisinent avec un symbolisme narratif.

VOIR AUSSI	
106-109	Approches expressionnistes
122-125	Travailler sur un thème

des changements subversifs dans l'échelle apparente ou le poids des objets et de l'environnement ; des personnages, vêtus bizarrement, qui adoptent des poses saugrenues ou agissent selon un rituel logique inaccessible au spectateur. Le Surréalisme est parfois abstrait, faisant appel aux souvenirs et aux associations d'idées du spectateur mais refusant de confirmer ou d'infirmer toute interprétation spécifique.

Les souvenirs sont aussi une source d'imagerie personnelle, qui transforment souvent la réalité. Êtes-vous déjà retourné sur un lieu où vous passiez vos vacances étant petit et avez-vous découvert à quel point des souvenirs que vous croyiez clairs et précis étaient loin de correspondre à ce qui est ? L'échelle, surtout, est

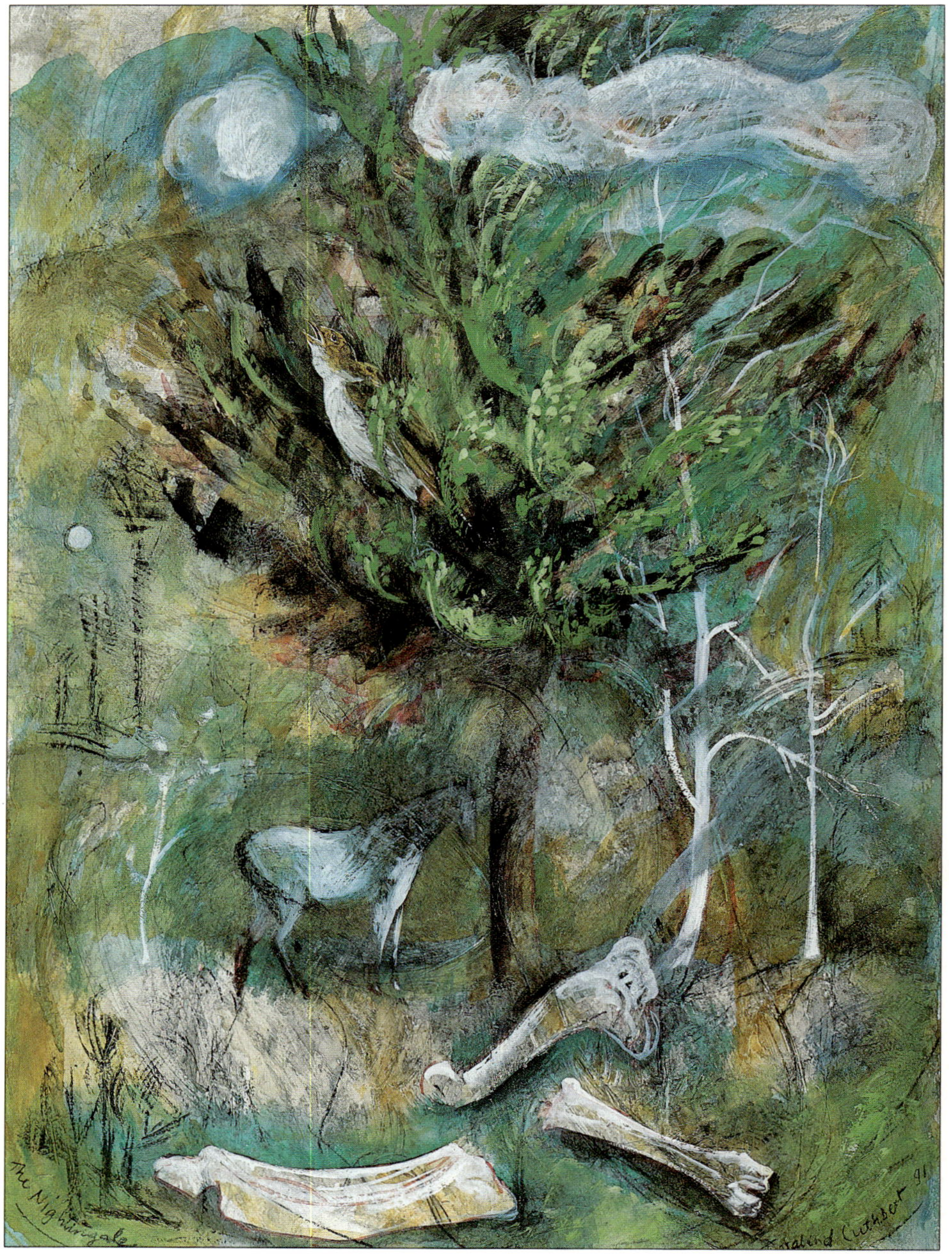

▲ ROSALIND CUTHBERT
Le rossignol
Techniques mixtes
L'une des caractéristiques intéressantes de la composition imaginaire est qu'elle permet de jouer avec l'échelle et l'espace et d'associer des objets réels de façon irréelle. La vision onirique est renforcée ici par les techniques mixtes qui créent un doux effet de voile sur les couleurs.

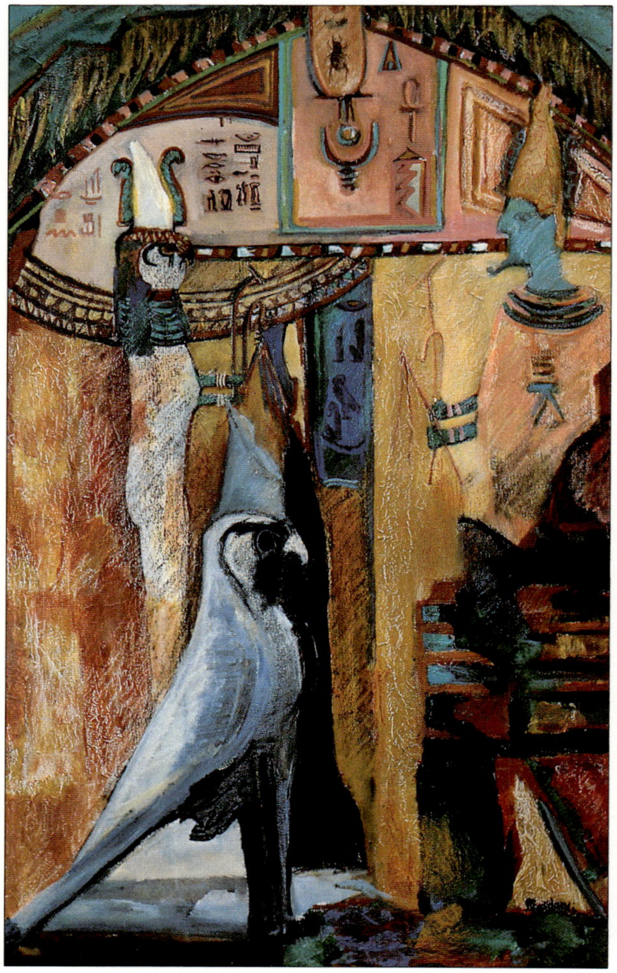

► DAPHNE CASDAGLI
L'histoire de Horys II
Collage et acrylique
La mythologie et les symboles des cultures anciennes sont des sources inépuisables de sujets.

un aspect important de l'expérience d'un enfant. Un paysage marin, ou campagnard, qui semblait vaste et mystérieux à un enfant se révèle accessible et restreint à l'adulte qu'il est devenu. De la même manière, un adulte, aussi bienveillant soit-il, paraît souvent immense, presque menaçant et monstrueux à un enfant vulnérable. Les images qui restent d'un événement, d'une personne ou d'un endroit sont rarement objectives.

LA COMPOSITION ET LA TECHNIQUE

Quelle que soit la source d'inspiration choisie, une composition tirée de l'imaginaire offre toujours une grande liberté dans la disposition des éléments et leur traitement. Elle peut s'appuyer sur des références réelles sans souci d'objectivité. L'approche surréaliste est d'autant plus efficace que les dessins sont contrôlés, précis, et que les techniques picturales sont utilisées pour créer une image hyperréaliste. La fonction de l'élément perturbateur sera renforcée si le spectateur a l'impression de voir une image « vraie ». Il est possible cependant de manipuler des éléments purement formels (forme, couleur, modelé tonal) afin de développer une image irréelle qui suit ses propres règles (éléphants roses, rivières rouge sang, tout ce qui peut véhiculer l'impact émotionnel de l'histoire). Les formes réelles peuvent être simplifiées et déformées. L'échelle et la perspective peuvent ne pas suivre les règles conventionnelles. Les textures et les rythmes peuvent revêtir un aspect étrange dû à l'épaisseur des couches de couleur et aux mouvements du pinceau.

Pourquoi ne pas vous munir d'un carnet de croquis dans lequel vous noterez les faits curieux ou intéressants et les idées saugrenues qui vous passent par la tête ? Parfois, en feuilletant un tel carnet au hasard, les images qui proviennent de lieux différents et qui décrivent des événements divers s'associent pour créer des combinaisons picturales inattendues qui valent d'être exploitées. Un album composé de coupures de journaux et de magazines fonctionne sur le même principe. Le peintre surréaliste Max Ernst (1891-1976) a produit des collages fascinants créés à partir de gravures de l'époque victorienne qui avaient servi à l'origine à illustrer des livres.

Pour trouver des idées sur l'imagerie et les techniques, vous pouvez bien sûr étudier les autres peintres mais vous pouvez aussi vous référer aux styles actuels des illustrations de livres, de magazines et d'affiches qui traitent de sujets fantastiques et oniriques. L'immense popularité rencontrée par les histoires d'épouvante, la science-fiction et le surnaturel dans la littérature et les films a produit des illustrateurs spécialisés dont le travail est de très haute qualité. Bien que, à l'origine, leurs images aient été conçues pour la reproduction, beaucoup sont devenues des éléments de collection.

LES EXERCICES

EXERCICE 1

Souvenez-vous d'un événement ou d'une scène précise
Ou peignez un de vos rêves. Dans tous les cas, exagérez le climat et l'atmosphère qui s'en dégagent. Pensez aux diverses façons de construire une image qui exprime au mieux votre relation avec le sujet choisi. Par exemple, un point de vue très bas produit une perspective dans laquelle les objets et les personnages semblent immenses et inquiétants ; avec un point de vue élevé ou avec une perspective aérienne, le spectateur devient un observateur extérieur à l'image. Vous pouvez aussi utiliser des couleurs non objectives ou intensifier les contrastes de tons pour renforcer le caractère dramatique de l'interprétation.

EXERCICE 2

Faites un collage à partir de photographies ou de dessins
Rassemblez des images qui décrivent des formes nouvelles ou créent un climat perturbant dans un contexte ordinaire. Réalisez deux ou trois tableaux relatifs aux collages : le premier donnera une représentation fidèle de l'image ; pour les autres, votre approche sera expressive (voir aussi pages 110-113).

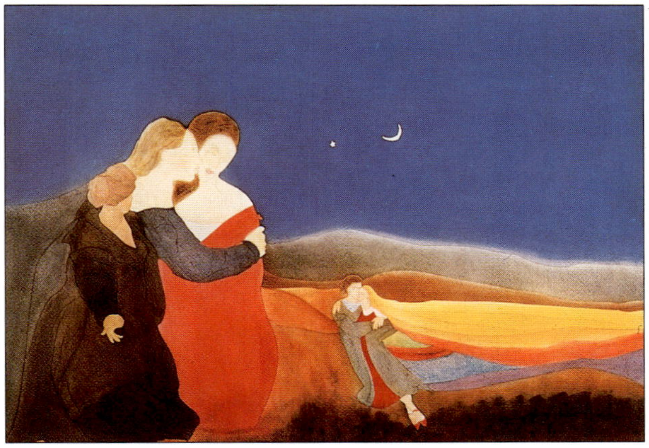

◄ CATHERINE NICODEMO
Scène d'amour
Pastel et aquarelle
Les courbes ondulantes du paysage et les rythmes harmonieux des personnages confèrent un doux lyrisme à la composition. La structure du tableau ainsi que les teintes translucides et les tons profonds dus à l'aquarelle créent un sentiment de sérénité. L'histoire derrière l'image n'est pas explicite, mais le contenu émotionnel sous-jacent est clair.

VOIR AUSSI

84-93	La composition
176-181	Les techniques mixtes

L'abstraction d'après nature

Pour certaines personnes, le mot « abstraction » signale automatiquement qu'une peinture va être difficile à comprendre et sans doute peu intéressante à voir. Ce mot provoque souvent une réaction mitigée qui peut aller jusqu'à l'hostilité, comme si notre façon de voir et d'interpréter le monde qui nous entoure était remise en cause.

Il est vrai qu'un tableau abstrait ne constitue que la vision personnelle d'un artiste par rapport à des thèmes et à des méthodes spécifiques, et, à ce titre, il n'est pas aussi facile d'accès et de lecture pour le spectateur qu'une nature morte ou un portrait figuratifs. Mais il ne faut pas oublier qu'une telle peinture fait appel à des perceptions communes à tous (nous les avons d'ailleurs étudiées dans cet ouvrage). Par exemple, une peinture abstraite peut être une représentation en deux dimensions d'un espace et d'une forme en relief ; ou elle peut obéir à des conventions particulières de composition et de division du plan du tableau. Elle utilise en outre les mêmes matériaux, techniques et valeurs de surface, que n'importe quelle autre peinture.

L'idée qui voudrait que les approches figurative et abstraite soient à des années-lumière l'une de l'autre est entièrement fausse. Elle a été malheureusement véhiculée en grande partie par des artistes et des critiques désireux de créer une sorte de compétition entre eux, de façon à clamer qu'une approche était plus universelle que l'autre. En réalité, depuis que l'abstraction est devenue, au milieu du vingtième siècle, une forme de peinture courante (elle a même été dominante pendant un temps), ces deux disciplines, différentes en apparence, ont tiré avantageusement profit d'un échange de style, de concept et de technique, qui les a stimulées.

Si vous faites partie de ceux qui se sont sentis exclus de l'art abstrait, il est probable que c'est parce qu'on ne vous a pas donné les moyens de rattacher ce que vous savez à ce que vous comprenez de la peinture. Ces pages et les suivantes vont essayer d'y remédier.

LES SOURCES DE L'IMAGERIE ABSTRAITE

Il existe deux méthodes principales pour développer un style abstrait. La première consiste à utiliser des objets et des images du monde réel comme des points de référence à partir desquels l'artiste élabore une interprétation abstraite personnelle.

VICTOR PASMORE (1908)

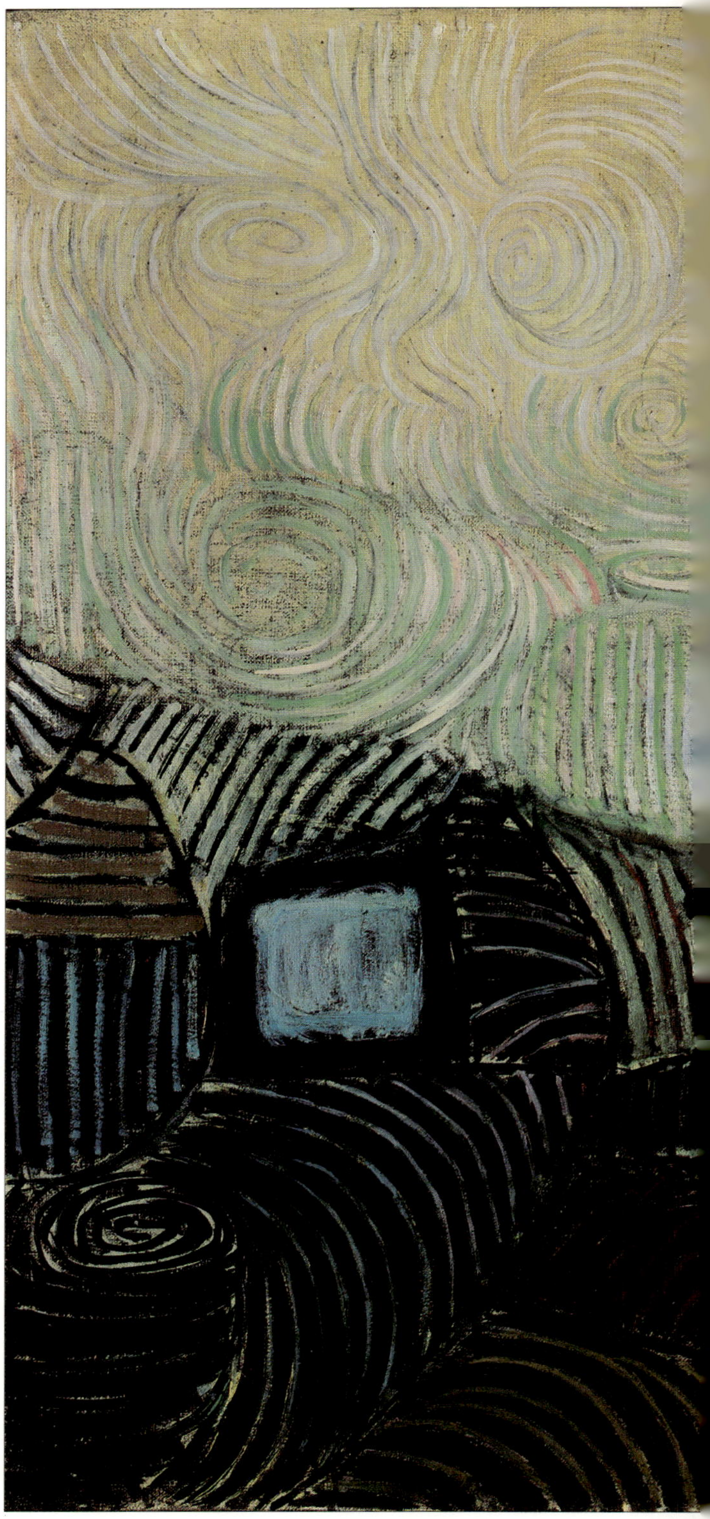

▶ **Motif en spirale en vert, violet, bleu et or : la côte de la mer intérieure,** 1950

Ce tableau ne fait pas référence à un lieu en particulier mais à une expérience intérieure des formes d'un paysage, d'où le titre « Mer intérieure ». Pasmore avait précédemment produit des versions abstraites de scènes observées ; avec ce tableau, il a commencé à explorer plus formellement l'abstraction qui s'appuie librement sur le thème du paysage. Le motif en spirale a été un élément clé d'une série limitée de tableaux. La spirale s'adapte partiellement et complètement aux rythmes des caractéristiques du paysage. Les couleurs sont pertinemment distribuées. Mais s'il est aisé de lire les relations spatiales de la terre, de la mer et des nuages, c'est la composition dans son entier qui a donné son titre figuratif au tableau et non pas l'inverse. Le titre complet identifie le tableau d'abord à travers les ingrédients fondamentaux de sa composition.

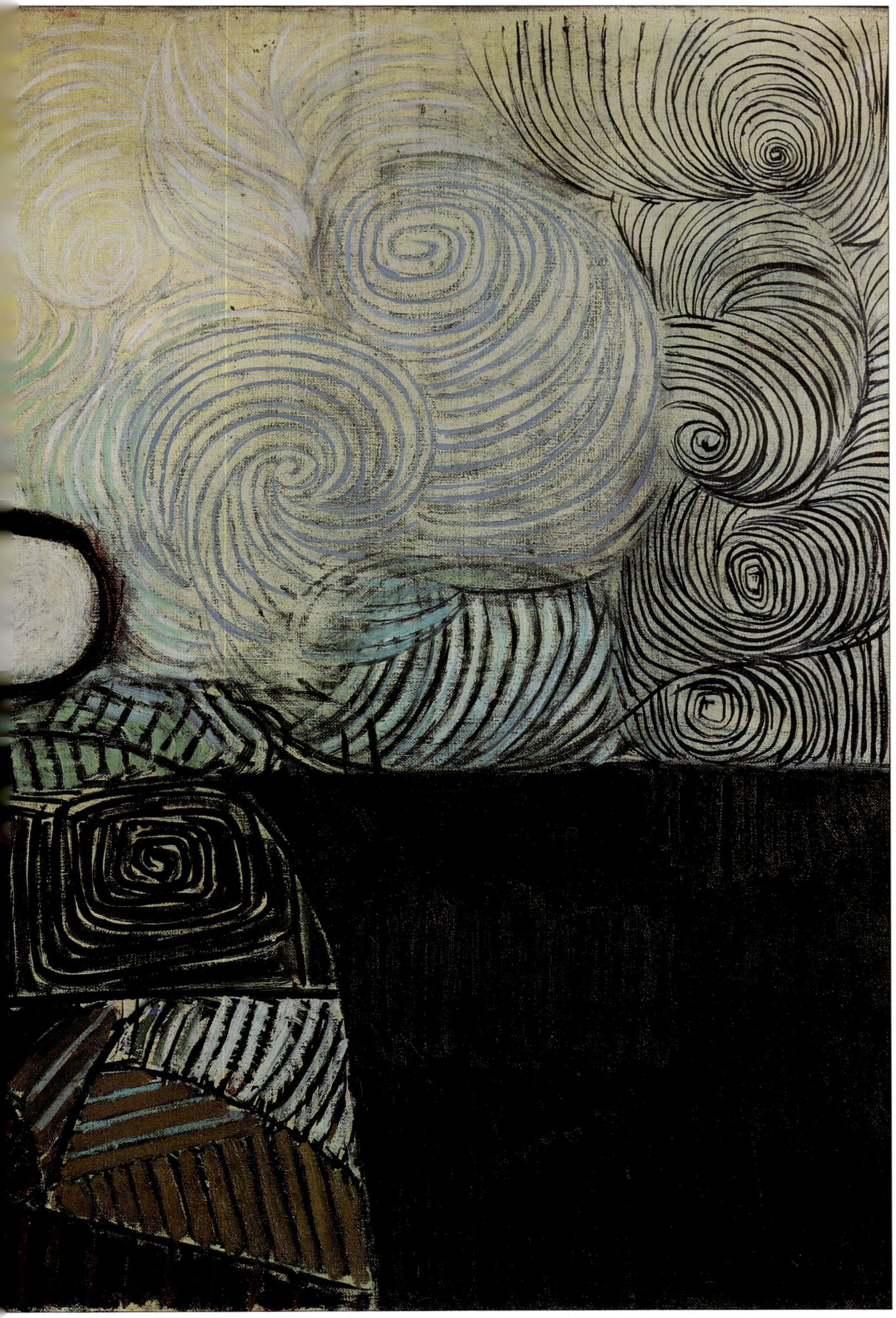

AUTRES ARTISTES À ÉTUDIER

NICOLAS DE STAEL (1914-1955)
Des formes puissantes, des empâtements épais alliés à des variations de couleurs brillantes évoquent les lumières et les textures des paysages urbains et ruraux de ce peintre.

GRAHAM SUTHERLAND (1903-1980)
Dans son œuvre, fondé sur des paysages et leurs caractéristiques individuelles, il a fait évoluer de fascinants équivalents picturaux semi-abstraits des formes et des environnements naturels.

WILLEM DE KOONING (1904)
Travaillant aux côtés des peintres américains de l'école de New York des années 40 et 50, aux modes picturaux purement abstraits, De Kooning se concentre surtout sur la figure humaine comme source d'abstraction (par exemple, dans la célèbre série *Femme*). D'autres tableaux font plus explicitement référence aux paysages.

STUART DAVIS (1894-1964)
L'œuvre de Davis rafraîchit l'art abstrait qui utilise le thème de la nature. Il préfère les objets usuels d'origine industrielle. Son imagerie graphique ouvre la voie au style abstrait décoratif.

La seconde se sert des éléments picturaux purement formels et des qualités de la matière (formes non référentielles, relations entre les couleurs et effets de surface se rapportant directement aux propriétés de la matière du médium choisi). Cette approche-ci sera approfondie dans les pages 144-147.

L'abstraction d'après nature puise son imagerie abstraite dans les choses vues réellement. Le paysage est un thème souvent choisi pour ce type d'approche, sans doute parce que son échelle immense permet à l'artiste d'en avoir une vue générale qui ne tient pas compte des détails mineurs difficiles à identifier de loin.

VOIR AUSSI	
24-29	La couleur et le ton
84-93	La composition
114-117	L'essentiel
142-143	La surface du tableau

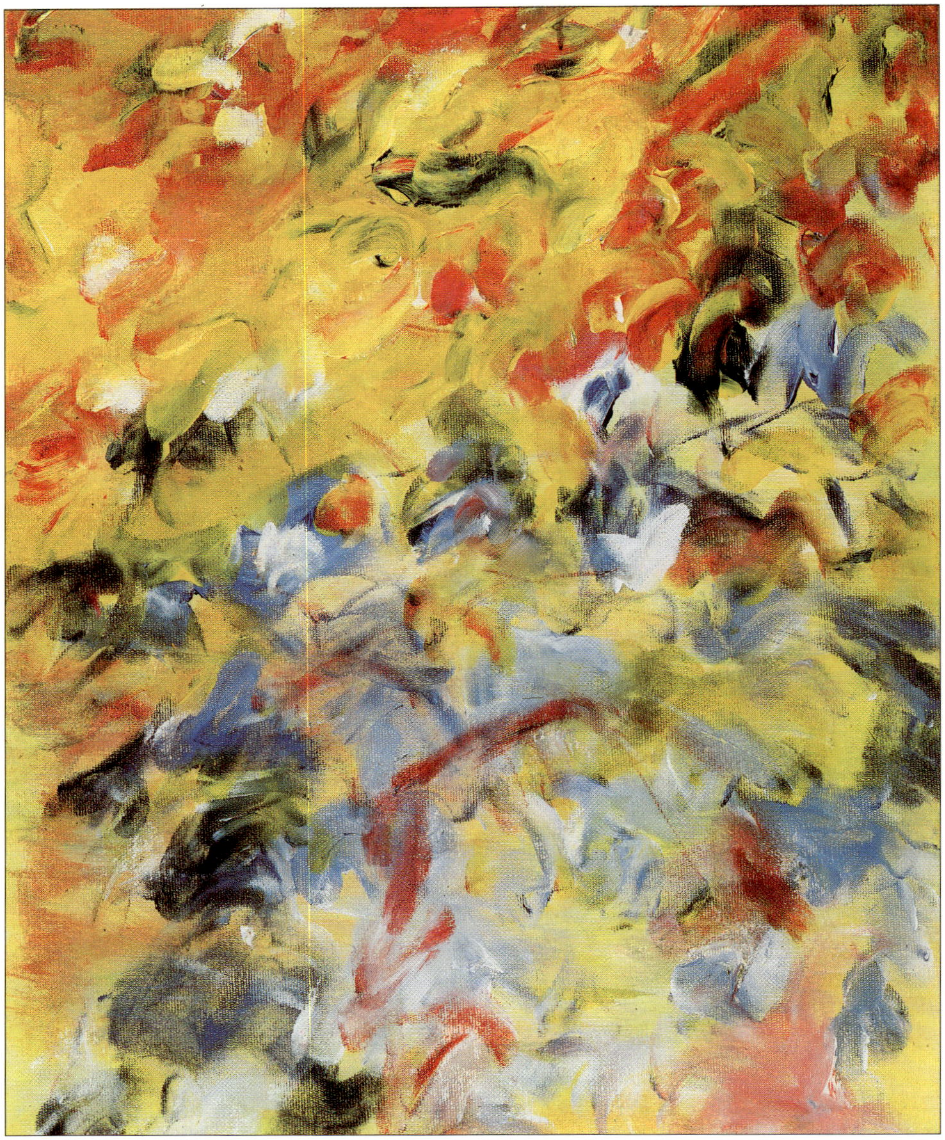

Mais cette méthode de base convient également aux figures, aux objets naturels et industriels, aux intérieurs et aux extérieurs ainsi qu'aux événements réels.

Afin de décrire ce processus d'analyse abstraite en termes simples, nous allons prendre quelques exemples et les rattacher à des interprétations figuratives. Ainsi un paysage constitué de champs, de haies et de collines dans le lointain, peut être vu comme une série de formes rythmiques ayant chacune une couleur dominante ; le même paysage peint de façon abstraite pourrait être représenté comme un paysage figuratif que son auteur n'aurait pas terminé avec des contours grossiers et des zones de couleur qui ne soient pas encore fragmentées par les détails des caractéristiques individuelles.

▲ NICK SWINGLER
Euphorie du paysage
Acrylique
On allie souvent l'abstraction à de pures sensations de couleurs et de textures obtenues avec un médium particulier ou une approche faisant appel à des techniques mixtes. Un sujet naturel, comme ces fleurs, permet de laisser libre cours à de telles propriétés en ayant pour base une réalité observée.

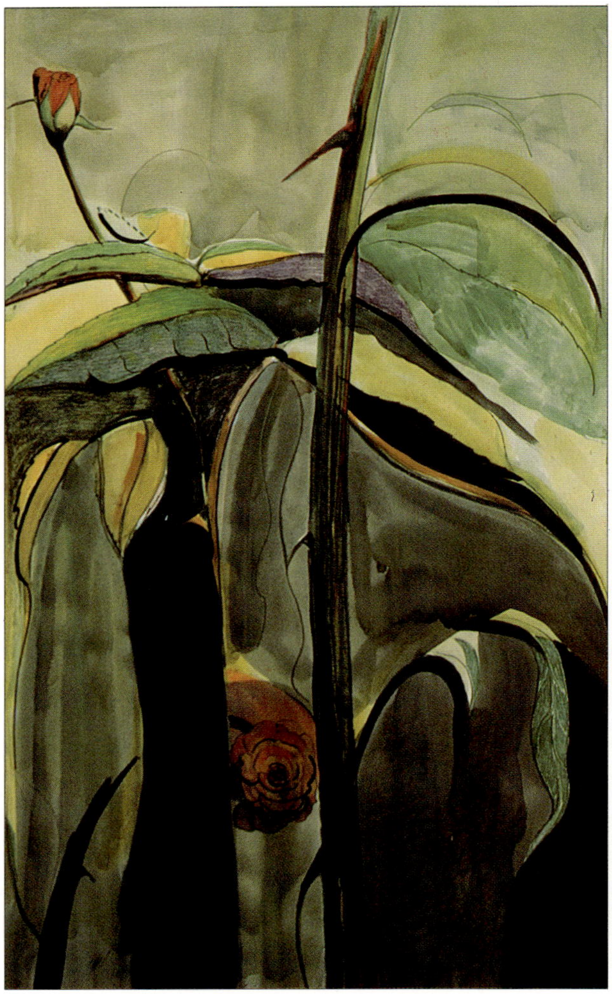

► ROY SPARKES
Doris Tysterman
Aquarelle et crayons
Certaines formes naturelles possèdent des contours caractéristiques très forts qui peuvent être isolés et réarrangés.

De la même manière, un visage peut être dépeint comme une forme elliptique de teinte rose. Les jambes et les bras peuvent être interprétés comme des formes cylindriques et les vêtements comme des zones et des motifs colorés distincts.

Il arrive souvent que dans un sujet apparaissent des formes qui se répètent et se lient de façon à donner une unité à l'interprétation picturale. Le même type de liens peut se retrouver dans les teintes et les tons de sorte que naisse un motif fait de similarités et de contrastes. Pour réaliser une peinture abstraite, il faut décomposer ce qu'on voit en éléments visuels simples et parfois évidents. Ensuite, on peut examiner les détails comme on le ferait avec une peinture figurative et voir quelles autres informations peuvent servir pour interpréter et élaborer l'image de base.

JUSQU'OÙ L'ABSTRACTION PEUT-ELLE ALLER ?

Jusqu'à présent, nous avons été vers une approche quelque peu simpliste, qui mène à l'abstraction mais n'aide pas vraiment à comprendre comment on passe de ce que voit l'artiste à ce qu'il peint sur la toile ou le papier. En fait, il faut tenir compte d'une sorte de pont conceptuel dont la fonction serait de servir de lien entre les réalités observées et interprétées.

Par exemple, si vous travaillez sur un paysage abstrait, il peut arriver qu'un rayon de lumière fasse irruption sur le carré d'herbes que vous êtes en train de peindre et qu'alors sur la toile il se transforme en un trait de couleur jaune vif. En vous reculant pour juger de l'effet, vous envisagez de lui donner une teinte ou un ton différents ou de transformer le trait en une marque aux contours plus durs. Ensuite pourquoi ne pas peindre en rouge les brins d'herbe verte ou créer un motif correspondant à la texture linéaire de ces derniers, et ainsi changer radicalement le caractère du tableau ? C'est alors que, peu à peu, vous vous débarrassez des associations qui auraient permis au spectateur de relier les éléments de votre tableau directement à ceux du sujet originel.

Si l'abstraction vous intéresse et si vous désirez combler certaines lacunes, essayez de regarder les tableaux abstraits dans ces termes et imaginez ce qui a conduit l'artiste à une telle représentation.

N'oubliez cependant pas qu'avec l'art abstrait l'accent porte aussi sur les matériaux, les qualités de surface de la peinture et que son influence est souvent plus directe qu'avec l'art figuratif.

LES EXERCICES

EXERCICE 1
Collage à partir d'un paysage ou d'une nature morte
Choisissez le thème du paysage (une vue qui vous est familière par exemple) ou composez une nature morte simple. Puis créez une étude en couleurs abstraite à l'aide de morceaux de papier multicolores que vous déchirez et collez sur du papier (voir pages 202-205). Efforcez-vous de représenter des formes distinctes en éliminant les détails mineurs. Ne cherchez pas à donner une représentation précise ; les morceaux de papier peuvent se chevaucher et s'imbriquer à votre guise.

EXERCICE 2

Une abstraction peinte
Répétez l'exercice ci-dessus en utilisant de la peinture pour créer les zones de couleur. Appliquez les couleurs de façon à faire varier les qualités de surface des différentes formes. Par exemple, de lourds impastos contrastant avec des glacis colorés transparents ; ou des couleurs opaques et plates avoisinant des touches de couleur fragmentées et actives.

EXERCICE 3

Dessinez avec la couleur
Cette fois-ci, le thème est toujours le même, mais vous le représenterez en réalisant un dessin au pinceau. Suivez les contours des formes et incorporez quelques détails (textures intéressantes ou motifs sur les objets). Servez-vous d'un papier de couleur vive de façon à appliquer des peintures aux couleurs franches qui auront un impact.

► ROBERT TILLING
Lumière dans le lointain
Acrylique
Voici une image intéressante par son caractère abstrait ambigu : cela pourrait être une interprétation formalisée d'un paysage réel ; ou une disposition purement abstraite de formes évoquant les qualités essentielles d'un paysage s'étendant à perte de vue. Quoi qu'il en soit, c'est une composition nette et parfaitement équilibrée.

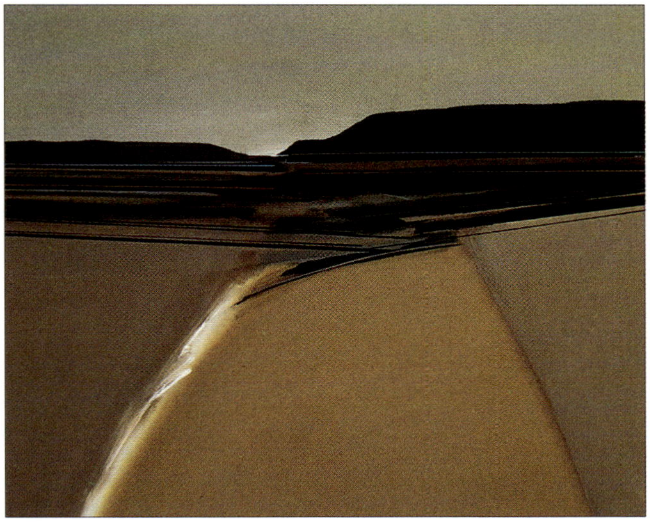

VOIR AUSSI

158-163	L'acrylique
182-183	Le collage

LA SURFACE DU TABLEAU

SELON LE CONCEPT TRADITIONNEL DU PLAN DU TABLEAU, LA TOILE OU LE PAPIER EST UNE SORTE DE VITRE À TRAVERS LAQUELLE ON REGARDE UN ESPACE TRIDIMENSIONNEL TROMPEUR QUI SEMBLE S'ÉLOIGNER ET S'ÉTALER HORIZONTALEMENT ET VERTICALEMENT. IL EST LIMITÉ PAR LE CADRE DU TABLEAU. LES SYSTÈMES DE PERSPECTIVE SERVENT À RENFORCER L'IMPRESSION DE PROFONDEUR ET À CONSTRUIRE DES VOLUMES D'APPARENCE SOLIDE AINSI QUE LES ESPACES ENTRE EUX. LES MÉTHODES PERMETTANT D'ORGANISER LES RELATIONS DE COULEUR ET DE TON SERVENT À LIER LES DÉTAILS DE SURFACE AUX STRUCTURES SOUS-JACENTES ET À MODELER LES FORMES PAR DES CONTRASTES DE LUMIÈRE ET D'OMBRE.

Cet espace pictural illusoire est totalement rejeté par un certain genre de peinture abstraite. Le critique Harold Rosenberg a expliqué l'œuvre des expressionnistes abstraits américains des années 40 en parlant de la toile comme d'une « arène » dans laquelle se déroule l'action de peindre. L'effet de surface n'est plus simple image mais document présentant un événement vrai — l'application de la substance et de la couleur. Cela est particulièrement sensible dans les « drippings » (projection de la peinture sur la toile par égouttage) et les immenses « champs colorés » de Jackson Pollock (1912-1956), où les effets des marques abstraites et des teintes chatoyantes se soustraient à l'analyse en termes conventionnels de composition picturale.

Il est parfois difficile de voir les points communs qui existent entre des styles picturaux complètement différents, pourtant ils partagent des facteurs fondamentaux simples. Un dessin ou une peinture naissent toujours du travail d'un artiste qui manipule un médium sur une surface. La surface du tableau possède donc une présence substantielle en propre, qui se fond ou non dans la représentation picturale. Tout artiste est concerné par la façon d'appliquer le médium de peinture choisi, mais sa méthode varie selon son désir de construire une forme réelle sur le plan de la toile ou du papier ou d'exprimer une sensation purement abstraite de couleur et de texture.

DESCRIPTION DES VALEURS DE SURFACE

Dans un travail abstrait, la confrontation avec les valeurs de surface est inévitable. Dans un travail figuratif, l'artiste perd facilement de vue le fait que ce qu'il dépose sur la surface n'est qu'en réalité de la peinture. Il pense d'abord aux propriétés visuelles de la pomme, du chien, du visage ou des nuages qu'il est en train de peindre. Il lui arrive même d'oublier comment la peinture s'étale à la surface de la toile, comment les couleurs se comportent entre elles et comment des pinceaux différents peuvent laisser des traces distinctives. Mais ce qui se passe sur la surface d'une pomme est autre que ce qui se passe sur la surface de la toile quand on réussit à peindre une pomme. Il ne faut jamais oublier que les matériaux possèdent leurs propres qualités indépendantes et qu'une image en est tributaire.

Étudiez attentivement ces qualités de surface au travers des tableaux de vos peintres favoris. Vous serez sans doute surpris de la façon sommaire dont certains détails ont été représentés dans des œuvres majeures. Vues de près, les mains d'un personnage peint par Rembrandt ne sont plus que traits vibrants et taches de couleur à peine reliées.

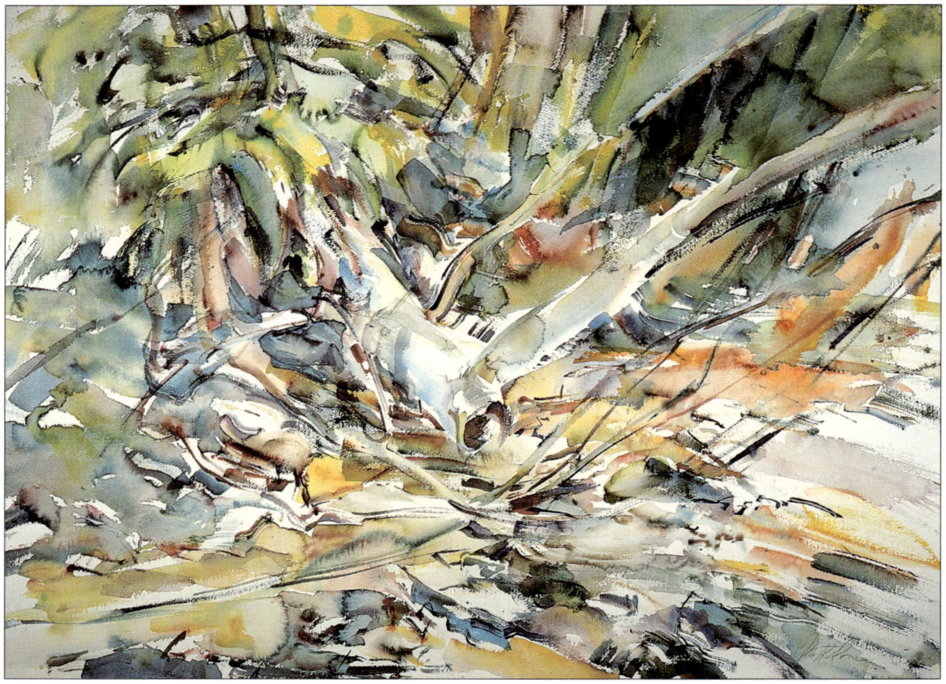

DÉFINIR LA FORME
◄ Dans **Environs de Pamajera**, ALEX MCKIBBIN applique sur toute sa toile des touches actives mais légères à l'aquarelle, créant ainsi une surface très complexe. Les formes et les espaces suggérés émergent des variations de couleurs et de tons.

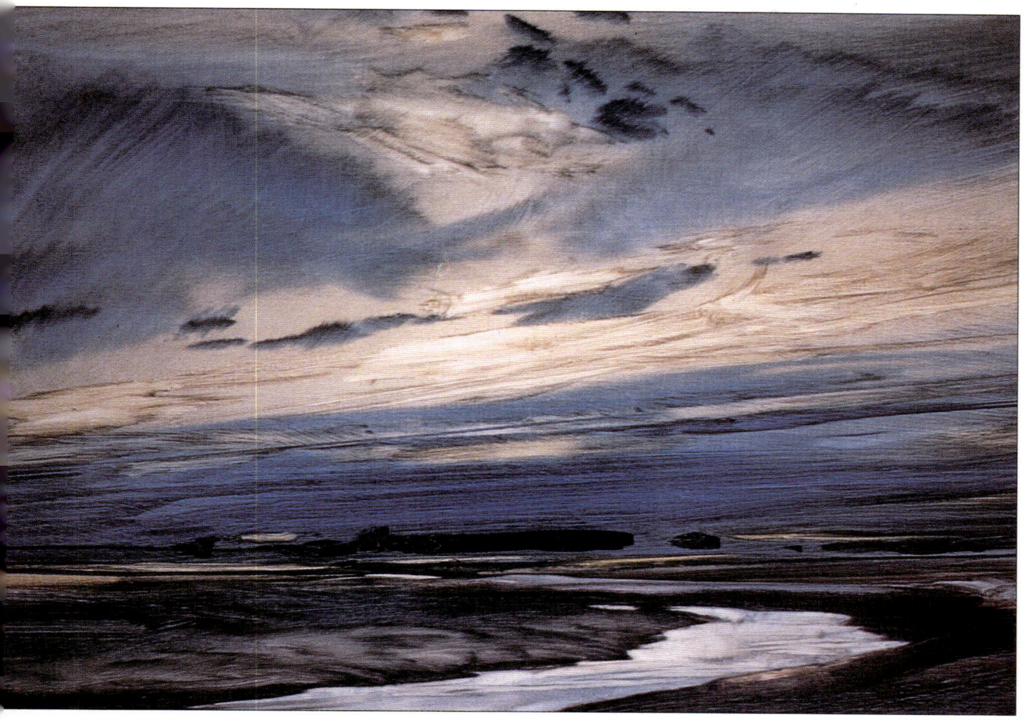

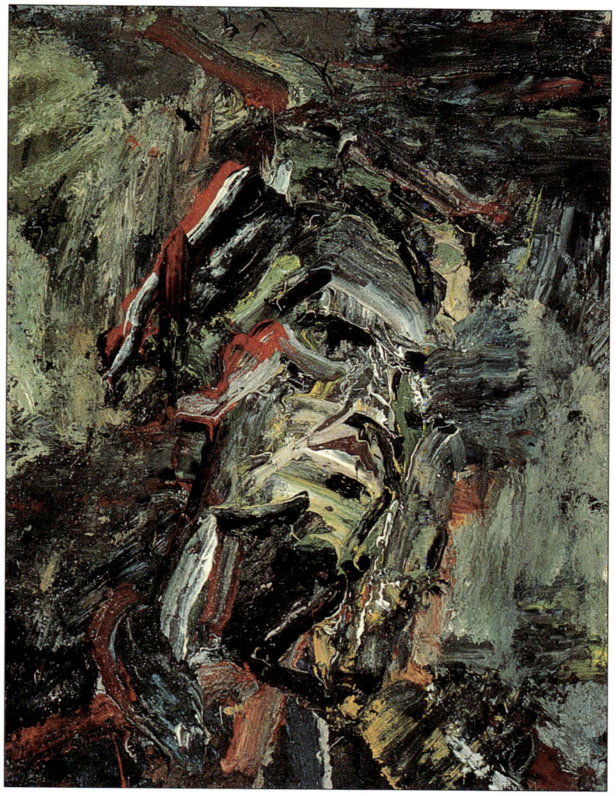

LES ÉQUIVALENTS
▲ La fluidité de la peinture à l'huile s'accorde à l'atmosphère de ce paysage, intitulé **Eau de marée** (JAMES MORRISON, ci-dessus), d'une manière presque littérale.

LES VALEURS MATÉRIELLES
▼ Dans un collage, la variété des matériaux utilisés permet différentes valeurs de surface selon les parties de l'image, comme dans **Terrasse espagnole** de BARBARA RAE.

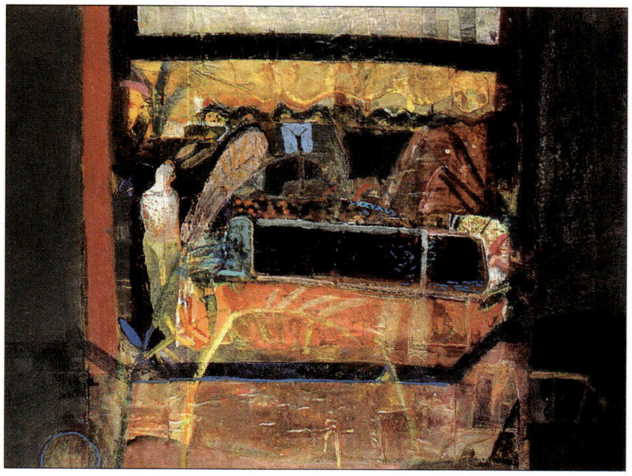

Van Dyck, dans un portrait de cour formel, a représenté les plis d'une robe de velours au moyen de traces gestuelles aux bords vifs. Les dentelles consistent en lignes et accents calligraphiques dessinés librement. Il est fascinant de découvrir qu'une couleur qui semble sortir directement de la toile est en fait composée d'un trait oblique sous-jacent perçant la couche épaisse d'une couleur foncée, et comment une couleur opaque et solide peut réverbérer les effets atmosphériques les plus lumineux.

Si vous ne maîtrisez pas suffisamment les propriétés physiques des matériaux que vous employez, votre approche semblera trop contrôlée et le résultat paraîtra strict et sans âme. Quand un tableau ne vous satisfait pas, n'hésitez pas à appliquer la couleur en touches franches et gestuelles, à accentuer les formes et les contours et à intensifier les ombres et les lumières. Si les effets les plus percutants ne s'obtiennent pas qu'avec des méthodes directes et spontanées, celles-ci se révèlent souvent utiles. Et une fois que la surface du tableau aura atteint son propre équilibre, vous pourrez toujours affiner certaines zones trop chargées et redonner des qualités plus subtiles et douces à votre travail.

LA TEXTURE DE LA PEINTURE
▲ De lourds impastos à l'huile permettent de donner une réelle substance à cette **Tête** peinte par PETER CLOSSICK. Par leur poids et leur direction, les marques créent la forme.

VOIR AUSSI	
150-157	La peinture à l'huile
164-167	L'aquarelle et la gouache
182-183	Le collage

L'abstraction pure

Dans l'art abstrait qui ne se réfère pas au monde réel, l'exécution et la composition de la couleur constituent les ingrédients fondamentaux qui forment le sujet de l'œuvre. Certains artistes, comme Piet Mondrian (1872-1944), sont arrivés à une forme d'abstraction pure après avoir cherché leur style dans le figuratif et l'abstraction d'après nature. D'autres, en particulier à la fin du vingtième siècle où de nombreux exemples de peintures abstraites ont été produits, vus et commentés, se sont dirigés assez rapidement vers cette forme de pensée.

Il se peut qu'il soit impossible d'éliminer radicalement toutes références aux expériences visuelles humaines normales. Parfois, le spectateur peut avoir l'impression de retrouver un paysage dans une peinture qui se voudrait totalement abstraite. En fait, tout individu qui regarde un tableau tend à voir dans les marques peintes des formes ou des espaces suggérés et, s'il cherche des références à des situations ou à des objets réels, il croira identifier ce qui lui semble une association raisonnable. Or celle-ci n'a pas été voulue par l'artiste ; un peintre travaillant selon le mode abstrait présente des formes, des contours, des couleurs et des textures pour ce qu'ils sont et non pas pour ce qu'ils représentent.

LES ÉLÉMENTS DE LA COMPOSITION

Comme tout ce qui touche à la fabrication d'images, l'art abstrait fait appel aux éléments fondamentaux de la construction picturale : la ligne, la masse, la couleur, la tonalité, le motif et la texture de surface, la forme, le contour, la profondeur spatiale et le volume apparent. Si l'image peinte ne se réfère à rien de connu, la question primordiale qu'il faut alors se poser est : par où commencer ? En effet, pourquoi l'artiste commence-t-il par peindre un trait plutôt qu'un bloc de couleur ? Pourquoi là et pas ailleurs ? Quelle va être la prochaine étape et pourquoi ? C'est parce que de telles questions n'ont généralement pas de réponses précises que beaucoup de gens ont du mal à s'intéresser à l'art abstrait. La logique d'un tableau abstrait semble souvent trop personnelle et inaccessible.

En produisant une œuvre abstraite, l'artiste donne à la fois des réponses positives et négatives. Sa logique peut reposer dans ce que le tableau est supposé faire et ne pas faire.

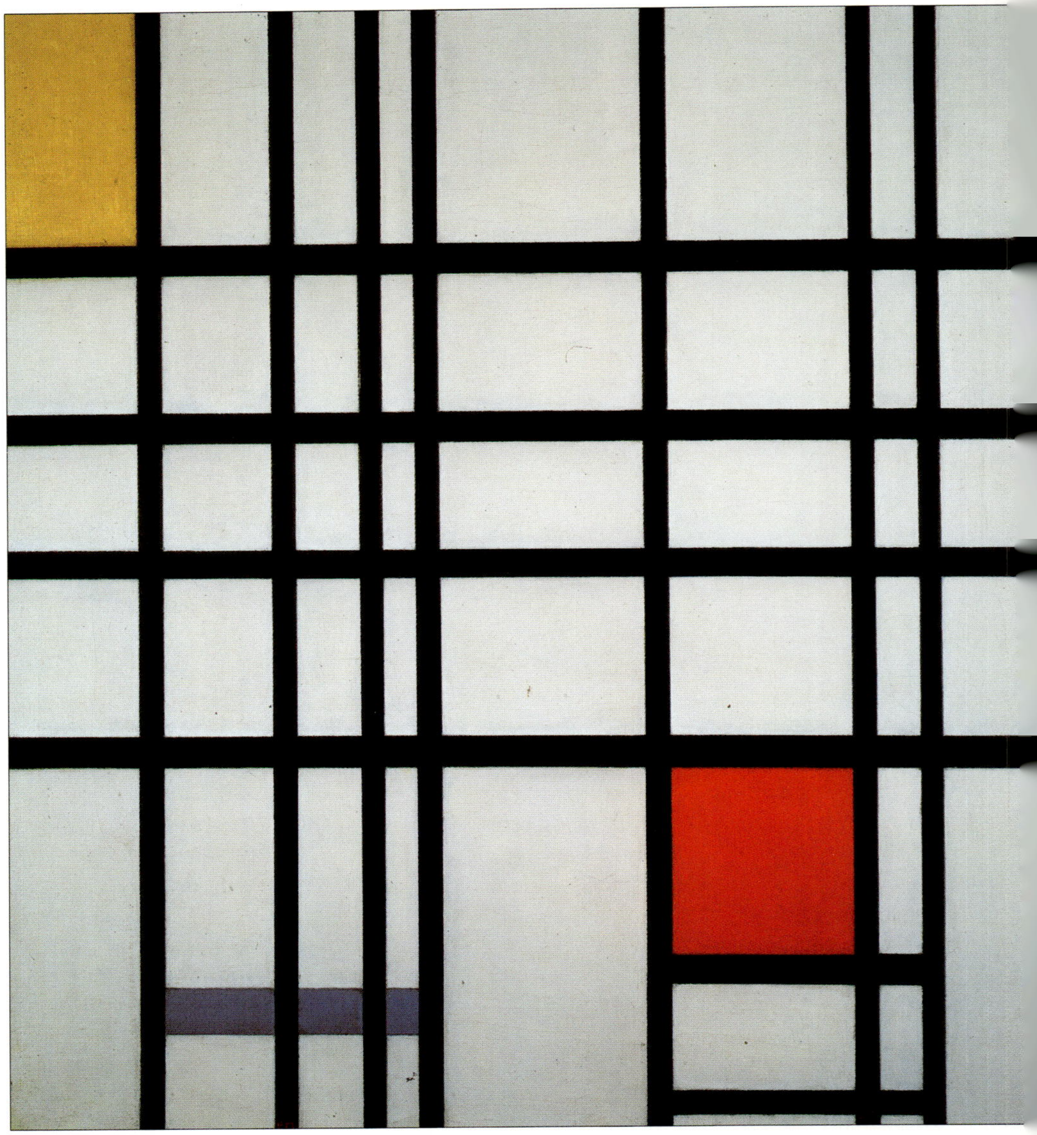

PIET MONDRIAN (1872-1944)

▲ **Composition avec du rouge, du jaune et du bleu**, 1937
Dans les compositions des années 30, les grilles fortement structurées de Mondrian apparaissent encore plus strictes. La couleur est y réduite au minimum. Dans cet exemple, les lignes horizontales et verticales, relativement lourdes et complexes, présentent un fort contraste entre le blanc et le noir. Les trois couleurs primaires, qui constituent la palette de teintes pures de l'artiste, sont discrètement équilibrées : deux rectangles limités par la grille noire d'un côté et deux autres coupant la trame et allongés de telle sorte qu'ils agissent plus ou moins comme une grille supplémentaire.

En cela, Mondrian constitue un bon exemple. Ses grilles géométriques et sa palette de couleurs limitée paraissent strictes et sévères. Son intention était de créer un « équilibre dynamique », une sensation de mouvement et de tension dans une image elle-même en équilibre absolu.

Mondrian a choisi l'angle droit comme facteur pur et constant. C'est en effet une organisation stable et équilibrée entre deux lignes. L'artiste avait cependant une certaine liberté pour construire ses carrés et ses rectangles à partir de formes géométriques simples dont il pouvait faire varier les proportions et les interactions. Avec trois couleurs primaires, le rouge, le jaune et le bleu, et trois couleurs neutres, le noir, le blanc et le gris, sa palette incorporait les qualités absolues de teintes et de tons. En les appliquant à une grille géométrique, il influençait les tensions et les équilibres au sein du tableau.

Une peinture abstraite ne doit pas créer une impression d'espace tridimensionnel ni se référer à une réalité extérieure. En ce sens, Mondrian considérait comme un défi de rejeter toute notion d'espace pictural et de la faire rejeter également par le spectateur, qui a tendance à voir dans une grille une structure architecturale. Le noir et le blanc servent généralement à modeler une forme tridimensionnelle grâce au jeu des ombres et des lumières, mais l'aspect plat prime dans le plan du tableau. Ni la couleur ni la construction ne suggèrent une forme ou un espace réels. Cela implique de savoir évaluer les proportions des formes ainsi que l'extension des zones de couleur et leurs interactions. Les éléments picturaux sont également éliminés (la couleur est plate et opaque, les marques faites par le pinceau sont invisibles).

LA PORTÉE DE L'ABSTRACTION

Mondrian cherchait à atteindre ce qu'il appelait « une expression de réalité pure ». Il a pleinement réussi. Sachez cependant que l'utilisation de lignes droites et d'une palette de couleurs limitée ne sont pas les seules composantes de l'art abstrait. Lisez des ouvrages sur l'art moderne et comparez Mondrian à Hans Hoffman (1880-1966), peintre américain d'origine allemande. Certains de ses tableaux comportent également des structures en grille, des couleurs et des tons vifs et intenses.

La peinture de Hoffman est cependant plus vigoureuse, libre et gestuelle ; les couleurs et les textures sont très riches et variées. Parfois, les formes qui se chevauchent et les couleurs qui semblent reculer ou avancer suggèrent le relief, mais, comme chez Mondrian, l'image existe sur la surface de la toile et fait référence à elle-même : le spectateur n'est pas entraîné dans un espace pictural illusoire.

Si l'on étudie l'art abstrait en termes simples, on peut distinguer divers styles. Dans l'abstraction géométrique, les formes, qui ne sont pas toujours géométriques, ont des contours nets et précis tandis que les interactions des couleurs sont généralement très contrôlées. Dans la peinture gestuelle, encore appelée expressionnisme abstrait ou peinture d'action, le style est plus complexe et plus actif. Les coups de pinceau sont vigoureux ; taches, points, gouttes, animent la surface du tableau.

AUTRES ARTISTES À ÉTUDIER

WASSILY KANDINSKY (1866-1944)
Figure influente dans le développement de l'art abstrait, Kandinsky passe pour avoir produit le premier tableau entièrement abstrait, une aquarelle peinte en 1912. Son style abstrait libre s'est notamment imposé dans des séries intitulées *Composition, Improvisation et Impression.*

KASIMIR MALEVITCH (1878-1935)
Comme Kandinsky, Malevitch a été un pionnier de l'art abstrait. Mais, dans son mouvement appelé suprématisme, il a produit des peintures aux bords nets (avant Mondrian), aux formes géométriques et aux couleurs restreintes.

MARK ROTHKO (1903-1970)
Dans ses toiles de grand format composées de rectangles, de limites et de bandes, aux bords flous et aux textures picturales étalées uniformément, Rothko a été le précurseur d'un style d'art abstrait connu sous le nom de « champ coloré » (colored field paint).

JACKSON POLLOCK (1912-1956)
Figure dominante de l'expressionnisme abstrait de l'école de New York, Pollock a développé le procédé du « dripping » : il étendait une immense toile sur le plancher de son atelier et répandait la peinture, qu'il sortait avec un bâton des récipients qui la contenaient ou qui s'écoulait de boîtes percées. On a parfois dit que son travail évoluait alors au hasard, en réalité le peintre contrôlait d'une main experte les effets.

MORRIS LOUIS (1912-1962)
Louis a développé une forme d'abstraction dans laquelle la peinture était déposée en « teintures » et en « voiles » sur des toiles non préparées afin de permette aux couleurs chatoyantes de couler et de ruisseler librement.

FRANK STELLA (1936)
L'un des chefs de file de l'abstraction géométrique ou « hard edged abstraction » (type de peinture fondé sur des formes géométriques simples séparées par des bords nets). Plus tard, il évoluera vers un style expressionniste plus actif, créant des tableaux en relief couverts de motifs et de textures aux couleurs brillantes.

VOIR AUSSI	
24-29	La couleur et le ton
85	La dynamique du rectangle
138-141	L'abstraction d'après nature

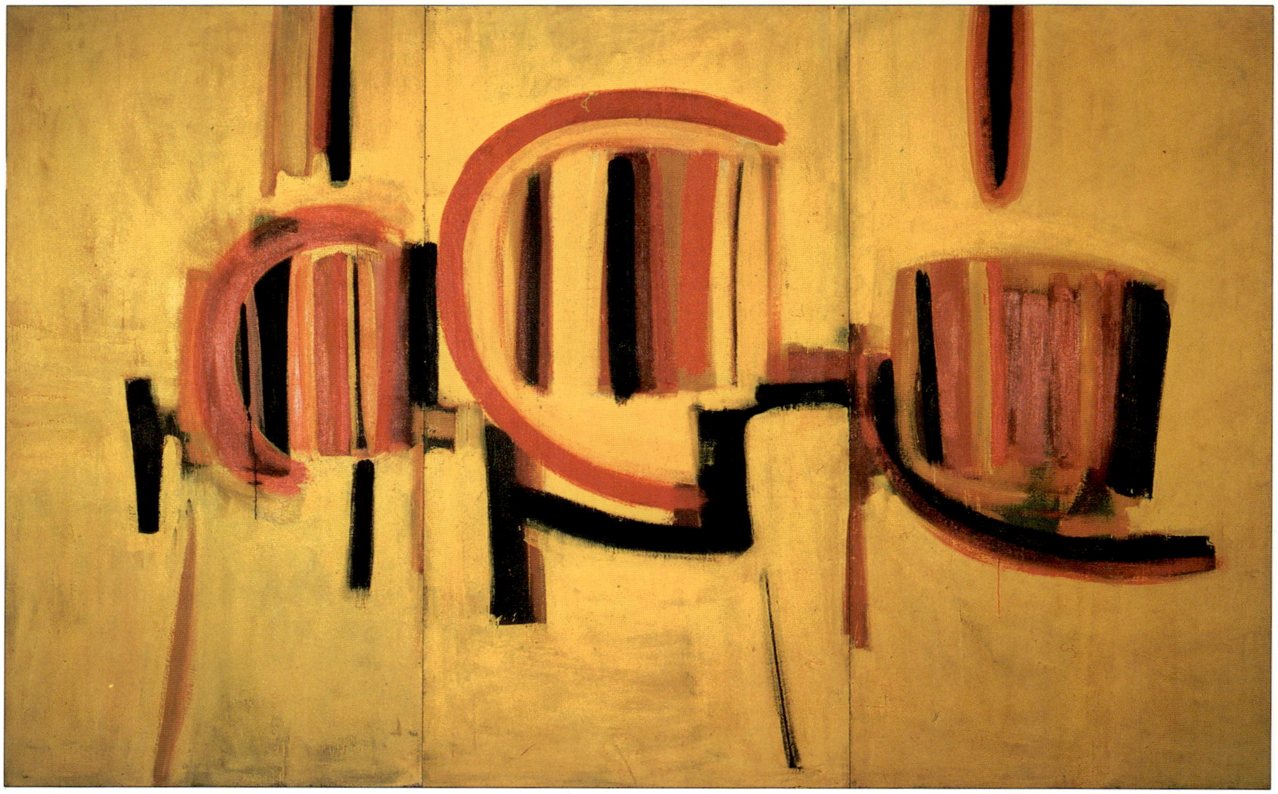

▼ TERRY FROST
Sun Slip
Huile
Les arcs et les cercles sont des motifs récurrents dans le travail de cet artiste. À travers eux, il recherche les différents rapports qui existent entre les couleurs et les tons. Ici, une palette restreinte de teintes intenses et saturées produit une image indépendante et dynamique.

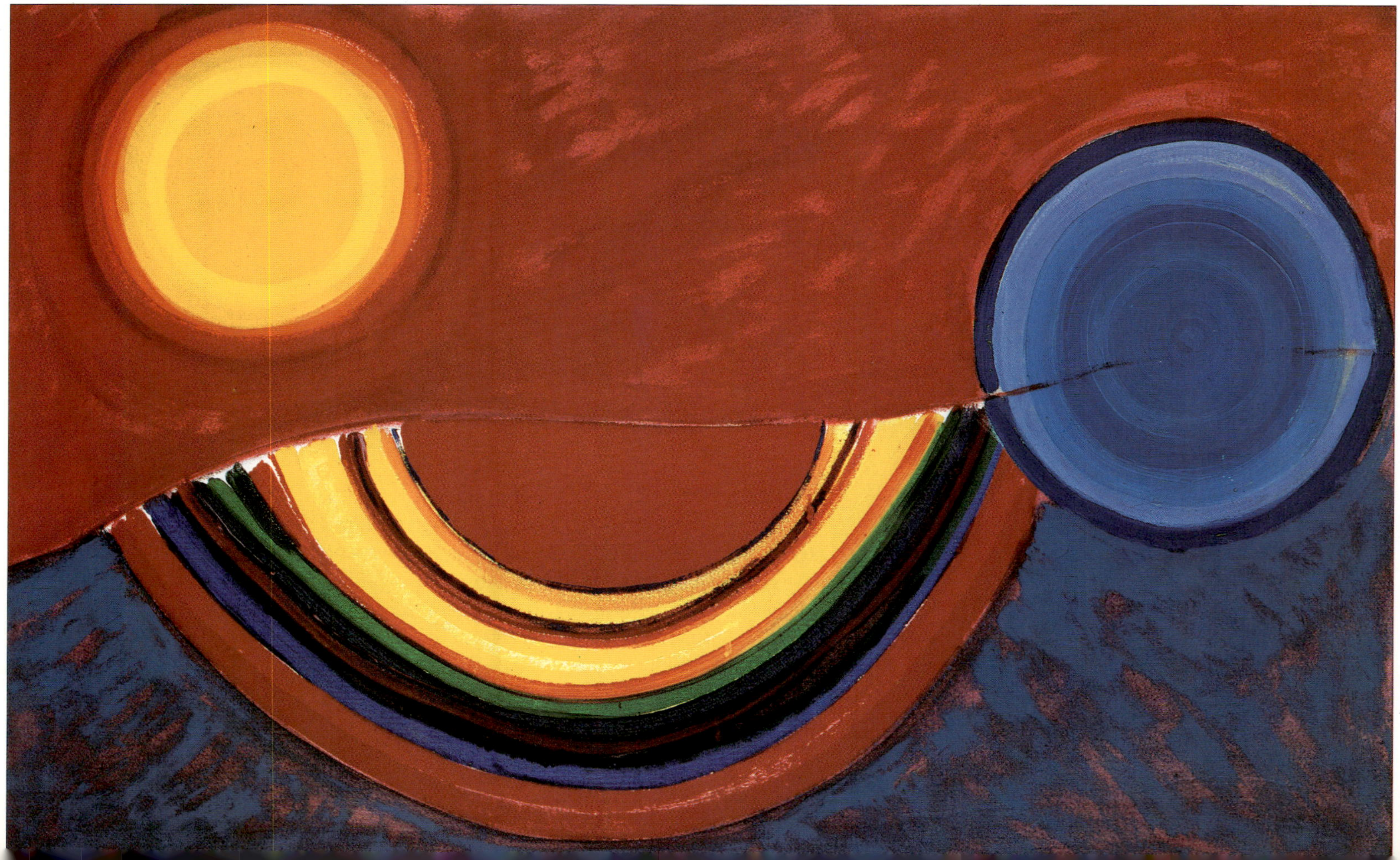

◄ TERRY FROST
Triptyque jaune
Huile sur carton
Ici l'artiste utilise des panneaux séparés pour construire une seule image unifiée. Cet artifice a souvent été utilisé par les artistes figuratifs afin de raconter une histoire ou d'englober différents aspects d'un même sujet. Le mode abstrait de ce tableau permet d'explorer des configurations différentes d'éléments visuels identiques.

LES EXERCICES

EXERCICE 1

Abstraction géométrique
Choisissez une forme géométrique simple (carré, cercle, ellipse ou triangle) et utilisez-la pour peindre. Répétez-la en variant sa taille et son emplacement sur la toile, puis appliquez les couleurs. Elle doit vous permettre de créer un sentiment d'espace ou de renforcer l'aspect plat du tableau. Les couleurs doivent aussi contribuer à structurer la composition.

EXERCICE 2

Abstraction gestuelle
À l'aquarelle ou à l'huile, dessinez librement quelques marques sur la toile ou le papier. Au début, servez-vous des traits pour créer rythme et direction. Puis développez peu à peu l'image en ajoutant des zones de couleur et de texture. Étudiez les qualités de surface et les interactions de couleur qui apparaissent. Gardez celles qui vous semblent réussies et éliminez les autres.

Il existe également des formes d'art abstrait plus décoratives, dans lesquelles la surface du tableau est couverte d'un motif répétitif. D'autres catégories et d'autres artistes, travaillant à partir de ces conventions et avec des approches multimédia, sont encore plus spécifiques.

Il se peut que vous trouviez plus facile d'aborder l'abstraction pure en commençant par l'abstraction d'après nature. En travaillant sur des images particulières, votre intérêt pour ce qui se passe sur la toile ou le papier va grandir jusqu'à vous faire peu à peu oublier la source réelle. Vous pouvez commencer par les interactions chromatiques, les rapports entre la ligne et la masse, les contrastes de texture. Vous pouvez aussi développer une composition qui suggère l'espace tout en accentuant l'aspect plat de la surface du tableau. Essayez de définir vos intentions et de les mettre à exécution en peinture. Attention cependant : il est plus tentant de se satisfaire de solutions médiocres dans l'art abstrait que dans l'art figuratif, car vous n'avez pas de références extérieures qui vous permettent d'évaluer à quoi le tableau doit ressembler.

Les préoccupations que l'on rencontre en art abstrait sont souvent identiques à celles de l'art figuratif, mais il arrive un moment où le sujet devient le tableau lui-même. C'est alors l'instinct de l'artiste, ses capacités techniques et son expérience qui lui permettent de mener à bien son projet.

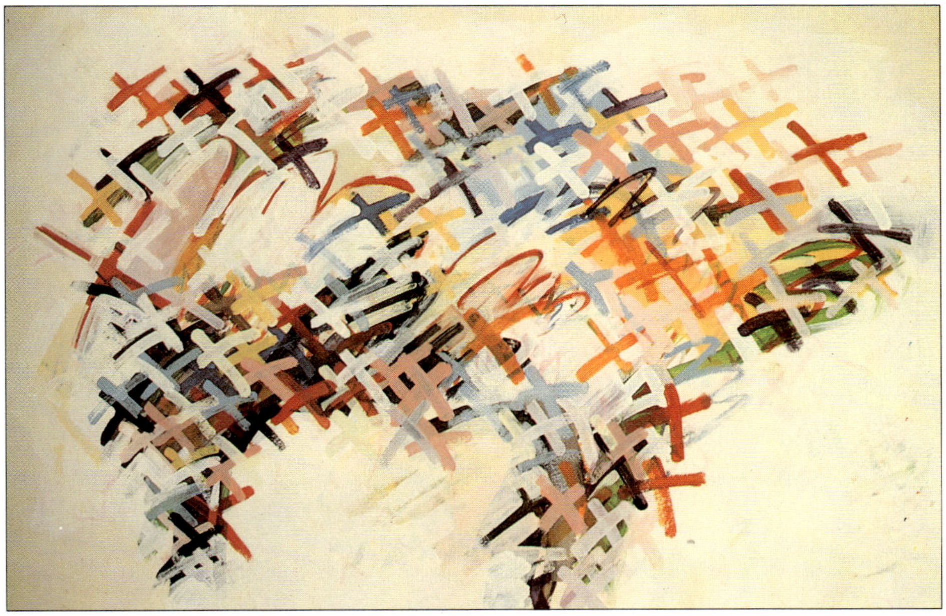

▲ JUDY MARTIN
Forme duale
Gouache et acrylique
Voici un des tableaux composant une longue série ayant à l'origine pour thème un paysage. Les deux arbres du départ ont été isolés ; peu à peu, leurs formes ont évolué vers l'abstrait. Remarquez les coups de pinceau en croix : on dirait qu'ils servent à éliminer toute référence naturaliste sans nuire à la texture active de la surface.

VOIR AUSSI	
138-141	L'abstraction d'après nature
142-143	La surface du tableau
150-157	La peinture à l'huile

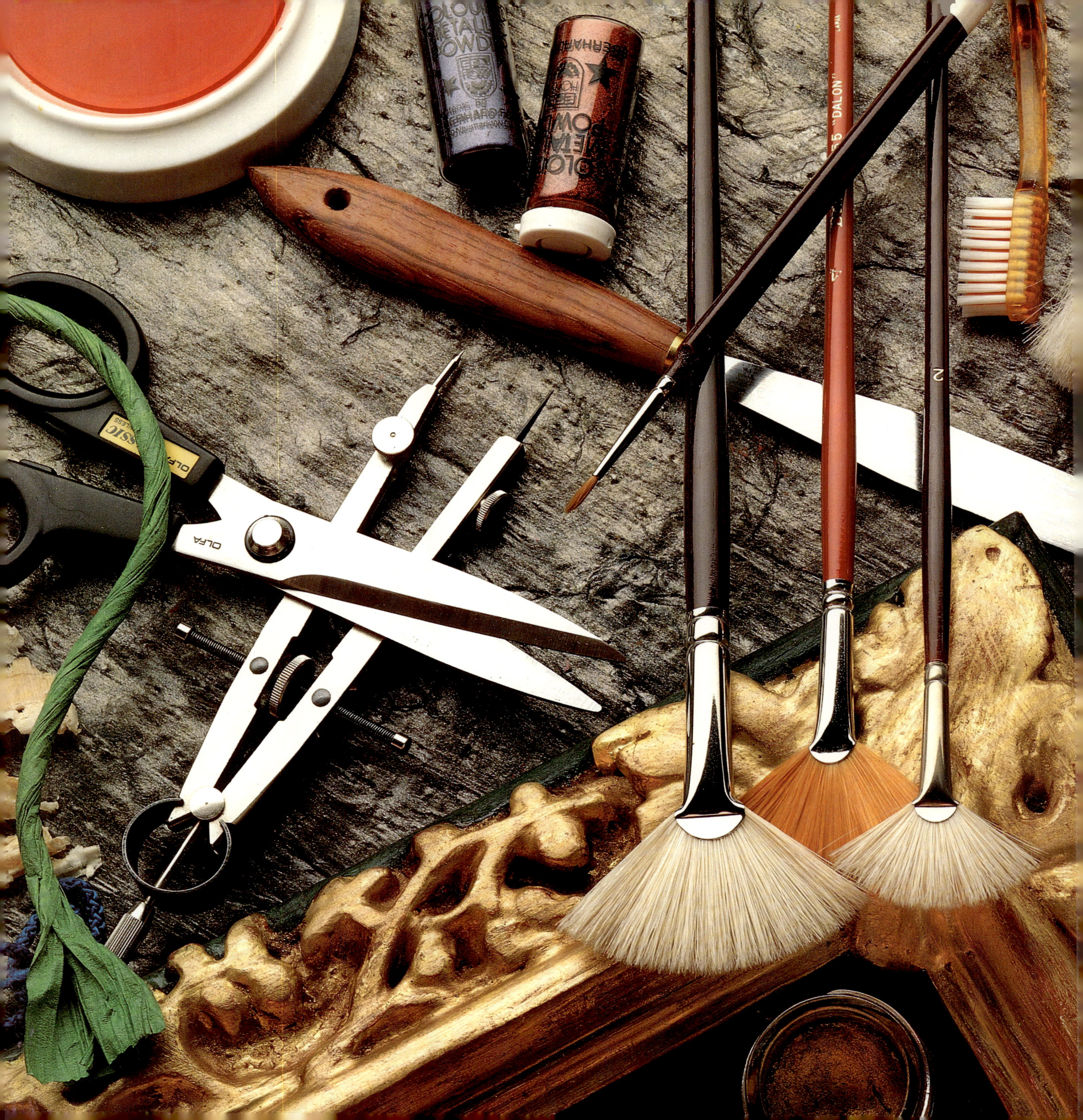
"DALON"
OLFA

CHAPITRE 3

Médiums et méthodes

Après le Chapitre 2, destiné à vous aider à développer votre propre façon de voir le monde, nous allons maintenant nous intéresser aux divers médiums de peinture et aux techniques qui leur sont associées. Par ailleurs, cette partie vous permettra d'aborder certaines approches expérimentales, comme la combinaison de plusieurs médiums de peinture, le collage et les monotypes. Ce chapitre est également consacré à des démonstrations de techniques spécifiques et à une sélection de tableaux finis.

La peinture à l'huile

La peinture à l'huile est un médium très souple, qui peut être utilisé diversement selon le style de chacun et le sujet. En fin de compte, c'est à l'artiste d'adapter le médium à sa façon de travailler. Il n'existe pas de règles strictes et immuables ; il est cependant possible de guider le peintre débutant en lui prodiguant quelques conseils et astuces.

GRAS SUR MAIGRE

L'une des erreurs les plus communes consiste à déposer dès le départ la peinture en couches épaisses. Chaque nouvelle couleur se mélange alors avec la couleur qu'elle recouvre et l'ensemble devient sale et terne. S'il est possible en effet de mélanger les couleurs directement sur la toile, cette façon de peindre, dite frais sur frais (ou dans le frais), demande cependant une certaine maîtrise : la touche doit être légère et appliquée d'une main sûre, comme savaient si bien le faire les impressionnistes (voir page 94). Le peintre débutant commencera de préférence par déposer une fine sous-couche de peinture, dessinant ainsi les principales formes avec de la couleur bien diluée à l'essence de térébenthine (ou au white-spirit). Cette première application de peinture sèche très vite. Il est alors possible de passer aux couches plus épaisses et plus chargées en huile. Les superpositions les plus épaisses sont réservées pour la fin.

Il existe une raison technique au principe du gras sur maigre. Si une peinture maigre (très diluée à l'essence de térébenthine) est appliquée sur une peinture grasse (contenant une forte proportion d'huile), la couche maigre sèche en premier. La sous-couche grasse sèche plus lentement et, en séchant, elle se rétracte, ce qui engendre des craquelures dans la couche maigre.

CLAIR SUR FONCÉ

Travailler en premier les tons foncés ; garder pour la fin les couleurs les plus claires. Voici une autre règle de base très utile en peinture à l'huile, particulièrement pour les tableaux qui doivent être terminés en une session, où les applications de peinture se font donc frais sur frais (au moins sur certaines zones du tableau). La peinture à l'huile, sauf si on la dilue, est opaque. Il pourrait sembler plus facile de superposer les couleurs foncées aux couleurs claires et non l'inverse.

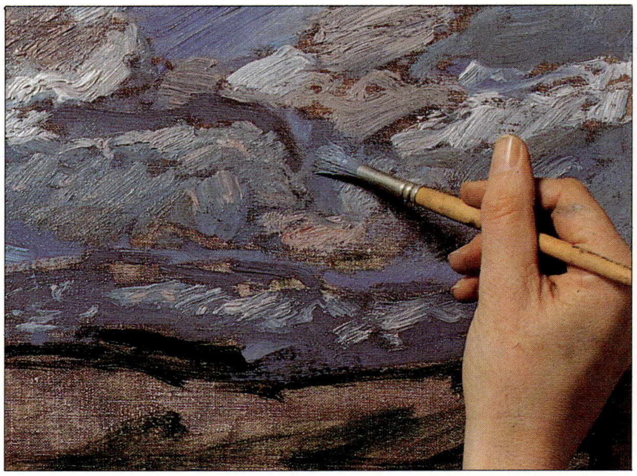

LE TRAVAIL DU PINCEAU

1 ◄ Comme nous l'avons déjà vu, la peinture à l'huile peut s'employer très diluée, mais lorsqu'elle est utilisée telle quelle, son onctuosité permet de conserver les traces expressives du pinceau.

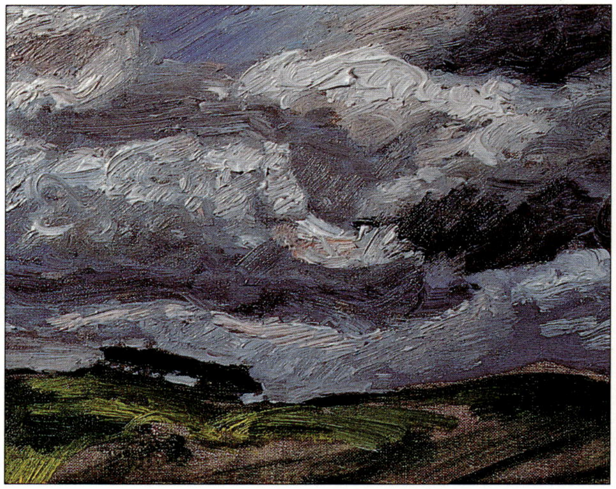

2 ◄ Ici, la peinture n'a pas été diluée : les traces du pinceau, chargé généreusement en couleur, s'impriment dans l'épaisseur des couches. Il ressort du paysage et du ciel une impression de vigueur et de mouvement.

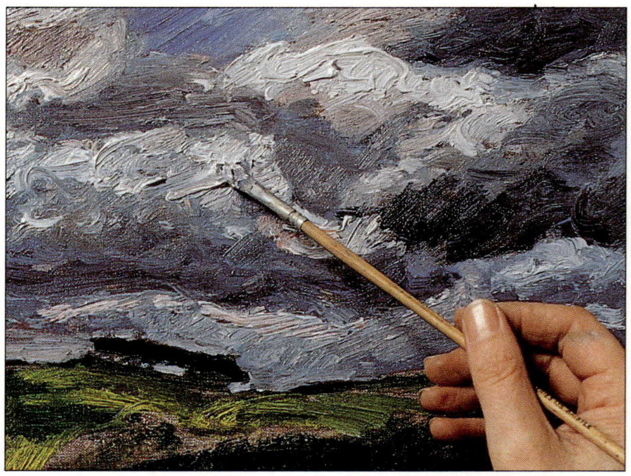

3 ◄ Le pinceau sert maintenant à modeler la forme des nuages. Comme dans la démonstration précédente, l'artiste peint dans le frais, mais l'effet est différent car les couches sont encore plus épaisses.

En réalité, l'opacité est une notion relative et les couleurs claires, formées par addition de blanc, ont un pouvoir couvrant plus grand que les couleurs foncées. Faites vous-même l'expérience suivante : appliquez du marron ou du bleu foncés sur une couleur claire encore fraîche. Les couleurs vont se mélanger et perdre leur caractère.

Que vous travailliez frais sur frais ou frais sur sec (sur une sous-couche sèche par exemple), il est généralement préférable de réserver la peinture la plus épaisse pour les lumières. La peinture appliquée sur les zones sombres, comme les arrière-plans ou les ombres, peut quant à elle rester diluée. Cette juxtaposition de peintures à la texture diverse permet de décrire les relations spatiales et les formes, car les couches les plus épaisses semblent avancer dans le tableau. Dans un grand nombre de peintures de Rembrandt, l'arrière-plan est traité avec une couche de couleur si diluée qu'il arrive de voir la trame de la toile, tandis que les zones lumineuses paraissent presque tridimensionnelles.

LE TRAVAIL DU PINCEAU

L'un des charmes de la peinture à l'huile réside dans la possibilité de l'employer en couches plus ou moins épaisses. La texture de la peinture et les marques du pinceau (ou du couteau ou même des doigts) jouent alors un rôle important dans le tableau fini. Au début, lorsque la peinture à l'huile a été inventée, on l'employait en couches fines et lisses (c'est encore de cette façon que travaillent certains artistes contemporains), mais très vite certains artistes, comme Titien (v. 1487-1576) puis Rembrandt, commencèrent à exploiter les caractéristiques physiques de la peinture ainsi que les marques laissées par le pinceau comme faisant partie intégrante de la composition.

Le travail du pinceau peut être descriptif et suivre la direction d'une forme ; il peut aussi être expressif, comme celui de Van Gogh (voir page 106), ou encore servir simplement à créer une texture de surface gaie et animée. Quel que soit ce travail, il demande autant de réflexion que tout autre aspect du tableau. De plus, il doit être consistant tout au long de la session. Cela ne signifie pas que les marques du pinceau doivent être de même dimension et de même forme partout, mais que l'approche globale doit être identique.

LA PEINTURE AU COUTEAU

1 ► L'empâtement (ou impasto) est une couche épaisse de pâte, c'est-à-dire de couleur, opaque appliquée au pinceau ou au couteau.

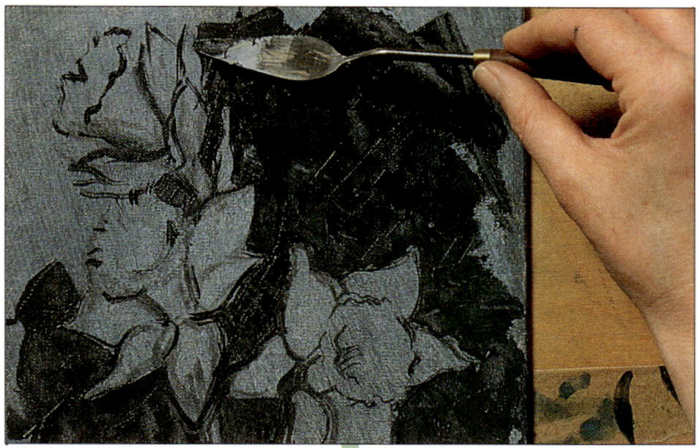

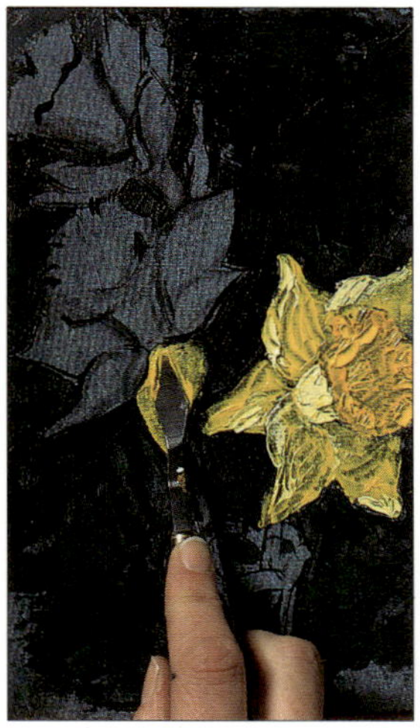

2 ◄ Les couteaux à peindre existent sous des formes variées et en diverses tailles. Ils sont capables d'effets subtils très surprenants.

3 ► Ici, l'artiste se sert de la pointe d'un couteau à lame triangulaire pour appliquer la couleur en petites touches précises.

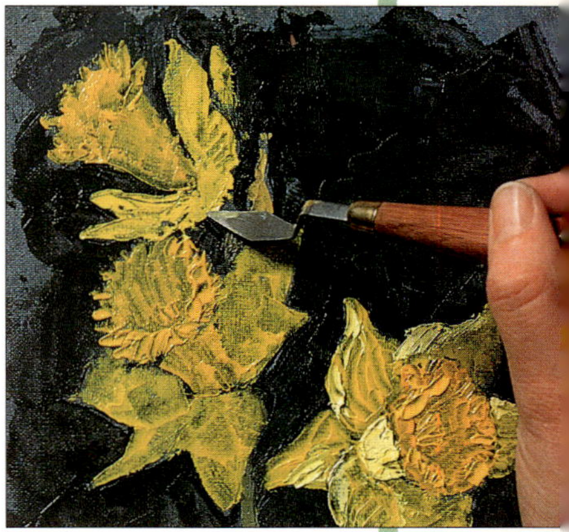

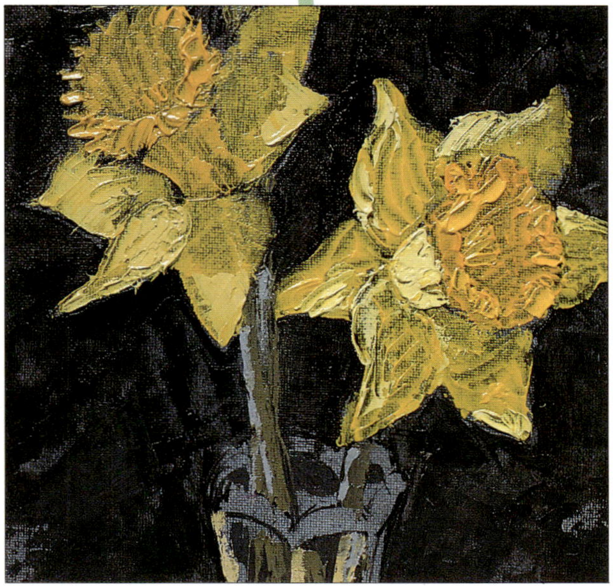

4 ◄ Contrairement au pinceau, l'effet produit par un couteau à peindre est acéré et vigoureux.

VOIR AUSSI

16-19	Initiation à la peinture à l'huile et à l'acrylique
94-97	Peindre une impression
106-109	Approches expressionnistes

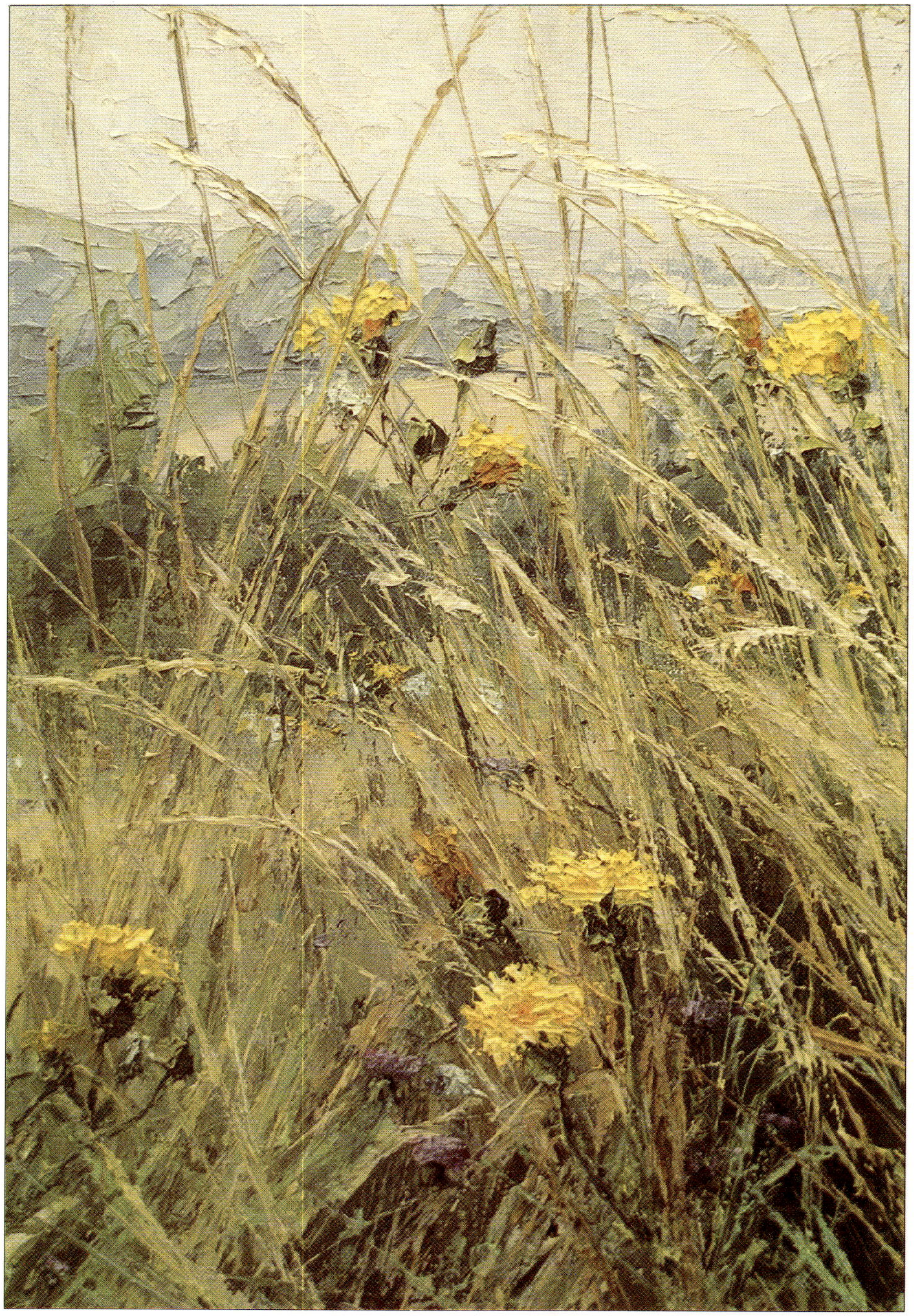

▲ BRIAN BENNETT
Laiterons des champs et herbe
Ce tableau, à la fois puissant et délicat, a été entièrement exécuté au couteau à peindre. Notez les traces larges dans le fond qui contrastent avec les brins d'herbe aux formes ciselées. Pour obtenir des traits fins et précis, il suffit de donner de petits coups dans l'épaisseur de la peinture avec le tranchant ou la pointe de l'instrument.

FRAIS SUR FRAIS

1 ► Peindre dans le frais implique d'appliquer une nouvelle couche sur ou dans une première couche encore fraîche. L'effet ainsi obtenu est plus doux qu'avec une exécution frais sur sec. On utilise la peinture soit directement au sortir du tube, soit diluée avec un médium qui la fluidifie, comme ici.

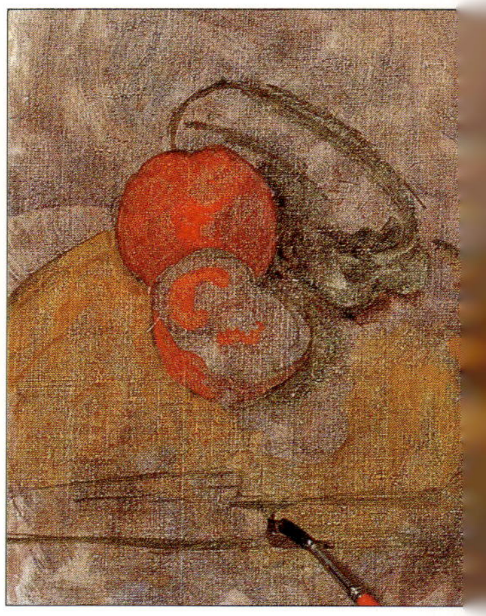

2 ► Travaillant avec un petit pinceau souple, l'artiste mêle les couleurs l'une dans l'autre. Avec de la peinture plus épaisse, il vaut mieux utiliser un pinceau en soie.

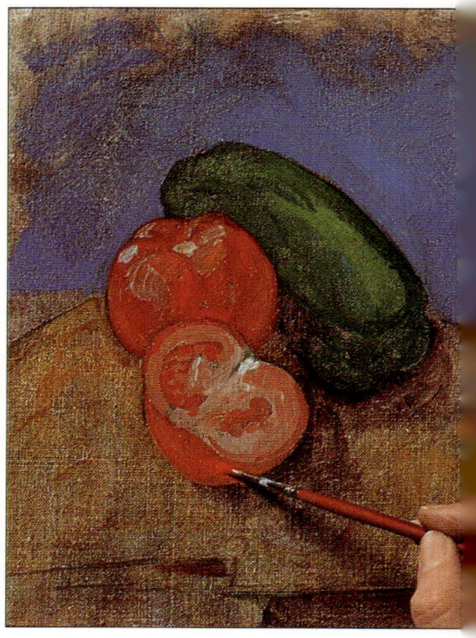

3 ► Le gris clair utilisé ici pour les rehauts est légèrement modifié par la sous-couche verte, encore fraîche, ce qui produit une douce gradation des tons et des couleurs.

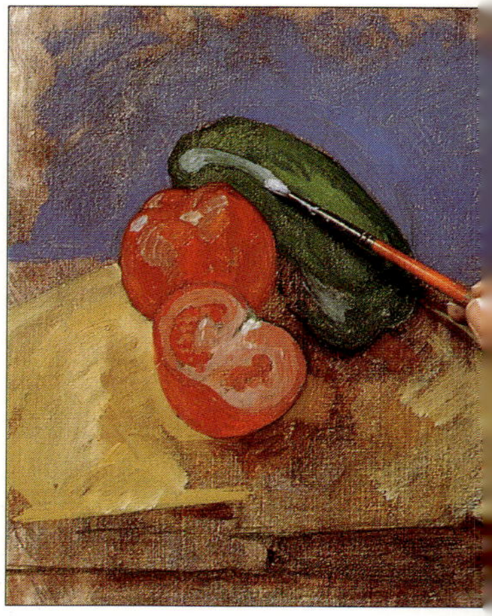

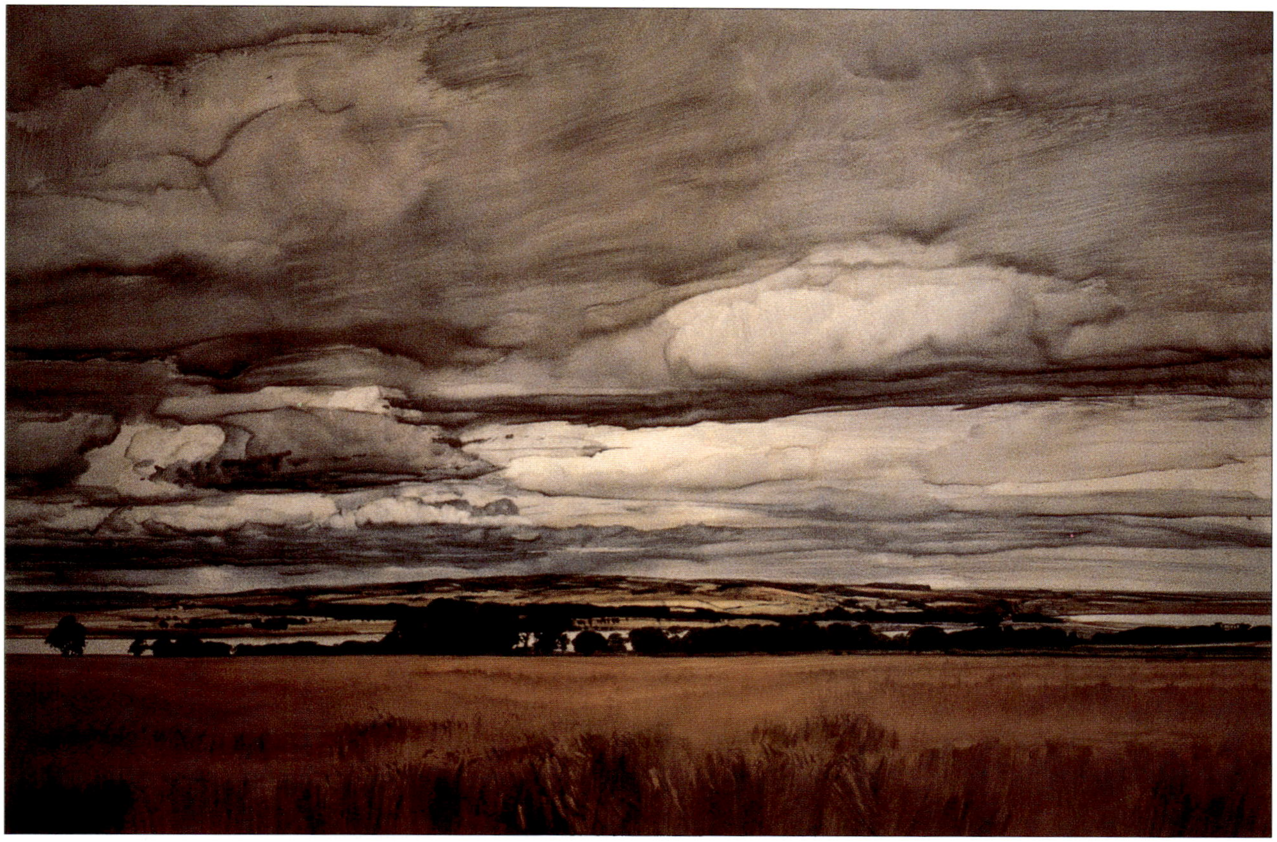

Si la peinture est appliquée en couche uniforme sur une zone alors que sur une autre zone les traces du pinceau sont nettes et directionnelles, le tableau perd de son unité. Efforcez-vous toujours de créer la variété dans l'unité.

L'IMPASTO

Ce terme désigne la peinture appliquée en couches très épaisses. Certains artistes réservent cette technique à certaines zones de leur tableau, comme les rehauts (ou lumières). C'était le cas de Rembrandt. D'autres peintres préfèrent « sculpter » la couleur : pour cela, ils remplacent les pinceaux par des couteaux à peindre et travaillent même avec leurs doigts. Van Gogh, déposait parfois la couleur directement sur la toile en la faisant gicler du tube et en la manipulant avec un pinceau de façon à obtenir des accents brefs et des lignes ondoyantes.

Cette technique des empâtements est très motivante. Utilisée en épaisseurs, la couleur est très expressive. Il est possible également d'acheter un médium d'empâtement qui ne change pas la couleur initiale. L'impasto se pratique au pinceau ou au couteau à peindre (dont le manche souple et délicat est conçu dans ce but). Les traces ne sont pas les mêmes dans les deux cas. Avec un couteau, il est possible d'appuyer la peinture sur le support, ce qui crée de petites surfaces planes bordées de reliefs aigus.

LE GLACIS

Cette technique se situe à l'opposé de l'impasto. Pour réaliser un glacis, il faut diluer fortement la peinture de sorte qu'elle en devienne transparente. On l'utilise ensuite un peu comme l'aquarelle en l'appliquant en couches minces, qu'il est possible de superposer.

VOIR AUSSI	
16-19	Initiation à la peinture à l'huile et à l'acrylique
150-151	Le travail du pinceau
151	Peindre au couteau
151-153	L'impasto

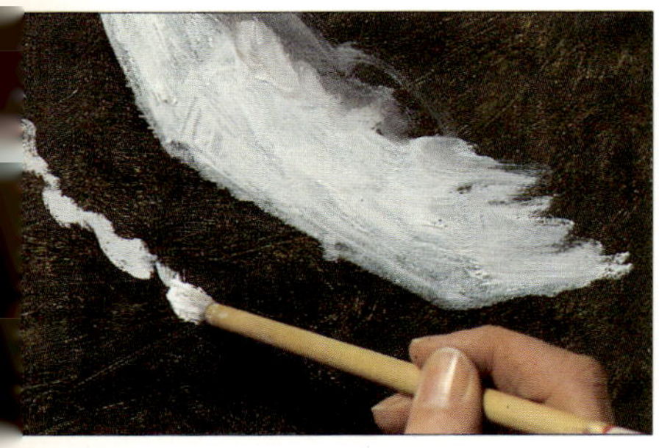

LE SGRAFFITO

1 ◄ La technique du sgraffito (sgraffite) consiste à gratter la dernière couche de couleur encore fraîche pour faire apparaître celle du dessous, qui elle doit être bien sèche.

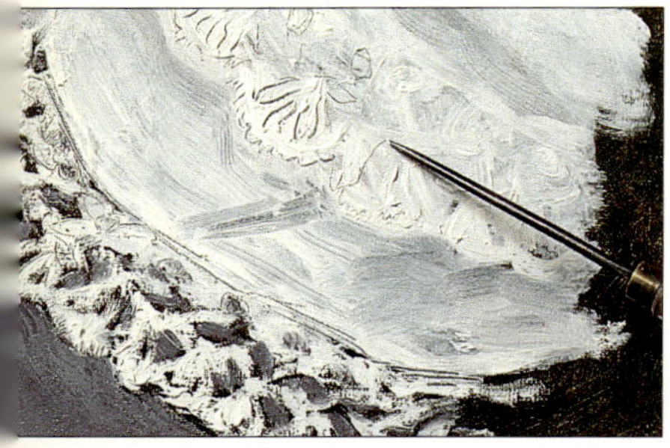

2 ◄ N'importe quel instrument pointu peut être utilisé pour gratter la peinture. Mais les effets varient selon l'instrument. Ici, avec un tournevis, on dessine de petites rides dans la peinture épaisse.

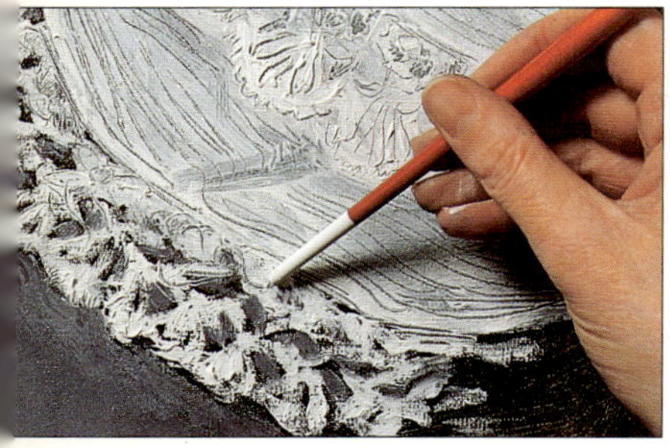

3 ◄ Là, on se sert du manche d'un pinceau pour obtenir des marques plus douces et plus larges.

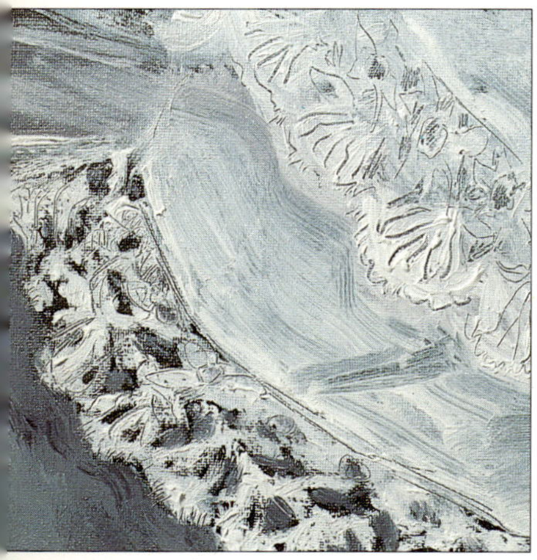

4 ◄ En balayant certaines zones avec de la peinture diluée et en utilisant la technique du sgraffito dans d'autres zones de peinture épaisse, on crée une impression d'ensemble pleine de vie qui reproduit à s'y méprendre la dentelle.

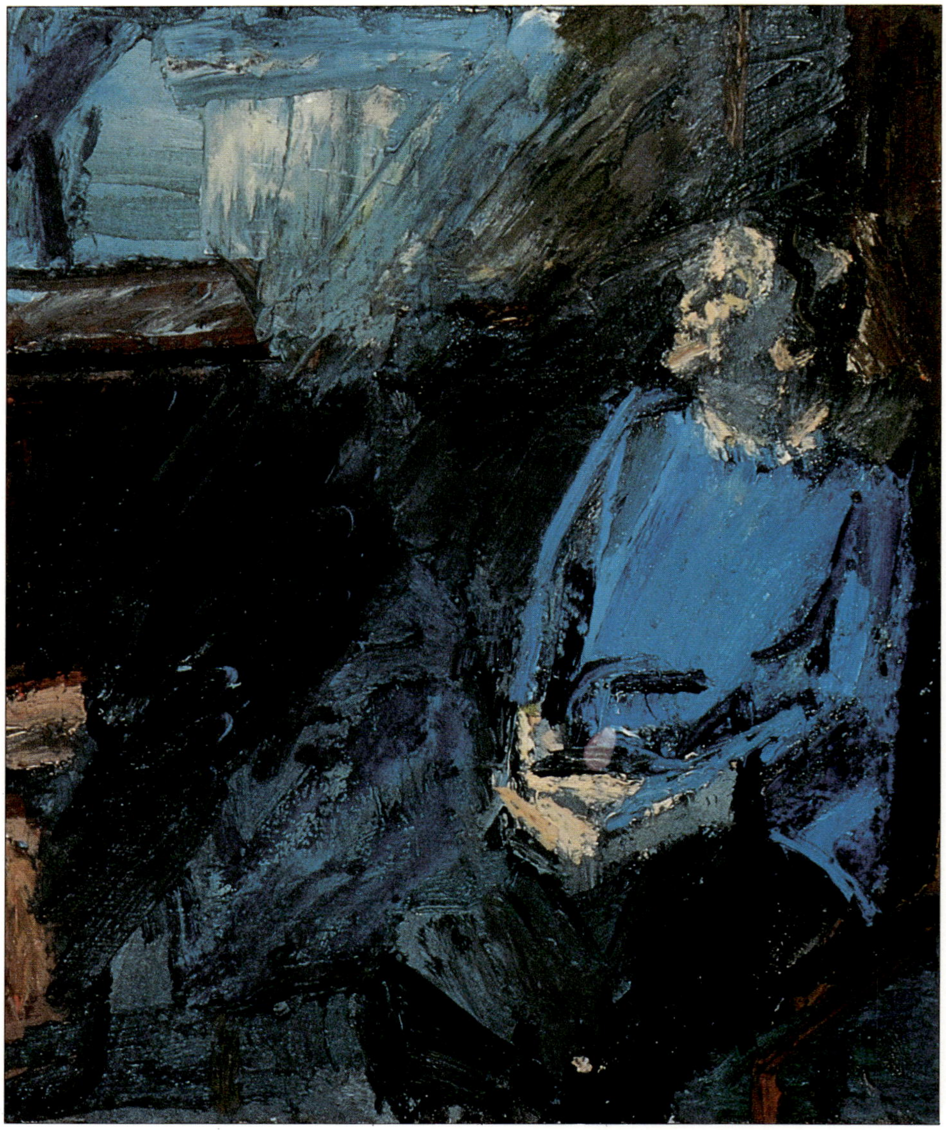

▲ PETER CLOSSICK
Étude en bleu
En peinture, l'une des façons de créer l'espace consiste à varier la texture du matériau en l'appliquant en couches minces, dans l'arrière-plan par exemple. Dans ce portrait, Clossick a mis en avant la figure grâce à la fois à un fort contraste tonal et à des empâtements très épais sur le visage et les mains, tandis que les couleurs de l'arrière-plan ont été fondues et étalées de façon à créer une impression de flou.

On peut diluer la peinture avec un médium ordinaire (essence de térébenthine ou huile de lin) : la peinture prend bien une couleur transparente mais le glacis a tendance à couler à la surface de la toile. Il existe également des médiums spécialement conçus pour les glacis.

Le glacis est une technique laborieuse. Si vous superposez des glacis, il est essentiel que les sous-couches sèchent entre chaque nouvelle application. Pourtant, aucune peinture opaque ne peut remplacer ces voiles de couleur transparente qui exaltent le coloris et le rendent lumineux. On peut gagner du temps en réalisant un glacis sur une sous-couche acrylique. Souvenez-vous qu'il est possible de superposer de l'huile à de l'acrylique mais non l'inverse. On peut également combiner glacis et empâtement, à condition que ce dernier soit complètement sec. Dans les portraits de Rembrandt et dans les paysages de Turner, de pâles et épais impastos transparaissent sous les glacis.

Au début de la peinture à l'huile, une technique appelée le sous-modelage était utilisée en conjonction avec les glacis. Il s'agissait de peindre uniquement en blanc sur un fond de ton moyen. Les rehauts étaient construits assez rapidement, tandis que dans les zones d'ombres on laissait transparaître la mince couche de couleur du fond teinté. Puis, on superposait des glacis fins et transparents à cette sous-couche. La peinture blanche transparaissait alors en créant un effet d'une richesse étonnante. Les rouges et les bleus brillants des vêtements des peintures du début de la Renaissance furent exécutés de cette manière. De tels effets sont impossibles à réaliser avec de la peinture opaque.

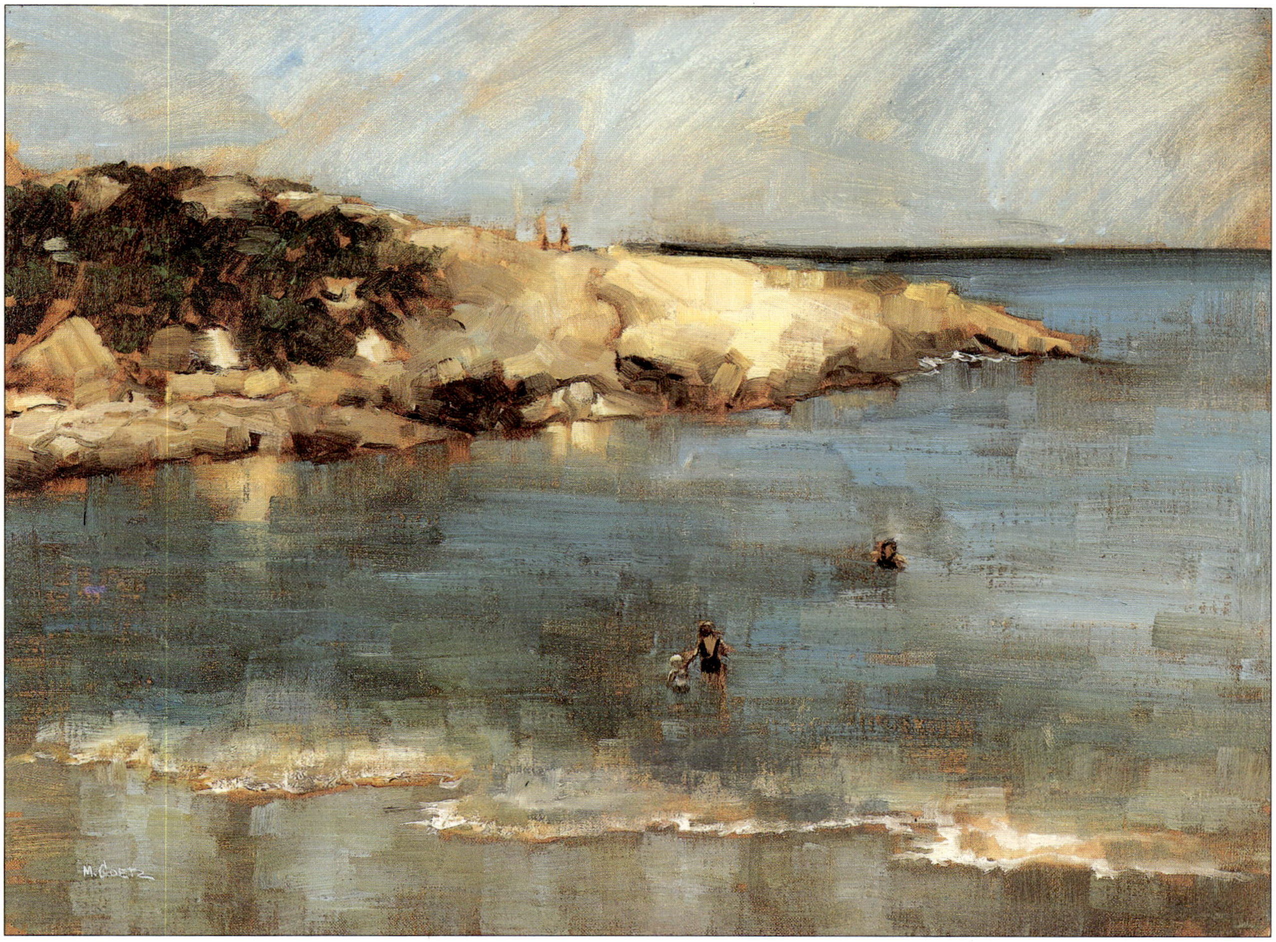

◄ MARY ANNA GOETZ
La plage de Rockport
Observez ici la façon dont le fond d'un ocre jaune chaud a été exploité : il transparaît par endroits au milieu des divers bleus et exalte les coloris par contraste. Les traces de pinceau sont variées ; elles servent à décrire les formes des rochers et l'immensité calme de la mer tout en animant la composition.

VOIR AUSSI	
16-19	Initiation à la peinture à l'huile et à l'acrylique
24-29	La couleur et le ton

▼ GEORGE ROWLETT
Roses et Clématite
Les tableaux de Rowlett sont toujours travaillés rapidement, en empâtements accusés souvent appliqués au couteau ou avec les doigts. Au moyen d'une approche expressionniste (voir page 106), il véhicule l'essence de son sujet, que ce soit un paysage, un portrait ou une composition florale.

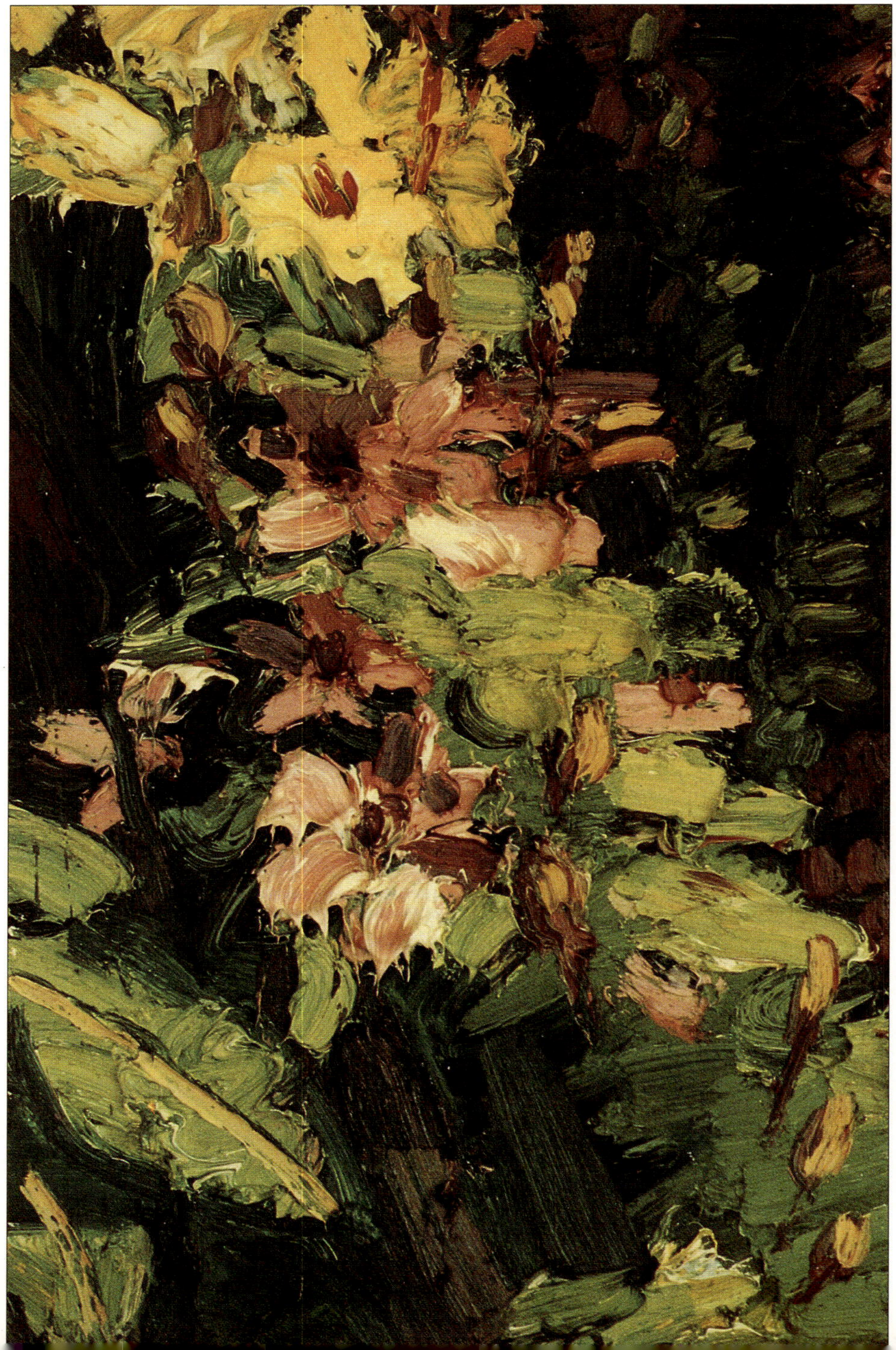

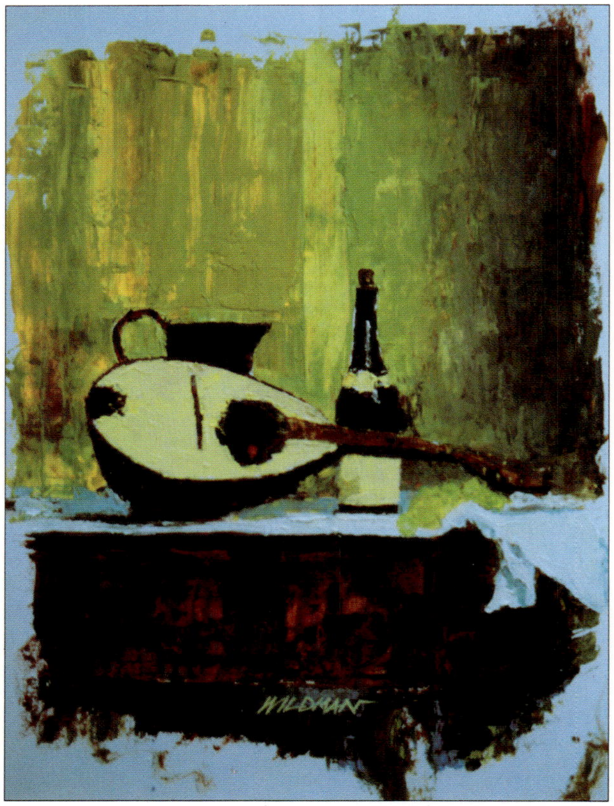

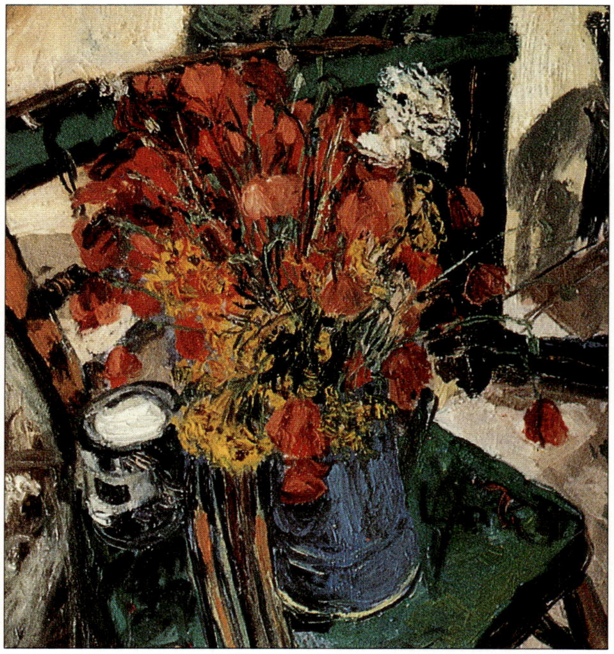

◄ Philip Wildman
Nature morte à la mandoline
Ce tableau, comme celui de Brian Bennett (page 151), a été peint au couteau, mais dans ce cas sur du papier et non pas sur une toile, qui absorbe l'huile et donne un rendu plus mat. Le papier est un support qui convient parfaitement à la peinture à l'huile, à condition de l'apprêter (voir page 16) sinon le suintement de l'huile le fait pourrir.

► Susan Wilson
Coquelicots
Les couleurs, brillantes et généreuses, appliquées au pinceau de manière franche ainsi que la composition inhabituelle transmettent une puissante sensation de vie et d'énergie à cette nature morte. La joie de l'artiste à peindre y est presque palpable.

L'EXERCICE

LA PEINTURE AU COUTEAU

À première vue, un couteau à peindre ne semble pas aussi sensible et souple à l'emploi qu'un pinceau. En fait, il produit des effets de texture expressifs et passionnants ainsi que des zones de couleur lisses et éclatantes. En superposant les couleurs au couteau, on peut créer des effets variés et subtils : fondu d'une couleur dans une autre, filets de deux couleurs combinées, couleur fragmentée rappelant le marbre. L'inconvénient principal de la peinture à l'huile appliquée au couteau provient de la difficulté à dessiner des formes précises et détaillées. Il est toutefois possible de peindre avec le tranchant de l'instrument, mais même dans ce cas on produit de petites touches de couleur ou des zones dont un côté est en relief.

Le couteau se prête à n'importe quel sujet. Mais pour ce premier exercice, il est sans doute préférable de choisir un sujet que vous avez déjà peint et qui peut-être ne vous a pas entièrement satisfait. À l'aide d'un fusain ou d'un pinceau chargé de peinture diluée, commencez par dessiner les formes principales et à fixer la zone dominante directement sur le support. Mélangez les couleurs sur la palette et appliquez-les au couteau comme si vous étaliez du beurre sur une tartine. Ne diluez pas la peinture, utilisez-la directement au sortir du tube. À ce stade, optez pour le couteau le plus large et gardez les plus fins pour plus tard.

Le couteau permet maints effets de texture : pour les découvrir, étalez et grattez la peinture, maniez l'instrument comme une truelle, utilisez son tranchant (qui peut produire des traits assez acérés) et son plat. Essayez de mélanger les couleurs sur la palette et sur le support, d'appliquer partiellement les mélanges (par exemple, en maniant le couteau selon des directions diverses, pour mêler légèrement les couleurs et obtenir de subtils effets de teintes). Souvenez-vous qu'une des caractéristiques de la peinture au couteau est qu'elle permet de produire une couche de couleur lisse et brillante. Servez-vous de cet effet pour donner plus d'éclat à votre tableau. Entre deux applications de teintes différentes, nettoyez soigneusement la palette et le couteau avec un chiffon ou du papier absorbant.

Quand toute la surface du support est couverte, évaluez l'ensemble : devez-vous introduire davantage de détails ou de marques ? Votre tableau doit être vigoureux et attractif, deux qualités difficiles à obtenir du premier coup ! Si votre œuvre n'est pas vraiment réussie, dites-vous que c'est quand même une bonne expérience…

Il n'est pas obligatoire lorsqu'on peint de s'en tenir à une seule technique. Le peintre français Maurice de Vlaminck (1876-1958) utilisait à la fois le pinceau, d'une manière traditionnelle, et le couteau afin de créer des ciels dramatiques et des premiers plans saisissants.

LES FONDS COLORÉS

À priori, rien n'empêche un artiste de peindre sur un support blanc ; Turner comme les impressionnistes ont favorisé la toile blanche car la lumière se réfléchissant à travers la couleur donnait une qualité lumineuse à leur œuvre. Toutefois, une grande zone d'une blancheur éblouissante peut avoir quelque chose d'intimidant, sans compter qu'il est alors difficile d'évaluer correctement les premières couleurs à venir. On risque de se tromper sur l'appréciation de leur intensité relative et de les choisir trop pâles (sur un fond blanc toutes les couleurs paraissent par contraste très foncées). C'est pourquoi, beaucoup d'artistes préfèrent teinter le fond blanc de leur support, toile ou carton toilé, avec une fine couche de peinture (c'est l'*imprimatura*). Pour teinter les fonds, souvenez-vous que l'acrylique convient aussi très bien et qu'elle sèche rapidement.

Le choix de la couleur de cette sous-couche est important, puisqu'elle servira d'arrière-plan et permettra d'évaluer les coloris. Les tons neutres et intermédiaires sont les plus faciles à travailler ; les marrons, les ocres et les jaunes peu intenses sont les plus utilisés. Certains artistes aiment appliquer une couleur qui va contraster avec leur sujet (par exemple, un fond chaud marron-rouge donnera de la vigueur au vert d'un feuillage). Comme les pastellistes (voir page 66), ils vont alors laisser vierges quelques petites zones du fond teinté. Rubens (1577-1640) avait l'habitude de peindre ses figures sur un fond jaune-marron qui lui servait de ton moyen.

VOIR AUSSI	
16-19	Initiation à la peinture à l'huile et à l'acrylique
150-151	Le travail du pinceau
151	Peindre au couteau
151-153	L'impasto

L'acrylique

Si vous avez déjà utilisé l'acrylique pour réaliser certains exercices du Chapitre 1, vous savez maintenant combien ce médium est agréable. Il est pourtant curieux de constater que si de plus en plus d'artistes professionnels travaillent à l'acrylique, sa réputation parmi les amateurs est encore à faire. Cela s'explique peut-être par le fait que la peinture acrylique est un matériau relativement nouveau, découvert il y a environ cinquante ans, alors que la peinture à l'huile est connue depuis le quinzième siècle. Pour les puristes, l'acrylique est avant tout une peinture plastique, synthétique. En réalité, c'est un des plus grands bienfaits que la science ait donnés à l'art et c'est sans aucun doute le plus souple de tous les médiums.

UNE NOUVELLE PEINTURE

L'acrylique a été inventée dans les années 30 pour être employée à l'extérieur, sur les murs. Mais dès les années 50, les artistes américains s'en emparaient et vantaient son temps de séchage rapide. Cette qualité a permis aux peintres de l'expressionnisme abstrait, comme Jackson Pollock, de construire d'épais impastos, en employant la couleur directement au sortir du tube ou même en la versant dans un seau et en la répandant sur la toile, puisqu'ils savaient qu'elle allait sécher un en rien de temps.

D'autres artistes lui ont trouvé une deuxième qualité essentielle : contrairement à la peinture à l'huile, où il faut préparer la surface de travail, on n'a pas besoin d'apprêter la toile. Un artiste américain en particulier, Morris Louis, a exploité cet avantage dans ses grands tableaux abstraits, où les couleurs se déposent sur la toile nue en voiles transparents successifs et se chevauchent les unes les autres.

Les méthodes et les styles picturaux des premiers représentants de ce nouveau médium de peinture étaient aussi nombreux et variés que ceux des artistes contemporains qui travaillent aujourd'hui à l'acrylique. Dans une certaine mesure, cette grande diversité constitue un problème pour tous ceux qui veulent débuter. Que demander à une peinture capable de tout faire ? Quels artistes prendre pour modèle ? Ceux qui travaillent à l'huile, à l'aquarelle ou aux pastels, ont généralement quelques peintres favoris dont ils admirent particulièrement la technique et le style, mais l'acrylique étant capable d'imiter tous les autres médiums de peinture, comment l'identifier ? En réalité, il est pratiquement impossible d'affirmer qu'un tableau a été peint à l'acrylique.

Nous vous encourageons donc à essayer l'acrylique et les différents médiums de peinture existants afin de découvrir le meilleur. Si votre tendance naturelle vous pousse vers l'aquarelle, pourquoi ne pas appliquer l'acrylique en couches minces sur du papier ? Si vous avez pris plaisir à déposer la couleur en touches épaisses avec un couteau à peindre et de la peinture à l'huile, essayer cette méthode avec l'acrylique. Même si vous débutez en utilisant l'acrylique à la manière des autres médiums de peinture, vous découvrirez rapidement comment exploiter au mieux ses propres caractéristiques.

LES SURÉPAISSEURS

L'acrylique utilisée directement au sortir du tube a la consistance de la crème fraîche épaisse. Vous pouvez l'appliquer telle quelle, sans addition d'eau ou de médium à peindre. Si vous connaissez bien la méthode du gras sur maigre en peinture à l'huile, sachez que l'acrylique s'y prête également, mais qu'il est plus simple de déposer la couleur en couches épaisses dès le début. Souvenez-vous cependant qu'une fois la peinture acrylique sèche, il est impossible de l'enlever. Pour masquer une erreur, il faut peindre par-dessus et vous risquez alors d'obtenir des surépaisseurs indésirables.

Si vous aimez travailler en impastos très épais, soit avec des pinceaux en soie soit avec des couteaux à peindre, la méthode est identique à celle de la peinture à l'huile (voir pages 151-153), mais dans ce cas il faut épaissir la peinture à l'aide d'un médium spécial. Il en existe de plusieurs sortes (voir page 165). Nous en avons illustré un ci-contre : il s'agit d'une pâte acrylique.

LA TEXTURE

La pâte acrylique permet de réaliser des effets de texture proches de la sculpture, qu'on ne réussit bien qu'avec ce médium. On applique la pâte directement sur la surface de travail avec un pinceau ou un couteau. On obtient ainsi une zone en relief sur laquelle on peint (la surface doit être rigide ou la pâte risque de craquer en séchant).

160 ➤

▼ Afin de rendre la peinture acrylique plus épaisse et de lui donner plus de texture, on peut la mélanger à diverses substances. La pâte acrylique illustrée dans la première photographie lui donne une consistance très solide. Si vous cherchez à créer des contrastes entre zones texturées et zones lisses, vous pouvez ajouter du sable (au centre), de la sciure ou des copeaux de bois (en bas).

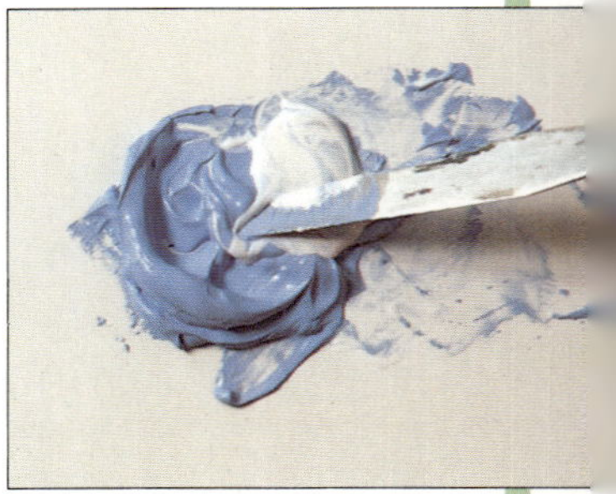

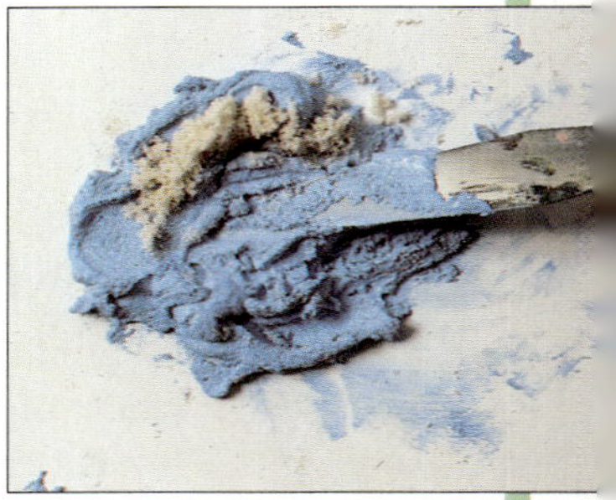

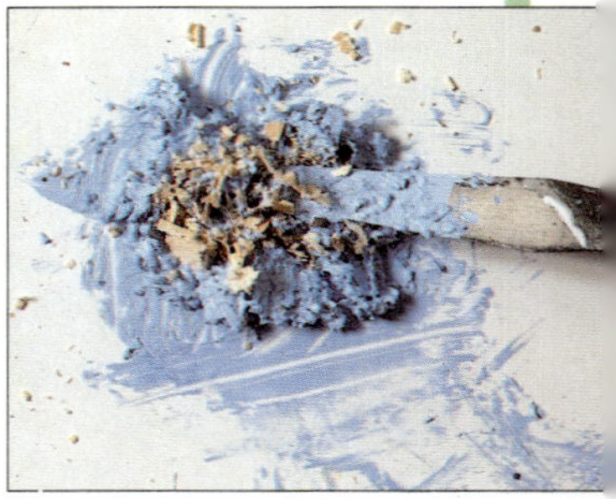

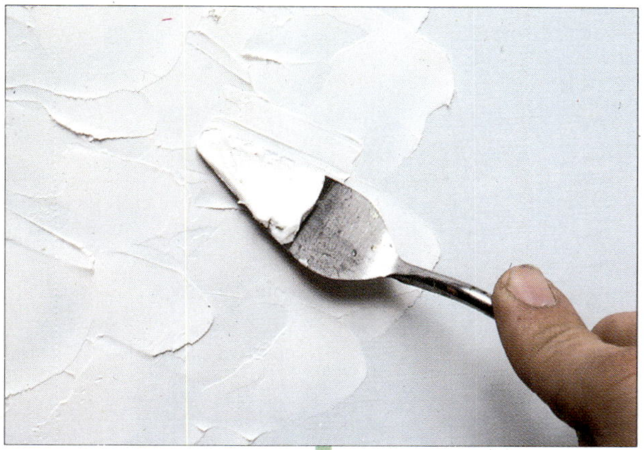

FONDS TEXTURÉS

▲ La pâte acrylique, utilisée à gauche avec de la peinture, sert souvent à créer un fond texturé. On l'applique sur un support rigide avec un couteau à palette ou à peindre. On peut ensuite déposer de minces glacis ou des couleurs épaisses et solides par-dessus cette surface.

▼ Selon la façon dont on dépose le fond texturé, la peinture se transforme : à gauche, une texture très accusée crée un effet de touches fragmentées ; à droite, une texture plus douce permet un effet légèrement tacheté.

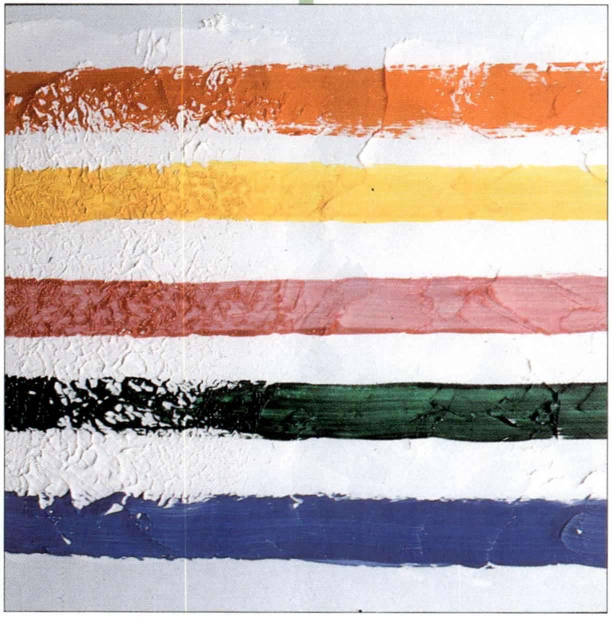

LE GLACIS

1 ▼ À l'acrylique comme à l'huile, le principe du glacis reste le même. Il est toutefois plus facile et moins fastidieux à l'acrylique car les couleurs sèchent très vite. On peut glacer tout un tableau en couches minces, comme ci-dessous, ou superposer un glacis à une couche épaisse.

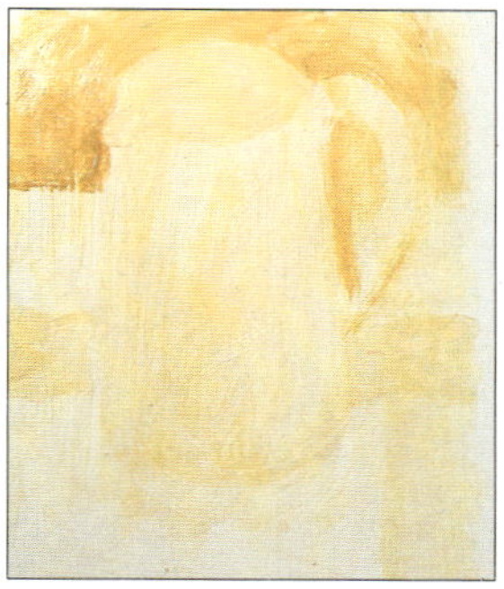

2 ▼ L'artiste travaille ici sur une toile recouverte de gesso acrylique. La peinture est diluée avec un médium acrylique, qui la rend transparente.

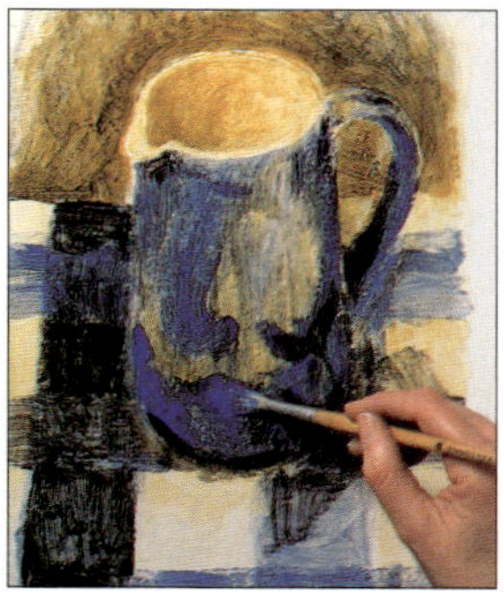

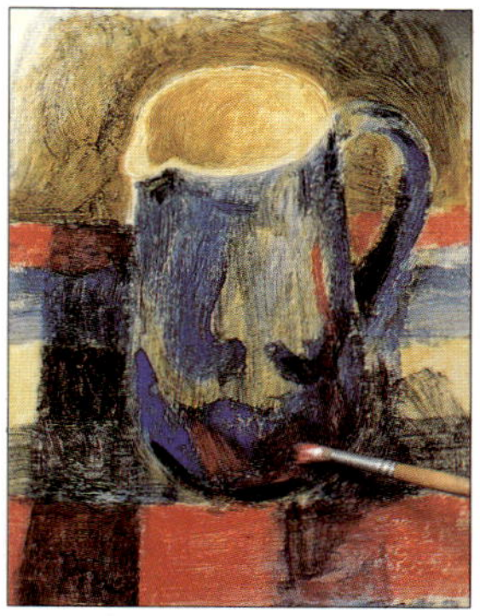

3 ▲ On peut glacer en ajoutant de l'eau pure : faites cependant attention, car la peinture trop liquide est impossible à appliquer et la surface ainsi peinte peut paraître triste et sans vie.

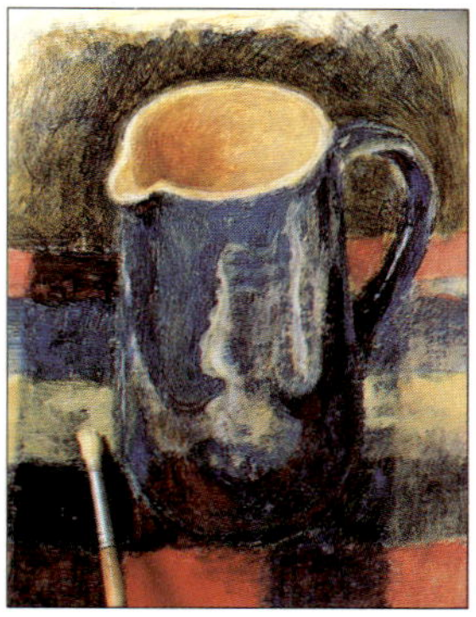

4 ▲ Remarquez comme les couleurs de la sous-couche qui transparaissent donnent un éclat profond à la composition.

5 ▼ Ici, la peinture a été très diluée, c'est pourquoi les traces légères du pinceau utilisé pour préparer le fond au gesso sont visibles et apportent un intérêt supplémentaire au tableau.

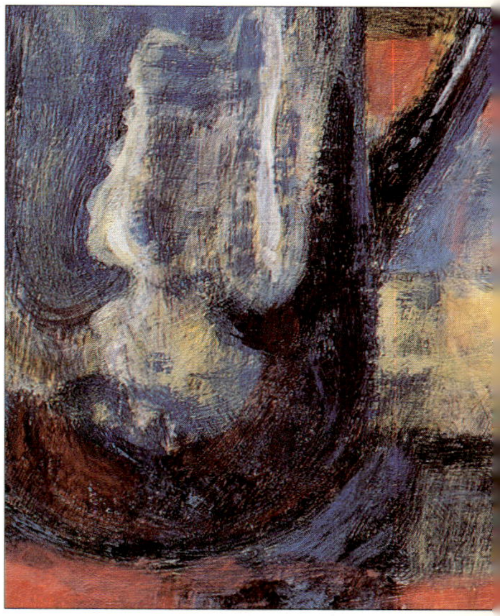

VOIR AUSSI

16-19	Initiation à la peinture à l'huile et à l'acrylique
151-153	L'impasto (en peinture à l'huile)
153-155	Le glacis (en peinture à l'huile)

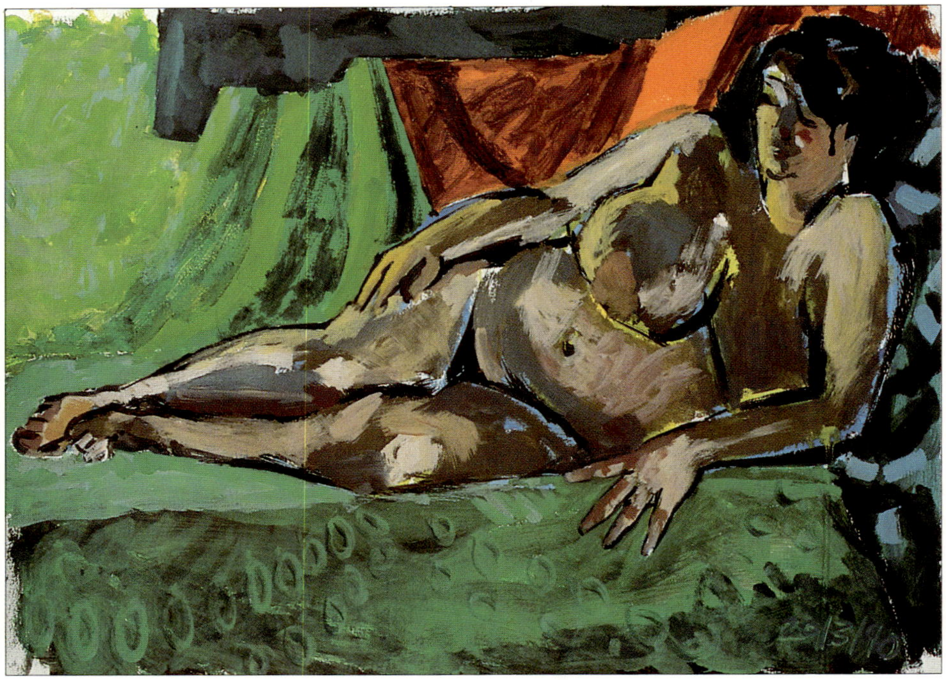

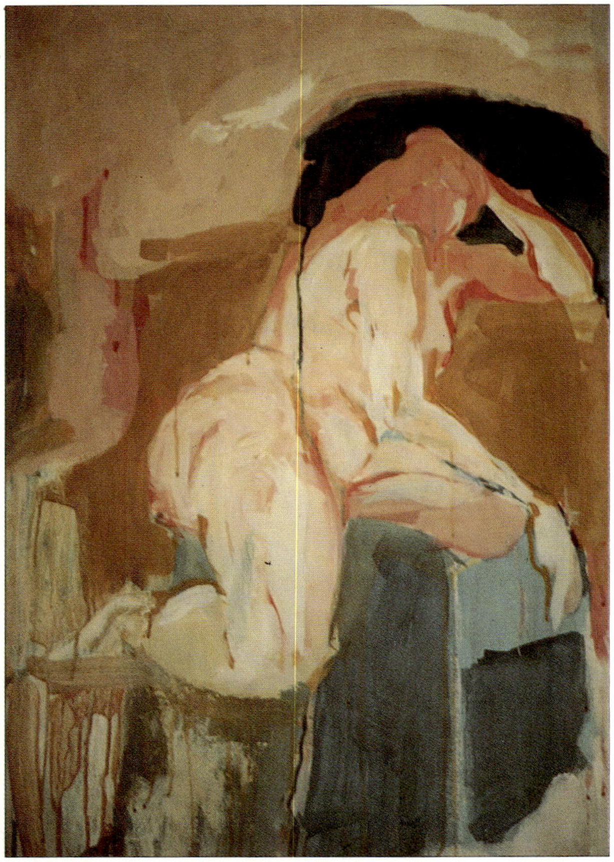

▲ David Cuthbert
Melanie
L'acrylique est un médium qui se prête particulièrement bien aux effets de couleurs vives et franches, comme celles de ce tableau. Parce qu'elle sèche vite, les couches ne se mélangent pas et les couleurs ne se salissent pas.

◄ Ingunn Harkett
Figure allongée
Ici la peinture a été diluée à l'eau afin d'obtenir une consistance proche de celle de la gouache. L'artiste a laissé les couleurs couler à la surface du tableau : ainsi les verticales de la composition s'en trouvent renforcées et le tableau est dynamique.

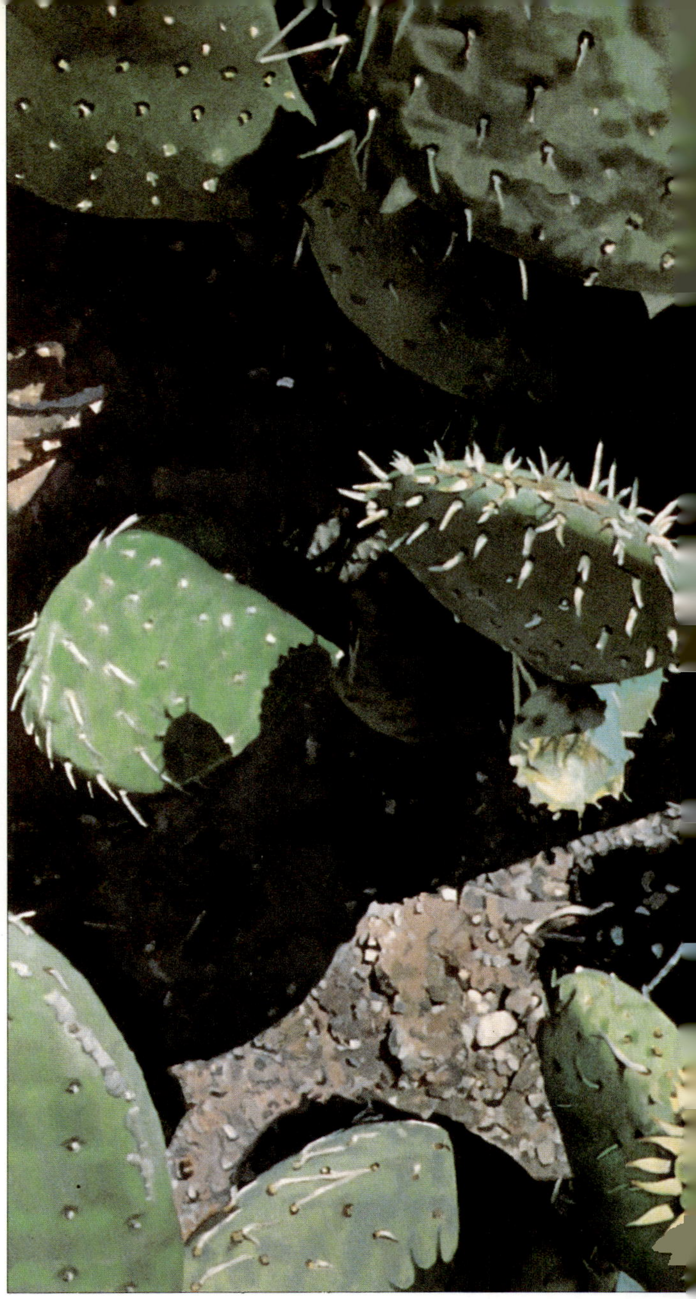

On peut aussi faire appel à la méthode des empreintes. On se sert souvent de pâte à texture en collage. Son fort pouvoir adhésif permet de coller pratiquement n'importe quoi, même de lourds objets (morceaux de bois ou de métal par exemple), sur la surface du tableau.

TRAVAILLER EN COUCHES FINES

Lorsqu'on travaille l'acrylique comme de l'aquarelle, on superpose également des lavis transparents, on dilue les couleurs à l'eau, et on les applique avec un pinceau de martre ou une brosse synthétique sur du papier aquarelle.

162 ➤

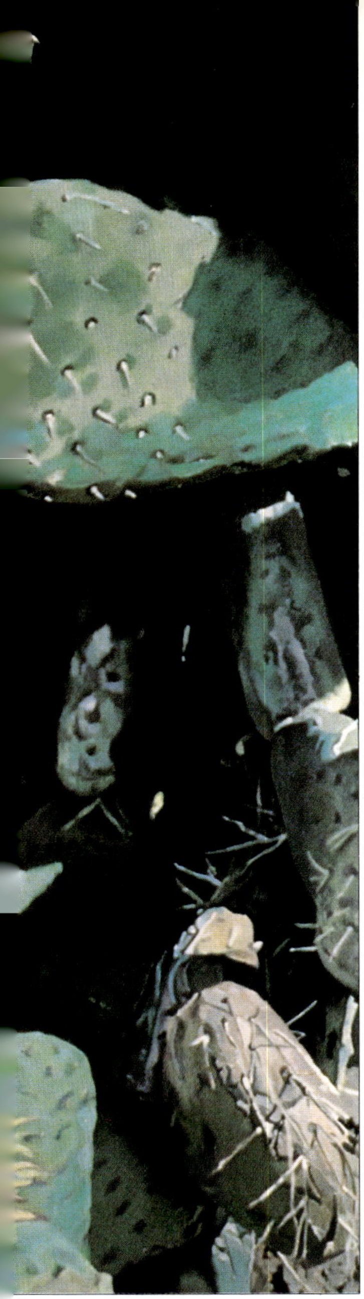

◀ PAT BERGER
Les cactus
La souplesse de l'acrylique est parfaitement illustrée par les différents styles présentés sur ces pages. Elle se prête aussi bien aux détails minutieux proches du photoréalisme, comme dans ce tableau, qu'aux riches impastos et aux touches franches de la couleur expressive.

LES MÉDIUMS ACRYLIQUES

Utilisées seules, les peintures acryliques sont plutôt mates et ternes. Pour les rendre plus éclatantes, un peu comme les peintures à l'huile, vous pouvez les mélanger aux médiums à peindre que nous vous proposons ci-dessous. Ils changent tous légèrement le caractère de la peinture mais de façon différente. Essayez-les pour trouver celui qui répond le mieux à vos exigences.

Médium brillant
Médium universel qui, lorsqu'on le mélange à la peinture, augmente sa transparence et son brillant et la fluidifie. Il peut aussi servir de vernis de finition.

Médium mat
C'est une alternative au médium brillant pour ceux qui préfèrent un rendu final coquille d'œuf. Il augmente la transparence quand on l'ajoute aux couleurs et peut servir pour les glacis mats. Il n'est pas conseillé de l'utiliser en tant que vernis de finition car il ternit les couleurs foncées.

Médium gel
Quand on le mélange aux couleurs, il augmente leur transparence et leur brillance sans modifier la consistance de la peinture.

Médium gel épais
Il épaissit la peinture et augmente la brillance des couleurs. Il permet d'obtenir les mêmes effets qu'avec la peinture à l'huile et rend la peinture malléable plus longtemps. Utile pour le travail en impasto, car il garde les traces du pinceau et du couteau.

Médium gel opaque
Une façon économique d'augmenter le volume de la peinture pour le travail en impastos. Il épaissit la peinture sans modifier la couleur et, comme le médium gel lourd, il garde les traces du pinceau et du couteau.

Retardateur de séchage
Mélangé à la peinture, ce retardateur allonge le temps de séchage. Pour éviter que ne se forme une couche de surface, n'utilisez pas plus de 20 % de retardateur par couleur.

Pâte acrylique
Cette pâte permet d'obtenir des textures lourdes et des effets tridimensionnels sur une surface rigide. Si on la mélange à parts égales avec un médium gel, on peut peindre sur toile ou sur toute autre surface flexible. On peut soit la mélanger aux couleurs acryliques, soit la superposer aux couleurs acryliques ou à l'huile.

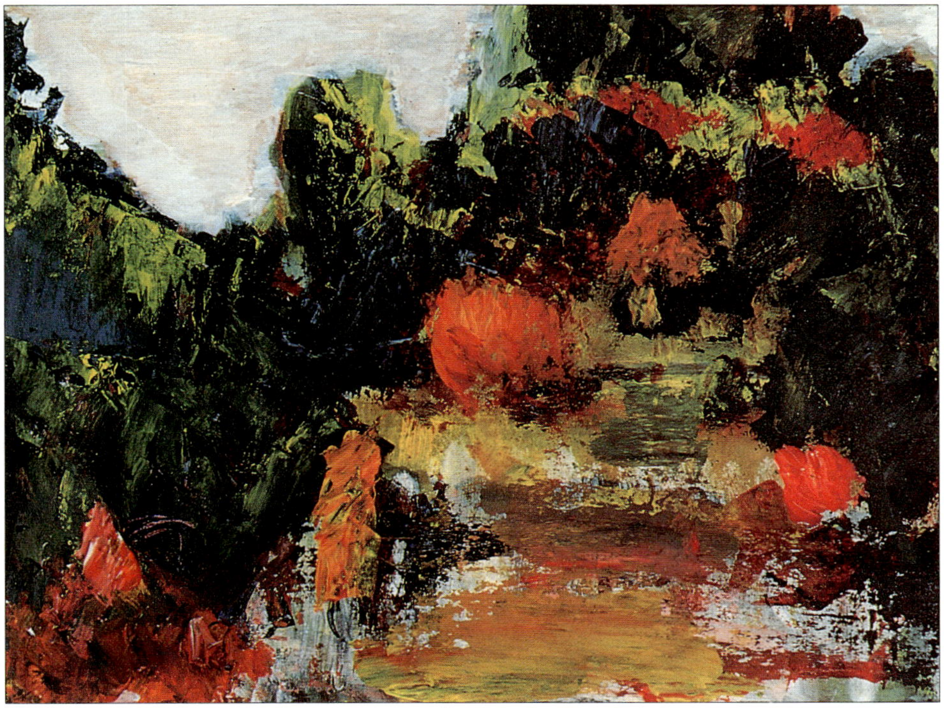

▶ NICK SWINGLER
Tons tropicaux
Ici la brillance des coloris provient en partie de la façon dont la peinture a été sculptée (technique du frottis) : notez l'effet de touches fragmentées, en particulier dans les feuillages sombres, à gauche, où transparaissent quelques touches d'un bleu brillant.

VOIR AUSSI

17	Supports pour l'acrylique
110-113	La couleur expressive

À l'aquarelle cependant, le nombre de lavis qu'il est possible de superposer avant que les couleurs ne fusionnent et se salissent n'est pas infini. Avec l'acrylique, pas de limites, puisque la peinture une fois sèche ne bouge plus. Chaque couche de couleur reste donc distincte et l'on peut créer des effets complexes et intriqués sans rien perdre de la brillance des couleurs. Vous pouvez ainsi réaliser des effets clairs et éclatants en vous limitant aux mélanges des couleurs les plus transparentes, comme le bleu outremer, le bleu de phtalocyanine et le cramoisi. Ces couleurs sont moins couvrantes que les autres, mais ce qui est un inconvénient quand on travaille en couches épaisses devient ici un avantage.

Si vous ne recherchez pas particulièrement les effets aquarelle ou les contrastes entre couleurs opaques et transparentes, vous pouvez employer l'acrylique comme de la gouache, en commençant par de minces lavis et en travaillant progressivement en couches plus opaques. Dans ce cas, vous aimerez peut-être mélanger les couleurs, surtout celles qui sont opaques, avec un médium mat ou brillant. Ce type de médium intensifie les couleurs et augmente leur transparence (ce qui est très utile dans le cas des couleurs claires, à base de blanc, car, diluées à l'eau seule, elles paraissent souvent ternes et sans éclat). Sachez que rien ne remplace l'expérience, aussi faites le plus d'essais possible, avec des supports divers, papier aquarelle mais aussi surfaces très lisses ou au contraire rugueuses (l'acrylique ne redoute que les surfaces huileuses ou grasses).

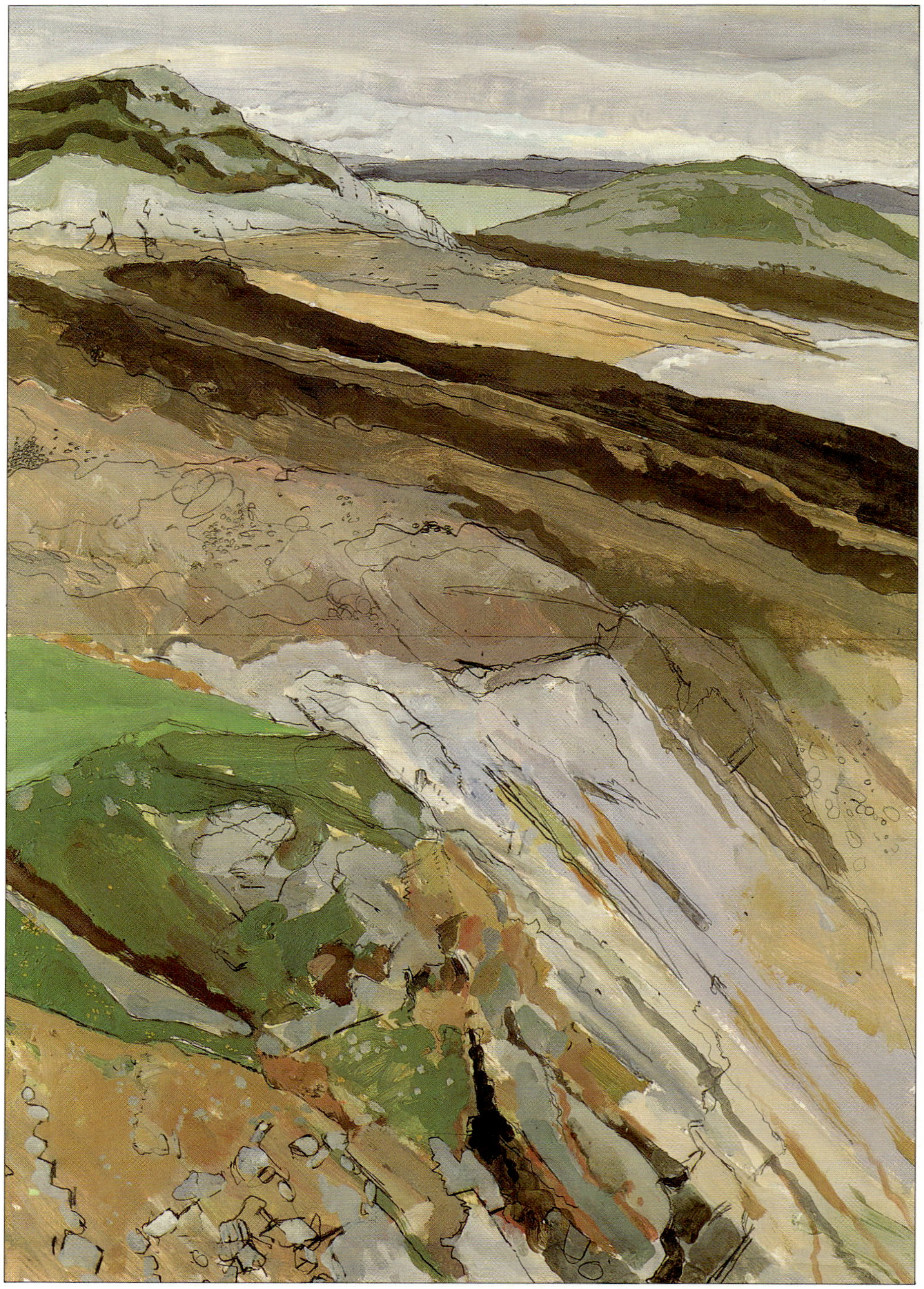

LE GLACIS

Le principe du glacis est le même que celui du glacis à l'huile (voir page 153), mais l'acrylique se prête encore mieux à cette technique car elle sèche très vite. Comme un glacis est transparent, les effets ne sont pas visibles quand une couleur foncée est superposée à une couleur claire. Il est néanmoins possible de modifier subtilement la couleur en couvrant une couleur foncée avec une couleur claire. Pour diluer la peinture, utilisez soit de l'eau soit un médium acrylique (brillant ou mat). Ce dernier produit des couleurs plus riches et permet une finition plus vivante.

◄ IAN SIMPSON
Mumbles
L'acrylique convient parfaitement aux travaux en extérieur car son temps de séchage permet les retouches. Ce tableau a été réalisé rapidement, sans dessin préalable. Simpson aime travailler sur le papier, car il peut ainsi agrandir sa composition initiale en ajoutant une feuille. C'est le cas de ce tableau dont la hauteur a été modifiée deux fois afin de renforcer le premier plan.

L'EXERCICE

UN PAYSAGE URBAIN

L'acrylique peut imiter les autres médiums de peinture. Cela n'enlève rien à ses qualités propres ; cet exercice a d'ailleurs pour but de vous les faire découvrir. Premier avantage : son temps de séchage très rapide, qui en fait une peinture particulièrement pratique à utiliser en extérieur; c'est pourquoi le thème de cet exercice est le paysage urbain. Si vous ne désirez pas travailler en public, vous pouvez peindre la vue d'une fenêtre.

Utilisez les couleurs sous une forme opaque, assez épaisse, et peignez soit sur papier à dessin ordinaire soit, de préférence, sur carton (afin de ne pas trop diluer les couleurs). Si vous possédez déjà quelques médiums acryliques, cet exercice vous permettra de les essayer. Sachez cependant qu'un peu d'eau du robinet pour diluer légèrement la peinture, c'est tout ce qu'il vous faut ! Commencez par dessiner les formes principales du sujet avec de la peinture très fluide, et établissez les masses de couleurs. Efforcez-vous de passer à la couleur opaque et épaisse le plus rapidement possible, et faites que les textures des bâtiments soient mises en évidence dans votre tableau. Recherchez les murs et les surfaces rugueuses, les vitres, les tuiles, les pierres et les briques. Faites divers essais de texture. Mais n'oubliez pas qu'une fois une couleur séchée, vous ne pouvez plus la travailler. C'est quand elle est encore fraîche que vous pouvez la gratter pour révéler la couche inférieure. Il est possible d'obtenir des effets de texture intéressants en utilisant un couteau à peindre ou le bout en bois d'un pinceau. Vous pouvez également décoller partiellement la couche supérieure avec du papier absorbant ou une brosse sèche.

Pensez aux glacis ; peignez dans le frais certains éléments. Pour cette dernière technique, il faut travailler rapidement avant que la peinture ne sèche. Vous pouvez aussi utiliser un médium retardateur.

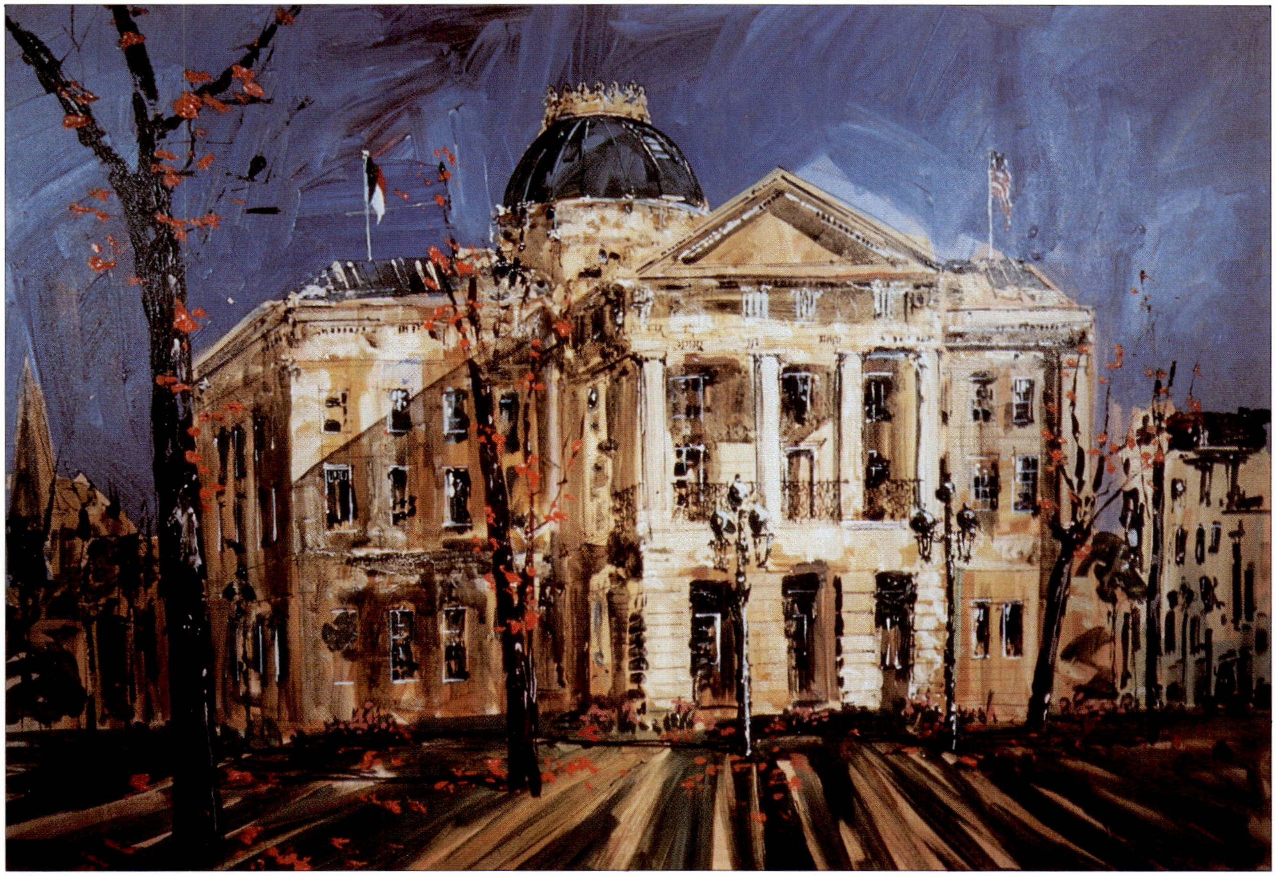

◄ NEIL WATSON
Le Capitole, Raveish
Watson travaille à la fois à l'aquarelle et à l'acrylique. Ici, il a utilisé la peinture en couches fluides, mais il a choisi la toile plutôt que le papier. Les traces du pinceau dans le ciel et en arrière-plan sont franches et vigoureuses ; elles contrastent avec la délicatesse des détails linéaires du bâtiment.

VOIR AUSSI	
17	Les supports pour l'acrylique
153-155	Le glacis (à l'huile)
154	Le sgraffito (à l'huile)
161	Les médiums acryliques

L'aquarelle et la gouache

Le Chapitre 1 de cet ouvrage vous a brièvement initié aux médiums à base d'eau, c'est-à-dire l'aquarelle et la gouache. Il vous a en quelque sorte mis en appétit ! Nous allons tenter ici d'approfondir le sujet. Il existe un nombre illimité de méthodes de travail ainsi que maintes techniques spécifiques destinées à faciliter le processus et à créer des effets particuliers. Nous ne nous intéresserons qu'aux plus utiles d'entre elles.

Il y a en fait peu de différence entre l'aquarelle et la gouache. Ce n'est d'ailleurs que récemment que la distinction s'est faite. La gouache, appelée aussi aquarelle opaque, est la plus ancienne. Elle descend en ligne droite de la peinture à *la tempera* (la détrempe) utilisée déjà dans l'Égypte de l'Antiquité, alors que les caractéristiques propres à l'aquarelle, sa transparence surtout, n'ont été exploitées complètement qu'au dix-huitième siècle. Les techniques décrites dans ces pages, à une ou deux exceptions près, conviennent aussi bien à l'aquarelle qu'à la gouache.

LE MASQUAGE ET LE GRATTAGE

Comme tous ceux qui utilisent des couleurs transparentes, vous allez découvrir que la technique traditionnelle de la réserve des rehauts, qui consiste à laisser vierges des zones du papier destinées aux lumières de la composition, s'applique de préférence sur des formes larges et simples. En ce qui concerne les lumières aux petits contours compliqués, comme des rides à la surface de l'eau, il est inutile de peindre autour de ces rehauts avec minutie et jusqu'à l'obsession. Le tableau paraîtrait strict et surchargé. Il existe un moyen bien plus simple : le liquide de masquage. C'est une solution de latex qui se vend en petite bouteille et qu'on applique au pinceau directement sur les endroits à garder en réserve. Le liquide de masquage agit comme un cache ; il suffit de le laisser sécher pour pouvoir lui superposer des lavis sans craindre de souiller les zones mises en réserve. Une fois les lavis secs, on enlève le liquide de masquage en le grattant du bout des doigts ou avec une gomme.

Les puristes trouvent que ces méthodes sont mécaniques et «non orthodoxes». Nous pensons que c'est une technique à part entière qui permet de créer des effets saisissants, car c'est en fait peindre en négatif.

On ne peut pas dessiner de traits fins avec le liquide

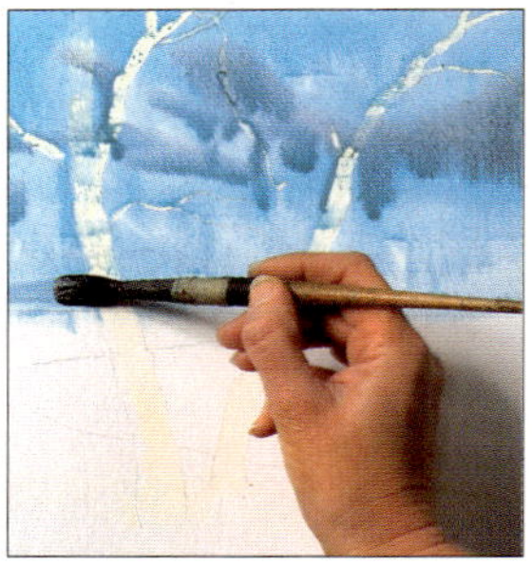

LE LIQUIDE DE MASQUAGE

1 ◄ On applique le liquide de masquage sur les arbres, puis on le laisse sécher avant de superposer les lavis du ciel. L'artiste peut ainsi peindre librement sans craindre de toucher aux zones mises en réserve.

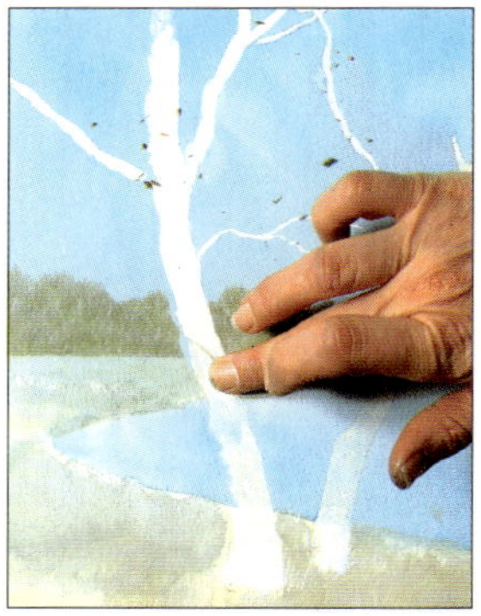

2 ◄ Une fois l'arrière-plan terminé, on frotte la solution de latex avec le doigt. Le papier à grain moyen est celui qui se prête le mieux à cette méthode. Avec un papier torchon, il est parfois difficile d'enlever le cache.

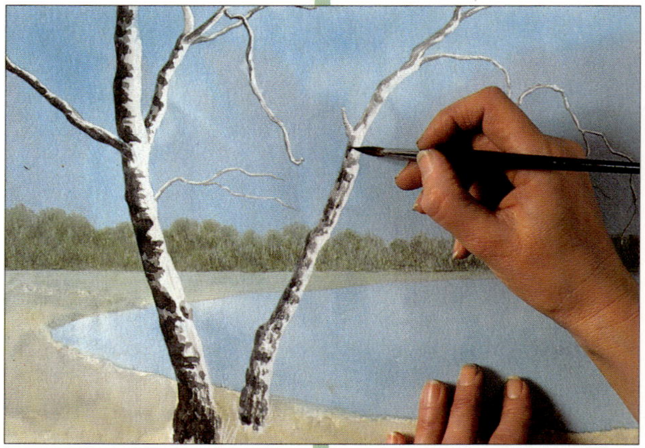

3 ▲ L'artiste se concentre ensuite sur l'arbre qui n'était qu'une forme blanche quand le liquide de masquage a été enlevé.

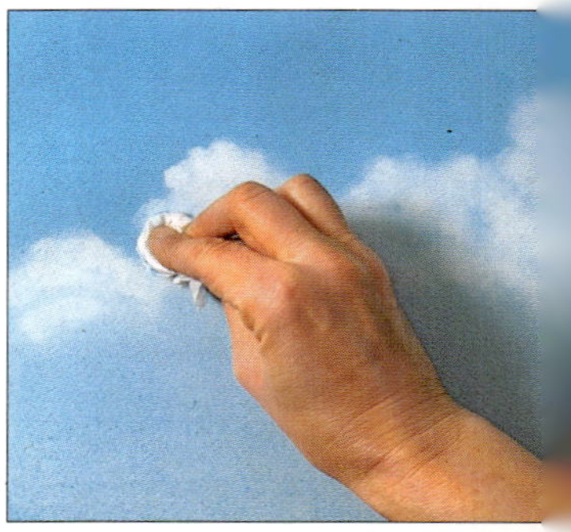

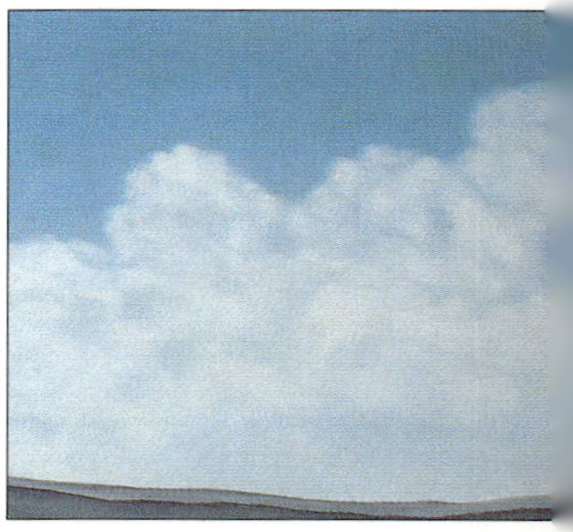

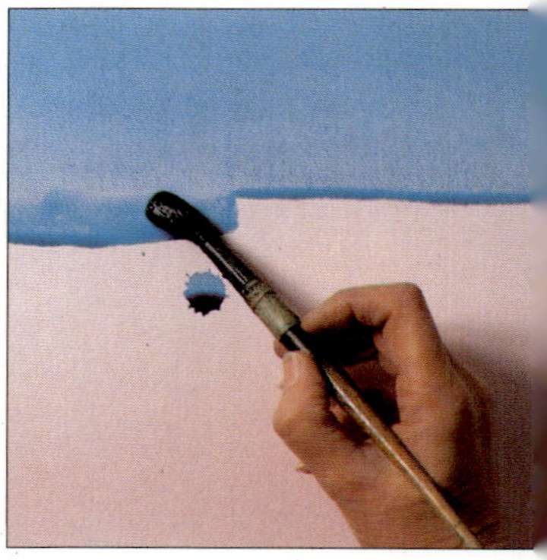

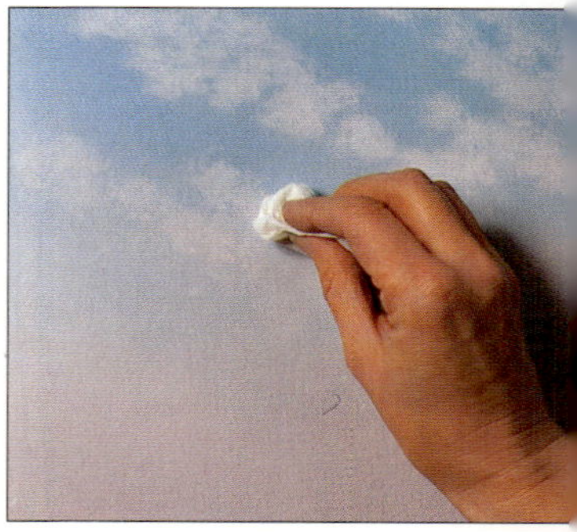

LE DÉCOLLAGE

1 ◄ Dans le lavis bleu encore frais, l'artiste enlève un peu de matière avec un mouchoir en papier chiffonné afin d'obtenir un effet plus naturel.

2 ◄ Pour le bas du ciel, la pression est moins forte, car juste au-dessus de l'horizon les nuages sont toujours plus petits et plus flous.

1 ◄ Dans cet exemple, l'artiste a appliqué deux lavis. Il va décoller le lavis bleu pour faire apparaître le rose de la couche inférieure sèche.

2 ◄ Ici, l'artiste se sert d'un mouchoir en papier chiffonné pour tamponner la peinture. Si vous recherchez des effets moins subtils, utilisez une éponge, un chiffon ou un gros morceau de coton.

de masquage, qui est de consistance épaisse. Pour les rehauts vraiment tout petits (lumière se réfléchissant sur des brins d'herbe ou gouttes d'eau salée emportées par le vent), la meilleure méthode consiste à gratter la peinture avec un instrument pointu. Les lames de scalpel ou de cutter sont idéales. La plupart des papiers aquarelle résistent à de tels traitements, mais méfiez-vous des papiers trop fins, vous pourriez les déchirer.

En ce qui concerne la gouache, le problème des lumières est minime. On peut les ajouter en appliquant de la peinture blanche opaque, mais les techniques décrites ci-dessus conviennent parfaitement dans certains cas. Avec un pinceau, il n'est pas possible de faire des traits aussi fins ni aussi blancs qu'avec une lame. Il est en effet curieux de constater que de la peinture blanche ne peut jamais égaler la brillance d'un papier blanc. Il est donc conseillé d'utiliser les méthodes de réserve lorsqu'on cherche à obtenir des rehauts très lumineux.

LE DÉCOLLAGE

Avec les méthodes décrites ci-dessus, on obtient des rehauts aux bords bien nets. Si l'on préfère des contours plus doux, il faut alors décoller la peinture, c'est-à-dire l'enlever, au moyen d'une petite éponge, d'un papier buvard, de coton ou d'un chiffon. Le décollage convient parfaitement aux nuages ; on peut suggérer un ciel nuageux en appliquant un lavis bleu qu'on éponge ensuite légèrement alors que la peinture est encore fraîche. Il est aussi possible de décoller la peinture sèche, mais cela demande davantage de travail et l'on n'est pas sûr de retrouver la blancheur éclatante du papier. Sachez aussi que certains pigments sont plus colorants que d'autres. C'est le cas du vert de vessie et du cramoisi d'alizarine qui laisseront toujours une trace. De plus, tous les papiers ne se comportent pas de façon identique avec la peinture.

LE MASQUAGE À LA CIRE

Cette technique, très plaisante, permet également de créer des rehauts. Mais en combinant aquarelle et cire, on peut obtenir des effets encore plus remarquables. Cette méthode (qui convient moins à la gouache) est fondée sur l'antipathie naturelle qui existe entre l'huile et l'eau. Faites l'expérience suivante : dessinez ou crayonnez légèrement avec une bougie, puis déposez un lavis.

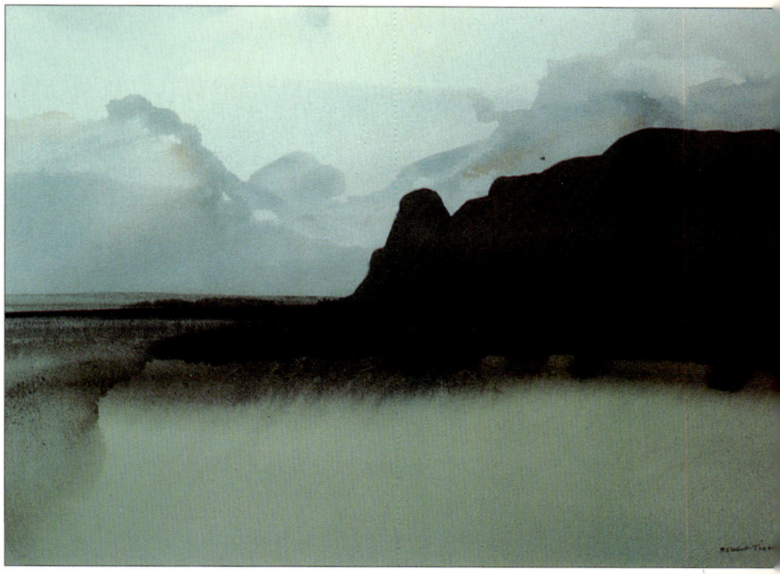

▲ ROBERT TILLING
Cap en hiver
Dans ses aquarelles, Tilling explore les effets de la lumière sur l'eau. Pour cela, il travaille dans le frais. Ses lavis sont larges et vigoureux. Il contrôle leur flux en inclinant la planche à dessin sur laquelle il travaille.

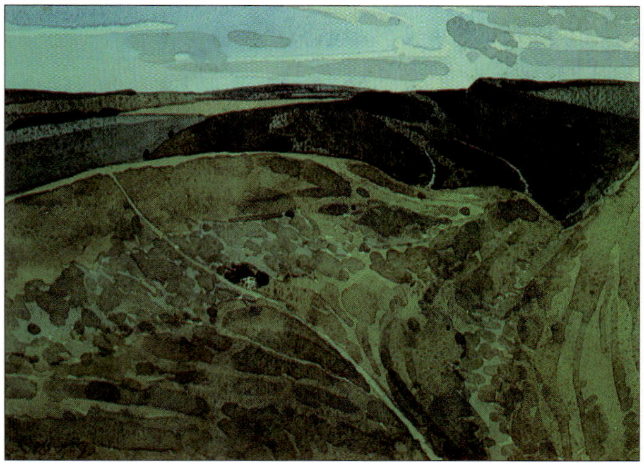

▲ RONALD JESTY
Maiden Castle
La technique de Jesty est toute différente. Il travaille à l'aquarelle en appliquant les lavis successifs sur une couche déjà sèche. Ce travail frais sur sec lui permet de créer des effets complexes.

VOIR AUSSI	
48-51	Initiation à l'aquarelle

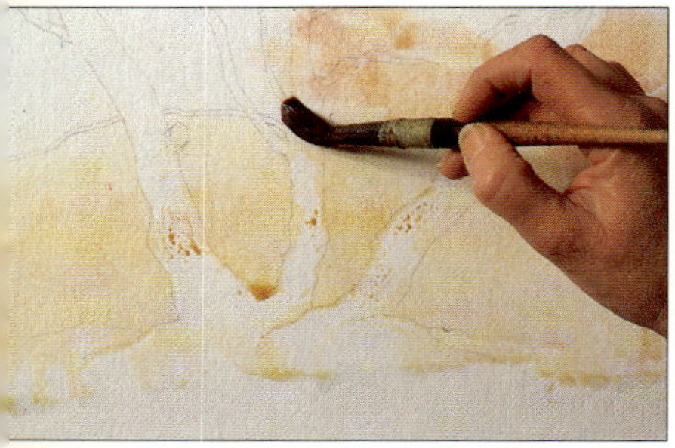

LE MASQUAGE À LA CIRE

1 ◄ Ici l'artiste utilise le masquage à la cire pour suggérer l'écorce d'un arbre. Elle frotte légèrement le papier avec un bâtonnet de pastel blanc à la cire, puis elle pose le lavis d'aquarelle dans le fond.

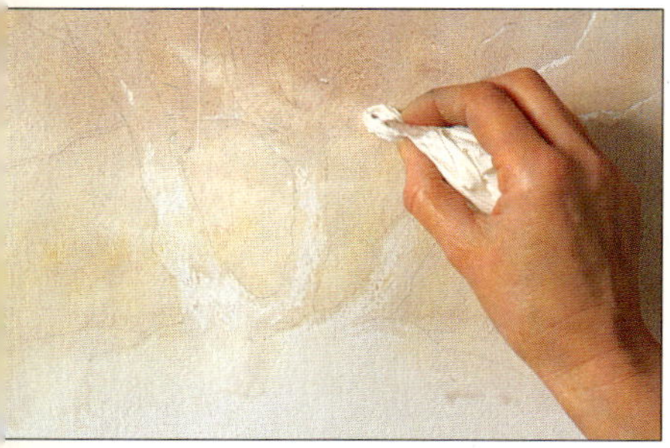

2 ◄ Avant de détailler l'arbre, elle allège certaines zones du ciel en le tamponnant doucement avec un mouchoir en papier.

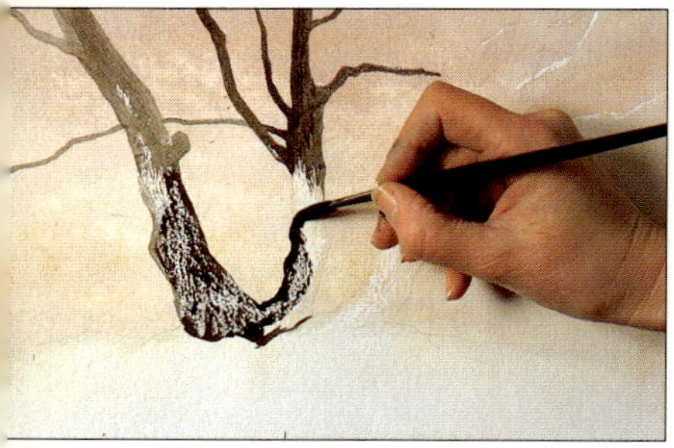

3 ◄ La couleur foncée glisse sur les zones enduites de cire, ce qui laisse un motif caractéristique de lignes brisées.

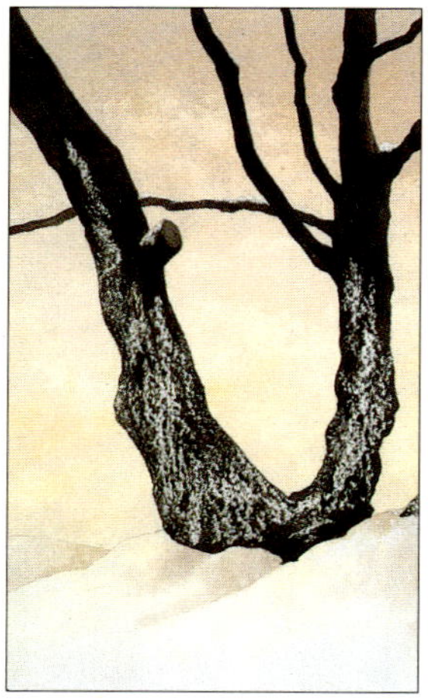

4 ◄ Les effets obtenus par le masquage à la cire varient suivant la pression appliquée et le type de papier utilisé. Ici, le papier est à grain moyen ; avec un papier à grain fort, le motif serait plus prononcé, la cire n'adhérant que sur les pics du papier.

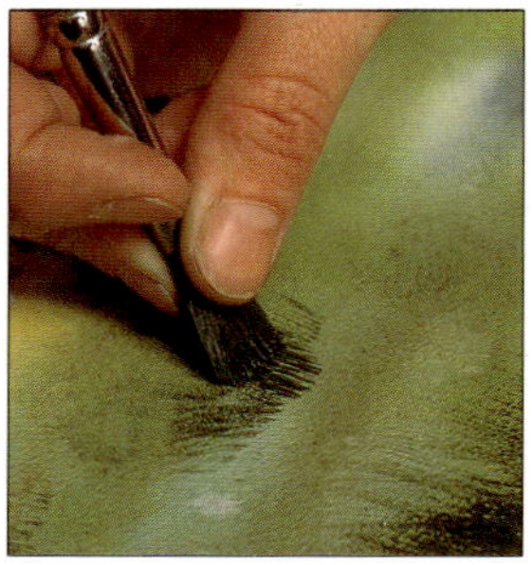

LA TECHNIQUE DU PINCEAU SEC

1 ▲ Pour cette technique, utilisez de préférence un pinceau plat puisqu'il s'agit de presser les soies entre le pouce et l'index pour les déployer en éventail. La peinture doit être assez sèche ; pour cela, avant de commencer, passez les soies sur un buvard ou secouez doucement le pinceau.

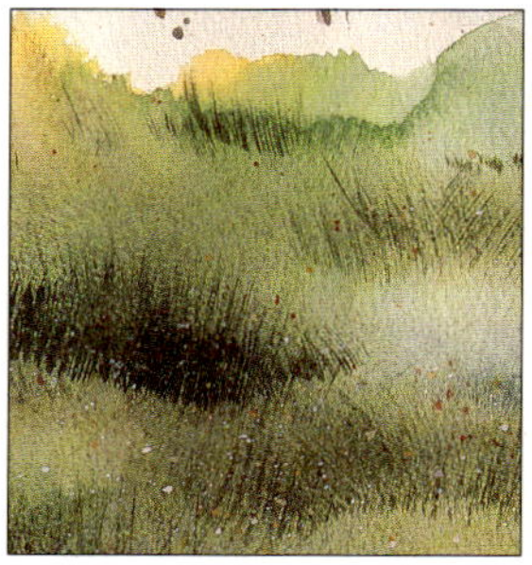

2 ▲ Le pinceau sec permet d'évoquer la texture des herbes, comme ici, ou des cheveux dans un portrait ou encore du pelage pour une étude d'animal. En déposant des couches de divers tons et couleurs, on peut créer des effets variés d'une très grande profondeur.

La peinture glisse sur la zone enduite de cire, seules quelques pointes de couleur réussissent à s'accrocher. Il est possible de varier les effets en utilisant des bâtonnets de pastel à la cire de différentes couleurs (vous n'êtes pas obligé de vous en tenir au blanc) et en modifiant la pression appliquée : forte, elle repoussera toute la peinture; légère, elle ne transmettra qu'une légère texture aux lavis ultérieurs.

LES TECHNIQUES DE TEXTURE

La nature fluide de l'aquarelle ne semble pas se prêter aux effets de texture. Il existe pourtant un certain nombre d'artifices qui prouvent le contraire. Le masquage à la cire n'est qu'un d'entre eux.

La technique la plus connue dans ce contexte est peut-être celle du pinceau sec, souvent utilisée soit dans les sujets architecturaux pour suggérer la texture de vieilles briques ou de pierres usées, soit dans les paysages pour évoquer l'effet d'un feuillage touffu ou d'une herbe dense. On travaille sur une couleur déjà appliquée ou directement sur du papier blanc en superposant les couches de couleur, un peu comme quand on réalise des hachures en dessin. La technique du pinceau sec se révèle très utile à la gouache, car il est alors possible d'appliquer des couleurs fraîches sans modifier les couches inférieures.

À l'aquarelle, on utilise généralement un pinceau plat dont on déploie les poils en éventail pour produire une série de fines lignes. À la gouache, servez-vous soit d'un pinceau plat soit d'un pinceau en soie pour la peinture à l'huile. Cette technique (particulièrement avec l'aquarelle) demande un peu de pratique : si la peinture n'est pas assez sèche, vous obtiendrez un lavis; si au contraire elle l'est trop, vous n'obtiendrez… rien du tout.

La projection est une autre méthode assez connue, surtout pour évoquer la texture du sable ou des galets sur une plage. Il y a en fait deux méthodes de projection : la première consiste à tremper une veille brosse à dents dans de la peinture assez épaisse, et, en la tenant au-dessus du papier, à passer vivement une lame de couteau ou une règle en plastique dans les poils ; la seconde consiste à charger de peinture un pinceau en soies que l'on tape ensuite d'un coup sec sur le manche d'un autre pinceau ou sur la paume de la main.

168 ➤

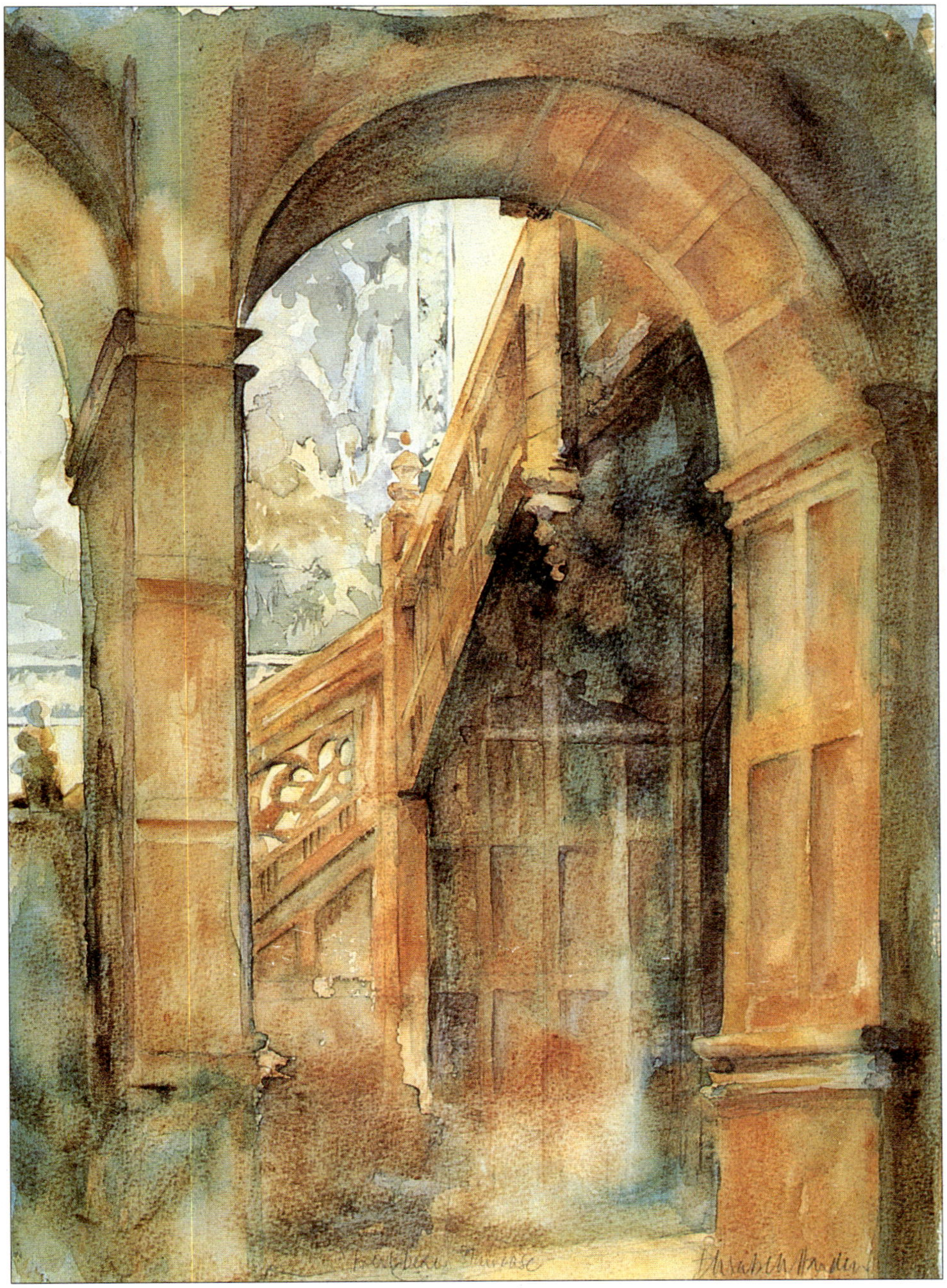

◄ ELISABETH HARDEN
Escaliers à West Dean
L'artiste a ici volontairement tiré parti de la tendance de certains pigments à se séparer ou à précipiter, ce qui donne un effet de grain à la toile. Cela arrive parfois quand un lavis est posé sur un autre ou quand certaines couleurs sont mélangées entre elles.

Les artistes recourent souvent à la granulation pour suggérer une texture ou simplement pour animer certaines zones de couleur, comme dans ce tableau où l'effet est plus intense qu'avec un simple aplat.

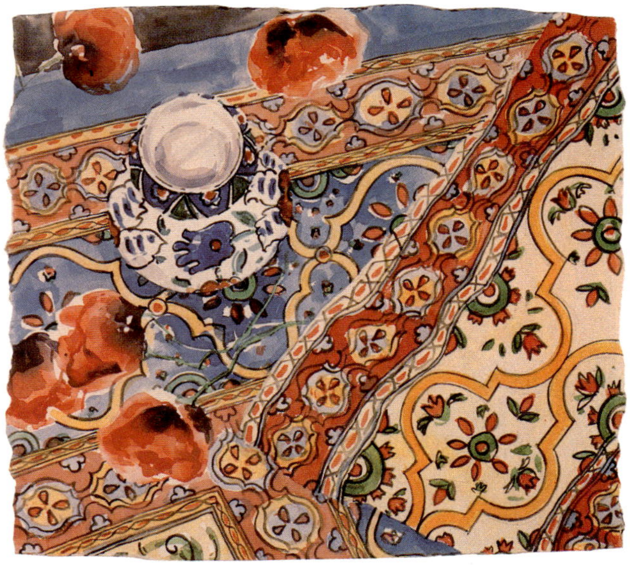

▲ RACHEL GIBSON
Coquelicots californiens
À l'aquarelle, il est rare de parvenir à produire des taches de couleurs aussi gaies que dans ce tableau sans un dessin préalable conçu pour aider l'artiste à les placer correctement. Ici, pas de superpositions de lavis mais certaines couleurs ont été travaillées dans le frais.

VOIR AUSSI

48-51	Initiation à l'aquarelle

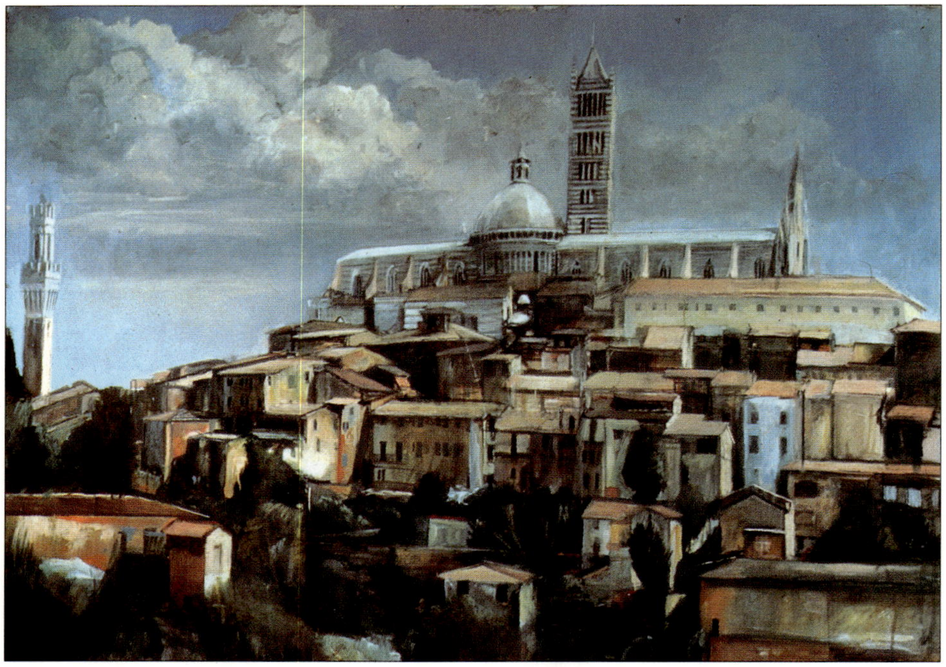

▲ DAVID CARR
Sienne
Dans ce tableau, Carr (qui travaille aussi à l'huile) nous montre à quel point il manie avec assurance la gouache. À l'aquarelle transparente, il préfère la gouache qui lui permet d'exploiter les traces du pinceau et de varier l'épaisseur de la peinture. Notez l'opacité de la peinture utilisée pour les nuages.

▼ ALEX MCKIBBIN
Environs de Pamajera
Ici l'artiste a su associer avec habileté des touches libres dans les lavis frais à des traces précises, calligraphiques, ce qui donne une interprétation pleine d'énergie et de vie.

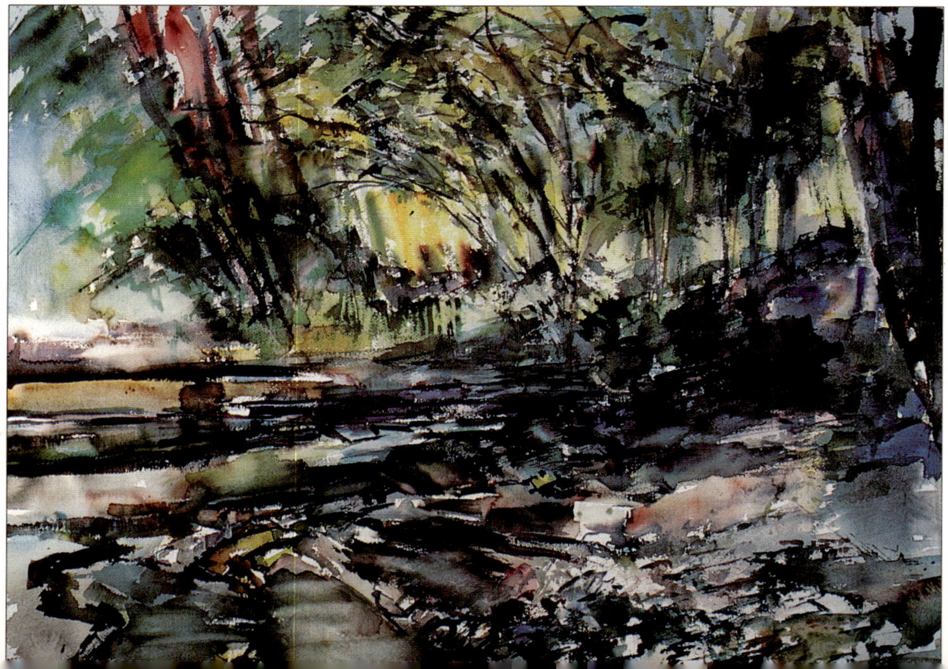

Ces deux méthodes permettent de faire tomber sur le support une multitude de minuscules gouttelettes (dans le premier cas, les gouttelettes sont plus fines).

Les projections servent surtout à animer un premier plan trop vide ou à suggérer la texture de rochers usés ou de vieux murs de pierre. Dans un tableau, il convient de n'employer cette technique que localement. N'en abusez pas et choisissez une couleur, ou un ton, qui ne contraste pas trop violemment avec les couleurs déjà appliquées. L'effet doit rester subtil et discret.

Pour créer des effets de textures originaux dans un lavis transparent d'aquarelle ou de gouache, vous pouvez employer une technique peu conventionnelle qui consiste à éparpiller de gros grains de sel dans la couleur fraîche. En séchant, le sel absorbe le pigment. Quand la couleur est sèche à son tour, il suffit de la débarrasser des grains de sel pour voir apparaître des motifs plus pâles qui ont la forme de cristaux. Cette technique, quoique aléatoire, est pleine de charme et de diversité. Selon la densité des grains de sel et la fraîcheur des couleurs, on peut obtenir des effets très différents. Pour produire de grandes formes moelleuses et distinctes, il faut déposer le sel sur une couleur très fraîche. Les formes les plus claires naissent dans des lavis humides. Il est également possible de créer des motifs et des textures complexes en superposant plusieurs couches de lavis et de sel. Cette méthode demande cependant du temps car le sel est long à sécher.

LES ADJUVANTS

L'aquarelle est une peinture à base d'eau à laquelle on peut ajouter d'autres substances qui vont modifier légèrement ses caractéristiques. La gomme arabique, le liant utilisé dans la fabrication des peintures, augmente la brillance et la transparence des couleurs. On l'achète en petite bouteille ; il suffit d'en mélanger une petite quantité à la peinture et de toujours diluer à l'eau pour éviter que la gomme ne se craquelle. Une solution de gomme arabique, appelée eau gommée, permet de peindre à petites touches délicates certaines zones du tableau sans que la couleur ne s'étale. L'eau gommée sert aussi beaucoup dans les techniques de décollage ; une fois sèche, la couleur mélangée à l'eau gommée est plus facile à enlever.

Le fiel de bœuf est parfois utilisé par les artistes qui travaillent dans le frais. Il améliore la fluidité de la peinture et brise la tension de l'eau, ce qui permet aux couleurs d'adhérer aux supports gras. Le fiel de bœuf peut être remplacé par du liquide de vaisselle ordinaire. Il existe encore bien d'autres produits complémentaires, moins conventionnels, permettant d'obtenir des effets particuliers, comme le savon. Mélangé à la peinture, il l'épaissit et les traces de pinceau s'inscrivent mieux dans la couleur. C'est un procédé idéal pour rendre les ciels d'orage.

Lorsqu'on travaille à la gouache, on est souvent confronté au problème du mélange des couleurs des différentes couches superposées. Le médium acrylisant est une résine polymère qui rend la gouache plus résistante et modifie sa consistance. Elle est alors suffisamment épaisse et crémeuse pour être appliquée au couteau à peindre ou en empâtements : elle ressemble à l'acrylique (voir pages 16-17).

L'EXERCICE

Tons clairs à la gouache

À la gouache, il est possible de peindre des tableaux sombres, mais une des caractéristiques de ce médium de peinture est sa capacité à produire des tons clairs, doux et merveilleux. Exploitez les qualités de cette peinture en mettant côte à côte une nature morte et un ensemble d'objets blancs. Par exemple, des œufs à la coquille blanche sur un tissu blanc devant un mur blanc ou une robe blanche pendue au-dessus d'une chaise blanche dans une pièce blanche. Vous pensez peut-être qu'a priori une telle composition a peu de chance de produire un tableau réussi. Détrompez-vous : certains chefs-d'œuvre ont été peints à partir d'un arrangement très simple. Il suffit de voir ce merveilleux petit tableau, composé d'une tasse et d'une soucoupe blanches peintes par Fantin-Latour (1836-1904), pour s'en convaincre.

Si possible, disposez les éléments de la nature morte de sorte que la lumière qui les éclaire soit tamisée. N'imaginez pas que vous n'allez voir que des gris. Il existe une grande différence entre les couleurs locales des objets soi-disant blancs. De plus, ils vont également réfléchir les couleurs de la nature morte.

Résistez à la tentation de ne voir dans les ombres que des gris ternes et sans vie. Il n'y aura pas de différences flagrantes entre les couleurs, mais si vous regardez attentivement, vous allez découvrir des changements doux et subtils d'un ton à un autre et d'une couleur à une autre.

Ne traitez pas la gouache comme de l'aquarelle. Utilisez-la en couches épaisses. N'exagérez pas l'intensité des zones sombres. Dans votre tableau, ce sont les blancs ou les couleurs s'y approchant le plus qui doivent dominer. Ainsi, l'ombre d'une assiette qui paraît relativement foncée dans la réalité devra sans doute être peinte dans un ton plus clair pour être en harmonie avec la composition tout entière.

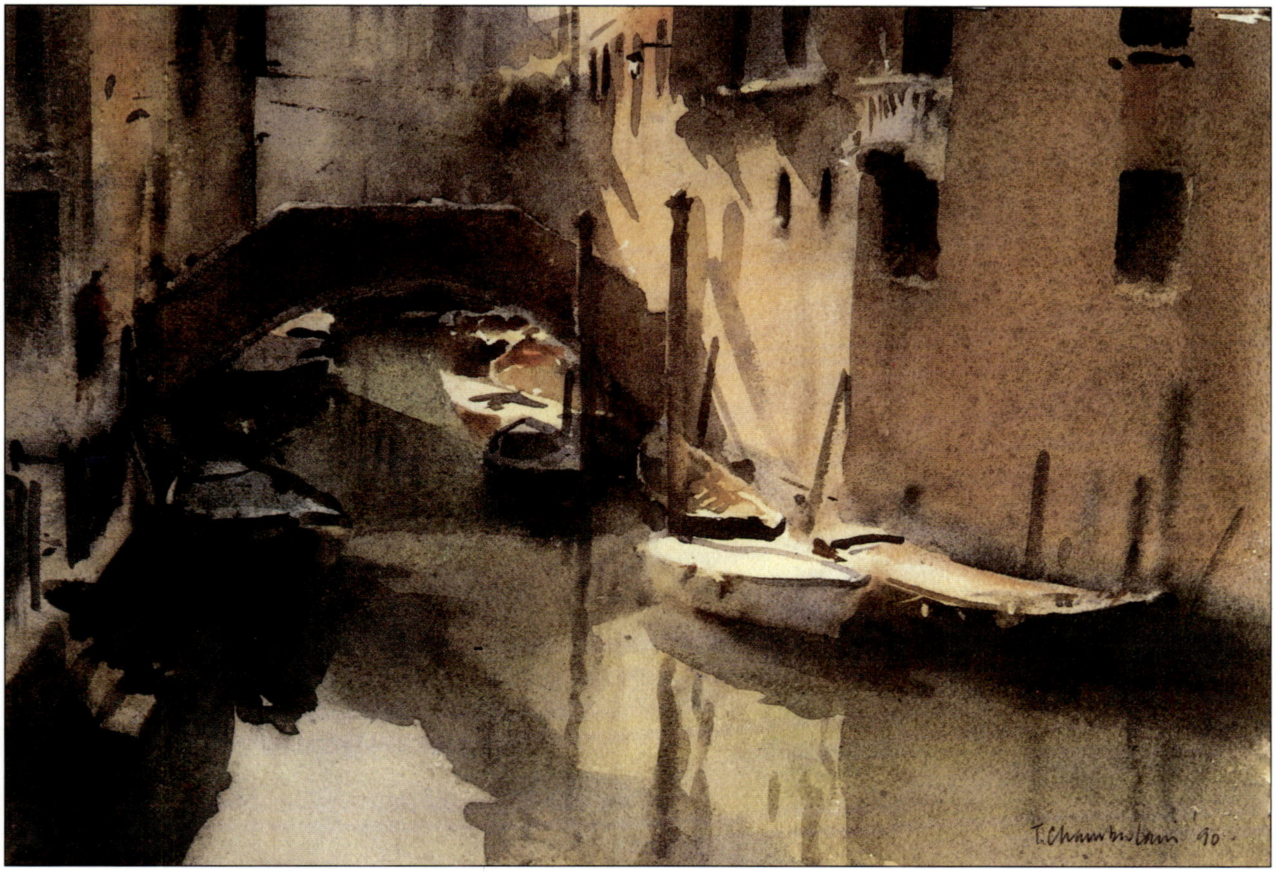

◄ TREVOR CHAMBERLAIN
Canal paisible, Venise
Les couleurs claires et douces sont ici rendues à merveille par une peinture dans le frais. Cette technique demande du doigté pour ne pas produire des effets trop cotonneux. Remarquez le travail précis et essentiel sur les arêtes vives des bateaux.

VOIR AUSSI	
48-51	Initiation à l'aquarelle
142-143	La surface du tableau

Les pastels

Les pages du Chapitre 1 consacrées à l'Initiation au pastel ne traitent que des pastels tendres (on les appelle aussi parfois craies). Ce sont les plus utilisés mais ce ne sont pas les seuls pastels.

LES TYPES DE PASTELS

Les crayons de pastel, qui sont de fins bâtonnets de pigments contenus dans une gaine de bois, conviennent aussi bien aux dessins préliminaires qu'aux ajouts de détails. On peut les tailler en fine pointe pour produire des traits nets et précis. Leur gaine de bois les empêche de se casser, ce qui permet également de bien les contrôler. Ayez toujours quelques crayons de pastel à portée de main. Vous n'en avez pas besoin de beaucoup; de toute façon, leur gamme de couleurs est assez limitée.

Les pastels durs, composés de pigments agglutinés avec plus de liant que les pastels tendres, sont de forme rectangulaire ; on les taille au cutter. En règle générale, ils se prêtent davantage à une approche linéaire, mais on peut aussi les utiliser pour fixer les masses principales de la composition. Ils possèdent l'énorme avantage de ne pas s'effriter ni de trop encrasser le papier. De plus, ils s'effacent aisément. Comme pour les crayons de pastel, leur gamme de couleurs est assez limitée.

Le troisième type de pastel est très différent des autres. Les pastels à l'huile sont en effet constitués de pigments agglutinés avec un liant gras, ce qui en fait un vrai médium dont le comportement se rapproche plus de la peinture que de la craie. Ils permettent des touches colorées, épaisses et onctueuses. Leurs coloris comme leur consistance varient selon le fabricant.

Certains artistes y trouvent tant de plaisir qu'ils travaillent exclusivement aux pastels. Leur charme réside dans le fait qu'ils peuvent s'employer aussi bien pour dessiner que pour peindre. Leurs couleurs sont riches, intenses et créatrices de contrastes de textures passionnants. Si on les mélange à de l'essence de térébenthine ou à du white-spirit, leurs couleurs fondent, de sorte qu'il est possible de les étaler en couches fraîches sur le papier ou de les superposer à une couche sèche avec un pinceau ou un chiffon trempé dans de l'essence de térébenthine. Si on superpose trop de couches, la surface du papier finit par s'encrasser.

172 ➤

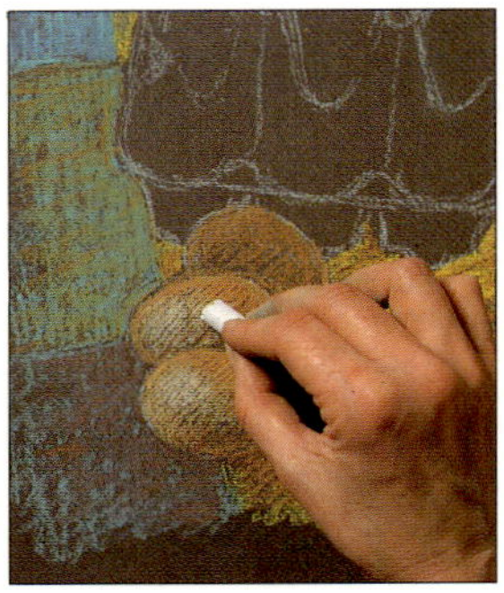

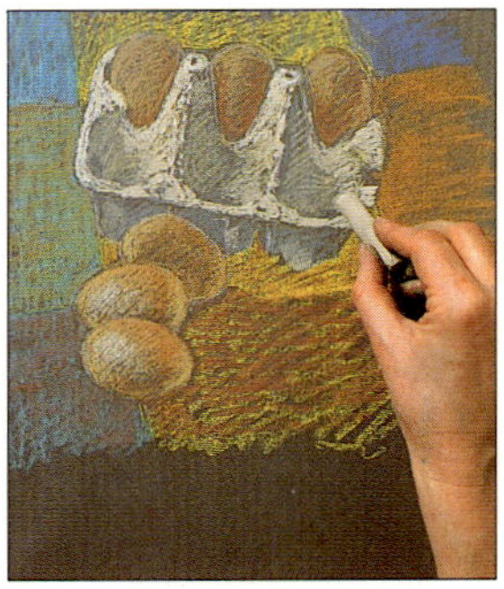

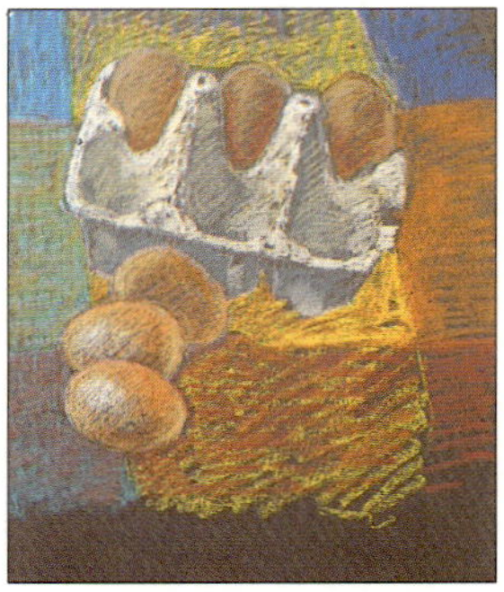

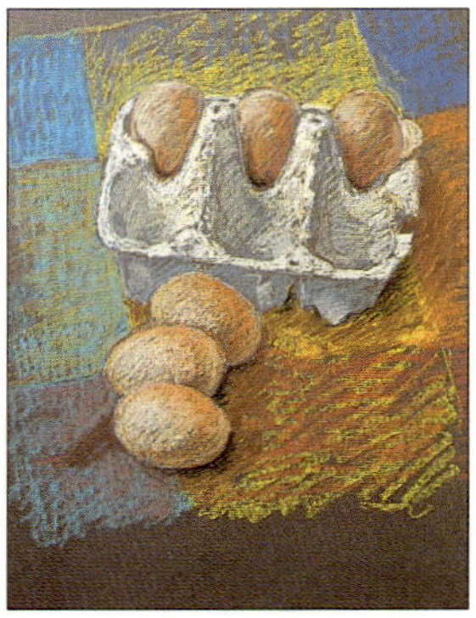

LES SURÉPAISSEURS

1 ◀ On peut superposer les couches sans mêler les couleurs. Ainsi, la couleur de la couche inférieure transparaît et on obtient de riches effets.

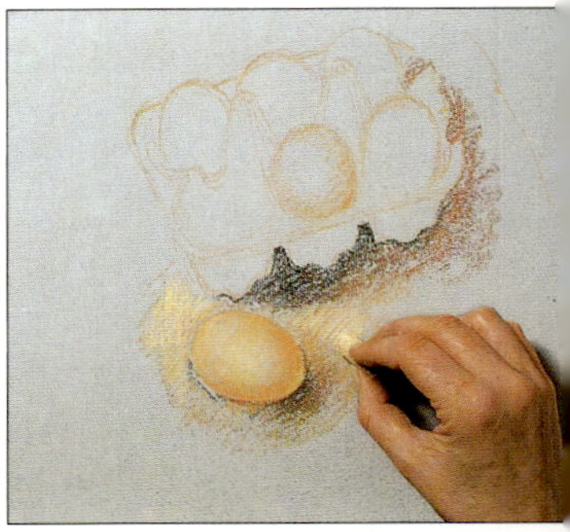

2 ◀ Le rendu dépend de la pression ; ici, l'artiste applique la couleur en touches légères et plumetées. Les couleurs au-dessous ne sont pas obscurcies.

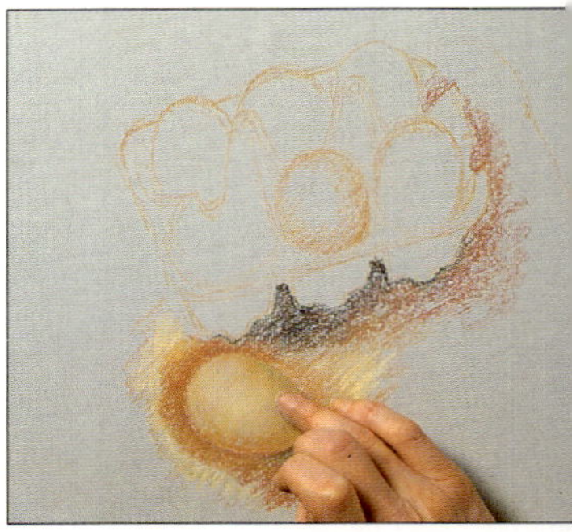

3 ◀ Dans cet exemple, la couleur du papier, marron-gris foncé, est importante. Elle apporte un contraste aux couleurs délicates du dessin.

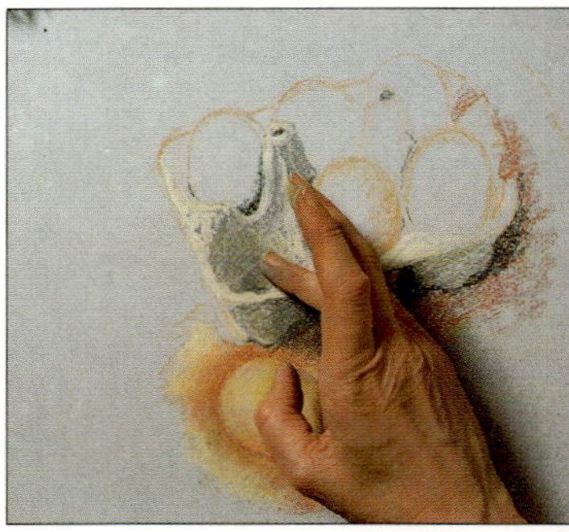

4 ◀ Grâce au réseau vigoureux des diagonales qui se superposent, le tableau est plein de vie.

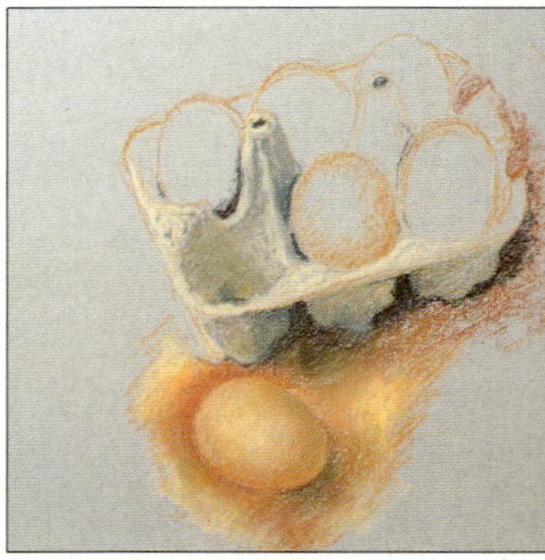

ESTOMPER

1 ◄ Les principales couleurs sont fixées par touches légères.

2 ◄ L'œuf est doucement estompé du bout du doigt. On peut aussi utiliser un tortillon ou du coton, mais la sensibilité du doigt est incomparable.

3 ◄ On superpose plusieurs couches de couleurs sur la boîte à œufs, qu'on estompe de même du bout du doigt.

4 ◄ Remarquez comme l'œuf paraît lisse : la gradation des tons et des couleurs est imperceptible.

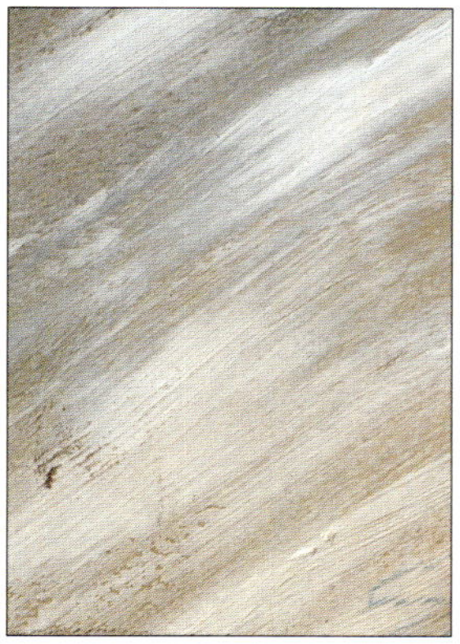

FOND TEINTÉ

1 ◄ Au pastel, la couleur est aussi importante que la texture du papier. Beaucoup d'artistes préparent un fond. Ici, de la pâte acrylique diluée (voir pages 163 et 165) est appliquée sur du papier aquarelle.

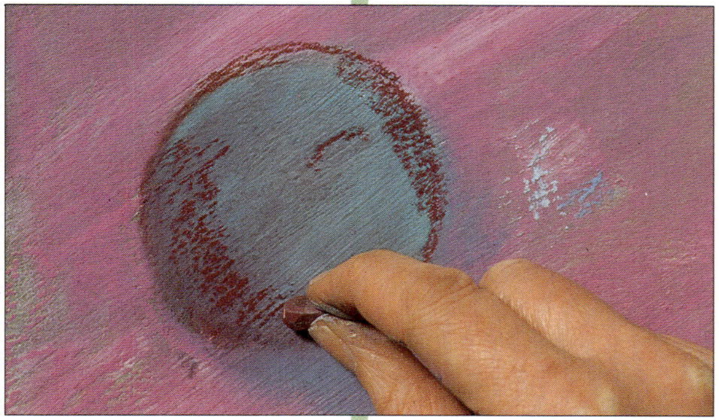

2 ▲ Les touches de couleur peuvent suivre la même direction que les traces laissées au pinceau ou aller contre le grain.

3 ▼ La texture du fond ainsi préparé a fragmenté les touches de pastel. Le rendu est très différent sur un papier lisse.

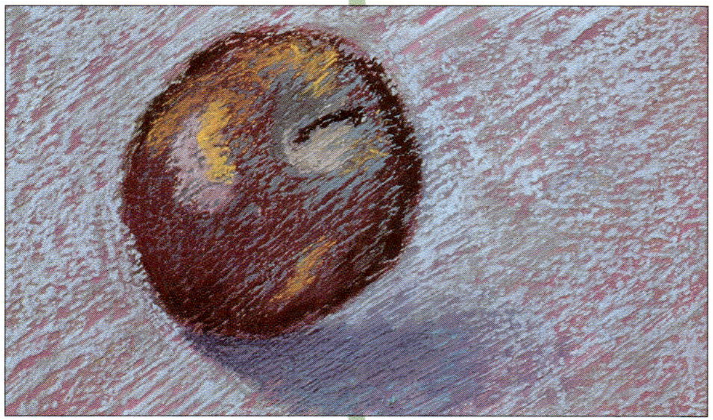

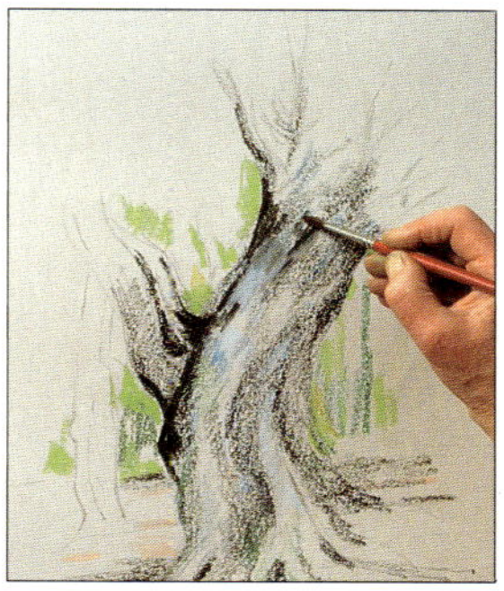

LE PASTEL À L'HUILE

1 ◄ On peut utiliser les pastels à l'huile comme des pastels ordinaires, mais on peut aussi tremper un chiffon ou la pointe d'un pinceau dans du white-spirit puis étaler la couleur sur le papier et mélanger les couleurs.

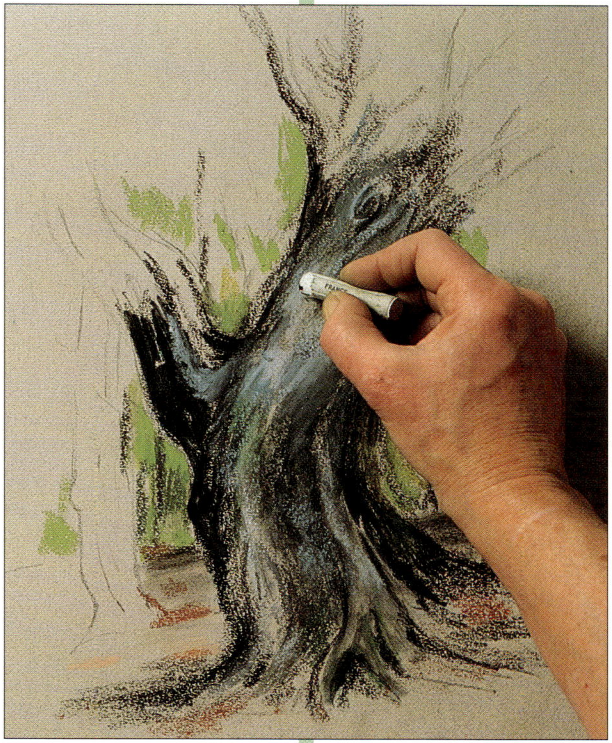

2 ▲ Avec un pastel sec, on peut ensuite appliquer d'autres couleurs sur les zones ainsi peintes. Cela permet des contrastes de texture.

VOIR AUSSI

66-69	Initiation au pastel
159-161	La pâte acrylique

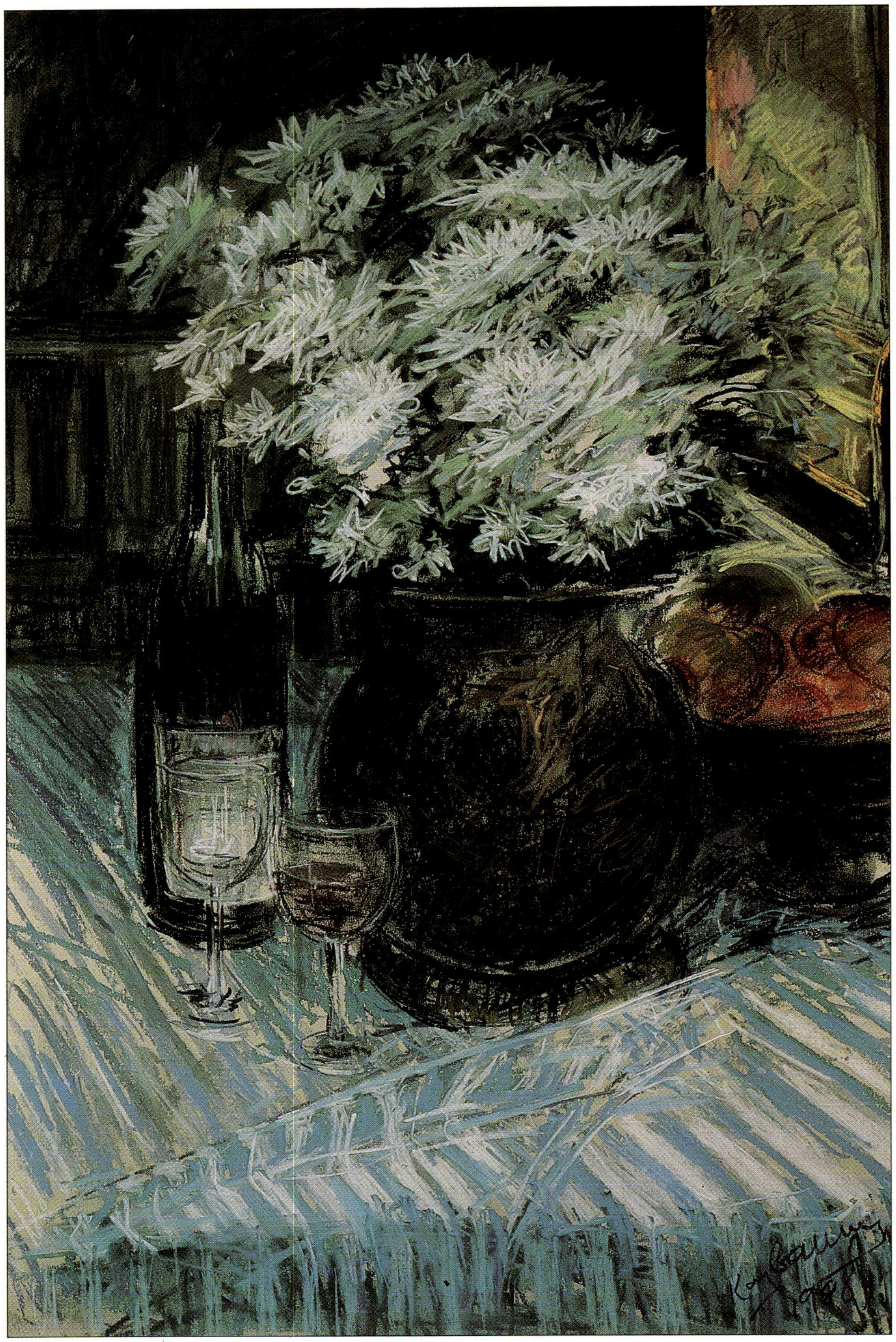

◄ KAY GALLWEY
Nature morte aux fleurs blanches
Les exemples présentés sur ces pages illustrent bien la diversité d'emploi des pastels. Gallwey travaille principalement avec la pointe d'un bâtonnet de pastel. Elle établit les formes et les couleurs grâce à un réseau de lignes qui se superposent sans trop se fondre.

Il est alors facile d'enlever des zones entières en appliquant du white-spirit et en frottant doucement avec un chiffon ou du coton. Les pastels à l'huile offrent un autre avantage : avec eux, il n'est pas nécessaire de fixer les couleurs, ce qui en fait un médium idéal pour les travaux en extérieur. De plus, ils sont d'un emploi immédiat et ils ne nécessitent qu'une palette limitée puisque les couleurs peuvent être mélangées et mêlées sur le papier. En revanche, ils ont une fâcheuse tendance à fondre et à tacher les mains s'il fait trop chaud. Pour ne pas abîmer le tableau en cours, pensez à vous installer à l'ombre ou à travailler aux heures fraîches de la journée.

POUR EN SAVOIR PLUS SUR LES PASTELS TENDRES

La page 67 de cet ouvrage propose à tous les pastellistes débutants une palette de couleurs suffisante pour faire leurs premiers pas. Avec l'expérience, il sera peut-être nécessaire de la compléter, mais en attendant elle permet d'apprendre rapidement l'essentiel : comment superposer les couleurs de façon qu'elles se mélangent sur le papier. Cela dit, les pastels n'offrent pas autant de coloris ni de teintes que les peintures. Certains pastellistes professionnels, comme celui dont nous vous avons présenté les travaux dans les pages précédentes, possèdent des centaines de couleurs et de teintes différentes. Malgré cela, il leur arrive parfois de regretter de ne pouvoir reproduire une nuance particulière de la nature sans un certain degré de mélange.

174 ➤

► MOIRA CLINCH
Train au petit matin, Grèce
Dans ce tableau, l'artiste a accentué la verticalité des formes, celle des arbres notamment, dessinés à grandes touches de pastels à l'huile, de sorte que l'œil est attiré vers le haut, à travers le bois et jusqu'au nuage de fumée émanant d'un train invisible.

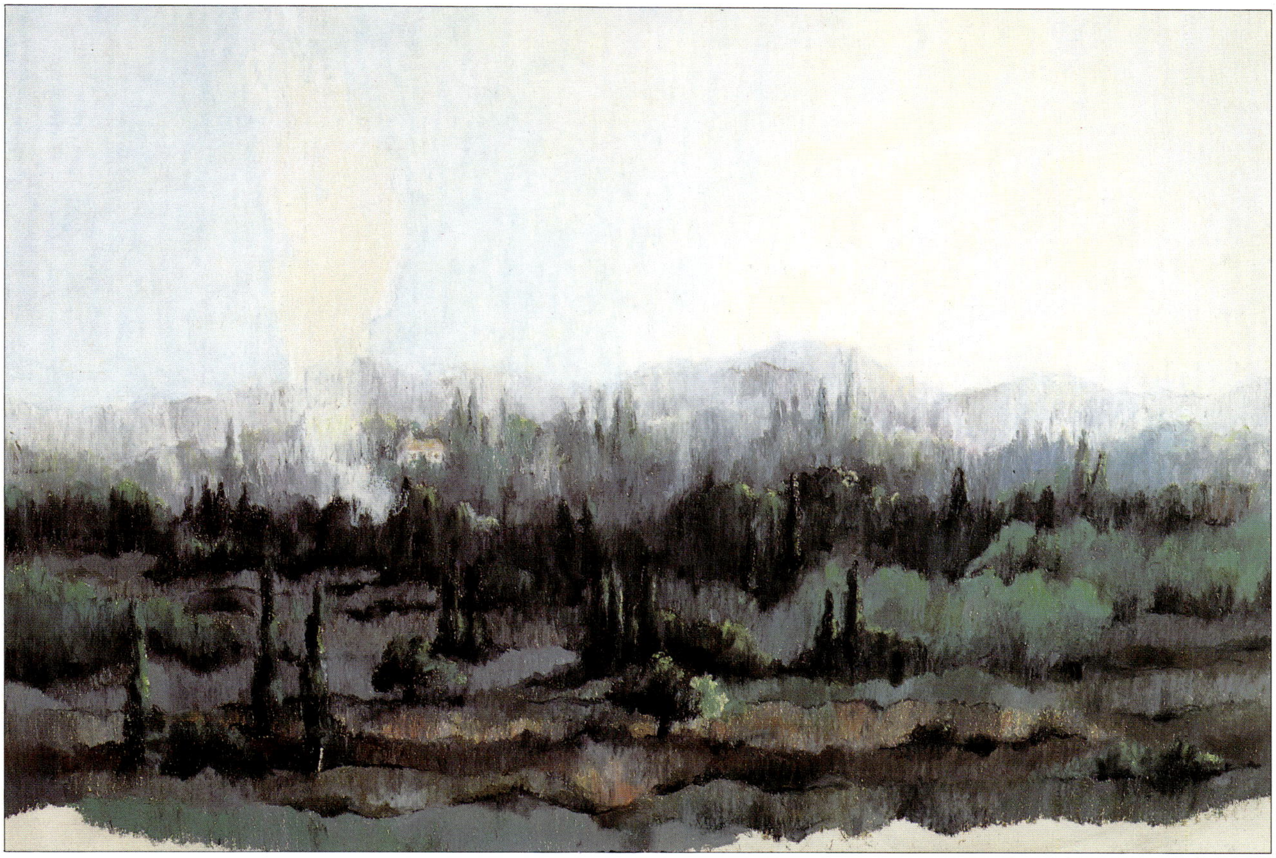

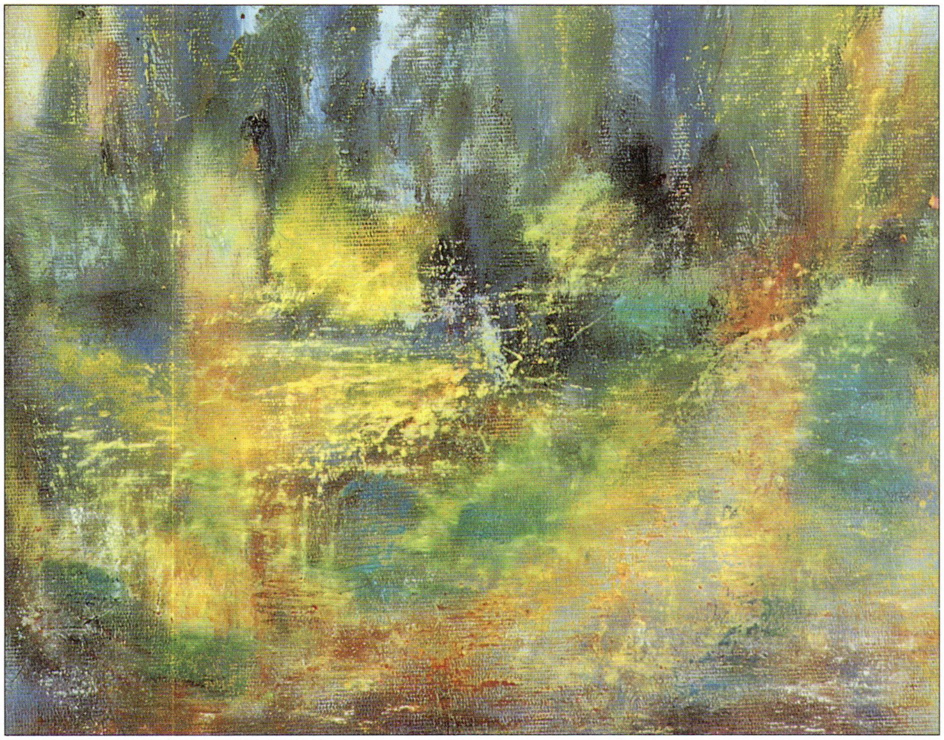

◄ NICK SWINGLER
Lumières réfléchies
Observez ici les couleurs riches et lumineuses. L'artiste a appliqué les couches de pastel sur de la peinture acrylique. Ces deux médiums se combinent parfaitement, mais ne sont pas toujours faciles à manier, car les pigments des pastels tendres glissent sur la couche d'acrylique. Il faut donc se servir d'un fixatif.

VOIR AUSSI	
66-69	Initiation au pastel
171	Fond teinté

LE MÉLANGE DES COULEURS

Il existe plusieurs façons de mélanger les couleurs ; chaque méthode crée un effet différent. La plus connue est sans doute celle qui consiste à estomper les couleurs, c'est-à-dire à frotter du bout du doigt (ou avec du coton ou un chiffon) plusieurs couches superposées de couleur pour les amalgamer. On peut arriver à rendre presque tous les tons et les couleurs en choisissant habilement les teintes de départ et en les estompant avec soin. Néanmoins, cette méthode donne parfois des résultats décevants, mous et sans éclat. Or le charme des pastels réside sans doute dans la fraîcheur, la vigueur et la qualité linéaire de ce médium. Des couleurs trop fondues ne vibrent plus. Sachez qu'une couleur appliquée sur une autre sans estompage est souvent plus vibrante et plus lumineuse.

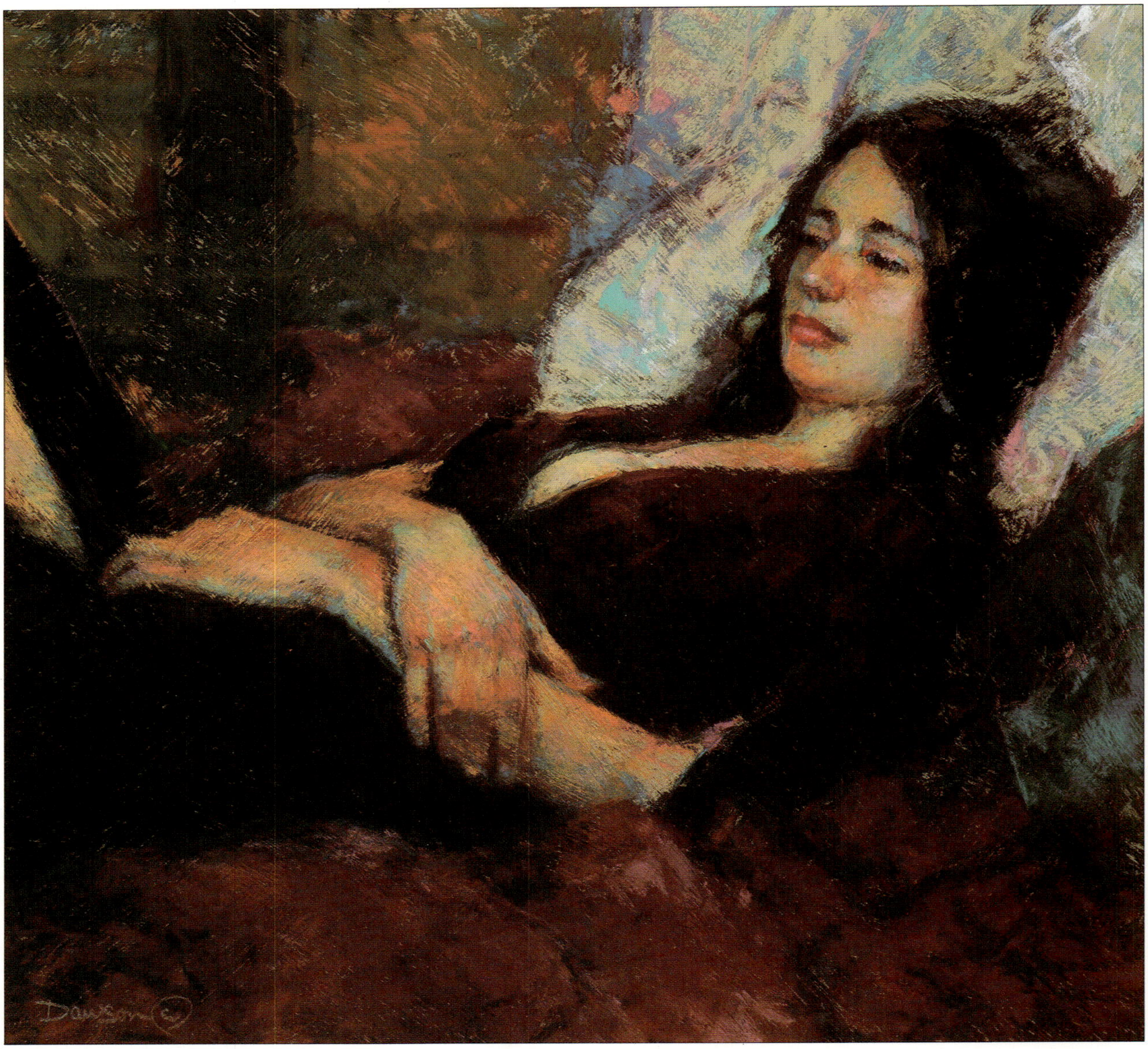

◄ DOUG DAWSON
Dans la douce lumière émanant de la fenêtre
Des couches épaisses et successives de pastel, estompées en certains endroits, donnent toute son intensité et sa richesse à ce tableau qu'on pourrait comparer à une peinture. Les effets de touches fragmentées, surtout dans l'arrière-plan, sur les mains et sur les bras, ont été réalisés grâce à l'emploi d'un fond texturé (voir page 171).

Toutefois, même un estompage malheureux peut être rectifié. Pour redonner de la vigueur à une zone de couleur trop mièvre, il suffit de lui superposer de fines diagonales tracées de la pointe d'un bâtonnet de pastel. Cette technique, appelé plumeté, permet de modifier les couleurs et les tons ou d'apporter un élément de contraste. Par exemple, une ombre trop accentuée peut être éclairée et dynamisée par un plumeté bleu ou vert vif, tandis qu'à l'opposé une couleur trop brillante peut être voilée en lui superposant sa couleur complémentaire.

LES SUPPORTS

Comme indiqué en page 66, la couleur du papier qui va servir à un travail au pastel est essentielle, car les traits recouvrent rarement toute la surface. Cette couleur, le fond, n'est pas toujours facile à choisir quand on débute. C'est qu'il y a en fait une ou deux astuces à connaître. Certains artistes optent pour un papier dont la couleur s'harmonise avec la tonalité générale du tableau, un bleu-gris pour un paysage hivernal ou un jaune intense pour un paysage d'été. D'autres préfèrent au contraire peindre une scène avec de la neige sur un fond d'une couleur chaude, un jaune par exemple, de sorte que le contraste fasse ressortir les couleurs froides. N'hésitez pas à expérimenter plusieurs papiers, car le choix dépend de votre approche personnelle. Sachez cependant qu'on se trompe rarement lorsqu'on emploie une couleur neutre, un beige ou un gris clair.

Pensez également aux textures. Les deux types de papier pastel illustrés page 66 sont des papiers classiques assez fins. Mais il en existe bien d'autres que vous pouvez tester. Le papier aquarelle est un des favoris. Il est possible de le teinter de n'importe quelle couleur, soit en appliquant un lavis de couleur soit en effritant un pastel et en le frottant sur la feuille avec un chiffon (on dit qu'on applique un lavis sec de pastel). Évitez les surfaces trop grenues, car la poussière de pastel ne va adhérer qu'aux pics ; l'effet sera tacheté et non pas celui d'une couleur couvrante. Il existe deux autres papiers vendus spécialement pour le travail au pastel : on les trouve généralement chez les fournisseurs d'art. Ce sont le papier de verre fin (le même que celui qu'achètent les bricoleurs mais en feuille plus grande) et le papier velouté, dont la texture velours est très agréable. Tous deux retiennent bien le pigment et permettent de déposer la couleur en couches denses.

Souvenez-vous que le papier choisi pour travailler aux pastels à l'huile dépend de votre façon d'utiliser ce médium. Le papier pastel standard est très plaisant, mais parfois avec le temps il se détériore, surtout si la couleur a été posée fraîche (l'huile imprègne les fibres et les fait pourrir). Le papier aquarelle a une meilleure tenue. Le carton, le papier spécial huile et même la toile (qui permet de combiner peinture à l'huile et pastels à l'huile) méritent qu'on les essaie. Le papier de verre et le papier velouté conviennent aux pastels à l'huile utilisés uniquement en couches sèches.

L'EXERCICE

PASTELS SUR PAPIER DE VERRE

On peut utiliser les pastels tendres sur n'importe quelle surface, suffisamment rugueuse pour retenir les pigments de couleur. La plupart des papiers abrasifs qui servent à poncer le bois ainsi que les divers types de papier de verre conviennent aux pastels. Leur couleur varie du gris au noir en passant par la couleur sable et le grenat. Les plus fins sont généralement les mieux adaptés aux pastels, en partie parce qu'ils usent moins vite le bâtonnet. Vous trouverez du papier de verre sous forme de grande feuille dans les magasins d'art : ils sont généralement de couleur jaune-beige.

Pour cet exercice, choisissez un sujet qui vous permette d'explorer les possibilités linéaires du médium ainsi que sa capacité à exécuter des passages d'une couleur ou d'un ton à l'autre. Par exemple, un portrait où les couleurs de la tête du modèle se fondent subtilement alors que ses habits sont traités en touches plus libres à l'aide de hachures et que la couleur du papier ressort habilement. Pensez à choisir un papier abrasif dont le grain mais aussi la couleur se prêtent à l'exercice.

Il est bien de commencer par un dessin au fusain pour établir les masses principales de la composition. Si nécessaire, retouchez radicalement les traits avant de travailler au pastel. Une fois le tableau terminé, évaluez-le : devez-vous estomper certaines zones et renforcer l'approche linéaire comme vous l'aviez prévu ou au contraire le laisser se développer librement ?

VOIR AUSSI	
66-69	Initiation au pastel
69	L'estompage

Les techniques mixtes

Bien que certains peintres reconnaissent qu'ils produisent leurs meilleurs effets avec la peinture à l'huile, l'aquarelle ou les pastels, employés seuls, d'autres trouvent que leur créativité est renforcée lorsqu'ils parviennent à briser certaines restrictions techniques et à combiner les médiums de peinture. Les techniques mixtes sont d'ailleurs de plus en plus populaires. Le concept est pourtant loin d'être nouveau, mais les artistes du vingtième siècle ont l'avantage de disposer d'une large gamme de matériaux à expérimenter. Associer deux techniques, voire davantage, offre des directions nouvelles.

Les techniques mixtes sont généralement divisées en deux catégories : celles qui exploitent la compatibilité de deux médiums de peinture, ou plus, et celles qui exploitent leurs différences. Dans la première catégorie, citons l'exemple du pastel et de la gouache qui s'accordent si bien, car tous deux possèdent le même genre de surface, sèche et mate. La technique traditionnelle du trait et du lavis (qui associe aquarelle et encre, ou un autre médium de dessin) tombe dans la seconde catégorie.

Combiner des médiums de peinture dont les qualités très différentes s'opposent est passionnant. Attention cependant à ne pas détruire l'unité du tableau. Expérimentez vos propres combinaisons pour découvrir quelles sont celles qui s'accordent le mieux et comment vous pouvez exploiter leurs contrastes. La grande diversité des matériaux offerts aux artistes actuels rend impossible une liste exhaustive des nombreuses possibilités ou des techniques spécifiques. Toutefois, voici quelques suggestions qui, nous l'espérons, vous aideront à vous lancer.

L'AQUARELLE ET LES AUTRES MÉDIUMS

La transparence de l'aquarelle se marie à merveille avec d'autres médiums. La combiner avec la gouache ou l'acrylique entre à peine dans la catégorie des techniques mixtes tant la nature de ces trois peintures est proche. Il est cependant utile de savoir qu'on peut sauver une aquarelle ratée en la retravaillant à la gouache ou à l'acrylique. La gouache et le pastel s'accordent parfaitement puisqu'ils sont de même nature. En réalité, ils combinent l'aquarelle aux crayons aquarellables, les pastels existant aussi sous forme de crayons.

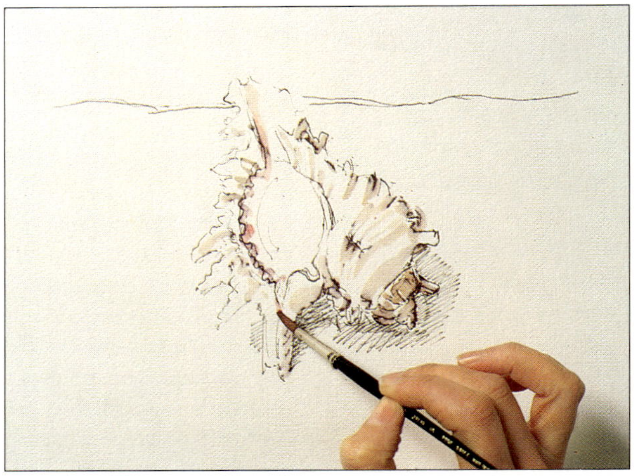

TRAIT ET LAVIS

1 ◄ Le crayon ou la plume, médiums de dessin, se combinent parfaitement à l'aquarelle délicate. En général, le dessin est exécuté en premier, comme ici, mais il n'y a pas de règle absolue.

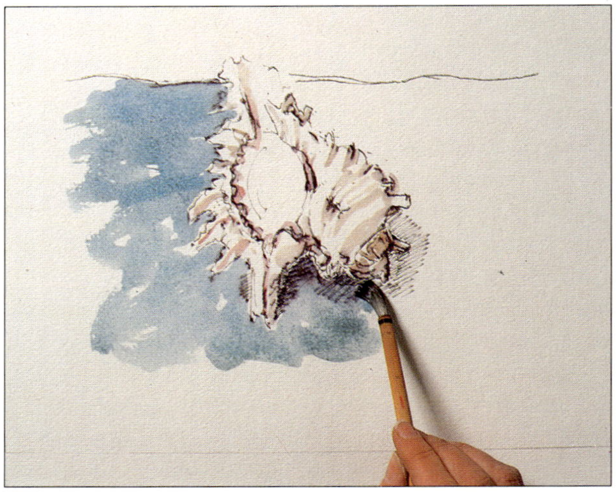

2 ◄ L'artiste utilise une encre soluble à l'eau, de sorte que les traits soient adoucis et fondus par les lavis. Le contraste entre aquarelle et dessin est subtil.

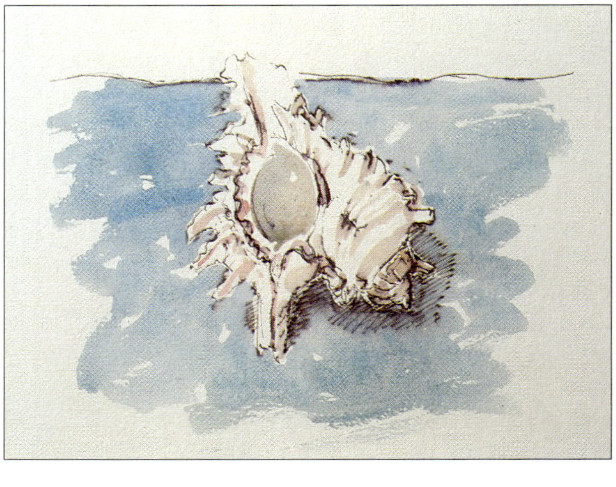

3 ◄ Sur le coquillage, les lavis sont peu nombreux pour préserver la délicatesse des traits. Cette technique convient particulièrement aux études de fleurs.

LE PASTEL ET LA GOUACHE

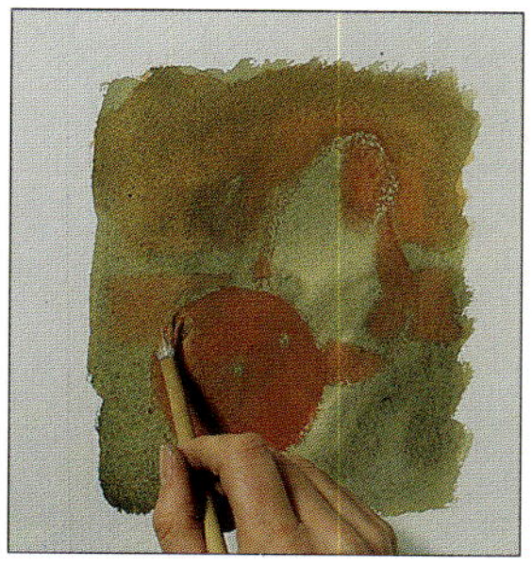

1 ▲ Ces deux médiums s'accordent parfaitement car ils sont tous deux opaques et possèdent des surfaces mates.

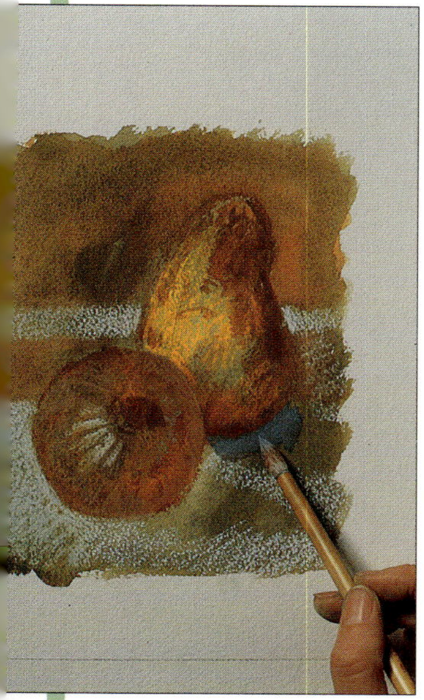

2 ▲ L'artiste a peint quelques lavis de gouache semi-opaque auxquels elle a superposé une légère couche au pastel. Elle applique maintenant davantage de gouache.

3 ▼ Elle continue de peindre en appliquant une couche de pastel sur une couche de gouache afin de produire de la texture et des accents de couleur.

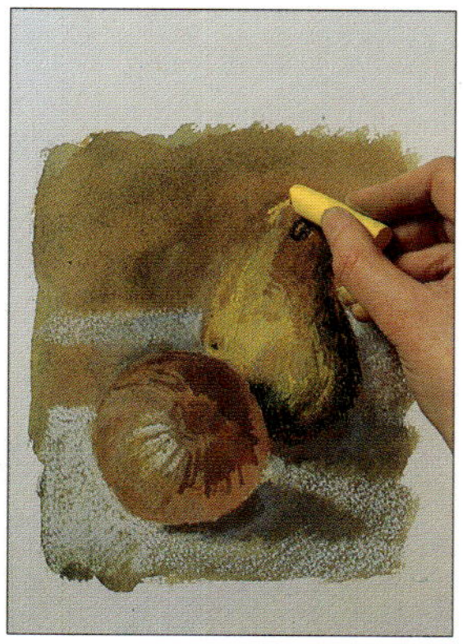

4 ▼ Sauf si on la manie avec habileté, la gouache a tendance à paraître assez terne. Ici, le pastel lui confère éclat et vivacité.

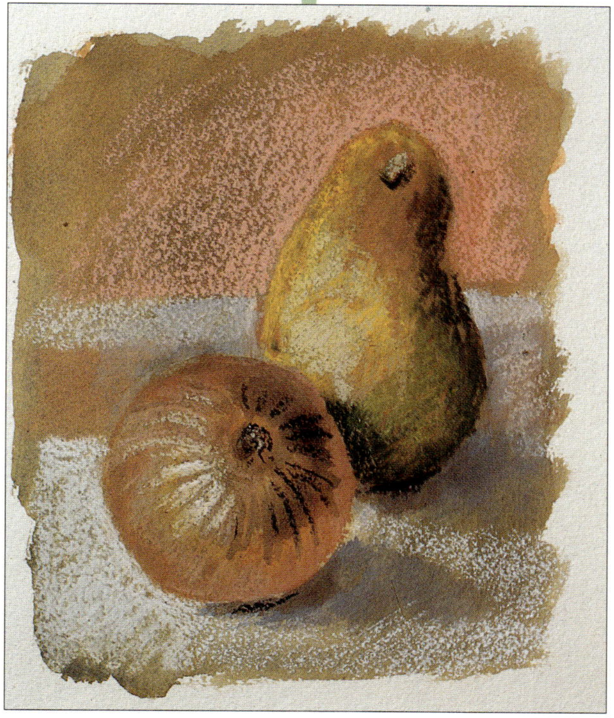

Qu'ils soient de couleur ou de pastel, les crayons forment pratiquement une technique mixte à eux seuls : on peut les employer secs ou en leur appliquant de l'eau. Dans ce cas, il s'agit d'une technique de peinture. Ils se combinent à l'aquarelle ou à la gouache à tout moment du travail. Il n'est pas rare non plus d'associer l'aquarelle aux pastels tendres (voir ci-dessous les pastels et les autres médiums).

Le trait et lavis est la plus connue des techniques mixtes. Son histoire est ancienne, elle débute avec les aquarellistes britanniques, au dix-septième siècle, alors que les lavis d'aquarelle étaient surtout appliqués en aplat sur des dessins au crayon. La technique traditionnelle consiste toujours à exécuter en premier le dessin, puis à le couvrir de peinture. Mais il est difficile d'intégrer forme et couleur sans tomber dans un pur exercice de coloriage. Il est beaucoup plus enrichissant de travailler le trait et la couleur en même temps ou encore de commencer par établir les masses principales de la composition à l'aquarelle puis de leur superposer un dessin.

Le trait et lavis est une technique attachante capable de produire de nombreux effets. Ne vous limitez pas au dessin à la plume. Pourquoi ne pas essayer les crayons-feutres, les stylos à pointe fibre, les pastels durs et tendres, de toutes les couleurs et avec toutes les combinaisons possibles ? Certains artistes préfèrent les encres solubles à l'eau, qui permettent d'obtenir par endroits des traits diffus quand on applique un lavis de couleur. Ils apprécient particulièrement le contraste entre bords nets et moelleux. Avec un crayon-feutre, assurez-vous que l'encre est permanente dans le temps et que les couleurs ne vont pas passer. Vous pouvez aussi essayer d'associer trait et lavis selon les méthodes du liquide de masquage ou du masquage à la cire (voir pages 164, 165 et 166).

VOIR AUSSI	
164-169	L'aquarelle et la gouache
170-175	Les pastels

HUILE ET CRAYON-GRAPHITE

1 ◄ On peut associer avec succès crayon-graphite (ou bâtonnet de graphite, plus foncé et plus intense) et peinture à l'huile fluide. Ici, l'artiste a appliqué des lavis de peinture diluée à l'essence de térébenthine.

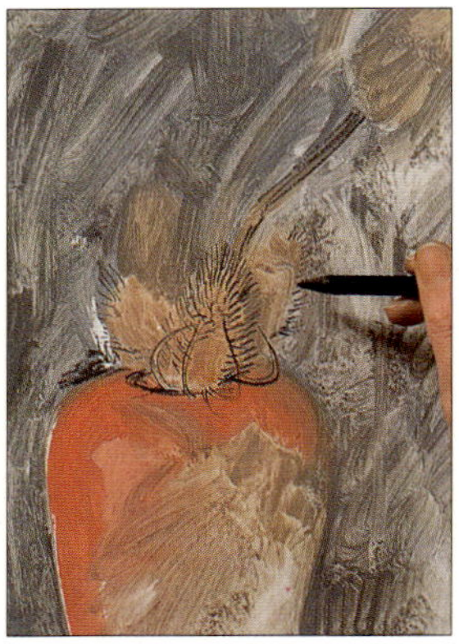

2 ► La peinture diluée sèche rapidement. Il est possible alors de définir la structure des chardons à l'aide d'un bâtonnet de graphite.

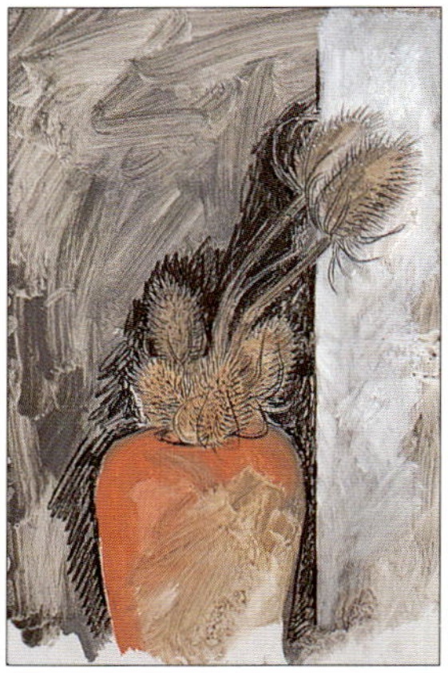

3 ◄ Dans ce tableau où se combinent deux techniques, c'est à travers le dessin que l'ensemble de la composition conserve son unité. Quelques touches de peinture à l'huile servent à adoucir les traits sur le vase.

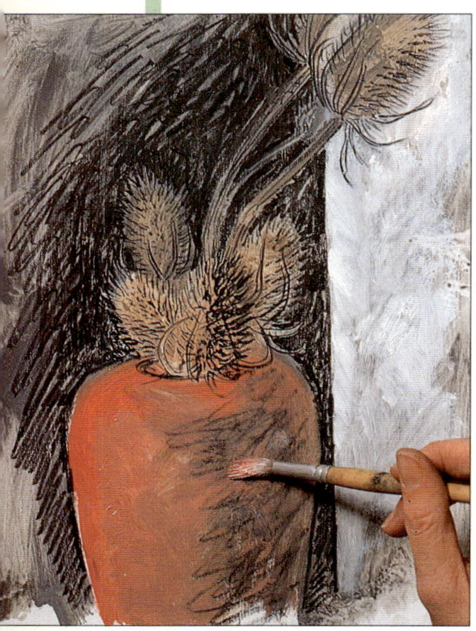

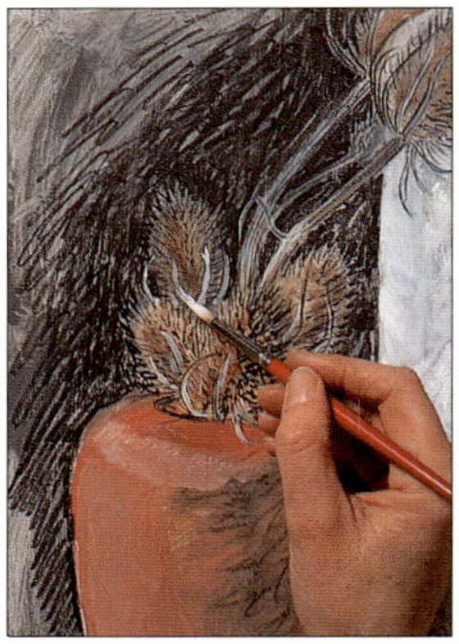

4 ▲ De fines lignes de peinture à l'huile blanche complètent le dessin linéaire noir. Elles servent de plus à attirer l'œil sur le centre d'intérêt du tableau.

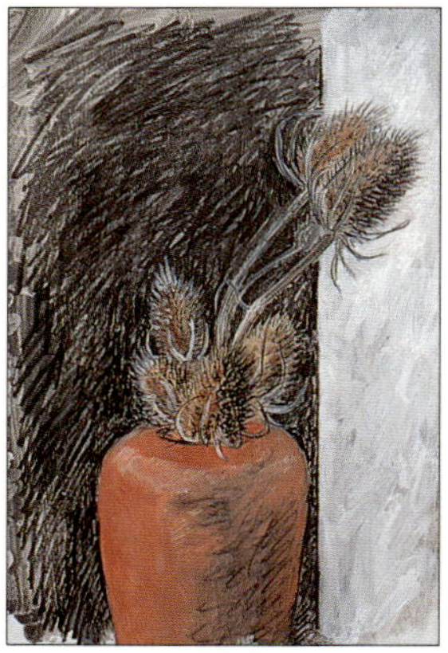

5 ▲ Les lignes crayonnées librement en arrière-plan, qui suivent en partie la direction souple des tiges des fleurs, contribuent à créer une agréable sensation de mouvement et d'énergie.

LES PASTELS ET LES AUTRES MÉDIUMS

En théorie, les pastels peuvent se combiner à n'importe quel autre médium de peinture. Toutefois les combinaisons pastel/aquarelle et pastel/gouache sont les plus réussies. Les pastellistes commencent parfois leur tableau en appliquant des lavis d'aquarelle, afin d'établir des zones de couleurs larges et franches. Ces deux médiums se complètent à merveille. On peut les associer de façon plus directe en exploitant le contraste entre transparence de l'aquarelle et opacité mate du pastel. Il est plus simple de commencer par un lavis d'aquarelle, qu'on laisse sécher et auquel on superpose du pastel. On peut ensuite appliquer plusieurs lavis sur le pastel, leur superposer du pastel et ainsi de suite en couches successives. Il est possible également de travailler le

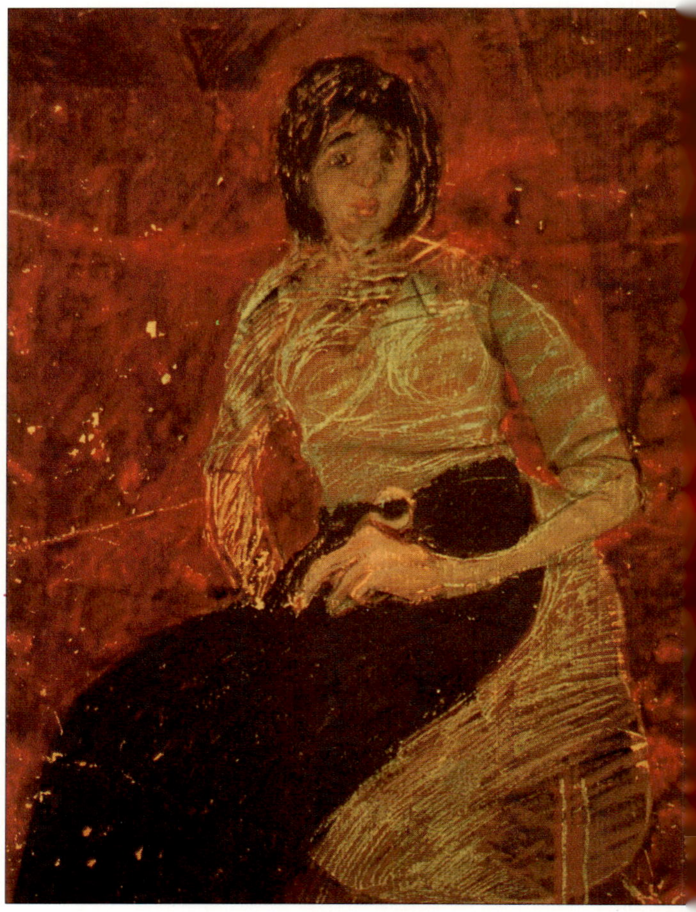

▶ Philip Wildman
Toits
Dans ce tableau vivant et original, la plume s'est associée à la gouache. Cette fois, la technique du trait et lavis (voir page 176) est utilisée de manière très différente : au lieu de dessiner en premier, puis de colorier, Wildman a superposé traits et peinture opaque de sorte que les deux éléments séparés s'intègrent pleinement.

◀ Laura May Morrison
Margaret
Ici, l'artiste a peint selon la technique du sgraffito (voir page 154) en superposant une couche de pastel à l'huile à une couche de peinture à l'huile et en grattant par endroits pour révéler les couleurs.

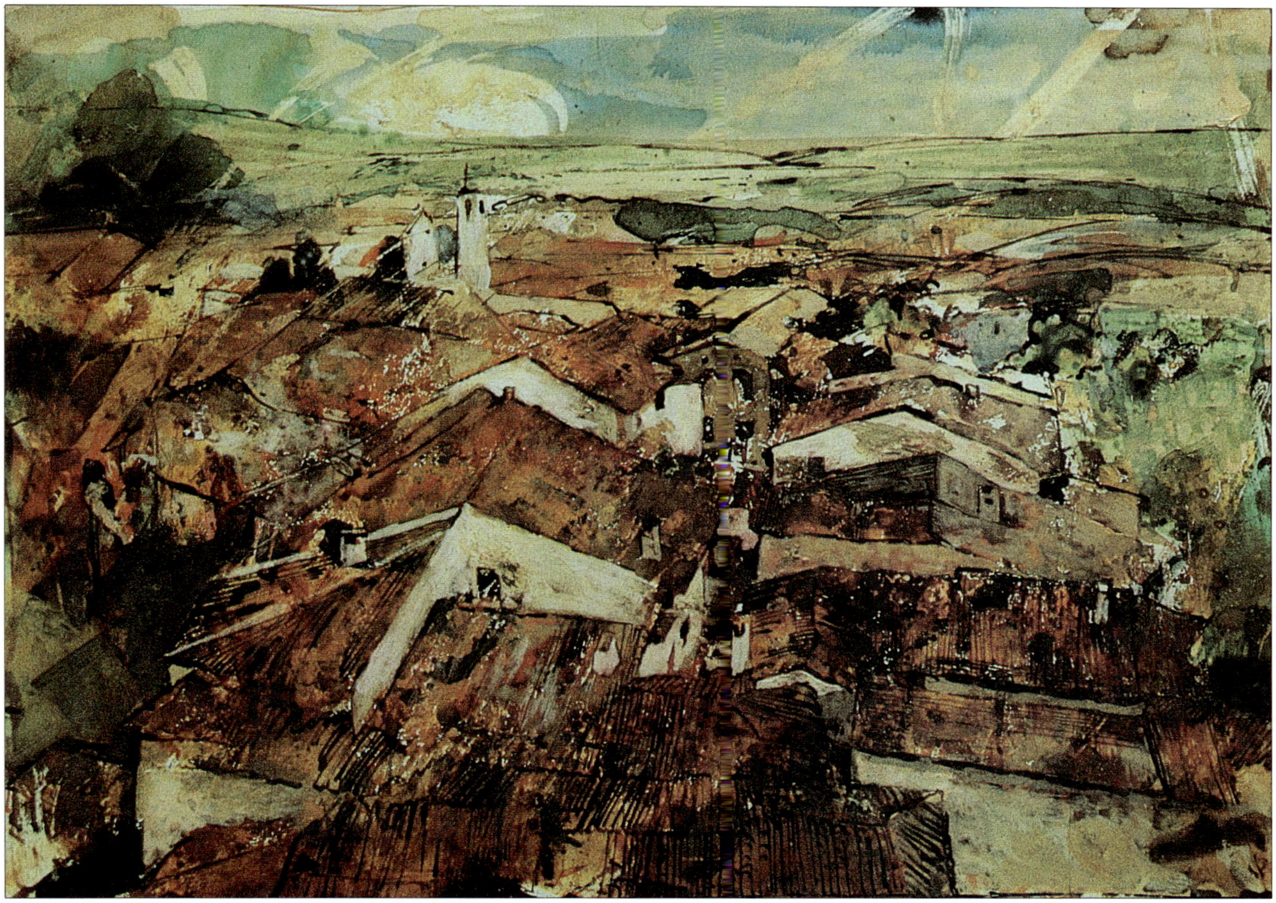

pastel dans un lavis frais d'aquarelle, ce qui fait ressortir le grain et crée une texture particulière.

Si vous optez pour la combinaison gouache et pastel, utilisez de préférence la gouache en tant que base pour le travail au pastel. Leurs pigments étant opaques, le contraste de texture est faible. On peut cependant tirer profit des aplats de couleur à la gouache en les opposant aux accents linéaires du pastel. Et pourquoi ne pas associer acrylique et pastel, en tenant compte du fait que le pastel tend à glisser sur la surface acrylique ?

Le pastel et le fusain, souvent combinés, se marient parfaitement car ils sont de même consistance. Dans le cas d'un sujet d'une tonalité globale relativement sombre, il est possible de réaliser une ébauche préliminaire monochrome au fusain, de la fixer puis de travailler les couleurs. On peut aussi n'utiliser le fusain que plus tard au cours de l'élaboration de l'œuvre, soit pour accentuer les traits ou pour renforcer les ombres.

Il est assez surprenant de constater que le crayon peut se révéler un partenaire intéressant pour le pastel. Quel que soit son degré d'habileté dans la maîtrise du pastel, l'artiste rencontre souvent des difficultés lorsqu'il s'agit de dessiner des traits précis avec des bâtonnets de pastels tendres et friables. Pourtant certains sujets exigent d'associer une définition nette à des techniques plus floues. Sachez que même le plus tendre des crayons est dur comparé au pastel. Aussi nous vous déconseillons d'utiliser un crayon plus dur que le 2B et de tracer des marques profondes ou bien la qualité légèrement grasse du graphite va s'opposer au pastel.

VOIR AUSSI	
154	Sgraffito
164-169	L'aquarelle et la gouache
170-175	Les pastels

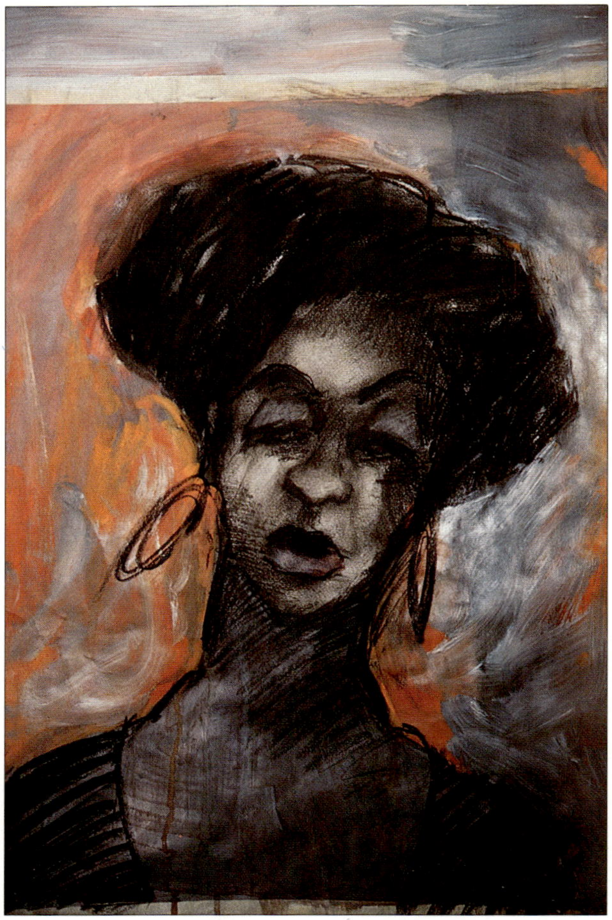

▶ INGUNN HARKETT
Sarah
Le fusain et l'acrylique, tous deux capables d'effets francs et généreux, se sont révélés la combinaison idéale pour ce portrait fort et expressif. L'acrylique a été appliquée en couches fines pour rendre possible le travail du fusain.

▼ NICK SWINGLER
Dans la forêt
Swingler s'intéresse passionnément à la couleur et à la lumière. Il utilise de nombreux médiums et des techniques diverses pour obtenir de tels effets. Ici, il a combiné huile, pastel et acrylique.

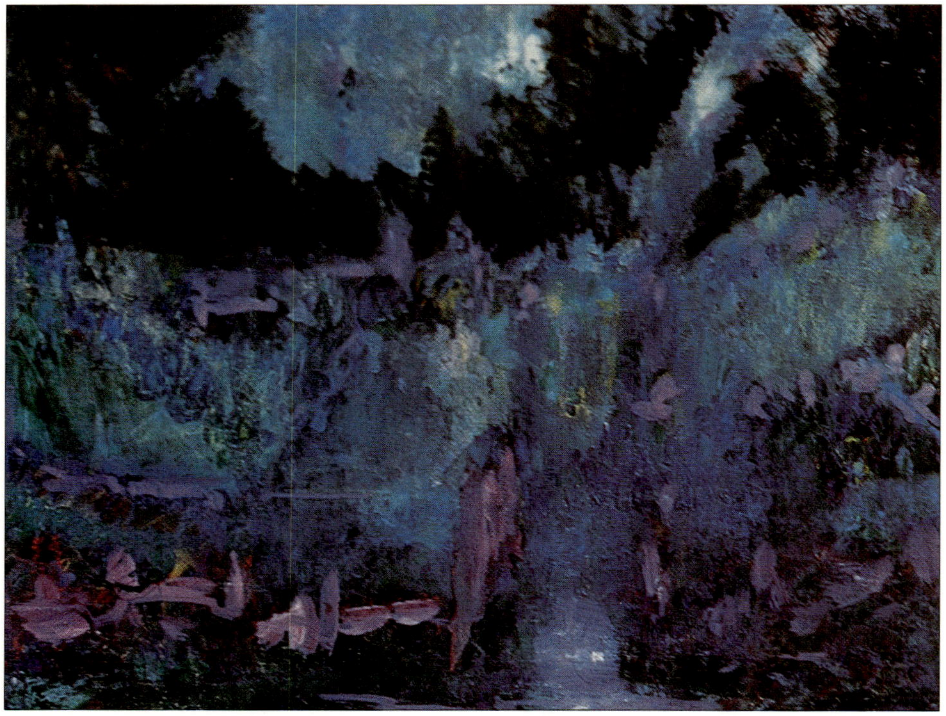

LA PEINTURE À L'HUILE ET LES AUTRES MÉDIUMS

Plus difficile est de combiner la peinture à l'huile à d'autres médiums de peinture, comme l'aquarelle, car il est impossible de peindre par-dessus l'huile avec des médiums à base d'eau. Toutefois, peinture à l'huile et pastels à l'huile s'allient très bien, puisqu'ils constituent deux versions d'un même médium. Les traces laissées par les pastels à l'huile sur la toile ou le carton entoilé possèdent une qualité linéaire et granuleuse qui contraste parfaitement avec les traces de pinceau. En outre, on peut conserver la texture si on superpose aux marques de pastel de fins glacis (voir page 153). Il est également faisable de dessiner au crayon sur de la peinture sèche afin d'ajouter des zones de définition linéaire ou de produire un intérêt de texture (pour un meilleur effet, diluez la peinture).

La peinture à l'huile appliquée sur un support papier et combinée au pastel est une autre technique intéressante. Degas, qui expérimentait en permanence de nouvelles voies picturales et n'aimait pas le brillant de la peinture à l'huile, a mis au point une technique particulière : *la peinture à l'essence*, qui consiste à décharger la peinture d'une grande partie de son huile en la posant sur un papier absorbant, puis de la mélanger avec de l'essence de térébenthine pour lui donner une consistance mate. Degas peignait souvent sur du papier ou du carton non apprêtés qui absorbaient le restant d'huile.

Un fond de peinture à l'huile sèche constitue une excellente surface de travail pour le pastel. On peut le laisser transparaître par endroits pour obtenir des variations de texture et de couleur. On peut également gratter le pastel avec une lame de rasoir pour révéler la teinte du fond. Si vous travaillez sur du papier, vous n'avez pas besoin de décharger la peinture de son huile, car cette dernière est en partie absorbée par le papier, ce qui lui donne une surface mate. Attention cependant, le papier risque de pourrir… Si vous voulez que vos œuvres résistent à l'usure du temps, suivez de préférence la méthode de Degas !

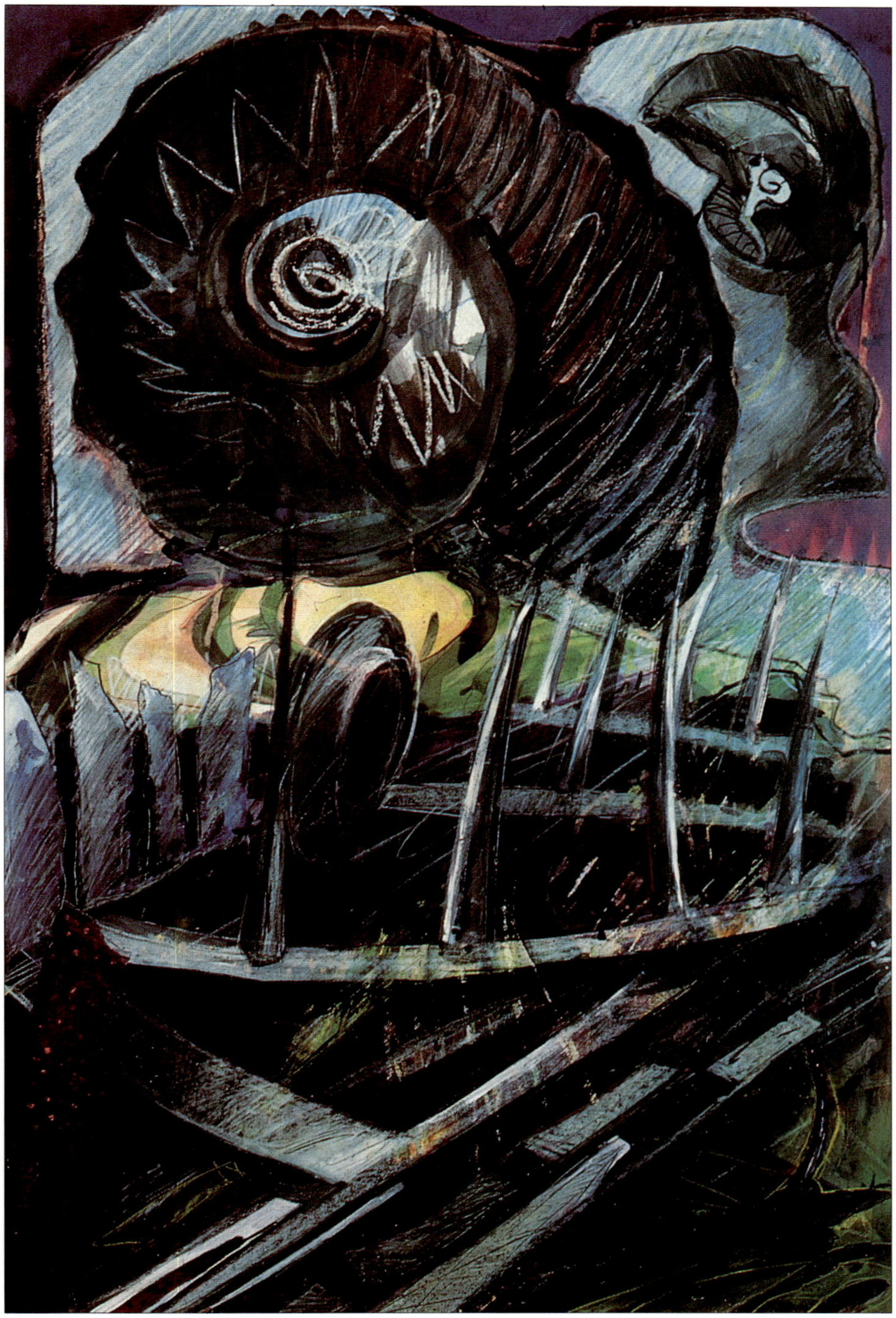

L'EXERCICE

AQUARELLE ET PASTEL

Aucun sujet n'est plus qu'un autre approprié aux techniques mixtes. Vous êtes donc libre de choisir le sujet qui vous plaît. Vous pouvez commencer par travailler au pastel sur une aquarelle dont vous ne voulez plus (le papier aquarelle convient très bien au pastel) ou vous pouvez peindre une nature morte, en assemblant des objets qui ont des couleurs opaques mates et d'autres, comme le verre et les métaux polis, qui brillent ou sont transparents.

En général, on commence un tableau combinant aquarelle et pastel par les lavis d'aquarelle. Mais vous pouvez tout aussi bien essayer de dessiner d'abord avec les pastels puis passer à l'aquarelle. Utilisez la peinture en lavis intenses et positifs (sauf si vous cherchez à les rendre discrets). Expérimentez aussi la technique du pinceau sec, qui produit des touches fragmentées se mariant très bien avec des effets similaires créés avec des pastels.

Le tableau terminé correspond-il à vos attentes ? L'aquarelle a-t-elle été utilisée pour décrire la transparence ou le brillant des objets ou avez-vous dû aussi recourir au pastel ?

◄ DAVID FERRY
Dorset Drawing
Un cadre fortement linéaire, des contrastes de tons dramatiques et des couleurs intenses et riches, caractérisent cette œuvre puissante élaborée au pastel et à l'encre. Ferry expérimente différentes techniques mixtes, car elles lui permettent de suggérer de nouvelles façons de visualiser une idée.

VOIR AUSSI	
158-163	L'acrylique
164-169	L'aquarelle et la gouache
170-175	Les pastels

Le collage

Le collage est un terme qui englobe une grande variété d'activités artistiques et de nombreuses approches. D'après le dictionnaire, c'est une méthode qui permet d'élaborer une œuvre à partir de morceaux de papier coupés et collés. Mais c'est plus que cela, c'est aussi un procédé de création qui a été utilisé par de nombreux artistes de renom.

Les cubistes lui ont donné les premiers ses lettres de noblesse. Georges Braque (1882-1963) et Picasso, entre autres, ajoutaient divers éléments à leurs peintures à l'huile : fragments de journaux, enveloppes timbrées, tickets de théâtre. Ces « morceaux de réalité » donnaient à l'œuvre une existence en tant qu'objet et non plus simplement en tant que représentation illusoire d'un monde en trois dimensions. Le collage est une méthode qui permet des juxtapositions inhabituelles et à ce titre elle a été largement exploitée par les surréalistes, notamment Max Ernst et Kurt Schwitters (1887-1948) qui aimait tout particulièrement coller des rebuts, tickets de bus et semelles, sur ses peintures. Matisse, également mais de façon différente, a célébré la couleur pure et le motif : malade au point qu'il ne pouvait tenir un pinceau, il avait encore la force de couper et de coller des papiers colorés. Il a ainsi créé quelques-unes des plus belles œuvres artistiques, dont beaucoup sont très grandes.

LE COLLAGE SUR PAPIER

À l'école, les professeurs de dessin encouragent souvent leurs élèves à faire des collages. C'est un travail plaisant qui n'exige des enfants aucun don particulier en dessin ou en peinture, donne des résultats rapides et les initie aux principes de base de la composition sans les accabler de cours théoriques. Cette activité, a priori légère, demande en réalité un travail qu'on peut comparer à n'importe quelle autre méthode conventionnelle de peinture.

Nombreux sont d'ailleurs les artistes qui aujourd'hui font des collages. Certains, comme Matisse avant eux, peignent sur leurs propres papiers ou les colorent avant de les découper (Matisse utilisait de la gouache pour ses grands aplats de couleur vive). D'autres exploitent le contraste entre les divers matériaux tout prêts (papier peint, papier d'emballage, morceaux de tissu, bouts de fil ou de laine, papier à dessin mat) et leur juxtaposent des aplats d'aquarelle, d'encre ou de pastel.

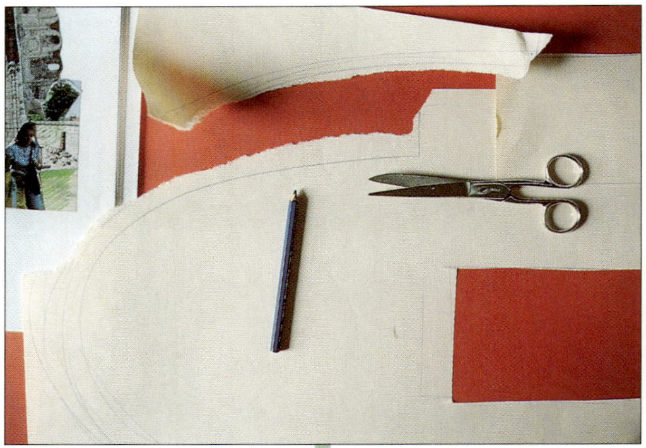

PAPIER COLLÉ

1 ▲ L'artiste dessine d'abord un contour sur un morceau de papier à dessin qui servira de base au collage. Il peut ainsi mieux évaluer les dimensions et les formes des premiers collages. Notez qu'il préfère les déchirer plutôt que les découper afin d'obtenir des bords plus vivants.

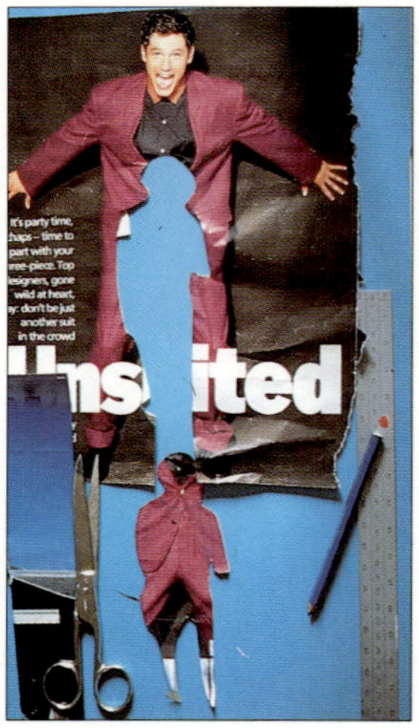

2 ► Une fois les gros morceaux en place, il peut se concentrer sur les détails. Il a choisi par exemple de découper cette photo dans un magazine parce qu'elle évoque pour lui une tenture.

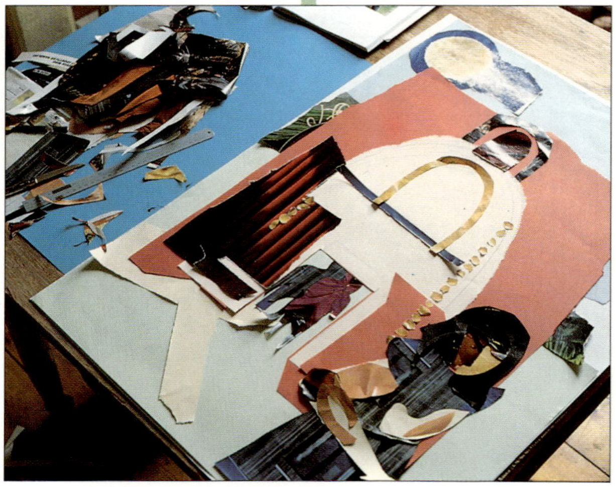

3 ► À ce stade, seuls les gros éléments ont été collés. L'artiste peut ainsi déplacer les plus petits éléments jusqu'à ce qu'il trouve l'emplacement qui leur convient.

4 ► Parfois, les matériaux du collage se présentent naturellement. C'est le cas ici où l'enveloppe hermétique d'un calmant soluble fait office de soleil.

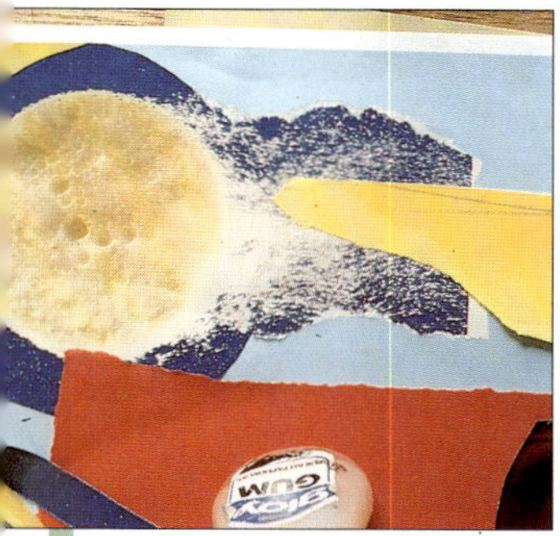

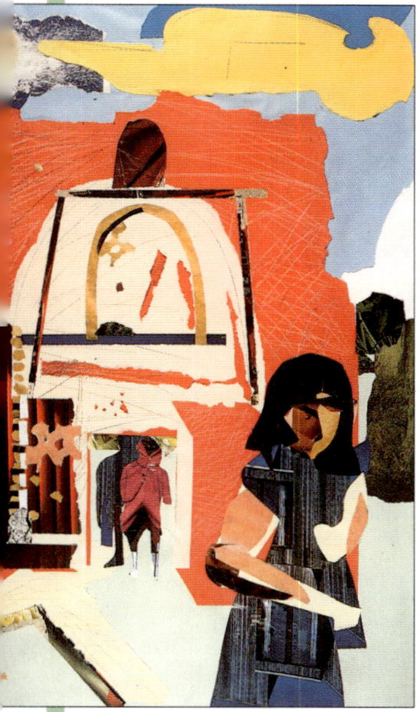

5 ▲ Le collage terminé montre combien les contrastes entre bords coupés et déchirés sont importants, un peu comme ceux qui existent entre les arêtes vives et douces d'un motif peint en relief.

Cette exploitation de la texture est l'un des charmes du collage, un charme que la peinture seule offre rarement.

Le papier collé peut aussi être combiné à une œuvre peinte, afin de mieux voir la composition et les divers arrangements possibles des formes et des couleurs. Cette méthode a été enseignée à Picasso (1881-1973), alors jeune étudiant, par son père. Elle est plus rapide et plus directe que la méthode des croquis. Dans un portrait, par exemple, il est possible de découper quelques formes de base pour la figure et d'autres pour les divers éléments de la composition (fenêtre, porte, tableaux accrochés sur le mur derrière le modèle, la chaise sur laquelle celui-ci est assis). Il suffit ensuite de les déplacer sur un morceau de papier uni pour trouver le meilleur arrangement.

MATÉRIAUX ET MÉTHODES

Les matériaux qui vous serviront à un collage sur papier peuvent être de toutes sortes. La seule limite est technique : il faut pouvoir les coller sur la base choisie. Les peintres qui font des collages ne peuvent s'empêcher d'amasser tout fragment qui leur tombe sous la main et de se constituer ainsi une « palette » très personnelle. Faites pareil, même s'il est malheureusement difficile de savoir à l'avance quels matériaux vont être utiles, et essayez vous aussi de pratiquer cet art du collage.

Le collage n'est pas une technique réservée au papier, qu'il soit matériau ou support. Le premier exemple de collage combiné à la peinture à l'huile nous vient de Picasso, lorsqu'il intègre une toile cirée imitant un cannage de chaise dans sa composition de 1912. La peinture à l'huile fraîche est un médium suffisamment adhésif pour tenir fermement les divers matériaux qu'on y applique. Quand elle est employée épaisse en particulier, les possibilités sont illimitées. On peut incorporer des matériaux substantiels, comme une feuille métallique et toutes sortes d'objets naturels. L'acrylique se prête également au collage, la pâte acrylique, l'un des médiums utilisés avec l'acrylique (voir page 165), permettant de faire tenir en toute sécurité des objets lourds sur la surface de la toile.

LES MÉTHODES DE TRAVAIL

On peut réussir des collages imaginatifs et passionnants sans connaissances techniques particulières ou sans aptitude pour la peinture conventionnelle, mais le résultat sera d'autant plus heureux qu'on les aura planifiés avec soin. Dans une certaine mesure, le collage est un exercice plus intellectuel que la peinture, qui ne vous demande après tout que de décrire ce que vous voyez. Cela est impossible avec le collage, où l'on ne peut qu'essayer de traduire ce qu'on voit à l'aide de divers matériaux et couleurs présélectionnés susceptibles d'évoquer le sujet.

C'est pourquoi nous vous recommandons de faire auparavant quelques croquis. De plus, si vous travaillez sur du papier, pourquoi ne pas dessiner les principaux contours de la composition sur le support avant de découper et d'assembler les morceaux. Cela ne vous empêchera nullement par la suite de changer d'avis ; le collage contient toujours un élément de surprise. On n'est jamais sûr de l'effet produit par une juxtaposition avant d'avoir essayé. Il n'est pas nécessaire non plus de coller immédiatement les différents éléments. N'hésitez pas à les déplacer et même à en abandonner certains.

VOIR AUSSI

20-23	Au-delà de la couleur
78-81	Les leçons du passé

Les monotypes

Les monotypes (ou monoprints) tiennent à la fois de la peinture et de la gravure. Cette technique, fascinante, agréable et facile à employer, est généralement attribuée à un peintre et dessinateur du dix-septième siècle, Giovanni Benedetto Castiglione (v. 1610-1665). Mais c'est au dix-neuvième siècle qu'elle a connu son heure de gloire grâce à Degas qui a su si merveilleusement l'exploiter. L'idée de base est simple. À la peinture à l'huile ou à l'encre d'imprimerie, on exécute un dessin (ou une peinture) sur une plaque de verre, ou toute autre surface non absorbante. Puis, on le transfère directement sur une feuille de papier en posant le papier sur la plaque et en le frottant avec la main ou avec un rouleau. Il existe deux types de monotypes, les monotypes peints et les roulés, mais à l'intérieur de ces deux types principaux, les nombreuses variations créent une gamme pratiquement illimitée d'effets.

LES MONOTYPES PEINTS

Degas, qui était fasciné par toutes les techniques liées à l'impression, a été le premier à expérimenter cette méthode. Il travaillait principalement sur du verre en monochrome avec de l'encre d'imprimerie. On peut néanmoins préférer la peinture à l'huile et par conséquent il n'y a aucune limite au nombre de couleurs qu'il est possible d'utiliser sur une impression. Peindre sur verre demande un peu de pratique, car le support est plus glissant que d'habitude et il faut expérimenter la consistance de la peinture. Il la faut épaisse mais pas trop : elle ne doit ni baver ni laisser de taches. Évitez que les couleurs fusionnent trop sur le support, ou l'impression paraîtra confuse. Un avantage cependant : il est facile de corriger les erreurs, puisqu'il suffit d'essuyer la plaque.

N'hésitez pas à essayer plusieurs types de papier. Dans tout processus d'impression, la texture du papier fait partie intégrante de l'épreuve finale. Commencez par exemple avec du papier à dessin ordinaire, assez lisse, très facile à trouver, puis passez à une ou deux surfaces plus absorbantes vendues spécialement pour les travaux d'imprimerie. Les expériences sont des moments uniques, de joie et d'attente, car la technique des monotypes est peu prévisible. Certains chefs de file de cette technique aiment construire les couleurs en couches distinctes au cours d'un processus multiple.

MONOTYPES ROULÉS

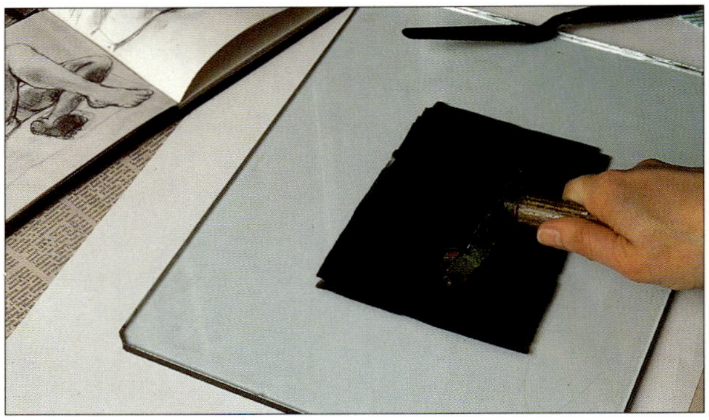

1 ◄ Pour cette variante de la méthode générale, on utilise de l'encre pour linogravure ou de la peinture à l'huile, qu'on étale à l'aide d'un rouleau sur une surface lisse, morceau de Formica ou de métal ou encore plaque de verre, comme ici.

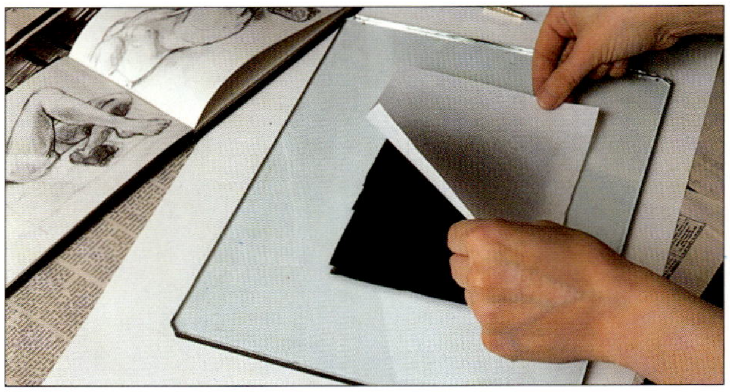

2 ◄ Puis on dépose le papier sur l'encre ou sur la peinture. Dans cet exemple, l'artiste s'est servie d'un fin papier japonais, mais vous pouvez vous exercer sur différentes surfaces et avec diverses couleurs.

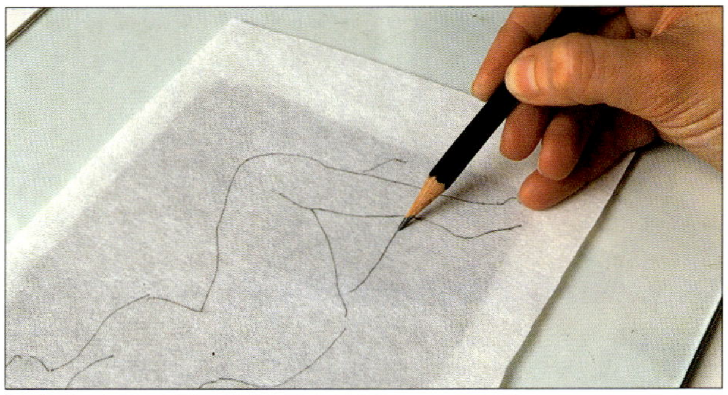

3 ◄ L'artiste dessine ensuite sur le papier. Le dessin peut être simple ou élaboré. Les traits vont recueillir l'encre et produire une impression du dessin.

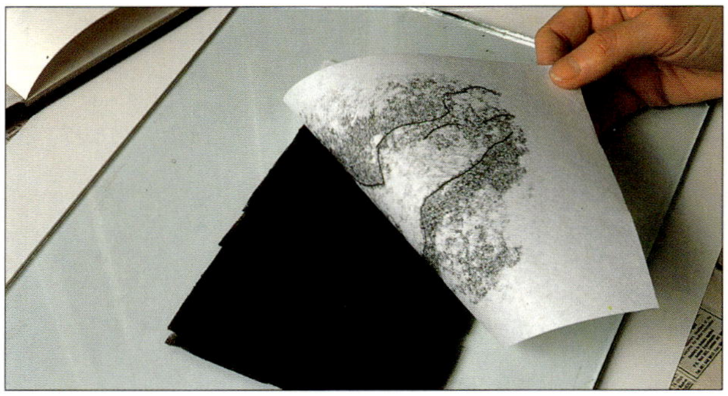

4 ◄ En cours de travail, il est possible de soulever le papier pour voir l'image en train de se former. Si vous désirez renforcer les traits ou ajouter des détails, reposez simplement le papier et continuez.

MONOTYPES PEINTS

1 ► L'artiste peint sur une fine feuille de métal, qu'elle préfère au verre car elle voit mieux ce qu'elle dessine.

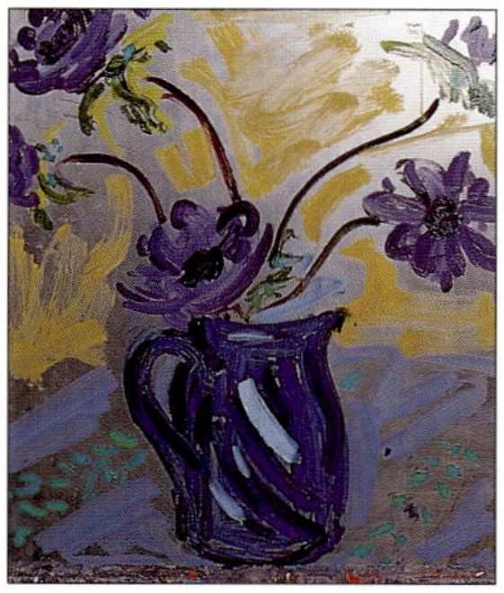

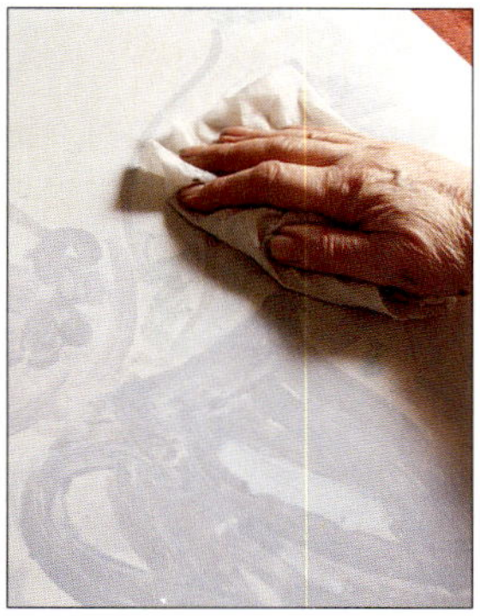

2 ◄ Une fois sa peinture terminée, elle enduit d'essence de térébenthine toute la surface du papier gravure (qui peut être du simple papier à dessin), puis elle le pose sur la peinture et le frotte avec un chiffon préalablement trempé dans la térébenthine. En général, une pression de la main suffit à produire un monotype.

3 ► Elle soulève ensuite le papier. Comme dans la méthode du monotype roulé, elle peut le rabattre à nouveau et appuyer sur les zones qui n'ont pas été suffisamment marquées.

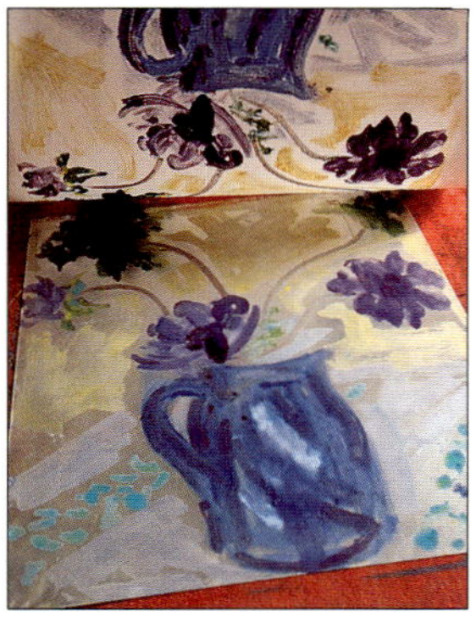

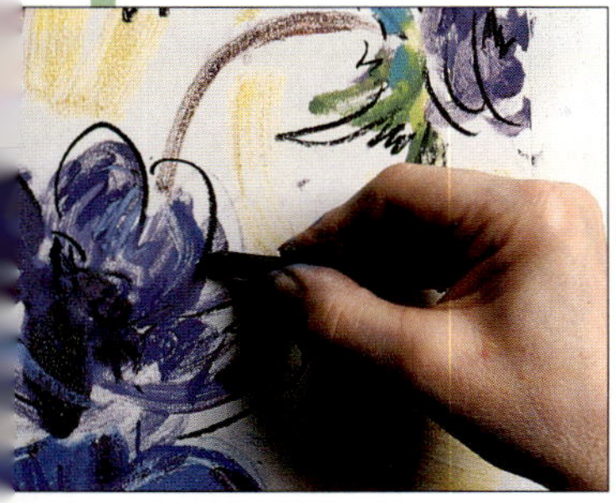

4 ◄ Quand le monotype est bien sec, il est possible de le travailler aux pastels, à l'huile ou en ajoutant de la peinture.

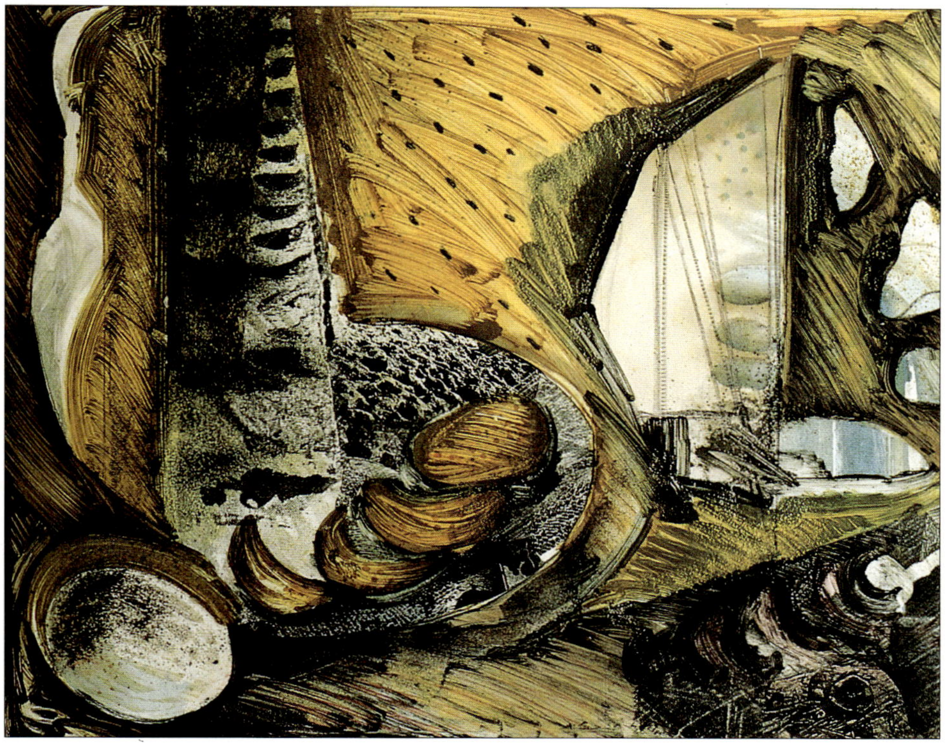

▲ DAVID FERRY
Vision binoculaire
À condition d'utiliser du papier de bonne qualité, on peut retravailler un monotype autant de fois qu'on le désire. Ici, l'artiste a ajouté des couches de couleur à son impression initiale monochrome obtenue selon la méthode du monotype roulé.

Il faut prévoir dans ce cas un système permettant de se rappeler la position exacte du papier après chaque passage de la couleur. Ce n'est pas si difficile qu'il y paraît : il suffit de fixer avec du ruban adhésif l'un des côtés du papier à la plaque, de retourner le papier pour la première impression, d'évaluer le résultat et d'ajouter une couche de couleur sur le verre si nécessaire avant de passer à une autre impression. Cette méthode est intéressante, car les couleurs ainsi appliquées créent des effets de texture. Il est également possible d'ajouter d'autres effets de texture ou des motifs et des détails en grattant la couche de peinture avec un instrument pointu. On produit ainsi de fines lignes blanches.

LES MONOTYPES ROULÉS

Cette autre méthode consiste à recouvrir la plaque d'une fine couche d'encre ou de peinture en utilisant de préférence un rouleau pour l'appliquer, puis à placer le papier par-dessus et à dessiner avec un crayon ou tout autre instrument directement sur le papier.

VOIR AUSSI	
20-23	Au-delà de la couleur
78-81	Les leçons du passé

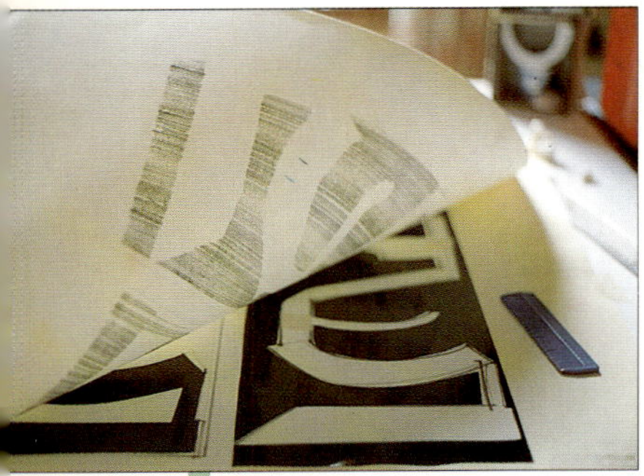

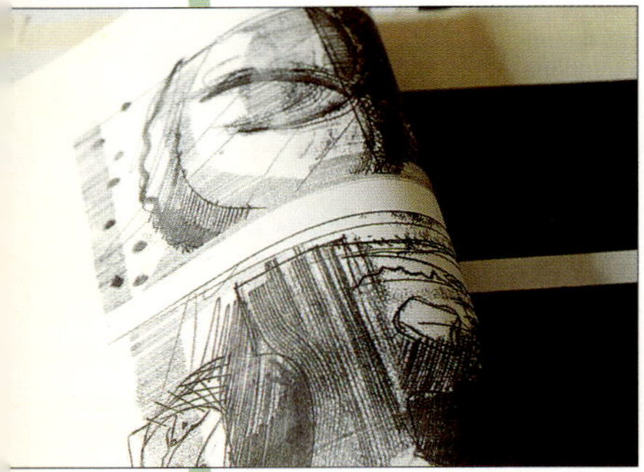

MONOTYPE BICOLORE

1 ◄ Ici la méthode de base reste la même mais elle comporte plusieurs étapes en peinture. L'artiste commence par découper un pochoir qu'il place sur la plaque encrée. Puis il dépose le papier par-dessus et passe un peigne sur le tout de façon à produire un effet de hachures.

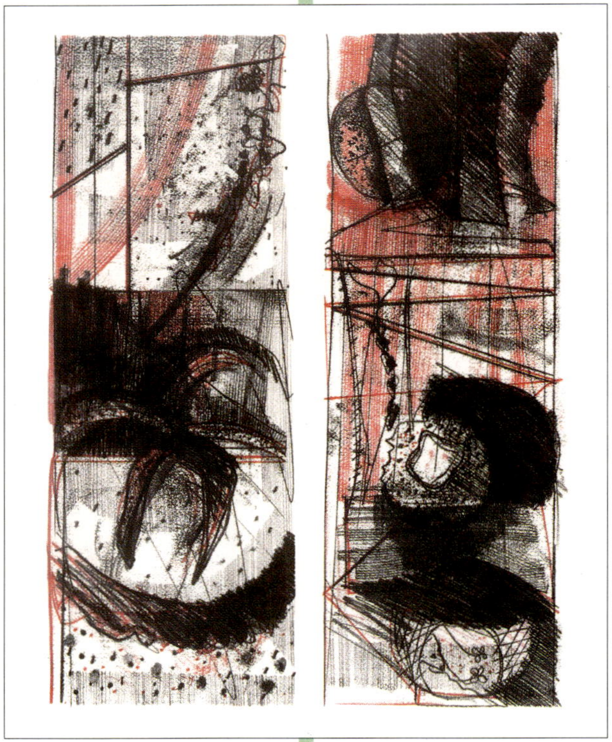

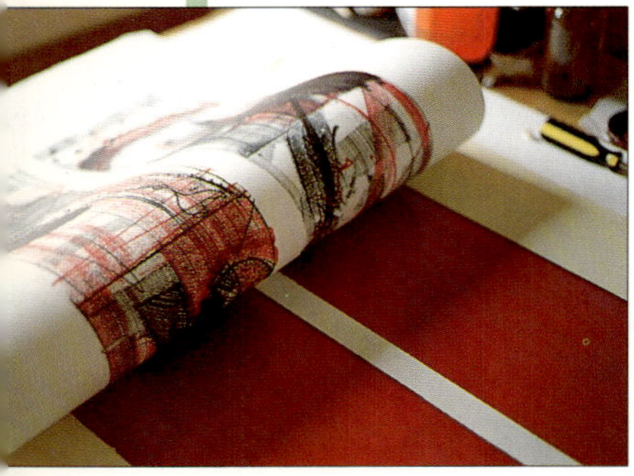

3 ◄ Il introduit maintenant une deuxième couleur. Le papier est fixé avec un morceau de ruban adhésif qui permet ainsi de le replacer exactement dans sa position initiale.

4 ▲ Voici le résultat final. Cette méthode toute simple permet d'obtenir des effets très recherchés.

En théorie, seuls les traits dessinés devraient s'imprimer. En pratique, l'encre s'imprime parfois sur certaines zones non destinées à la recevoir (même par simple pression de la main). Il arrive d'ailleurs que ces marques accidentelles, dues au hasard, créent un fond texturé intéressant qu'il est souvent bon d'exploiter. De plus, elles permettent une œuvre spontanée et pleine de charme (les empreintes de pouce sont une des caractéristiques des monotypes de Degas). Là encore, n'hésitez pas à faire des essais sur plusieurs papiers ; certaines graveurs se servent d'un papier très fin, le papier japonais, qui se prête effectivement très bien aux effets linéaires délicats. Sa transparence permet également de voir l'image se former au cours du travail.

Il existe un grand nombre de variantes à cette méthode. Il n'est pas nécessaire par exemple d'utiliser un crayon. On peut créer des marques diverses avec toutes sortes d'instruments : peigne, brosse métallique, manche de pinceau, sans oublier les doigts. Il est possible également de passer d'autres couleurs sur l'impression initiale (voir la méthode décrite ci-dessus pour se rappeler l'emplacement exact du papier) et de les étaler au rouleau sur tout le papier ou sur une partie du papier.

On peut aussi dessiner l'image directement sur la peinture étalée au rouleau, puis poser le papier par-dessus pour l'imprimer. Cette variante tient à la fois du monotype peint et du monotype roulé. Elle permet d'obtenir une image en négatif, car les traits dessinés sortiront blancs. Quant à l'instrument choisi pour le dessin, il dépend de l'effet recherché. Vous obtiendrez des traits larges et vigoureux en utilisant un pinceau rigide ou les doigts. Pour des traits plus fins, préférez le manche d'un pinceau, la pointe d'un crayon ou même un tournevis. Essayez d'étaler la peinture sans aucune contrainte sur le verre en vous servant d'un pinceau et non pas d'un rouleau. Ainsi les traces des soies du pinceau contribueront à l'aspect final de l'épreuve.

Quelle que soit la méthode choisie, ne considérez pas cette épreuve comme un produit fini. Vous pouvez encore la travailler en utilisant d'autres médiums, crayons de pastel, pastels à l'huile ou autres, peinture à l'huile, encres de couleur, etc.

Pensez seulement à ne pas employer un papier trop fin. Le papier à dessin ordinaire de qualité convient parfaitement, à la fois pour les monotypes et les retouches ultérieures à la peinture.

GLOSSAIRE

A TEMPERA – À l'origine, ce terme désignait toutes les peintures à base d'eau délayées (ou détrempées) avec de la gomme. De nos jours, il est essentiellement utilisé pour la détrempe à l'œuf, qui a été le principal médium de peinture avant le développement de la peinture à l'huile. Cette technique, quoique difficile, produit de si beaux effets qu'elle revit après un siècle d'oubli.

ALLA PRIMA – Cette expression italienne signifie « au premier jet ». On désigne ainsi l'exécution d'une œuvre en couleurs en une seule séance. Les impressionnistes travaillaient alla prima au contraire des peintres académiques du XIXe siècle qui construisaient leur tableau en couches successives sur une ébauche monochrome.

APPUI-MAIN – Baguette de bois ou de bambou se terminant par une petite boule de chiffon sur laquelle les peintres appuient la main qui tient le pinceau quand ils représentent des détails. L'appui-main permet également aux pastellistes de ne pas toucher ou salir une couche de couleur déjà appliquée.

ART FIGURATIF – Art qui s'attache à représenter les formes du monde visible, par opposition à l'art abstrait. Ces formes ne sont pas obligatoirement des figures.

CHAMPS COLORÉS – Style d'art abstrait qui utilise beaucoup les grandes zones plates de couleur fragmentée. Les champs colorés se sont développés aux États-Unis dans les années 40 et 50.

CHROMA – Terme utilisé pour décrire et mesurer la pureté d'une couleur. Par exemple, un rouge pur ou un bleu pur se situent à un niveau élevé sur l'échelle chromatique tandis que les gris neutres ne contiennent aucun chroma.

CLAIR-OBSCUR – Technique qui consiste à moduler la lumière sur un fond d'ombre en créant des contrastes propres à suggérer le relief et la profondeur.

COLLE DE PEAU – Substance agglutinante, traditionnellement d'origine animale, qui sert à protéger les toiles ou les cartons entoilés non préparés, et destinée à recevoir un fond à l'huile. Comme elle s'applique directement sur le support, il ne faut pas l'utiliser avec les préparations acryliques.

COULEUR COUVRANTE – Terme réservé à la gouache qui signifie peinture opaque à base d'eau. Il se réfère également parfois à la peinture à l'eau mélangée à du blanc de Chine.

COULEUR INSTABLE – Couleur qui, lorsqu'on l'expose à la lumière, perd de son éclat. De nos jours, la plupart des fabricants indiquent par un code le degré de permanence de leurs couleurs. Très peu de couleurs passent mais certaines sont plus ou moins stables.

COULEUR LOCALE – C'est la couleur réelle de l'objet, indépendamment des effets créés par la lumière ou la distance.

COULEUR SATURÉE – Couleur pure et intense, qui ne contient ni blanc ni noir.

COULEURS COMPLÉMENTAIRES – Deux couleurs qui sont opposées sur la roue des couleurs, comme le rouge et le vert, le violet et le jaune. Juxtaposées sur un tableau, elle créent des effets puissants.

COULEURS HARMONIEUSES – Couleurs proches sur la roue des couleurs (bleus et violets, rouges et jaunes) qui ne créent pas de contrastes trop vifs.

COULEURS PRIMAIRES (OU FONDAMENTALES) – Impossibles à reproduire à partir d'un mélange d'autres couleurs, elles sont au nombre de trois : le rouge magenta, le jaune et le bleu cyan.

COULEURS QUI AVANCENT – Couleurs qui semblent venir sur le devant du tableau. Ce sont généralement des couleurs chaudes et intenses, comme les rouges et les jaunes vifs.

COULEURS QUI RECULENT – Couleurs qui semblent s'enfoncer dans le tableau. Ce sont généralement des couleurs froides, comme les bleus, les bleu-vert et les bleu-gris.

COULEURS SECONDAIRES – Ce sont des couleurs obtenues par le mélange de deux couleurs primaires. Le vert, l'orange et le pourpre sont toutes des couleurs secondaires.

COULEURS TERTIAIRES – Ce sont des couleurs obtenues en mélangeant soit les trois couleurs primaires, soit une couleur primaire à une couleur secondaire. Par exemple, un vert (bleu + jaune) et un rouge donnent un marron.

DÉCOLLAGE – Technique utilisée à l'aquarelle et à la gouache qui consiste à enlever du papier un peu de couleur sèche ou fraîche au moyen d'un pinceau, d'une éponge ou d'un papier absorbant afin d'adoucir les contours ou de créer des rehauts. Le décollage de la peinture fraîche convient parfaitement aux effets de nuages.

DESSIN DE TRAVAIL – Dessin réalisé généralement à partir d'études préliminaires et/ou de photographies dans le but de servir de base à la peinture. Contrairement au croquis, il établit la composition dans son entier. Il est ensuite transféré sur le support au moyen de la méthode du quadrillage (ou autre).

DESSINS PRÉPARATOIRES – Dessins réalisés sur le support avec un crayon, un fusain ou un pinceau, qui aident à clarifier les formes et les couleurs.

DÉTREMPE À L'ŒUF – voir **A TEMPERA**

DILUANT – Liquide utilisé pour rendre la peinture plus fluide (essence de térébenthine ou white-spirit pour la peinture à l'huile ; eau pour les peintures à base d'eau).

ÉBAUCHE – Premier stade avant l'exécution définitive qui consiste à placer sommairement les principales zones de ton et de couleur.

EMPÂTEMENT (OU *IMPASTO*) – Couche épaisse de peinture appliquée à la brosse dure ou au couteau et qui forme un relief visible sur le support. On trouve dans le commerce des médiums d'empâtement.

ENCAUSTIQUE (PEINTURE À L') – Peinture fabriquée en mélangeant des pigments avec de la cire chaude. Courante dans l'Antiquité (particulièrement en Égypte), elle connaît aujourd'hui un regain d'intérêt.

ESQUISSE – À une époque, toutes les peintures à l'huile étaient précédées d'une esquisse monochrome, dont l'exécution allait jusqu'à un stade avancé avant l'application de la couleur. L'approche alla prima des impressionnistes devait annoncer le déclin du genre. Toutefois, certains artistes la pratiquent encore.

FIEL DE BŒUF – Ce médium est parfois utilisé par les aquarellistes car il améliore la fluidité de la peinture.

FIXATIF – Vernis qu'on pulvérise en couche fine sur un dessin ou une peinture au pastel afin d'empêcher les pigments de glisser ou de se salir. Certains pastellistes utilisent régulièrement du fixatif au cours de leur travail tandis que d'autres ne s'en servent jamais. Le fixatif a tendance à assombrir légèrement les coloris.

FOND – Couche de peinture ou d'une autre substance qui isole le support de la couche de peinture à venir. Un fond est nécessaire en peinture à l'huile, car sans lui, l'huile absorbée par la toile ou le carton entoilé ferait pourrir les fibres du support. Voir aussi fond coloré.

FOND COLORÉ (OU TEINTÉ) – Les artistes qui travaillent à la couleur opaque (y compris les pastels) colorent souvent leur fond avant de le peindre. À l'huile et à l'acrylique, il s'agit d'appliquer une mince couche de peinture sur l'apprêt blanc. Certains peintres préfèrent toutefois mélanger les pigments à l'apprêt. Les pastellistes, eux, travaillent sur des papiers colorés spécialement destinés aux pastels ou préparent un papier aquarelle en lui appliquant un léger lavis de couleur.

FROTTAGE – Technique qui consiste à placer une feuille de papier sur un support texturé et à la frotter avec un crayon tendre ou un crayon ou un bâtonnet de pastel. Les textures et les motifs ainsi créés se révèlent très utiles au travail du collage.

FROTTIS – Technique utilisée avec toutes les peintures opaques (y compris les pastels). Elle consiste à appliquer irrégulièrement une couche de couleur épaisse et dégraissée sur une couche sèche d'une autre couleur. Cela crée des effets très expressifs de touches fragmentées.

GENRE – **1)** Terme utilisé pour décrire des tableaux qui dépeignent la vie domestique. On l'associe surtout aux peintres hollandais du XVIIe siècle. – **2)** Ce terme désigne aussi une catégorie artistique. Par exemple, un paysage, un portrait et une nature morte sont des genres picturaux.

GESSO – À l'origine, blanc brillant et couvrant utilisé pour préparer un support à peindre ou à dorer ; pigment crayeux mélangé avec de la colle et appliqué sur un panneau en plusieurs couches successives. Les artistes travaillant a tempera utilisent toujours des fonds au gesso. La préparation vendue dans le commerce sous le nom de gesso acrylique est un apprêt universel destiné à la préparation des supports pour l'huile et l'acrylique mais ce n'est pas du vrai gesso et il réclame rarement plus d'une ou deux couches.

GLACIS – Technique consistant à appliquer la peinture à l'huile ou à l'acrylique en couches minces et transparentes de sorte que la couleur couverte transparaisse et modifie la couleur du glacis. On appelle parfois glacis plusieurs lavis d'aquarelle superposés. C'est un tort car l'aquarelle est par essence transparente.

GOMME ARABIQUE – Liant de l'aquarelle, on peut la mélanger à l'eau et l'utiliser en tant que médium à peindre. Elle enrichit les couleurs et fluidifie la peinture.

GRAS SUR MAIGRE – Principe traditionnel permettant de construire un tableau à la peinture à l'huile : on commence par appliquer les couleurs diluées et non grasses (c'est-à-dire maigres) puis on continue avec des couches plus épaisses et plus chargées en huile (c'est-à-dire grasses). Ce principe est valable pour toutes les peintures appliquées en superposant des couches. La peinture grasse sèche lentement et, en séchant, elle se rétracte. Si une peinture maigre est appliquée sur une peinture grasse, la couche supérieure sèche en premier, ce qui engendre des craquelures à mesure que la couche inférieure se rétracte.

Grattage – Pour faire de petits rehauts linéaires, la meilleure méthode consiste à gratter la couche sèche d'aquarelle ou la couche fraîche de peinture à l'huile avec un instrument pointu (couteau par exemple). Avec la peinture à l'huile, cette technique se réfère généralement au sgraffito. On peut également réaliser des effets plus audacieux en grattant de grandes zones de couleur à l'huile fraîche avec un couteau à palette. On obtient ainsi une impression de flou, comme un voile.

Image – Terme utilisé pour décrire soit le sujet particulier que l'artiste est en train de peindre, soit le tableau lui-même, soit une partie spécifique du tableau.

Imprimatura – Couche de peinture qui sert à teinter le fond d'un support. Elle est généralement d'un ton neutre.

Intensité (ou valeur) – Ce terme désigne le degré de saturation d'une couleur en fonction des pigments qu'elle contient, c'est-à-dire sa brillance. Plusieurs couleurs peuvent être dites de teinte rouge ; leur valeur plus ou moins brillante permet de les distinguer.

Liant (ou médium ou agglutinant) – Liquide dont la propriété est de lier entre eux les pigments pour former la peinture ou les bâtonnets de pastel. Le liant de l'aquarelle est la gomme arabique. Celui de la peinture à l'huile est l'huile. L'acrylique est liée avec de la résine synthétique et les pastels avec de la gomme adragante.

Luminosité – Chaque couleur possède son propre degré de luminosité

Masquage – Les méthodes de masquage sont souvent utilisées à l'aquarelle pour réserver des rehauts (ou lumières). La plus courante d'entre elles fait appel au liquide de masquage, une solution de latex qu'on applique au pinceau directement sur les endroits à garder en réserve avant l'application de la peinture et qu'on enlève une fois que la peinture est sèche. Pour des contours clairs et nets, on peut employer du ruban adhésif (et cela aussi bien à l'aquarelle qu'à l'huile ou à l'acrylique).

Médium – **1)** Matière à peindre ou à dessiner (peinture à l'huile, aquarelle, acrylique, pastel). – **2)** Autre terme pour liant, substance utilisée dans la fabrication des peintures. –
3) Substance qui, ajoutée aux peintures les épaissit, les fluidifie, les rend plus brillantes, etc. Ce sont soit des médiums traditionnels (huile d'œillette et huile de lin) soit des médiums synthétiques (Liquin, Wingel, Oleopasto, médium acrylique).

Mélange optique – Juxtaposition de deux petites touches de couleur qui, vues de loin, semblent donner une troisième couleur. L'impression en couleurs utilise ce principe. En peinture, les meilleurs effets sont obtenus avec des couleurs proches par le ton (un jaune très clair et un bleu profond ne se mélangeront pas optiquement pour donner un vert).

Méthode Tonks – Elle permet de corriger un tableau dont on ne peut plus travailler la surface, qui a été trop lourdement chargée de peinture à l'huile. Elle consiste à enlever l'excès de peinture sur la toile au moyen d'une feuille de papier absorbant qu'on pose sur la zone à décharger. L'excès de peinture est ainsi transféré sur la feuille.

Modelé – Représenter le volume et le relief d'un objet au moyen de gradations de tons et de couleurs.

Palette – **1)** Objet sur lequel se fait le mélange des couleurs. Par tradition, on se sert de palettes de bois de forme ovale ou rectangulaire pour la peinture à l'huile. Les aquarellistes utilisent des palettes variées (assiettes petites et profondes, palettes en plastique avec un bord qui ressemblent à celles de la peinture à l'huile). – **2)** Couleurs du tableau ou gamme de coloris employés par un peintre (palette limitée, palette de couleurs primaires, palette froide).

Peindre dans le frais – Technique consistant à peindre directement sur une couche de peinture encore fraîche.
À l'aquarelle, on obtient ainsi des effets divers, couleurs qui se mêlent doucement, qui « saignent » ou taches variées. À l'huile, les effets sont plus discrets, mais chaque nouvelle couleur est modifiée par les couleurs précédentes ou adjacentes de façon que les couleurs et les formes fusionnent sans que les contours soient trop nets.

Pigments – Particules de couleur finement broyées qui entrent dans la composition de toutes les peintures (y compris les pastels). Autrefois, les pigments étaient extraits de minéraux, de plantes ou d'animaux. De nos jours, ils sont surtout synthétiques.

Plan du tableau – Plan occupé par la surface physique du tableau. Dans la peinture figurative, les éléments du tableau paraissent généralement reculer par rapport au plan du tableau, tandis que dans le trompe-l'œil les objets semblent au contraire avancer par rapport au plan du tableau.

Plein air – Terme désignant les tableaux peints directement sur le motif, c'est-à-dire d'après nature et sur place. La peinture en plein air a connu son heure de gloire au XIXe siècle. Les impressionnistes l'ont beaucoup pratiquée.

Peindre dans le sec – Technique consistant à peindre directement sur une couche de peinture sèche.

Perspective aérienne – Effet selon lequel les tons et les couleurs paraissent plus froids et plus pâles à mesure que l'on s'éloigne. Les contrastes ombre et lumière diminuent.

Perspective linéaire – Méthode permettant de représenter l'espace grâce à l'illusion d'optique qui fait que les objets éloignés semblent plus petits et que les lignes parallèles semblent converger vers un point situé sur l'horizon (c'est-à-dire au niveau du regard du spectateur).

Préparation – Préparer une toile ou un autre support à recevoir la peinture signifie lui appliquer un fond. Le plus utilisé de nos jours est le gesso acrylique, préparation très couvrante destinée aussi bien à la peinture à l'huile qu'à l'acrylique.

Profondeur – C'est l'illusion de l'espace dans un tableau.

Quadrillage (ou mise au carreau) – Méthode traditionnelle permettant d'agrandir un dessin de travail et de le transférer sur la surface à peindre. Il s'agit pour cela de dessiner deux grilles de carrés, l'une sur le dessin de travail et l'autre sur le support (avec des carrés plus grands ou au contraire moins grands que sur la première grille), puis de transférer les informations de l'une à l'autre.

Section dorée – Principe d'harmonie universelle connu depuis les temps antiques qui s'attache à organiser les proportions géométriques d'une composition selon la définition suivante : une droite est divisée de façon que le plus petit segment est au plus grand ce que le plus grand est à l'ensemble.

Sgraffito – La technique du sgraffito (sgraffite) consiste à gratter la dernière couche de couleur encore fraîche pour faire apparaître celle du dessous ou la blancheur du fond, de façon à créer un motif linéaire. C'est une extension de la méthode du grattage. On l'associe surtout à la peinture à l'huile et aux pastels à l'huile.

Support – Autre terme pour désigner la surface à peindre. Il vont du papier à la toile en passant par le panneau de bois ou de contre-plaqué.

Taches – À l'aquarelle, il n'est pas rare de rencontrer le phénomène des taches lorsqu'on travaille dans un lavis encore humide. La couche de peinture qu'on applique s'infiltre dans la couche précédente, ce qui crée une tache aux contours irréguliers. Ces taches, plus ou moins visibles, peuvent être voulues par les aquarellistes qui travaillent dans le frais afin de produire certains effets.

Technique du pinceau sec – Cette technique consiste à appliquer de façon légère la couleur sur une surface sèche au moyen d'un pinceau peu chargé de peinture épaisse et dont les soies pressées entre le pouce et l'index se déploient en éventail. Cette méthode peut s'utiliser avec n'importe quel médium. Elle est cependant plus connue avec l'aquarelle où elle permet d'évoquer des textures particulières (cheveux ou brins d'herbe).

Teinte – C'est la propriété d'une couleur, ce qui permet de l'identifier en tant que rouge, jaune ou bleu par exemple.

Toile – Tissu à armure croisée et support le plus courant de la peinture à l'huile et même de l'acrylique.

Ton – C'est la couleur considérée du point de vue de sa clarté.

Touches fragmentées – Terme imprécis qui se rapporte au mélange optique de petites touches de couleur pure, distinctes et plus ou moins régulières, qui fusionnent à une certaine distance.

Valeur – Pour décrire une couleur, on parle d'abord de sa teinte puis de sa valeur pour indiquer si elle est plus ou moins sombre.

INDEX

F

G

H

I

J

K

L

M

U

V

W

CRÉDITS PHOTOGRAPHIQUES

Nous remercions les artistes qui ont dévoilé les différentes étapes de leurs travaux et dont les noms n'apparaissent pas dans les légendes :

Jean Canter 172,174 – David Carr 13-14, 35-36– Rosalind Cuthbert 150, 151, 152, 154, 163 à droite, 182, 182 à gauche, 192, 193, 194 – David Ferry 202, 203, 212 – Ellie Gallwey 78-80 – Kay Gallwey 20-22, 36-37, 56-57, 70-72, 211 – Jeremy Galton 31-32 – Hazel Harrison 183 à droite – James Horton 44-46, 74-76 – John Lidzey 52-55 – Philip Wildman 62-64.

Nous tenons aussi à remercier les musées et galeries qui nous ont permis de reproduire les œuvres de leurs collections :

Cleveland Gallery Middlesborough 22 – Kirklees Metropolitan Council, Bagshaw Museum, Batley 59 – National Gallery of Scotland 94-95 – The National Gallery, London 98-99 – Schmidt Bingham Gellery, New York 100 en bas – Courtauld Institute Galleries, London 102 – National Portrait Gallery 104 – Yale University Art Gallery 106-7 – The Turner Collection, Tate Gallery, London 114-5 – The National Gallery, London 118-9 – David Sprakes 120 – Royal Academy, London 122 – England & Co. 124 – Courtauld Institute Galleries, London 126-7 – Musée d'Orsay (c) Photo R.M.N. 130 – (c) Detroit Intitute of Arts (don de Monsieur et Madame Bert L. Smokler & Monsieur et Madame Lawrence A. Fleischman) 134-5 – Tate Gallery, London 138-139, 144-145 – 146 The Mayor Gallery.

Nous remercions spécialement :
F. Hegner & Fils, 13 South End Road, London, et Langford & Hill Ltd., 38-40 Warwick Street, London W1, pour le prêt des matériaux d'artistes.